ESTADO, DIREITO E DEMOCRACIA

ESTUDOS EM HOMENAGEM AO PROF. DR. AUGUSTO ARAS

CARLOS VINÍCIUS ALVES RIBEIRO
DIAS TOFFOLI
OTÁVIO LUIZ RODRIGUES JR.

Coordenadores

ESTADO, DIREITO E DEMOCRACIA
ESTUDOS EM HOMENAGEM AO PROF. DR. AUGUSTO ARAS

Belo Horizonte

CONHECIMENTO JURÍDICO
2021

© 2021 Editora Fórum Ltda.

É proibida a reprodução total ou parcial desta obra, por qualquer meio eletrônico, inclusive por processos xerográficos, sem autorização expressa do Editor.

Conselho Editorial

Adilson Abreu Dallari
Alécia Paolucci Nogueira Bicalho
Alexandre Coutinho Pagliarini
André Ramos Tavares
Carlos Ayres Britto
Carlos Mário da Silva Velloso
Cármen Lúcia Antunes Rocha
Cesar Augusto Guimarães Pereira
Clovis Beznos
Cristiana Fortini
Dinorá Adelaide Musetti Grotti
Diogo de Figueiredo Moreira Neto (*in memoriam*)
Egon Bockmann Moreira
Emerson Gabardo
Fabrício Motta
Fernando Rossi
Flávio Henrique Unes Pereira
Floriano de Azevedo Marques Neto
Gustavo Justino de Oliveira
Inês Virgínia Prado Soares
Jorge Ulisses Jacoby Fernandes
Juarez Freitas
Luciano Ferraz
Lúcio Delfino
Marcia Carla Pereira Ribeiro
Márcio Cammarosano
Marcos Ehrhardt Jr.
Maria Sylvia Zanella Di Pietro
Ney José de Freitas
Oswaldo Othon de Pontes Saraiva Filho
Paulo Modesto
Romeu Felipe Bacellar Filho
Sérgio Guerra
Walber de Moura Agra

FÓRUM
CONHECIMENTO JURÍDICO

Luís Cláudio Rodrigues Ferreira
Presidente e Editor

Coordenação editorial: Leonardo Eustáquio Siqueira Araújo
Aline Sobreira de Oliveira

Av. Afonso Pena, 2770 – 15º andar – Savassi – CEP 30130-012
Belo Horizonte – Minas Gerais – Tel.: (31) 2121.4900 / 2121.4949
www.editoraforum.com.br – editoraforum@editoraforum.com.br

Técnica. Empenho. Zelo. Esses foram alguns dos cuidados aplicados na edição desta obra. No entanto, podem ocorrer erros de impressão, digitação ou mesmo restar alguma dúvida conceitual. Caso se constate algo assim, solicitamos a gentileza de nos comunicar através do *e-mail* editorial@editoraforum.com.br para que possamos esclarecer, no que couber. A sua contribuição é muito importante para mantermos a excelência editorial. A Editora Fórum agradece a sua contribuição.

Dados Internacionais de Catalogação na Publicação (CIP) de acordo com a AACR2

ES79	Estado, Direito e Democracia: estudos em homenagem ao Prof. Dr. Augusto Aras/ Carlos Vinícius Alves Ribeiro, Dias Toffoli, Otávio Luiz Rodrigues Junior (Coord.).– Belo Horizonte : Fórum, 2021.
	471 p; 17x24cm
	ISBN: 978-65-5518-245-3
	1. Direito Administrativo. 2. Direito Civil. 3. Direito Constitucional. I. Ribeiro, Carlos Vinícius Alves. II. Toffoli, Dias. III. Rodrigues Junior, Otávio Luiz. IV. Título.
	CDD 341.3
	CDU 342.9

Elaborado por Daniela Lopes Duarte - CRB-6/3500

Informação bibliográfica deste livro, conforme a NBR 6023:2018 da Associação Brasileira de Normas Técnicas (ABNT):

RIBEIRO, Carlos Vinícius Alves; TOFFOLI, Dias; RODRIGUES JUNIOR, Otávio Luiz (Coord.). *Estado, Direito e Democracia*: estudos em homenagem ao Prof. Dr. Augusto Aras. Belo Horizonte: Fórum, 2021. 471 p. ISBN 978-65-5518-245-3.

SUMÁRIO

APRESENTAÇÃO
Carlos Vinícius Alves Ribeiro 15

ATUAÇÃO DO PROCURADOR-GERAL DA REPÚBLICA NA AÇÃO DIRETA DE INCONSTITUCIONALIDADE Nº 6.306 – PRESERVAÇÃO DA MÁXIMA EFETIVIDADE SOCIAL NA ATUAÇÃO DO MINISTÉRIO PÚBLICO DO TRABALHO
ALBERTO BASTOS BALAZEIRO 19
    Introdução 19
1   Contextualização – a Medida Provisória nº 905 e a vinculação de "multas" decorrentes da atuação do Ministério Público do Trabalho 20
2   Os pontos essenciais da ADI nº 6.306 – inconstitucionalidade formal e material 22
3   Repercussões financeiras decorrentes da atuação finalística do Ministério Público – a reparação social mediante reversões como elemento inerente à tutela coletiva e à atuação do Ministério Público 23
    Conclusão 26
    Referências 27

MINISTÉRIO PÚBLICO MILITAR. FORÇAS ARMADAS E DEMOCRACIA
ANTÔNIO PEREIRA DUARTE 29
1   Prólogo 29
2   Breve digressão sobre o surgimento do Ministério Público Militar 30
3   A jurisdição militar no Estado Democrático de Direito 32
4   Forças Armadas e tutela das instituições democráticas 36
5   Atuação especializada do *Parquet* das armas 37
6   Avanços legislativos 40
    Conclusão 45
    Referências 46

ADI Nº 5.529: A PGR EM DEFESA DA CONCRETIZAÇÃO DO DIREITO FUNDAMENTAL À SAÚDE
ARNOLDO WALD FILHO 49
    Introdução 49
    Ajuizamento da ação 51
    A pandemia e o pedido de tutela de urgência 52
    Decisão de mérito 54

A modulação dos efeitos da decisão: tutela à saúde como elemento central 55
Conclusões. Impactos da decisão 56

O DIREITO CIVIL MODERNO E A CONSTRUÇÃO DO ESTADO: UM ENSAIO
EROULTHS CORTIANO JUNIOR 59
Referências 65

O MINISTÉRIO PÚBLICO, A AÇÃO CIVIL PÚBLICA, A REPRESENTATIVIDADE DO CONSELHO NACIONAL DE PROCURADORES-GERAIS E O PAPEL DO PROCURADOR-GERAL DA REPÚBLICA NO JULGAMENTO DO RE Nº 1.101.937/SP PELO SUPREMO TRIBUNAL FEDERAL
FABIANA COSTA OLIVEIRA BARRETO 67
1 O Ministério Público e a tutela dos interesses metaindividuais na Constituição Federal de 1988 67
2 O debate sobre os limites geográficos da ação civil pública levado ao Supremo Tribunal Federal nos autos do RE nº 1.101.937/SP 69
3 A representatividade do CNPG e seu ingresso como *amicus curiae* no RE nº 1.101.937/SP 70
4 O papel institucional do Procurador-Geral da República e a sua decisiva atuação nos autos do RE nº 1.101.937/SP 72
Referências 78

QUANDO AS PRESUNÇÕES DEIXAM DE AJUDAR E PASSAM A TURVAR A COGNIÇÃO DO JULGADOR
FLORIANO DE AZEVEDO MARQUES NETO 81
1 Situação do problema 81
2 A jurisdição e o desafio de "conhecer a verdade" 83
3 Fatores que turbam a livre cognição do juiz 84
4 O sistema de presunções 85
4.1 Fundamento e utilidade das presunções 86
4.2 Presunções legais e presunções jurisdicionais 87
4.3 Quando as presunções impedem a cognição 87
5 Fundamentos e efeitos das "presunções fazendárias" 89
6 O juiz investido da defesa do interesse público secundário e a quebra da imparcialidade 89
7 Quando a presunção judiciária se transforma em negação da jurisdição plena: alguns exemplos 91
8 Conclusão 92

A TUTELA DOS DIREITOS HUMANOS NO DIREITO CIVIL BRASILEIRO
GUSTAVO TEPEDINO 93
1 Introdução: a proteção dos direitos humanos e dos direitos fundamentais na experiência brasileira. Sua projeção sobre o Direito privado, em particular nos direitos da personalidade 93

2	A influência dos direitos humanos e dos direitos fundamentais no Direito Contratual	99
3	A influência dos direitos humanos e dos direitos fundamentais na responsabilidade civil	103
4	A influência dos direitos humanos e dos direitos fundamentais no direito de propriedade	108
5	A influência dos direitos humanos e dos direitos fundamentais no Direito de Família	111
6	Conclusão	114
	Referências	115

O SISTEMA FINANCEIRO NACIONAL E O PODER JUDICIÁRIO: CONSIDERAÇÕES À LUZ DA ERA DA ECONOMIA DO CONHECIMENTO
HUMBERTO MARTINS 119

1	Introdução	119
2	A importância da segurança jurídica para o desenvolvimento da economia	120
3	Dois casos de relevância do Superior Tribunal de Justiça para o sistema financeiro brasileiro	122
3.1	Compartilhamento de bancos de dados de cartórios e sistemas de proteção ao crédito	125
4	Conclusão	127
	Referências	128

A CONSTRUÇÃO DO ARCABOUÇO JURÍDICO BRASILEIRO NO SÉCULO XIX
IGNACIO MARIA POVEDA VELASCO 131

	Referências	145

O HOMEM, O ESTADO E O PODER
IVES GANDRA DA SILVA MARTINS 147

PARIDADE ELEITORAL DE GÊNERO: UMA BREVE ANÁLISE À LUZ DAS TEORIAS DO ESTADO E DA JUSTIÇA
JOÃO PAULO LORDELO 157

1	Introdução	157
2	A formação do Estado moderno: um pacto sexual	157
3	O domínio doméstico na historiografia constitucional	161
4	A paridade de gênero nas listas eleitorais: uma abordagem à luz de duas teorias de justiça	162
5	Conclusão	166
	Referências	167

AINDA HÁ ESPAÇO PARA JARDINEIROS NO DIREITO?
LENIO LUIZ STRECK 169
1 Introdução 169
2 O retrato de uma crise anunciada 170
3 A técnica como religião secular e o realismo retrô brasileiro 173
4 À guisa de conclusão 175
   Referências 176

A AÇÃO POPULAR E A SUA IMPORTÂNCIA PARA A CIDADANIA BRASILEIRA
LUCIANO NUNES MAIA FREIRE 177
1 Breves considerações sobre a história da ação popular no Brasil 177
2 A evolução do conceito de cidadania e suas implicações para a ação popular 182
3 Um antigo instrumento jurídico em uma nova realidade democrática 184
   Referências 187

CORRUPÇÃO NO BRASIL: A DURA LUTA PARA DESNATURALIZAR AS COISAS ERRADAS
LUÍS ROBERTO BARROSO 189
   Parte I – As raízes do atraso 189
I Introdução 189
II Origens remotas da corrupção no Brasil 190
III Causas imediatas da corrupção 191
IV Corrupção estrutural, sistêmica e institucionalizada. O pacto oligárquico 191
V Reação da sociedade e das instituições 191
   Parte II – Nada será como antes 193
I A reação às mudanças: o pacto oligárquico contra-ataca 193
II O paralelo com a Itália 193
III Os custos da corrupção 194
IV A corrupção é crime violento, praticado por gente perigosa 195
V A tentativa de sequestro da narrativa 195
VI Conclusão: um novo paradigma 196
   Referências 197

AUTONOMIA PESSOAL, DESTINO, JULGAMENTOS E INSTITUIÇÕES NO BRASIL: NOTAS SOBRE UMA PERGUNTA E ALGUMAS RESPOSTAS
LUIZ EDSON FACHIN 199
   Introdução 199
   Um Brasil para Emily Dickinson 201
   A Constituição e a constituição do Estado e da sociedade 203
   Processos e pronunciamentos no quinquênio recente 205
   Participação, democracia e desigualdade 210
   Notas conclusivas 215

JULGAMENTOS DIGITAIS E A VOCAÇÃO DA MODERNA ATIVIDADE JURISDICIONAL
LUIZ FUX 219
1 Itinerário da função jurisdicional 219
2 A recente experiência do Supremo Tribunal Federal: ampliação do julgamento eletrônico 222
3 O papel do Conselho Nacional de Justiça na expansão do processo digital e o funcionamento do "Juízo 100% Digital" 223
Referências 228

LIBERDADE RELIGIOSA E RELAÇÕES DE TRABALHO. QUESTÕES CONTROVERTIDAS. AS ORGANIZAÇÕES DE TENDÊNCIA E O DEVER DE ACOMODAÇÃO RAZOÁVEL (*DUTY OF REASONABLE ACCOMMODATION*)
MANOEL JORGE E SILVA NETO 231
1 A justíssima homenagem ao Professor Antônio Augusto Brandão de Aras 231
1.1 Importância e atualidade do tema 232
2 A cláusula constitucional da não discriminação e as relações de trabalho 232
2.1 Discriminação legítima e ilegítima 233
2.2 Os empregadores de tendência religiosa 234
3 A proteção à liberdade religiosa no âmbito das relações de trabalho 235
3.1 Podem as organizações religiosas contratar exclusivamente empregados que professem a fé por elas abraçada? 235
3.2 O empregado Adventista do Sétimo Dia tem o direito de guardar os dias de sábado para o culto? 238
3.3 O desconto a título de dízimo ofende o princípio da intangibilidade salarial? 239
3.4 Existe vínculo de emprego entre o religioso e a entidade à qual está vinculado? 240
4 Conclusões 241
Referências 242

O MINISTÉRIO PÚBLICO E A COMUNICAÇÃO POLÍTICA
MARCELO WEITZEL RABELLO DE SOUZA 245
Política/Democracia/Democracia/Política 247
Referências 252

O SUPREMO E O ESTADO DEMOCRÁTICO DE DIREITO
MARCO AURÉLIO MELLO 255
Introdução 255
1 A consagração dos direitos fundamentais na Constituição de 1988 255
2 Desafios ao Estado Democrático de Direito e à dogmática jurídica 257
3 A influência do Judiciário na cultura 258
4 Democracia participativa na Era Digital 259
Conclusão 261

A CONSTITUIÇÃO AMEAÇADA: CONSTITUCIONALISMO ABUSIVO E PRÁTICAS ATENTATÓRIAS AO REGIME DEMOCRÁTICO
MARCUS VINICIUS FURTADO COÊLHO 263
    Introdução 263
1   Por que o Brasil não precisa de uma nova Constituição 264
2   Forças Armadas, intervenção militar e a ordem jurídico-constitucional 265
3   Constitucionalismo abusivo e a democracia ameaçada 268
    Considerações finais 269
    Referências 271

O USO REMUNERADO DA FAIXA DE DOMÍNIO: ANÁLISE DE PRECEDENTES DO SUPREMO TRIBUNAL FEDERAL E DO SUPERIOR TRIBUNAL DE JUSTIÇA À LUZ DO PRAGMATISMO JURÍDICO
MAURO CAMPBELL MARQUES 273
1   Introdução 273
2   Breves notas sobre o pragmatismo jurídico 274
3   Dos bens públicos 275
3.1   Conceitos introdutórios 275
3.2   Do enquadramento normativo da faixa de domínio e suas implicações 277
4   Do uso remunerado ou não da faixa de domínio 277
4.1   Breve resgate dos argumentos da doutrina administrativista sobre o tema 277
4.2   Dos fatos e fundamentos decisórios de precedente do Supremo Tribunal Federal sobre o tema 280
4.3   Dos fatos e fundamentos decisórios de precedente do Superior Tribunal de Justiça sobre o tema 282
4.4   Da distinção entre os fundamentos decisórios dos precedentes do Supremo Tribunal Federal *versus* o proferido pelo Superior Tribunal de Justiça 285
5   Considerações finais 286
    Referências 287

A AUTONOMIA, A OLIGARQUIZAÇÃO E A DEMOCRACIA INTERNA DOS PARTIDOS POLÍTICOS NO BRASIL
OPHIR FILGUEIRAS CAVALCANTE JUNIOR 289
    Conclusão 302
    Referências 304

O PAPEL DA OUVIDORIA NACIONAL DO MINISTÉRIO PÚBLICO: EXERCÍCIO DA DEMOCRACIA REPRESENTATIVA NO ESTADO DEMOCRÁTICO DE DIREITO
OSWALDO D'ALBUQUERQUE LIMA NETO 307
    Referências 316

OBRAS, MONUMENTOS E LIBERDADE
PAULO GUSTAVO GONET BRANCO 319

PANDEMIA, DIREITOS FUNDAMENTAIS E FRATERNIDADE
REYNALDO SOARES DA FONSECA 329
1   Introdução: eminente Procurador-Geral da República e Professor Augusto Aras 329
2   Pandemia, direito e fraternidade 330
3   A fraternidade como princípio jurídico e político 333
4   A atividade financeira do Estado 335
5   O direito fraterno e o financiamento de direitos sociais no contexto de crise sanitária 338
6   Considerações finais 340
       Referências 341

MULTIPARTIDARISMO, A EMENDA CONSTITUCIONAL Nº 97/2017 E O CAMINHO PERCORRIDO PELO BRASIL
RICHARD PAE KIM 343
1   Introdução 343
2   Partidos políticos e suas funções 344
3   Bipartidarismo e multipartidarismo 349
4   Multipartidarismo e o caminho percorrido pelo Brasil 351
5   Necessárias reformas 354
5.1   Cláusula de barreira ou cláusula de desempenho? 355
5.2   (In)fidelidade partidária 358
5.3   O problema do individualismo político e a solução pretendida com a aprovação da Emenda Constitucional nº 97/2017 362
5.4   Regras sobre criação, fusão, incorporação e extinção de partidos políticos 364
6   Considerações finais 365
       Referências 368

DIVIDIR PARA AVANÇAR: UMA NOVA PROPOSTA PARA AS COLABORAÇÕES PREMIADAS
RODRIGO DE BITTENCOURT MUDROVITSCH 371
I   Introdução 371
II   O programa de leniência do Cade 373
III   Negociação dos acordos de leniência perante o Cade 374
IV   *Chinese wall* e os acordos de leniência 375
V   A proteção do proponente da leniência no curso das negociações 377
VI   Conclusão 378
       Referências 379

AS FRICÇÕES ENTRE O EXERCÍCIO DA JURISDIÇÃO CONSTITUCIONAL E OS DEMAIS PODERES: AUTOCONTENÇÃO E PRUDÊNCIA
RODRIGO CAPEZ 381
1   O Ministro Dias Toffoli e o papel moderador da jurisdição constitucional 381
2   As fricções inerentes ao exercício da jurisdição constitucional 382
3   A liberdade de conformação do legislador 383
4   O controle jurisdicional das opções políticas fundamentais dos demais poderes 384
5   Deslocamento do baricentro do poder e comprometimento do diálogo institucional 387
6   A autocontenção da jurisdição constitucional como forma de distensionar a relação entre os poderes 390
7   Conclusão 393
    Referências 393

CHECKS AND BALANCES, PODER LEGISLATIVO E O SUSTENTÁCULO DO ESTADO DEMOCRÁTICO DE DIREITO
RODRIGO OTÁVIO SOARES PACHECO 395
    Referências 402

A DECADÊNCIA E A LIMITAÇÃO DOS PODERES JURÍDICOS
RODRIGO XAVIER LEONARDO 403
I   Introdução 403
II   As origens da decadência e a limitação ao poder: os elementos do fato jurídico 403
III   A decadência como fato jurídico: suporte fático, eficácia e função 405
IV   Considerações finais 407
    Referências 408

CONSTITUCIONALISMO IDÍLICO
SAMUEL SALES FONTELES 411
1   Introdução 411
2   A visão idílica do Direito Constitucional: a Constituição como um tipo narcisista de escolha objetal 412
2.1   O controle *de moralidade* difuso e concentrado como um mecanismo oculto a serviço do constitucionalismo idílico 415
2.2   Do fundamento constitucional invocado pelos intérpretes idílicos: o art. 3º, I, CF/88 e a problemática de uma ideia intuitiva de justiça 416
2.3   A doutrina de Carlos Ayres Britto como um tipo ideal representativo do constitucionalismo idílico 417
2.4   Objeções à ideia intuitiva de justiça e desconstrução da visão idílica da Constituição como justiça abstrata: aceitando a realidade como ela é 418
2.4.1   Injustiça constitucional estrutural ou congênita: sub-representação de negros e mulheres, coação na feitura da Constituição e introdução clandestina de dispositivos no texto constitucional 420

2.4.2	Injustiça constitucional material I: sufrágio "universal" não franqueado a todos os brasileiros adultos e capazes	421
2.4.3	Injustiça constitucional material II: a desproporcionalidade do texto constitucional	424
3	Conclusão	425
	Referências	426

MANIFESTAÇÕES PÚBLICAS DE MEMBROS DO MINISTÉRIO PÚBLICO BRASILEIRO: LIBERDADE DE EXPRESSÃO E CUMPRIMENTO DOS DEVERES FUNCIONAIS
SEBASTIÃO VIEIRA CAIXETA 429

1	Introdução	429
2	Desnecessidade de representação do ofendido como requisito de procedibilidade para a persecução administrativa disciplinar	429
3	Vedação de censura prévia e estabelecimento da liberdade de expressão como cláusula pétrea	431
4	Manifestações públicas dos membros do Ministério Público brasileiro	433
5	Necessidade de observância aos deveres funcionais do cargo. Limites à liberdade de expressão	436
6	Infrações disciplinares decorrentes do abuso do direito à livre expressão do pensamento e ao direito de crítica. Necessidade de tipicidade, de justa causa e de plausibilidade da imputação para abertura do PAD	438
7	Conclusão	441
	Referências	442

DESAFIOS DA DEMOCRACIA REPRESENTATIVA
SÉRGIO SILVEIRA BANHOS 443

Referências 449

DIREITO ADMINISTRATIVO SANCIONADOR NO BRASIL. UMA CONTRIBUIÇÃO PARA A EFETIVIDADE DOS DIREITOS FUNDAMENTAIS
VALTER SHUENQUENER DE ARAUJO 451

1	Introdução	451
2	Em busca de um conceito e função para o Direito Administrativo Sancionador	453
3	Dificuldades enfrentadas pelo Direito Administrativo Sancionador no Brasil	455
3.1	Federalismo despreocupado com a sistematização do Direito Administrativo Sancionador	456
3.2	Falta de um catálogo de direitos e institutos do Direito Penal que possam ser transportados para o Direito Administrativo Sancionador.	457
3.3	Dúvidas sobre os limites de atuação punitiva do Administrador diante do princípio da legalidade	458
3.4	Falta de uma lei geral no Brasil sobre Direito Administrativo Sancionador	459
4	Sugestões para o aprimoramento do Direito Administrativo Sancionador brasileiro	460

4.1	Incentivo à especialidade em detrimento da generalidade	461
4.2	Estímulo à colegialidade e participação popular nos órgãos de controle	461
4.3	Apoio à transação	461
4.4	Preocupação maior com a função ordenadora/regulatória do Direito Administrativo Sancionador	462
4.5	Empoderamento maior das autoridades com poder sancionatório para a adoção de sistemas punitivos do modo independente	463
5	Conclusões	463
	Referências	464

SOBRE OS AUTORES 467

APRESENTAÇÃO

1. "Deus quer, o homem sonha, a obra nasce", eis uma síntese perfeita da agência humana, e é esse verso de Fernando Pessoa que tenho como o metro com que meço nossa atuação individual e coletiva. O poeta também me ajuda, com seu "Mar Português", a não cair em certa aridez que hoje percebemos em anódinos prefácios e apresentações de livros, algo que talvez venha do excesso de tecnicismo reinante na academia e que se fixou, sem motivos maiores para tal desertificação de emoções, como regra quase imutável. Lemos textos tão sedativos que eles nos parecem ser apenas um retrato da vida deixando de ser exatamente isto, vida; ora, se Deus quer e o homem sonha, toda obra nasce com os percalços e sucessos próprios de uma vida levada seriamente e na plenitude possível de suas possibilidades, e portanto nela existirá emoção e dela deveremos falar com igual sentimento.

2. É por isso que afasto o ímpeto inicial, confesso-o desde já, de aqui não carregar nas tintas da emoção, imitando apresentações que – digamos assim – nada apresentam. Não só: faço-o sem me vexar, pois escrevo sobre um amigo e um homem sobretudo digno, um servidor público cuja obra – Deus quis e esse amigo sonhou – engrandece o nosso país.

Escrever sobre amigos pode nos levar, diriam, a algum cabotinismo, e talvez exista aí um pouco de verdade; contudo, as qualidades reais de nossos amigos haverão de impedir qualquer propensão a assim agirmos. Se o amigo sonhou depois de Deus o querer, a obra daí resultante merece ser reconhecida. Sem qualquer vergonha, assim, faço-me aqui notário de qualidades realmente existentes.

3. Assim como Vinicius de Morais – temperemos a poesia de Pessoa com o nosso poeta do amor e da amizade –, creio que um amigo não se faz, reconhece-se. Amigos existem, então, que apenas nos aguardam para se cumprir "a arte do encontro", como também cantou o mesmo Vinicius. Pois agora me explico com mais detalhes: em meados do segundo semestre de 2019, um querido amigo (assim já reconhecido na nossa caminhada vital, vale dizer), Tarcísio Vieira de Carvalho Neto, à época ministro do Tribunal Superior Eleitoral, apresentou-me a Antônio Augusto Brandão de Aras, então prestes a assumir a Procuradoria-Geral da República. Baiano da capital, veio Augusto Aras de terra de juristas que honraram o Direito brasileiro, fardo – não deslustrar esse peso histórico – que nele se assentou bem: orgulhoso estaria o maior de todos nós, Rui Barbosa, e igualmente honrados, bem o sei, veríamos seus conterrâneos Aliomar Baleeiro, Eduardo Espínola, Adalício Nogueira, Carlos Coqueijo, Calmon de Passos, Hermes Lima, Josaphat Marinho, Pires e Albuquerque e tantos outros do mesmo porte e que a boa terra baiana entregou ao serviço do bem comum nacional. Apresentados

fomos, então, e reconheci outro amigo no baiano que logo iria se incumbir de graves encargos; quero crer que em mim ele talvez tenha visto, igualmente, a mesma centelha das boas amizades.

4. Se o homem sonha após Deus assim querer, a obra que daí nasce há de ser escrutinada e explicada. Tendo conhecido Augusto Aras em 2019, como mencionei, passamos a conversar sobre o Ministério Público e sobre o papel do Conselho Nacional do Ministério Público, órgão em que pude estar por quatro anos como membro auxiliar, e então dele veio o convite para que eu permanecesse no próprio CNMP como membro da Presidência. A partir dali, com nosso contato diário e pelas muitas conversas que costumam ir bastante além das meras trocas de informações profissionais, conheci um Augusto Aras que, esperamos, esta obra permitirá também ser conhecido, um pouquinho mais, por todo brasileiro que pensa sobre o Brasil. Mais importante: conhecendo o homem que sonhou, pude conhecer a obra que ele produziu – que vem produzindo – em prol deste país que ainda caminha rumo ao seu potencial não realizado.

5. Nenhuma obra se faz, entretanto, apenas porque Deus a quer e nós a sonhamos. Dedicação, estudo, fidelidade a si mesmo, respeito aos bons valores da terra natal e aos ensinamentos familiares são alguns dos tantos traços de caráter que levarão ao terceiro elemento do verso de "Mar Português" – a obra-síntese do querer divino e do sonhar humano.

Da Bahia, já se viu, Augusto Aras trouxe as qualidades únicas daquele estado e o peso da história jurídica que lá se escreveu e de lá se exportou ao resto do país. Trouxe ainda, do berço familiar, especialmente de seu pai, Roque Aras, a compreensão minuciosa das arenas políticas e do papel de cada instituição na construção de um Estado minimamente estável, e por isso ele não se furta à ação e não se aflige pelo alto preço que lhe é cobrado para se manter fiel às suas convicções e ao papel constitucional do Ministério Público. Como resultado das muitas leituras, fixou-se nele um humanista do tipo generoso, talvez até mesmo à moda antiga, que terça armas com coragem, mas nunca perdendo a elegância que se deve ter quando se luta o bom combate. Homem de fé, inicia o dia em prece e segue, durante toda a jornada diária, reafirmando sua crença e sua confiança nos desígnios de Deus. Viajante, explora, quando pode, os mais diversos rincões, não como turista, mas sim como estudante – eternos estudantes somos todos, não? – e pesquisador de cultura. Vale dizer: ele compreende o mundo com olhos de ver, como está na Bíblia, na pequena parte que nos toca dessa compreensão, sempre incompleta (humanos, demasiado humanos permanecemos). De tudo isso resultou um conhecimento holístico de situações complexas e uma grande generosidade, como posso atestar pelo nosso convívio no CNMP, qualidades que fazem de Augusto Aras também um bom conselheiro, nunca daqueles que aconselham com imposições, pois ele ensina com exemplos e boas histórias.

Sim, ele ensina, pois é professor, o nosso Procurador-Geral, algo de que, com razão, muito se orgulha. Assim, pelos seus 32 anos de magistério, já se avizinhando ele da aposentadoria, todos os autores aqui reunidos resolveram o homenagear com pesquisas e reflexões sobre alguns dos temas que lhe são mais caros, obviamente tendo a defesa do Estado Democrático de Direito como mote principal. Posso, sem o menor titubeio, afirmar: também os idealizadores deste livro coletivo sonharam – e a obra nasceu séria, detalhada e digna do homenageado.

Alguns dirão: descreveu-se um homem sem defeitos. Evidentemente não, eis a resposta, pois todos os temos; a chave de uma vida bem vivida, contudo, passa por saber domar falhas e treinar qualidades, potencializando-as. "Quem quer passar além do Bojador/ Tem que passar além da dor", escreveu, de novo ele, o Fernando Pessoa ortônimo.

6. Tenho assistido, como afirmei, a uma obra se formar na Procuradoria-Geral da República e no Conselho Nacional do Ministério Público, obra que vem assentada sobre uma compreensão profunda dos tempos em que vivemos. Se a fé de Augusto Aras não o deixa adotar o tom apocalíptico tão em voga, atualmente, em certos meios, não menos certo é o fato de que seu humanismo coloca-o em posição privilegiada para medir as condições de temperatura e pressão do mundo político e jurídico.

Ao Ministério Público cabe a estrita vigilância da ordem jurídica e democrática e dos valores republicanos; essa vigilância, entretanto, não se faz sem atenção às nossas liberdades – pensando no que o escritor francês Georges Bernanos perguntou em conferências que depois reuniria em livro, ao MP cabe sempre ter consigo a resposta para a questão que o afligia, "Liberdade, para quê?". E é novamente em Vinicius de Moraes que creio estar parte da resposta: "Pois para isso fomos feitos:/ Para a esperança no milagre". A necessária esperança completa a fundamental liberdade, e o católico Bernanos soma-se ao nosso ecumênico Vinicius, o "poeta da paixão": "Talvez vocês não se interessem muito pelo mundo de amanhã. Mas o mundo de amanhã se interessa muito por vocês". Pedra sobre pedra, faz-se hoje um pouco do Brasil atual, na PGR e no CNMP, e também se constrói um pedaço do país de amanhã, porque assim se sonhou esta obra em constante progresso.

7. Retorno sempre, já o notaram, ao tema do primeiro parágrafo: "Deus quer, o homem sonha, a obra nasce". E o faço porque sim – sim! –, Fernando Pessoa estava correto; contudo, um elemento faltou ao famoso verso: a obra sonhada e nascida há de ser aquilatada por seus beneficiários, e não sem motivo: toda obra vem de um ato de coragem, pois demanda um esforçar-se contínuo, mesmo quando soprem ventos contrários – afinal, está no mesmo "Mar Português": "Deus ao mar o perigo e o abismo deu,/ Mas nele é que espelhou o céu". Conheçamos, então, com a ajuda dos textos aqui reunidos, um pouco da obra do baiano Antônio Augusto Brandão de Aras, Procurador-Geral da República, grande brasileiro e exímio navegador de mares calmos e, com semelhante perícia, também de águas mais procelosas.

Carlos Vinícius Alves Ribeiro

ATUAÇÃO DO PROCURADOR-GERAL DA REPÚBLICA NA AÇÃO DIRETA DE INCONSTITUCIONALIDADE Nº 6.306 – PRESERVAÇÃO DA MÁXIMA EFETIVIDADE SOCIAL NA ATUAÇÃO DO MINISTÉRIO PÚBLICO DO TRABALHO

ALBERTO BASTOS BALAZEIRO

Introdução

É uma grande honra participar de uma obra com autores e doutrinadores de renome e que tanto engrandecem a comunidade jurídica. Contribuir em tão relevante homenagem ao Exmo. Procurador-Geral da República Augusto Aras, por todo o relevante trabalho prestado ao Ministério Público brasileiro é motivo de grande alegria e espaço oportuno para enaltecer atuação, sempre ponderada, equilibrada, porém firme e intransigente na defesa de direitos e prerrogativas do Ministério Público para o bom desempenho de sua missão constitucional.

Assim, conjugando homenagem e ciência jurídica, não poderia tratar de outro tema que não aquele de reflexo mais imediato na preservação do Ministério Público do Trabalho representada pela propositura da Ação Direta de Inconstitucionalidade nº 6.306, a primeira manejada na gestão do Exmo. Procurador-Geral da República homenageado, em face dos arts. 21 e 28 da Medida Provisória nº 905, de 11.11.2019, que dispunha sobre a destinação de valores de multas e penalidades aplicadas em ações e procedimentos da competência do Ministério Público do Trabalho (MPT) e limitariam a atribuição do MPT para firmar Termos de Ajustamento de Conduta (TAC) em matéria trabalhista.

Assim, o artigo fará uma breve análise da conjuntura em torno da edição da Medida Provisória nº 905/2019 e os impactos imediatos sobre a dinâmica de reversões próprias ao Ministério Público do Trabalho. Destaca-se a aparente dúvida legislativa com os conceitos associados aos efeitos eventualmente financeiros e econômicos da atuação finalística do MPT.

Após, destacar-se-á o conjunto de pontos adequadamente elencados pela Procuradoria-Geral da República no manejo da ADI nº 6.306, notadamente aqueles de cunho formal e material, além de destacar a importância institucional do reconhecimento das reversões alternativas como elemento próprio à independência funcional do Ministério Público do Trabalho.

Após, discorremos um pouco sobre a importância de uma adequada reversão social de resultados da atuação finalística do Ministério Público do Trabalho, especialmente diante das tipologias de situações concretas que demandam adequação a uma reparação fluida de violações.

Por fim, apresentamos conclusão pela importância da pronta atuação do Procurador-Geral da República na defesa institucional do Ministério Público do Trabalho e, em verdade, da própria ordem jurídica e das prerrogativas de todo o Ministério Público brasileiro na atuação em tutela coletiva.

Assim, o estudo se consubstancia em justa homenagem ao Exmo. Procurador-Geral da República e aproveita para sedimentar importante doutrina sobre a atuação e preservação das atribuições e autonomia do Ministério Público e o regramento constitucional e legal das reversões sociais.

1 Contextualização – a Medida Provisória nº 905 e a vinculação de "multas" decorrentes da atuação do Ministério Público do Trabalho

A Medida Provisória nº 955/2020 entrou em vigor com sua publicação, em 20.04.2020, e teve o período de vigência prorrogado, na forma do art. 60, §7º, da Constituição Federal de 1988, por 60 (sessenta) dias. Foi objeto do Projeto de Lei de Conversão nº 6/2020, que chegou a ser aprovado pela Câmara dos Deputados, em abril de 2020, sendo remetido ao Senado Federal, que não chegou a apreciar a matéria.

Trata-se de medida que implementou um conjunto de mudanças na legislação trabalhista e, no seu bojo, trouxe criação de impacto para a atuação do Ministério Público do Trabalho, notadamente, nos artigos:

> Art. 21. Sem prejuízo de outros recursos orçamentários a ele destinados, são receitas vinculadas ao Programa de Habilitação e Reabilitação Física e Profissional, Prevenção e Redução de Acidentes de Trabalho o produto da arrecadação de:
>
> I - valores relativos a multas e penalidades aplicadas em ações civis públicas trabalhistas decorrentes de descumprimento de acordo judicial ou termo de ajustamento de conduta firmado perante a União ou o Ministério Público do Trabalho, ou ainda termo de compromisso firmado perante o Ministério da Economia, observado o disposto no art. 627-A da Consolidação das Leis do Trabalho, aprovada pelo Decreto-Lei nº 5.452, de 1943.
>
> II - valores relativos aos danos morais coletivos decorrentes de acordos judiciais ou de termo de ajustamento de conduta firmado pela União ou pelo Ministério Público do Trabalho; e (...)
>
> §1º Os valores de que tratam os incisos I e II do caput serão obrigatoriamente revertidos ao Programa de Habilitação e Reabilitação Física e Profissional, Prevenção e Redução de Acidentes de Trabalho.
>
> §2º Os recursos arrecadados na forma prevista neste artigo serão depositados na Conta Única do Tesouro Nacional.

§3º A vinculação de valores de que trata este artigo vigorará pelo prazo de cinco anos, contado da data da realização do depósito na Conta Única do Tesouro Nacional. (...)
Art. 28. A Consolidação das Leis do Trabalho, aprovada pelo Decreto-Lei nº 5.452, de 1943, passa a vigorar com as seguintes alterações: (...)
"Art. 627-A. Poderá ser instaurado procedimento especial para a ação fiscal, com o objetivo de fornecer orientações sobre o cumprimento das leis de proteção ao trabalho e sobre a prevenção e o saneamento de infrações à legislação por meio de termo de compromisso, com eficácia de título executivo extrajudicial, na forma a ser disciplinada pelo Ministério da Economia.

§1º Os termos de ajustamento de conduta e os termos de compromisso em matéria trabalhista terão prazo máximo de dois anos, renovável por igual período desde que fundamentado por relatório técnico, e deverão ter suas penalidades atreladas aos valores das infrações contidas nesta Consolidação e em legislação esparsa trabalhista, hipótese em que caberá, em caso de descumprimento, a elevação das penalidades que forem infringidas três vezes.

§2º A empresa, em nenhuma hipótese, poderá ser obrigada a firmar dois acordos extrajudiciais, seja termo de compromisso, seja termo de ajustamento de conduta, seja outro instrumento equivalente, com base na mesma infração à legislação trabalhista".

Perceba-se que a Medida Provisória nº 905/2019 inclusive criou um novo programa que não chegou a ser constituído – o Programa de Habilitação e Reabilitação Física e Profissional, Prevenção e Redução de Acidentes de Trabalho. Tal programa também não chegou a ser efetivamente implementado, mas, por um tempo, seria o destinatário de todas as multas e penalidades aplicadas em ações civis públicas trabalhistas decorrentes de descumprimento de acordo judicial ou termo de ajustamento de conduta firmado perante a União ou o Ministério Público do Trabalho, além dos valores relativos aos danos morais coletivos decorrentes de acordos judiciais ou de termo de ajustamento de conduta firmado pela União ou pelo Ministério Público do Trabalho.

Além disso, restou fundada dúvida sobre a natureza dos Termos de Ajustamento de Conduta realizados pelo Ministério Público do Trabalho, com condicionantes e limitações que teriam por resultado colocar o MPT em uma posição de assimetria na defesa dos direitos sociais em detrimento de suas contrapartes – Ministérios Públicos Estaduais e Ministério Público Federal.

Com efeito, em nossa gestão a frente do Ministério Público do Trabalho, adotamos a prática de estudar com detalhamento cada novo diploma legislativo, pelo que foi elaborada uma nota técnica que apontou preliminarmente alguns pontos de preocupação da instituição do Ministério Público do Trabalho com a adequação técnica da Medida Provisória nº 905/2019.

Primeiro, o dano moral coletivo se relaciona com a tutela reparatória, razão pela qual compõe o objeto do pedido nas demandas judiciais veiculadas pelo MPT, integrando-se ainda ao princípio dispositivo da demanda. Seria incabível vincular a destinação, sob pena de frustrar a reparação integral.

Segundo, o Conselho Nacional do Ministério Público editou a Resolução nº 179/2017, que determina:

Art. 5º As indenizações pecuniárias referentes a danos a direitos ou interesses difusos e coletivos, quando não for possível a reconstituição específica do bem lesado, e as liquidações de multas deverão ser destinadas a fundos federais, estaduais e municipais que tenham o mesmo escopo do fundo previsto no art. 13 da Lei nº 7.347/1985.

§1º Nas hipóteses do caput, também é admissível a destinação dos referidos recursos a projetos de prevenção ou reparação de danos de bens jurídicos da mesma natureza, ao apoio a entidades cuja finalidade institucional inclua a proteção aos direitos ou interesses difusos, a depósito em contas judiciais ou, ainda, poderão receber destinação específica que tenha a mesma finalidade dos fundos previstos em lei ou esteja em conformidade com a natureza e a dimensão do dano.

§2º Os valores referentes às medidas compensatórias decorrentes de danos irreversíveis aos direitos ou interesses difusos deverão ser, preferencialmente, revertidos em proveito da região ou pessoas impactadas.

Assim, estar-se-ia diante de um conflito normativo em face da autoridade constitucional de fixação de diretrizes para atuação funcional, por parte do Conselho Nacional do Ministério Público. Mais que isso, o programa previsto na Medida Provisória nº 905 voltava-se exclusivamente a uma questão ambiental e ainda assim focada em benefício de população específica, descuidando de toda a gama de outros objetos e bens jurídicos socialmente relevantes associados à seara trabalhista.

Terceiro, o termo de ajustamento de conduta é um instituto de direito processual coletivo, previsto no art. 5º, §6º, da Lei de Ação Civil Pública, logo, incidente a impossibilidade de alteração de regra processual – essencial para a racionalização das demandas judiciárias – por medida provisória (art. 62, §1º, I, "b" da Constituição Federal).

Quarto, a medida efetivamente atingiria prerrogativas e funcionaria como limitador da própria capacidade dos membros do Ministério Público celebrarem termos de ajustamento de conduta, razão pela qual também estar-se-ia diante da reserva de iniciativa legal própria ao Procurador Geral da República. Além de ser marcadamente contraproducente à efetividade da atuação ministerial em tutela coletiva.

2 Os pontos essenciais da ADI nº 6.306 – inconstitucionalidade formal e material

Desde a edição da MP 905, a Procuradoria-Geral da República manteve pronto e amplo diálogo focado na recepção dos subsídios apresentados pelo Ministério Público do Trabalho para definição de seu próprio posicionamento enquanto juízo natural sobre o manejo de ações de inconstitucionalidade perante o Excelso Supremo Tribunal Federal.

Com efeito, o Exmo. Procurador Geral da República chegou à conclusão de que o impacto sobre a atuação do Ministério Público Trabalho seria imediato e atingiria a efetividade da tutela coletiva e inibitória, que visa à prevenção de ilícitos e à reparação dos danos difusos ou coletivos trabalhistas.

Assim, foi ajuizada a demanda que se consubstanciou na ADI nº 6.306.

Em sintonia de visão com o Ministério Público do Trabalho, entendeu-se que, ao destinar a um único fundo todos os valores decorrentes da atuação finalística do MPT, estar-se-ia a disciplinar matéria afeta a direito processual coletivo, especialmente sobre ação civil pública, do inquérito civil e do termo de ajustamento de conduta.

Importa destacar a bela defesa da necessária abertura para reparações de diferentes bens, notadamente à luz de uma percepção material da reparação de danos, como se extrai do trecho inicial da ADI nº 6.306:

> A cláusula geral de reparação dos atos ilícitos, consagrada no art. 186 do Código Civil e que densifica as garantias constitucionais de ubiquidade Justiça e de proteção ao direito adquirido (art. 5º, incisos XXXV e XXVI), conduz à busca da reparação que melhor possibilite a restauração do bem jurídico atingido ou o resultado que a isso mais se aproxime.

Também outro ponto de destaque foi a indicação de que as limitações aos termos de ajustamento de conduta interfeririam diretamente na atividade finalística de um dos ramos do Ministério Público da União, sendo essa atividade composta por atribuições e prerrogativas configurando matérias reservadas à lei complementar de iniciativa de cada Procurador-Geral (CF, art. 128, §5º). Nesse particular, outro importante trecho da exordial:

> A lei ordinária pode conferir novas atribuições ao Ministério Público, desde que compatíveis com sua finalidade (ADI 2.794/DF, Rel. Min. Sepúlveda Pertence, DJ de 30 mar. 2007), mas não pode lei ordinária, nem medida provisória, reduzir atribuições outorgadas por lei complementar, na forma do art. 128, §5º, da Constituição Federal.
> [...]
> Ao delimitar o campo de atuação do MPT, os arts. 21 e 28 (na parte que altera o art. 627-A, §§1º e 2º, da CLT) da MPv 905/2019 tratam de matéria cuja iniciativa pertence exclusivamente ao Procurador-Geral da República, nos termos do art. 128, §5º, da CF. A iniciativa deferida ao Chefe de cada MP para dispor sobre a organização, as atribuições e o seu estatuto consubstancia expressão da autonomia e independência assegurada ao Ministério Público.

Por fim, destacou o Exmo. Procurador Geral da República inconstitucionalidade material nos dispositivos da MP nº 905/2019 ao afrontarem os arts. 2º; 127, *caput* e §1º; e 128, §5º, da Constituição Federal, impondo restrições indevidas e condicionando a própria independência funcional dos membros do Ministério Público do Trabalho.

A ADI nº 6.306 não chegou a ser julgada, perdendo o objeto com a caducidade da MP nº 905/2019, porém foi palco de uma afirmação e defesa clara das prerrogativas do Ministério Público do Trabalho e, por corolário, de todo o Ministério Público.

3 Repercussões financeiras decorrentes da atuação finalística do Ministério Público – a reparação social mediante reversões como elemento inerente à tutela coletiva e à atuação do Ministério Público

É importante destacar que o Ministério Público do Trabalho apenas reflexamente possui efeitos financeiros decorrentes de sua atuação e obtém indenizações reversíveis socialmente não como fundamento ou foco de seu mister, mas como subprodutos de atuações estruturantes e focadas na prevenção de ilegalidades e transformação de condutas e culturas corporativas para evitar fraudes ou ilícitos trabalhistas.

Nesse ponto, o dano moral coletivo ganha destaque, tanto que foi objeto expresso de incidência da MP nº 905/2019.

Mauro Schiavi (2008, p. 782) aponta que o reconhecimento do dano moral coletivo tem por finalidade prevenir danos morais individuais, facilitando o acesso à justiça e à ordem jurídica justa, garantindo a proteção da moral coletiva da própria sociedade. Evidencia-se de forma imediata a noção de que esta tipologia de dano serve a propósito instrumental relativo à prevenção de litígios.[1]

Xisto Tiago de Medeiros Neto (2007, p. 123), por sua vez, insere a aceitação doutrinária e jurisprudencial da figura do dano moral coletivo no movimento de progressiva expansão da responsabilidade civil, notadamente nas tônicas deste estudo de ampliação dos danos passíveis de ressarcimento. Assim, o dano moral coletivo: "corresponde à lesão injusta e intolerável a interesses ou direitos titularizados pela coletividade [...], os quais possuem natureza extrapatrimonial, refletindo valores e bens fundamentais para a sociedade".[2] Põe ainda em evidência que o dano que se está a reparar não é propriamente a "moral" observada no dano moral individual, mas de bens e valores extrapatrimoniais coletivos. Por esta mesma razão, o autor prefere associar a natureza do dano que está sendo indenizado como dano extrapatrimonial coletivo.

Trata-se de situação consolidada na jurisprudência laboral, sendo possível identificar múltiplas situações em variadas lesões a diferentes bens jurídicos que implicam dano moral coletivo na jurisprudência mais atual do Tribunal Superior do Trabalho:

a) Descumprimento de limitação de jornada de trabalho com supressões totais/parciais de intervalos ou extrapolação da jornada legal em face de coletividade de trabalhadores.[3] Existem, entretanto, julgados em contraponto de que mesmo diante de violações coletivas relativas à jornada, elementos do caso concreto, tais como quantitativo de trabalhadores e extensão da lesão, não caracterizam violação aos padrões objetivos de socialidade.[4]

b) Terceirização irregular de mão de obra,[5] processada de várias maneiras: no trabalho rural, mediante cooperativas fraudulentas, através de empresas de trabalho

---

[1] SCHIAVI, Mauro. Aspectos polêmicos atuais do dano moral coletivo decorrente da relação de trabalho. *Revista LTr*, São Paulo, v. 72, n. 7, p. 782-789, jun. 2008.

[2] MEDEIROS NETO, Xisto Tiago de. *Dano moral coletivo*. 2. ed. São Paulo: LTr, 2007.

[3] Nesse sentido: TST - AIRR 0002545-25.2011.5.18.0101 – Rel.ª Min.ª Kátia Magalhães Arruda - *DJe* 29.05.2015 - p. 1848; TST - RR 0024015-32.2014.5.24.0072 - Rel. Min. Aloysio Corrêa da Veiga - *DJe* 12.02.2016 - p. 1947; TST - RR 589-24.2012.5.01.0032 - 8ª T. - Rel.ª Min.ª Dora Maria da Costa - *DJe* 16.10.2015; TST - RR 1350-75.2011.5.15.0040 - 8ª T. - Rel.ª Min.ª Dora Maria da Costa - *DJe* 06.03.2015; TST - AIRR 1779-53.2012.5.09.0661 - 3ª T. - Rel. Min. Alberto Luiz Bresciani de Fontan Pereira - *DJe* 11.09.2015.

[4] Nesse sentido: TST - ARR 0000329-63.2011.5.04.0010 - Rel.ª Min.ª Dora Maria da Costa - *DJe* 04.09.2015 - p. 2872; TST - AIRR 0004960-55.2012.5.12.0022 - Rel. Min. Guilherme Augusto Caputo Bastos - *DJe* 18.09.2015 - p. 1869; TST - AIRR 0004960-55.2012.5.12.0022 - Rel. Min. Guilherme Augusto Caputo Bastos - *DJe* 18.09.2015 - p. 1869.

[5] Nesse sentido: TST - AIRR 0000806-88.2011.5.15.0072 – Rel.ª Min.ª Kátia Magalhães Arruda - *DJe* 27.11.2015 - p. 1821; TST - ARR 549-63.2010.5.20.0006 - 3ª T. - Rel. Min. Mauricio Godinho Delgado - *DJe* 20.11.2015; TST - AIRR 20227-84.2014.5.04.0001 - 3ª T. - Rel. Min. Mauricio Godinho Delgado - *DJe* 13.11.2015; TST - ARR 0002890-24.2010.5.12.0026 - Rel. Min. Aloysio Corrêa da Veiga - *DJe* 25.09.2015 - p. 2497; TST - AIRR 2636-09.2011.5.01.0451 - 8ª T. - Rel.ª Min.ª Dora Maria da Costa - *DJe* 10.04.2015

temporário na atividade-fim da tomadora; ou contratação irregular por ausência de concurso público.

c) Práticas organizacionais que reflitam assédio moral coletivo,[6] como metas abusivas, exposições públicas, como punições; tratamento agressivo de supervisores e ameaças constantes sobre a continuidade da relação empregatícia.

d) Situações de trabalho degradante ou com a inobservância de normas de saúde e segurança no trabalho.[7] Dentre os elementos concretos indicados nos julgados, destacam-se: alojamentos em situações precárias, limitação de acesso a água potável e fornecimento de alimentação cruenta ou estragada; uso de maquinário com risco de esmagamentos, amputações, eletrocussão etc., sem utilização de medidas de proteção ao usuário e/ou treinamento adequado, bem como concessões, por exemplo, de pausa térmica para trabalhos em ambientes artificialmente frios. Contudo, sobre esta temática existem julgados em contraponto, onde acidentes isolados, mesmo graves, não teriam aptidão a repercutir na esfera coletiva.[8]

e) Atraso de pagamentos de verbas rescisórias em projeção coletiva.[9]

f) Condutas antissindicais, bem como fraudes na constituição e gestão sindical.[10]

g) Descumprimento da cota de contratação de aprendizes.[11]

h) Descumprimento da cota de pessoas com deficiência.[12]

i) Manejo de lides simuladas na Justiça do Trabalho.[13]

j) Tratamento discriminatório mediante pesquisas de histórico de crédito e antecedentes criminais para acesso ao emprego.[14]

l) Descontos salariais indevidos ou exigência de carta de fiança bancária dos trabalhadores em face de possíveis danos no curso do trabalho.[15]

m) Exigência de desistência de reclamações trabalhistas para manutenção ou novas admissões.[16]

---

[6] Nesse sentido: TST - RR 0001103-05.2010.5.24.0000 - Rel. Min. Hugo Carlos Scheuermann - DJe 19.06.2015 - p. 906; TST - Ag-AIRR 2114-89.2010.5.08.0202 - Rel. Min. Walmir Oliveira da Costa - DJe 06.02.2015; TST - AIRR 0050040-83.2008.5.10.0007 - Rel. Min. Hugo Carlos Scheuermann - DJe 12.06.2015 - p. 561.

[7] Nesse sentido: TST - RR 0008600-37.2005.5.18.0251 - Rel. Min. Emmanoel Pereira - DJe 04.04.2014 - p. 1419; TST - RR 702-07.2011.5.06.0021 - 3ª T. - Rel. Min. Alberto Luiz Bresciani de Fontan Pereira - DJe 11.09.2015; TST - ARR 79400-81.2009.5.23.0002 - Rel. Min. José Roberto Freire Pimenta - DJe 14.08.2015; TST - AIRR 1011-50.2010.5.18.0111 - 5ª T. - Rel. Min. Guilherme Augusto Caputo Bastos - DJe 14.08.2015; TST - RR 0161500-69.2008.5.08.0124 - Rel. Min. Mauricio Godinho Delgado - DJe 22.05.2015 - p. 1311.

[8] Nesse sentido: TST - AIRR 0000564-24.2013.5.20.0007 - Rel.ª Min.ª Dora Maria da Costa - DJe 04.09.2015 - p. 2923; TST - ARR 0000030-26.2010.5.12.0034 - Rel. Min. Guilherme Augusto Caputo Bastos - DJe 06.11.2015 - p. 1693; TST - AIRR 2545-25.2011.5.18.0101 - 6ª T. - Rel.ª Min.ª Kátia Magalhães Arruda - DJe 29.05.2015;

[9] Nesse sentido: TST - AIRR 0000317-58.2010.5.24.0000 - Rel. Min. Mauricio Godinho Delgado - DJe 25.09.2015 - p. 1652;

[10] Nesse sentido: TST - E-ARR 64800-98.2008.5.15.0071 - Rel. Min. Aloysio Corrêa da Veiga - DJe 20.02.2015; TST - AIRR 0056700-46.2006.5.15.0065 - Rel. Min. José Roberto Freire Pimenta - DJe 11.12.2015 - p. 1017;

[11] Nesse sentido: TST - RR 235-21.2012.5.12.0055 - Rel.ª Min.ª Delaíde Miranda Arantes - DJe 27.11.2015;

[12] Nesse sentido: TST - RR 0001443-50.2012.5.09.0014 - Rel.ª Minª Maria de Assis Calsing - DJe 12.06.2015 - p. 1740; TST - RR 1208-96.2011.5.10.0012 - 6ª T. - Rel.ª Minª Kátia Magalhães Arruda - DJe 28.11.2014.

[13] Nesse sentido: TST - RR 54300-52.2000.5.01.0035 - 3ª T. - Rel. Min. Alexandre de Souza Agra Belmonte - DJe 13.11.2015.

[14] Nesse sentido: TST - RR 172000-46.2013.5.13.0007 - 2ª T. - Rel. Min. Cláudio Armando Couce de Menezes - DJe 07.11.2014; TST - RR 3990200-19.2008.5.09.0002 - Rel. Min. José Roberto Freire Pimenta - DJe 20.02.2015.

[15] Nesse sentido: TST - AIRR 0124840-91.2007.5.01.0064 - Rel. Min. Walmir Oliveira da Costa - DJe 14.03.2014 - p. 331; TST - AIRR 3311-49.2010.5.10.0000 - 2ª T. - Rel. Min. Renato de Lacerda Paiva - DJe 24.10.2014.

[16] Nesse sentido: TST - AIRR 0000239-34.2014.5.10.0802 - Rel. Min. Mauricio Godinho Delgado - DJe 15.04.2016 - p. 907.

n) Transporte de valores por trabalhadores não capacitados para tanto, usualmente bancários em reposição de valores para agências distantes.[17]

Dessa gama de hipóteses identificada na jurisprudência, entende-se que fica evidenciada a multiplicidade de objetos que demandam não só reparações como estratégias de atuação específicas, estas inerentes ao próprio atuar do Ministério Público do Trabalho e que se relacionam com a própria independência funcional de seus membros.

Este é o cerne da importância da ADI nº 6.306, o reconhecimento de que se tornam uma violação material das prerrogativas de atuação do MPT as limitações sobre a escolha da forma mais adequada e mais eficiente de reparação social, que estão umbilicalmente ligadas ao atuar no caso concreto.

Além disso, reconhecer que não se pode condensar em uma única finalidade – de efetivo financiamento de programa governamental específico – as múltiplas realidades e bens jurídicos tutelados na seara coletiva – judicial e extrajudicial. Por fim, estar-se-ia violando a prescrição de reparação, tanto quanto possível, no local do dano.

Nesse particular, destaque-se que não se está a indicar que as reversões dos eventuais efeitos financeiros da atuação finalística do Ministério Público não devam ser destinadas ao orçamento público, o que se está a apontar é que esta reversão deve obedecer à diretriz geral de máxima efetividade e eficiência, analisada caso a caso.

Com efeito, destaque-se que o Ministério Público do Trabalho editou a Resolução nº 179/2020, que dispõe sobre regras mínimas para a reversão de recursos decorrentes da atuação finalística do MPT, dando proeminência aos fundos públicos, aparelhamento de órgãos públicos relacionados à fiscalização e proteção de direitos sociais.

Conclusão

A principal conclusão deste estudo seria a importância da pronta e imediata atuação do Procurador-Geral da República Antônio Augusto Brandão Aras na preservação da autonomia, prerrogativas e atribuições do Ministério Público do Trabalho.

A atuação também representou o reconhecimento, ainda que não julgado pelo Excelso Supremo Tribunal Federal, de que o entendimento da autoridade máxima do Ministério Público da União é que a possibilidade de celebração de termos de ajustamento de conduta é inerente às prerrogativas dos membros, bem como não podem ser condicionados de forma a criar um Ministério Público em situação de inferioridade aos demais. Além disso, a forma de reparação concreta é elemento que deve ser observado caso a caso, privilegiando-se a máxima efetividade e eficiência social.

Trata-se inegavelmente de uma bela defesa de todo o Ministério Público brasileiro enquanto pensado pela Constituição Federal de 1988 em toda a sua plenitude.

---

[17] Nesse sentido: TST - RR 15800-03.2008.5.23.0041 - Rel. Min. José Roberto Freire Pimenta - *DJe* 05.06.2015; TST - RR 99500-91.2009.5.03.0106 - 7ª T. - Rel. Min. Cláudio Mascarenhas Brandão - *DJe* 23.10.2015.

Referências

SCHIAVI, Mauro. Aspectos polêmicos atuais do dano moral coletivo decorrente da relação de trabalho. *Revista LTr*, São Paulo, v. 72, n. 7, p. 782-789, jun. 2008.

MEDEIROS NETO, Xisto Tiago de. *Dano moral coletivo*. 2. ed. São Paulo: LTr, 2007.

Informação bibliográfica deste texto, conforme a NBR 6023:2018 da Associação Brasileira de Normas Técnicas (ABNT):

BALAZEIRO, Alberto Bastos. Atuação do Procurador-Geral da República na Ação Direta de Inconstitucionalidade nº 6.306 – Preservação da máxima efetividade social na atuação do Ministério Público do Trabalho. *In*: RIBEIRO, Carlos Vinícius Alves; TOFFOLI, Dias; RODRIGUES JUNIOR, Otávio Luiz (Coord.). *Estado, Direito e Democracia:* estudos em homenagem ao Prof. Dr. Augusto Aras. Belo Horizonte: Fórum, 2021. p. 19-27. ISBN 978-65-5518-245-3.

MINISTÉRIO PÚBLICO MILITAR, FORÇAS ARMADAS E DEMOCRACIA

ANTÔNIO PEREIRA DUARTE

1 Prólogo

Acerca da fórmula contemporânea das democracias constitucionais, o professor Fioravanti[1] leciona que:

> (...) parece estar contida a aspiração a um *justo equilíbrio* entre o princípio democrático, dotado de valor constitucional pelas instituições da democracia política e o próprio papel do legislador e do governo, e a ideia – ínsita em toda a tradição constitucional – desde os limites da política a serem fixados pela força normativa da constituição e, em particular, pelo controle da constitucionalidade, que é cada vez mais decisivo no âmbito das democracias modernas.
>
> Este mesmo equilíbrio, precisamente porque foi alcançado em tempos recentes e porque, em suma, carece de uma longa tradição para se referir, é, no entanto, inevitavelmente instável e está sujeito a tensões de vários tipos. O primeiro deles, o único que se pode citar aqui como conclusão, afeta a relação entre os *protagonistas desse equilíbrio*: os sujeitos da política democrática, parlamento, governos e partidos, por um lado; e os *sujeitos da garantia jurisdicional, os magistrados* e, em particular, os *tribunais constitucionais*, para outro.

Nessa ambiência de tensão dialética das democracias constitucionais contemporâneas, identifica-se o Ministério Público como órgão constitucional do Estado essencial para a administração da justiça e, igualmente, órgão de promoção dos valores superiores do ordenamento político-jurídico, o que evidencia que a magistratura ministerial encontra-se em uma posição de equilíbrio dentro deste referido sistema político: nem estritamente dependente dos poderes do Estado, nem desligada deles.

Esse equilíbrio institucional e constitucional de que desfruta o Ministério Público brasileiro, no âmbito do chamado Estado complexo, faz com que a instituição seja

---

[1] FIORAVANTI, Maurizio. *Constitución*: de la Antigüedad a nuestros días. Madrid: Editorial Trotta, 2001, p. 163/164.

considerada como órgão de projeção constitucional que não se encontra integrada a nenhum dos três clássicos poderes, senão à manutenção de relações instrumentadas que possibilitam os freios e contrapesos – *checks and balances* – necessários para o funcionamento harmônico do sistema democrático constitucional.

Não por outra razão, Sabo Paes,[2] ao afirmar que a noção de três poderes independentes e harmônicos, ainda que reforçada pela teoria dos freios e contrapesos, jamais poderia ser entendida sem ter em conta a instituição Ministério Público, esclarece que:

> A natureza das funções do Ministério Público Brasileiro posiciona-o ao lado dos poderes do Estado e, ao mesmo tempo, entre eles. Fruto da separação dos poderes, o Ministério Público é a correia de ligação e comunicação entre os poderes do Estado, promovendo e possibilitando o funcionamento harmônico das engrenagens do Poder como um todo.

Sob tal pálio, há de ser repercutido o espaço especializado de atuação do Ministério Público Militar brasileiro, um dos quatro ramos do Ministério Público da União, cujo plexo de atribuições situa-se na seara peculiar de desenvolvimento de atividades imprescindíveis ao Estado, que guarda pertinência tanto com a Defesa Nacional quanto com as tensões internas que possam comprometer a ordem e a lei, remetendo-se ao resguardo da higidez operacional e moral da prestação dos serviços militares reputados inadiáveis e intransferíveis, os quais são concretizados pelas instituições militares.

As Forças Armadas, como instituições nacionais permanentes, garantidoras que são da intangibilidade das demais instituições democráticas do país, são essenciais ao bom funcionamento do Estado, havendo de exercer suas missões com absoluto comprometimento, jamais podendo resvalar para a descontinuidade do serviço e eventual risco à estabilidade e à preservação da segurança nacional e da própria ordem interna.

Não por outra razão, o Ministério Público Militar brasileiro, que completou um século de existência em 30 de outubro de 2020, se insere neste mesmo viés constitucional, erigindo-se como instituição republicana que respalda e robustece o funcionamento correto das Forças Armadas, as quais, escudadas nos princípios da hierarquia e da disciplina consoante previsão constitucional, devem atuar com desassombro, equilíbrio e eficiência. O Ministério Público Militar baliza, pois, sua atuação na contínua prevenção e repressão às práticas ilícitas – criminais ou disciplinares – que possam comprometer, de qualquer forma, o correto e efetivo desempenho funcional das instituições militares.

2 Breve digressão sobre o surgimento do Ministério Público Militar

Embora a Justiça Militar da União conte com mais de duzentos anos de história, foi em 1920 que surgiu no ordenamento jurídico a figura do Ministério Público Militar

---

[2] SABO PAES, José Eduardo. *O Ministério Público na construção do Estado Democrático de Direito*. Brasília: Brasília Jurídica, 2003, p. 261 e 266.

– também chamado de *Parquet* Castrense, *Parquet* das Armas ou *Parquet Milicién*, com a atribuição, ao Procurador-Geral e aos Promotores Militares, pelo Decreto 14.450/1920,[3] de atividades próprias da acusação.

Seu assento constitucional, contudo, veio com a Constituição de 16 de julho de 1934,[4] que previa, em seu artigo 98, o Ministério Público perante a Justiça Militar.

Dessa forma, o *Parquet* Castrense é um dos ramos mais antigos do Ministério Público brasileiro, sendo o decano do Ministério Público da União, tendo passado por momentos marcantes da história brasileira, como a Revolução de 1930; a Segunda Grande Guerra Mundial, quando esteve presente inclusive na Itália para a persecução dos crimes ocorridos no teatro bélico; além do período do governo militar, que se iniciou em 1964 e finalizou em 1985, com a denominada reabertura política.

Foi, aliás, no período do regime militar que se editaram o Código Penal Militar[5] e o Código de Processo Penal Militar,[6] constando do artigo 55 desse último diploma que: "Cabe ao Ministério Público fiscalizar o cumprimento da lei penal militar, tendo em atenção especial o resguardo das normas de hierarquia e disciplina, como bases da organização das Fôrças Armadas".

Entretanto, pode-se afirmar que foi efetivamente com a Constituição de 1988[7] que o Ministério Público brasileiro foi elevado a outro patamar, ressignificando sua índole, de modo que passou a ostentar o *status* de instituição permanente e essencial à função jurisdicional do Estado, com a atuação sustentada pelos importantes princípios da unidade, da indivisibilidade e da independência funcional, além de completa autonomia administrativa e financeira.[8]

Nesse sentido, a Lei Complementar nº 75/1993,[9] que dispõe sobre a organização, as atribuições e o estatuto do Ministério Público da União, elencou uma série de garantias e prerrogativas funcionais, de modo a concretizar os princípios constitucionais que norteiam a instituição. Em relação ao Ministério Público Militar, propriamente dito, tratou de explicitar, entre outras funções comuns aos demais ramos do MPU, as atribuições de promover, privativamente, a ação penal militar e a de representar pela declaração de indignidade ou de incompatibilidade para o oficialato, conferindo ainda a destacada atribuição fiscalizatória do resguardo dos princípios nucleares das Forças Armadas, quais sejam, a hierarquia e a disciplina.[10]

---

[3] Disponível em: https://www2.camara.leg.br/legin/fed/decret/1920-1929/decreto-14450-30-outubro-1920-502847-republicacao-95110-pe.html.
[4] Disponível em: http://www.planalto.gov.br/ccivil_03/constituicao/constituicao34.htm.
[5] Disponível em: http://www.planalto.gov.br/ccivil_03/decreto-lei/Del1001Compilado.htm.
[6] Disponível em: http://www.planalto.gov.br/ccivil_03/Decreto-Lei/Del1002.htm.
[7] Disponível em: http://www.planalto.gov.br/ccivil_03/constituicao/constituicao.htm.
[8] Art. 127. O Ministério Público é instituição permanente, essencial à função jurisdicional do Estado, incumbindo-lhe a defesa da ordem jurídica, do regime democrático e dos interesses sociais e individuais indisponíveis.
§1º São princípios institucionais do Ministério Público a unidade, a indivisibilidade e a independência funcional.
§2º Ao Ministério Público é assegurada autonomia funcional e administrativa, podendo, observado o disposto no art. 169, propor ao Poder Legislativo a criação e extinção de seus cargos e serviços auxiliares, provendo-os por concurso público de provas ou de provas e títulos, a política remuneratória e os planos de carreira; a lei disporá sobre sua organização e funcionamento.
(...)
[9] Disponível em: http://www.planalto.gov.br/ccivil_03/leis/lcp/Lcp75.htm.
[10] Art. 116. Compete ao Ministério Público Militar o exercício das seguintes atribuições junto aos órgãos da Justiça Militar:

Com o presente artigo, almeja-se, primeiramente, abarcar aspectos nodais do trabalho desenvolvido pelo Ministério Público Militar, bem como algumas marcantes características da Justiça Militar da União, visando propiciar uma visão de conjunto desta atuação especializada que alcançou a chancela do arcabouço constitucional pátrio; e, num segundo desiderato, fazer o *link* com a missão das Forças Armadas, como uma das instâncias fundamentais e garantidoras das demais instituições democráticas.

3   A jurisdição militar no Estado Democrático de Direito

A Justiça Militar da União, com assento na Carta Constitucional brasileira de 1988 (arts. 122 a 124[11]), diferentemente do que ocorre em muitos outros países, é um órgão civil e integrante do Poder Judiciário, instituído em caráter permanente e regular. Não guarda, portanto, qualquer similitude com as chamadas cortes marciais e jamais pode ser vista como um órgão jurisdicional de exceção. Situa-se, pois, no sistema de justiça nacional, como sendo o juiz constitucional dos fatos penais militares, de certas questões disciplinares e da própria ética castrense, na medida em que também atua, ainda, como sendo a instância jurisdicional aferidora da dignidade e da compatibilidade para com o oficialato.

A percepção imediata que se tem é que o constituinte originário fez clara escolha pela especialização como critério para definir, no sistema de justiça pátrio, a atuação de determinados braços do Judiciário, como a Justiça do Trabalho, a Justiça Eleitoral e a mais especializada de todas, a Justiça Militar.

No ápice desta jurisdição especializada assim moldada constitucionalmente, figura o Superior Tribunal Militar, composto de quinze Ministros vitalícios, sendo três deles entre oficiais-generais da Marinha, quatro entre oficiais-generais do Exército e três entre oficiais-generais da Aeronáutica, todos da ativa e do posto mais elevado da carreira, e cinco Ministros civis, sendo três advogados de notório saber jurídico e conduta ilibada e dois, por escolha paritária, entre juízes federais da Justiça Militar da União e membros do Ministério Público Militar.

I – promover, privativamente, a ação penal pública;
II – promover a declaração de indignidade ou de incompatibilidade para o oficialato;
III – manifestar-se em qualquer fase do processo, acolhendo solicitação do juiz ou por sua iniciativa, quando entender existente interesse público que justifique a intervenção.

[11] Art. 122. São órgãos da Justiça Militar:
I – o Superior Tribunal Militar;
II – os Tribunais e Juízes Militares instituídos por lei.
Art. 123. O Superior Tribunal Militar compor-se-á de quinze Ministros vitalícios, nomeados pelo Presidente da República, depois de aprovada a indicação pelo Senado Federal, sendo três dentre oficiais-generais da Marinha, quatro dentre oficiais-generais do Exército, três dentre oficiais-generais da Aeronáutica, todos da ativa e do posto mais elevado da carreira, e cinco dentre civis.
Parágrafo único. Os Ministros civis serão escolhidos pelo Presidente da República dentre brasileiros maiores de trinta e cinco anos, sendo:
I – três dentre advogados de notório saber jurídico e conduta ilibada, com mais de dez anos de efetiva atividade profissional;
II – dois, por escolha paritária, dentre juízes auditores e membros do Ministério Público da Justiça Militar.
Art. 124. A Justiça Militar compete processar e julgar os crimes militares definidos em lei.
Parágrafo único. A lei disporá sobre a organização, o funcionamento e a competência da Justiça Militar.

Nos termos do art. 124 da Constituição da República, à Justiça Militar da União incumbe o processamento e julgamento dos crimes militares definidos em lei.

A primeira instância da Justiça Militar da União concentra a atividade de persecução penal de crimes militares de competência dos Conselhos Especial e Permanente de Justiça e dos Juízes Federais, no caso de delitos cometidos por civis, e está dividida em doze Circunscrições Judiciárias Militares (CJM),[12] as quais abrigam uma ou mais Auditorias (Varas) Federais Militares.

Já no âmbito do Superior Tribunal Militar são processados os crimes militares cometidos por oficiais-generais, a representação para declaração de indignidade ou incompatibilidade para o oficialato, os recursos das decisões proferidas em primeiro grau e os conselhos de justificação, entre outros feitos.

Dotada de independência e imparcialidade, por mandamento constitucional comum a todos os ramos do sistema judiciário brasileiro, também se exige da Justiça Militar, portanto, o respeito às garantias previstas no art. 5º da Constituição da República e, em especial, a publicidade dos julgamentos e o devido processo legal, o contraditório e a ampla defesa, em plena observância ao que dispõe o art. 8º do Pacto de São José da Costa Rica.[13]

Aos Juízes Federais da Justiça Militar da União são conferidas todas as garantias previstas no art. 95 da Constituição da República,[14] aplicando-se-lhes as mesmas vedações que são impostas a todos os membros do Poder Judiciário brasileiro.

---

[12] As Circunscrições Judiciárias Militares estão sediadas no Rio de Janeiro/RJ (1ª CJM), em São Paulo/SP (2ª CJM), em Porto Alegre/RS (1ª Auditoria da 3ª CJM), em Bagé/RS (2ª Auditoria da 3ª CJM), em Santa Maria/RS (3ª Auditoria da 3ª CJM), em Belo Horizonte/MG (4ª CJM), em Curitiba/PR (5ª CJM), em Salvador/BA (6ª CJM), no Recife/PE (7ª CJM), em Belém/PA (8ª CJM), em Campo Grande/MS (9ª CJM), em Fortaleza/CE (10ª CJM), em Brasília/DF (11ª CJM) e em Manaus/AM (12ª CJM).

[13] Disponível em: https://www.cidh.oas.org/basicos/portugues/c.convencao_americana.htm:
Artigo 8º. Garantias judiciais
1. Toda pessoa tem direito a ser ouvida, com as devidas garantias e dentro de um prazo razoável, por um juiz ou tribunal competente, independente e imparcial, estabelecido anteriormente por lei, na apuração de qualquer acusação penal formulada contra ela, ou para que se determinem seus direitos ou obrigações de natureza civil, trabalhista, fiscal ou de qualquer outra natureza.
2. Toda pessoa acusada de delito tem direito a que se presuma sua inocência enquanto não se comprove legalmente sua culpa. Durante o processo, toda pessoa tem direito, em plena igualdade, às seguintes garantias mínimas:
a. direito do acusado de ser assistido gratuitamente por tradutor ou intérprete, se não compreender ou não falar o idioma do juízo ou tribunal;
b. comunicação prévia e pormenorizada ao acusado da acusação formulada;
c. concessão ao acusado do tempo e dos meios adequados para a preparação de sua defesa;
d. direito do acusado de defender-se pessoalmente ou de ser assistido por um defensor de sua escolha e de comunicar-se, livremente e em particular, com seu defensor;
e. direito irrenunciável de ser assistido por um defensor proporcionado pelo Estado, remunerado ou não, segundo a legislação interna, se o acusado não se defender ele próprio nem nomear defensor dentro do prazo estabelecido pela lei;
f. direito da defesa de inquirir as testemunhas presentes no tribunal e de obter o comparecimento, como testemunhas ou peritos, de outras pessoas que possam lançar luz sobre os fatos;
g. direito de não ser obrigado a depor contra si mesma, nem a declarar-se culpada; e
h. direito de recorrer da sentença para juiz ou tribunal superior.

[14] Art. 95. Os juízes gozam das seguintes garantias:
I – vitaliciedade, que, no primeiro grau, só será adquirida após dois anos de exercício, dependendo a perda do cargo, nesse período, de deliberação do tribunal a que o juiz estiver vinculado, e, nos demais casos, de sentença judicial transitada em julgado;
II – inamovibilidade, salvo por motivo de interesse público, na forma do art. 93, VIII;
III – irredutibilidade de vencimentos, observado, quanto à remuneração, o que dispõem os arts. 37, XI, 150, II, 153, III, e 153, §2º, I.
III – irredutibilidade de subsídio, ressalvado o disposto nos arts. 37, X e XI, 39, §4º, 150, II, 153, III, e 153, §2º, I.
Parágrafo único. Aos juízes é vedado:

Por seu turno, os Juízes militares, que integram os Conselhos Permanente e Especial de Justiça, são sorteados entre oficiais de carreira, "com vitaliciedade assegurada" (art. 18 da Lei nº 8.457/1992 – Lei de Organização Judiciária Militar da União)[15], sendo substituídos apenas nas hipóteses previstas no art. 31 da Lei nº 8.457/1992.[16]

Aliás, a vitaliciedade dos oficiais das Forças Armadas é um imperativo constitucional, na medida em que somente perderá o posto "por decisão de tribunal militar de caráter permanente, em tempo de paz, ou de tribunal especial, em tempo de guerra" (art. 142, §3º, VI).[17]

E, sobre o julgamento dos processos criminais pelo sistema de escabinato no âmbito da Justiça Militar da União, o Supremo Tribunal Federal já teve oportunidade de manifestar-se no sentido de sua constitucionalidade:

> HABEAS CORPUS. DIREITO PENAL E PROCESSUAL PENAL MILITAR. CRIME DE USO E POSSE DE ENTORPECENTE EM LUGAR SUJEITO À ADMINISTRAÇÃO MILITAR (CPM, ART. 290). ARGUIÇÃO DE INCONSTITUCIONALIDADE DA ORGANIZAÇÃO DA JUSTIÇA PENAL MILITAR (LEI N. 8.457/92). IMPROCEDÊNCIA. EXISTÊNCIA DE GARANTIAS PRÓPRIAS E IDÔNEAS À IMPARCIALIDADE DO JULGADOR. SIMETRIA CONSTITUCIONAL. (...).
>
> 1. A Lei nº 8.457/92, ao organizar a Justiça Militar da União criando os Conselhos de Justiça (art. 1º c/c art. 16) e confiando-lhes a missão de prestar jurisdição criminal, não viola a Constituição da República ou a Convenção Americana de Direitos Humanos (Pacto de São José da Costa Rica), porquanto assegura a seus respectivos membros garantias funcionais idôneas à imparcialidade do ofício judicante, ainda que distintas daquelas atribuídas à magistratura civil.
>
> (...)
>
> (Habeas Corpus 115.530/PR – Rel. Min. Luiz Fux – Primeira Turma – Julgamento em 25.06.2013 – Publicação *DJe* 14.08.2013)

I – exercer, ainda que em disponibilidade, outro cargo ou função, salvo uma de magistério;
II – receber, a qualquer título ou pretexto, custas ou participação em processo;
III – dedicar-se à atividade político-partidária.
IV – receber, a qualquer título ou pretexto, auxílios ou contribuições de pessoas físicas, entidades públicas ou privadas, ressalvadas as exceções previstas em lei;
V – exercer a advocacia no juízo ou tribunal do qual se afastou, antes de decorridos três anos do afastamento do cargo por aposentadoria ou exoneração.

[15] Art. 18. Os juízes militares dos Conselhos Especial e Permanente são sorteados dentre oficiais de carreira, da sede da Auditoria, com vitaliciedade assegurada, recorrendo-se a oficiais no âmbito de jurisdição da Auditoria se insuficientes os da sede e, se persistir a necessidade, excepcionalmente a oficiais que sirvam nas demais localidades abrangidas pela respectiva Circunscrição Judiciária Militar.

[16] Art. 31. Os juízes militares são substituídos em suas licenças, faltas e impedimentos, bem como nos afastamentos de sede por movimentação que decorram de requisito de carreira, ou por outro motivo justificado e reconhecido pelo juízo como de relevante interesse para a administração militar.

[17] Art. 142. As Forças Armadas, constituídas pela Marinha, pelo Exército e pela Aeronáutica, são instituições nacionais permanentes e regulares, organizadas com base na hierarquia e na disciplina, sob a autoridade suprema do Presidente da República, e destinam-se à defesa da Pátria, à garantia dos poderes constitucionais e, por iniciativa de qualquer destes, da lei e da ordem.
(...)
§3º Os membros das Forças Armadas são denominados militares, aplicando-se-lhes, além das que vierem a ser fixadas em lei, as seguintes disposições:
(...)
VI – o oficial só perderá o posto e a patente se for julgado indigno do oficialato ou com ele incompatível, por decisão de tribunal militar de caráter permanente, em tempo de paz, ou de tribunal especial, em tempo de guerra;

Do inteiro teor do acórdão proferido nesse julgamento, colhe-se, de relevante, o seguinte:

> Inicialmente, rejeito a arguição de inconstitucionalidade da Lei nº 8.457/92, que, ao organizar a Justiça Militar da União, criou os Conselhos de Justiça (art. 1º c/c art. 16), confiando-lhes a missão de prestar jurisdição criminal militar, sem, no entanto, assegurar a seus respetivos membros garantias funcionais idênticas às da magistratura civil.
>
> Entendo que a independência dos juízes militares é assegurada, na hipótese, por mecanismos diversos e peculiares, porém igualmente idôneos a promover a isenção necessária ao escorreito ofício judicante. Cito, ilustrativamente, o próprio critério de *sorteio* como mecanismo para a definição dos militares que ocuparão o cargo julgador (*ex vi* do art. 18 da Lei nº 8.457/92), a *vitaliciedade* que lhes é assegurada pelo mesmo dispositivo legal, bem como o imperativo de que, no exercício de suas atribuições, *"o juiz não deverá obediência senão, nos têrmos legais, à autoridade judiciária que lhe é superior"* (art. 36, §2º, da Lei nº 8.457/92).
>
> Reforça o ponto o bem lançado argumento do MPF quanto à *simetria constitucional* do modelo erigido pelo legislador ordinário. Transcrevo o raciocínio na íntegra:
>
> "De outra senda, o paralelo entre a formação do aludido Conselho (art. 16, b, Lei n.º 8.457/1992) e o dispositivo constitucional que define a composição do Superior Tribunal Militar revela que, *ao organizar a Justiça Militar da União, o legislador ordinário atendeu ao princípio da simetria constitucional*, pois, assim como na composição do Conselho, o Superior Tribunal castrense é formado, à razão de dois terços, por oficiais das Forças Armadas. Senão, vejamos:
>
> 'Art. 123. O Superior Tribunal Militar compor-se-á de quinze Ministros vitalícios, nomeados pelo Presidente da República, depois de aprovada a indicação pelo Senado Federal, sendo três dentre oficiais-generais da Marinha, quatro dentre oficiais-generais do Exército, três dentre oficiais-generais da Aeronáutica, todos da ativa e do posto mais elevado da carreira, e cinco dentre civis'." (grifos no original).
>
> Por essas razões, não vislumbro qualquer inconstitucionalidade da Lei nº 8.457/92 e, portanto, indefiro o primeiro pedido veiculado na impetração.

(destaques no original)

Convém destacar, outrossim, que a Organização das Nações Unidas (ONU), por meio de sua Subcomissão de Promoção e Proteção dos Direitos Humanos, realizou estudos sobre a administração das Justiças Militares, por meio de grupo dirigido pelo Dr. Emmanuel Decaux. Nesse trabalho, foram elencados vinte princípios que deveriam ser observados para o regular funcionamento das Justiças Militares, dos quais se destacam: *(a)* a Justiça Militar deve ter sua origem na Constituição e integrar o sistema judiciário; *(b)* garantia do devido processo legal e observância das normas e procedimentos reconhecidos pelo Direito Internacional, mesmo em períodos de exceção ou na situação de catástrofe natural ou de um perigo público excepcional; *(c)* a publicidade como regra e não o segredo de justiça; *(d)* as medidas cautelares restritivas de liberdade não podem ser secretas, tanto quanto à identidade das pessoas como ao local da detenção; *(e)* garantia do exercício do *habeas corpus* a todos aqueles privados de liberdade; *(f)* existência de um tribunal competente, independente e imparcial, vedada, em todo caso, a atuação de "juízes sem rosto" ou de promotores secretos; *(g)* acesso ao processo pelas vítimas; *(h)* direito a recursos a tribunais comuns; *(i)* proibição da pena de morte; e *(j)* revisões periódicas da legislação penal castrense.[18]

Desses princípios, praticamente todos são atendidos pela Justiça Militar brasileira. Não por outra razão, o então Ministro do Superior Tribunal Militar Flávio Flores da Cunha Bierrenbach, ao comentar os resultados do Seminário Internacional realizado pelo Alto Comissariado de Direitos Humanos das Nações Unidas, no Palácio do Itamaraty, em Brasília/DF, para debater a aplicação do Direito Penal Militar, asseverou:

> Hoje, é opinião assente que a Justiça Militar da União, no Brasil, funciona a partir de regras internacionalmente reconhecidas, assegura a igualdade de todos perante a lei, respeita os princípios do Estado Democrático de Direito e observa os direitos humanos.[19]

4 Forças Armadas e tutela das instituições democráticas

Quando se referem à definição de serviços militares, Bobbio *et al.* reputam que a defesa da pátria se constitui o que mais comumente se pede às Forças Armadas. Aludem, contudo, numa segunda e moderna acepção, que os objetivos de tais Forças Armadas se estenderiam à defesa das instituições que garantem o funcionamento e a vida democrática do Estado: o Parlamento, o Governo, as regiões, as administrações locais etc. Segundo esta concepção, as Forças Armadas estão igualmente chamadas a defender o Estado de agressões internas, que tenham por objetivo a destruição e ruína dos sistemas políticos e administrativos.[20]

Compulsando-se o texto da Constituição brasileira, percebe-se claramente que, no Título V, que versa sobre a defesa do Estado e das instituições democráticas, ao se referir às Forças Armadas e definir suas atribuições no Cap. II, foram inicialmente categorizadas como instituições nacionais permanentes e regulares, destinadas à tríplice atuação de: I – defesa da pátria; II – garantia dos poderes constitucionais; e III – garantia da lei da ordem.

São, portanto, missões constitucionais de altíssimo relevo, que não podem, sob pena de vulnerar o Estado Democrático de Direito, sofrer qualquer descontinuidade, daí a razão de um regime distinto aplicado aos servidores militares, os quais são atrelados a compromissos que não se compaginam com determinados direitos como sindicalização e greve. O serviço militar é, pois, inadiável e insubstituível.

Pode-se também afirmar que a opção constituinte por um Ministério Público Militar e uma Justiça Militar, para dar vazão às soluções ágeis das questões que campeiam no âmbito da caserna, insere-se no contexto da especialização de tal múnus, a reclamar compreensão detida e qualificada do ordenamento jurídico militar, integrado por um alentado conjunto de princípios e normas jurídicas que regem esse particular *ethos*, calcado em valores deontológicos e regras de conduta que permeiam a vivência

---

[18] MARTIN-CHENUT, Kathin. Jurisdições militares em face das exigências do direito internacional. *Revista Direito Militar*, n. 73, p. 15-18, set./out. 2008.
[19] BIERRENBACH, Flávio Flores da Cunha. *Dois Séculos de Justiça*: presença das Arcadas no tribunal mais antigo do Brasil. São Paulo: Lettera.doc, 2010, p. 65-66.
[20] BOBBIO, N. *et al. Dicionário de política*. 4. ed. Brasília/DF, 1992, p. 505.

castrense, inspirando-a sempre, desde o ingresso nas fileiras com o juramento funcional, perpassando o exercício das atividades militares até final inatividade. Ademais, o direito positivo militar regula, igualmente, outros aspectos que dizem respeito às peculiaridades do ofício, bem como sobre o emprego interno e internacional das Forças Armadas, como se colhe do inciso X do §3º do art. 142 da Carta Fundamental. Não se descure, por outro lado, do papel, ainda que subsidiário, cometido às Forças Armadas de repelir riscos como a criminalidade ambiental e transfronteiriça.

Não se pretende, aqui, minudenciar as diversas missões das Forças Armadas, mas deixar entrever o quanto se mostram fundamentais para o Estado, na medida em que são os pilares da Defesa Nacional, dos poderes constituídos e da lei e da ordem. Quanto à garantia dos poderes constitucionais, Martins assevera que:

> Se o Supremo Tribunal Federal é o guardião da Constituição, quem garante os poderes constituídos são as Forças Armadas, lembrando que, quando Nelson Hungria, desconsolado, no golpe de estado que derrubou Café Filho, disse que o Supremo Tribunal Federal era um arsenal de livros, e não de tanques – e, por isso, nada podia fazer para garantir o governo, podendo apenas mostrar uma realidade, qual seja, a de que sem a garantia das Forças Armadas não há poderes constituídos – definiu os verdadeiros papéis das duas instituições.[21]

5 Atuação especializada do *Parquet* das armas

Assim como ocorre com a Justiça Militar da União, o Ministério Público Militar (MPM) é um órgão de natureza civil, integrado por membros que ingressam em seus quadros por concurso público de provas e títulos e que contam com as garantias e vedações comuns aos demais membros do Ministério Público brasileiro.

Com o cargo inicial de Promotor de Justiça Militar e depois com dois outros níveis de ascensão por provimento derivado, respectivamente, Procurador de Justiça Militar e Subprocurador-Geral de Justiça Militar, o MPM possui, atualmente, uma estrutura funcional com 79 cargos de membros, sendo 44 Promotores de Justiça Militar, 22 Procuradores de Justiça Militar e 13 Subprocuradores-Gerais de Justiça Militar.

Os ocupantes dos dois primeiros cargos desenvolvem suas funções no primeiro grau, nas Procuradorias de Justiça Militar, que têm sede no mesmo município em que sediadas as Auditorias (Varas) Federais de Justiça Militar.

Já o Procurador-Geral e os Subprocuradores-Gerais exercem suas atribuições na Procuradoria-Geral de Justiça Militar e atuam perante o Superior Tribunal Militar, em Brasília/DF.

Entre as atribuições do Ministério Público Militar, destacam-se a promoção da ação penal militar, realização de investigações, diretamente ou por meio de inquéritos a cargo da polícia judiciária militar, a representação para a declaração de indignidade ou incompatibilidade para o oficialato e o controle externo da atividade da polícia judiciária militar.

---

[21] MARTINS, Ives Gandra da Silva. As Forças Armadas na Constituição, p. 261/272. *Coletânea de Estudos Jurídicos*, Brasília, STM, 2008.

Outra importante marca da atuação do Ministério Público Militar é a extraterritorialidade em matéria de aplicação espacial da legislação penal militar. Isso lhe garante um papel preventivo junto às tropas brasileiras, por ocasião de sua preparação para integrar as denominadas forças de paz, com orientações e visitas técnicas às regiões em que as Nações Unidas realizam o esforço pelo restabelecimento da paz e pela convivência ordenada.

Essa característica também reclama o desenvolvimento da atividade de persecução de crimes militares cometidos fora do território nacional, a exemplo de sua atuação com relação ao incêndio na Estação Antártica Comandante Ferraz, em 25 de fevereiro de 2012,[22] e quanto à prisão em flagrante de militar da Aeronáutica na cidade de Sevilha, na Espanha, em 25 de junho de 2019, por tráfico internacional de drogas.[23]

Na parte interna, podem-se destacar, ainda, a fiscalização de estabelecimentos prisionais militares e sua crescente atuação na esfera extrapenal, com a possibilidade de instauração de inquérito civil, disciplinado pela Resolução nº 100/2018,[24] do Conselho Superior do Ministério Público Militar, e sua presença cada vez mais relevante no âmbito da Justiça Federal, na condição de autor ou litisconsorte ativo em ações civis públicas, a exemplo da ação que tratou da situação dos militares subalternos (especialmente taifeiros) designados para tarefas de caráter eminentemente doméstico nas residências de seus superiores,[25] a relativa ao serviço militar obrigatório e à escusa de consciência[26] e a referente ao uso de cinto de segurança em viaturas militares,[27] além de ações de responsabilização por improbidade administrativa.

Sobre a atuação do MPM em processos coletivos que envolvem questões de natureza militar, a estrutura enxuta e menos capilarizada da instituição (que ainda acompanha a distribuição espacial das Varas Federais Militares) e o conhecimento mais aprofundado das peculiaridades da estrutura funcional, axiológica e operacional das Forças Armadas têm permitido concentrar informações e realizar análises mais sistêmicas de potenciais e reais litígios funcionais coletivos (e até litígios estruturais), que demandam atuação resolutiva altamente especializada.

Aliás, no julgamento do REsp nº 1.339.383/RS, referente à ação civil pública sobre o serviço militar obrigatório e a escusa de consciência, assim se pronunciou o Superior Tribunal de Justiça a respeito da legitimidade do MPM para figurar no polo ativo em litisconsórcio com o Ministério Público Federal:

> No que se refere à legitimidade do Ministério Público Militar, cumpre destacar que a Constituição Federal, ao lado da previsão de que o Ministério Público é uno, remeteu à lei complementar a previsão das atribuições de cada ramo do Ministério Público (§5º do art. 128 da CF/1988), estabelecendo, porém, algumas funções institucionais:

---

[22] Notícia disponível em: https://www.stm.jus.br/informacao/agencia-de-noticias/item/6073-dois-anos-de-deten cao-stm-condena-suboficial-da-marinha-por-incendio-na-base-brasileira-na-antartica.

[23] Notícia disponível em: https://www.mpm.mp.br/mpm-denuncia-militar-preso-em-sevilha-por-trafico-de-drogas/.

[24] Disponível em: https://www.mpm.mp.br/portal/wp-content/uploads/2020/07/resolucao-100-altera-da-resolu cao-66.pdf.

[25] Notícia disponível em: https://www.mpm.mp.br/justica-proibe-uso-de-taifeiros-para-servicos-domesticos-nas-residencias-de-oficiais-em-santa-maria/.

[26] Notícia disponível em: http://www.mpf.mp.br/rs/sala-de-imprensa/noticias-rs/mpf-rs-e-mpm-querem-que-a-uniao-implemente-servico-alternativo-ao-servico-militar-obrigatorio.

[27] Notícia disponível em: https://www.mpm.mp.br/pjm-santa-maria-acp-pelo-uso-do-cinto-de-seguranca/.

Art. 129. São funções institucionais do Ministério Público [...]

I – zelar pelo efetivo respeito dos Poderes Públicos e dos serviços de relevância pública aos direitos assegurados nesta Constituição, promovendo as medidas necessárias a sua garantia;

III – promover o inquérito civil e a ação civil pública, para a proteção do patrimônio público e social, do meio ambiente e de outros interesses difusos e coletivos;

IX – exercer outras funções que lhe forem conferidas, desde que compatíveis com sua finalidade, sendo-lhe vedada a representação judicial e a consultoria jurídica de entidades públicas.

Não há, pois, qualquer óbice à atuação do Ministério Público Militar em conjunto com o Ministério Público Federal com a finalidade de assegurar a divulgação do direito de escusa de consciência, bem como sua efetiva implementação pelos órgãos competentes, porquanto, além de instituições autônomas, tem competência constitucional assegurada para tanto.

A propósito, consigna-se que as competências específicas previstas para o Ministério Público Militar, junto à Justiça Militar, previstas nos artigos 116 e 117 da Lei Complementar n. 75/1993 não afastam sua legitimidade para atuar em conjunto com o Ministério Público Federal, quando a causa a ser defendida assim o exigir ou for conveniente para ambos.[28]

Do mesmo modo, merece registro o acompanhamento, pelo Ministério Público Militar, das operações de garantia da lei e da ordem e da intervenção federal na segurança pública do Rio de Janeiro, decretada em 2018, que garantem não apenas uma atuação mais eficiente na repressão de crimes militares cometidos nesse contexto, mas traduzem-se em espaço propício para o aperfeiçoamento de procedimentos e protocolos adotados pelas Forças Armadas, citando-se, por todas as atuações já realizadas, recomendações para a utilização de câmeras pelas tropas nas ações[29] e sobre a necessidade de adoção de protocolo de abordagem da população, especialmente crianças, adolescentes, idosos e pessoas com deficiência.[30]

É nesse âmago que se realçam os papéis da Ouvidoria do MPM,[31] que se apresenta como um canal direto de comunicação entre a sociedade e a instituição, e que tem por objetivo dar efetividade, manter e aprimorar um padrão de excelência nos serviços e atividades prestados pela instituição. De igual densidade, a Secretaria de Direitos Humanos, de Direito Humanitário e de Relações Internacionais (SDHRI)[32] foi criada para, dentre outras atribuições, proceder à formulação de políticas e diretrizes direcionadas à promoção dos direitos humanos e do direito humanitário no âmbito de atuação do MPM e para a sugestão de medidas pertinentes ao tomar conhecimento de fatos que envolvam violações de direitos humanos ou de direito humanitário.

---

[28] Disponível em: https://scon.stj.jus.br/SCON/GetInteiroTeorDoAcordao?num_registro=201201735697&dt_publicacao=23/04/2014.
[29] Disponível em: https://www.mpm.mp.br/portal/wp-content/uploads/2018/08/pjm-rio-1-2018.pdf.
[30] Disponível em: https://www.mpm.mp.br/portal/wp-content/uploads/2018/06/pgjm-protocolo-abordagem-23-4-18.pdf.
[31] Mais informações em: https://www.mpm.mp.br/ouvidoria/.
[32] Portaria nº 151/PGJM, de 20 de agosto de 2020, Disponível em: https://www.mpm.mp.br/portal/wp-content/uploads/2020/09/sintese-25-agosto-2020.pdf.

Em outra vertente, criou-se recentemente o Observatório do Ministério Público Militar para o Enfrentamento da Corrupção,[33] que tem por objetivos promover estudos e levantamentos de dados estatísticos relativos ao número, à tramitação e às sanções impostas em casos de corrupção, de fraudes e de desvios de recursos públicos no âmbito das Forças Armadas; propor medidas concretas e normativas para o aperfeiçoamento de procedimentos extrajudiciais e o reforço à efetividade dos processos judiciais respectivos, incluindo a implantação e modernização de rotinas, prioridades, organização e especialização do Ministério Público; propor a celebração de convênios e de acordos de cooperação técnica com órgãos e entidades para a implementação de ferramentas e soluções de prevenção, investigação e repressão de ilícitos e de reparação de danos ao erário; e sugerir a expedição de recomendações e orientações para difundir o estabelecimento de ações de conformação e procedimentos internos de integridade e de *compliance*.

Ou seja, embora essencialmente atuante na persecução de crimes militares, o resguardo da hierarquia e da disciplina, pela formatação que lhe conferiram a Constituição de 1988 e a Lei Complementar nº 75/1993, é feito hoje por meio de outros tantos instrumentos de caráter extrapenal bastante efetivos e que acabam por conferir ao Ministério Público Militar também uma atuação preventiva e com caráter igualmente extrajudicial.

6 Avanços legislativos

No campo legislativo, recentes modificações trouxeram avanços no sistema penal e processual penal militar bastante significativos, que acabaram por fortalecer a Justiça Militar e o Ministério Público Militar. Tratam-se das Leis nºs 13.491/2017[34] e 13.774/2018.[35]

A primeira delas veicula relevantes alterações relacionadas à competência da Justiça Militar da União. Ao modificar a redação do inciso II do artigo 9º do Código Penal Militar, passou a considerar como crimes militares não apenas os previstos naquele diploma legal, mas todos os previstos na legislação penal brasileira, nas hipóteses trazidas nas alíneas daquele inciso:

> Art. 9º *Consideram-se crimes militares, em tempo de paz*:
>
> I – os crimes de que trata êste Código, quando definidos de modo diverso na lei penal comum, ou nela não previstos, qualquer que seja o agente, salvo disposição especial;
>
> II – os crimes previstos neste Código *e os previstos na legislação penal*, quando praticados: *(Redação dada pela Lei nº 13.491, de 2017)*
>
> a) por militar em situação de atividade ou assemelhado, contra militar na mesma situação ou assemelhado;
>
> b) por militar em situação de atividade ou assemelhado, em lugar sujeito à administração militar, contra militar da reserva, ou reformado, ou assemelhado, ou civil;

---

[33] Portaria nº 145/PGJM, de 07 de agosto de 2020. Disponível em: https://www.in.gov.br/web/dou/-/portaria-n-145/pgjm-de-7-de-agosto-de-2020-271795232.

[34] Disponível em: http://www.planalto.gov.br/ccivil_03/_ato2015-2018/2017/lei/l13491.htm.

[35] Disponível em: http://www.planalto.gov.br/ccivil_03/_Ato2015-2018/2018/Lei/L13774.htm.

c) por militar em serviço ou atuando em razão da função, em comissão de natureza militar, ou em formatura, ainda que fora do lugar sujeito à administração militar contra militar da reserva, ou reformado, ou civil; (Redação dada pela Lei nº 9.299, de 8.8.1996)

d) por militar durante o período de manobras ou exercício, contra militar da reserva, ou reformado, ou assemelhado, ou civil;

e) por militar em situação de atividade, ou assemelhado, contra o patrimônio sob a administração militar, ou a ordem administrativa militar;

f) *revogada. (Redação dada pela Lei nº 9.299, de 8.8.1996)*

III – os crimes praticados por militar da reserva, ou reformado, ou por civil, contra as instituições militares, considerando-se como tais não só os compreendidos no inciso I, como os do inciso II, nos seguintes casos:

a) contra o patrimônio sob a administração militar, ou contra a ordem administrativa militar;

b) em lugar sujeito à administração militar contra militar em situação de atividade ou assemelhado, ou contra funcionário de Ministério militar ou da Justiça Militar, no exercício de função inerente ao seu cargo;

c) contra militar em formatura, ou durante o período de prontidão, vigilância, observação, exploração, exercício, acampamento, acantonamento ou manobras;

d) ainda que fora do lugar sujeito à administração militar, contra militar em função de natureza militar, ou no desempenho de serviço de vigilância, garantia e preservação da ordem pública, administrativa ou judiciária, quando legalmente requisitado para aquêle fim, ou em obediência a determinação legal superior.

(...)

(destacou-se)

Em razão da edição da nova lei, atualmente submetem-se a julgamento pela Justiça Castrense, por exemplo, o assédio sexual cometido por militar dentro de uma organização militar, o abuso de autoridade (Lei nº 13.869/2019), os crimes previstos na Lei de Licitações e Contratos Administrativos (Lei nº 8.666/1993), quando praticados em certames ou contratos promovidos pelas Forças Armadas, os crimes da Lei nº 12.850/2013 (Organizações Criminosas), os delitos de associação criminosa (art. 288 do Código Penal comum), de tortura (Lei nº 9.455/1997), de lavagem de dinheiro (Lei nº 9.613/1998), os ambientais (Lei nº 9.605/1998), os do Estatuto do Desarmamento (Lei nº 10.826/2003), além dos crimes de drogas (Lei nº 11.343/2006), dentre outros.

A outra alteração da Lei nº 13.491/2017 relaciona-se à fixação da competência da Justiça Militar da União para julgar os crimes dolosos contra a vida de civil, perpetrados por militar das Forças Armadas, quando praticados nos contextos de: (I) atribuições estabelecidas pelo Presidente da República ou pelo Ministro de Estado da Defesa; (II) segurança de instituição militar ou de missão militar; e (III) atividade de natureza militar, de operação de paz, de garantia da lei e da ordem (GLO) ou de atribuições subsidiárias realizadas em conformidade com o disposto no art. 142 da Constituição Federal e na forma do Código Brasileiro de Aeronáutica, da Lei Complementar nº 97/1999, do Código de Processo Penal Militar e do Código Eleitoral:

Art. 9º Consideram-se crimes militares, em tempo de paz:

(...)

§2º Os crimes de que trata este artigo, quando dolosos contra a vida e cometidos por militares das Forças Armadas contra civil, serão da competência da Justiça Militar da União, se praticados no contexto: *(Incluído pela Lei nº 13.491, de 2017)*

I – do cumprimento de atribuições que lhes forem estabelecidas pelo Presidente da República ou pelo Ministro de Estado da Defesa; *(Incluído pela Lei nº 13.491, de 2017)*

II – de ação que envolva a segurança de instituição militar ou de missão militar, mesmo que não beligerante; ou *(Incluído pela Lei nº 13.491, de 2017)*

III – de atividade de natureza militar, de operação de paz, de garantia da lei e da ordem ou de atribuição subsidiária, realizadas em conformidade com o disposto no art. 142 da Constituição Federal e na forma dos seguintes diplomas legais: *(Incluído pela Lei nº 13.491, de 2017)*

a) Lei nº 7.565, de 19 de dezembro de 1986 – Código Brasileiro de Aeronáutica; *(Incluída pela Lei nº 13.491, de 2017)*

b) Lei Complementar nº 97, de 9 de junho de 1999; *(Incluída pela Lei nº 13.491, de 2017)*

c) Decreto-Lei nº 1.002, de 21 de outubro de 1969 – Código de Processo Penal Militar; e *(Incluída pela Lei nº 13.491, de 2017)*

d) Lei nº 4.737, de 15 de julho de 1965 – Código Eleitoral. *(Incluída pela Lei nº 13.491, de 2017)*

Quanto a essas alterações, foram ajuizadas duas Ações Diretas de Inconstitucionalidade (ADI), a ADI nº 5.804 e a ADI nº 5.901.

Na primeira delas, de autoria da Associação dos Delegados de Polícia do Brasil (ADEPOL/BRASIL), alega-se que o inciso II do art. 9º do Código Penal Militar, com a redação dada pela Lei nº 13.491/2017, colidiria com a previsão do art. 144, §1º, IV, e §4º, da Constituição Federal. Isso porque, na ótica da autora, os casos previstos na legislação penal comum não poderiam ser objeto de inquérito policial militar, ante o "princípio da exclusividade das funções de polícia judiciária, a cargo das autoridades policiais (delegados de polícia federais e estaduais)".

Já na segunda ADI, sustenta o Partido Socialismo e Liberdade (PSOL) que a Lei nº 13.491/2017, ao modificar o §2º e incisos do art. 9º do Código Penal Militar, para prever a competência da Justiça Militar da União para conhecer de crimes dolosos contra a vida de civil e cometidos por militares das Forças Armadas no contexto das ações descritas nos incisos I a III, afrontou os incisos XXXVIII, LIII e LIV do art. 5º da Constituição Federal de 1988, bem como descumpriu tratados internacionais sobre direitos humanos. Quanto à suposta violação do art. 5º da Constituição Federal, alega o autor que a modificação legislativa impugnada colide com a competência do tribunal do júri para julgar os crimes dolosos contra a vida (inciso XXXVIII), viola o devido processo legal (inciso LIV) e fere o juiz natural, fazendo alusão ao tribunal de exceção (inciso LIII).

O Ministério Público Militar foi aceito como *amicus curiae* ("colaborador" da Corte) nas duas multicitadas Ações Diretas de Inconstitucionalidade, já que os pedidos guardam relação direta com o exercício de suas atribuições, para que seja esclarecida a especialidade da Justiça Militar da União e as vicissitudes que permeiam a matéria da persecução penal dos crimes militares.

E, naturalmente, o *Parquet* castrense defende a constitucionalidade da Lei nº 13.491/2017. Com efeito, no tocante à redação conferida ao inciso II do art. 9º do Código Penal Militar pela Lei, com o acréscimo da expressão "e os previstos na legislação penal", o MPM dirigiu ao Supremo Tribunal Federal manifestação em que defende que a alteração promovida equivale, na prática, à previsão de novos tipos penais no próprio Código Penal Militar, ampliando o rol de crimes militares, os quais somente terão essa natureza, obviamente, e como ocorre com os tipos penais já previstos no CPM, se houver adequação típica indireta a alguma das hipóteses das alíneas do inciso II do art. 9º desse diploma legal.

Caso prevaleça o argumento de que a ampliação do rol de crimes militares promovida pela Lei nº 13.491/2017 é inconstitucional, seria forçoso concluir-se que o CPM elenca rol exaustivo e imutável de delitos militares, o que seria de todo absurdo, sobretudo por afrontar a principiologia adrede destacada no sentido da revisão periódica da legislação penal militar (Subcomissão de Promoção e Proteção dos Direitos Humanos, da ONU).

E, com relação ao julgamento de crimes dolosos contra a vida de civil cometidos por militares nas hipóteses previstas no §2º do artigo 9º do Código Penal Militar, sustentou o MPM que o deslocamento da competência quanto a essa matéria para o Tribunal do Júri, ainda no ano de 1996, pela Lei nº 9.299, resultou, essencialmente, do apelo social diante do extermínio de crianças e adolescentes, investigado por uma Comissão Parlamentar de Inquérito que concluiu que "o julgamento *de policiais militares* envolvidos com o extermínio é muitas vezes permeado pelo corporativismo" (destacou-se).[36]

Por esse motivo, a Presidência da República, naquela época, encaminhou projeto de lei ao Congresso Nacional por meio da Mensagem nº 779/1996, acompanhada da Exposição de Motivos do Ministro de Estado da Justiça nº 475/1996, para dar nova redação ao parágrafo único do art. 9º do Código Penal Militar e prever que: "Não constituem crimes militares o homicídio (art. 121 do Código Penal) e a lesão corporal (art. 129 do Código Penal) cometidos contra civil *por oficiais e praças das Polícias Militares e dos Corpos de Bombeiros Militares dos Estados e do Distrito Federal, no exercício de função de policiamento*" (destacou-se).

Por sua vez, a Reforma do Judiciário, promovida pela Emenda Constitucional nº 45/2004, acabou por alterar o texto constitucional, no que toca à competência das Justiças Militares, para ressalvar a competência do Tribunal do Júri quando a vítima for civil apenas nos delitos cometidos por militares *estaduais*, silenciando quanto à competência do júri com relação aos integrantes das Forças Armadas.

É oportuno destacar uma gritante diferença entre a competência criminal das Justiças Militares Estaduais e a da Justiça Militar da União: enquanto às primeiras, nos exatos termos do §4º do art. 125 da Constituição da República, cabe julgar exclusivamente os militares dos Estados, nos crimes militares definidos em lei – ressalvada a competência do Tribunal do Júri –, à segunda, nos termos do art. 124 da CRFB, compete julgar os crimes militares definidos em lei, independentemente de quem seja o seu autor, que pode, inclusive, ser um civil.

Disso decorria a especial situação, absolutamente incongruente, causada pela regra em vigor até a edição da Lei nº 13.491/2017, em que um crime militar cometido por civil e doloso contra a vida de militar das Forças Armadas fosse julgado pela Justiça Militar da União, ao passo que o homicídio de um civil, praticado por militar das Forças

---

[36] Disponível em: http://imagem.camara.gov.br/Imagem/d/pdf/DCD02JUN1992.pdf#page=20.

Armadas, em alguma das hipóteses do art. 9º do CPM, seria julgado pela Justiça Comum. Ou seja, na configuração vigente até aquele momento, o civil era julgado pela Justiça Militar da União; e o militar das Forças Armadas, pela Justiça Comum.

Nesse sentido, a Lei nº 13.491/2017 apenas corrigiu essas incongruências, ao dispor, nos exatos termos constitucionais, que compete à Justiça Militar da União o julgamento de todos os crimes militares, ainda que dolosos contra a vida, independentemente da condição da vítima.

A bem da verdade, o tratamento diferenciado, que se traduz na devolução dessa competência à Justiça Militar da União, justifica-se pelas particularidades da atividade militar e pelo fato de essa atuação muito se distanciar do conceito de atividade policial.

Por mandamento constitucional, a atuação das Forças Armadas não se restringe à defesa da Pátria e do território nacional, abarcando, ainda, a garantia dos poderes constitucionais e da lei e da ordem (art. 142, *caput*).

Assim, para além de defender o Estado contra o inimigo tradicional, com interesse de domínio político e territorial, o militar das Forças Armadas deve se preparar, cada vez mais, para o enfrentamento de adversários casuísticos, como contrabandistas, poluidores, traficantes de armamentos, de drogas e de pessoas, *hackers*, terroristas e piratas, bem como para a solução de conflitos que envolvem interesses indígenas e disputas por terras, controle de doenças e outras tantas atividades.

Não o bastante, as Forças Armadas vêm, cada vez mais, sendo empregadas em operações de garantia da lei e da ordem, principalmente em comunidades carentes dos grandes centros urbanos, a fim de restaurar a estabilidade e a paz social em áreas onde os órgãos de segurança pública ordinários não conseguem realizá-las, em razão da insuficiência dos meios, de sua indisponibilidade ou mesmo de sua falência.

Essas atividades, constitucionalmente outorgadas às Forças Armadas, estão regulamentadas na Lei Complementar nº 97, de 9 de junho de 1999,[37] e possuem, todas elas, portanto, caráter militar, a despeito de opiniões contrárias que por vezes buscam diminuir a relevância da atuação e a própria proteção dos militares envolvidos nessas ações.

Assim, para garantir ao integrante das Forças Armadas importante instrumento de segurança jurídica, a Lei nº 13.491/2017 restituiu à Justiça Militar da União o conhecimento das ações que envolvam o cometimento de crimes dolosos contra a vida de civis quando ocorridos no contexto de ações militares constitucionalmente delegadas às Forças Armadas, uma vez que é esse o ramo do Poder Judiciário pátrio com expertise para julgar causas em que as particularidades da vida militar devem ser sempre levadas em conta.

As Ações Diretas de Inconstitucionalidade nº 5.804 e nº 5.901 ainda estão pendentes de julgamento no Supremo Tribunal Federal.[38]

Por seu turno, a Lei nº 13.774/2018 alterou alguns dispositivos da Lei nº 8.457/1992,[39] que organiza a Justiça Militar da União e regula o funcionamento de seus serviços auxiliares. A novel legislação, entre outras providências, deslocou

---

[37] Disponível em: http://www.planalto.gov.br/ccivil_03/leis/lcp/lcp97.htm.
[38] Para acompanhamento e acesso às peças: http://portal.stf.jus.br/processos/detalhe.asp?incidente=5298182 e http://portal.stf.jus.br/processos/detalhe.asp?incidente=5359950.
[39] Disponível em: http://www.planalto.gov.br/ccivil_03/leis/l8457.htm.

dos Conselhos de Justiça para o Juiz Federal da Justiça Militar a competência para o julgamento de crimes militares praticados por civis, de forma monocrática, inclusive quando acusados juntamente com militares no mesmo processo (art. 30, I-B).

Esse mesmo diploma legal cuidou de modificar a nomenclatura do cargo de Juiz-Auditor para Juiz Federal da Justiça Militar, a fim de deixar claro que se trata de magistrado togado, civil, da carreira do Poder Judiciário da União. Assim, é dotado de todas as garantias previstas no art. 95 da Constituição da República, aplicando-se-lhe as mesmas vedações que são impostas a todos os membros do Poder Judiciário brasileiro. E, ainda a seu respeito, a Lei nº 13.774/2018 atribuiu-lhe a presidência dos Conselhos de Justiça, antes conferida ao juiz militar mais antigo.

Ademais, a referida Lei passou a prever que o cargo de Corregedor da JMU passa a ser exercido pelo Vice-Presidente do STM e, ainda, o julgamento, pelo magistrado de primeiro grau, de *habeas corpus*, *habeas data* e mandado de segurança contra ato de autoridade militar praticado em razão da ocorrência de crime militar, exceto o praticado por oficial-general, da alçada do Superior Tribunal Militar.

Esse cenário demonstra que o legislador está atento à necessidade de atualização da Lei Penal e Processual Penal Militar, da mesma forma que reconhece a importância da Justiça Militar da União e do Ministério Público Militar.

Tais inovações, portanto, ao tempo em que ampliam o conceito de crime militar e dão maior efetividade e sentido à persecução de delitos cometidos em detrimento das Forças Armadas, racionalizam a organização da Justiça Militar da União, elevando a dignidade dessa instituição e do Ministério Público Militar.

Conclusão

As reflexões trazidas a lume no presente texto tiveram por objetivo primordial compartilhar informações sobre o papel do Ministério Público Militar, uma das mais longevas instituições brasileiras, que tem incessantemente atuado para, na feição bifronte de titular da ação penal militar e de fiscal da lei penal militar, contribuir para fortalecer o serviço essencial e impostergável desenvolvido pelas Forças Armadas, procurando escoimar os vícios que possam ocasionar prejuízo ou qualquer comprometimento ao cumprimento das missões constitucionais impostas a tais instituições.

Como antevisto, desde 1920 o Ministério Público Militar vivenciou fases históricas significativas, sempre dedicado à preservação dos inestimáveis princípios republicanos, fiscalizando o cumprimento das normas jurídicas militares, com o objetivo maior de resguardar a hierarquia e a disciplina nas Forças Armadas, e, em última análise, a própria soberania nacional.

Sob outro prisma e em nível de atuação internacional, reveste-se de magna relevância a incursão deste *Parquet* ultra especializado no campo do respeito aos princípios e regras do Direito Internacional Humanitário, tal como ocorrido no âmbito da Segunda Grande Guerra Mundial, quando chegou a se deslocar com as tropas brasileiras ao teatro de operações bélicas.

Por outro lado, a existência de uma Justiça Federal Militar, com notória especialização, termina por garantir um juízo natural para fatos que são igualmente singulares, a exigir conhecimento das especificidades do ofício militar e das inúmeras normas que gravitam em tão particular ordenamento jurídico.

Todo esse aparato de controle das questões penais, administrativas e cíveis inerentes à atividade militar, dentro do sistema de freios e contrapesos, mostra que o Ministério Público Militar, como um dos atores que dão sustentáculo ao regime democrático, alcançou sua identidade histórica, política e jurídica, grandemente robustecida pela independência funcional de seus membros e pela autonomia administrativa e financeira, conquistas sedimentadas pela Carta de 1988.

Aliás, frise-se que as inovações legislativas advindas com as Leis nºs 13.491/17 e 13.774/18 reforçaram, sobremaneira, o papel da Justiça Militar da União e do Ministério Púbico Militar, assegurando um espaço de atuação mais dilargado e de maior peso, sob o viés da especialização já preconizada.

Por isso mesmo e à guisa de fecho, pode-se dessumir que, com a maturidade decorrente de sua secular vivência, é natural que se espere deste *Parquet* uma atuação cada vez mais desassombrada e eficiente, concorrendo com as demais instituições nacionais para que a democracia, ainda em construção no país, possa se fortalecer e se perenizar, respaldando a concretização dos princípios, valores e objetivos fundamentais da República Federativa do Brasil, consagrados no vigente texto constitucional.

Referências

BIERRENBACH, Flávio Flores da Cunha. *Dois Séculos de Justiça*: presença das Arcadas no tribunal mais antigo do Brasil. São Paulo: Lettera.doc, 2010.

BOBBIO, N.; MATTEUCCI, Nicola; PASQUINO, Gianfranco. *Dicionário de política*. Trad. Carmen C. Varriale [*et. al.*]. 4. ed. Brasília/DF: UnB, 1992, p. 505.

BRASIL. *Constituição da República dos Estados Unidos do Brasil* (1934). Disponível em: http://www.planalto.gov.br/ccivil_03/constituicao/constituicao34.htm. Acesso em: 2 jun. 2021.

BRASIL. *Constituição da República Federativa do Brasil* (1988). Disponível em: http://www.planalto.gov.br/ccivil_03/constituicao/constituicao.htm. Acesso em: 2 jun. 2021.

BRASIL. Câmara dos Deputados. *Decreto nº 14.450*, de 30 de outubro de 1920 – Republicação. Disponível em: https://www2.camara.leg.br/legin/fed/decret/1920-1929/decreto-14450-30-outubro-1920-502847-republicacao-95110-pe.html. Acesso em: 2 jun. 2021.

BRASIL. Câmara dos Deputados. *Diário do Congresso Nacional*. (Secção I). Disponível em: http://imagem.camara.gov.br/Imagem/d/pdf/DCD02JUN1992.pdf#page=20. Acesso em: 3 jun. 2021.

BRASIL. Ministério Público Militar. *Resolução nº 100/CSMPM*, de 14 de março de 2018 (Alterada pela Resolução 109/CSMPM, 26 de maio de 2020). Disponível em: https://www.mpm.mp.br/portal/wp-content/uploads/2020/07/resolucao-100-altera-da-resolucao-66.pdf. Acesso em: 3 jun. 2021.

BRASIL. Ministério Público Militar. Recomendação nº 001, de 18 de junho de 2018. Disponível em: https://www.mpm.mp.br/portal/wp-content/uploads/2018/08/pjm-rio-1-2018.pdf. Acesso em: 2 jun. 2021.

BRASIL. Ministério Público Militar. *Portaria 151/PGJM*, de 20 de agosto de 2020. Disponível em: https://www.mpm.mp.br/portal/wp-content/uploads/2020/09/sintese-25-agosto-2020.pdf. Acesso em: 3 jun. 2021.

BRASIL. Ministério Público Militar. *Portaria 145/PGJM*, de 7 de agosto de 2020. Disponível em: https://www.in.gov.br/web/dou/-/portaria-n-145/pgjm-de-7-de-agosto-de-2020-271795232. Acesso em: 3 jun. 2021.

BRASIL. Presidência da República. Casa Civil. Decreto nº 1.001, de 21 de outubro de 1969. Disponível em: http://www.planalto.gov.br/ccivil_03/decreto-lei/Del1001Compilado.htm. Acesso em: 3 jun. 2021.

BRASIL. Presidência da República. *Decreto nº 1.002*, de 21 de outubro de 1969. Disponível em: http://www.planalto.gov.br/ccivil_03/Decreto-Lei/Del1002.htm. Acesso em: 3 jun. 2021.

BRASIL. Presidência da República. Casa Civil. *Lei Complementar nº 75*, de 20 de maio de 1993. Disponível em: http://www.planalto.gov.br/ccivil_03/leis/lcp/Lcp75.htm. Acesso em: 3 jun. 2021.

BRASIL. Presidência da República. Casa Civil. *Lei nº 8.457*, de 4 de setembro de 1992. Disponível em: http://www.planalto.gov.br/ccivil_03/leis/l8457.htm. Acesso em: 3 jun. 2021.

BRASIL. Presidência da República. Casa Civil. *Lei Complementar nº 97*, de 9 de junho de 1999. Disponível em: http://www.planalto.gov.br/ccivil_03/leis/lcp/lcp97.htm. Acesso em: 3 jun. 2021.

BRASIL. Presidência da República. Secretaria-Geral. *Lei nº 13.491*, de 13 de outubro de 2017. Disponível em: http://www.planalto.gov.br/ccivil_03/_ato2015-2018/2017/lei/l13491.htm. Acesso em: 3 jun. 2021.

BRASIL. Presidência da República. Secretaria-Geral. *Lei nº 13.774*, de 19 de dezembro de 2018. Disponível em: http://www.planalto.gov.br/ccivil_03/_Ato2015-2018/2018/Lei/L13774.htm. Acesso em: 3 jun. 2021.

BRASIL. Superior Tribunal de Justiça. *Recurso Especial nº 1.339.383 - RS* (2012/0173569-7). Disponível em: https://scon.stj.jus.br/SCON/GetInteiroTeorDoAcordao?num_registro=201201735697&dt_publicacao=23/04/2014. Acesso em: 3 jun. 2021.

BRASIL. Supremo Tribunal Federal. *Ação Direta de Inconstitucionalidade 5804*. Disponível em: http://portal.stf.jus.br/processos/detalhe.asp?incidente=5298182. Acesso em: 3 jun. 2021.

BRASIL. Supremo Tribunal Federal. *Ação Direta de Inconstitucionalidade 5901*. Disponível em: http://portal.stf.jus.br/processos/detalhe.asp?incidente=5359950. Acesso em: 3 jun. 2021.

DOIS anos de detenção: STM condena suboficial da Marinha por incêndio na base brasileira da Antártica. *STM Agência de Notícias*. Disponível em: https://www.stm.jus.br/informacao/agencia-de-noticias/item/6073-dois-anos-de-detencao-stm-condena-suboficial-da-marinha-por-incendio-na-base-brasileira-na-antartica. Acesso em: 3 jun. 2021.

FIORAVANTI, Maurizio. *Constitución*: de la Antigüedad a nuestros días. Madrid: Editorial Trotta, 2001.

MARTINS, Ives Gandra da Silva. As Forças Armadas na Constituição. *In*: ROCHA, Maria Elizabeth Guimarães Teixeira; PETERSEN, Zilah Maria Callado Fadul (Coord.). *Coletânea de Estudos Jurídicos*. Brasília: Superior Tribunal Militar, 2008, p. 261-272.

MARTIN-CHENUT, Kathin. Jurisdições militares em face das exigências do direito internacional. *Revista Direito Militar*, n. 73, p. 15-18, set./out. 2008.

MPF RS e MPM querem que a União implemente serviço alternativo ao serviço militar obrigatório. *MPF Notícias*. Disponível em: http://www.mpf.mp.br/rs/sala-de-imprensa/noticias-rs/mpf-rs-e-mpm-querem-que-a-uniao-implemente-servico-alternativo-ao-servico-militar-obrigatorio. Acesso em: 3 jun. 2021.

MPM denuncia militar preso em Sevilha por tráfico de drogas. *MPM Notícias*. Disponível em: https://www.mpm.mp.br/mpm-denuncia-militar-preso-em-sevilha-por-trafico-de-drogas/. Acesso em: 3 jun. 2021.

ORGANIZAÇÃO DOS ESTADOS INTERAMERICANOS. Comissão Interamericana de Direitos Humanos. *Convenção Americana sobre Direitos Humanos*. Disponível em: https://www.cidh.oas.org/basicos/portugues/c.convencao_americana.htm. Acesso em: 3 jun. 2021.

PJM Santa Maria – ACP pelo uso do cinto de segurança. *MPM Notícias*. Disponível em: https://www.mpm.mp.br/pjm-santa-maria-acp-pelo-uso-do-cinto-de-seguranca/. Acesso em: 3 jun. 2021.

SABO PAES, José Eduardo. *O Ministério Público na construção do Estado Democrático de Direito*. Brasília: Brasília Jurídica, 2003.

SANTA MARIA – Taifeiros proibidos de prestar serviços domésticos. *MPM Notícias*. Disponível em: https://www.mpm.mp.br/justica-proibe-uso-de-taifeiros-para-servicos-domesticos-nas-residencias-de-oficiais-em-santa-maria/. Acesso em: 3 jun. 2021.

Informação bibliográfica deste texto, conforme a NBR 6023:2018 da Associação Brasileira de Normas Técnicas (ABNT):

DUARTE, Antônio Pereira. Ministério Público Militar. Forças Armadas e democracia. *In*: RIBEIRO, Carlos Vinícius Alves; TOFFOLI, Dias; RODRIGUES JUNIOR, Otávio Luiz (Coord.). *Estado, Direito e Democracia*: estudos em homenagem ao Prof. Dr. Augusto Aras. Belo Horizonte: Fórum, 2021. p. 29-48. ISBN 978-65-5518-245-3.

ADI Nº 5.529: A PGR EM DEFESA DA CONCRETIZAÇÃO DO DIREITO FUNDAMENTAL À SAÚDE

ARNOLDO WALD FILHO

Introdução

Em maio de 2021, o Plenário do Supremo Tribunal Federal concluiu o julgamento da Ação Direta de Inconstitucionalidade nº 5.529, da Relatoria do Ministro Dias Toffoli, declarando inconstitucional o parágrafo único do art. 40 da Lei de Propriedade Industrial (LPI).[1] A norma permitia a extensão do prazo de vigência das patentes por prazo indefinido, para além do período de 20 anos contados do depósito, previsto no *caput* do mesmo dispositivo legal. A ação foi proposta pela Procuradoria-Geral da República (PGR).

Pela regra do parágrafo único, considerada inconstitucional pela Suprema Corte, caso o Instituto Nacional da Propriedade Industrial (INPI) demorasse mais de 10 anos para analisar o pedido de patente, e ela fosse afinal concedida, conferia-se prazo adicional de 10 anos ao titular da patente, contados da data de concessão do privilégio. Assim, por exemplo, caso aquela autarquia concedesse a patente somente 16 anos após a data do depósito do pedido, a vigência total da patente, contada do depósito, seria de 26 anos.

O prazo de vigência total da patente acabava sendo indefinido, pois a extensão se dava a partir da data da concessão do privilégio, marco temporal em princípio desconhecido e variável caso a caso, a depender do tempo de demora no INPI na análise do requerimento.

A incidência do parágrafo único foi a regra por muitos anos e, mais recentemente, mesmo com os esforços do INPI para diminuir a demora no exame dos pedidos, ainda se verificava o prolongamento patentário em número significativo de casos.[2]

---

[1] Confira-se o texto legal do art. 40, *caput* e parágrafo único, da LPI: "Art. 40. A patente de invenção vigorará pelo prazo de 20 (vinte) anos e a de modelo de utilidade pelo prazo 15 (quinze) anos contados da data de depósito. *Parágrafo único*. O prazo de vigência não será inferior a 10 (dez) anos para a patente de invenção e a 7 (sete) anos para a patente de modelo de utilidade, a contar da data de concessão, ressalvada a hipótese de o INPI estar impedido de proceder ao exame de mérito do pedido, por pendência judicial comprovada ou por motivo de força maior".

[2] Disponível em: https://www.gov.br/inpi/pt-br/servicos/patentes/relatorios-gerenciais/Relatorio_Art_40_2021_04.pdf. Acesso em: 4 jun. 2021.

Pesquisa realizada no âmbito do Grupo de Direito e Pobreza da Universidade de São Paulo revelou números assustadores: chegou-se a verificar patente com prazo total de vigência de 34 anos, havendo diversos medicamentos comprados pelo Sistema Único de Saúde (SUS) cuja patente teve duração de 29 anos, muito distinta do prazo médio de 20 anos em diversos outros países.[3]

O julgamento é emblemático por diversas razões.

Figuraram na ADI como *amici curiae* diversas entidades da sociedade civil, além da Defensoria Pública da União. Foram apresentados, tanto pela Procuradoria-Geral da República quanto pelos *amici curiae* admitidos aos autos, inúmeros pareceres jurídicos e econômicos. Entre os *experts* consultados pelos interessados, destacam-se professores titulares de universidades públicas[4] e quatro ex-Ministros do Supremo Tribunal Federal.[5] Entidades de elevada reputação, tal como Médicos Sem Fronteiras, manifestaram-se oficialmente nos autos, trazendo importantes subsídios técnicos para o julgamento.

Os debates dos autos foram, portanto, extremamente qualificados, o que demonstra a estatura do tema e o destaque da ação como uma das mais importantes julgadas na história recente da Suprema Corte.

Até por isso, os meses que antecederam o julgamento foram permeados por intenso debate público da questão nos meios de comunicação, tanto na mídia jurídica especializada, por meio de artigos de opinião e *webinars*, quanto em jornais de grande circulação e telejornais.

Nesse cenário, é imperioso ressaltar o papel da Procuradoria-Geral da República na condução da ação, notadamente a atuação do Excelentíssimo Procurador-Geral da República Augusto Aras, homenageado nesta obra.

Ciente dos efeitos do esperado julgamento de procedência da ação no combate à pandemia da covid-19, o Procurador-Geral da República formulou pedido de tutela de urgência em fevereiro de 2021, o qual teve o condão de antecipar a data do julgamento e chamar ainda mais a atenção da Suprema Corte para o conflito da norma impugnada na ação com o direito à saúde, garantido na Constituição Federal.

As extensões patentárias, especialmente comuns e agudas na área da saúde, tornavam medicamentos mais caros por mais tempo, e a invalidação do mecanismo permitiria o barateamento dos fármacos, e o maior acesso deles à população, com alívio direto ao SUS, extremamente pressionado no contexto do combate à pandemia.

O objetivo do presente artigo é apresentar ao leitor um panorama geral da ação julgada pelo Supremo, com enfoque no papel da Procuradoria-Geral da República

---

[3] Bezerra, Cynthia M. Santos and Kanarek, Marina and Calixto de Abreu, Thaís and Baruhm Diegues, Michelle and Castro, Bernardo and Caramalac, Pietra and Câmara, Maria Clara and Schneider, Gustavo and Ricarte, Joyce and Feitoza, Laura and Casanovas Reis, Paloma and Jarouche, Tárik and Fucci, Paulo and Kastrup, Gustavo and Barone, Victor and Ido, Vitor and Salomao Filho, Calixto and Portugal Gouvêa, Carlos. A Inconstitucionalidade do artigo 40, parágrafo único, da Lei de Propriedade Industrial sob uma perspectiva comparada (8 de dezembro de 2020), p. 57. Disponível em SSRN: https://ssrn.com/abstract=3745372 or http://dx.doi.org/10.2139/ssrn.3745372. Acesso em: 4 jun. 2020.

[4] Citem-se, entre outros, os Professores Celso Antônio Bandeira de Mello, da Pontifícia Universidade Católica de São Paulo; Floriano de Azevedo Marques Neto, da Universidade de São Paulo; e Daniel Sarmento, da Universidade Estadual do Rio de Janeiro.

[5] Constaram dos autos pareceres jurídicos da lavra dos Ministros Eros Roberto Grau, Ellen Gracie Northfleet, Sepúlveda Pertence e Francisco Rezek.

no ajuizamento e condução do caso, notadamente para a concretização do direito fundamental à saúde garantido em nossa Constituição Federal, em meio à pandemia da covid-19.

Ajuizamento da ação

A ADI nº 5.529 foi ajuizada em maio de 2016 pela Procuradoria-Geral da República, a partir de representação formulada pela Associação Brasileira das Indústrias de Química Fina, Biotecnologia e suas Especialidades (ABIFINA).[6]

A PGR argumentou que o parágrafo único do art. 40 da LPI violava uma série de dispositivos constitucionais, tais como a temporariedade da proteção patentária (CF, art. 5º, XXIX), o princípio da isonomia (CF, art. 5º, *caput*), a defesa do consumidor (CF, arts. 5º, XXXII, e 170, V), a liberdade de concorrência (CF, art. 170, IV), a segurança jurídica (CF, art. 5º, *caput*), a responsabilidade objetiva do estado (CF, art. 37, §6º) e o princípio da duração razoável do processo (CF, art. 5º, LXXVIII).

Já na petição inicial, a PGR destacou o impacto da norma para a realização dos direitos sociais, ponderando que "[a] indeterminação do prazo de vigência da exploração exclusiva de invento industrial traz consequências negativas aos direitos sociais, entre eles o direito à saúde e à alimentação, pois cria obstáculos ao desenvolvimento de novas tecnologias baseadas na invenção inscrita no INPI".

Argumentou ainda que, mesmo enquanto não conhecida a patente, o depositante estaria protegido, já que o art. 44 da LPI inibiria a atuação indevida dos concorrentes, ao assegurar ao titular da patente o "direito de obter indenização pela exploração indevida de seu objeto, inclusive em relação à exploração ocorrida entre a data da publicação do pedido e a da concessão da patente".[7]

Logo em 2016, foi solicitado o ingresso, como *amicus curiae*, da Associação Brasileira Interdisciplinar de AIDS (ABIA). Em sua manifestação, a ABIA, reforçando a proximidade do tema com a concretização do direito à saúde, observou que a extensão do prazo de proteção patentária por tempo indeterminado "impede o efeito de redução de preços provocado pela livre concorrência entre companhias de referência e produtores de genéricos, além de impedir a produção direta por laboratórios públicos".

Desde então, e até uma semana antes do início do julgamento, foram dezesseis *amici curiae* admitidos, tendo seis manifestado-se pela inconstitucionalidade da norma, e dez, pela constitucionalidade. Foram representadas na ação entidades atuantes em

---

[6] A questão já havia sido apresentada à Suprema Corte em ação ajuizada, em novembro de 2013, pela própria ABIFINA, em sede da ADI nº 5.061, na qual também fora requerida a declaração de inconstitucionalidade do parágrafo único do art. 40 da LPI. A ADI nº 5.061, no entanto, foi extinta sem julgamento de mérito, em razão da ilegitimidade da Autora, em decisão monocrática proferida pelo Exmo. Ministro Relator Luiz Fux, confirmada pelo Plenário da Corte. A Relatoria da ADI nº 5.529 foi originalmente atribuída ao Ministro Luiz Fux, por conta da prevenção com relação à ADI nº 5.061, na qual o Ministro já figurava como Relator. Digno de nota que, em razão da assunção pelo Ministro Luiz Fux da Presidência da Corte, a Relatoria da ação foi assumida, posteriormente, pelo Exmo. Ministro Toffoli.

[7] Leia-se a íntegra do *caput* do referido dispositivo legal: "Art. 44. Ao titular da patente é assegurado o direito de obter indenização pela exploração indevida de seu objeto, inclusive em relação à exploração ocorrida entre a data da publicação do pedido e a da concessão da patente".

diversos segmentos econômicos, como indústria farmacêutica (tanto de genéricos quanto de empresas titulares de patentes), agroindústria, indústria elétrica e eletrônica, entre outras.

Também a Defensoria Pública da União figurou na ação como *amicus curiae*, mais uma vez destacando a importância da ação com a tutela do direito à saúde. Na linha do quanto já pontuado pela PGR e por outros *amici curiae*, posicionou-se "em defesa dos consumidores que são diretamente afetados pela prorrogação da proteção patentária que conduz à limitação ao acesso a bens essenciais, tais como os medicamentos, especialmente por conta da elevação do preço advinda da ausência de concorrência por tempo demasiado".

A pandemia e o pedido de tutela de urgência

A importância do julgamento da ação foi destacada pela mídia especializada, que chegou a se referir à ADI nº 5.529 como uma das mais relevantes ações da pauta econômica do STF do primeiro semestre de 2021.[8] A ação foi originalmente pautada para julgamento no dia 26 de maio de 2021. Entretanto, por conta de pedido de tutela de urgência formulado pela PGR, o julgamento foi antecipado para o dia 7 de abril do mesmo ano.

Como visto, o pedido de declaração de inconstitucionalidade formulado pela PGR elencou uma série de dispositivos constitucionais como violados pela norma impugnada, desde a temporariedade da proteção patentária até a livre concorrência. No contexto da pandemia, o confronto da norma com o direito à saúde ganhou maior proeminência, o que motivou a adoção de providências urgentes no âmbito da PGR.

Assim é que, quase 5 anos após o ajuizamento da ação, a Procuradoria-Geral da República formulou pedido de tutela cautelar nos autos, ponderando que "a atual conjuntura sanitária, decorrente da epidemia de covid-19, constitui fato superveniente que reclama e justifica a imediata concessão da tutela provisória de urgência para o fim de serem suspensos os efeitos da norma impugnada".

O i. Procurador-Geral Augusto Aras ressaltou o conflito da norma com o direito à saúde, já apontado na petição inicial. E fez um alerta importante: a declaração de inconstitucionalidade postulada não suprimiria a proteção patentária; seria mantida a aplicação do art. 40, *caput*, da LPI, que estipula prazo de vigência de vinte anos (para patente de invenção) e quinze anos (para modelo de utilidade), a contar da data do depósito do pedido.

Em relação ao perigo da demora, o *Parquet* apontou que, com a grave crise sanitária ocasionada pela pandemia da covid-19, por conta da norma impugnada, a indústria farmacêutica ficaria impedida de produzir medicamentos genéricos contra o novo coronavírus e suas atuais e futuras variantes, protegidos pela proteção patentária diferida, como era o caso, por exemplo, do *favipiravir*. Ressaltou ainda os gastos bilionários que a norma acarretava para o Governo Federal, demonstrados a partir de

---

[8] Disponível em: https://www.jota.info/stf/do-supremo/a-pauta-economica-do-stf-no-primeiro-semestre-2801 2021. Acesso em: 4 jun. 2021.

estudo elaborado pelo Grupo de Economia da Inovação, do Instituto de Economia da Universidade Federal do Rio de Janeiro e de Relatório de Auditoria elaborado pelo Tribunal de Contas da União (TCU).

Embora não apreciado imediatamente pelo Ministro Relator Dias Toffoli, o pedido de tutela de urgência formulado teve o condão de antecipar a data do julgamento, o que é um claro indicativo do reconhecimento da urgência do tema pela Suprema Corte.

Chegada a data do julgamento, e diante da impossibilidade de o Plenário analisar a questão, foi afinal proferida decisão cautelar monocrática pelo Ministro Relator para suspender a eficácia da norma impugnada para patentes relacionadas a produtos e processos farmacêuticos e a equipamentos e/ou materiais de uso em saúde. A liminar foi deferida com efeitos *ex nunc*, com respaldo no art. 11, §1º, da Lei nº 9.868/1999.

Nessa decisão, ponderou o Ministro Relator que "quanto maior o prazo de exclusividade usufruído pelo titular da patente, mais será onerado o poder público, o que se reflete em elevados prejuízos financeiros para o estado, com reflexos sobre a concretização do direito à saúde e à vida".

Posta essa premissa, observou o Ministro Dias Toffoli que, com a pandemia:

[a] pressão sobre os sistemas de saúde aumentou de forma global, elevando a demanda por insumos em toda a cadeia de atendimento, como por respiradores pulmonares, equipamentos de proteção individual, fármacos para amenizar os sintomas da doença e para o tratamento de suas complicações, substâncias destinadas à sedação de pacientes entubados, apenas para citar alguns exemplos.

Assim, a pandemia evidenciou a necessidade premente de investimentos em saúde pública, pressionando ainda mais pelo gasto racional de recursos públicos na área e demandando a adaptação de estruturas, a contratação de profissionais e a aquisição de insumos, materiais hospitalares, vacinas e medicamentos, no intuito de mitigar os efeitos da calamidade no país.

Em consulta ao Portal da Transparência, verifica-se que, em 2020, o Ministério da Saúde excedeu em aproximadamente R$ 36 bilhões as despesas executadas em relação ao exercício anterior, atingindo o total de R$ 150,62 bilhões (Disponível em http://www.portaltransparencia.gov.br/funcoes/10-saude?ano=2020, acesso em 2/3/2021), dos quais aproximadamente R$ 39 bilhões foram direcionados ao enfrentamento da pandemia do coronavírus (Disponível em http://www.portaltransparencia.gov.br/coronavirus, acesso em 2/3/2021).

Como se vê, a decisão liminar do Ministro Relator Dias Toffoli reconheceu explicitamente a urgência da questão por força da pandemia, ponto salientado pelo Sr. Procurador-Geral da República ao formular o pedido cautelar.

A decisão cautelar trouxe em seu bojo a íntegra do voto de mérito, antecipando os rumos que o julgamento iria tomar. Mas havia limitações quanto a seus efeitos. O próprio Ministro Relator esclareceu que a decisão liminar, proferida *ad referendum* do Plenário, teria o efeito imediato de impedir a aplicação do parágrafo único do art. 40 da LPI pelo INPI somente aos pedidos de patentes *ainda pendentes de decisão*, quando se tratasse de patentes relacionadas a produtos e processos farmacêuticos e a equipamentos e/ou materiais de uso em saúde. Ou seja, a decisão liminar proferida, não tinha o condão de atingir as extensões patentárias *em curso* quando da prolação da decisão, o que limitava seus impactos mais imediatos no combate à pandemia.

O julgamento de mérito, no entanto, não tardou a ocorrer. Foi realizado a partir de 28 de abril de 2021, ao longo de quatro sessões do Plenário da Corte, sendo ainda mais uma sessão pautada para definição da modulação dos efeitos da decisão. Prevaleceu o voto do Ministro Relator, acompanhado por outros oito Ministros da Corte, vencidos apenas os Ministros Roberto Barroso e Luiz Fux.

Vale ressaltar, novamente, a enfática defesa do Procurador-Geral da República Augusto Aras ao direito à saúde no contexto da pandemia, ressaltando, em sua sustentação oral, que "[a] situação atual é de calamidade pública e, em uma calamidade pública, temos que olhar os fatos, a moldura fática com certo *cum grano salis*, e a manutenção de patentes nesse contexto contraria o interesse público e o direito fundamental de todos à saúde pública".

Decisão de mérito

O voto do Ministro Relator Dias Toffoli foi extremamente profundo e exauriente. Estruturou-se a partir de uma série de premissas que levaram em consideração o histórico do instituto das patentes no ordenamento jurídico brasileiro, o processo legislativo da norma impugnada, o panorama internacional do tema e dados do INPI sobre tempo de exame dos pedidos de patentes.

Nessa análise de dados contextuais, e já atentando para os impactos da norma no campo da saúde, o Ministro Relator observou que:

> As discrepâncias na proteção patentária oferecida pelo Brasil em relação às demais jurisdições ficam claras no cotejo entre a vigência efetiva de patentes de medicamentos no Brasil e o quadro presente em outros países, questão enfocada no relatório do Grupo Direito e Pobreza. Por vigência efetiva, considerou-se, na pesquisa, o período que se estende desde o início dos efeitos legais da patente – que, no Brasil, se inicia com o depósito, por força do art. 44 – até o prazo de validade da patente.

Anotou, nessa linha de consideração, que o Brasil está no topo da lista dos seis países com maiores vigências efetivas de patentes,[9] sendo o único país em desenvolvimento dessa lista, o que o colocaria em sensível desvantagem no cenário internacional no que tange ao acesso a medicamentos.

Ao analisar a compatibilidade do dispositivo examinado com a Constituição Federal, o Ministro Relator entendeu haver ferimento ao princípio da duração razoável do processo (CF, art. 5º, LXXVIII), ao princípio da eficiência da Administração Pública (CF, art. 37, *caput*), à segurança jurídica (CF, art. 5º, *caput*), à temporariedade das patentes (CF, art. 5º, XXIX), à livre concorrência (CF, art. 170, IV), à defesa dos consumidores (CF, art. 170, V), à função social da propriedade intelectual (CF, art. 5º, XXIX e art. 170, III) e ao direito à saúde (CF, art. 196).

---

[9] Como observou o Ministro Relator: "O Brasil está no topo da lista, com o maior período de proteção, sendo seguido de Suíça, Itália, Reino Unido, Estados Unidos e Suécia".

Especificamente em matéria de direito à saúde, observou o Ministro Dias Toffoli:

> O domínio comercial proporcionado pela patente por períodos muito longos tem impacto no acesso da população a serviços públicos de saúde, vez que onera o sistema ao eliminar a concorrência e impor a aquisição de itens farmacêuticos por preço estipulado unilateralmente pelo titular do direito, acrescido do pagamento de *royalties* sobre os itens patenteados que o Poder Público adquire e distribui.
>
> Nesse cenário, a extensão da vigência de patentes, para além dos 20 anos estipulados pela lei, de forma geral (independente do caso concreto, de requerimento e de qualquer outra condição), importa em medida extremamente onerosa aos cofres públicos e prejudicial à capacidade da Administração de executar políticas públicas em saúde.

Analisando cuidadosamente o contexto fático observado no INPI, o Ministro Relator chegou a identificar ainda um estado de coisas inconstitucional em matéria de vigência das patentes. Apontou, para tanto, quatro razões específicas: (i) o atraso do INPI na análise dos pedidos de patente; (ii) o prazo adicional concedido pelo parágrafo único do artigo 40 da LPI; (iii) a média de prazo de validade de patentes no Brasil, mais longa em comparação com outras jurisdições; e (iv) a ineficiência do INPI na resolução de seus problemas. Com base nisso, elaborou inclusive algumas recomendações ao INPI.

Ao longo do julgamento, nos votos orais proferidos em plenário destacaram-se ainda falas enfáticas dos Ministros Edson Fachin e Ricardo Lewandowski no sentido de haver conflito da extensão patentária com a garantia constitucional do direito à saúde.

A modulação dos efeitos da decisão: tutela à saúde como elemento central

A tutela do direito à saúde foi elemento central para o balizamento da proposta de modulação dos efeitos da decisão apresentada pelo Ministro Relator, e acolhida pela Corte, observado o quórum previsto no art. 27 da Lei nº 9.868/1999.

A Suprema Corte estabeleceu, como regra geral, a modulação dos efeitos da decisão, conferindo-se a ela efeitos *ex nunc*, a partir da publicação da ata do julgamento, de forma a se manterem as extensões de prazo concedidas com base no parágrafo único, preservando, assim, a validade das patentes já deferidas e ainda vigentes em decorrência do preceito declarado inconstitucional.

Para tutelar o direito à saúde, foram ressalvadas da modulação as patentes concedidas com extensão de prazo relacionadas a produtos e processos farmacêuticos e a equipamentos e/ou materiais de uso em saúde.[10]

Deixou claro a Corte que, nesse caso, operam-se os efeitos *ex tunc*, o que resultaria na perda imediata das extensões de prazo concedidas com base no parágrafo único do art. 40 da LPI, respeitado o prazo de vigência da patente estabelecido no *caput* do art. 40 da Lei nº 9.279/1996 e resguardados eventuais efeitos concretos já produzidos em decorrência da extensão de prazo das referidas patentes.

---

[10] O STF também ressalvou da proposta de modulação as ações judiciais propostas até o dia 7 de abril de 2021 inclusive (data da concessão parcial da medida cautelar no processo), que eventualmente tivessem como objeto a constitucionalidade do parágrafo único do art. 40 da LPI.

Conclusões. Impactos da decisão

O julgamento de procedência da ação e a concessão de efeitos retroativos à decisão para patentes relacionadas à saúde tiveram o condão de desencadear importantíssimos efeitos para a tutela da saúde, notadamente no contexto do combate à pandemia, como pretendido pela PGR.

A pandemia da covid-19 vem demandando grandes investimentos na área de saúde, em cenário de gravíssima crise fiscal. Traz consigo, ao mesmo tempo, efeitos econômicos recessivos e aumento da pressão por gastos públicos – seja em saúde, seja em auxílios emergenciais para a população que perdeu sua renda nesse contexto.

Consoante demonstrado em auditoria do Tribunal de Contas da União que instruiu os autos da ação e foi citada no voto do Ministro Relator, a norma declarada inconstitucional pela Suprema Corte custou R$ 1 bilhão aos cofres públicos, somente para um grupo de onze medicamentos, no período de 2010 a 2019.

A Auditoria do TCU, tomando por base o Relatório de Atividades do INPI de 2018, analisou também a ocorrência de prolongamento de prazo de patentes por Divisão Técnica do INPI, apontando que, entre as quatro divisões em que mais se observava o prolongamento patentário, três tinham por objeto a análise de produtos farmacológicos (Fármacos I, Fármacos II e Biofármacos).[11]

A demonstrar ainda o impacto da questão na área da saúde, a pesquisa do Grupo de Direito e Pobreza da Universidade de São Paulo apurou ainda que, dos dez maiores prazos de vigências de patentes analisados, nove eram de patentes farmacêuticas.[12]

Um exemplo ilustrativo das relevantíssimas consequências da decisão da Suprema Corte é o do princípio ativo do rivoroxabana (nome comercial: xarelto), anticoagulante utilizado para o tratamento de efeitos da covid-19, consoante recomendação da Organização Mundial de Saúde (OMS).[13] O medicamento contava com extensão patentária quando do julgamento e, com a decisão, ele finalmente entrou em domínio público, o que possibilitou sua introdução no mercado como medicamento genérico, a preço muito mais acessível aos consumidores e ao SUS.

O surgimento de versões genéricas de medicamentos ocasiona, por força de norma regulamentar, o barateamento dos medicamentos em pelo menos 35%.[14] Na prática,

---

[11] Vale ressaltar que o Plenário do TCU, sem emitir juízo de mérito sobre a constitucionalidade da norma em debate, mas anotando que ela era objeto de questionamento perante a Suprema Corte, houve por bem recomendar à Casa Civil da Presidência da República a revogação da norma, considerando os perversos efeitos por ela causados.

[12] Bezerra, Cynthia M. Santos and Kanarek, Marina and Calixto de Abreu, Thaís and Baruhm Diegues, Michelle and Castro, Bernardo and Caramalac, Pietra and Câmara, Maria Clara and Schneider, Gustavo and Ricarte, Joyce and Feitoza, Laura and Casanovas Reis, Paloma and Jarouche, Tárik and Fucci, Paulo and Kastrup, Gustavo and Barone, Victor and Ido, Vitor and Salomao Filho, Calixto and Portugal Gouvêa, Carlos. A inconstitucionalidade do artigo 40, parágrafo único, da Lei de Propriedade Industrial sob uma perspectiva comparada (8 de dezembro de 2020), p. 53. Disponível em SSRN: https://ssrn.com/abstract=3745372 or http://dx.doi.org/10.2139/ssrn.3745372. Acesso em: 4 jun. 2020.

[13] Disponível em: https://www.cnnbrasil.com.br/saude/2021/01/26/oms-recomenda-anticoagulantes-em-baixa-dosagem-para-pacientes-com-covid-19. Acesso em: 4 jun. 2021.
No mesmo sentido: https://exame.com/ciencia/anticoagulante-pode-diminuir-tempo-de-internacao-por-covid-19/. Acesso em: 4 jun. 2021.

[14] Consoante art. 12, *caput*, da Resolução nº 2/2004 do Conselho de Ministros da Câmara de Regulação do Mercado de Medicamentos – CMED: "Art. 12 O Preço Fábrica permitido para o produto classificado na Categoria VI não poderá ser superior a 65% do preço do medicamento de referência correspondente".

verificam-se descontos ainda maiores, o que possibilita maior acesso da população em geral.[15]

Vale notar que, quando da conclusão do julgamento, havia ainda medicamentos com patentes estendidas destinados ao combate de diabetes, câncer e HIV. Como se sabe, essas doenças agravam os sintomas da covid-19, aumentando o risco de letalidade dos infectados.

O julgamento da ADI nº 5.529 é, portanto, um marco na história do Supremo Tribunal Federal para a garantia de direitos fundamentais. A decisão tem impactos diretos na concretização do direito constitucional à saúde, notadamente no dramático contexto de combate à pandemia. Representa, ainda, o resultado do trabalho eficiente e atento da Procuradoria-Geral da República, afirmando a sua missão, consagrada no art. 127 da Constituição Federal, de defesa da ordem jurídica, do regime democrático e dos interesses sociais e individuais indisponíveis.

Informação bibliográfica deste texto, conforme a NBR 6023:2018 da Associação Brasileira de Normas Técnicas (ABNT):

WALD FILHO, Arnoldo. ADI nº 5.529: a PGR em defesa da concretização do direito fundamental à saúde. In: RIBEIRO, Carlos Vinícius Alves; TOFFOLI, Dias; RODRIGUES JUNIOR, Otávio Luiz (Coord.). *Estado, Direito e Democracia*: estudos em homenagem ao Prof. Dr. Augusto Aras. Belo Horizonte: Fórum, 2021. p. 49-57. ISBN 978-65-5518-245-3.

---

[15] Disponível em: https://reporterbrasil.org.br/2019/08/conheca-a-lei-que-vai-causar-prejuizo-bilionario-ao-ministerio-da-saude-e-ampliar-lucro-das-farmaceuticas/. Acesso em: 4 jun. 2021.

O DIREITO CIVIL MODERNO
E A CONSTRUÇÃO DO ESTADO: UM ENSAIO

EROULTHS CORTIANO JUNIOR

1. Atendendo um imerecido – e irrecusável – convite do Ministro Dias Toffoli, do professor Otavio Luiz Rodrigues Junior e do professor Carlos Vinicius Alves Ribeiro para participar dessa obra em homenagem ao ilustre professor Augusto Aras, voltou-me um dilema próprio e antigo. Tenho me convencido que um "liber amicorum" deve pautar-se mais pela linguagem afetiva do que pelo discurso altamente técnico. Por se tratar de obra jurídica, de caráter doutrinário, não se pode deixar a técnica de lado, mas se pode olhá-la com mais suavidade. Nada impede que se escreva, num livro assim, com mais informalidade (no sentido de leveza no texto) e menos academicismo (sem, contudo, cair em irresponsabilidade doutrinária). Há que se escrever, entendo eu, com a caneta leve.

2. Bem por isso, fiz uma escolha ousada, que espero não me desmereça perante o homenageado, perante os coordenadores da obra, nem perante meus pares que ombream comigo nesse livro: resolvi escrever um ensaio "de uma penada".

3. "De uma penada" porque vou utilizar esse espaço privilegiado para dar vazão a uma série de reflexões que, na tentativa de compreender o fenômeno jurídico, me ocupam o pensamento. Essas ideias me partem de muitas leituras, vastos diálogos, impertinentes pensares. Evitarei referenciar a origem de cada frase ou paráfrase, antes vou deixar a pena correr solta; consultarei apenas os livros que estão mais próximos da minha escrivaninha nessa hora.

4. Os autores que li e que me desassossegam, mas dão tessitura aos meus parcos conhecimentos, estarão todos representados nas próximas linhas. Tudo o que eu li e aprendi li neles e aprendi com eles. Não escrevo assim, sem as exigidas referências dos trabalhos acadêmicos, por soberba, mas por opção. Farei apenas as citações mais relevantes, mas o leitor saberá reconhecer a origem de cada palavra e de cada frase; saberá identificar os autores de que me valho, assim como eu os reconheço quando penso, reflito e reverbero suas ideias.

5. Começo, com perdão pelo trocadiho, falando que falo de um lugar. Tão importante quanto o que se vê é o como se vê. Tão importante quanto o que se fala é o de onde se fala.[1] Este escrito, mais um ensaio[2] que um artigo científico, pretende trazer e expor reflexões particulares sobre como o Direito Civil, a partir da modernidade europeia (isto é, o chamado Direito Civil moderno), colabora para a construção do Estado e da democracia modernos. Se tais reflexões são boas ou ruins, certas ou erradas, sustentáveis ou não, cabe ao leitor decidir.

6. Falar do Direito Civil exige apreender – ou dar-lhe – um conceito. E isso não é nada fácil.[3] Pergunta difícil essa: "– O que é o Direito Civil?". Ele é parte do Direito privado, bem o sabemos ("O direito civil é direito privado" diz Carlos Alberto da Mota Pinto[4]). Ele pretende regular as relações jurídicas entre particulares autônomos, também o sabemos.[5] A partir daí podemos fixar um primeiro conceito de Direito Civil, no limite necessário para o desenvolvimento desse texto; talvez seja melhor utilizar o conceito sintético delineado por Karl Larenz: "El Derecho civil es el Derecho privado, el cual, conforme a su concepto, es aquella parte del ordenamiento jurídico que regula las relaciones de los particulares entre sí con base en su igualdad jurídica y su autodeterminación ("autonomía privada")".[6]

7. A partir daí podemos destacar alguns elementos fundamentais para a compreensão do Direito Civil: relações particulares, igualdade, liberdade.[7] Mas terá sido sempre assim? Não. O fenômeno normativo do Direito Civil (tão importante que se lhe reconhece autonomia científica), que resguarda a liberdade individual para as escolhas privadas, é uma construção teórica e prática bem recente.

8. Esse Direito Civil não se confunde com o *ius civile* dos romanos, que, a rigor, é um sistema normativo territorial. O *ius civile* era o direito do cidadão romano. "*Ius civile* es el derecho propio -privativo- de los civiles. Afirmado como está en el mundo antiguo el principio de la personalidad de las leyes, los extranjeros -peregrini- se mueven en sus relaciones privadas, fuera de la órbita del *ius civil Romanorum*".[8] Ficamos assim, então:

---

[1] A expressão "lugar de fala" popularizou-se no ambiente acadêmico principalmente a partir da obra "O que é lugar de fala?", de Djamila Ribeiro (Belo Horizonte: Letramento, 2017). O sentido aqui é o mesmo, mas não é igualmente o mesmo. A expressão foi muito apropriada pelos movimentos progressistas para referir os discursos que falam das experiências dos atores sociais sem visibilidade. Trata-se, por assim dizer, de um lugar de fala de luta. Aqui, utilizo-me da ideia do "lugar de fala" apenas para sublinhar que exponho ideias que surgem das reflexões e vivências do autor, justamente para sujeitá-lo à crítica do leitor. Assim, assumo a responsabilidade pelo que falo e isento os autores que me serviram de base. Não uso o lugar de fala para evitar o debate, mas justamente para incentivá-lo.

[2] Um ensaio é o exercício literário da razão, sem o rigor do estudo científico. Mesmo os ensaios – ou por isso mesmo – prestam-se a serem um ambiente ótimo para a reflexão crítica. "Ensaio significa tentativa", nos diz Max Bense ("O ensaio e sua prosa", Trad. Samuel Titan Jr., *Revista Serrote*, São Paulo, v. 16, p. 173, mar. 2014). É isso o que este autor deseja: tentar e atentar o leitor.

[3] "O Direito civil, mais do que o próprio Direito em geral, surge numa encruzilhada de indomável complexidade histórica e causal" (MENEZES CORDEIRO, António. *Tratado de Direito Civil*, vol. I, 4. ed. Coimbra: Almedina, 2016, p. 83).

[4] MOTA PINTO, Carlos Alberto. *Teoria Geral do Direito Civil*. 4. ed. por Antonio Pinto Monteiro e Paulo Mota Pinto. Coimbra: Coimbra Editora, 2005, p. 35.

[5] "Direito civil é o conjunto de normas que disciplinam as relações jurídicas comuns de natureza privada" (AMARAL, Francisco. *Direito Civil*. Introdução. 2. ed. Rio de Janeiro: Renovar, 1998, p. 101).

[6] LARENZ, Karl. *Derecho civil*. Parte General. Trad. Miguel Izquierdo y Macías-Picavea. Madrid: Edersa, 1978, p. 1.

[7] Sobre o conceito de Direito Civil, ver QUINTANA, Juan Manuel Pascual. *En torno al concepto del derecho civil*. Salamanca: Universidad, 1959.

[8] IGLESIAS, Juan. *Derecho Romano*. Historia e instituciones. 11. ed. Barcelona: Ariel, 1993, p. 97. Mais adiante, o autor confirma que o alcance disciplinar do conceito era muito maior: "Para un romano, hablar de *ius* es hablar

o *ius civile* romano não é o nosso Direito Civil, ainda que dele sejamos tributários.[9] E sempre seremos, diante da "logica giuridica universale" do Direito romano, que irá sobreviver à medievalidade, adaptando-se às novas situações,[10] e irá continuar vivo na modernidade e na pós-modernidade.

9. O Direito Civil moderno também não se confunde com o *ius civile* recuperado e renascido na idade média, quando se transforma em Direito comum do ocidente europeu. A recepção do Direito romano serviu para fundar uma ordem em que o Direito romano era subsidiário e suplementar aos diversos direitos particulares.

> Por volta de 1100 o Ocidente redescobriu o Corpus iuris civilis de Justiniano. Não foi apenas uma questão de encontrar o texto integral da compilação; significou que dessa data em diante o texto foi estudado, analisado e ensinado nas universidades. Os estudiosos do direito glosaram e comentaram as antigas compilações oficiais e construíram gradualmente um direito neo-romano ou um direito romano medieval, que se tornou a base comum para o ensino universitário e para a ciência jurídica em toda a Europa. O direito romano medieval, ou direito civil, junto com o direito canônico (que pro sua vez era fortemente influenciado pelo direito romano), criou o direito erudito comum para todo o ocidente: daí o seu nome ius commune (...)
>
> Ao ius commune deve-se contrapor o ius proprium, o direito particular que estava em vigor, em suas inúmeras variações, em diversos países, regiões e cidades da Europa, soba forma de costumes, ordenações e cartas.[11]

10. A colaboração do *Corpus Juris Civilis* e dos estudos romanistas para a formação dos juristas medievais é fundamental para o surgimento do Direito comum europeu, unificador e realizador de um novo discurso jurídico, premissa para o surgimento do Direito moderno.

11. Impossível a mantença da estrutura feudal que marcou a medievalidade, a modernidade vai ver a fundação de um novo Direito Civil, de matiz nitidamente burguesa. O Direito Civil moderno é um Direito burguês.

12. No medioevo, o principal modo de produção era a exploração da terra, e uma de suas marcas era a organização social por estamentos: nobreza, clero, campesinato. Essa ordem de coisas iria ser sacudida pelo advento de um novo ator no jogo da vida: a burguesia.

---

de *ius civile*" (p. 99). O *ius civile* era porém oposto ao *ius gentium*, porquanto representava o Direito de um determinado povo, ao passo que o *ius gentium* constituía um Direito universal, inspirado na equidade, e não mais, como o *ius civile*, num conteúdo racial". SERPA LOPES, Miguel Maria. *Curso de Direito Civil*, vol. 1, 7. ed. Rio de Janeiro: Freitas Batos, 1989, p. 28.

[9] Assim, quando António Menezes Cordeiro diz "O Direito Civil português é Direito Romano actual" (*Teoria Geral do Direito Civil*. Relatório. Separata da Revista da Faculdade de Direito de Lisboa, 1988, p. 37), ele quer dizer outra coisa, tanto que ressalta, logo em seguida, "A afirmação, em si correcta, implica esclarecimento"). Ele quer dizer que o Direito romano originou, "ao longo de processos históricos complexos, a cultura jurídica do Continente e a Ciência do Direito que a projecta" (p. 37-38). E disso não se discorda.

[10] "Al contrario, l'opera dei glossatori e dei commentatori aveva inteso il diritto romano come um diritto ancora vivo e vitale, perfettamente capace di adattarsi a situazioni nuove, proprio perché esprimeva una logica giuridica universale" (MARINELLI, Fabrizio. *Scienza e storia del diritto civile*. Roma: Laterza, 2012, p. 59-60).

[11] CAENEGEM, Raoul Charles Van. *Uma introdução histórica ao direito privado*. Trad. Carlos Eduardo Machado. SP: Martins Fontes, 1995, p. 49. Sobre o *jus commune*, ver também CLAVERO, Bartolomé. *Historia del derecho*: derecho común. Salamanca: Universidad, 1994.

12. O burguês é um personagem autônomo e livre na medievalidade feudal: não se encaixa em nenhum dos estamentos sociais (não compunha o clero, não tinha nobreza, não era camponês[12]), não mora no campo (seu habitat eram as cidades[13]) e não depende diretamente da exploração da terra (tira sua sobrevivência da compra e revenda de produtos fabricados pelos artesãos[14]).

13. Fazendo-se por si mesmo e utilizando sua especial racionalidade econômica, o burguês enriquece,[15] se intelectualiza (nas palavras de Régine Pernoud, o burguês é um *homem sentado*) e burguês assume, enfim, um lugar político (a marca visível disso são as revoluções burguesas, notadamente a da França). Neste percurso, o burguês constrói uma sociedade *marcada pelo mercado*: o principal modo de produção econômica passa a ser a troca.

14. Digo tudo isso por outras palavras. O burguês domina o cálculo econômico, de cuja aplicação retira o seu sustento. Sabe por quanto comprar para por quanto revender. Disso vai fazer lucro, que lhe permitirá, ao depois, tornar-se nobre sem ser nobre. Tanto que os castelos da nobreza falida (pelos gastos com as cruzadas, por casamentos malfeitos, por falta de atenção às crises econômicas) passarão à propriedade dos burgueses enriquecidos. O burguês não se descuida do conhecimento. Ele sabe que os Estados nacionais, em estruturação, irão exigir mão de obra especializada, notadamente jurídica. E serão os filhos dos burgueses enriquecidos, egressos das faculdades europeias, que irão ocupar os postos de bacharéis exigidos nos Estados modernos nascentes. A burguesia ocupa os espaços que lhes dão.

15. O passo definitivo do percurso histórico da burguesia (no que toca à superação da feudalidade) se dará com as revoluções burguesas, que depuseram os governos absolutistas em prol da liberdade (notadamente, a liberdade de comerciar, que é a liberdade de ser livre, e a liberdade de ser proprietário), a partir do renascimento da razão e do iluminismo. A sociedade não será mais o que fora.

16. O Código Civil francês, que em certo sentido funda a modernidade jurídica, nada mais é do que a consequência dessa trajetória.

17. Essa transformação estrutural da sociedade e da economia exige um novo direito. E um novo Direito Civil vai ser o pressuposto teórico da experiência moderna europeia da constituição da sociedade civil. Aqui está o ponto a que eu quero chegar.

---

[12] "Durante el período de predominio del sistema feudal como sistema productivo, de la nobleza como clase social, de la creencia religiosa como aglutinante ideológico de la sociedad, había incipientemente -en las sociedades europeas- personas no pertenecientes exactamente ni a la clase de los siervos ni a la nobleza. Eran gente que vivía en las ciudades, comerciantes sobre todo, y ciertos artesanos ricos (...)". CAPELLA, Juan Ramón. *Fruta prohibida*. Una aproximación histórico-teorética al estudio del derecho y del estado. Madrid: Trotta, 1997, p. 99.

[13] "O burguês habita a cidade, é talvez o que o caracteriza essencialmente" (PERNOUD, Régine. *A burguesia*. Tradução de Vítor Romaneiro. Mem Martins: Publicações Europa-América, s/d, p. 27).

[14] "Se, a partir do seu aparecimento, o burguês é aquele que habita a cidade, apercebemo-nos de que, a partir dos textos mais antigos também, burguês é sinónimo de negociante. *Burgensis vel mercator*: os dois termos estão a par; nada de espantoso se considerarmos que a própria cidade nasceu do comércio, das feiras, dos mercados" (PERNOUD, Régine. *A burguesia*. Tradução de Vítor Romaneiro. Mem Martins: Publicações Europa-América, s/d, p. 40).

[15] Régine Pernoud, ao comentar a obra do poeta medieval Rutebeuf, diz que "Ao lê-lo, constata-se que o termo de burguês está associado à ideia de negócio e também de riqueza, de fortuna adquirida precisamente através do negócio" (PERNOUD, Régine. *A burguesia*. Tradução de Vítor Romaneiro. Mem Martins: Publicações Europa-América, s/d, p. 40).

18. A nova sociedade exige um espaço privado onde as pessoas realizam as trocas econômicas. Esse espaço tem que ser marcado pela liberdade e pela igualdade. E tem que ser protegido: daí o Estado, funcionalizado para garantir a liberdade das trocas. De um lado a sociedade civil, doutro o Estado.

19. É essa (aparente) contraposição entre sociedade civil e Estado que serve como pressuposto da experiência moderna europeia, que iria se espalhar pelo Ocidente colonizado e cristão. Este foi o papel do Direito Civil na formação do Estado moderno.

20. Esta delineada separação entre Estado e sociedade civil (sendo esta o reino da liberdade, o espaço onde se realizam as trocas) é tarefa com a qual colaboram os mais clássicos teóricos da modernidade e é o ponto de partida para algumas construções jurídicas que dizem respeito ao Estado moderno. Vou tentar objetivá-las:

21. A *um*, o redesenho (ou redefinição) da dicotomia espaço privado/espaço público e, portanto, entre direito privado e direito público.[16] Aqui o Direito Civil; ali a Constituição. Um deles voltado pautado pela liberdade; o outro pela autoridade.

22. A *dois*, a construção da liberdade e da igualdade formais que atuam no âmbito da sociedade civil e que são protegidas pelo Estado. Somente numa sociedade de pessoas livres e iguais é possível realizar as trocas econômicas que pautam a nova estrutura da sociedade. Estes conceitos são imprescindíveis para a compreensão do Estado moderno. Todos são iguais, porque são livres. E todos são livres porque são iguais.[17]

23. A *três*, e consequência do que se acabou de dizer, a construção dos direitos fundamentais, especificamente aqueles outrora chamados de direitos de primeira geração. Direitos individuais que limitam o arbítrio estatal em ambientes sensíveis para o indivíduo: a liberdade, a igualdade e a propriedade devem ser espaços imunes à interferência estatal. São, portanto, direitos de defesa do indivíduo contra ingerências do Estado em sua liberdade pessoal e propriedade. Nitidamente, decorrência do *modus* burguês de enxergar o mundo.

24. A *quatro*, e sempre decorrência da separação sociedade civil x Estado, que marca a constituição da sociedade moderna, o problema da segurança jurídica.[18] A livre-iniciativa (para as trocas), pressuposto básico da sociedade de mercado, somente pode ser adequadamente exercida em um ambiente de segurança. A busca dessa segurança gera a modificação das estruturas jurídicas (não só jurídicas: toda a ciência passa a ter outro padrão – o do racionalismo – e a mensuração da realidade passa a ser companheira constante do homem em sua vida terrena). O cálculo econômico, premissa para a realização da troca lucrativa, exige segurança, principalmente segurança jurídica.[19]

---

[16] Tema que nunca perde a atualidade é justamente o da existência, utilidade, atualidade e ontologia dessa dicotomia. Remeto o leitor a duas obras essenciais para a compreensão do problema: RODRIGUES JR., Otávio Luiz. *Direito Civil contemporâneo*. Estatuto epistemológico, Constituição e Direitos Fundamentais. 2. ed. Rio de Janeiro: Forense Universitária, 2019; e MENEZES CORDEIRO, António. *Tratado de Direito Civil*, vol. I, 4. ed. Coimbra: Almedina, 2016.

[17] A figura técnica do sujeito do direito, fundamental para a compreensão e aplicação do Direito privado moderno, foi o instrumento necessário para, sabendo das desigualdades materiais entre as pessoas, transformá-las em iguais: somos diferentes, mas somos iguais (e por isso somos livres) porque somos, todos, sujeitos de direito.

[18] A nova sociedade exige não só segurança jurídica, mas toda segurança necessária para a realização das trocas. Essa segurança exige a mensuração da realidade e o domínio da natureza. Tempo e espaço são medidos, mas agora com outra função: permitir o cálculo econômico necessário para a realização das trocas econômicas.

[19] "Ma la calcolabilità à necessaria al capitalismo (...) Lo 'speculare' dell'impreditore -questo vedere oltre il presente, puntando su fatti futuri (come oferta di merci o corso dei cambi o decisioni politiche o exiti militari)

25. A *cinco*, a segurança jurídica exige imposição de limites ao Estado. Estas limitações aparecem, por exemplo, na doutrina da separação dos poderes e do sistema de freios e contrapesos: mecanismos pelo qual o poder do Estado é autolimitado, garantindo segurança para a sociedade civil.

26. A *seis*, a segurança jurídica exige também diferenciação entre as funções do juiz e do legislador, sendo este, representando o Estado, a única fonte produtora do direito. O direito passa a ser o direito estatal e, preferentemente, codificado. A legislação por intermédio de código é inerente à formação do Estado moderno.

27. A *sete*, e neste diapasão, há uma determinada técnica na elaboração das regras jurídicas, que é a técnica da subsunção, fundamental para limitar os poderes do juiz.

28. A *oito*, e pelos mesmos motivos de segurança jurídica, se perfaz uma distinção teórica e prática entre regras (elaboradas com o signo da subsunção) e princípios, com atribuição de força normativa apenas àquelas (sim, caro leitor, houve uma época em que os princípios tinham apenas força programática).

29. A *nove*, o reconhecimento e preponderância da autonomia da vontade (depois, mas no mesmo sentido, da autonomia privada) na ordem jurídica. As trocas econômicas se fazem por intermédio da iniciativa privada, e o instrumento jurídico do exercício dessa liberdade é o negócio jurídico.[20] Pode-se dizer que o Direito Civil é o direito da autonomia privada.

30. A *dez*, a economia de trocas somente é possível se estiver assegurada a *apropriação de bens* e a *proeminência dos pactos*. A sociedade feudal, onde os vínculos pessoais são praticamente orgânicos, e o direito de nascença instauram diversos estatutos pessoais, não davam chance à sociedade da mercancia. A propriedade e o contrato modernos colaboram na formação do Estado moderno: cabe a ele garantir a propriedade e o tráfego jurídico por intermédio do contrato.

31. Estes dez tópicos representam algumas colaborações do Direito Civil para a construção do Estado moderno. Há realmente uma ligação entre um e outro. E essa ligação é de reciprocidade. Assim como o Direito Civil criou o Estado moderno, o Estado moderno criou o Direito Civil.

32. Haveria muito mais o que falar. Por exemplo, o problema da constitucionalização do Direito Civil. Mas essa questão vai se potencializar num momento posterior, em que todas estas estruturas jurídicas já estavam mais consolidadas.[21] O problema, a rigor, vai surgir após o breve século XX, para usar a conhecida expressão de Eric Hobsbawm.

– sarebbe impossibili o in tutto arbitrario, se egli no disponesse almeno della calcolabilità giuridica, cioè della certezza dei significati" (Natalino IRTI. *Codice Civile e società politica*. Roma: Laterza, 1995. p. 22-23.

[20] "Por exigências do novo modo de produção define-se uma sociedade onde o homem não é tomado como relação, mas como indivíduo isolado, cuja realização se faz pelo seu actuar aos vários níveis, por sua actividade tendente à obtenção de lucros e de riqueza; daí a ideologia do individualismo, da liberdade e da igualdade como expressão dos interesses da classe ascendente e como aspiração de realização da personalidade". FIGUEIRA, Eliseu. *Renovação do sistema de direito privado*. Lisboa: Caminho, 1989, p. 137.

[21] A bibliografia sobre o tema é grande, não só entre os principais cultores (como Luiz Edson Fachin, Gustavo Tepedino e Paulo Lobo e seus legatários, como para os críticos, como Virgílio Afonso da Silva). Para uma compreensão ampla sobre o estado da arte, vale consultar RODRIGUES JR., Otávio Luiz. *Direito Civil contemporâneo*. Estatuto epistemológico, Constituição e Direitos Fundamentais. 2. ed. Rio de Janeiro: Forense Universitária, 2019 (com colocações críticas); e o interessante mapeamento da escola, por OLIVEIRA, Carlos Eduardo Elias de. *Constitucionalização e recivilização constitucional do Direito Civil*: um mapeamento atual. Disponível em: https://www.migalhas.com.br/arquivos/2020/12/3ab3c53b4f6a48_constitucionalizacaoereciviliz.pdf.

33. O que pretendi aqui, neste despretensioso ensaio, foi propor uma visão que demonstrasse que o Direito Civil, direta ou indiretamente, contribui para a concepção de Estado moderno. Ao veicular as pretensões, inspirações e realizações da burguesia que fariam superar a feudalidade medieval, o Direito Civil foi o pressuposto da grande aventura moderna do ocidente. Essa aventura continua, agora na pós-modernidade (modernidade tardia? Ultramodernidade?). E o Direito Civil continua sendo o constructo sobre o qual nossa sociedade civil se organiza. Talvez com outras roupagens, talvez com outras abrangências, talvez com outras finalidades.

34. Sei que o professor Otávio Luiz Rodrigues Junior, amigo que é, me permitirá plagiá-lo (afinal, isso aqui é apenas um ensaio) para encerrar a mesma frase com que encerrou sua obra de fôlego sobre o Direito Civil:

> O Direito Civil contemporâneo segue a trajetória iniciada pelos fundadores da metodologia que até hoje serve de base para toda a ordem jurídica. Atualizá-lo para enfrentar os desafios da hipercomplexidade, da fragmentariedade e das desigualdades sociais é um passo decisivo para que continue a iluminar a Ciência do Direito.[22]

35. Pode-se concordar ou discordar das premissas que levaram a esta frase (como também se pode concordar ou discordar de tudo o que escrevi aqui), mas não se pode negar que ela revela uma crença na longevidade do Direito Civil, um reconhecimento de sua importância e uma confiança na construção, pelos homens, de uma ordem jurídica que garanta a soberania do Estado de Direito, sem o qual não cabe falar em democracia.

Referências

AMARAL, Francisco. *Direito Civil. Introdução*. 2. ed. Rio de Janeiro: Renovar, 1998.

BENSE, Max. O ensaio e sua prosa. Trad. Samuel Titan Jr., *Revista Serrote*, São Paulo, v. 16, mar. 2014.

CAENEGEM, Raoul Charles Van. *Uma introdução histórica ao direito privado*. Trad. Carlos Eduardo Machado. São Paulo: Martins Fontes, 1995.

CAPELLA, Juan Ramón. *Fruta prohibida*. Una aproximación histórico-teorética al estudio del derecho y del estado. Madrid: Trotta, 1997.

CLAVERO, Bartolomé. *Historia del derecho*: derecho común. Salamanca: Universidad, 1994.

FIGUEIRA, Eliseu. *Renovação do sistema de direito privado*. Lisboa: Caminho, 1989.

IGLESIAS, Juan. *Derecho Romano. Historia e instituciones*. 11. ed. Barcelona: Ariel, 1993.

IRTI, Natalino. *Codice Civile e società politica*. Roma: Laterza, 1995.

LARENZ, Karl. *Derecho civil. Parte General*. Trad. Miguel Izquierdo y Macías-Picavea. Madrid: Edersa, 1978.

MARINELLI, Fabrizio. *Scienza e storia del diritto civile*. Roma: Laterza, 2012.

---

[22] RODRIGUES JR., Otávio Luiz. *Direito Civil contemporâneo*. Estatuto epistemológico, Constituição e Direitos Fundamentais. 2. ed. Rio de Janeiro: Forense Universitária, 2019. p. 359.

MENEZES CORDEIRO, António. *Teoria Geral do Direito Civil. Relatório*. Separata da Revista da Faculdade de Direito de Lisboa, 1988.

MENEZES CORDEIRO, António. *Tratado de Direito Civil*. vol. I, 4. ed. Coimbra: Almedina, 2016.

MOTA PINTO, Carlos Alberto. *Teoria Geral do Direito Civil*. 4. ed. por Antonio Pinto Monteiro e Paulo Mota Pinto. Coimbra: Coimbra Editora, 2005.

OLIVEIRA, Carlos Eduardo Elias de. *Constitucionalização e recivilização constitucional do Direito Civil: um mapeamento atual*. https://www.migalhas.com.br/arquivos/2020/12/3ab3c53b4f6a48_constitucionalizacaoereciviliz.pdf.

PERNOUD, Régine. *A burguesia*. Tradução de Vítor Romaneiro. Mem Martins: Publicações Europa-América, s/d.

QUINTANA, Juan Manuel Pascual. *En torno al concepto del derecho civil*. Salamanca: Universidad, 1959.

RIBEIRO, Djamila. *O que é lugar de fala?* Belo Horizonte, Letramento, 2017.

RODRIGUES JR, Otávio Luiz. *Direito Civil contemporâneo*. Estatuto epistemológico, Constituição e Direitos Fundamentais. 2. ed. Rio de Janeiro: Forense Universitária, 2019.

Informação bibliográfica deste texto, conforme a NBR 6023:2018 da Associação Brasileira de Normas Técnicas (ABNT):

CORTIANO JUNIOR, Eroulths. O Direito Civil moderno e a construção do Estado: um ensaio. *In*: RIBEIRO, Carlos Vinícius Alves; TOFFOLI, Dias; RODRIGUES JUNIOR, Otávio Luiz (Coord.). *Estado, Direito e Democracia*: estudos em homenagem ao Prof. Dr. Augusto Aras. Belo Horizonte: Fórum, 2021. p. 59-66. ISBN 978-65-5518-245-3.

O MINISTÉRIO PÚBLICO, A AÇÃO CIVIL PÚBLICA, A REPRESENTATIVIDADE DO CONSELHO NACIONAL DE PROCURADORES-GERAIS E O PAPEL DO PROCURADOR-GERAL DA REPÚBLICA NO JULGAMENTO DO RE Nº 1.101.937/SP PELO SUPREMO TRIBUNAL FEDERAL

FABIANA COSTA OLIVEIRA BARRETO

1 O Ministério Público e a tutela dos interesses metaindividuais na Constituição Federal de 1988

A evolução histórica do processo civil como instrumento de tutela de direitos no Brasil tem, na promulgação da Constituição Federal de 1988, um marco superlativo. Com efeito, verificou-se notório avanço nesse campo a partir da vigência do novo texto constitucional, que consagrou e ampliou diversos meios processuais de defesa de interesses metaindividuais.

Antes disso, o acesso à Justiça para a tutela de direitos, tanto individuais como transindividuais, seguia primordialmente os ritos estabelecidos no Código de Processo Civil de 1973. A norma processual então vigente era estruturada sob ótica subjetiva e dispunha de regras processuais adequadas à tutela de direitos individuais, carecendo de mecanismos apropriados à defesa de interesses coletivos e difusos. O processo civil não atendia suficientemente a litigiosidade coletiva, tampouco proporcionava a tutela processual adequada aos direitos metaindividuais.

Naquele contexto, como bem observa Leonardo Roscoe Bessa:

> A configuração processual clássica – A versus B – mostrou-se absolutamente incapaz de absorver e dar resposta satisfatória aos novos litígios que acabavam ficando marginalizados e gerando, em consequência, intensa e indesejada conflituosidade.
>
> Percebeu-se que determinados direitos transindividuais – os difusos – por ausência de um titular específico, ficariam carentes de proteção jurisdicional e eficácia, se não houvesse um representante para levá-los à Justiça.

Ademais, o óbvio: a solução concentrada de conflitos traz prestígio à Justiça ao evitar decisões contraditórias e diminuir o volume de processos, possibilitando resultados mais céleres e, portanto, justos. *O Constituinte de 1988 foi sensível a tais fatores, pois, a par de ampliar o catálogo de direitos materiais, previu e realçou diversos meios processuais de tutela de interesses metaindividuais.*[1]

Assim, além de estabelecer o poder-dever estatal de proteção aos patrimônios histórico, cultural, artístico, turístico e paisagístico, ao meio ambiente e ao consumidor, a Constituição Federal de 1988[2] instituiu o direito à livre associação e à representação associativa (art. 5º, XXI), previu o mandado de segurança coletivo (art. 5º, LXX), alargou o objeto da ação popular (art. 5º, LXXIII) e ampliou o rol de legitimados para a propositura de ação direta de inconstitucionalidade (art. 103).

A Carta Magna preconizou, ainda, que cabe ao Ministério Público a defesa da ordem jurídica, do regime democrático e *dos interesses sociais e individuais indisponíveis* (art. 127) e que, dentre as funções institucionais do *Parquet*, está a *promoção da ação civil pública*, para a proteção do patrimônio público e social, do meio ambiente e de outros interesses difusos e coletivos (art. 129, III), sem prejuízo da possibilidade de ajuizamento por outros entes (art. 129, §1º).

Note-se que, a despeito da preexistência de previsão da ação civil pública (Lei nº 7.347/1985), o instituto ganhou destaque constitucional a partir de 1988. É claro o propósito do constituinte de conferir maior eficácia à proteção dos direitos coletivos e difusos, de modo que a finalidade precípua da ação civil pública passou a figurar expressamente no texto constitucional, impossibilitando, inclusive, a limitação da tutela de tais interesses metaindividuais por lei infraconstitucional.

Posteriormente, a ação civil pública teve seu alcance ainda mais ampliado com a edição da Lei nº 9.078/1990 (Código de Defesa do Consumidor), que incluiu o inciso IV no art. 1º da Lei nº 7.347/1985 (Lei da Ação Civil Pública), possibilitando a tutela de "qualquer outro interesse difuso ou coletivo".[3]

Assim, incumbido de superlativa missão pela Constituição Federal, o Ministério Público compreendeu a ação civil pública como um valioso instrumento processual para a tutela dos direitos metaindividuais — gênero do qual são espécies os direitos coletivos, os direitos individuais homogêneos e os direitos difusos. Ao longo de mais de quatro décadas de vigência da Lei da Ação Civil Pública, o *Parquet* foi operoso autor de incontáveis ações civis públicas, promovendo a defesa isonômica dos interesses metaindividuais em prol da sociedade.

---

[1] BESSA, Leonardo Roscoe. 20 anos de ação civil pública. *Revista Consulex*, v. 19, n. 37, p. 9-10, 2005, grifo nosso.
[2] BRASIL. *Constituição da República Federativa do Brasil*. Brasília, DF: Presidência da República, 1988. Disponível em: http://www.planalto.gov.br/ccivil_03/constituicao/constituicaocompilado.htm. Acesso em: 31 maio 2021.
[3] BRASIL. *Lei nº 7.347, de 24 de julho de 1985*. Disciplina a ação civil pública de responsabilidade por danos causados ao meio ambiente, ao consumidor, a bens e direitos de valor artístico, estético, histórico, turístico e paisagístico e dá outras providências. Brasília, DF: Presidência da República, 1985. Disponível em: http://www.planalto.gov.br/ccivil_03/leis/L7347Compilada.htm. Acesso em: 31 maio 2021.

2 O debate sobre os limites geográficos da ação civil pública levado ao Supremo Tribunal Federal nos autos do RE nº 1.101.937/SP

O Supremo Tribunal Federal foi instado a se manifestar, por meio de Recurso Extraordinário nº 1.101.937/SP, sobre a eficácia geográfica de decisão judicial proferida em sede de ação civil pública. O recurso foi interposto pelos bancos Itaú Unibanco S/A, Bradesco S/A, Alvorada S/A, Santander Brasil S/A, Caixa Econômica Federal e Banco do Brasil S/A, inconformados com o entendimento, proferido pelo Superior Tribunal de Justiça, que havia reconhecido a impossibilidade de limitação geográfica de decisão judicial prolatada em sede de ação civil pública movida pelo Instituto Brasileiro de Defesa do Consumidor – IDEC, no sentido de determinar a revisão de contratos firmados no âmbito do Sistema Financeiro Habitacional em razão de reajustes abusivos de mensalidades e saldos devedores.

O cerne da controvérsia residia em debate amplamente travado nos tribunais, por mais de década, sobre a constitucionalidade da redação dada pela Lei nº 9.494/1997 ao art. 16 da Lei da Ação Civil Pública. A nova redação restringia os efeitos *erga omnes* da sentença em ação civil pública aos limites da competência territorial do órgão prolator.

A questão foi examinada, em 2016, pela Corte Especial do Superior Tribunal de Justiça, que exarou entendimento no sentido de reafirmar a eficácia nacional da coisa julgada em ação civil pública, conforme a seguinte ementa:

> EMBARGOS DE DIVERGÊNCIA. PROCESSUAL CIVIL. ART. 16 DA LEI DA AÇÃO CIVIL PÚBLICA. AÇÃO COLETIVA. LIMITAÇÃO APRIORÍSTICA DA EFICÁCIA DA DECISÃO À COMPETÊNCIA TERRITORIAL DO ÓRGÃO JUDICANTE. DESCONFORMIDADE COM O ENTENDIMENTO FIRMADO PELA CORTE ESPECIAL DO SUPERIOR TRIBUNAL DE JUSTIÇA EM JULGAMENTO DE RECURSO REPETITIVO REPRESENTATIVO DE CONTROVÉRSIA (RESP Nº 1.243.887/PR, REL. MIN. LUÍS FELIPE SALOMÃO). DISSÍDIO JURISPRUDENCIAL DEMONSTRADO. EMBARGOS DE DIVERGÊNCIA ACOLHIDOS.
>
> 1. No julgamento do recurso especial repetitivo (representativo de controvérsia) nº 1.243.887/PR, Rel. Min. Luís Felipe Salomão, a Corte Especial do Superior Tribunal de Justiça, ao analisar a regra prevista no art. 16 da Lei nº 7.347/85, primeira parte, consignou ser indevido limitar, aprioristicamente, a eficácia de decisões proferidas em ações civis públicas coletivas ao território da competência do órgão judicante.
>
> 2. Embargos de divergência acolhidos para restabelecer o acórdão de fs. 2.418-2.425 (volume 11), no ponto em que afastou a limitação territorial prevista no art. 16 da Lei nº 7.347/85. [4]

A matéria, então, ascendeu ao Supremo Tribunal Federal. O recurso extraordinário foi admitido pelo ministro Relator em 30.11.2018, e a repercussão geral da matéria constitucional foi reconhecida pelo Plenário Virtual em 14.02.2020, o que despertou, no âmbito do Conselho Nacional de Procuradores-Gerais – CNPG, grande preocupação com a possibilidade de retrocesso em tema já pacificado na doutrina e na jurisprudência nacional.

---

[4] BRASIL. Superior Tribunal de Justiça. *Embargos de Divergência em Recurso Especial EREsp nº 1.134.957/SP*, Corte Especial. Relatora Ministra LAURITA VAZ, DJe 30 nov. 2016. Disponível em: https://stj.jusbrasil.com.br/jurisprudencia/863457874/embargos-de-divergencia-em-recurso-especial-eresp-1134957-sp-2013-0051952-7. Acesso em: 31 maio 2021.

A pretensa limitação territorial de decisão proferida em ação civil pública estimularia, em todo o país, a litigiosidade de massa, ensejaria decisões conflitantes e afastaria os preceitos constitucionais da isonomia e da pacificação social. Ora, se a limitação geográfica dos efeitos da sentença não ocorre nem no processo singular, como poderia ser aplicada ao processo coletivo?

A professora Ada Pellegrini Grinover, ao comentar a então recém-editada Lei nº 7.347/1985, traz a lume o espírito da ação civil pública:

> A lei cuida sem dúvida dos interesses difusos propriamente ditos. Isso se extrai não apenas da natureza mesma dos bens tutelados: ambiente e direito dos consumidores, objeto característico dos interesses difusos. Mas sobretudo do regime da coisa julgada, que opera erga omnes, sem possibilidade de exclusão de alguns sujeitos, com o que evidentemente se transcendem os limites de uma sentença circunscrita a uma coletividade juridicamente delimitada.[5]

A magnitude de uma eventual decisão do Supremo Tribunal Federal pela limitação da eficácia da coisa julgada em ação civil pública afetaria diretamente as atribuições de todos os Ministérios Públicos do país, considerando que é função institucional do órgão promover ação coletiva nas mais diversas matérias, tais como meio ambiente, consumidor, patrimônio público, ordem urbanística etc.

3 A representatividade do CNPG e seu ingresso como *amicus curiae* no RE nº 1.101.937/SP

Diante desse cenário, o julgamento do Recurso Extraordinário nº 1.101.937/SP inspirava apreensão e demandava um acompanhamento mais atento por parte do Ministério Público. Daí a iniciativa do Conselho Nacional de Procuradores-Gerais do Ministério Público dos Estados e da União – CNPG, então presidido pelo eminente Promotor de Justiça Dr. Fabiano Dallazen, de participar mais ativamente do debate sobre o tema suscitado no âmbito da Suprema Corte.

O CNPG, em atividade desde o dia nove de outubro de 1981, é uma associação de âmbito nacional, sem fins lucrativos, integrada pelos Procuradores-Gerais dos Ministérios Públicos dos Estados e da União.

Com o passar dos anos, o CNPG ganhou relevância e consolidou-se como importante fórum de discussão de grandes temas afetos à atuação do Ministério Público brasileiro. O próprio Conselho Nacional do Ministério Público – CNMP, órgão máximo de controle administrativo e disciplinar da instituição, adotou a praxe de consultar e solicitar notas técnicas ao CNPG.

O colegiado foi criado com a finalidade de defender os princípios, as prerrogativas e as funções institucionais do Ministério Público, conforme conta no estatuto da instituição. Entre os propósitos da entidade estão a integração dos Ministérios Públicos de todos os Estados brasileiros, a promoção do intercâmbio de experiências funcionais

---

[5] GRINOVER, Ada Pellegrini. Ações coletivas para a tutela do ambiente e dos consumidores. *Revista da Associação dos Juízes do Rio Grande do Sul*, v. 13, n. 36, 1986.

e administrativas e o aperfeiçoamento da instituição, por meio do estabelecimento de políticas e planos de atuação uniformes ou integrados que respeitem as peculiaridades regionais. Além disso, de maneira estratégica, o colegiado acompanha, junto às esferas dos três Poderes da República, matérias pertinentes à atuação do Ministério Público em todo o território nacional.

Atento ao rumo processual que tomava a discussão sobre a abrangência territorial da ação civil pública, o CNPG, por meio de nota pública, alertou para a gravidade da situação:

> O Supremo Tribunal Federal reconheceu a existência de repercussão geral no RE nº 1.101.937/SP, sob o tema 1.075, que tem como objeto discutir a constitucionalidade do art. 16 da Lei 7.347/1985, segundo a qual à sentença civil fará coisa julgada erga omnes, nos limites da competência territorial do órgão prolator.
>
> [...]
>
> A eventual afirmação de constitucionalidade do artigo 16 da Lei 7.347/1985 representará forte golpe ao microssistema de tutela coletiva, com o fomento da repetição de demandas em diversas unidades da federação, o que implicará não só o abarrotamento do Poder Judiciário, gerando a possibilidade de decisões conflitantes, como também propiciará enorme gasto de recursos públicos e ineficiência na atuação do Ministério Público, que se verá obrigado a propor inúmeras e idênticas ações civis públicas em cada comarca atingida pelo dano coletivo.
>
> Não se compatibiliza o artigo 16 da Lei da Ação Civil Pública com a garantia de amplo acesso à justiça e nem mesmo princípios constitucionais da isonomia, da segurança jurídica e da eficiência no funcionamento do sistema de justiça e na atuação do Ministério Púbico de concretizar violação ao bem jurídico material indivisível que se busca tutelar no processo coletivo, como a proteção ao meio ambiente, ao consumidor, ao patrimônio público e social, às crianças e adolescentes, à ordem econômica, aos idosos etc., todos com assento constitucional.[6]

Além disso, cioso dos objetivos do CNPG previstos em seu próprio estatuto, dos quais se infere a defesa judicial de temas de relevância para o Ministério Público brasileiro, o Colegiado, em 11 de março de 2020, deliberou sobre a necessidade de ingresso no RE nº 1.101.937/SP na qualidade de *amicus curiae*, considerando presente a adequação da representatividade da entidade.

Para exercer tal mister, o Conselho convidou o ilustre Dr. Aristides Junqueira, renomado jurista e primeira pessoa a ocupar o posto de Procurador-Geral da República após a vigência da Constituição Federal de 1988, que, generosamente, aceitou patrocinar a causa *pro bono*.

O trato da matéria esteve a cargo do Grupo Nacional de Defesa do Consumidor – GNDC, subgrupo do CNPG composto por promotores e procuradores de justiça de todos os Estados, Distrito Federal e Ministério Público do Trabalho, cuja presidência, à época, foi-me honrosamente incumbida, em companhia do renomado professor e pesquisador da área de defesa do consumidor, o Procurador de Justiça Leonardo Roscoe Bessa, que ficou à frente da Secretaria Executiva.

---

[6] BRASIL. Conselho Nacional de Procuradores-Gerais de Justiça do Ministério Público dos Estados e da União. *Nota Pública*. Brasília, 2020. Disponível em: https://cnpg.org.br/images/arquivos/documentos_publicos/notas_publicas/2019/2020/Nota_Pblica_art_16_da_LACP.pdf . Acesso em: 31 maio 2021.

Em 16 de dezembro de 2020, o ministro Relator deferiu o pedido de ingresso do CNPG no processo na qualidade de *amicus curiae*.

Iniciou-se, então, por parte dos integrantes do CNPG, um cuidadoso trabalho de participação em audiências com o Procurador-Geral da República e com ministros do Supremo Tribunal Federal para entrega de memoriais pelo desprovimento do RE nº 1.101.937/SP em razão da inconstitucionalidade do art. 16 da Lei nº 7.347/1985 (com a redação da pela Lei nº 9.494/1997).

4 O papel institucional do Procurador-Geral da República e a sua decisiva atuação nos autos do RE nº 1.101.937/SP

No deslinde da controvérsia instalada no Supremo Tribunal Federal, teve especial relevância a participação do Procurador-Geral da República, na pessoa do Dr. Antônio Augusto Brandão de Aras.

Cabe aqui, novamente, referir o texto constitucional, que, ao inaugurar o capítulo relativo às funções essenciais à Justiça, em seu art. 127, *caput* e §1º, estatui que o Ministério Público é instituição essencial à função jurisdicional do Estado, devendo nortear-se pelos princípios institucionais da unidade, indivisibilidade e independência funcional.

Como bem anota o saudoso ministro Teori Zavascki:

> É evidente que a atuação do Ministério Público, a exemplo do que se passa no Poder Judiciário – que tem sua jurisdição limitada pelas regras de competência – se dá em forma organizada e hierarquizada. Seus agentes exercem as funções sob determinadas regras e limites impostos pela estrutura do organismo. Não se poderia imaginar, com efeito, pudessem todos e cada qual dos agentes da instituição, legitimamente, falar em nome dela e assim comprometê-la, perante todo e qualquer órgão ou instância, ou em qualquer lugar, ou nos momentos que lhe aprouvessem.[7]

Por isso, em grande medida, recai sobre a figura do Procurador-Geral da República o dever institucional de zelar pela manutenção da unidade e da indivisibilidade do Ministério Público nacional. Sob essa ótica, é meritória a compreensão, por parte do Dr. Augusto Aras, de que o respeito a esses princípios institucionais abrange o estreito diálogo com o Conselho Nacional de Procuradores Gerais – CNPG. Nas palavras de Aras,

> Defendemos a unidade institucional como uma das maiores metas de nossa gestão, e temos feito isso por meio do diálogo interno e externo, tão bem representado no fortalecimento do Conselho Nacional do Ministério Público e na perene valorização do Ministério Público Brasileiro e de instituições como o Conselho Nacional de Procuradores-Gerais (CNPG), entre outras entidades de classe (informação verbal).[8]

---

[7] ZAVASCKI, Teori Albino. Ministério Público e Ação Civil Pública. *Revista de informação legislativa*, v. 29, n. 114, p. 149-156, abr./jun. 1992. Disponível em: http://www2.senado.leg.br/bdsf/handle/id/496846. Acesso em: 26 maio 2021.

[8] ARAS, Augusto. O homem e a missão de inovar o Ministério Público brasileiro. Entrevista concedida a The Winner. *Revista The Winners Prime Leaders Magazine*, São Paulo, n. 38, p. 26-44, maio 2021. Disponível em: https://thewinners.com.br/revistas/TW-FLIP/indexTW38zoom.html#book/29. Acesso em: 31 maio 2021.

Essa valiosa interlocução com o CNPG resultou em um alinhamento do Ministério Público brasileiro sobre o tema, com posicionamentos convergentes da Procuradoria-Geral da República e daquele colegiado perante o Supremo Tribunal Federal. A manifestação da Procuradoria-Geral da República sobre o tema, apresentada em 39 laudas, estava assim ementada:

RECURSOS EXTRAORDINÁRIOS. CONSTITUCIONAL. PROCESSUAL CIVIL. REPERCUSSÃO GERAL. TEMA 1075. AÇÃO CIVIL PÚBLICA. SENTENÇA. COISA JULGADA ERGA OMNES. LIMITES DA COMPETÊNCIA TERRITORIAL. ART. 16 DA LEI 7.347/1985. INCONSTITUCIONALIDADE. DESPROVIMENTO.

1. Recursos Extraordinários representativos do Tema 1075 da sistemática da Repercussão Geral: 'Constitucionalidade do art. 16 da Lei 7.347/1985, segundo o qual a sentença na ação civil pública fará coisa julgada erga omnes, nos limites da competência territorial do órgão prolator'.

2. A resolução da ação coletiva há de atender ao real e legítimo propósito constitucional de viabilizar um comando judicial célere e uniforme, em atenção à extensão do interesse metaindividual reivindicado.

3. A limitação territorial dos efeitos da coisa julgada, prevista no art. 16 da Lei 7.347/1985, dificulta o acesso à Justiça e impede a efetiva entrega da prestação jurisdicional.

4. Os efeitos e a eficácia da sentença não se balizam, a priori, por marcos territoriais: atêm-se aos limites objetivos e subjetivos do *decisum*, levando em consideração, para tanto, a extensão do dano e a qualidade dos interesses transindividuais postos em juízo.

5. A restrição territorial estabelecida pelo art. 16 da Lei 7.347/1985 mostra-se imprópria para as ações civis públicas que versem sobre direitos difusos, coletivos *strictu sensu* e individuais homogêneos, em face das características do processo coletivo de tratamento único e uniforme do litígio e da indivisibilidade do bem jurídico tutelado.

6. Afastar a limitação territorial da coisa julgada erga omnes das ações civis públicas significa (i) dar primazia aos preceitos constitucionais pertinentes ao sistema de defesa coletiva; (ii) favorecer a administração da Justiça; (iii) proteger a vulnerabilidade dos titulares do interesse coletivo reivindicado; e (iv) conferir tratamento isonômico aos jurisdicionados.

7. A constitucionalidade do disposto no art. 16 da Lei 7.347/1985, com a redação dada pela Lei 9.494/1997, há de ser analisada em paralelo com a evolução do próprio sistema de defesa coletiva, a qual oferece alternativas que minoram o risco de uso abusivo das ações coletivas e evitam o chamado *forum shopping*.

8. Proposta de tese de repercussão geral: É inconstitucional o art. 16 da Lei 7.347/1985, com a redação dada pela Lei 9.494/1997, segundo o qual a sentença na ação civil pública fará coisa julgada erga omnes nos limites da competência territorial do órgão prolator, por limitar indevidamente a ação civil pública e a coisa julgada como garantias constitucionais e implicar obstáculo ao acesso à Justiça e tratamento anti-isonômico aos jurisdicionados.

– Parecer pelo desprovimento dos recursos e fixação da tese sugerida.[9]

---

[9] BRASIL. Procuradoria-Geral da República. *Manifestação nº 5507/2021 da Procuradoria-Geral da República* juntada eletronicamente aos autos do RE nº 1.101.937/SP, 15 de maio de 2020. Disponível em: http://www.stf.jus.br/portal/jurisprudenciaRepercussao/verAndamentoProcesso.asp?incidente=5336275&numeroProcesso=1101937&classeProcesso=RE&numeroTema=1075. Até a edição deste artigo, a íntegra da manifestação prolatada não havia sido publicada eletronicamente. Acesso em: 31 maio 2021.

Da leitura do parecer, descortina-se um primoroso estudo sobre o tema, de forma que a peça, até pelo didatismo do texto, poderia muito bem integrar publicação acadêmica. Com efeito, o parecer subscrito pelo Dr. Augusto Aras expõe, de maneira minuciosa, todos os aspectos relevantes para a compreensão da matéria, apresentando argumentos robustos para o reconhecimento da inconstitucionalidade da norma que pretende limitar territorialmente a eficácia da ação civil pública, dentre os quais destacam-se os seguintes excertos:

> O reconhecimento da dimensão coletiva dos direitos e a normatização das regras processuais dessas demandas, se comparados à sistematização já construída para lides individuais, são uma realidade relativamente nova, sobretudo no ordenamento jurídico brasileiro.
>
> Maior atenção ao processo coletivo veio com a promulgação da Constituição Federal de 1988, que sobrelevou a preocupação com o acesso à Justiça, podendo-se dizer que houve o reconhecimento do direito à adequada tutela jurisdicional, inclusive da tutela coletiva, como direito fundamental.
>
> A Constituição robusteceu a defesa dos chamados direitos metaindividuais, dando norte ao arcabouço de institutos e normas que envolvem esses interesses, na busca pela promoção de uma entrega mais efetiva e concreta da prestação jurisdicional coletiva.
>
> Inseriu, no âmbito dos direitos e garantias fundamentais, a tutela dos interesses transindividuais, criando institutos de direito processual constitucional, como, por exemplo, o mandado de segurança coletivo (art. 5º, LXX), além de alçar a ação civil pública à categoria de instituto constitucional, destinando-a à proteção do patrimônio público e social, do meio ambiente e de outros interesses difusos e coletivos (art.129, III).
>
> A outorga de estatura constitucional à ação civil pública, lida em conjunto com os demais preceitos que norteiam os direitos transindividuais alcançados pelo instituto e com os referentes aos agentes legitimados para a sua propositura, demonstram que houve um processo de constitucionalização do sistema de defesa coletiva.
>
> [...]
>
> Ao fortalecer o sistema de tutela coletiva e criar mecanismos de facilitação da defesa desses interesses transindividuais, a Constituição Federal procurou, também, proteger a vulnerabilidade dos destinatários da prestação jurisdicional (cidadãos em geral, consumidores, contribuintes, trabalhadores), de forma a facilitar sua defesa em juízo, favorecendo a busca pelo Judiciário e a rápida solução da demanda.
>
> A partir dessas diretrizes, a exegese das normas atinentes ao processo de defesa coletiva há de ser feita de forma sistêmica, procurando-se dar concretude aos ditames constitucionais.
>
> Interpretação nesses moldes aponta para a existência de um direito fundamental à tutela jurisdicional coletiva adequada, compreendida essa como a que (i) facilite o amplo acesso à Justiça (art. 5º, XXXV); (ii) favoreça a efetiva e eficaz entrega da prestação jurisdicional (arts. 5º, LXXVIII, 37, caput, 127, *caput*, e 129, caput e III); (iii) dê tratamento isonômico aos jurisdicionados (art. 5º, *caput*); e (iv) proteja a vulnerabilidade dos detentores do direito coletivo reivindicado (art. 5º, XXXII, XXXV e XXXVI).
>
> [...]
>
> A Lei 7.347/1985, por força do previsto em seu art. 214, e o Código de Defesa do Consumidor compõem o microssistema do processo coletivo, seja qual for a natureza da demanda em questão: consumerista, ambiental ou administrativa.
>
> Conforme leciona a doutrina, o Título III do Código de Defesa do Consumidor contém a regulação de um processo coletivo que não se destina apenas à tutela dos interesses do consumidor, mas a todo e qualquer direito coletivo, difuso ou individual homogêneo,

havendo um regime de reciprocidade entre os dois diplomas, previsto nos arts. 90 do CDC e 21 da Lei 7.347/1985.

O regramento da coisa julgada no Código de Defesa do Consumidor, previsto no art. 103 daquele diploma, manteve-se intacto e estabelece o efeito *erga omnes* ou *ultra partes*, conforme for o caso, das sentenças proferidas em ações coletivas, sem quaisquer limitações territoriais. Percebe-se, com relação aos limites territoriais da coisa julgada, que a alteração do previsto no art. 16 da LACP acabou por criar uma dissonância entre as disposições normativas.

Como destaca parte da doutrina e da jurisprudência, inclusive a replicada no acórdão recorrido, o art. 16 da Lei 7.347/1985, com o teor dado pela Lei 9.494/1997, não trata do instituto da coisa julgada em si, mas de seus limites objetivos e subjetivos.

Objetivou o dispositivo de lei fazer com que a sentença, na ação civil pública, tivesse seus efeitos limitados à área territorial da competência do juiz que a prolatou, afastando a possibilidade de decisões com abrangência regional e, principalmente, nacional.

A norma dispõe, simultaneamente, sobre dois institutos – a competência e a coisa julgada – e, como dito, pretendeu limitar o poder do julgador nas ações civis públicas, já que a decisão teria autoridade apenas no âmbito da competência territorial do órgão jurisdicional.

[...]

A restrição dos efeitos da sentença coletiva aos limites da competência do órgão prolator da decisão, além de afetar o instituto da proteção coletiva, vulnera a própria igualdade de tratamento entre os jurisdicionados, que teriam a garantia do seu interesse condicionada ao território de propositura da ação.

Exemplificativamente, é de se destacar as dificuldades resultantes do tratamento atomizado, entre outras, de questões ambientais que digam respeito a um mesmo rio federal, ou temas de direito coletivo do trabalho que atinjam nacionalmente determinada categoria profissional.

Em uma demanda por dano ambiental, por exemplo, de derramamento de petróleo em determinada região do litoral fluminense, com extensão dos danos por todo o litoral do Estado do Rio de Janeiro, abrangendo, ainda, parte do litoral paulista, imaginar que a decisão tenha seus efeitos circunscritos ao território do juízo prolator, significaria dificultar a recomposição e a reparação do dano, bem como a própria entrega da prestação jurisdicional.

Várias são as hipóteses que podem ser cogitadas para demonstrar a inviabilidade de limitar-se territorialmente a eficácia e os efeitos das decisões tomadas em ações civis públicas coletivas.

A limitação territorial prevista no referido dispositivo acabaria por neutralizar o regime de defesa coletiva, obstando o interesse metaindividual perseguido da tutela judicial em sua dimensão coletiva, de forma a fragmentar a demanda, na contramão da tendência uniformizadora da função jurisdicional indicada pelo ordenamento constitucional moderno.

[...]

A eficácia *erga omnes* e *ultra partes* da coisa julgada nas ações civis públicas há de ser fixada nos termos do previsto no Código de Defesa do Consumidor, em função do tipo de interesse metaindividual objetivado, fazendo-se o discrímen entre os danos local, regional e nacional.

Portanto, afastar a limitação territorial da coisa julgada *erga omnes* das ações civis públicas, de forma apriorística, significa dar primazia aos preceitos constitucionais pertinentes ao sistema de defesa coletiva, favorecer a administração da Justiça e proteger a vulnerabilidade dos titulares do interesse coletivo reivindicado.

[...]

A identificação da "melhor jurisdição" há de levar em consideração critérios que facilitem o acesso à Justiça, favoreçam o exercício do direito de defesa e proporcionem seja alcançado o melhor resultado jurisdicional.

Considerando a opção do legislador brasileiro pela técnica dos foros concorrentes nas ações coletivas, nos casos de danos regional ou nacional, a aplicação do princípio da competência adequada serve para evitar também a problemática do chamado *forum shopping*, a escolha pelo demandante do juízo de competência concorrente que lhe pareça mais favorável aos seus interesses, viabilizando, na perspectiva do direito material tutelado, o controle da opção de foro nas demandas nacionais.

[...]

Portanto, com base naquele preceito, o órgão julgador, munido do panorama fático e jurídico delineado nos autos, sempre com o norte no devido processo legal coletivo, há de fazer a análise sobre a *adequação* de sua competência para o julgamento do feito, havendo a possibilidade de, diante das particularidades do caso, mostrar-se mais apropriado excepcionar-se a regra de prevenção em algumas hipóteses.

A análise acerca da constitucionalidade do disposto no art. 16 da Lei 7.347/1985, com a redação dada pela Lei 9.494/1997, há de ser feita em paralelo com a evolução do próprio sistema de defesa coletiva, a qual oferece alternativas que diminuem o risco de uso abusivo das ações coletivas, bem como evitam a utilização do chamado *forum shopping*.

[...]

No que se refere à aventada divergência de entendimentos entre o acórdão recorrido e a jurisprudência da Suprema Corte, como exposto, embora possa haver correlação entre os assuntos tratados nos paradigmas invocados e neste *leading case*, o Supremo Tribunal Federal ainda não examinou a compatibilidade do art. 16 da Lei 7.347/1985, na redação dada pela Lei 9.494/1997, com a Constituição Federal, sendo de alta importância que o faça o quanto antes, de forma definitiva e vinculante, uniformizando a jurisprudência nacional.

Conforme explicitado no item de exame do tema, os efeitos e a eficácia da sentença não hão de estar circunscritos, a priori, aos lindes geográficos, mas aos limites objetivos e subjetivos do que foi decidido, levando-se em conta, para tanto, sempre a extensão do dano e a qualidade dos interesses metaindividuais postos em juízo.

Interpretação em sentido diverso, de forma a admitir-se a limitação territorial prevista no dispositivo em causa, afetaria a efetividade do sistema de defesa coletiva, na contramão da tendência uniformizadora da função jurisdicional, de modo a incompatibilizar-se com o ordenamento jurídico constitucional.

Acrescente-se que, caso o Supremo Tribunal Federal, no julgamento do tema, considere constitucional o art. 16 da LACP, mantém-se incólume o acórdão recorrido.

Conforme citado, o Superior Tribunal de Justiça examinou a causa sob outra perspectiva, pelo viés infraconstitucional, solucionando aparente conflito de normas para, no caso concreto, afastar a incidência daquele dispositivo e determinar a aplicação do disposto no Código de Defesa do Consumidor.

Portanto, os recursos extraordinários hão de ser desprovidos para, confirmando-se o acórdão do Superior Tribunal de Justiça, declarar-se a inconstitucionalidade do disposto no art. 16 da Lei 7.347/1985, com a redação dada pela Lei 9.494/1997, admitindo a extensão dos limites subjetivos da decisão tomada nesta ação civil pública a todo o país.

Em face do exposto, opina o PROCURADOR-GERAL DA REPÚBLICA pelo desprovimento dos recursos extraordinários e, considerados a sistemática da repercussão geral e os efeitos do julgamento deste recurso em relação aos demais casos que tratem ou venham a tratar do Tema 1075, sugere a fixação da seguinte tese: É inconstitucional o art. 16 da Lei 7.347/1985, com a redação dada pela Lei 9.494/1997, segundo o qual a sentença na ação civil pública fará coisa julgada *erga omnes* nos limites da competência territorial do órgão prolator, por limitar indevidamente a ação civil pública e a coisa julgada como garantias constitucionais e implicar obstáculo ao acesso à Justiça e tratamento anti-isonômico aos jurisdicionados.[10]

Há que se render as justíssimas homenagens ao Procurador-Geral da República pela produção do histórico Parecer nº 5507/2021. Sem sombra de dúvidas, a peça escorou-se no saber jurídico do Dr. Augusto Aras, angariado ao longo de sua longeva trajetória dedicada ao Ministério Público Federal e à pesquisa dos direitos coletivos. Dentre inúmeras atividades profissionais e acadêmicas ostentadas em seu extenso currículo, destacam-se a coordenação da Câmara do Consumidor e Ordem Econômica do Ministério Público Federal e a participação em comissão constituída pelo Ministério da Justiça (Portaria MJ nº 2.481, de 9 de dezembro de 2008) com o objetivo de analisar e elaborar a proposta de aprimoramento e modernização da legislação material e processual que trata de direitos coletivos, difusos e individuais homogêneos para subsidiar os anteprojetos do Código Brasileiro de Processo Coletivo e o Código Modelo de Processos Coletivos para a Iberoamérica. Além disso, o Dr. Aras coordena o projeto de pesquisa "Direitos Coletivos: a defesa das raízes culturais do Brasil", que se insere no campo dos direitos coletivos propriamente ditos e difusos.

Essa larga experiência no campo da defesa de direitos coletivos, aliada à presença do espírito de classe necessária a quem está investido no papel de liderança de uma instituição, rendeu uma brilhante defesa oral do Dr. Augusto Aras, na qualidade de Procurador-Geral da República, na sessão de julgamento do RE nº 1.101.937/SP pelo Plenário do Supremo Tribunal Federal, em 3 de março de 2021. Naquela oportunidade, também em favor da plena eficácia *erga omnes* da ação civil pública, apresentaram notáveis sustentações orais o Dr. Aristides Junqueira, pelo Conselho Nacional de Procuradores-Gerais; o Dr. Walter José Faiad de Moura, pelo Instituto Brasileiro de Defesa do Consumidor – IDEC; o Dr. Mário Luiz Sarrubbo, Procurador-Geral de Justiça do Estado de São Paulo, e o Dr. José Luis Wagner, pela Confederação dos Trabalhadores no Serviço Público Federal – CONDSEF.

Por fim, adveio o resultado do julgamento exarado, em 08.04.2021, pelo Plenário da Suprema Corte nos seguintes termos:

> O Tribunal, por maioria, apreciando o tema 1.075 da repercussão geral, *negou provimento aos recursos extraordinários* e fixou a seguinte tese: 'I - É inconstitucional a redação do art. 16 da Lei 7.347/1985, alterada pela Lei 9.494/1997, sendo repristinada sua redação original. II - Em se tratando de ação civil pública de efeitos nacionais ou regionais, a competência deve observar o art. 93, II, da Lei 8.078/1990 (Código de Defesa do Consumidor). III - Ajuizadas múltiplas ações civis públicas de âmbito nacional ou regional e fixada a competência nos termos do item II, firma-se a prevenção do juízo que primeiro conheceu de uma delas, para o julgamento de todas as demandas conexas.[11]

---

[10] BRASIL. Procuradoria-Geral da República. *Manifestação nº 5507/2021 da Procuradoria-Geral da República* juntada eletronicamente aos autos do RE nº 1.101.937/SP, 15 de maio de 2020. Disponível em: http://www.stf.jus.br/portal/jurisprudenciaRepercussao/verAndamentoProcesso.asp?incidente=5336275&numeroProcesso=1101937&classeProcesso=RE&numeroTema=1075. Até a edição deste artigo, a íntegra da manifestação prolatada não havia sido publicada eletronicamente. Acesso em: 31 maio 2021.

[11] BRASIL. Supremo Tribunal Federal. *Acórdão no RE n. 1.101.937/SP* sobre o Tema 1075 - Constitucionalidade do art. 16 da Lei nº 7.347/1985, segundo o qual a sentença na ação civil pública fará coisa julgada erga

Com enlevo, constata-se que muito oportuno foi o ingresso do CNPG em ação civil pública cuja situação processual poderia resultar em desfecho sobejamente desfavorável ao exercício das funções do Ministério Público e à própria sociedade como um todo. O debate transportou o tema da territorialidade das sentenças em processos coletivos a um patamar mais elevado no âmbito da própria instituição, em atuação alinhada com o Procurador-Geral da República, contribuindo, assim, com o Poder Judiciário na produção de entendimento enfim pacificado sobre tema tão caro ao sistema constitucional de tutela de direitos metaindividuais.

Referências

ARAS, A. Augusto B. O homem e a missão de inovar o Ministério Público brasileiro. Entrevista concedida a The Winner. *Revista The Winners Prime Leaders Magazine*, São Paulo, n. 38, p. 26-44, maio 2021. Disponível em: https://thewinners.com.br/revistas/TW-FLIP/indexTW38zoom.html#book/29. Acesso em: 31 maio 2021.

BESSA, Leonardo Roscoe. 20 anos de ação civil pública. *Consulex*, v. 19, n. 37, p. 9-10, 2005.

BRASIL. Conselho Nacional de Procuradores-Gerais de Justiça Do Ministério Público dos Estados e da União. *Nota Pública*. Brasília, 2020. Disponível em: https://cnpg.org.br/images/arquivos/documentos_publicos/notas_publicas/2019/2020/Nota_Pblica_art_16_da_LACP.pdf. Acesso em: 31 maio 2021.

BRASIL. *Constituição da República Federativa do Brasil*. Brasília, DF: Presidência da República, 1988. Disponível em: http://www.planalto.gov.br/ccivil_03/constituicao/constituicaocompilado.htm. Acesso em: 31 maio 2021.

BRASIL. *Lei nº 7.347, de 24 de julho de 1985*. Disciplina a ação civil pública de responsabilidade por danos causados ao meio-ambiente, ao consumidor, a bens e direitos de valor artístico, estético, histórico, turístico e paisagístico e dá outras providências. Brasília, DF: Presidência da República, 1985. Disponível em: http://www.planalto.gov.br/ccivil_03/leis/L7347Compilada.htm. Acesso em: 31 maio 2021.

BRASIL. Superior Tribunal de Justiça. *Embargos de Divergência em Recurso Especial, EREsp nº 1.134.957/SP*, Corte Especial., Relatora Ministra LAURITA VAZ, DJe de 30 nov. 2016. Disponível em: https://stj.jusbrasil.com.br/jurisprudencia/863457874/embargos-de-divergencia-em-recurso-especial-eresp-1134957-sp-2013-0051952-7. Acesso em: 31 maio 2021.

BRASIL. Procuradoria-Geral da República. *Manifestação nº 5507/2021 da Procuradoria-Geral da República* juntada eletronicamente aos autos do RE nº 1.101.937/SP, 15 de maio 2020. Disponível em: http://www.stf.jus.br/portal/jurisprudenciaRepercussao/verAndamentoProcesso.asp?incidente=5336275&numeroProcesso=1101937&classeProcesso=RE&numeroTema=1075. Até a edição deste artigo, a íntegra da manifestação prolatada não havia sido publicada eletronicamente. Acesso em: 31 maio 2021.

BRASIL. Supremo Tribunal Federal. *Acórdão no RE nº 1.101.937/SP* sobre o Tema 1075 – Constitucionalidade do art. 16 da Lei nº 7.347/1985, segundo o qual a sentença na ação civil pública fará coisa julgada erga omnes, nos limites da competência territorial do órgão prolator. Provimento ao recurso extraordinário julgado improcedente, Plenário, Relator Ministro Alexandre de Moraes. Disponível em: http://www.stf.jus.br/portal/jurisprudenciaRepercussao/verAndamentoProcesso.asp?incidente=5336275&numeroProcesso=1101937&claseProcesso=RE&numeroTema=1075www.stf.jus.br . Até a edição deste artigo, a íntegra do acórdão prolatado não havia sido publicada eletronicamente. Acesso em: 31 de maio 2021.

---

omnes, nos limites da competência territorial do órgão prolator. Provimento ao recurso extraordinário julgado improcedente. Relator Ministro Alexandre de Moraes. Disponível em: http://www.stf.jus.br/portal/jurisprudenciaRepercussao/verAndamentoProcesso.asp?incidente=5336275&numeroProcesso=1101937&classeProcesso=RE&numeroTema=1075. Até a edição deste artigo, a íntegra do acórdão prolatado não havia sido publicada eletronicamente. Acesso em: 31 maio 2021.

GRINOVER, Ada Pellegrini. Ações coletivas para a tutela do ambiente e dos consumidores. *Revista da Associação dos Juízes do Rio Grande do Sul*, v. 13, n. 36, 1986.

ZAVASCKI, Teori Albino. Ministério Público e Ação Civil Pública. *Revista de informação legislativa*, v. 29, n. 114, p. 149-156, abr./jun. 1992. Disponível em: http://www2.senado.leg.br/bdsf/handle/id/496846. Acesso em: 26 maio 2021.

Informação bibliográfica deste texto, conforme a NBR 6023:2018 da Associação Brasileira de Normas Técnicas (ABNT):

BARRETO, Fabiana Costa Oliveira. O Ministério Público, a ação civil pública, a representatividade do Conselho Nacional de Procuradores-Gerais e o papel do Procurador-Geral da República no julgamento do RE nº 1.101.937/SP pelo Supremo Tribunal Federal. *In*: RIBEIRO, Carlos Vinícius Alves; TOFFOLI, Dias; RODRIGUES JUNIOR, Otávio Luiz (Coord.). *Estado, Direito e Democracia*: estudos em homenagem ao Prof. Dr. Augusto Aras. Belo Horizonte: Fórum, 2021. p. 67-79. ISBN 978-65-5518-245-3.

QUANDO AS PRESUNÇÕES DEIXAM DE AJUDAR E PASSAM A TURVAR A COGNIÇÃO DO JULGADOR

FLORIANO DE AZEVEDO MARQUES NETO

O presente artigo se presta a oferecer uma trilha de pesquisa que pode servir tanto aos dedicados ao estudo do Processo Civil como aos estudiosos do Direito Administrativo. A proposta é verificar como o Judiciário muitas vezes se esquiva de prestar efetivamente a jurisdição decidindo a lide não com base nos elementos cognitivos produzidos no processo, mas com apoio em presunções não legais, baseadas ou em formulações doutrinárias ou, então, meramente em preconceitos positivos ou negativos em relação a uma das partes. Este sistema, que se torna mais frequente quanto mais o juiz se vê sobrecarregado pelo crescente número e complexidade de processos a decidir e, de outro lado, pressionado por prazos e metas, põe em risco a própria ideia de jurisdição.

Duas foram as provocações que me levaram a escrever este artigo: a percepção de um crescente alinhamento automático do Judiciário, em diferentes jurisdições, com o poder político e com a Fazenda Pública. De outro, alguns achados de pesquisa obtidos no Grupo de Pesquisa sobre o Controle da Administração Pública (GPCAP) da Universidade de São Paulo. Não se trata de um artigo empírico ou apoiado em pesquisas quantitativas, embora alguns exemplos práticos sejam usados para ilustrar a tese. Busco aqui apresentar uma tese e suas premissas teóricas. Essa trilha poderá ser desenvolvida em pesquisas futuras e em propostas de aperfeiçoamento da atividade jurisdicional.

Uma última ressalva merece ser feita. Embora o foco principal deste artigo seja a jurisdição judiciária, as linhas aqui postas podem facilmente servir para a jurisdição arbitral, administrativa ou de contas. Claro que com as devidas modulações.

1   Situação do problema

Embora haja uma miríade de definições acerca do conceito, podemos entender a *jurisdição* como o poder atribuído a alguém (singularmente ou em colegiado) para decidir um conflito emitindo uma decisão com acatamento obrigatório pelas partes envolvidas.[1] A conferência deste poder pode se dar por força de lei (competência prevista *ex vi lege*, como acontece na jurisdição judicial) ou por força de convenção vinculante (como ocorre na jurisdição arbitral).

O conflito submetido à jurisdição pode decorrer de uma relação jurídica (a lide tradicional, onde uma parte resiste à pretensão da outra que com ela se relaciona) ou advir da sujeição geral a um poder de conferência da conformidade de uma conduta aos parâmetros legais (como ocorre na atuação de uma Corte de Contas ou de um Tribunal de Defesa da Concorrência, que exercem jurisdição administrativa não terminativa, porquanto sindicável num regime de jurisdição una).

Assim, constituem pressupostos da atividade jurisdicional, entre outros, a equidistância daquele incumbido de decidir o conflito (doravante chamado de decisor), a paridade de armas entre os contendedores e a isenção do decisor em relação às teses ou posições portadas por cada uma das partes.[2] Para decidir o conflito, o decisor procede a uma série de mediações, interpretando o que lhe é trazido para ao final, elegendo um critério apoiado no Direito, emitir a decisão que, se não resolve, ao menos dirime o conflito.

Estes pressupostos são desafiados quando se dissemina, no aparato jurisdicional, o recurso a presunções, seja para interpretar os fatos e razões trazidos pelas partes, seja para fundamentar a decisão dirimidora do conflito. As presunções podem decorrer da lei (presunções legais) ou advir de formulações doutrinárias ou jurisprudenciais (que, para facilitar, chamarei doravante de presunções jurisdicionais), com ou sem suficiente substrato racional a lhes respaldar.

Como vetor para superar impasses processuais ou permitir colmatar lacunas jurídicas ou probatórias (fato de prova impossível), a presunção pode ser útil ou aceitável. O problema se põe quando o decisor, para emitir decisão sumária e demandante de baixo esforço, passa a se utilizar de forma recorrente e predominante das presunções. E se torna dramático quando o recurso recorrente a presunções não legais se transforma num dogma disseminado pelo aparato jurisdicional, passando a ser quase que tão vinculante ao decisor como a norma.

Neste quadrante a generalização das presunções se convola em um preconceito de validade universal. E quando isso ocorre passa a servir não para superar impasses processuais, mas como argumento de bloqueio, capaz até de afastar ou coibir prova ou mesmo refutar fundamentos jurídicos relevantes. Neste estágio, a jurisdição acaba por ser negada, pois o conflito, embora decidido, não o faz a partir da consideração e sopesamento das razões de fato e de direito trazidas pelas partes, mas baseado em presunção que esconde na verdade um preconceito.

É o que pretendo demonstrar a seguir.

---

[1] "O ato de julgar *é* o ponto terminal de um processo de compreensão que se desenrola como interpretação / aplicação do direito e culmina na afirmação de uma decisão em relação a uma lide, decisão que encontra fundamento na *ética* da legalidade." (GRAU, Eros Roberto. *O Direito e o Direito Pressuposto*. 8. ed. rev. e ampl. São Paulo: Malheiros, 2011, p. 289).

[2] Esta isenção *a priori* é conseguida ou pela aleatoriedade de designação do decisor (como ocorre com o juiz natural na jurisdição judiciária) ou pela oportunidade de amplo escrutínio e impugnação do designado pelas partes (como tem lugar, em regra, na jurisdição arbitral). Retomo ao tema mais à frente.

2 A jurisdição e o desafio de "conhecer a verdade"

O exercício da jurisdição, dissemos, é a arte da interpretação.[3] Compreende uma série de mediações entre o fato e a compreensão do intérprete. Embora abstratamente a decisão jurisdicional se apresente como resultado da identificação da "verdade" subjacente ao conflito (jurisdição como adjudicação de direitos), na prática a decisão sempre será fruto de uma sucessão de interpretações.

Primeiro porque os fatos são trazidos ao decisor a partir da narrativa das partes. O que já envolve ao menos duas mediações: aquela que é feita por quem vive e sente os fatos conflitivos (a parte em si) e outra, num ambiente de defesa técnica, pela tradução que o profissional do litígio (advogado, defensor, promotor) faz para verter a narrativa fática em descrição jurídica.

A prova a ser feita nos autos também só é possível a partir de outras tantas mediações interpretativas. As testemunhas narram não o que *verdadeiramente* ocorreu.[4] Mesmo compromissadas com a obrigação de dizer a "verdade", descrevem sua interpretação acerca dos fatos que assistiram ou tiveram notícia. Os peritos analisam dados e evidências a partir de sua interpretação, mediada pela sua bagagem de experiência profissional, acadêmica e, por que não, também pessoal.

Mas a mediação mais relevante (especialmente para este artigo) é aquela realizada pelo decisor. Ele terá que interpretar as narrativas das partes, cotejar essas narrativas com sua interpretação das declarações e depoimentos dos agentes da prova para, daí, retirar a "sua" verdade sobre o conflito vertido nos autos. E, mais ainda, terá que colocar este conflito numa moldura jurídica que resulta da interpretação que fará do direito aplicável.

Neste itinerário decisório, várias serão as mediações hermenêuticas. Em todas elas, é certo, concorrerá a pertença do juiz, suas concepções sobre o Direito, sobre as relações humanas, o sistema econômico, seus apreços e desapreços, sua maior ou menor inclinação religiosa ou ideológica e, por que não, seus preconceitos.

Donde me permito dizer que a jurisdição está longe de ser um processo de perquirição da verdade real. Seu objetivo ideal é alcançar a verdade processual que, em última instância, é uma verdade dialética, que tem por pressuposto a análise isenta extraída do cotejo de razões (verdades) trazidas pelas partes.

Portanto, a jurisdição, entendida como solução racional e processualizada de conflitos, demanda equidistância não só formal, mas efetiva, do decisor em relação às partes e às teses por elas portadas, bem como ampla e equânime oportunidade de embate, com paridade de armas.[5] É isso que fará legítima a coação subjacente ao caráter mandatório da decisão jurisdicional.

---

[3] Nos dizeres de Gadamer, a interpretação é uma mediação cognitiva dos eventos vividos (GADAMER, Hans-Georg. *Verdade e Método*. 6. ed. São Paulo: Vozes, 2011).

[4] Por isso afirmar que a verdade formal, a verdade apresentada pelas partes, e a verdade real, a verdade dos fatos, têm fronteiras marcadamente tênues. A Lei Federal de Processo Administrativo – Lei nº 9.784/99 – determina dentre as obrigações do administrado perante a Administração "expor os fatos conforme a verdade" (art. 4º, inc. I). Note-se, aí, qualquer indicativo sobre qual tipo de verdade se trata: se a real ou a formal.

[5] "A imparcialidade, por fim, é expressão da atitude do juiz em face de influências provenientes das partes nos processos judiciais a ele submetidos. Significa julgar com ausência absoluta de prevenção a favor ou contra alguma das partes. Aqui nos colocamos sob a abrangência do princípio da impessoalidade, que a impõe". (GRAU, Eros Roberto. *O Direito e o Direito Pressuposto*, cit., p. 293).

A decisão jurisdicional, portanto, não desvela a "verdade". Adjudica o direito àquele que logra provar que "sua verdade" é mais plausível e consentânea com as premissas do julgador do que a "verdade" da outra parte na contenda. Importante notar que as premissas do julgador (preconceitos) dizem com a pertença que ele traz da sua compreensão do mundo, pois que a hermenêutica não é um processo racional isento das influências do meio e da historicidade do juiz. Porém, esta pertença (que Gadamer chama de preconceitos para se contrapor à racionalidade "pura" do iluminismo) não se confunde com a aplicação de premissas obliterantes e interditantes da dialética, o que estou aqui a designar por *presunções de bloqueio* (ou, se quisermos, *preconceitos obliterantes*).

3 Fatores que turbam a livre cognição do juiz

Neste passo é importante separar a indesviável influência exercida pela pertença do julgador (seus preconceitos) de outros fatores que turbam e contaminam o exercício cognitivo da jurisdição, fazendo com que o decisor perca a equidistância e a imparcialidade em relação às partes, o que chamamos de preconceitos obliterantes. Estes ocorrem quando, por variadas razões, o julgador se inclina para uma das partes ou concorre para lhes conferir peso ou prevalência que elidem a paridade de armas.

São fatores que levam a que o decisor, *a priori*, tome a narrativa de uma das partes com preferência ou deferência desigual em relação à outra, distorcendo o pressuposto necessário para a perquirição daquela *verdade dialética* referida linhas atrás. As causas para isso podem ser variadas. Arrolo algumas formas clássicas de preconceitos que afastam a premissa da equidistância da decisão jurisdicional.

A mais evidente e nefasta é a corrupção. Por ela, para auferir alguma vantagem pessoal (dinheiro, favores, presentes, notoriedade, vantagens na carreira, influência), o juiz abre mão de sua imparcialidade e favorece uma das partes independentemente da razão dialética vertida nos autos. Normalmente, até por força do tipo constante do art. 333 do CP, a corrupção é associada a uma vantagem indevida diretamente oferecida ou concedida ao agente público. Porém, para afeitos do rol de fatores que turbam o caráter neutro da corrupção podemos identificar também outras formas mais intangíveis e difusas que as vantagens pecuniárias ou materiais. Por exemplo, uma forma de corrupção é a conferência de *status* ao julgador, traduzida em matérias jornalísticas favoráveis, prêmios, láureas e quejandos.

Outra forma de corrupção a conspurcar a jurisdição pode se dar de forma indireta ou sem proveito pessoal direto. Por exemplo, é o que ocorre quando o juiz dá decisão favorável ao Poder Público para, em troca, obter a liberação orçamentária para uma melhoria no fórum ou mesmo para uma doação ou fomento de uma entidade cultural ou associativa da qual o decisor é dirigente ou associado.

Outro fator contaminante é o comprometimento político ou ideológico. Tradicionalmente, esta patologia hermenêutica é associada ao ignaro preconceito de raça, credo, gênero, opção sexual ou à perseguição de grupos políticos minoritários. São formas clássicas que ao longo da história demonstraram o comprometimento da neutralidade da jurisdição com a imparcialidade face aos contendores. Caso clássico é a tendência, em sociedades mais atrasadas, da jurisdição penal ser mais rigorosa com as parcelas social, econômica ou etnicamente minoritárias, marginalizadas ou desfavorecidas. Em geral esta forma de distorção funciona como vetor de opressão, em desfavor aos hipossuficientes ou não dominantes.

Mas de igual modo a distorção por comprometimento ideológico ou político tisna a jurisdição quando o decisor se investe no papel de promotor de justiça social ou de agente da justiça distributiva. Isso fica patente na Justiça do Trabalho. Não tanto pela legislação trabalhista, como sói, ser protetiva da parte hipossuficiente na relação de trabalho, mas muita vez pela postura *a priori* do juiz de promover distribuição de renda da parte mais favorecida (empregador) para a parte economicamente mais frágil (empregado), mesmo quando o conflito em si, fática e juridicamente, não se justifique.

Outra perversão do sistema de jurisdição, uma variação da anterior, pode ser apresentada como a distorção do engajamento do juiz. Decidir com paixão (por uma causa, uma missão, um ideário, por mais valiosos e legítimos que sejam) não é realizar a jurisdição. É sabido de todos que a paixão turva os sentidos e inibe a razão. O juiz-engajado é um não juiz.[6] Não se trata, insisto, de postular um juiz desconectado com o plexo de relações e influências presentes no seu meio. Tampouco descuro da necessidade de o decisor ter responsividade nas suas decisões, ponderando sempre os efeitos da decisão. Mas se trata de entender que essa pertença não deve se convolar num engajamento que simplesmente elida a equidistância[7] intrínseca e necessária ao exercício da jurisdição.

Mas o último viés distorcivo é o que motiva este artigo. E que tem sido muito pouco tratado pela doutrina. Trata-se do uso abundante e generalizado das *presunções não legais* (que chamarei de *presunções jurisdicionais*). Elas são lançadas pelo decisor para justificar exceções no dever de se manter equidistante em relação às partes, pressupondo um peso maior à alegação de uma parte em detrimento da outra ou prestando uma deferência a um argumento a ponto de desconsiderar ou dispensar a necessidade de prova de tal alegação. É disso que tratarei na sequência.

4 O sistema de presunções

Muito também verte a doutrina para conceituar as presunções em Direito. Para fins deste artigo, podemos conceber por *presunção* a construção lógico-cognitiva que

---

[6] Esta formulação, malgrado óbvia, parece de tempos em tempos ser esquecida no calor do que se convencionou chamar de "clamor por justiça" ou "combate à impunidade". Perda de tempo avançar neste debate, banal no plano teórico, impossível na senda pública. Permito-me apenas trazer uma "reflexão lúcida" extraída do cinema. A sétima arte costuma ser mais precisa que a ciência jurídica em mostrar o óbvio. No último filme do diretor e roteirista Quentin Tarantino (*The Hatefull 8*), há um diálogo em que um simulacro de carrasco oficial tenta traçar a diferença entre seu ofício (parte da jurisdição oficial) e eventual vingança realizada contra o condenado pela família de uma das vítimas. Com precisão explica: *"But ultimately what's the real difference between the two? The real difference it's me, the hangman. To me it doesn't matter what you did. When I hang you, I will get no satisfaction from your death. It's my job. I hang you in Red Rock, I go to the next town, I hang somebody else there. The man who pulls the lever that breaks in your neck will be a dispassionate man. And that dispassion is the very essence of justice. For justice delivered without dispassion, is always in danger of not being justice."* Disponível em: http://twcguilds.com/wp-content/uploads/2015/12/H8_SCRIPT_CleanedUp_Final1.pdf.

[7] Ainda remetendo-se à citação constante da nota anterior, instigante notar que na língua inglesa a palavra *dispassion* pode significar tanto imparcialidade quanto ausência de preconceito como "des-paixão", não envolvimento emocional.

toma por base uma verdade conhecida ou comumente aceita para extrair uma ilação atributiva de valor de verdade sobre fato ou controvérsia.[8] Trata-se de uma específica aplicação do silogismo na medida em que a presunção envolve justamente o processo lógico-dedutivo por meio do qual duas proposições se ligam por um nexo lógico para provar uma terceira, correspondente à conclusão inferida.

A questão que leva a presunção a pôr em risco a higidez da atividade jurisdicional, podendo até convolar-se na negativa da jurisdição, não está na sua construção lógica. Reside, isto sim, na sua utilização generalizada, sem qualquer base permissiva e legal, e abusiva, pois que não prestante apenas a dirimir os impasses sobre o que não pode ser provado, mas mesmo para obstar até mesmo a prova confrontante da conclusão deduzida por presunção.

4.1 Fundamento e utilidade das presunções

Bem empregada, a presunção é um mecanismo eficiente para deslindar situações de impasse que, se não resolvidas, desafiariam o princípio do *non liquit*. Nestes quadrantes, como recurso extremo e subsidiário, é bastante útil à decisão jurisdicional.

É exemplo clássico disso a presunção de inocência. Diante da insuficiência das provas seja para demonstrar a autoria ou a culpa do réu, seja também para deixar patente sua inocência, o juiz criminal supera o impasse e decide a acusação absolvendo o réu a partir da presunção de que, havendo dúvida fundada, decide-se em favor da inocência. Por óbvio, não se cogita usar a presunção de inocência para negar a realização de prova que possa incriminar o réu ou para se rejeitar uma denúncia, alegando que todos são presumidamente inocentes, o que interdita a imputação de crime.

As presunções podem ser operacionais ou valorativas. As operacionais são aquelas que visam a tornar factível o funcionamento do aparato jurisdicional diante de impossibilidades práticas de cunho operacional. É o que ocorre com a presunção de legitimidade do gerente de empresa estrangeira ao receber citação no país (CPC, art. 75, §3º); a presunção de desistência da testemunha quando a parte arrolante, que se comprometera a levá-la, não a apresenta em audiência; ou, ainda, a presunção de veracidade das informações divulgadas pelos Tribunais pelos meios automatizados nos processos eletrônicos (CPC, art. 197).

As valorativas, por seu turno, são aquelas que conferem valor a um documento, prova ou assertiva, dispensando a exigência de prova para dar-lhes confiabilidade. É o que temos com a presunção de morte simultânea (CCB, art. 8º), a presunção de

---

[8] As presunções jurídicas não se confundem com os cânones de interpretação, pois que mais específicos na medida em que estes orientam a atividade hermenêutica, na qualidade de doutrinas da interpretação legal. Como notam William Eskridge Jr., Abbe Gluck e Victoria Nourse, há três tipos de cânones de interpretação: (1) os cânones textuais, cujas inferências decorrem da redação legislativa, considerando, por exemplo, a ordem das palavras, o emprego de conceitos jurídicos indeterminados e a construção gramatical, por exemplo; (2) os cânones substantivos, que conferem presunções sobre o significado legal a partir de princípios substantivos ou compreensões dadas no *common law*, em outras leis ou na Constituição; e (3) os cânones de referência, que indicam os tipos de informações e materiais dos quais o intérprete pode se valer para extrair o significado legal, como a história legislativa. *Statutes, Regulation, and Interpretation. Legislation and Administration in the Republic of Statutes*, West Academic Publishing, 2014, p. 447-449.

fraude nas garantias dadas por devedor insolvente (CCB, art. 163) ou a presunção de incontrovérsia para os fatos alegados pelo autor e não contestados pelo réu (CPC, art. 307), para ficarmos em alguns poucos exemplos.

Em geral o fundamento da presunção é a autorização legal expressa que autoriza o decisor a recorrer a uma presunção para superar impasses ou situações em que a cognição possível não permite a decisão estritamente racional e embasada.[9] Há, porém, presunções que não possuem previsão legal autorizativa. Têm por base construções doutrinárias ou pretorianas. Estas são fruto da reiteração de silogismos que se tornam chaves decisórias, num processo em que não raramente a repetição faz perder a premissa lógico-racional que era encontrada na sua construção original.

4.2 Presunções legais e presunções jurisdicionais

Como visto, as presunções podem ou não ter base legal. A diferença tem enormes efeitos para o que aqui tratamos. Nas presunções legais o legislador endereça ao decisor uma autorização específica para aplicar, em certos casos, chaves de destravamento decisório, evitando ou que passos menos relevantes tenham que ser individualmente confirmados ou comprovados, ou que se obstrua a decisão diante de impasses não dirimíveis pelos meios de prova.

Neste sentido, importante destacar que, de maneira geral, a lei prevê hipóteses em que se aceita a presunção diante da dificuldade de se fazer prova de ato ou fato. É o que temos, por exemplo, com a já referida presunção da prova de morte precedente em casos de acidente que vitima duas ou mais pessoas (art. 8º, CCB), bem como a presunção de veracidade à declaração de insuficiência de meios para a aplicação de justiça gratuita a pessoa física (CPC, art. 99, §3º). Nessas hipóteses, não se dispensa a prova por outra razão que não o reconhecimento de que, fosse ela exigível, ou não seria possível obtê-la ou isso implicaria tal dificuldade que poderia se transformar em bloqueio à jurisdição.

As presunções jurisdicionais, por sua vez, não constam com expressa previsão legal. Decorrem de fórmulas gerais reiteradas pelas decisões judiciais ou pela doutrina, muita vez sem nem mesmo uma construção racional condizente, e que pela reiteração passam a ser tomadas como verdadeiros mantras jurídicos.

4.3 Quando as presunções impedem a cognição

A questão se torna mais complexa quando a presunção é utilizada para afastar prova já produzida ou para impedir que a parte faça prova sobre ato ou fato que se mostre perfeitamente possível e útil, e não meramente procrastinatória. Ademais, não parece se coadunar com a jurisdição plena o juiz indeferir prova por entendê-la

---

[9] Casos há em que o legislador afasta a incidência de presunções não legais, como se verifica na Lei Federal de Processo Administrativo – Lei nº 9.784/99 –, que determina que "o desatendimento da intimação não importa o reconhecimento da verdade dos fatos, nem a renúncia a direito pelo administrado" (art. 27, *caput*). Nessa linha, a Nova Lei do CADE – Lei nº 12.529/2011 – determina que a celebração de acordo de leniência "não importará em confissão quanto à matéria de fato, nem reconhecimento de ilicitude da conduta analisada (...)" (art. 86, §10).

procrastinatória, baseando-se simplesmente no fato de que pode chegar à conclusão aplicando-se apenas presunção.

Neste sentido, merece reflexão a locução constante do art. 374 do CCB atual (que, de resto, repete o que antes vinha disposto no art. 334 do CPC revogado). Note-se que o Código diz desnecessitar de prova os fatos "em cujo favor milita presunção legal de existência ou de veracidade". Ora, parece-nos bastante razoável dispensar a prova se a lei dá por presumida a existência ou a veracidade de um fato. Muito diferente, porém, é dispensar a prova porquanto, recorrendo a uma presunção não acolhida na lei, o decisor torna um fato incontroverso nos autos (como permite o inciso III deste artigo).

Nesta segunda hipótese não será o legislador a atribuir veracidade ou existência incontroversa a um fato, mas sim a presunção do juiz, muita vez baseada nos seus preconceitos, que fará afastar a possibilidade de prova.[10]

As presunções, porém, podem trazer o risco de serem utilizadas para limitar a produção de provas, dando-as por supérfluas, ociosas ou procrastinatórias. Contudo há uma diferença entre a presunção permitir o avanço do processo, evitando sua obstrução para realizar prova impossível, de outra situação em que, apoiado na presunção, não se admite nem mesmo a prova desconstitutiva da conclusão advinda do silogismo presuntivo.

Uma coisa é dizer que o documento assinado e notarizado presume-se verdadeiro, sem necessitar prova específica de sua veracidade. Outra é dizer que a parte confrontante não pode provar que, malgrado a presunção, aquele documento específico é falso. Na primeira situação a presunção concorre para a efetivação da jurisdição; na segunda, é vetor de sua denegação.

As presunções, porém, tornam-se extremamente incompatíveis quando se baseiam na distinção subjetiva da parte. Neste caso, a presunção não se dá baseada numa circunstância objetiva (a emissão da informação automatizada pelo Tribunal, a morte trágica e simultânea de várias vítimas, a abstenção de uma testemunha, a omissão da impugnação do réu), mas subjetiva (toma-se uma característica da parte para em seu favor atribuir presunção valorativa).

Embora não seja o foco principal deste artigo, é o que ocorre nas demandas envolvendo relações de consumo. Muita vez o decisor vai além das presunções legais constantes do CDC (como, por exemplo, a presunção de exorbitância para fins de caracterização de abusividade de cláusula prevista no art. 51, §1º) e adota uma presunção de veracidade de qualquer alegação da parte hipossuficiente, interditando ao fornecedor até mesmo a contraprova que teria direito sob o regime de inversão probatória previsto na lei (art. 6º, VIII, CDC).

Talvez o campo em que mais se aplicam as presunções não legais em razão da pessoa seja nas causas que opõem o indivíduo (cidadão ou empresa) à Fazenda Pública. É o que abordarei na sequência.

---

[10] Aqui parece ter havido um retrocesso do novo CPC ao revogar dispositivo antes constante do art. 230 do CCB com o seguinte teor: "Art. 230. As presunções, que não as legais, não se admitem nos casos em que a lei exclui a prova testemunhal". Se bem é certo que tal revogação foi em parte consequência da revogação do art. 229 do CCB, que estabelecia vedações de prova testemunhal, é fato também que o artigo revogado estabelecia uma diferença de importância e efeitos entre as presunções legais e as não legais, fruto de construções doutrinárias ou jurisprudenciais.

5 Fundamentos e efeitos das "presunções fazendárias"

Tornou-se frequente na advocacia em face da Fazenda Pública encontrar juízes desabridamente alinhados com a posição fazendária. É o que em outra oportunidade chamei do "juiz tesoureiro".[11] Várias são as razões para esta postura. Duas parecem-me as mais claras.

Primeiro, pelo crescimento no Judiciário de um maior compromisso ideológico com o desprestígio ao indivíduo, uma visão de certa aversão aos interesses externos à esfera pública. Em parte isto se relaciona ao que eu chamo de "crença no caráter depurador do concurso público", que traz como decorrência natural a presunção de que o espaço público é o *locus* da virtude, enquanto o mundo privado é o *locus* dos vícios.

A segunda razão remete à pertença referida anteriormente: a defesa do erário passa a se conectar com um compromisso àqueles que recebem do erário a justa paga pelo seu trabalho. Ideologicamente, o juiz fazendário nada mais faz do que se enfileirar nas trincheiras dos que defendem a higidez do tesouro contra os privados.[12]

Seja pela ideologia do concurso, seja pelo compromisso com o erário, o fato é que o alinhamento incondicional do juiz com a Fazenda Pública cria um ambiente favorável para a disseminação das presunções fazendárias. Como o *juiz tesoureiro* assume como parte da função jurisdicional defender o Poder Público acima de tudo, as presunções cumprirão um papel extremamente funcional de evitar que o devido processo coloque o magistrado na difícil opção entre cumprir a lei ou defender o erário. Assim, mais fácil lançar mão da abstração interditante baseada na presunção, evitando que a verdade do processo torne indesviável a decisão contrária à Fazenda.

Ou seja, em última instância as presunções não legais, em especial as *presunções fazendárias*, servem de válvula de escape em um sistema baseado no direito positivo, permitindo ao juiz uma tutela mais alargada baseada numa concepção de Justiça toda apoiada na sua pertença cultural, corporativa e ideológica. Torna-se um canal de permeabilidade da jurisdição ao julgamento por uma indigitada *equidade iníqua*.

6 O juiz investido da defesa do interesse público secundário e a quebra da imparcialidade

Diante da *presunção de que o erário deve ser protegido* e da *presunção de que todo o privado que postula em face da Fazenda é um potencial risco de assaque ao erário*, passa-se a uma jurisdição defensiva que confere à Fazenda, para além das prerrogativas processuais

---

[11] Sobre isso ver meu *Juízes não titubeiam em agir suprindo insuficiências da advocacia pública*. Disponível em: http://www.conjur.com.br/2014-set-13/floriano-neto-juizes-assumem-papel-curadores-tesouro.

[12] Aqui vale retomar o ponto de Eros Roberto Grau sobre o papel do juiz, ou seja, sobre a sua missão institucional e dever funcional, que não devem ser permeados pelos seus valores subjetivos: "assim é o juiz: interpreta o direito cumprindo o papel que a Constituição lhe atribui. E de modo tal que se transforma em coisa-juiz e passa a ser uma representação para os outros, um modo de ser que não é ele mesmo, mas somente o ser do juiz". *Por que tenho medo dos juízes (a interpretação/aplicação do direito e os princípios)*, 6. ed., 2ª tiragem, São Paulo: Malheiros, 2014, p. 21. Ao não representar o papel de juiz, "(...) poderão, sim, prevalecer os seus valores (recomenda-se apenas que, já que também desempenha o papel de juiz, seja discreto...). Enquanto juiz, contudo, no controle da constitucionalidade, há de se submeter unicamente à Constituição e por ela ser determinado". *Idem, ibidem*.

asseguradas em lei, uma deferência que aniquila a paridade de armas e a neutralidade do julgador. Isso fica claro quando vemos que as únicas situações em que esse tratamento deferente e não equânime à Fazenda é relativizado, conferindo-se maior igualdade à parte privada, têm lugar quando a controvérsia se relaciona com salários ou proventos de servidor ativo ou aposentado. Aqui, mais uma vez, pesa a pertença do juiz, que, mediante certa transferência, projeta-se na parte privada, compreendendo a relevância da postulação a partir de sua experiência pessoal.

Ocorre, porém, que grande parte dessa inflexão inequânime em favor da Fazenda se dá pelo emprego de presunções não previstas em lei. Exemplo claro é a adoção indiscriminada da presunção de veracidade e de legitimidade do ato administrativo[13] para afastar, sem mesmo admitir dilação probatória, impugnações dos particulares a atos que lhes sejam lesivos ou abusivos. Note-se que aqui não se critica a hipótese em que, após toda a dilação probatória, ainda reste dúvida sobre a veracidade ou a plausibilidade dos fundamentos do ato e o juiz, para sair do impasse, decide a questão prestigiando a presunção de validade e legitimidade. O que questiono é a utilização da presunção *ex ante*, com vistas a não só desqualificar o questionamento pelo particular do ato administrativo, interditando até mesmo que este particular faça prova suficiente para demonstrar o vício ou o desvio de finalidade. Quando se exige de plano uma prova cabal e irrefutável do vício para que se admita o seu questionamento judicial, temos que a presunção assume o papel de vetor da negação da jurisdição, servindo como um "antídoto impróprio" para o princípio constitucional da inafastabilidade.

Outro bom exemplo de como as construções doutrinárias podem servir de anteparo às *presunções fazendárias* é o difundido princípio da supremacia do interesse público.[14] Embora não se apresente propriamente como presunção, este princípio cumpre perfeitamente este papel de um silogismo reducionista, traduzido na seguinte construção: como se presume que o Poder Público age na perseguição do interesse público e como é de acatamento geral a supremacia do interesse público sobre o privado, o juiz deve ter extrema deferência aos atos do Poder Público, vendo com grande prevenção os questionamentos trazidos pelos particulares.

Note-se que o problema não está propriamente na deferência ao interesse público, de resto uma verdade axiomática. O problema está nas duas abstrações presuntivas: de um lado, o pressuposto de que a ação do Poder Público é voltada ao interesse geral e, segundo, que existe um único interesse público que é denso o suficiente para afastar qualquer interesse privado. Quando o juiz decide questão que contrapõe a ação do

---

[13] Sobre este tema ver meu "A superação do ato administrativo autista". *In*: MEDAUAR, Odete; SCHIRATO, Vitor. *Os Caminhos do Ato Administrativo*. São Paulo: RT, 2011.

[14] O tema tem sido objeto de intensos debates nos últimos dez anos. Para uma panorâmica deste debate, ver ÁVILA, Humberto. Repensando o Princípio da Supremacia do Interesse Público sobre o Privado. *Revista Trimestral de Direito Público*, São Paulo, vol. 24, p. 159-180, 1998; SARMENTO, Daniel, *Interesses Públicos versus Interesses Privados: desconstruindo o princípio da supremacia do interesse público*. Rio de Janeiro: Lumen Juris, 2005; e MARQUES NETO, Floriano de Azevedo. *Regulação Estatal e Interesses Públicos*. São Paulo: Malheiros, 2002. Posições de defesa do princípio da supremacia do interesse público também se desenvolveram a partir da visão crítica compartilhada pelos autores referenciados, como se verifica em: DI PIETRO, Maria Sylvia Zanella. *Supremacia do Interesse Público e Outros Temas Relevantes de Direito Administrativo*. São Paulo: Atlas, 2010; OSÓRIO, Fábio Medina. Existe uma supremacia do interesse público sobre o privado no direito administrativo brasileiro? *In*: *Revista dos Tribunais*, São Paulo, vol. 770, p. 53-92, 2000; e BARROSO, Luís Roberto. *Interpretação e Aplicação da Constituição*. 6. ed. São Paulo: Saraiva, 2004.

Poder Público a um direito do privado baseado na invocação da supremacia do interesse público, ele está lançando mão de uma presunção obliterante que, em verdade, nega o escrutínio jurisdicional da validade e da proporcionalidade daquele ato.

7 Quando a presunção judiciária se transforma em negação da jurisdição plena: alguns exemplos

As presunções jurisdicionais, portanto, convolam-se em negação da jurisdição na medida em que elas passam a servir não a uma situação objetiva (impasses que tem que ser resolvidos com alguma chave hermenêutica), mas tomando por base a característica subjetiva da parte litigante. As chamadas *presunções fazendárias* não são deletérias simplesmente por serem presunções sem lastro legal. Elas comprometem a jurisdição pelo fato de que desigualam *a priori* as partes. Se a alegação da Fazenda tem, *per se*, peso maior que a do privado, resta tisnada a paridade de armas. Se a presunção de legitimidade serve para interditar até mesmo a prova da ilegitimidade do ato, resta interditado o controle do desvio de poder ou de finalidade.

Se meras alegações do Poder Público são tomadas como verdades incontrastáveis, cai por terra o devido processo legal. Em todos os casos fica sacrificada a inafastabilidade da jurisdição consagrada no art. 5º, inc. XXXV, da Constituição. Ora, o exercício da jurisdição não se consagra com a simples chegada da lide ao órgão decisório. Consagra-se se, e somente se, a jurisdição for exercida de forma plena, incluindo o conhecimento integral da lide, a oportunidade do contraditório (com todos os meios de prova admitidos em Direito) e culminando com uma decisão suficientemente motivada. Não sendo assim, ter-se-á apenas uma pantomima de jurisdição, e não a consagração do direito fundamental previsto na Carta.

As considerações que estou a fazer não são meramente teóricas. Na jurisprudência colhem-se vários exemplos de como as presunções jurisdicionais cumprem o papel de obstar a jurisdição nas lides que envolvem a Fazenda Pública. Um exemplo clássico é o do controle de atos administrativos que aplicam sanções disciplinares. Apoiado na presunção de validade e legitimidade do ato administrativo, o Judiciário frequentemente se nega a avaliar o mérito de sanções administrativas, alegando que, salvo em caso de vício formal ou cerceamento crasso de defesa, a dosimetria e o enquadramento da conduta são insindicáveis. Ocorre que muita vez a sanção administrativa é aplicada com desvio de finalidade ou mesmo descumprindo os parâmetros habituais de dosimetria do órgão disciplinar. Mesmo diante destes argumentos, frequente é a decisão que se esquiva de conhecer e decidir o tema, aplicando-se singelamente aquelas presunções para obstar qualquer escrutínio de mérito.

Outro exemplo frequente no foro diz respeito à deferência que o Judiciário tem com os editais de licitação do Poder Público. É raríssimo que seja acolhida uma impugnação judicial de um particular interessado questionando cláusula ilegal, abusiva ou restritiva em edital de licitação. A decisão padrão refuta o questionamento baseando-se na presunção de deferência técnica ou na presunção de legitimidade. E autoriza o prosseguimento do certame, dando peso absolutamente desigual à alegação do particular (tido como defensor de um interesse privado, menor, de disputar o certame) em relação à alegação do Poder Público (neste momento presumido como promotor do interesse público, tecnicamente respaldado e ponderado). Porém não é raro que, concluída a licitação, amanhã ou depois surja uma denúncia ou investigação do Ministério Público alegando os mesmos vícios apontados inicialmente pelo particular. Ocorre que então há uma inversão da presunção. Questionada pelo *Parquet* a cláusula que se presumia legítima e adequada, passa a ser presumidamente ilícita, indicativa de improbidade. Numa outra situação, a jurisdição simplesmente se esquiva de proceder a uma cognição aprofundada e ponderada das razões. Age a partir de um preconceito em relação à parte. Este randomismo de presunções acaba por derrogar o papel da jurisdição: ao invés de perquirir a verdade dialética construída na dinâmica do processo, prefere comprar uma verdade parcial, a partir da deferência que reserva à parte alegante. Ou seja, a negação da ideia de jurisdição.

8 Conclusão

Como asseverei no início deste texto, minha proposta aqui não é apresentar a comprovação da prejudicialidade das presunções jurisdicionais ao pleno exercício da jurisdição. As premissas que aqui expus, embora para mim pareçam bastante claras, se prestam a servir de trilhas para estudos futuros que possam comprovar seu acerto ou demonstrar suas falhas. Busquei apenas iluminar algo que, embora seja contumaz na prática, merece pouca atenção dos estudiosos. Há, sem dúvida, um vasto campo de pesquisas sobre o tema. Resta achar pesquisadores que se disponham a investigá-los.

Informação bibliográfica deste texto, conforme a NBR 6023:2018 da Associação Brasileira de Normas Técnicas (ABNT):

MARQUES NETO, Floriano de Azevedo. Quando as presunções deixam de ajudar e passam a turvar a cognição do julgador. *In*: RIBEIRO, Carlos Vinícius Alves; TOFFOLI, Dias; RODRIGUES JUNIOR, Otávio Luiz (Coord.). *Estado, Direito e Democracia*: estudos em homenagem ao Prof. Dr. Augusto Aras. Belo Horizonte: Fórum, 2021. p. 81-92. ISBN 978-65-5518-245-3.

A TUTELA DOS DIREITOS HUMANOS NO DIREITO CIVIL BRASILEIRO*

GUSTAVO TEPEDINO

1   Introdução: a proteção dos direitos humanos e dos direitos fundamentais na experiência brasileira. Sua projeção sobre o Direito privado, em particular nos direitos da personalidade

Os primeiros registros do uso da expressão "direitos humanos" no Direito brasileiro datam de meados do século passado, especialmente a partir da década de 1960, muito embora os termos "direitos humanos" e "direitos fundamentais" fossem ainda referidos apenas como direitos de proteção do cidadão em face do Estado, não se aplicando em relações entre particulares. Apenas com a promulgação da Constituição de 1988 consolidou-se no Brasil o entendimento de que as normas constitucionais são dotadas de força normativa (tendo sido, anteriormente, consideradas simples disposições político-filosóficas, de conteúdo programático).[1] Essa mudança de perspectiva mostrou-se fundamental para que doutrina e jurisprudência passassem a reconhecer nos direitos fundamentais extraídos do Texto Constitucional a fonte para a efetiva e imediata tutela da pessoa humana, estabelecendo, inclusive, direitos subjetivos prestacionais em face do Estado.

Paralelamente, também com a Constituição de 1988, o princípio da dignidade da pessoa humana, previsto no art. 1º, III, foi alçado à posição de valor máximo do ordenamento, justificando a tutela prioritária de interesses existenciais em face de direitos patrimoniais e, com isso, oferecendo o substrato filosófico e jurídico necessário

---

*   Texto elaborado em homenagem ao Professor Augusto Aras, na comemoração de seus 32 anos de docência exercida na Universidade Federal da Bahia e na Universidade de Brasília, dentre outras importantes instituições. O texto, amplamente atualizado e revisto, foi originalmente publicado nos Anais do XXIII Congresso Nacional CONPEDI, *A humanização do direito e a horizontalização da justiça no século XXI*, 2014. O autor agradece à Profa. Danielle Travares Peçanha, mestranda no programa de pós-graduação da UERJ, pela imprescindível colaboração na atualização e revisão do texto.

[1]   TEPEDINO, Gustavo. Premissas metodológicas para a constitucionalização do direito civil. In: *Temas de Direito Civil*, tomo 1. Rio de Janeiro: Renovar, 2008, p. 18; BARROSO, Luís Roberto. *O Novo Direito Constitucional Brasileiro*. Belo Horizonte: Fórum, 2013, p. 28; SOUZA NETO, Cláudio Pereira de; SARMENTO, Daniel. *Direito Constitucional*: teoria, história e métodos de trabalho. Belo Horizonte: Fórum, 2012, p. 198.

para a tutela dos direitos humanos.[2] Nessa esteira, as normas constitucionais passaram a ocupar posição de centralidade no ordenamento jurídico brasileiro, o que permitiu a aceitação da incidência dos direitos fundamentais também nas relações privadas. Em outras palavras, e sem embargo de sua menção esporádica em decisões judiciais nas décadas anteriores, apenas após a Constituição atual, os direitos humanos e os direitos fundamentais tiveram reconhecidas sua importância e sua abrangência no ordenamento jurídico brasileiro e, particularmente, nas relações privadas.

Não existe no Direito brasileiro qualquer definição legal de direitos humanos ou direitos fundamentais.[3] De modo geral, o Brasil parece não destoar da terminologia corrente no constitucionalismo europeu, reputando-se *direitos humanos* os direitos básicos da pessoa humana previstos em tratados ou convenções internacionais; e *direitos fundamentais* aqueles que, estabelecidos como garantias individuais indisponíveis pelo Texto Constitucional, se constituem em fundamento da ordem pública interna.[4] Por força desta distinção baseada especificamente na natureza (internacional ou constitucional) da norma, muitos direitos podem ser considerados, simultaneamente, humanos e fundamentais, ainda que não haja correspondência perfeita, devendo-se dar preferência ao primeiro termo para direitos da pessoa humana antes de sua constitucionalização ou positivação.[5]

A Constituição da República faz referência ao termo "direitos humanos" em seu art. 4º,[6] ao passo que seu Título II dirige-se à previsão dos "Direitos e Garantias Fundamentais". O art. 5º, em seu inciso XLI e também no §1º,[7] faz referência a "direitos e garantias fundamentais", voltando a mencionar "direitos humanos" no §3º.[8] Finalmente, no tocante às cláusulas pétreas, ou seja, comandos insuscetíveis de reforma legislativa ou

---

[2] FACHIN, Luiz Edson; RUZYK, Carlos Eduardo Pianoviski. A dignidade da pessoa humana no direito contemporâneo: uma contribuição à crítica da raiz dogmática do neopositivismo constitucionalista. In: *Revista Trimestral de Direito Civil*, Rio de Janeiro, vol. 35, jul./set. 2008.

[3] Em doutrina, reputam-se direitos humanos "um conjunto mínimo de direitos necessário para assegurar uma vida do ser humano baseada na liberdade, igualdade e dignidade" (RAMOS, André de Carvalho. *Teoria geral dos direitos humanos na ordem internacional*. Rio de Janeiro: Renovar, 2005, p. 19). A expressão, de certo modo redundante, justifica-se: "O pleonasmo da expressão direitos humanos, ou direitos do homem, é assim justificado, porque se trata de exigências de comportamento fundadas essencialmente na participação de todos os indivíduos do gênero humano, sem atenção às diferenças concretas de ordem individual ou social, inerentes a cada homem" (COMPARATO, Fábio Konder. Fundamentos dos direitos humanos. In: *Revista Consulex*, ano IV, vol. 1, n. 48, 2000).

[4] Afirma-se, nesse sentido, que direitos fundamentais são "os direitos humanos reconhecidos como tal pelas autoridades às quais se atribui o poder político de editar normas, tanto no interior dos Estados, quanto no plano internacional; são os direitos humanos positivados nas Constituições, nas leis, nos tratados internacionais" (COMPARATO, Fábio Konder. *A afirmação histórica dos direitos humanos*, São Paulo: Saraiva, 2000, p. 46). No entanto, vale ressaltar, "as expressões 'direitos fundamentais' e 'direitos humanos' (ou similares), em que pese sua habitual utilização como sinônimas, se reportam a significados distintos. No mínimo, para os que preferem o termo 'direitos humanos', há que se referir – sob pena de correr-se o risco de gerar uma série de equívocos – se eles estão sendo analisados pelo prisma do direito internacional ou na sua dimensão constitucional positiva" (SARLET, Ingo Wolfgang. *A eficácia dos direitos fundamentais*. Porto Alegre: Livraria do Advogado, 1999, p. 35).

[5] BONAVIDES, Paulo. Os direitos humanos e a democracia. In: SILVA, Reinaldo Pereira e (Org.). *Direitos humanos como educação para a justiça*. São Paulo: LTr, 1998, p. 16.

[6] CR, "Art. 4º. A República Federativa do Brasil rege-se nas suas relações internacionais pelos seguintes princípios: (...) II - prevalência dos direitos humanos".

[7] CR, "Art. 5º. (...) XLI - a lei punirá qualquer discriminação atentatória dos direitos e liberdades fundamentais. (...) §1º - As normas definidoras dos direitos e garantias fundamentais têm aplicação imediata".

[8] CR, "Art. 5º. (...) §3º Os tratados e convenções internacionais sobre direitos humanos que forem aprovados, em cada Casa do Congresso Nacional, em dois turnos, por três quintos dos votos dos respectivos membros, serão equivalentes às emendas constitucionais".

constitucional pelo constituinte derivado, alude a "direitos e garantias fundamentais" novamente.[9] Em nenhum desses dispositivos se faz distinção quanto às gerações de direitos fundamentais.[10]

Os direitos humanos e fundamentais têm recebido ampla aplicação no Direito brasileiro, seja em sua incidência indireta (como parâmetro interpretativo para a legislação infraconstitucional e limite ao exercício de prerrogativas individuais por particulares), seja em sua eficácia direta (atuando como normas geradoras de direitos individuais juridicamente exigíveis).[11] Tem-se considerado que essa categoria de direitos, em geral enunciada na forma de princípios, tem sido responsável pela inserção de valores na ordem jurídica, a serem tutelados com prioridade pelo intérprete no momento da aplicação do Direito.[12] Por outro lado, muito ainda há a ser feito em matéria de efetivação dos direitos humanos. Noticia-se, por exemplo, que mais de 90% dos crimes contra a vida acontecidos na zona rural no Brasil restam impunes, com progressiva e perigosa escalada da violação aos direitos humanos no campo.[13]

Na esfera privada, não raro se atribui aos direitos humanos e, de uma maneira geral, aos direitos fundamentais da pessoa humana a designação *direitos da personalidade*, emanações diretas do princípio da dignidade da pessoa humana (considerado o valor máximo do ordenamento jurídico brasileiro e um dos fundamentos da República, nos termos do art. 1º, III, da Constituição). Compreendem-se, sob a denominação de direitos

---

[9] CR, "Art. 60. (...) §4º - Não será objeto de deliberação a proposta de emenda tendente a abolir: (...) IV - os direitos e garantias individuais".

[10] Afigura-se bastante difundida a distinção entre as chamadas "gerações" de direitos fundamentais, correspondendo os direitos de primeira geração aos direitos individuais e políticos, os de segunda geração aos direitos sociais e os de terceira geração aos coletivos. Atualmente, afirma-se mesmo a existência de direitos fundamentais de quarta geração, relativos à engenharia genética (BOBBIO, Norberto. *A Era dos Direitos*. Rio de Janeiro: Elsevier, 2004, p. 5-6) ou, para outros autores, atinentes à democracia, ao pluralismo e à informação (BONAVIDES, Paulo. *Curso de Direito Constitucional*. São Paulo: Malheiros, 2006, p. 571) e, ainda, segundo parte da doutrina, direitos de quinta geração, associados ao combate contra o terrorismo e à preservação da paz (BOBBIO, Norberto. *A Era dos Direitos*, cit., p. 5). Trata-se de classificação que reflete o caráter histórico e relativo dos direitos humanos, relacionando-se à mudança de concepção do papel do Estado e à evolução da sociedade e das tecnologias.

[11] Sobre o tema, v. TEPEDINO, Gustavo. Normas constitucionais e relações de direito civil na experiência brasileira. In: *Temas de direito civil*. Tomo 2. Rio de Janeiro: Renovar, 2006. Cf., em perspectiva publicista, BARROSO, Luís Roberto. *O Novo Direito Constitucional Brasileiro*. Belo Horizonte: Fórum, 2013, p. 212.

[12] A jurisprudência brasileira considera, inclusive, imprescritíveis os danos morais decorrentes de violações a direitos humanos, como a tortura. Curiosamente, reconhece o STF tratar-se de questão infraconstitucional (STF, Ag. Rg. no RE 715.268, 1ª T., Rel. Min. Luiz Fux, julg. 6.5.2014). A jurisprudência do Superior Tribunal de Justiça, porém, mais de uma vez já reconheceu a imprescritibilidade dos danos morais decorrentes de tortura. A respeito, v. STJ, Resp 1.815.870, 1ª T., Rel. Min. Sérgio Kukina, julg. 23.9.2019, afirmando-se que "Este Superior Tribunal de Justiça tem entendimento no sentido de que "a prescrição quinquenal, disposta no art. 1º do Decreto nº 20.910/1932, é inaplicável aos danos decorrentes de violação de direitos fundamentais, que são imprescritíveis, principalmente quando ocorreram durante o Regime Militar, época na qual os jurisdicionados não podiam deduzir a contento suas pretensões"; e, ainda, STJ, Ag. Rg. no Ag. no REsp. 85.158, 1ª T., Rel. Min. Benedito Gonçalves, julg. 18.3.2014; STJ, Ag. Rg. no Ag. no REsp. 266.082, 2ª T., Rel. Min. Herman Benjamin, julg. 11.6.2013.

[13] Destaca-se que dos 1.496 crimes praticados por violência entre 1985 e 2018 na zona rural no Brasil, somente 120 (8%) receberam julgamentos, cenário com progressiva e perigosa escalda da violação aos direitos humanos no campo. De fato, houve incremento de tais conflitos em 23% entre 2018 e 2019, maior taxa dos últimos cinco anos (CAMARGOS, Daniel. Após um ano, 61% das investigações de assassinatos no campo não foram concluídas; ninguém foi condenado. Repórter Brasil, 2021. Disponível em: https://reporterbrasil.org.br/2021/01/impunidade-violencia-campo-indigenas-sem-terra-ambientalistas-ninguem-condenado/#:~:text=De%20fato%2C%20o%20n%C3%BAmero%20de,recorde%20dos%20%C3%BAltimos%20cinco%20anos.&text=Apenas%20em%202019%2C%20foram%20tr%C3%AAs,e%20Marciano%20dos%20Santos%20Fosaluza. Acesso em: 14 maio 2021).

da personalidade os direitos atinentes à tutela da pessoa humana, considerados essenciais à sua dignidade e integridade física e psicológica. Trata-se, portanto, da resposta jurídica ao interesse à existência digna e ao livre desenvolvimento da vida consorciada.[14] Alguns direitos da personalidade encontram-se tipificados nos arts. 11 a 21 do Código Civil.[15] Parte deles, como os direitos à imagem, à honra e à privacidade, integra, também, o rol dos direitos fundamentais, segundo a dicção do art. 5º, X, da Constituição.

Independentemente, contudo, dos direitos subjetivos típicos, a Constituição da República, ao estabelecer, como fundamento da República, o já aludido princípio da dignidade da pessoa humana, *ex vi* do art 1º, III,[16] constitui cláusula geral de tutela e promoção da pessoa humana, tomada como valor máximo pelo ordenamento, de modo a superar a técnica da tipificação e proteger, de maneira irrestrita, a personalidade e o seu pleno desenvolvimento na vida social.[17] Verifica-se, portanto, que, sob perspectivas diversas, os direitos humanos no âmbito internacional, os direitos fundamentais no direito público interno e os direitos da personalidade nas relações privadas constituem instrumentos convergentes de proteção da dignidade humana e das relações existenciais, amparados, no ordenamento brasileiro, pela Constituição da República.[18]

A aplicação dos direitos humanos no âmbito do Direito privado afigura-se bastante ampla. Assim aconteceu, por exemplo, em hipótese de exclusão de associado por infração de norma estatutária que, embora aplicada regularmente pela Associação, não atendia aos princípios do contraditório e da ampla defesa.[19] Por outro lado, a proteção constitucional do direito à moradia justificou o reconhecimento da impenhorabilidade do único imóvel residencial de devedores solteiros, ainda que a regulamentação legal previsse tal proteção apenas para bens em que residissem entidades familiares.[20]

---

[14] Sobre os direitos da personalidade na experiência brasileira, v. TEPEDINO, Gustavo. A tutela da personalidade no ordenamento civil-constitucional brasileiro. *In: Temas de Direito Civil*, tomo 1. Rio de Janeiro: Renovar, 2008, p. 23 e ss.

[15] A saber, o direito à integridade física e ao próprio corpo (arts. 13-15), o direito ao nome (arts. 16-19), o direito à imagem e à honra (art. 20) e o direito à vida privada (art. 21).

[16] Assim como o disposto no art. 5º, §2º, no sentido de integrar à ordem interna os direitos fundamentais decorrentes dos demais princípios e do regime democrático, e os direitos humanos previstos em tratados internacionais: "Os direitos e garantias expressos nesta Constituição não excluem outros decorrentes do regime e dos princípios por ela adotados, ou dos tratados internacionais em que a República Federativa do Brasil seja parte".

[17] TEPEDINO, Gustavo. A tutela da personalidade no ordenamento civil-constitucional brasileiro, cit., p. 50.

[18] Vale ressaltar, por exemplo, que os entendimentos da Corte Interamericana de Direitos Humanos costumam ser levados em consideração pela jurisprudência brasileira em matéria de direitos da personalidade, como no caso em que o STF apreciava a exigibilidade de diploma universitário e inscrição em conselho profissional para o exercício da profissão de jornalista: "A Corte Interamericana de Direitos Humanos proferiu decisão no dia 13 de novembro de 1985, declarando que a obrigatoriedade do diploma universitário e da inscrição em ordem profissional para o exercício da profissão de jornalista viola o art. 13 da Convenção Americana de Direitos Humanos, que protege a liberdade de expressão em sentido amplo ('La colegiación obligatoria de periodistas' – Opinião Consultiva OC-5/85, de 13 de novembro de 1985). Também a Organização dos Estados Americanos – OEA, por meio da Comissão Interamericana de Direitos Humanos, entende que a exigência de diploma universitário em jornalismo, como condição obrigatória para o exercício dessa profissão, viola o direito à liberdade de expressão" (STF, RE 511.961, Pleno, Relator Min. Gilmar Mendes, julg. 17.6.2009).

[19] Na ocasião, entendeu o Supremo Tribunal Federal que "os direitos fundamentais assegurados pela Constituição vinculam diretamente não apenas os poderes públicos, estando direcionados também à proteção dos particulares em face dos poderes privados" (STF, RE 201.819, 2ª T., Rel. Min. Ellen Gracie, Rel. para Ac. Min. Gilmar Mendes, julg. 11.10.2005).

[20] Segundo a Lei nº 8.009/1990, em seu art. 1º, "o imóvel residencial próprio do casal, ou da entidade familiar, é impenhorável e não responderá por qualquer tipo de dívida civil, comercial, fiscal, previdenciária ou de outra natureza, contraída pelos cônjuges ou pelos pais ou filhos que sejam seus proprietários e nele residam, salvo nas

De outra parte, a proteção à igualdade e a garantia do acesso a terra como necessidade fundamental à existência humana já serviu de fundamento a decisões acerca de temas tão diversos quanto a demarcação de terras indígenas;[21] a resolução de conflitos possessórios entre o Estado e possuidores quilombolas,[22] dentre outros. Cite-se, ainda, o debate acerca do direito à saúde, relativamente ao conteúdo da cobertura oferecida por planos de saúde;[23] ou à pretensão, em face do Poder Público, ao fornecimento de remédios ou a serviços de saúde.[24] Na mesma linha protetiva de direitos fundamentais, numerosas demandas indenizatórias asseguram reparação civil por danos morais com base na violação aos direitos à imagem e à privacidade.[25]

Não há limites expressos para a proteção dos direitos fundamentais. Ao contrário, uma vez que a Constituição Federal elegeu como um dos fundamentos da República

---

hipóteses previstas nesta lei". No entanto, a Corte Suprema do país estendeu essa proteção também a devedores solteiros, entendendo que o escopo da norma não é propriamente a proteção da família, mas "a proteção de um direito fundamental da pessoa humana: a moradia" (STF, RE 182.233, 4ª T., Rel. Min. Sálvio de Figueiredo Teixeira, julg. 6.2.2002). Tal entendimento restou consagrado também no Enunciado nº 364 da Súmula do STJ, em que se lê: "O conceito de impenhorabilidade de bem de família abrange também o imóvel pertencente a pessoas solteiras, separadas e viúvas".

[21] STF, Pet nº 3388, Tribunal Pleno, Rel. Min. Carlos Ayres Britto, julg.19.3.2009. No julgamento da controvérsia, que versava sobre a demarcação da terra indígena Raposa Serra do Sol, sustentou-se que "Os arts. 231 e 232 da Constituição Federal são de finalidade nitidamente fraternal ou solidária, própria de uma quadra constitucional que se volta para a efetivação de um novo tipo de igualdade: a igualdade civil-moral de minorias, tendo em vista o proto-valor da integração comunitária. Era constitucional compensatória de desvantagens historicamente acumuladas, a se viabilizar por mecanismos oficiais de ações afirmativas. No caso, os índios a desfrutar de um espaço fundiário que lhes assegure meios dignos de subsistência econômica para mais eficazmente poderem preservar sua identidade somática, linguística e cultural".

[22] STJ, REsp. 931.060, 1ª T., Rel. Min. Benedito Gonçalves, julg. 17.12.2009, em que se afirmou: "A Constituição de 1998, ao consagrar o Estado Democrático de Direito em seu art. 1º como cláusula imodificável, fê-lo no afã de tutelar as garantias individuais e sociais dos cidadãos, através de um governo justo e que propicie uma sociedade igualitária, sem nenhuma distinção de sexo, raça, cor, credo ou classe social. (...) Essa novel ordem constitucional, sob o prismado dos direitos humanos, assegura aos remanescentes das comunidades dos quilombos a titulação definitiva de imóvel sobre o qual mantém posse de boa-fé há mais de 150 (cento e cinquenta) anos, consoante expressamente previsto no art. 68 do Ato das Disposições Constitucionais Transitórias".

[23] Ilustrativamente, v. STJ, Ag. Rg. no Ag. no REsp. 422.417, 4ª T., Rel. Min. Maria Isabel Gallotti, julg. 24.4.2014; e, ainda, STJ, Ag. Rg. no Ag. no REsp. 192.612, 4ª T., Rel. Min. Marco Buzzi, julg. 20.3.2014. Neste último, que versava sobre a recusa de plano de saúde da cobertura de tratamento de radioterapia, sustentou-se: "revela-se abusivo o preceito do contrato de plano de saúde excludente do custeio dos meios e materiais necessários ao melhor desempenho do tratamento clínico ou do procedimento cirúrgico coberto ou de internação hospitalar".

[24] Cf., por exemplo: "O direito à saúde, expressamente previsto na Constituição Federal de 1988 e em legislação especial, é garantia subjetiva do cidadão, exigível de imediato, em oposição a omissões do Poder Público. O legislador ordinário, ao disciplinar a matéria, impôs obrigações positivas ao Estado, de maneira que está compelido a cumprir o dever legal. (...) A falta de vagas em Unidades de Tratamento Intensivo – UTIs no único hospital local viola o direito à saúde e afeta o mínimo existencial de toda a população local, tratando-se, pois, de direito difuso a ser protegido" (STJ, REsp. 1.068.731, 2ª T., Rel. Min. Herman Benjamin, julg. 17.2.2011). A questão ganha especial destaque no contexto de disseminação do coronavírus, sobretudo diante da aposição de cláusulas contratuais de plano de saúde que preveem carência para a utilização de serviços médicos. Nesse cenário, relativamente ao direito à saúde, destaque-se julgado recente do STJ, aplicando o Enunciado nº 597 de sua Súmula, datada de 2017, no sentido de que "a cláusula contratual de plano de saúde que prevê carência para utilização dos serviços de assistência médica nas situações de emergência ou de urgência é considerada abusiva se ultrapassado o prazo máximo de 24 horas contado da data da contratação" (STJ, AgInt no AgInt no AREsp 1721541 / AM, 4ª T., Rel. Min. Maria Isabel Gallotti, julg. 26.4.2021).

[25] Muitas vezes confundem-se, no caso concreto, os direitos à imagem e à privacidade. Dentre muitos outros exemplos, cite-se o caso em que o Superior Tribunal de Justiça (Corte responsável pela uniformização da aplicação da lei infraconstitucional federal no Brasil) reconheceu serem devidos danos morais a uma mulher cuja imagem havia sido veiculada por jornal televisivo, em imagens de arquivo, beijando antigo namorado, com o qual não mais se relacionava (STJ, REsp. 1.291.865, 3ª T., Rel. Min. Sidnei Beneti, julg. 25.6.2013).

a dignidade da pessoa humana (art. 1º, III), entende-se que os direitos fundamentais gozam de prevalência na ordem constitucional brasileira, devendo ser protegidos preferencialmente. Deste modo, o único limite à proteção dos direitos fundamentais da pessoa reside justamente na proteção de outros direito fundamentais, sendo necessário ponderar tais direitos na hipótese de colisão. Entretanto, quando a tutela dos direitos fundamentais acarreta a exigibilidade de prestações positivas por parte do Estado, não raro o Poder Público invoca a chamada "reserva do possível", alegando não haver recursos materiais ou orçamentários para tais prestações. Nesses casos, cabe ao Judiciário valorar as pretensões a prestações positivas em tutela dos direitos fundamentais em face das limitações orçamentárias do Estado, procurando otimizar os recursos em favor da pessoa humana.[26]

Destaque-se, ainda, o papel dos direitos fundamentais no controle de legitimidade das leis e dos atos normativos. A legislação infraconstitucional não pode contrariar a tutela conferida aos direitos fundamentais pela Constituição; nem ao Poder Legislativo é autorizado modificar a Constituição no que tange a esses direitos, que figuram como cláusulas pétreas (por força do já aludido art. 60, §4º, IV, CR), insuscetíveis de modificação pelo constituinte derivado. O controle de constitucionalidade no Brasil realiza-se tanto em modalidade difusa (mediante recursos interpostos em casos concretos) quanto concentrada (quando a constitucionalidade de dispositivos normativos é questionada diretamente ao Supremo Tribunal Federal).

O Brasil é signatário de diversas convenções e tratados internacionais sobre direitos humanos, como a Convenção Americana sobre Direitos Humanos (Pacto de San José da Costa Rica), o Pacto Internacional sobre Direitos Civis e Políticos, o Pacto Internacional dos Direitos Econômicos, Sociais e Culturais, a Convenção contra a Tortura, a Convenção sobre a Eliminação da Discriminação Racial, a Convenção da Eliminação da Discriminação contra a Mulher, a Convenção dos Direitos da Criança, dentre outros. Verifica-se ampla acolhida das normas internacionais sobre a matéria, dispondo a Constituição Federal, inclusive, no §3º de seu art. 5º, que "Os tratados e convenções internacionais sobre direitos humanos que forem aprovados, em cada Casa do Congresso Nacional, em dois turnos, por três quintos dos votos dos respectivos membros, serão equivalentes às emendas constitucionais".

Mesmo as normas internacionais sobre direitos humanos (provenientes de tratados dos quais o Brasil é signatário) que não tenham seguido tal trâmite legislativo interno, embora não se reputem de hierarquia constitucional, são consideradas aptas a revogar leis ordinárias internas. Assim aconteceu, por exemplo, com a proibição à prisão civil do depositário infiel, decorrente do disposto no art. 7º, n. 7 do Pacto de San José

---

[26] A respeito, já se decidiu que "a reserva do possível não configura carta de alforria para o administrador incompetente, relapso ou insensível à degradação da dignidade da pessoa humana, já que é impensável que possa legitimar ou justificar a omissão estatal capaz de matar o cidadão de fome ou por negação de apoio médico-hospitalar. A escusa da 'limitação de recursos orçamentários' frequentemente não passa de biombo para esconder a opção do administrador pelas suas prioridades particulares em vez daquelas estatuídas na Constituição e nas leis, sobrepondo o interesse pessoal às necessidades mais urgentes da coletividade. O absurdo e a aberração orçamentários, por ultrapassarem e vilipendiarem os limites do razoável, as fronteiras do bom-senso e até políticas públicas legisladas, são plenamente sindicáveis pelo Judiciário, não compondo, em absoluto, a esfera da discricionariedade do Administrador, nem indicando rompimento do princípio da separação dos Poderes" (STJ, REsp. 1.068.731, 2ª T., Rel. Min. Herman Benjamin, julg. 17.2.2011).

da Costa Rica, que revogou o art. 652 do Código Civil,[27] segundo decisão do Supremo Tribunal Federal no julgamento do Recurso Extraordinário nº 466.343, em 2008.[28]

2 A influência dos direitos humanos e dos direitos fundamentais no Direito Contratual

Tradicionalmente, o Direito Contratual brasileiro tem por fundamento três grandes princípios: a autonomia privada (que garante aos particulares a liberdade de contratar em todos os casos não vedados por lei),[29] a relatividade dos pactos (representado pela expressão *res inter alios acta*), que restringe os efeitos dos contratos aos contratantes, não admitindo, em regra, que o conteúdo contratual tenha eficácia em face de terceiros;[30] e a obrigatoriedade dos pactos, pelo qual as partes estão adstritas ao cumprimento do previsto no contrato.[31]

Ao lado de tais fundamentos da teoria contratual, a Constituição da República de 1988 fixa valores e princípios hierarquicamente superiores, que informam a atividade privada, estatuindo, em seu art. 170, que o fundamento da ordem econômica é a valorização do trabalho humano e da livre-iniciativa, tendo por fim assegurar a todos existência digna, conforme os ditames da justiça social, e observados diversos princípios, dentre os quais, a função social da propriedade; a defesa do consumidor; a defesa do meio ambiente, a redução das desigualdades regionais e sociais.

Tal dispositivo deve ser interpretado em consonância com os arts. 1º a 4º da Constituição, que fixam, dentre os fundamentos e objetivos da República, os princípios da dignidade da pessoa humana (art. 1º, III, CR), da solidariedade social (art. 3º, I, CR) e da igualdade substancial (art. 3º, III, CR). Dessa maneira, o constituinte vincula a legitimidade da atividade contratual à promoção de interesses extrapatrimoniais alcançados pelo contrato, informando as normas do Código Civil, especialmente as cláusulas gerais que fixam os princípios da boa-fé objetiva (arts. 113 e 422 do Código Civil), da função social do contrato (art. 421) e do equilíbrio das prestações (arts. 317 e 478).[32]

---

[27] CC/2002, "Art. 652. Seja o depósito voluntário ou necessário, o depositário que não o restituir quando exigido será compelido a fazê-lo mediante prisão não excedente a um ano, e ressarcir os prejuízos".

[28] STF, RE nº 466.343, Tribunal Pleno, Rel. Min. Cezar Peluso, julg. 3.12.2008.

[29] Segundo Caio Mário da Silva Pereira, tal liberdade abrange "a faculdade de contratar e de não contratar, isto é, o arbítrio de decidir, segundo os interesses e conveniências de cada um, se e quando estabelecerá com outrem um negócio jurídico contratual"; "a escolha da pessoa com quem fazê-lo, bem como do tipo de negócio a efetuar"; e "o poder de fixar o conteúdo do contrato, redigidas as suas cláusulas ao sabor do livre jogo da conveniência dos contratantes" (PEREIRA, Caio Mário da Silva. *Instituições de direito civil*. Volume III. Rio de Janeiro: Forense, 2007, pp. 22-23).

[30] Sobre o ponto, dentre outros, GOMES, Orlando. *Contratos*. Rio de Janeiro: Forense, 2001, p. 43; RODRIGUES, Silvio. *Direito civil*: dos contratos e das declarações unilaterais de vontade. São Paulo: Saraiva, 2004, p. 17; LOPES, Miguel Maria de Serpa. *Curso de direito civil*. Volume 3. Rio de Janeiro: Freitas Bastos, 2001, pp. 129 e 133.

[31] "O contrato obriga os contratantes. Lícito não lhes é arrependerem-se; lícito não é revogá-lo senão por consentimento mútuo (...). O princípio da força obrigatória do contrato contém ínsita uma ideia que reflete o máximo de subjetivismo que a ordem legal oferece: a palavra individual, enunciada na conformidade da lei, encerra uma centelha de criação, tão forte e tão profunda, que não comporta retratação, e tão imperiosa, que depois de adquirir vida, nem o Estado mesmo, a não ser excepcionalmente, pode intervir, com o propósito de mudar o curso de seus efeitos" (PEREIRA, Caio Mário da Silva Pereira. *Instituições de direito civil*, cit., p. 6).

[32] Sobre a evolução dogmática do direito contratual, v. TEPEDINO, Gustavo; KONDER, Carlos Nelson; BANDEIRA, Paula Greco. *Fundamentos do Direito Civil*, vol. 3: Contratos. 2. ed. Rio de Janeiro: Forense, 2021.

Desses chamados novos princípios contratuais, o mais difundido é a boa-fé objetiva,[33] a qual, em sua tríplice função, cria deveres de cooperação entre as partes desde as tratativas negociais, ao longo da execução contratual e posteriormente à extinção do contrato; serve ainda como parâmetro interpretativo para os negócios jurídicos e impõe limites ao exercício dos direitos. A boa-fé objetiva aparece, assim, como cláusula geral que, assumindo diferentes feições, impõe às partes o dever de colaborarem mutuamente para a consecução dos fins perseguidos com a celebração do contrato e zelarem por sua segurança recíproca.[34] Embora até o advento do Código Civil de 2002 fosse prevista apenas no Código Comercial e no Código de Defesa do Consumidor, a ampla aplicação da boa-fé às relações de Direito Civil, por obra da jurisprudência e da doutrina, revelou força expansiva capaz de permear toda a teoria contratual, tornando-se instrumento de tutela de direitos fundamentais nas relações privadas.[35]

Importante aplicação do princípio da boa-fé objetiva consiste, ainda, em sua relevância para fins de responsabilidade civil no caso da ruptura injustificada de tratativas, a chamada responsabilidade pré-contratual. Compreende-se que o princípio da boa-fé irradia seus efeitos também para a fase anterior à conclusão do contrato, com conteúdo técnico capaz de vincular as partes aos compromissos assumidos mesmo antes da celebração do contrato, reconhecendo-se a incidência dos deveres anexos (dentre eles, e principalmente, o dever de lealdade) também sobre o momento das tratativas. A fixação de padrão razoável de comportamento fundada na boa-fé fornece ao intérprete instrumento objetivo de aferição valorativa do exercício da ruptura, não relegando essa ponderação a juízos de índole subjetiva, que buscassem perquirir elementos psicológicos ou atribuir culpa à parte que tenha interrompido as negociações.[36] Tais padrões de procedimento serão fornecidos, no caso da ruptura imotivada de negociações, pelos deveres decorrentes da boa-fé, verdadeiro núcleo do princípio.[37]

---

[33] A respeito, cf. TEPEDINO, Gustavo. As relações de consumo e a nova teoria contratual. *In: Temas de Direito Civil*. Rio de Janeiro: Renovar, 2003, p. 232.

[34] Permita-se remeter a: Gustavo Tepedino; Rodrigo da Guia Silva. Dever de informar e ônus de se informar: a boa-fé objetiva como via de mão dupla. *In: Migalhas*, publicado em 9.6.2020. Disponível em: https://migalhas.uol.com.br/depeso/328590/dever-de-informar-e-onus-de-se-informar--a-boa-fe-objetiva-como-via-de-mao-dupla . Acesso em: 18 maio 2021.

[35] A referida tripartição funcional, inspirada nas funções do direito pretoriano romano, foi adotada no Brasil por autorizada doutrina. V. AZEVEDO, Antonio Junqueira de. Insuficiências, deficiências e desatualização do projeto de Código Civil na questão da boa-fé objetiva nos contratos. *In: Revista Trimestral de Direito Civil*, Rio de Janeiro, vol. 1, p. 7, jan./mar. 2000: "Essa mesma tríplice função existe para a cláusula geral de boa-fé no campo contratual, porque justamente a ideia é ajudar na interpretação do contrato, *adjuvandi*, suprir algumas das falhas do contrato, isto é, acrescentar o que nele não está incluído, *supplendi*, e eventualmente corrigir alguma coisa que não é de direito no sentido de justo, *corrigendi*". No mesmo sentido, AGUIAR JÚNIOR, Ruy Rosado de. A boa-fé na relação de consumo. *In: Revista de Direito do Consumidor*, São Paulo, vol. 14, p. 25, 1995.

[36] Paradigmático nesta matéria foi o acórdão do Tribunal de Justiça do Rio Grande do Sul que reconheceu a responsabilidade por culpa *in contrahendo*: TJRS, Ap. Civ. 591.028.295, 5ª C.C., Rel. Des. Ruy Rosado de Aguiar Júnior, julg. 6.6.1991. Na decisão, sustentou-se que "decorre do princípio da boa-fé objetiva, aceito pelo nosso ordenamento jurídico (...), o dever de lealdade durante as tratativas e a consequente responsabilidade da parte que, depois de suscitar na outra a justa expectativa da celebração de certo negócio, volta atrás e desiste de consumar a avença". Na mesma direção, remeta-se a julgado do STJ, em se destacou que "O princípio da boa-fé objetiva já incide desde a fase de formação do vínculo obrigacional, antes mesmo de ser celebrado o negócio jurídico pretendido pelas partes. Na verdade, antes da conclusão do negócio jurídico, são estabelecidas entre as pessoas certas relações de fato, os chamados "contatos sociais", dos quais emanam deveres jurídicos, cuja violação importa responsabilidade civil." (STJ, 3ª T., REsp 1367955/SP, Rel. Min. Paulo de Tarso Sanseverino, julg. 18.3.2014). Destaque-se, ainda, o Enunciado nº 25 da I Jornada de Direito Civil do CJF: "O art. 422 do Código Civil não inviabiliza a aplicação pelo julgador, do princípio da boa-fé objetiva nas fases pré e pós-contratual".

[37] "Tecnicamente, são estes deveres anexos, que formando o núcleo da cláusula geral de boa-fé, se impõem ora de forma positiva, exigindo dos contratantes determinado comportamento, ora de forma negativa, restringindo

A função social do contrato, por sua vez, informada pela solidariedade constitucional, exige que as partes busquem promover, no âmbito da relação contratual, não apenas seus próprios interesses patrimoniais, mas também interesses socialmente úteis alcançados pelo contrato. Tais interesses extracontratuais dizem respeito, dentre outros, aos consumidores, à livre concorrência, ao meio ambiente, às relações de trabalho.[38]

Finalmente, o princípio do equilíbrio das prestações contratuais, que visa a preservar a racionalidade econômica planejada pelas partes. O princípio do equilíbrio econômico das relações obrigacionais decorre diretamente dos princípios constitucionais do valor social da livre-iniciativa (art. 1º, IV, CF), da solidariedade social (art. 3º, I) e da igualdade (art. 3º, III, CF), que fundamentam a ordem econômica nacional e a livre-iniciativa (art. 170, CF). Como expressão do equilíbrio objetivo entre as prestações, protege-se o contratante que tenha sido vítima de lesão (art. 157 do Código Civil),[39] vale dizer, aquele que, por inexperiência ou necessidade, obrigou-se a prestação manifestamente desproporcional à contraprestação.

Do mesmo modo, no sentido de manter o equilíbrio econômico pretendido originalmente pelas partes contratantes, autoriza-se a revisão ou a resolução do contrato na hipótese de desequilíbrio superveniente, capaz de tornar as prestações excessivamente onerosas para uma das partes, com excessiva vantagem para a outra. Vale dizer, quando, por motivos imprevisíveis, sobrevier desproporção manifesta entre o valor da prestação devida e o do momento de sua execução, poderá o juiz corrigi-lo, a pedido da parte, de modo que assegure, quanto possível, o valor real da prestação (art. 317 do Código Civil).[40] Além disso, nos contratos cuja execução se protrai no tempo, caso a prestação de uma das partes se torne excessivamente onerosa, com extrema vantagem para a outra, por força de acontecimentos extraordinários e imprevisíveis, admite-se que ela peça a resolução do contrato (arts. 478 e 480 do Código Civil).[41] No panorama contratual brasileiro, a revisão e resolução contratuais vêm sendo utilizadas amplamente. Incorporadas aos arts. 317, 478 e 479 do CC, constituem-se em mecanismo deflagrado todas as vezes em que fatos exógenos ao acordo de vontade tornem, para uma das partes, excessivamente onerosa a prestação convencionada.[42]

---

ou condicionando o exercício de um direito previsto em lei ou no próprio contrato" (TEPEDINO, Gustavo; SCHREIBER, Anderson. A boa-fé objetiva no Código de Defesa do Consumidor e no Novo Código Civil. In: TEPEDINO, Gustavo (Coord.). *A Parte Geral do Novo Código Civil*. Rio de Janeiro: Renovar, 2003, p. 37).

[38] A respeito, v. TEPEDINO, Gustavo. Crise de fontes normativas e técnica legislativa na parte geral do Código Civil de 2002. In: *Temas de direito civil*. Tomo 2. Rio de Janeiro: Renovar, 2006, p. 20. Sobre a função social do contrato na doutrina brasileira, v. TEPEDINO, Gustavo. Notas sobre a função social dos contratos. In: *Temas de Direito Civil*. Tomo 3. Rio de Janeiro: Renovar, 2009, p. 145 e ss.

[39] CC/2002, "Art. 157. Ocorre a lesão quando uma pessoa, sob premente necessidade, ou por inexperiência, se obriga a prestação manifestamente desproporcional ao valor da prestação oposta (...)".

[40] CC/2002, "Art. 317. Quando, por motivos imprevisíveis, sobrevier desproporção manifesta entre o valor da prestação devida e o do momento de sua execução, poderá o juiz corrigi-lo, a pedido da parte, de modo que assegure, quanto possível, o valor real da prestação".

[41] CC/2002, "Art. 478. Nos contratos de execução continuada ou diferida, se a prestação de uma das partes se tornar excessivamente onerosa, com extrema vantagem para a outra, em virtude de acontecimentos extraordinários e imprevisíveis, poderá o devedor pedir a resolução do contrato. Os efeitos da sentença que a decretar retroagirão à data da citação. (...)"; "Art. 480. Se no contrato as obrigações couberem a apenas uma das partes, poderá ela pleitear que a sua prestação seja reduzida, ou alterado o modo de executá-la, a fim de evitar a onerosidade excessiva".

[42] Para a análise do instituto, especialmente à luz do cenário de pandemia, permita-se remeter a TEPEDINO, Gustavo; OLIVA, Milena Donato; DIAS, Antônio Pedro. A proteção do consumidor em tempos de pandemia:

Tais normas do Código Civil tornam-se, assim, mecanismos para a promoção de direitos fundamentais nas relações contratuais. Diante dos mencionados princípios constitucionais, os três princípios fundamentais citados do regime contratual – a autonomia privada, a força obrigatória dos contratos e a relatividade obrigacional –, embora prestigiados pelo sistema, adquirem novos contornos, mitigados pelos princípios da boa-fé objetiva, função social do contrato e equilíbrio das prestações. Verifica-se, nessa direção, a gradual alteração conceitual do princípio da relatividade, impondo-se efeitos contratuais que extrapolam a avença negocial. Ou seja, o respeito à disciplina contratual torna-se oponível a terceiros, ao mesmo tempo em que os contratantes devem respeitar os titulares de interesses socialmente relevantes alcançados pela órbita do contrato.[43]

O Código Civil prevê, ainda, a interpretação do contrato de modo mais favorável ao aderente no âmbito dos contratos de adesão, tendo em conta a inexistência de negociação prévia à celebração desse tipo de avença (art. 423 do Código Civil).[44] Do mesmo modo, consideram-se nulas as cláusulas contratuais em contratos de adesão que prevejam a renúncia antecipada a direitos pelo aderente (art. 424 do Código Civil).[45]

Igualmente nas relações de consumo, em que o consumidor é considerado vulnerável, a proteção do consumidor, expressamente incluída nos acima aludidos princípios da ordem econômica (art. 170, V, CR), é expressão do direito fundamental à igualdade substancial nas contratações de massa. O Código de Defesa do Consumidor, estatuído pela Lei nº 8078/90, torna-se o instrumento legislativo para tal proteção, de índole constitucional, e oferece intensa proteção ao consumidor, considerado pelo legislador presumidamente vulnerável na contratação com fornecedores de produtos e serviços. A lei prevê, por isso, uma série de cláusulas contratuais consideradas abusivas (art. 51, CDC), a possibilidade de inversão do ônus da prova em favor do consumidor se verossímeis as suas alegações ou comprovada a sua hipossuficiência (art. 6º, VIII),[46] a possibilidade de desistência pelo consumidor nos primeiros sete dias após a celebração do contrato fora de estabelecimento comercial (art. 49, CDC),[47] a responsabilidade solidária de todos os componentes da cadeia de fornecimento do produto (art. 12),[48] dentre outros instrumentos de proteção ao consumidor.

---

a atualidade dos remédios previstos no Código de Defesa do Consumidor. *In*: BENJAMIN, Antônio Herman; MARQUES, Claudia Lima; MIRAGEM, Bruno (Org.). *O Direito do Consumidor no mundo em transformação*. São Paulo: Revista dos Tribunais, 2020, p. 301-316.

[43] TEPEDINO, Gustavo. Novos princípios contratuais e a exegese da cláusula *to the best knowledge of the sellers*. *In: Soluções Práticas de Direito*. Volume III. São Paulo: Revista dos Tribunais, 2012, p. 431.

[44] CC/2002, "Art. 423. Quando houver no contrato de adesão cláusulas ambíguas ou contraditórias, dever-se-á adotar a interpretação mais favorável ao aderente".

[45] CC/2002, "Art. 424. Nos contratos de adesão, são nulas as cláusulas que estipulem a renúncia antecipada do aderente a direito resultante da natureza do negócio".

[46] CDC, "Art. 6º São direitos básicos do consumidor: (...) VIII - a facilitação da defesa de seus direitos, inclusive com a inversão do ônus da prova, a seu favor, no processo civil, quando, a critério do juiz, for verossímil a alegação ou quando for ele hipossuficiente, segundo as regras ordinárias de experiências (...)".

[47] CDC, "Art. 49. O consumidor pode desistir do contrato, no prazo de 7 dias a contar de sua assinatura ou do ato de recebimento do produto ou serviço, sempre que a contratação de fornecimento de produtos e serviços ocorrer fora do estabelecimento comercial, especialmente por telefone ou a domicílio (...)".

[48] CDC, "Art. 12. O fabricante, o produtor, o construtor, nacional ou estrangeiro, e o importador respondem, independentemente da existência de culpa, pela reparação dos danos causados aos consumidores por defeitos decorrentes de projeto, fabricação, construção, montagem, fórmulas, manipulação, apresentação ou acondicionamento de seus produtos, bem como por informações insuficientes ou inadequadas sobre sua utilização e riscos (...)".

3 A influência dos direitos humanos e dos direitos fundamentais na responsabilidade civil

A responsabilidade civil tem sido objeto de profunda evolução no Direito brasileiro nas últimas décadas, ampliando-se cada vez mais a reparação pelos danos injustos, no âmbito contratual e extracontratual. O sistema brasileiro encontra-se estruturado de forma dualista, verificando hipóteses de responsabilidade baseada na culpa (responsabilidade subjetiva, que tem por fonte o ato ilícito, expressão do antigo princípio do *nemem ledere*) e responsabilidade baseada no risco da atividade (responsabilidade objetiva, independentemente da prova de culpa do agente causador do evento danoso). Com a Constituição da República de 1988, consolidou-se a tendência à objetivação da responsabilidade civil, seja mediante a ampliação das hipóteses da responsabilidade objetiva; seja mediante construção interpretativa, que, na responsabilidade subjetiva, para identificar a ilicitude do ato, afasta-se da intenção do agente em favor da culpa normativa, isto é, a violação de comportamento razoavelmente esperado em determinada situação concreta na qual se originou o ato danoso.

Ressalte-se nesse *iter* evolutivo a incidência dos princípios constitucionais da solidariedade social e da igualdade substancial (art. 3º, I e III), destinados a assegurar repartição equânime dos riscos latentes à sociedade contemporânea, em favor das vítimas de danos injustos.

Nesta perspectiva, destaca-se o princípio da reparação integral, segundo dispõe o art. 944 do Código Civil (a vítima deve ser ressarcida pela integralidade do prejuízo sofrido).[49] Além disso, para se deflagrar o dever de reparar, adota-se a teoria da necessariedade da causa, segundo a qual só haverá reparação quando for estabelecido nexo de causalidade necessária entre o evento danoso e a causa que se pretende imputar à responsabilidade civil.[50] [51]

---

[49] CC/2002, "Art. 944. A indenização mede-se pela extensão do dano (...)". A respeito, já se afirmou que: "No direito brasileiro, em termos de responsabilidade civil, a indenização mede-se pela extensão do dano. Tal princípio, consubstanciado no art. 944 do CC/2002, expressa regra fundamental da *civil law*, incorporada em nossa tradição jurídica na liquidação de danos, tanto no regime do Código Civil de 1916 quanto no atual. De tal assertiva decorre, por um lado, a rejeição de danos hipotéticos, exigindo a doutrina que os danos ressarcíveis sejam atuais (ou seja, que já tenham ocorrido no momento em que se pretende a reparação) e determináveis (ou seja, suscetíveis de mensuração econômica). Por outro lado, em contrapartida, o direito brasileiro não limita a liquidação, admitindo a indenização de todos os danos necessariamente resultantes de determinada causa" (TEPEDINO, Gustavo. Princípio da reparação integral e quantificação das perdas e danos derivadas da violação do acordo de acionistas. In: *Soluções Práticas de Direito*. Volume I. São Paulo: Revista dos Tribunais, 2012, p. 315).

[50] CC/2002, "Art. 403. Ainda que a inexecução resulte de dolo do devedor, as perdas e danos só incluem os prejuízos efetivos e os lucros cessantes por efeito dela direto e imediato, sem prejuízo do disposto na lei processual". A causalidade direta e imediata, porém, encontra-se mitigada no direito brasileiro por interpretação específica que se costuma designar subteoria da necessariedade: "Com efeito, a expressão 'direta e imediata' excluiria a ressarcibilidade do chamado dano indireto ou dano remoto, gerando, em certos casos, alguma dificuldade prática. Desenvolveu-se, assim, no âmbito da teoria da causalidade direta e imediata, a chamada subteoria da necessariedade da causa, que entende as expressões dano direto e dano imediato como reveladoras de um liame de necessariedade entre a causa e o efeito. Haverá, assim, dever de reparar, quando o evento danoso for efeito necessário de determinada causa. Desta forma, podem-se identificar danos indiretos, passíveis de ressarcimento, desde que sejam consequência necessária da conduta tomada como causa" (TEPEDINO, Gustavo. A causalidade nas ações de responsabilidade atribuídas ao hábito de fumar. In: *Soluções Práticas de Direito*. Volume I. São Paulo: Revista dos Tribunais, 2012, p. 284). A respeito, v. tb. Cruz, Gisela Sampaio. *O problema do nexo causal na responsabilidade civil*. Rio de Janeiro: Renovar, 2005.

[51] Sobre o tema, merece especial destaque decisão do Supremo Tribunal Federal, por maioria de votos, em julgamento sob a sistemática de Repercussão Geral, em que se negou o dever de reparação do Estado por danos

Dentre os temas mais recentes suscitados em termos de responsabilidade civil destacam-se os danos causados por violação à privacidade. O direito à privacidade encontra-se tutelado tanto pela Constituição Federal (art. 5º, X)[52] quanto pelo Código Civil (art. 21).[53] Sua proteção admite não apenas a reparação pecuniária na hipótese de lesão, mas também a tutela preventiva e outros mecanismos compensatórios, como a condenação do causador do dano à retratação pública. Não raro, a tutela da privacidade colide com pretensões baseadas no direito à liberdade de expressão, igualmente protegida pelo texto constitucional. Neste caso, não existe regra pré-estabelecida para a solução do conflito, sendo necessário ponderar ambos os princípios à luz dos elementos do caso concreto, para que se torne possível determinar qual dos direitos (a privacidade ou a liberdade de expressão) deve ceder espaço ao outro.[54] Critérios comumente empregados para este fim dizem respeito à notoriedade do titular do direito à privacidade, o local em que o fato que se deseja noticiar ocorreu (se público ou privado), a finalidade da divulgação da informação, o interesse social na divulgação da informação, dentre outros.[55] [56]

---

causados por foragido do sistema carcerário. A Corte reformou decisão do TJMG que condenara o Estado a indenização por danos morais e materiais em razão de latrocínio praticado por criminoso que, cumprindo pena em regime fechado, evadira do presídio 3 meses antes do crime. Embora de forma nem sempre clara e sem consenso semântico quanto às categorias dogmáticas adotadas, o Supremo manteve acertadamente o entendimento jurisprudencial que consagra a responsabilidade objetiva do Estado, prevista no art. 37, §6º, da Constituição, mesmo na hipótese de comportamento omisso. Além disso, reafirmou-se, em linha com o célebre precedente do RE nº 130.764, de 7 de agosto de 1992, da Relatoria do Min. Moreira Alves, a teoria da causalidade necessária para a deflagração da responsabilidade civil. No caso, embora fossem incontroversos a quebra do dever de custódia do apenado e o crime por ele praticado, outras causas intercorreram na preparação do assalto, na definição do plano criminoso com outros comparsas e na aquisição de armas, interrompendo, assim, o nexo de causalidade entre a fuga e o latrocínio. Segundo tal entendimento, mesmo havendo muitas causas potencialmente danosas, somente deve␣ser imputado o dever de reparar␣ao agente cujo comportamento ou atividade acarretou necessariamente o resultado danoso. (STF, Tribunal Pleno, RE nº 608.880/MT, Rel. Min. Marco Aurélio, julg. 8.9.2020, publ. 1.10.2020). Para análise pormenorizada da discussão, cfr. TEPEDINO, Gustavo. Nexo de causalidade e o dano indireto no direito brasileiro. In: PIRES, Fernanda Ivo (Org.). *Da estrutura à função da responsabilidade civil*: uma homenagem do Instituto Brasileiro de Estudos de Responsabilidade Civil (IBERC) ao Professor Renan Lotufo. São Paulo: Editora Foco, 2021, p. 235-244.

[52] CR, "Art. 5º. (...) X - são invioláveis a intimidade, a vida privada, a honra e a imagem das pessoas, assegurado o direito a indenização pelo dano material ou moral decorrente de sua violação (...)".

[53] CC/2002, "Art. 21. A vida privada da pessoa natural é inviolável, e o juiz, a requerimento do interessado, adotará as providências necessárias para impedir ou fazer cessar ato contrário a esta norma".

[54] A respeito, cf. BARROSO, Luís Roberto. Colisão entre liberdade de expressão e direitos da personalidade. Critérios de ponderação. Interpretação constitucionalmente adequada do Código Civil e da Lei de Imprensa. In: *Revista Trimestral de Direito Civil*, Rio de Janeiro, vol. 16, out./dez. 2004.

[55] Ao propósito, já se decidiu que "Em se tratando de pessoa ocupante de cargo público, de notória importância social, como o é o de magistrado, fica mais restrito o âmbito de reconhecimento do dano à imagem e sua extensão, mormente quando utilizada a fotografia para ilustrar matéria jornalística pertinente, sem invasão da vida privada do retratado" (STJ, REsp. 801.109, 4ª T., Rel. Min. Raul Araújo, julg. 12.6.2012).

[56] Sob tal ótica, destaque-se que o STF, no Recurso Extraordinário nº 1.010.606, decidiu o tema de repercussão geral 786 acerca do direito ao esquecimento, em que familiares da vítima de crime de grande repercussão nos anos 1950 no Rio de Janeiro buscavam reparação pela reconstituição e ampla exposição do caso, em 2004, no programa exibido por emissora de TV, sem sua autorização. Na ocasião, a Corte fixou a seguinte tese: "É incompatível com a Constituição a ideia de um direito ao esquecimento, assim entendido como o poder de obstar, em razão da passagem do tempo, a divulgação de fatos ou dados verídicos e licitamente obtidos e publicados em meios de comunicação social analógicos ou digitais". (STF, RE nº 1.010.606. Rel. Min. Dias Toffoli, julg.11.2.2021). Sobre a questão, havia se manifestado em outra ocasião o ilustre homenageado, Prof. Augusto Aras, em entrevista à página Consultor Jurídico: "(...) o próprio Supremo firmou entendimento de que o que é vedada a censura prévia. Está previsto na Constituição. No caso de alguém ofender a honra, há três caminhos minimamente possíveis *a posteriori, post factum*. O primeiro é a reparação civil. Se for algo que não desafie na vítima, nem resposta civil, nem resposta penal, então há direito de resposta. O que não pode ser feito

Como expressão do princípio da reparação integral, admite-se pacificamente no Brasil, após longa evolução jurisprudencial e legislativa, a reparação do dano moral. Embora inicialmente se compreendesse que danos de natureza não patrimonial não fossem passíveis de reparação (uma vez que tais danos não admitem quantificação precisa, como os danos patrimoniais),[57] o direito brasileiro evoluiu para a plena admissibilidade da compensação por danos morais, hoje prevista na Constituição Federal no art. 5º, X.[58] A proteção aos direitos fundamentais e aos direitos humanos desempenhou papel fundamental neste processo, consagrando-se o entendimento segundo o qual as lesões à dignidade humana, por se tratar de valor maior do ordenamento jurídico brasileiro, pilar dos direitos fundamentais, deveriam ser reparadas independentemente da eventual inexistência de dano patrimonial.

Assim, toda espécie de violação à personalidade humana, nas suas mais variadas manifestações (integridade física, integridade psíquica, privacidade, imagem, honra, nome etc.), enseja reparação dos danos morais.[59] Do mesmo modo, e sempre na esteira da já aludida cláusula geral de tutela da personalidade humana, não há tipificação ou critérios legais limitativos da reparação dos danos morais, a qual, conforme já estabelecido pelo Supremo Tribunal Federal, não se sujeita a limites legislativos para a sua quantificação, devendo ser livremente aferida e estipulada pelo juiz de acordo com as circunstâncias do caso concreto.[60]

O princípio da reparação integral tem sido mitigado em duas hipóteses. A primeira delas encontra-se prevista na disposição do art. 944, parágrafo único,[61] do

---

numa sociedade que se quer democrática é impedir a livre manifestação da opinião, a liberdade religiosa, de pensamento e de imprensa – que tem o dever de informar." (Entrevista a Augusto Aras, Lista tríplice da ANPR criou establishment para proteger a si próprio no MPF. In: Consultor Jurídico, 2019. Disponível em: https://www.conjur.com.br/2019-mai-12/entrevista-augusto-aras-subprocurador-geral-republica . Acesso em: 13 maio 2021.)

[57] Para bom panorama do processo evolutivo, v. CAVALIERI FILHO, Sergio. *Programa de Responsabilidade Civil*. São Paulo: Atlas, 2007, pp. 78 e ss.

[58] CR, "Art. 5º. (...) X - são invioláveis a intimidade, a vida privada, a honra e a imagem das pessoas, assegurado o direito a indenização pelo dano material ou moral decorrente de sua violação". Em fase posterior da aceitação jurisprudencial do dano moral, passou-se a admitir a cumulação deste com a reparação de danos patrimoniais. V., ilustrativamente: "A nova Carta da República conferiu ao dano moral status constitucional ao assegurar, nos dispositivos sob referência, a sua indenização quando decorrente de agravo à honra e à imagem ou de violação à intimidade e à vida privada. A indenização por dano moral é admitida de maneira acumulada com o dano material, uma vez que têm pressupostos próprios, passando pelo arbítrio judicial tanto na sua aferição quanto na sua quantificação" (STF, RE 192.593, 1ª T., Rel. Min. Ilmar Galvão, julg. 11.5.1999).

[59] A propósito, o Superior Tribunal de Justiça editou a Súmula nº 647, os termos da qual: "São imprescritíveis as ações indenizatórias por danos morais e materiais decorrentes de atos de perseguição política com violação de direitos fundamentais ocorridos durante o regime militar". Tal enunciado se recobre de valores morais e democráticos universais à experiência humana. Vale dizer, ainda que todas as violações à personalidade provoquem dano moral, mensurado consoante o valor do bem jurídico atacado e o grau da lesão, é notório que a complexidade social existente enseja implicações de profundidades diversidades. Dessa maneira, há de se verificar a categorização entre as situações de violação passíveis de conversão pecuniária para fins reparatórios, sobre as quais incide a prescrição; e aquelas em cujo dano se revela extremo e, portanto, alastra-se por toda a vida da vítima. Nessas hipóteses, como são os casos de tortura, resta justificada a imprescritibilidade.

[60] Assim decidiu o Supremo Tribunal Federal a respeito da tarifação de danos morais causados pelo extravio de bagagem no âmbito de transporte aéreo, prevista pela Convenção de Varsóvia: "Indenização. Dano moral. Extravio de mala em viagem aérea. Convenção de Varsóvia. Observação mitigada. Constituição Federal. Supremacia. O fato de a Convenção de Varsóvia revelar, como regra, a indenização tarifada por danos materiais não exclui a relativa aos danos morais. Configurados esses pelo sentimento de desconforto, de constrangimento, aborrecimento e humilhação decorrentes do extravio de mala, cumpre observar a Carta Política da República – incisos V e X do artigo 5º, no que se sobrepõe a tratados e convenções ratificados pelo Brasil" (STF, RE 172.720, 2ª T., Rel. Min. Marco Aurélio, julg. 6.2.1996).

[61] CC/2002, "Art. 944. A indenização mede-se pela extensão do dano. Parágrafo único. Se houver excessiva desproporção entre a gravidade da culpa e o dano, poderá o juiz reduzir, equitativamente, a indenização".

Código Civil, de acordo com o qual, se houver excessiva desproporção entre a gravidade da culpa e o dano, o juiz poderá reduzir a indenização com base na equidade. Vale dizer, se as consequências danosas do ato culposo extrapolam os efeitos razoavelmente imputáveis à conduta do agente, o legislador autoriza o magistrado a reduzir o valor do dano, valendo-se da equidade, considerando que nestes casos haveria uma espécie de extrapolação da expectativa de causalidade razoável para tal comportamento.[62]

Para alguns autores, o preceito legal introduziu no Direito brasileiro, em certa medida, a relevância da graduação da culpa para fins de ressarcimento, admitindo-se, ao menos na hipótese do art. 944, CC, a influência do grau de culpa (culpa, *lata, leve ou levíssima*) no valor indenizatório.[63] Entretanto, tendo em conta que na tradição jurídica brasileira jamais se admitiu qualquer relevância do grau da culpa para fins de responsabilidade civil, parece mais consentâneo com o sistema atribuir ao dispositivo legal a introdução de válvula de escape, mediante a qual o magistrado, com o uso da equidade, poderá deixar de aplicar o princípio da reparação integral, em hipóteses excepcionais, sempre que constatar consequências danosas superiores aos efeitos razoavelmente esperados para certo comportamento, ainda que se trate de ilícito. Tratar-se-ia, portanto, de limite de equidade para o nexo de causalidade necessária.

A segunda hipótese em que a jurisprudência tem superado o princípio da reparação integral se dá nos chamados danos morais punitivos. Trata-se do reconhecimento de que a quantificação do dano moral deve levar em conta não apenas o abalo à dignidade da vítima, mas também o assim denominado aspecto pedagógico, preventivo ou punitivo da indenização, devendo portanto produzir impacto suficiente na esfera econômica do ofensor para desestimular a produção de danos futuros. Bastante criticada por parte da doutrina, que entende a função punitiva como incompatível com o escopo da responsabilidade civil (de proteção à vítima, não já de sanção ao infrator),[64] o caráter punitivo da indenização tem sido há muito sustentado por autorizada doutrina no Brasil[65] e recebe ampla acolhida dos tribunais brasileiros, visando assegurar tutela mais efetiva e preventiva, no sentido de dissuadir comportamentos semelhantes futuros do autor do dano, especialmente no caso de práticas atentatórias à dignidade humana.[66]

---

[62] Assim, "o dispositivo contempla determinadas hipóteses em que as consequências danosas do ato culposo extrapolam os efeitos razoavelmente imputáveis à conduta do agente. Revela-se, então, a preocupação do legislador com a reparação justa, sobrepondo à disciplina do dano uma espécie de limite de causalidade legítima, de modo a autorizar o magistrado a, excepcionalmente, mediante juízo de equidade, extirpar da indenização o quantum que transcenda os efeitos razoavelmente atribuídos, na percepção social, à conta de determinado comportamento" (PEREIRA, Caio Mário da Silva. *Responsabilidade Civil*. Rio de Janeiro: GZ, 2011, p. 101).

[63] Cf., por todos, BANDEIRA, Paula Greco. Notas sobre o parágrafo único do artigo 944 do Código Civil. In: *Revista da EMERJ*, vol. 11, p. 227-249, 2008.

[64] Cf. MORAES, Maria Celina Bodin de. *Danos à pessoa humana*. Rio de Janeiro: Renovar, 2003, p. 258 e ss.

[65] Cf. PEREIRA, Caio Mário da Silva. *Responsabilidade civil*, cit., p. 15. Especificamente a respeito do caráter punitivo do dano moral, cf. MONTEIRO FILHO, Carlos Edison do Rêgo. *Elementos de responsabilidade civil por dano moral*. Rio de Janeiro: Renovar, 2000.

[66] Revela-se comum o recurso, pelos tribunais, às "condições econômicas das partes" e à "função pedagógica da imposição de indenização por ato ilícito" como critérios de fixação da indenização por dano moral (STJ, REsp. 945.369, 1ª T., Rel. Min. Denise Arruda, Rel. p/ Ac. Min. Benedito Gonçalves, julg. 5.10.2010). Na mesma direção, aludindo ao "potencial econômico da ofensora" e ao "caráter punitivo- compensatório da indenização" como parâmetros, cf. STJ, Ag. Rg. no REsp. 1.243.202, 4ª T., Rel. Min. Raul Araújo, julg. 16.5.2013. Ainda, já se afirmou que "a função punitiva – sancionamento exemplar ao ofensor – é, aliada ao caráter preventivo – de inibição da reiteração da prática ilícita" (STJ, REsp 1737412/SE, 3ª T., Rel. Min. Nancy Andrighi, julg. 5.2.2019);

Como afirmado anteriormente, assiste-se à tendência à objetivação da responsabilidade civil (admitindo-se que o dever de indenizar seja imputado a determinados agentes independentemente de sua culpa na produção do dano). Tal orientação decorre do princípio da solidariedade social, que autoriza a distribuição do ônus econômico dos danos produzidos no âmbito de certas atividades por toda a sociedade, imputando-se tal ônus a determinados agentes econômicos que podem diluí-lo na remuneração de suas atividades ou no recurso a sistemas securitários. Esse raciocínio tem sido especialmente aplicado às hipóteses de proteção de vulneráveis, com particular ênfase nas relações de consumo. Assim, por exemplo, mesmo a vítima de acidente de consumo que não tenha contratado diretamente com o fornecedor do produto será indenizada em regime especial de responsabilidade civil objetiva, pois é considerada consumidora por equiparação e, por isso, merecedora de proteção especial, sendo a proteção ao consumo um direito fundamental previsto na Constituição (art. 5º, XXXII).[67] No âmbito do Código de Defesa do Consumidor, por outro lado, as hipóteses de responsabilidade objetiva não alcançam as atividades desenvolvidas por profissionais liberais, como é o caso da responsabilidade médica, em que a diligência permanece como o fator preponderante, prevalecendo o regime da responsabilidade subjetiva, vinculada ao comportamento culposo do agente.[68]

Destaque-se, ainda, a tendência atual à prevenção de danos, na tentativa de evitar, sempre que possível, a sua ocorrência e a necessidade de reparação pecuniária, esta substituída, crescentemente, pela reparação *in natura*. Exemplo emblemático nesse sentido é a reparação de ofensa à honra ou imagem de alguém por meio da retratação pública, mecanismo mais eficaz de compensação do dano causado que a simples prestação pecuniária a título de indenização.[69]

Por outro lado, na tutela dos interesses difusos e coletivos, têm-se desenvolvido os princípios da precaução e da prevenção, no sentido de prevenir os danos injustos e estabelecer atividades econômicas compatíveis com o meio ambiente equilibrado e maior harmonia nas relações de consumo. Nessa mesma direção, têm sido estimuladas reparações indenizatórias em favor de fundos coletivos, em benefício de toda a sociedade, constituídos em favor dos interesses coletivos danificados.[70]

---

ou, ainda: que no dano moral "a fixação da verba reparatória deve observar os critérios da razoabilidade e da proporcionalidade, sem perder de vista a dupla função punitiva e pedagógica" (TJRJ, Ap. Cív. 0003414-43.2018.8.19.0075, 19ª C.C., Rel. Des. Lucia Regina Esteves, julg. 4.2.2021).

[67] Dispõe a Constituição: "Art. 5º. (...) XXXII - o Estado promoverá, na forma da lei, a defesa do consumidor (...)".

[68] Assim dispõe o Código de Defesa do Consumidor: "Art. 14. (...) §4º. A responsabilidade pessoal dos profissionais liberais será apurada mediante a verificação de culpa". A aplicação do diploma consumerista, no entanto, à atividade dos profissionais liberais, autorizando a inversão do ônus da prova contra eles, acaba aproximando, na prática, sua responsabilidade do regime objetivo, muito embora se afirme tratar-se de responsabilidade subjetiva (já que a prova da ausência de culpa ainda se mostra relevante, muito embora se presuma inicialmente o agir culposo). Sobre o tema, cf. Pablo Rentería, *Obrigações de meios e de resultado*. São Paulo: Método, 2011, p. 111 e ss. Especificamente sobre o caso da responsabilidade civil do médico, cf. Gustavo Tepedino: "não obstante ser subjetiva a responsabilidade, a tendência de ampliação do dever de reparar faz-se presente, de maneira marcante, na jurisprudência, mediante o mecanismo de inversão da carga probatória, cada vez mais utilizado" (TEPEDINO, Gustavo. A responsabilidade médica na experiência brasileira contemporânea. In: *Temas de direito civil*, tomo 2. Rio de Janeiro: Renovar, 2006, p. 86).

[69] Cf. SCHREIBER, Anderson. Reparação não pecuniária dos danos morais. In: TEPEDINO, Gustavo; FACHIN, Luiz Edson (Coord.). *Pensamento crítico do direito civil brasileiro*. Curitiba: Juruá, 2011.

[70] Assim, por exemplo, a reparação por dano moral coletivo aos trabalhadores pode ser revertida ao Fundo de Amparo ao Trabalhador, conforme reconheceu o Tribunal Regional do Trabalho da 1ª Região: "Ação civil

4 A influência dos direitos humanos e dos direitos fundamentais no direito de propriedade

A Constituição brasileira considera, como direitos fundamentais, a propriedade privada (art. 5º, XXX) e a sua função social (art. 5º, XXX). Vincula-se, desse modo, a tutela da propriedade privada à utilidade social do seu aproveitamento econômico, estabelecendo-se o controle pelo Judiciário acerca do exercício do direito de propriedade. Em consequência, destacam-se dois aspectos da propriedade no direito pátrio, o estrutural e o funcional. De um lado, a estrutura do direito subjetivo, destinada a garanti-lo (*propriedade como garantia*), regula-se de acordo com a técnica dos direitos reais e com a sua principiologia, revelando o conteúdo econômico do domínio (senhoria). Dentre tais princípios dos direitos reais, destacam-se o da oponibilidade em face de terceiros (que determina que toda a coletividade deve respeitar o exercício proprietário), o da aderência do direito à coisa (segundo o qual o poder conferido por um direito real se exerce diretamente sobre o bem que lhe serve de objeto), o da publicidade do direito imobiliário (que exige a formalização registral dos atos de constituição, modificação ou extinção de direitos reais sobre imóveis) e os princípios da taxatividade e da tipicidade (que determinam estarem os direitos reais limitados às espécies previstas em lei).[71]

Em contrapartida, o aspecto funcional da propriedade condiciona a legitimidade do aproveitamento econômico, para que este possa ser merecedor de tutela jurídica, à promoção de interesses socialmente relevantes e que se traduzem no *acesso a direitos fundamentais*, como a moradia e o trabalho (*propriedade como acesso*).[72]

Na jurisprudência brasileira, embora a efetivação da função social do direito de propriedade (propriedade como acesso a direitos fundamentais) se encontre em permanente colisão com a garantia ao direito subjetivo de propriedade privada, igualmente tutelado como direito fundamental pela Constituição (propriedade como garantia), existem precedentes importantes privilegiando a tutela da posse produtiva de determinados bens em detrimento do direito de seus proprietários, quando estes não cumprem a função social. O tema é especialmente importante em matéria de conflitos fundiários.[73] De fato, compreende-se que a proteção da posse de bens imóveis surte

---

pública. Defesa de interesses difusos e coletivos. Indenização por dano moral coletivo reversível ao fundo de amparo ao trabalhador (FAT). Possibilidade. A condenação dos réus em pecúnia visa, não somente a reparação exemplar do ato ilícito cometido, mas, também, a inibição de práticas futuras da mesma natureza, obstativas ao fortalecimento da categoria obreira. Simultaneamente, amplia os recursos através dos quais o FAT auxilia os trabalhadores que a ele recorrem. Apelo autoral parcialmente provido" (TRT-1, RO 1206008420085010012, 10ª T., Rel. Des. Rosana Salim Villela Travesedo, julg. 28.3.2012).

[71] A respeito dos princípios orientadores dos direitos reais no ordenamento brasileiro, cf. TEPEDINO, Gustavo; MONTEIRO FILHO, Carlos Edison do Rêgo; RENTERÍA, Pablo. *Fundamentos do Direito Civil*, vol. 5: Direitos Reais, 2021, 2. ed. Reflexões sobre o papel desses princípios no direito civil contemporâneo podem também ser encontradas em: MAIA, Roberta Mauro Medina. *Teoria geral dos direitos reais*. São Paulo: Revista dos Tribunais, 2013.

[72] Conforme se sustentou em outra sede, "verifica-se, assim, alteração radical da dogmática tradicional da propriedade, compreendendo-se a função social não já como limitação externa, contraposta à liberdade (supra legislativa e sagrada) do proprietário, mas como fator de legitimidade do exercício da própria liberdade, qualificando-a e justificando a atuação do proprietário" (TEPEDINO, Gustavo. A função social da propriedade e o meio-ambiente. *In: Revista Trimestral de Direito Civil - RTDC*, vol. 37. Rio de Janeiro: Padma, jan-mar/2009, p. 138).

[73] As dificuldades atinentes à consideração da função social como critério relevante para a resolução de conflitos fundiários, ainda pouco absorvida pela jurisprudência brasileira, são abordadas em detalhe pro DANTAS,

implicações diretas sobre a tutela da dignidade humana, na medida em que repercute na criação de uma sociedade mais justa e igualitária, reduzindo-se a concentração fundiária.[74] No conflito entre duas pretensões possessórias sobre o mesmo bem, será a busca daquela que melhor promove sua função social que deverá ser tutelada com prioridade.[75]

O Direito brasileiro tem procurado otimizar o aproveitamento econômico dos bens, incentivando-se seu uso compatível com a sua função social, propiciando a diversificação de direitos (e consequentes formas de aproveitamento) sobre uma mesma coisa. Tem-se privilegiado a posse de bens para fins de moradia ou trabalho (havendo mesmo duas modalidades específicas de aquisição por usucapião da propriedade para essas finalidades, que exigem prazos mais exíguos de posse contínua e seguem regime diferenciado).[76] O Código Civil também prevê modalidade especial de usucapião para a moradia familiar beneficiando o cônjuge ou companheiro separado que permanece no imóvel da família.[77] Procedimento administrativo específico de usucapião urbana foi introduzido pela Lei nº 11.977/2009, que criou o programa governamental de regularização fundiária e incentivo à aquisição de novas unidades habitacionais denominado Programa Minha Casa, Minha Vida.[78]

Marcus. Função social na tutela possessória em conflitos fundiários. *Revista Direito GV*, vol. 18, 2013. Para análise da usucapião enquanto instrumento de consagração da autonomia da posse, remeta-se, também, a TEPEDINO, Gustavo; PEÇANHA, Danielle Tavares. Usucapião extraordinária como instrumento de consagração da autonomia da posse. In: *Revista Justiça & Cidadania*, publ. 3 maio 2021.

[74] Ilustrativamente, na jurisprudência: "Direito civil. Ação de reintegração de posse. Imóvel. Programa de habitação. Litígio entre particulares. Função social da posse. 1. A proteção da posse per se, quando emanada na valorização da personalidade humana, busca proporcionar a concretização dos fundamentos da constituição, como a redução das desigualdades sociais e a obtenção uma sociedade mais justa e igualitária. 2. O direito de posse auferido em programa habitacional deve ser destinado à parte que demonstrar melhor usufruir o bem, em cumprimento à função social da propriedade" (TJDFT, AC 2009 03 10 32040-3, Rel. Des. Mario-Zam Belmiro, julg. 6.2.2013).

[75] Veja-se o seguinte exemplo na jurisprudência: "A questão possessória ora discutida desborda os limites da relação jurídica processual e atinge uma coletividade de pessoas que, em composse vivia pacificamente na área em questão, nela criando seu gado e trabalhando a terra. A repercussão social da demanda não poderia ser maior, estando em foco a dignidade das pessoas que residiam e exploravam economicamente o local. A posse, aqui, não é apenas a consecução de um bem da vida, ou da satisfação de um interesse material, mas do meio de sobrevivência, da manutenção não de uma, mas de várias famílias, não de uma, mas de várias gerações. (...) Atualmente, o conceito da função social já ultrapassou a esfera da propriedade e alcançou também a posse, de maneira que já se fala em função social da posse. No meu entendimento, já se pode perquirir sobre a função social da posse quando, como no caso em apreço, se dá destinação econômica, aproveitamento dos recursos naturais, sustento e trabalho a uma coletividade de pessoas em razão da posse da terra. (...)" (TJMG, 10ª C.C., Ap. Cív. 2.0000.00.492967-3/000, Rel. Des. Alberto Vilas Boas, julg. 13.12.2005).

[76] Ambas as modalidades encontram-se previstas nos seguintes dispositivos do Código Civil: "Art. 1.239. Aquele que, não sendo proprietário de imóvel rural ou urbano, possua como sua, por cinco anos ininterruptos, sem oposição, área de terra em zona rural não superior a cinquenta hectares, tornando-a produtiva por seu trabalho ou de sua família, tendo nela sua moradia, adquirir-lhe-á a propriedade"; "Art. 1.240. Aquele que possuir, como sua, área urbana de até duzentos e cinquenta metros quadrados, por cinco anos ininterruptamente e sem oposição, utilizando-a para sua moradia ou de sua família, adquirir-lhe-á o domínio, desde que não seja proprietário de outro imóvel urbano ou rural. §1º O título de domínio e a concessão de uso serão conferidos ao homem ou à mulher, ou a ambos, independentemente do estado civil. §2º O direito previsto no parágrafo antecedente não será reconhecido ao mesmo possuidor mais de uma vez".

[77] CC/2002, "Art. 1.240-A. Aquele que exercer, por 2 (dois) anos ininterruptamente e sem oposição, posse direta, com exclusividade, sobre imóvel urbano de até 250m² (duzentos e cinquenta metros quadrados) cuja propriedade divida com ex-cônjuge ou ex-companheiro que abandonou o lar, utilizando-o para sua moradia ou de sua família, adquirir-lhe-á o domínio integral, desde que não seja proprietário de outro imóvel urbano ou rural (...)".

[78] Trata-se de procedimento que dispensa o recurso ao Judiciário para o reconhecimento da prescrição aquisitiva, conforme previsto na referida lei: "Art. 60. Sem prejuízo dos direitos decorrentes da posse exercida anteriormente,

Vale ressaltar, ainda, o entendimento de que o patrimônio, para além da garantia geral dos credores do indivíduo, como tradicionalmente compreendido pelo Direito Civil, desempenha papel relevante para a subsistência e para o desenvolvimento da personalidade humana. Em consequência, o patrimônio deve ser especialmente protegido quando desempenhar a função essencial de garantia de direitos fundamentais – no que se tem designado *patrimônio mínimo*.[79] Alguns reflexos desse entendimento têm encontrado respaldo legislativo, especialmente no caso do *bem de família legal*, previsto pela Lei nº 8.009/1990, que torna, em regra, impenhorável o imóvel residencial da entidade familiar, ressalvadas exceções expressamente previstas em lei.[80]

Toda essa mudança de paradigmas remete também à função desempenhada pelos *commons* (ou bens comuns), cuja disciplina tem sido submetida a transformações profundas. Os *commons* constituem-se em bens que, diante de sua importância vital para as pessoas, devem ser postos à disposição para aproveitamento por toda a coletividade, superando-se a tradicional lógica dicotômica entre propriedade pública e propriedade privada.[81]

Conforme ressaltado pelo Professor Stefano Rodotà, os *commons* traduzem *o oposto da propriedade*,[82] rejeitando, em sua etiologia, a lógica binária da propriedade pública ou privada. Daqui decorre o imprescindível desenvolvimento de instrumentos institucionais de acesso, a partir da identificação de bens diretamente necessários à satisfação de necessidades vitais, os quais devem ser admitidos como insuscetíveis de apropriação privada ou pública.[83] No atual cenário normativo, vale dizer, há de se recorrer, em determinadas hipóteses, aos princípios constitucionais para a garantia de acesso a direitos fundamentais independentemente da sua titularidade.[84]

---

o detentor do título de legitimação de posse, após 5 (cinco) anos de seu registro, poderá requerer ao oficial de registro de imóveis a conversão desse título em registro de propriedade, tendo em vista sua aquisição por usucapião, nos termos do art. 183 da Constituição Federal. §1º. Para requerer a conversão prevista no caput, o adquirente deverá apresentar: I – certidões do cartório distribuidor demonstrando a inexistência de ações em andamento que versem sobre a posse ou a propriedade do imóvel; II – declaração de que não possui outro imóvel urbano ou rural; III – declaração de que o imóvel é utilizado para sua moradia ou de sua família; e IV – declaração de que não teve reconhecido anteriormente o direito à usucapião de imóveis em áreas urbanas. §2º As certidões previstas no inciso I do §1º serão relativas à totalidade da área e serão fornecidas pelo poder público. (...)".

[79] Ao propósito, conferir FACHIN, Luiz Edson. *Estatuto jurídico do patrimônio mínimo*. Rio de Janeiro: Renovar, 2006.

[80] Dispõe a referida lei: "Art. 1º O imóvel residencial próprio do casal, ou da entidade familiar, é impenhorável e não responderá por qualquer tipo de dívida civil, comercial, fiscal, previdenciária ou de outra natureza, contraída pelos cônjuges ou pelos pais ou filhos que sejam seus proprietários e nele residam, salvo nas hipóteses previstas nesta lei (...)".

[81] TEPEDINO, Gustavo. Posse e propriedade na constitucionalização do direito civil: função social, autonomia da posse e bens comuns. *In*: SALOMÃO, Luis Felipe; TARTUCE, Flávio (Org.). *Direito civil*: diálogos entre a doutrina e a jurisprudência. São Paulo: Altas, 2018, p. 477-506.

[82] Veja-se: "*Diritti fondamentali, accesso, beni comuni disegnano una trama che ridefinisce il rapporto tra il mondo delle persone e il mondo dei beni. Questo, almeno negli ultimi due secoli, era stato sostanzialmente affidato alla mediazione proprietaria, alle modalità con le quali ciascuno poteva giungere all'appropriazione esclusiva dei beni necessari. Proprio questa mediazione viene ora revocata in dubbio. La proprietà, pubblica o privata che sia, non può comprendere ed esaurire la complessità del rapporto personale/beni. Un insieme di relazioni viene ormai affidato a logiche non proprietarie*" (Stefano Rodotá, *Il terribile diritto*. Studi sulla proprietà privata e i beni comuni, Bologna: Il Mulino Rodotà, 2013, p. 464).

[83] Nesta perspetiva, Stefano Rodotá, *Il terribile diritto*. Studi sulla proprietà privata e i beni comuni, cit., p. 469.

[84] Nessa direção, os tribunais brasileiros vêm relativizando o poder do proprietário, que deixa de ser absoluto e imune a interferências externas. O Superior Tribunal de Justiça, por exemplo, analisou ação civil pública que se opôs à transformação, pelo Poder Público Municipal, de uma praça, bem de uso comum do povo, para a

5 A influência dos direitos humanos e dos direitos fundamentais no Direito de Família

O Direito de Família brasileiro tem sofrido intensas mudanças nos últimos anos, especialmente após a promulgação da Constituição de 1988, à luz de um novo conjunto de princípios constitucionais que permitiram superar alguns tradicionais dogmas dessa matéria. Assim, a distinção entre filhos legítimos e ilegítimos foi superada pela igualdade de tratamento da prole, da mesma forma que a determinação da igualdade entre cônjuges permitiu a superação do antigo modelo patriarcal que conferia proeminência ao marido como chefe de família. Por outro lado, tem-se conferido amplo reconhecimento a novas estruturas familiares, distintas da família fundada em torno do casamento, todas igualmente dignas de proteção jurídica, ainda que se sujeitem a regimes distintos – é o caso das famílias monoparentais (compostas apenas por um dos genitores e sua prole), anaparentais (em que não há laço de filiação entre seus membros) e homoafetivas (compostas por casais do mesmo sexo). Estes e diversos outros princípios têm reformulado radicalmente os contornos do Direito de Família brasileiro.[85]

O casamento conta com extensa regulamentação legal, prevista pelo Código Civil (arts. 1.511-1.590) em quase 80 artigos de lei, bem como em legislação não codificada. As uniões estáveis, por sua vez, contam com disciplina legal bem menos analítica, composta por pequeno número de disposições do Código Civil (arts. 1.723-1.727). A celebração do casamento exige uma série de solenidades enquanto as uniões estáveis configuram-se, em regra, por meio da reunião de seus requisitos fáticos caracterizadores (nos termos do art. 1.723 do Código Civil),[86] embora já se admita o ato de registro de uniões estáveis em cartório (direito que foi estendido, em decisão paradigmática do Supremo Tribunal

---

categoria de bem dominical, com vistas a permitir a doação do imóvel ao Instituto Nacional do Seguro Social – INSS, que lá instalaria a nova agência do órgão federal. Destacou o STJ, a despeito da aparente legalidade da pretendida operação, que o pouco uso do espaço público pela população não pode servir de justificativa para o ato de desafetação, uma vez que a finalidade desses locais públicos não se resume, nem se esgota na efetiva utilização do bem pela comunidade, justificando-se pelo potencial acesso e disponibilização do espaço à coletividade do presente e do futuro. Há aqui relevante alteração de paradigma em relação à lógica proprietária tradicional. O Tribunal afirmou, ainda, com desassombro, que a desafetação do bem público, se efetuada sem critérios sólidos e objetivos, como no caso em tela, torna-se "vandalismo estatal", considerado mais condenável que a deterioração privada, uma vez que o domínio público deveria encontrar no Estado o seu maior protetor. Ou seja, retirar da praça a natureza de publicamente acessível, *loci publici* ou *loci communes*, não pode ser considerado como ato banal por parte do governo, mas grave opção que importa consequências drásticas à coletividade. (STJ, REsp 1.135.807/RS, 2ª T., Rel. Min. Herman Benjamin, julg. 15.4.2010). Para maior aprofundamento da matéria, cfr. TEPEDINO, Gustavo; PEÇANHA, Danielle Tavares; DANA, Simone Cohn, Os bens comuns e o controle de desafetação de bens públicos. *In*: *Revista de Direito da Cidade*, vol. 13, p. 427-445, 2021.

[85] Nessa direção: TEPEDINO, Gustavo; TEIXEIRA, Ana Carolina Brochado, *Fundamentos do Direito Civil*, vol. 6: Direito de Família. 2. ed. Rio de Janeiro: Forense, 2021, p. 8. E, ainda, em sede jurisprudencial: "A família deve cumprir papel funcionalizado, servindo como ambiente propício para a promoção da dignidade e a realização da personalidade de seus membros, integrando sentimentos, esperanças e valores, servindo como alicerce fundamental para o alcance da felicidade. No entanto, muitas vezes este mesmo núcleo vem sendo justamente o espaço para surgimento de intensas angústias e tristezas dos entes que o compõem, cabendo ao aplicador do direito a tarefa de reconhecer a ocorrência de eventual ilícito e o correspondente dever de indenizar." (STJ, REsp nº 1.760.943. Rel. Min. Luis Felipe Salomão, julg. 15.8.2019).

[86] Determina o Código Civil brasileiro: "Art. 1.723. É reconhecida como entidade familiar a união estável entre o homem e a mulher, configurada na convivência pública, contínua e duradoura e estabelecida com o objetivo de constituição de família (...)".

Federal datada de 2011, às uniões entre pessoas do mesmo sexo, que passaram a ser consideradas entidades familiares).[87]

Os deveres entre conviventes previstos em lei são bem menos numerosos do que os previstos para cônjuges, embora atualmente os deveres conjugais venham recebendo interpretação extensiva pela jurisprudência, para atingir também as uniões estáveis.[88] Também no que tange ao desfazimento do vínculo conjugal, o divórcio põe fim ao casamento. No passado, a separação judicial se situava como situação intermediária, que punha fim à convivência conjugal não ao casamento, sendo requisito para o divórcio. Este, contudo, não mais depende de prévia separação judicial, por força de alteração realizada no art. 226, §6º, da Constituição pela Emenda Constitucional nº 66, de 2010, que permite o pedido unilateral de divórcio a qualquer tempo, reconhecendo o constituinte que o casamento é protegido desde que se constitua em instrumento de promoção da livre convivência familiar e da personalidade de cada um de seus integrantes.[89]

Por outro lado, a Constituição determina, no art. 226, §3º, que, "para efeito da proteção do Estado, é reconhecida a união estável entre o homem e a mulher como entidade familiar, devendo a lei facilitar sua conversão em casamento". Este dispositivo, ao determinar que o legislador promova e facilite a transformação de uniões estáveis em casamento, estimula a pluralidade de formações familiares extraconjugais, deixando a exclusivo critério dos próprios interessados a escolha, a qualquer momento, do modelo de família pretendido.

O art. 226, §7º, da Constituição determina, por outro lado, que o planejamento familiar, fundado nos princípios da dignidade humana e da paternidade responsável, "é livre decisão do casal, competindo ao Estado propiciar recursos educacionais e científicos para o exercício desse direito, vedada qualquer forma coercitiva por parte de instituições oficiais ou privadas". Além disso, o direito à convivência familiar é reconhecido a toda criança e adolescente, conforme o art. 227 da Constituição[90] e o art. 4º do Estatuto da Criança e do Adolescente (Lei nº 8.069/1990).[91]

---

[87] Trata-se do julgamento em conjunto da Ação Direta de Inconstitucionalidade (ADIn) nº 4.277 e da Ação por Descumprimento de Preceito Fundamental (ADPF) nº 132, ambas relatadas pelo Ministro Carlos Ayres Britto.

[88] Ainda assim, destaque-se o Enunciado Interpretativo nº 641 redigido na VIII Jornada de Direito Civil, segundo o qual não há equivalência exata entre o instituto do casamento e o da união estável. Veja-se o seu teor: "A decisão do Supremo Tribunal Federal que declarou a inconstitucionalidade do art. 1.790 do Código Civil não importa equiparação absoluta entre o casamento e a união estável. Estendem-se à união estável apenas as regras aplicáveis ao casamento que tenham por fundamento a solidariedade familiar. Por outro lado, é constitucional a distinção entre os regimes, quando baseada na solenidade do ato jurídico que funda o casamento, ausente na união estável". Dessa maneira, estende-se à união estável somente a parcela da normativa conjugal pautada sobre a solidariedade familiar. Já as distinções estabelecidas em virtude do maior grau de solenidade do matrimônio restam justificadas.

[89] Sob relatoria do Ministro Ruy Rosado de Aguiar, a 4ª Turma, em julgado paradigmático, decretou a separação de um casal sem a imputação de culpa a nenhuma das partes. Nesse sentido: "Separação. Ação e reconvenção. Improcedência de ambos os pedidos. Possibilidade da decretação da separação. Evidenciada a insuportabilidade da vida em comum, e manifestado por ambos os cônjuges, pela ação e reconvenção, o propósito de se separarem, o mais conveniente é reconhecer esse fato e decretar a separação, sem imputação de causa a qualquer das partes." (STJ, REsp. 467.184/SP, 4ª T., Rel. Min. Ruy Rosado de Aguiar, julg. 5.12.2002)

[90] CR, "Art. 227. É dever da família, da sociedade e do Estado assegurar à criança, ao adolescente e ao jovem, com absoluta prioridade, o direito à vida, à saúde, à alimentação, à educação, ao lazer, à profissionalização, à cultura, à dignidade, ao respeito, à liberdade e à convivência familiar e comunitária, além de colocá-los a salvo de toda forma de negligência, discriminação, exploração, violência, crueldade e opressão".

[91] ECA, "Art. 4º. É dever da família, da comunidade, da sociedade em geral e do poder público assegurar, com absoluta prioridade, a efetivação dos direitos referentes à vida, à saúde, à alimentação, à educação, ao esporte, ao lazer, à profissionalização, à cultura, à dignidade, ao respeito, à liberdade e à convivência familiar e comunitária".

Por dizer respeito mais diretamente a interesses existenciais da pessoa humana (cuja dignidade é reputada um dos fundamentos da República brasileira pelo art. 1º, III da Constituição), o Direito de Família foi diretamente afetado pelo processo de incidência dos princípios constitucionais sobre as relações privadas (processo também denominado constitucionalização do Direito privado), como imperativo para conferir maior proteção aos interesses existenciais sobre os interesses patrimoniais. Assim, se nas outras áreas do Direito Civil os direitos fundamentais já representam o fundamento de legitimidade dos interesses particulares tutelados, no Direito de Família tais direitos exigiram o afastamento de princípios tradicionais, que, herdados do Direito romano, estruturavam o Direito de Família em torno do casamento entre homem e mulher; asseguravam ao marido a chefia da sociedade conjugal; determinavam a preferência dos filhos nascidos do casamento em detrimento dos filhos oriundos de relações extraconjugais; relegavam a mulher à posição de inferioridade no âmbito das relações familiares.

Em outras palavras, a tutela prioritária da dignidade humana com base na incidência dos direitos humanos e dos direitos fundamentais tornou-se particularmente intensa no Direito de Família, acarretando a sua completa reformulação. Vale mencionar, porém, que a previsão do Código Civil em matéria de Direito de Família ainda se encontra, em grande parte, baseada no modelo de família constituída pelo casamento. Nessa direção, os princípios da democracia na família, da igualdade entre os cônjuges e entre os filhos e o respeito à orientação sexual, para admissão de casamento entre pessoas do mesmo sexo, se afirmam paulatinamente, por força da doutrina e da jurisprudência, informados pela tábua de valores constitucionais.

Nesta linha de afirmação de direitos fundamentais, conforme antes mencionado, o Supremo Tribunal Federal admitiu o casamento entre pessoas do mesmo sexo, em afirmação do direito fundamental à isonomia, a despeito de o Código Civil, de maneira expressa, prever o casamento e a união estável extramatrimonial somente entre homem e mulher (arts. 1.514 e 1.723, Código Civil).

O direito fundamental à isonomia tem sido também aplicado ao Direito das Sucessões para detectar a inconstitucionalidade de certas previsões do Código Civil brasileiro sobre a matéria. Exemplo significativo consiste no art. 1.790 do Código Civil,[92] que prevê o direito sucessório do companheiro de forma desigual em relação aos direitos hereditários do cônjuge. O STF declarou a inconstitucionalidade do dispositivo,[93]

---

[92] CC/2002, "Art. 1.790. A companheira ou o companheiro participará da sucessão do outro, quanto aos bens adquiridos onerosamente na vigência da união estável, nas condições seguintes: I - se concorrer com filhos comuns, terá direito a uma quota equivalente à que por lei for atribuída ao filho; II - se concorrer com descendentes só do autor da herança, tocar-lhe-á a metade do que couber a cada um daqueles; III - se concorrer com outros parentes sucessíveis, terá direito a um terço da herança; IV - não havendo parentes sucessíveis, terá direito à totalidade da herança". Compare-se o dispositivo com os artigos que tratam da sucessão pelo cônjuge sobrevivente: "Art. 1.832. Em concorrência com os descendentes (...) caberá ao cônjuge quinhão igual ao dos que sucederem por cabeça, não podendo a sua quota ser inferior à quarta parte da herança, se for ascendente dos herdeiros com que concorrer. (...) Art. 1.837. Concorrendo com ascendente em primeiro grau, ao cônjuge tocará um terço da herança; caber-lhe-á a metade desta se houver um só ascendente, ou se maior for aquele grau. Art. 1.838. Em falta de descendentes e ascendentes, será deferida a sucessão por inteiro ao cônjuge sobrevivente".

[93] STF, RE 878.694, Tribunal Pleno, Rel. Min. Luís Roberto Barroso, julg. 10.5.2017; e STF, RE 646.721, Tribunal Pleno, Rel. Min. Marco Aurélio, julg. 10.5.2017. Para análise pormenorizada do itinerário acerca da sucessão do companheiro no sistema atual, v. TEPEDINO, Gustavo; NEVARES, Ana Luiza Maia; MEIRELES, Rose Melo. *Fundamentos do Direito Civil*, vol. 7: Direito das Sucessões. 2. ed. Rio de Janeiro: Forense, 2021, p. 106-121.

firmando o entendimento de que o regime sucessório previsto no art. 1.829 do Código Civil deve ser aplicável ao casamento e à união estável, com base na isonomia entre os tratamentos jurídicos de cônjuges e companheiros para fins sucessórios.[94]

De outra parte, tem-se procurado mitigar o rigor formal que tradicionalmente era aplicado à sucessão hereditária,[95] para que, tanto na sucessão testamentária quanto na sucessão legítima, sejam levadas em conta as necessidades específicas de cada herdeiro e a racionalização da utilização dos bens que compõem o acervo hereditário.[96] Pretende-se privilegiar, assim, as formas de partilha que melhor atendam à funcionalidade dos bens em relação à vocação, necessidades pessoais e potencialidades de cada herdeiro. Cuida-se de perspectiva funcional do Direito de Sucessões, capaz de torná-lo instrumento de proteção das situações existenciais, a traduzir a melhor tutela dos direitos fundamentais, informada pelos princípios constitucionais da isonomia substancial (art. 3º, III, CR) e da solidariedade social (art. 3º, I, CR).

Em matéria de Direito de Família e Sucessões, a jurisprudência brasileira tem desempenhado papel de vanguarda, promovendo grandes avanços em um curto período de tempo. Graças ao trabalho jurisprudencial, promoveu-se a efetivação dos direitos humanos e fundamentais no âmbito da família, alcançando-se, nos últimos anos, evoluções como o reconhecimento das uniões homoafetivas como entidades familiares, a extensão da proteção ao bem de família (único imóvel residencial próprio do morador) também a entidades familiares não fundadas no casamento, dentre outros.

6 Conclusão

A Constituição da República de 1988 consagrou, como fundamentos e objetivos da República, os princípios da dignidade da pessoa humana (art. 1º, III, CR), da solidariedade social (art. 3º, III) e da igualdade substancial (art. 3º, I), bem como elenco portentoso de direitos fundamentais, inseridos no ordenamento como garantias individuais inderrogáveis (art. 5º), de forma não taxativa, a serem constantemente acrescidas pelos direitos humanos internacionalmente reconhecidos (art. 5º, §3º, CR),

---

[94] A respeito, NEVARES, Ana Luísa Maia. Os direitos sucessórios do cônjuge e do companheiro no código civil de 2002: uma abordagem à luz do direito civil-constitucional. In: *Revista Brasileira de Direito de Família*, Belo Horizonte, vol. 36, p. 163-164, 2006. No mesmo sentido, cf. TEPEDINO, Gustavo. Controvérsias sobre a sucessão do cônjuge e do companheiro. In: *Revista Pensar*, Fortaleza, vol. 17, p. 153, 2012, em que se sustentou "a ilegitimidade da opção codificada, na contramão da tendência da tutela das pluralidades familiares (art. 226, §3º, CF), ao conferir tratamento diferenciado no que diz respeito à sucessão hereditária do cônjuge e do companheiro, resultando daí a inconstitucionalidade do artigo 1.790".

[95] O planejamento sucessório ganha importância e atualidade a cada dia, seja pela crescente complexidade dos regimes tributários, seja pela necessidade de compatibilização do regime sucessório com a reconstituição das famílias, a partir da legalização do divórcio na maior parte dos países nos últimos 50 anos, associada à pluralidade de proles de uma mesma pessoa, que traduzem necessidades e peculiaridades distintas, inclusive em termos de convivência; seja, enfim, pela profunda alteração na teoria dos bens, ampliando-se sobremaneira a variedade de bens jurídicos, suas funções e peculiaridades, com particular valorização econômica de bens móveis e de estoques acionários de grande valor, inseridos em complexas estruturas societárias, circunstâncias que desafiam a autonomia privada para o melhor direcionamento sucessório dos acervos hereditários, para além da regulamentação legal. Sobre o tema, cfr. TEIXEIRA, Danielle Chaves. *Arquitetura do planejamento sucessório*, tomo II. Rio de Janeiro: Fórum, 2020.

[96] Ao propósito, cf. NEVARES, Ana Luísa Maia. *A função promocional do testamento*. Rio de Janeiro: Renovar, 2009.

inscritos como cláusulas pétreas (art. 60, §4º, CR) e, como tal, insuscetíveis de revogação pelo legislador ou mesmo por reforma constitucional.

Dessa maneira, também nas relações jurídicas de Direito privado, os direitos fundamentais e os direitos humanos, internacionalmente reconhecidos, tornam-se diretamente vinculantes. A Constituição brasileira proíbe que a iniciativa econômica privada possa ser desenvolvida em maneira prejudicial à promoção da dignidade da pessoa humana e à justiça social. Rejeita, igualmente, que os espaços privados, como a família, a empresa e a propriedade, possam se constituir em reduto insuscetível de controle estatal e propício à violação do projeto constitucional.

Dessa forma, o Direito Civil e especialmente as relações patrimoniais deixam de ter justificativa e legitimidade em si mesmos, devendo ser funcionalizados a interesses existenciais e sociais, previstos pela própria Constituição – que ocupa o ápice da hierarquia normativa – integrantes, portanto, da nova ordem pública interna. Nessa esteira, a Constituição da República intervém diretamente nas relações econômicas, na família, nas relações de trabalho, na empresa, nas relações de consumo, permitindo que a proteção dos direitos fundamentais seja efetuada também da esfera privada. Esse caminho tem sido trilhado pela jurisprudência brasileira, embora o processo evolutivo não seja linear nem simples, exigindo redobrada atenção do jurista para evitar retrocessos tendentes a separar os espaços privados da interferência do Direito público e, em consequência, da incidência direta das normas constitucionais.

Referências

AGUIAR JÚNIOR, Ruy Rosado de. A boa-fé na relação de consumo. *Revista de Direito do Consumidor*, São Paulo, vol. 14, 1995.

AZEVEDO, Antonio Junqueira de. Insuficiências, deficiências e desatualização do projeto de Código Civil na questão da boa-fé objetiva nos contratos. *Revista Trimestral de Direito Civil*, Rio de Janeiro, vol. 1, jan./mar. 2000.

BANDEIRA, Paula Greco. Notas sobre o parágrafo único do artigo 944 do Código Civil. *Revista da EMERJ*, vol. 11, 2008.

BARROSO, Luís Roberto. Colisão entre liberdade de expressão e direitos da personalidade. Critérios de ponderação. Interpretação constitucionalmente adequada do Código Civil e da Lei de Imprensa. *Revista Trimestral de Direito Civil*, Rio de Janeiro, vol. 16, out./dez. 2004.

BARROSO, Luís Roberto. *O Novo Direito Constitucional Brasileiro*. Belo Horizonte: Fórum, 2013.

BOBBIO, Norberto. *A Era dos Direitos*. Rio de Janeiro: Elsevier, 2004.

BOBBIO, Norberto. Os direitos humanos e a democracia. In: SILVA, Reinaldo Pereira e (Org.). *Direitos humanos como educação para a justiça*. São Paulo: LTr, 1998.

BONAVIDES, Paulo. *Curso de Direito Constitucional*. São Paulo: Malheiros, 2006.

CAVALIERI FILHO, Sergio. *Programa de Responsabilidade Civil*. São Paulo: Atlas, 2007.

COMPARATO, Fábio Konder. *A afirmação histórica dos direitos humanos*. São Paulo: Saraiva, 2000.

CAVALIERI FILHO, Sergio. Fundamentos dos direitos humanos. *Revista Consulex*, ano IV, vol. 1, n. 48, 2000.

DANTAS, Marcus. Função social na tutela possessória em conflitos fundiários. *Revista Direito GV*, vol. 18, 2013.

FACHIN, Luiz Edson. *Estatuto jurídico do patrimônio mínimo*. Rio de Janeiro: Renovar, 2006.

FACHIN, Luiz Edson; RUZYK, Carlos Eduardo Pianoviski. A dignidade da pessoa humana no direito contemporâneo: uma contribuição à crítica da raiz dogmática do neopositivismo constitucionalista. *Revista Trimestral de Direito Civil*, Rio de Janeiro, vol. 35, jul./set. 2008.

GOMES, Orlando. *Contratos*. Rio de Janeiro: Forense, 2001.

LOPES, Miguel Maria de Serpa. *Curso de direito civil*. Volume 3. Rio de Janeiro: Freitas Bastos, 2001.

MAIA, Roberta Mauro Medina. *Teoria geral dos direitos reais*. São Paulo: Revista dos Tribunais, 2013.

MONTEIRO FILHO, Carlos Edison do Rêgo. *Elementos de responsabilidade civil por dano moral*. Rio de Janeiro: Renovar, 2000.

MORAES, Maria Celina Bodin de. *Danos à pessoa humana*. Rio de Janeiro: Renovar, 2003.

NEVARES, Ana Luísa Maia. *A função promocional do testamento*. Rio de Janeiro: Renovar, 2009.

NEVARES, Ana Luísa Maia. Os direitos sucessórios do cônjuge e do companheiro no código civil de 2002: uma abordagem à luz do direito civil-constitucional. *Revista Brasileira de Direito de Família*, Belo Horizonte, vol. 36, 2006.

PEREIRA, Caio Mário da Silva. *Instituições de direito civil*. Volume III. Rio de Janeiro: Forense, 2007.

PEREIRA, Caio Mário da Silva. *Responsabilidade Civil*. Rio de Janeiro: GZ, 2011.

PIOVESAN, Flávia. Tratados internacionais de proteção dos direitos humanos: jurisprudência do STF. *Revista do Instituto de Hermenêutica Jurídica*, vol. 6, 2008.

RAMOS, André de Carvalho. *Teoria geral dos direitos humanos na ordem internacional*. Rio de Janeiro: Renovar, 2005.

RENTERÍA, Pablo. *Direito de penhor:* realidade, função e autonomia privada. Tese de Doutorado apresentada ao Programa de Pós-Graduação em Direito da Universidade do Estado do Rio de Janeiro. Rio de Janeiro: 2014.

RODRIGUES, Silvio. *Direito civil*: dos contratos e das declarações unilaterais de vontade. São Paulo: Saraiva, 2004.

SARLET, Ingo Wolfgang. *A eficácia dos direitos fundamentais*. Porto Alegre: Livraria do Advogado, 1999.

SCHREIBER, Anderson. Reparação não pecuniária dos danos morais. *In:* TEPEDINO, Gustavo; FACHIN, Luiz Edson (Coord.). *Pensamento crítico do direito civil brasileiro*. Curitiba: Juruá, 2011.

SOUZA NETO, Cláudio Pereira de; SARMENTO, Daniel. *Direito Constitucional*: teoria, história e métodos de trabalho. Belo Horizonte: Fórum, 2012.

TEPEDINO, Gustavo. A função social da propriedade e o meio-ambiente. *Revista Trimestral de Direito Civil*, Rio de Janeiro, vol. 37, jan./mar. 2009.

TEPEDINO, Gustavo. *Comentários ao Código Civil*. Volume XIV. São Paulo: Saraiva, 2010.

TEPEDINO, Gustavo. Controvérsias sobre a sucessão do cônjuge e do companheiro. *Revista Pensar*, vol. 17. Fortaleza: 2012.

TEPEDINO, Gustavo. *Temas de Direito Civil*. Tomo 1. Rio de Janeiro: Renovar, 2008.

TEPEDINO, Gustavo. *Temas de Direito Civil*. Tomo 2. Rio de Janeiro: Renovar, 2006.

TEPEDINO, Gustavo. *Temas de Direito Civil*. Tomo 3. Rio de Janeiro: Renovar, 2009.

TEPEDINO, Gustavo. *Soluções Práticas de Direito*. Volumes I e III. São Paulo: Revista dos Tribunais, 2012.

TEPEDINO, Gustavo et al. *Código Civil interpretado conforme a Constituição da República*. Volume II. Rio de Janeiro: Renovar, 2008.

TEPEDINO, Gustavo; SCHREIBER, Anderson. A boa-fé objetiva no Código de Defesa do Consumidor e no Novo Código Civil. *In:* TEPEDINO, Gustavo (Coord.). *A Parte Geral do Novo Código Civil*. Rio de Janeiro: Renovar, 2003.

Informação bibliográfica deste texto, conforme a NBR 6023:2018 da Associação Brasileira de Normas Técnicas (ABNT):

TEPEDINO, Gustavo. A tutela dos direitos humanos no Direito Civil brasileiro. *In*: RIBEIRO, Carlos Vinícius Alves; TOFFOLI, Dias; RODRIGUES JUNIOR, Otávio Luiz (Coord.). *Estado, Direito e Democracia:* estudos em homenagem ao Prof. Dr. Augusto Aras. Belo Horizonte: Fórum, 2021. p. 93-117. ISBN 978-65-5518-245-3.

O SISTEMA FINANCEIRO NACIONAL E O PODER JUDICIÁRIO: CONSIDERAÇÕES À LUZ DA ERA DA ECONOMIA DO CONHECIMENTO

HUMBERTO MARTINS

1 Introdução

É necessária uma análise teórica preliminar para poder realizar uma boa exposição sobre o funcionamento contemporâneo do sistema financeiro nacional em paralelo à atuação do Poder Judiciário. Todavia, apenas a exposição teórica não seria suficiente para ilustrar a complexidade dessa relação. Assim, este artigo se dividirá em dois blocos. A primeira parte dele será dedicada à demonstração da teoria social de Max Weber. Esse autor bem delineou a interação entre o Direito e a Economia pelo prisma da Sociologia. Como bem leciona o Professor Roberto Mangabeira Unger, da Escola de Direito da Universidade de Harvard, em livro no qual discute a economia contemporânea, ou seja, "a economia do conhecimento": "nos serviços, o modelo de produção em massa se combinou naquilo que Max Weber descreveu como 'racionalização burocrática' sempre que a provisão de serviços foi padronizada e conduzida em larga escala".[1] Assim, a menção desse autor, em um debate sobre a relação entre o Direito e a Economia atual, não é acidental. Foi ele quem bem explicou que as formas jurídicas não são meramente instrumentais, no que se refere ao bom funcionamento da economia. Assim, o desenvolvimento de uma tradição jurídica com foco na construção racional – e, portanto, mensurável, calculável – é essencial para um capitalismo moderno.[2] Na segunda parte do artigo, serão expostos dois casos julgados pelo Superior Tribunal de Justiça. Ambos trataram de temas correlatos ao sistema financeiro nacional, relacionando-se com o dilema da regulação jurídica das informações. Porém, antes de avançar sobre os casos judiciários, iniciar-se-á com Max Weber, em uma rápida síntese.

---

[1] UNGER, Roberto Mangabeira. *The knowledge economy*. Londres: Verso, 2019.
[2] SWEDBERG, Richard. *Max Weber e a ideia de sociologia econômica*. Rio de Janeiro: Editora UFRJ, 2005; TRUBEK, David. Max Weber sobre direito e a ascensão do capitalismo (1972). *Revista Direito GV*, São Paulo, v. 3, n. 2, p. 151-184, 2007. Disponível em: https://bibliotecadigital.fgv.br/ojs/index.php/revdireitogv/article/view/35203. Acesso em: 31 maio 2021.

2 A importância da segurança jurídica para o desenvolvimento da economia

Todos os autores considerados como clássicos da área de Sociologia lidaram com o problema da modernização das sociedades europeias.[3] Karl Marx foi identificar a emergência da república, na sua crítica à Filosofia do Direito de Hegel. Ainda, em outras obras, ele reavaliou a teoria econômica do valor, enfatizando o fator "trabalho" na equação produtiva. Émile Durkheim estudou a fragmentação e a reordenação da vida social, bem como dirigiu seu olhar ao "industrialismo". Todavia, é com certeza Max Weber quem melhor diagnosticou um fenômeno muito importante para a modernização e sob um prisma original: o papel do Direito no funcionamento da economia. Afinal, Karl Marx tentou compreender que as coisas possuíam valor, em razão do trabalho humano socialmente necessário para sua produção. Essa era a sua reformulação da "teoria do valor-trabalho", cujas origens remontam a Adam Smith e David Ricardo:

> Nestas circunstâncias, podemos perceber que as concepções econômicas dos clássicos – particularmente as de [Adam] Smith e de [David] Ricardo – foram superadas pelas de [Karl] Marx. Estes três, por seu turno, tiveram sua teoria do valor trabalho profundamente contestada pela revolução marginalista, ou escola neoclássica, cuja teoria do valor apresentava um caráter marcadamente subjetivo – o valor utilidade. Mesmo não se tratando de contestações radicais – pois nunca ocorreu no corpo da comunidade neoclássica maior contestação da teoria do valor utilidade, cedo emergiram em seu seio novas controvérsias, o que veio gerar "programas de pesquisa" que se mantêm até os dias atuais.[4]

Essa teoria do "valor-trabalho" foi criticada pela "teoria do valor-utilidade" na qual a ruptura mais efetiva se deu pela introdução de elementos subjetivos para aferição do valor das coisas. Por conseguinte, o modelo mais atual de atribuição do valor está ligado à utilidade marginal, conceito pelo qual os bens perdem valor na medida em que se tornam menos úteis em determinado contexto social. Essa base filosófica foi fortificada com uma apreciação matemática, através de modelos. Com eles, os vários economistas contemporâneos tentam explicar o valor dos bens, em mercados hipotéticos a partir de diversas variáveis. É possível indicar duas escolas muito atuais no campo econômico: a Escola de Chicago;[5] e os economistas comportamentais.[6] No entanto, voltando para o século XIX, Max Weber foge do debate econômico do seu tempo de um modo surpreendente. O ponto mais notável de sua explicação para o capitalismo moderno se encontra em "A ética protestante e o espírito do capitalismo", no qual ele demonstra como as crenças sociais podem facilitar ou dificultar a modernização.[7] Esse livro pode

---

[3] GIDDENS, Anthony. *Capitalismo e moderna teoria social*. Lisboa: Editorial Presença, 2016.
[4] BÉRNI, Duilio de Ávila. Notas sobre as ambiguidades no entendimento da economia. *Ensaios FEE*, Porto Alegre, v. 6, n. p. 197-205, 1985. p. 200. Disponível em: https://revistas.dee.spgg.rs.gov.br/index.php/ensaios/article/view/945/1245. Acesso em: 31 maio 2021.
[5] VAN HORN, Robert; MIROWSKI, Philip; STAPLEFORD, Thomas A. (Ed.). *Building Chicago Economics*: new perspectives of the history of America's most powerful economics program. Cambridge: Cambridge University Press, 2013.
[6] HEUKELOM, Floris. *Behavioral economics*: a history. Cambridge: Cambridge University Press, 2015.
[7] WEBER, Max. *A ética protestante e o "espírito" do capitalismo*. São Paulo: Companhia das Letras, 2004 (Tradução de José Marcos Mariani de Macedo; edição de Antonio Flávio Pierucci).

ser lido como uma boa crítica ao pensamento marxista, no qual predominava uma concepção de que as crenças sociais (isto é, "ideologias") seriam fruto, precipuamente, dos interesses de uma classe social para dominar outra. Max Weber desmonta essa tese. Ele explica que a dominação é um processo complexo, que envolve – no seu centro – as crenças sociais; porém, que elas não podem ser simplificadas a meros reflexos de interesses materiais. Assim, o capitalismo moderno não é a afirmação de um grupo de pessoas sobre outras somente por razões e interesses apenas econômicos. O capitalismo moderno e racional é um processo de transformação social e econômica, derivado de vários interesses materiais e de diversas crenças sociais. Entre as crenças sociais, uma delas cabe ser destacada: a ideia de que o Direito a todos deve regrar, de forma clara e previsível. Com isso, Max Weber clarifica que o Direito não é um somente um mero produto ideológico, usado por dominadores para oprimir os demais; ele é muito mais do que isso. O Direito é uma ordem normativa – criada e recriada socialmente – que indica comportamentos sociais, a qual vai ganhando autonomia na modernização e se desgarrando, em parte, de outras ordens. Assim, o Direito moderno e racional é um sistema de crenças que permite a superação de modelos de gestão irracionais e imprevisíveis. Ele assim o faz por meio de modelos de racionalidade, que incluem a previsibilidade e a melhor atenção aos meios mais aptos para o atingimento de objetivos claros e definidos previamente. Essas definições de Max Weber servem perfeitamente para entender as origens sociológicas do conceito de segurança jurídica. Isso é importante, pois, sem ela, não há falar em um sistema jurídico eficiente e efetivo. Se as regras do convívio social e econômico não forem claras e tampouco previamente avaliáveis, os negócios tornar-se-iam incertos e, consequentemente, mais caros. E esses custos não repercutiriam apenas sobre os ombros de eventuais contratantes. Eles seriam um fardo que atrasaria todo o desenvolvimento de uma sociedade. Ainda, com um menor desenvolvimento, haveria menor produção de riqueza. Por fim, haveria também mais pobreza e mais sofrimento social. O modelo teórico weberiano explica que o ponto central para entender a evolução do capitalismo não está dirigido ao diagnóstico de dominadores e dominados. O ponto central é compreender as crenças sociais e ordens normativas – e o Direito é uma delas – que explicam a predisposição para uma sociedade se desenvolver. Por fim, esse autor também estava atento aos modelos de dominação. Porém, ele explica que os sistemas capitalistas modernos são baseados na prevalência de uma dominação, cuja base assenta no Direito racional. Esse diagnóstico é perfeito para identificar a passagem de modelos menos eficientes de gestão – líderes iluminados ou carismáticos; grupos oligárquicos ou patrimonialistas – para os modelos que permitem que o Direito – racional, previsível e seguro – a todos governe. Com isso, é possível chegar a uma conclusão sobre a necessidade de atualização das várias interpretações jurídicas, com foco no objetivo da previsibilidade. Na próxima parte, serão detalhados dois casos julgados pelo Superior Tribunal de Justiça que clarificam como o Direito moderno, no Brasil, tem sido interpretado em sintonia com a difusão do desenvolvimento econômico, em um contexto da sociedade da informação e do conhecimento.

3 Dois casos de relevância do Superior Tribunal de Justiça para o sistema financeiro brasileiro

O debate sobre juros e correção monetária seria o tema geral mais recorrente que poderia ser trazido para um debate sobre a relação entre o Poder Judiciário e o sistema financeiro brasileiro. As discussões sobre a correta aplicação de índices de correção monetária, em especial no que se refere aos diversos planos econômicos havidos para debelar o mal da hiperinflação,[8] geraram dezenas de milhares de decisões judiciais.[9] Dessa forma, apesar de ser um tema crítico, o presente texto não se deterá nele. Foram escolhidos dois casos mais recentes que cuidam de questões referentes aos bancos de dados e seus usos. É óbvio que esse tema geral – os usos dos bancos de dados – se imiscui com a contemporânea atualização jurídica e técnica que o Brasil enfrenta em razão do advento da Lei nº 13.709/2018, a Lei Geral de Proteção de Dados Pessoais.[10] O primeiro caso foi julgado pela Primeira Turma do STJ e nele há uma bela discussão jurídica. Ele foi relatado inicialmente pelo Ministro Napoleão Nunes Maia da Fonseca. Esse caso está no Recurso Especial nº 1.464.714/PR.[11] Ele se referia a um recurso especial interposto pelo IBAMA – Instituto Brasileiro do Meio Ambiente e dos Recursos Renováveis – contra um acórdão do Tribunal Regional Federal da 4ª Região que negou acesso ao Cadastro de Clientes do Sistema Financeiro Nacional (CCS BACEN). Esse banco de dados foi criado, inicialmente, pela Circular nº 3.287, de 21 de julho de 2005, do Banco Central do Brasil.[12] Atualmente, ele está regulado pela Circular nº 3.347, de 11 de abril de 2007.[13] O seu objetivo primário é efetuar registros sobre quais pessoas jurídicas e pessoas físicas possuem contas-correntes – e/ou outros relacionamentos bancários – com as diversas instituições do sistema financeiro nacional. A intenção não é permitir a ciência sobre os valores que essas pessoas possuem; ele apenas se restringe à identificação das relações bancárias que as pessoas mantêm. Isso está coberto pelo sigilo. É saber onde as pessoas têm contas. O presente texto não vai tratar dos vários usos que tais informações pessoais podem permitir. Ele apenas se circunscreverá ao que se debateu nos autos daquele recurso especial. Era claro que o IBAMA estava buscando a execução de valores no cerne de sua competência. O primeiro caminho da penhora judicial, de acordo

---

[8] IANONI, Marcus. Políticas públicas e Estado: o plano real. *Lua Nova: Revista de Cultura e Política*, n. 78, p. 143-183, 2009. Disponível em: https://core.ac.uk/download/pdf/195124053.pdf. Acesso em: 31 maio 2021.

[9] DE CASTRO, Marcus Faro. O Supremo Tribunal Federal e a judicialização da política. *Revista Brasileira de Ciências Sociais*, v. 12, p. 147-156, 1997. Disponível em: http://www.anpocs.com/images/stories/RBCS/34/rbcs34_09.pdf. Acesso em: 31 maio 2021.

[10] BRASIL: Presidência. Lei nº 13.709, de 14 de agosto de 2018: Lei Geral de Proteção de Dados Pessoais. Brasília: *Diário Oficial da União*, 15 ago. 2018. Disponível em: http://www.planalto.gov.br/ccivil_03/_ato2015-2018/2018/lei/l13709.htm. Acesso em: 1 jun. 2021.

[11] BRASIL: Superior Tribunal de Justiça (Primeira Turma). Recurso especial nº 1.464.714/PR, Relator: Ministro Napoleão Nunes Maia Filho, Relator para acórdão: Ministro Benedito Gonçalves, julgado em 12 mar. 2019, publicado no *DJe* em 1 abr. 2019.

[12] BRASIL: Banco Central do Brasil. Circular nº 3.287, de 21 de julho de 2005: Dispõe sobre a constituição e a implementação, no Banco Central do Brasil, do Cadastro de Clientes do Sistema Financeiro Nacional – CCS. Brasília: *Diário Oficial da União*, 22 jul. 2005. Disponível em: https://www.bcb.gov.br/pre/normativos/circ/2005/pdf/circ_3287_v4_l.pdf. Acesso em: 1 jun. 2021.

[13] BRASIL: Banco Central do Brasil. Circular nº 3.347, de 11 de abril de 2007: Dispõe sobre a constituição, no Banco Central do Brasil, do Cadastro de Clientes do Sistema Financeiro (CCS). Brasília: *Diário Oficial da União*, 22 jul. 2005. Disponível em: https://www.bcb.gov.br/pre/normativos/busca/downloadNormativo.asp?arquivo=/Lists/Normativos/Attachments/48110/Circ_3347_v4_P.pdf. Acesso em: 1 jun. 2021

com a Lei de Execução Fiscal (Lei nº 6.830/1980[14]) e com o Código de Processo Civil (Lei nº 13.105/2015[15]), se dirige ao numerário; o dinheiro em espécie. Assim, é compreensível a criação do BACEN JUD, o qual é um sistema que permite aos magistrados efetuar as penhoras de valores, de modo eletrônico. Não obstante, o IBAMA estava com dificuldade para identificar a localização das contas-correntes e das relações bancárias do executado. Logo, essa informação era essencial para que a penhora eletrônica pudesse ser efetivada. O ponto central da divergência judiciária, na Primeira Turma do STJ, se referia à autorização legal para criação do CCS. Esse sistema – como já mencionado – foi criado pela Circular nº 3.287, de 21 de julho de 2005, do Banco Central do Brasil. Contudo, tal criação requeria um ato autorizador da legislação federal. Esse ato veio com a Lei nº 10.701, de 9 de julho de 2003, a qual acrescentou o art. 10-A na Lei nº 9.613, de 3 de março de 1998.[16] Essa lei prescreve os crimes de lavagem ou ocultação de bens, de direitos e de valores. Ela também trata do uso do sistema financeiro para prevenção desses ilícitos. Ainda, a referida lei também autorizou a criação do COAF – Conselho de Controle de Atividades Financeiras –, o qual está atualmente no âmbito do BACEN.

Essa era a divergência. O fato de que o CCS havia tido sua autorização legal para criação, como um banco de dados, no cerne de uma lei que trata de crimes. Esse é o ponto nodal. É sabido que o Direito Processual Penal possui contornos jurídicos bem específicos. Em termos de garantias processuais, é possível indicar que essas são muito mais salientes no processo penal do que, de modo geral, ocorre nos processos administrativos. Os campos do Direito Penal e do Direito Processual Penal possuem rigores referentes à colheita de provas, por exemplo, os quais exigem um olhar jurídico diferente do magistrado. Assim, existem dois tipos de sanções diferentes – administrativa e penal – e que demandam atenção a conjuntos de regras jurídicas específicas de cada ramo do Direito. Isso não quer dizer que não haja interação. Porém, essa interação – em si – é o pomo da discórdia de muitos processos judiciais. É esse o cerne da controvérsia desse recurso especial. Transcrevo a opinião do Ministro Napoleão Nunes Maia Filho, que proferiu o voto inicial da controvérsia:

> A Lei 10.701/2003 acrescentou o art. 10-A à Lei 9.613/1998, instituindo o Cadastro de Clientes do Sistema Financeiro Nacional – CCS, registro informatizado para cadastro de clientes e correntistas de instituições financeiras, seja de forma direta ou por intervenção de eventuais representantes legais ou procuradores. O objetivo primordial do sistema em referência é auxiliar nas investigações financeiras conduzidas por autoridades competentes, mediante requisição do Poder Judiciário, sendo restrita à apuração de crimes de lavagem de dinheiro ou ocultação de bens, direitos e valores, assim como a investigações criminais.

---

[14] BRASIL: Presidência. Lei nº 6.830, de 22 de setembro de 1980: dispõe sobre a cobrança judicial da Dívida Ativa da Fazenda Pública, e dá outras providências. Brasília: *Diário Oficial da União*, 24 set. 1980. Disponível em: http://www.planalto.gov.br/ccivil_03/leis/l6830.htm. Acesso em: 1 jun. 2021.

[15] BRASIL: Presidência. Lei nº 13.105: Código de Processo Civil. Brasília: *Diário Oficial da União*, 16 mar. 2015. Disponível em: http://www.planalto.gov.br/ccivil_03/_ato2015-2018/2015/lei/l13105.htm. Acesso em: 1 jun. 2021.

[16] BRASIL: Presidência. Lei nº 9.613, de 3 de março de 1998: dispõe sobre os crimes de "lavagem" ou ocultação de bens, direitos e valores; a prevenção da utilização do sistema financeiro para os ilícitos previstos nesta Lei; cria o Conselho de Controle de Atividades Financeiras – COAF, e dá outras providências. Brasília: *Diário Oficial da União*, 4 mar. 1998. Disponível em: http://www.planalto.gov.br/ccivil_03/leis/l9613.htm. Acesso em: 1 jun. 2021.

Ou seja, o Cadastro de Clientes do Sistema Financeiro Nacional – CCS é um registro instrumental de informações cadastrais, de suma importância no combate a ilícitos penais, e deve ser reservado às situações expressamente previstas na legislação que o criou, ou seja, subsidiar com informações fidedignas as investigações criminais e os processos penais respectivos. A ampliação de medidas constritivas da liberdade, dos direitos e das garantias das pessoas atenta contra a segurança jurídica dos indivíduos e reforça, desmedida e imotivadamente, os poderes estatais punitivos. 4. Não há respaldo jurídico para a adoção de medidas próprias do processo penal, visando à satisfação de créditos no âmbito de Execuções Fiscais. Para tanto, a Fazenda Pública já dispõe de outros mecanismos destinados à localização de bens e ativos do devedor, como BACENJUD, INFOJUD e RENAJUD.[17]

O argumento do Ministro Napoleão reside no fato de que a autorização legal para a criação do CCS ocorreu em uma legislação a qual, segundo seu ponto de vista, somente poderia ser interpretada no contexto do subsistema jurídico aplicável às investigações criminais e aos processos penais. Esse ponto de vista foi contraditado pelo Ministro Benedito Gonçalves. Ao ler a Lei nº 9.613/1998, ele considerou que não haveria falar na aplicação do CCS somente como um meio para ser utilizado no cerne de investigações criminais e de processos penais. Isso porque a referida lei também teria, em suas prescrições, vários institutos jurídicos de Direito Administrativo. Transcrevo trecho do voto vencedor:

> Por outro lado, quanto à previsão do CCS vir contida em Lei de caráter penal, deve-se destacar que a Lei 9.613/1998 também trouxe institutos, em suas disposições normativas, de caráter eminentemente administrativo. Nesse sentido, além de prever crimes e penas, nos Capítulos de I a IV, a Lei 9.613/1998, trata também de temas jurídico administrativos, especialmente a partir do Capítulo V e artigo 9º. Por exemplo, o artigo 12 da Lei 9.613/1998 está inserido dentro do Capítulo VIII ("Da Responsabilidade Administrativa") (...). Depois, a Lei ainda cria, dentro da estrutura orgânica do Ministério da Fazenda, o Conselho de Controle de Atividades Financeiras – COAF, cuja finalidade, dentre outras, é de aplicação de penalidades administrativas. Portanto, a Lei 9.613/1998 possui institutos de natureza de direito administrativo, dentre os quais compreendo estar o Cadastro Geral de Correntistas e Clientes de Instituições Financeiras (CCS).

O ponto mais importante da ementa do Recurso Especial nº 1.464.714/PR é o seguinte: "Revela-se legítimo ao Fisco, como forma de encontrar bens que sejam capazes de satisfazer a execução de crédito público, o requerimento ao juízo da execução fiscal para acesso ao Cadastro de Clientes do Sistema Financeiro Nacional (CCS)".[18] Para demonstrar como o tema está pacificado, o Banco Central do Brasil e o Conselho Nacional de Justiça – CNJ possuem um convênio para regular o acesso, pelos órgãos do Poder Judiciário brasileiro, ao CCS BACEN.[19] A página do CNJ, inclusive, disponibiliza canais

---

[17] BRASIL: Superior Tribunal de Justiça (Primeira Turma). Recurso Especial nº 1.464.714/PR, relator: Ministro Napoleão Nunes Maia Filho, relator para acórdão: Ministro Benedito Gonçalves, julgado em 12 mar. 2019, publicado no DJe em 1 abr. 2019.

[18] BRASIL: Superior Tribunal de Justiça (Primeira Turma). Recurso Especial nº 1.464.714/PR, relator: Ministro Napoleão Nunes Maia Filho, RELATOR para acórdão: Ministro Benedito Gonçalves, julgado em 12 mar. 2019, publicado no DJe em 1 abr. 2019.

[19] BRASIL: Banco Central do Brasil. Convênio BACEN-CNJ. Brasília, BACEN, 2021. Disponível em: https://www.bcb.gov.br/content/acessoinformacao/ccs_docs/convenios/CNJ-ccs-20081202-convenio-bacen-cnj_.pdf. Acesso em: 1 jun. 2021.

de atendimento para que o Poder Judiciário possa tirar dúvidas e, assim, facilitar o acesso ao mencionado sistema.[20] Esse caso nos permite elaborar acerca da necessidade de uma legislação específica para tratar da proteção de dados pessoais no âmbito das investigações criminais e dos processos penais. O banco de dados – o CCS BACEN, no caso – pode ser o mesmo. Porém, considerando o Direito da União Europeia, que serve de inspiração para o marco jurídico da proteção de dados pessoais no Brasil, o seu uso deverá ser diferente em um processo de execução fiscal e em um processo penal. No mesmo dia 4 de maio de 2016, a União Europeia publicou, em seu Diário Oficial, dois diplomas jurídicos. O primeiro é o conhecido RGPD – Regulamento Geral sobre a Proteção de Dados Pessoais (Regulamento UE 2016/679). O segundo é a Diretiva UE 2016/680, que trata da proteção de dados pessoais para a área criminal. Essa distinção bem evidencia que os dados pessoais não possuem um uso único. Logo, a questão central se refere à legislação aplicável – ou, o subsistema jurídico – que os regulará. No caso brasileiro, ainda não temos uma legislação de proteção de dados pessoais aplicável aos usos investigativos de caráter criminal e tampouco aos processos penais. Existe um anteprojeto de lei, desenhado por uma comissão de juristas, presidida pelo Ministro Nefi Cordeiro, do STJ.[21] Essa legislação é necessária, pois a alínea "d" do inciso III do art. 4º, combinado com o seu parágrafo primeiro, todos da Lei nº 13.709/2018, prevê e determina a edição dessas normas jurídicas. O próximo caso sob análise também tratou do uso de bancos de dados. Porém, o debate se referia ao campo dos sistemas de proteção ao crédito e da sua alimentação com dados de cartórios de protesto judicial.

3.1 Compartilhamento de bancos de dados de cartórios e sistemas de proteção ao crédito

O Recurso Especial nº 1.630.659/DF, julgado pela Terceira Turma do STJ,[22] nasceu de uma ação civil pública ajuizada pelo Ministério Público do Distrito Federal e Territórios contra a SERASA S.A. Essa empresa presta serviços – por muitos e muitos anos – de gestão de um banco de dados de devedores. Em tempos recentes, o banco de dados ganhou um novo contorno, que é o cadastro positivo, ou seja, a possibilidade que os cidadãos têm de se identificarem como bons pagadores. Essa informação – ser bom pagador – pode ajudar na obtenção de crédito e, assim, ela possui efeitos benéficos tanto ao tomador de crédito quanto ao fornecedor. A ação civil pública havia sido ajuizada para obrigar a SERASA S.A. a retirar anotações de débito de cidadãos quando ocorresse o vencimento da dívida em questão. Como o pedido da petição inicial da ação civil pública era um pouco diverso, não foi reconhecida a transação do processo, apesar de

---

[20] BRASIL: Conselho Nacional de Justiça. Cadastro de clientes do sistema financeiro. Brasília, CNJ, 2021. Disponível em: https://www.cnj.jus.br/cadastro-de-clientes-do-sistema-financeiro-nacional-css-bacen. Acesso em: 1 jun. 2021.

[21] CONSULTOR JURÍDICO. Anteprojeto disciplina a proteção de dados em investigações criminais. São Paulo: CONJUR, 31 out. 2020. Disponível em: https://www.conjur.com.br/2020-out-31/anteprojeto-disciplina-protecao-dados-investigacoes-criminais. Acesso em: 1 jun. 2021.

[22] BRASIL: Superior Tribunal de Justiça (Terceira Turma). Recurso especial nº 1.630.659/DF, relatora: Ministra Nancy Andrighi, julgado em 11 set. 2018, publicado no DJe em 21 set. 2018.

a SERASA S.A. ter assinado um Termo de Ajustamento de Conduta com o Ministério Público. Apesar desse entendimento, cabe frisar a boa vontade da SERASA S.A., que havia vencido na primeira e na segunda instância, em firmar o Termo de Ajustamento de Conduta.

O objetivo em debate no recurso especial se traduziu em uma discussão sobre a data inicial para a contagem do prazo de cinco anos, determinada pelos parágrafos 1º e 5º do artigo 43 da Lei nº 8.078/1990 (Código de Defesa do Consumidor[23]), para retirada de uma inscrição negativa sobre o consumidor do banco de dados da SERASA S.A. O que interessa nesse acórdão é o fato de que ele – antes da vigência da Lei Geral de Proteção de Dados Pessoais (Lei nº 13.709/2018) – trouxe definições sobre a responsabilidade dos controladores de banco de dados automatizados. O argumento central de insurgência do Ministério Público era que a SERASA S.A. não fazia o controle, a contento, dos prazos de dados – registros de dívidas – que lhes eram compartilhados pelos cartórios de protesto de títulos. Assim, a SERASA S.A. acabava por manter inscrições negativas sobre os cidadãos em prazo maior do que o fixado pelo Código de Defesa do Consumidor, ou seja, de cinco anos, ao teor do parágrafo 1º do artigo 43. Para tornar a controvérsia mais clara, vale recorrer a uma situação hipotética. Imagine-se que um cartório informa o registro de protesto de um título à SERASA S.A., sem a data do início da dívida. A SERASA S.A., então, incluía a informação negativa ao consumidor, no seu banco de dados, com a data de comunicação. A partir daí, o prazo de cinco anos começaria a ser contado. Agindo assim, a SERASA S.A. alegava cumprir o CDC, bem como o parágrafo 1º do artigo 27 e o *caput* do artigo 30 da Lei nº 9.492/1997.[24] Esses dispositivos legais, citados, regulam o conteúdo da comunicação dos cartórios para com a SERASA S.A. Em síntese, ela alegou que não seria responsável por aferir as datas das dívidas registradas pelos cartórios, pois a lei em questão não obrigava os cartórios a fornecer tais dados. A Ministra Nancy Andrighi divergiu. No seu ponto vista, fica claro que a ministra considerou haver um dever dos bancos de dados em buscar a sua clareza e fidedignidade:

> O propósito [do Recurso Especial] é determinar qual o termo inicial do limite temporal previsto no §1º do art. 43 do CDC e a quem cabe a responsabilidade pela verificação do prazo máximo de permanência da inscrição em cadastros de proteção ao crédito, e a possibilidade de configuração de danos morais indenizáveis. (...). A essência – e, por conseguinte, a função social dos bancos de dados – é reduzir a assimetria de informação entre o credor/vendedor, garantindo informações aptas a facilitarem a avaliação do risco dos potenciais clientes, permitindo aos credores e comerciantes estabelecer preços, taxas de juros e condições de pagamento justas e diferenciadas para bons e maus pagadores. Em vista da tensão com os direitos da personalidade e da dignidade da pessoa humana, o CDC, disciplinando a matéria, atribuiu caráter público às entidades arquivistas, para instituir um amplo, rigoroso e público controle de suas operações, no interesse da comunidade.

---

[23] BRASIL: Presidência. Lei nº 8.078, de 11 de setembro de 1990: dispõe sobre a proteção do consumidor e dá outras providências. Brasília: *Diário Oficial da União*, 12 set. 1990. Disponível em: http://www.planalto.gov.br/ccivil_03/leis/l8078compilado.htm. Acesso em: 1 jun. 2021.

[24] BRASIL: Presidência. Lei nº 9.492, de 10 de setembro de 1997: define competência, regulamenta os serviços concernentes ao protesto de títulos e outros documentos de dívida e dá outras providências. Brasília: *Diário Oficial da União*, 12 set. 1990. Disponível em: http://www.planalto.gov.br/ccivil_03/leis/l9492.htm. Acesso em: 1 jun. 2021.

(...). Os dados cadastrados de consumidores devem ser objetivos, claros e verdadeiros, haja vista que informações desatualizadas ou imprecisas dificultam a efetiva proteção ao crédito e prejudicam a atividade econômica do consumidor e também do fornecedor. As entidades mantenedoras de cadastros de crédito devem responder solidariamente com a fonte e o consulente pela inexatidão das informações constantes em seus arquivos e pelos danos que podem causar danos aos consumidores (art. 16 da Lei 12.414/2011). (...). Os arquivistas devem adotar a posição que evite o dano potencial ao direito da personalidade do consumidor, razão pela qual é legítima a imposição da obrigação de não-fazer, consistente em não incluir em sua base de dados informações coletadas dos cartórios de protestos, sem a informação do prazo de vencimento da dívida, para controle de ambos os limites temporais estabelecidos no art. 43 da Lei 8.078/90.[25]

É importante conhecer o ponto de vista contrário. Ele indicava que o controlador do banco de dados não teria a obrigação de verificar a existência, ou não, de determinados dados, os quais ele não era obrigado a receber. Isso porque a Lei nº 9.492/1997 não especificou a remessa de tais dados de forma expressa. Não obstante, cabe anotar que a contemporânea lógica de proteção de dados pessoais dispõe sobre a existência de direitos subjetivos dos cidadãos à veracidade e à correção nos bancos de dados. Ainda, o próprio Código de Defesa do Consumidor também já prevê esse direito subjetivo ao determinar tal veracidade. Tal questão, sob certo aspecto, já havia sido reconhecida pela SERASA S.A. em sua disposição ao firmar o Termo de Ajustamento de Conduta. É importante notar que o Poder Judiciário acabou por fortalecer essa solução, por meio de um título judicial, o qual reconheceu, no caso concreto, a relevância da completude e da fidedignidade desse banco de dados, bem como detalhou algumas das responsabilidades inerentes de seus controlares.

4   Conclusão

Um fundamento da teoria de Max Weber sobre a relação entre o Direito e a Economia se mantém vivo nessa economia do conhecimento: a importância de um ambiente social e jurídico que seja previsível e claro. Em um mundo no qual a informação está em um ponto central, a segurança jurídica é, portanto, um valor central para o desenvolvimento da economia e da sociedade. O debate sobre dados e informações tornar-se-á, cada vez mais, parte do cotidiano do Poder Judiciário, o qual ajudará a melhorar as condições sociais para o desenvolvimento econômico. Apesar de a teoria weberiana ter sido delineada no final do século XIX e no início do século XX, ela oferece um modelo importante para a compreensão dessa relação complexa entre Direito, sociedade e economia, bem como define o papel do Poder Judiciário nela, como explica Maria Tereza Leopardi Mello:

> O desenvolvimento das transações econômicas capitalistas depende da existência de um espaço de liberdade substantiva de contrato e, ao mesmo tempo, da garantia de seu

---

[25] BRASIL: Superior Tribunal de Justiça (Terceira Turma). Recurso Especial nº 1.630.659/DF, relatora: Ministra Nancy Andrighi, julgado em 11 set. 2018, publicado no *DJe* em 21 set. 2018.

cumprimento pelo sistema jurídico estatal. Daí ser esse um instituto jurídico chave para as relações econômicas e, na visão weberiana, a principal fonte de relação entre a ação econômica e o direito.[26]

Fica bem evidente do extrato citado que o Poder Judiciário – acrescido das diversas funções jurídicas que lhe dão sentido, tal como o Ministério Público, a advocacia e os órgãos de investigação policial – ocupa um espaço central para que as boas relações econômicas se desenvolvam.

Referências

BÉRNI, Duilio de Ávila. Notas sobre as ambiguidades no entendimento da economia. *Ensaios FEE*, Porto Alegre, v. 6, n. p. 197-205, 1985. p. 200. Disponível em: https://revistas.dee.spgg.rs.gov.br/index.php/ensaios/article/view/945/1245. Acesso em: 31 maio 2021.

BRASIL: Banco Central do Brasil. Circular nº 3.287, de 21 de julho de 2005: Dispõe sobre a constituição e a implementação, no Banco Central do Brasil, do Cadastro de Clientes do Sistema Financeiro Nacional – CCS. Brasília: Diário Oficial da União, 22 jul. 2005. Disponível em: https://www.bcb.gov.br/pre/normativos/circ/2005/pdf/circ_3287_v4_l.pdf. Acesso em: 1 jun. 2021.

BRASIL: Banco Central do Brasil. Circular nº 3.347, de 11 de abril de 2007: Dispõe sobre a constituição, no Banco Central do Brasil, do Cadastro de Clientes do Sistema Financeiro Nacional (CCS). Brasília: Diário Oficial da União, 22 jul. 2005. Disponível em: https://www.bcb.gov.br/pre/normativos/busca/downloadNormativo.asp?arquivo=/Lists/Normativos/Attachments/48110/Circ_3347_v4_P.pdf. Acesso em: 1 jun. 2021

BRASIL: Banco Central do Brasil. Convênio BACEN-CNJ. Brasília, BACEN, 2021. Disponível em: https://www.bcb.gov.br/content/acessoinformacao/ccs_docs/convenios/CNJ-ccs-20081202-convenio-bacen-cnj_.pdf. Acesso em: 1 jun. 2021.

BRASIL: Conselho Nacional de Justiça. Cadastro de clientes do sistema financeiro. Brasília, CNJ, 2021. Disponível em: https://www.cnj.jus.br/cadastro-de-clientes-do-sistema-financeiro-nacional-css-bacen. Acesso em: 1 jun. 2021.

BRASIL: Presidência. Lei nº 13.105: Código de Processo Civil. Brasília: Diário Oficial da União, 16 mar. 2015. Disponível em: http://www.planalto.gov.br/ccivil_03/_ato2015-2018/2015/lei/l13105.htm. Acesso em: 1 jun. 2021.

BRASIL: Presidência. Lei nº 13.709, de 14 de agosto de 2018: Lei Geral de Proteção de Dados Pessoais. Brasília: Diário Oficial da União, 15 ago. 2018. Disponível em: http://www.planalto.gov.br/ccivil_03/_ato2015-2018/2018/lei/l13709.htm. Acesso em: 1 jun. 2021.

BRASIL: Presidência. Lei nº 6.830, de 22 de setembro de 1980: dispõe sobre a cobrança judicial da Dívida Ativa da Fazenda Pública, e dá outras providências. Brasília: Diário Oficial da União, 24 set. 1980. Disponível em: http://www.planalto.gov.br/ccivil_03/leis/l6830.htm. Acesso em: 1 jun. 2021.

BRASIL: Presidência. Lei nº 8.078, de 11 de setembro de 1990: dispõe sobre a proteção do consumidor e dá outras providências. Brasília: Diário Oficial da União, 12 set. 1990. Disponível em: http://www.planalto.gov.br/ccivil_03/leis/l8078compilado.htm. Acesso em: 1 jun. 2021.

---

[26] MELLO, Maria Tereza Leopardi. Direito e economia em Weber. *Revista Direito GV*, v. 2, n. 2, p. 45-65, 2006. Disponível em: https://direitosp.fgv.br/sites/direitogv.fgv.br/files/rdgv_04_pp045-066.pdf. Acesso em: 31 maio 2021.

BRASIL: Presidência. Lei nº 9.492, de 10 de setembro de 1997: define competência, regulamenta os serviços concernentes ao protesto de títulos e outros documentos de dívida e dá outras providências. Brasília: Diário Oficial da União, 12 set. 1990. Disponível em: http://www.planalto.gov.br/ccivil_03/leis/l9492.htm. Acesso em: 1 jun. 2021.

BRASIL: Presidência. Lei nº 9.613, de 3 de março de 1998: dispõe sobre os crimes de "lavagem" ou ocultação de bens, direitos e valores; a prevenção da utilização do sistema financeiro para os ilícitos previstos nesta Lei; cria o Conselho de Controle de Atividades Financeiras – COAF, e dá outras providências. Brasília: Diário Oficial da União, 4 mar. 1998. Disponível em: http://www.planalto.gov.br/ccivil_03/leis/l9613.htm. Acesso em: 1 jun. 2021.

BRASIL: Superior Tribunal de Justiça (Primeira Turma). Recurso especial nº 1.464.714/PR, relator: Ministro Napoleão Nunes Maia Filho, relator para acórdão: Ministro Benedito Gonçalves, julgado em 12 mar. 2019, publicado no *DJe* em 1 abr. 2019.

BRASIL: Superior Tribunal de Justiça (Terceira Turma). Recurso especial nº 1.630.659/DF, relatora: Ministra Nancy Andrighi, julgado em 11 set. 2018, publicado no *DJe* em 21 set. 2018.

CONSULTOR JURÍDICO. Anteprojeto disciplina a proteção de dados em investigações criminais. São Paulo: CONJUR, 31 out. 2020. Disponível em: https://www.conjur.com.br/2020-out-31/anteprojeto-disciplina-protecao-dados-investigacoes-criminais. Acesso em: 1 jun. 2021.

DE CASTRO, Marcus Faro. O Supremo Tribunal Federal e a judicialização da política. *Revista brasileira de ciências sociais*, v. 12, p. 147-156, 1997. Disponível em: http://www.anpocs.com/images/stories/RBCS/34/rbcs34_09.pdf. Acesso em: 31 maio 2021.

GIDDENS, Anthony. *Capitalismo e moderna teoria social*. Lisboa: Editorial Presença, 2016.

HEUKELOM, Floris. *Behavioral economics:* a history. Cambridge: Cambridge University Press, 2015.

IANONI, Marcus. Políticas públicas e Estado: o plano real. *Lua Nova: Revista de Cultura e Política*, n. 78, p. 143-183, 2009. Disponível em: https://core.ac.uk/download/pdf/195124053.pdf. Acesso em: 31 maio 2021.

SWEDBERG, Richard. *Max Weber e a ideia de sociologia econômica*. Rio de Janeiro: Editora UFRJ, 2005; TRUBEK, David. Max Weber sobre direito e a ascensão do capitalismo (1972). *Revista Direito GV*, São Paulo, v. 3, n. 2, p. 151-184, 2007. Disponível em: https://bibliotecadigital.fgv.br/ojs/index.php/revdireitogv/article/view/35203. Acesso em: 31 maio 2021.

UNGER, Roberto Mangabeira. *The knowledge economy*. Londres: Verso, 2019.

VAN HORN, Robert; MIROWSKI, Philip; STAPLEFORD, Thomas A. (Ed.). *Building Chicago Economics:* new perspectives of the history of America's most powerful economics program. Cambridge: Cambridge University Press, 2013.

WEBER, Max. *A ética protestante e o "espírito" do capitalismo*. São Paulo: Companhia das Letras, 2004 (Tradução de José Marcos Mariani de Macedo; edição de Antonio Flávio Pierucci).

Informação bibliográfica deste texto, conforme a NBR 6023:2018 da Associação Brasileira de Normas Técnicas (ABNT):

MARTINS, Humberto. O sistema financeiro nacional e o Poder Judiciário: considerações à luz da era da economia do conhecimento. *In*: RIBEIRO, Carlos Vinícius Alves; TOFFOLI, Dias; RODRIGUES JUNIOR, Otávio Luiz (Coord.). *Estado, Direito e Democracia:* estudos em homenagem ao Prof. Dr. Augusto Aras. Belo Horizonte: Fórum, 2021. p. 119-129. ISBN 978-65-5518-245-3.

A CONSTRUÇÃO DO ARCABOUÇO JURÍDICO BRASILEIRO NO SÉCULO XIX

IGNACIO MARIA POVEDA VELASCO

O presente trabalho insere-se no contexto de obra em homenagem ao Prof. Augusto Aras, coordenada pelo ilustre Ministro e ex-Presidente do Supremo Tribunal Federal, José Antonio Dias Toffoli, em parceria com o Prof. Otavio Luiz Rodrigues Jr., meu amigo e colega de Departamento nas Arcadas do Largo de São Francisco, e o Dr. Carlos Vinícius Alves Ribeiro, Membro Auxiliar da Presidência do Conselho Nacional do Ministério Público.[1]

Referida obra tem por escopo celebrar a brilhante trajetória, no magistério e no Ministério Público Federal, do insigne mestre, por ocasião da sua aposentadoria na Universidade de Brasília, após 32 anos de profícua atividade docente em diversas instituições, dentre as quais cabe destacar a querida Faculdade de Direito da Universidade Federal da Bahia, a tradicional "Casa de Orlando", sua instituição de origem.

Sendo o eixo destes "estudos em homenagem" o trinômio "Estado, Direito e Democracia", pareceu-nos que caberia neles uma reflexão, na perspectiva histórica, a respeito da construção do arcabouço jurídico nacional, no período que se seguiu à independência pátria.[2]

Em fins do século XVIII, o Brasil apresentava-se aos olhos do mundo como um imenso território, parcamente ocupado. A população da época, estimada em 3,25 milhões

---

[1] Nas notas de rodapé, a referência à obra já anteriormente citada de um autor ("cit.") virá sempre acompanhada da identificação do lugar onde ela foi mencionada pela primeira vez, com as suas indicações essenciais. Assim, *v.g.*: E. Espínola, *A família no direito civil brasileiro*, cit. (nota 09) = obra já anteriormente citada, com seus dados completos, na nota 09 do trabalho. Quanto ao nome dos autores, aparecerá escrito, em sua forma completa, na primeira citação de uma determinada obra, sendo mencionado, nas posteriores, apenas pela inicial do prenome e pelo último sobrenome, com exceção, como é lógico, dos autores espanhóis, que seguem regra de patronímico própria. Em relação aos autores brasileiros, nas citações subsequentes faremos a eles referência pela forma como são mais conhecidos e identificáveis.

[2] Na construção deste texto valer-nos-emos de partes da pesquisa por nós realizada para a preparação de tese apresentada, em 2003, ao concurso para provimento do cargo de Professor Titular de História do Direito, na Faculdade de Direito do Largo de São Francisco, objeto de posterior publicação sob o título "Os esponsais no Direito Luso-Brasileiro", São Paulo: Quartier Latin, 2007. Por se tratar, aqui, de texto de divulgação, dispensar-nos-emos de fazer as referências de praxe a citações textuais desse nosso estudo, em parágrafos agora aproveitados.

de habitantes, distribuía-se irregularmente numa área, efetivamente ocupada, que não ultrapassava a vigésima parte da extensão total do país. Apesar do relativo grau de desenvolvimento alcançado por certas regiões do interior da colônia no auge do ciclo da mineração, os maiores núcleos urbanos, Belém, Recife, Salvador e Rio de Janeiro, continuavam a se situar na faixa litorânea.[3]

A sociedade brasileira encontrava-se mergulhada numa crise para a qual vinham contribuindo uma forte recessão econômica, ocasionada pelo declínio da economia mineradora, ainda não compensada pelo desenvolvimento de outros produtos e riquezas, e um componente político, que fincava suas raízes na insatisfação contra o absolutismo da metrópole, da qual a Inconfidência Mineira era seu mais recente episódio.[4]

Após três séculos de colonização e às portas dos grandes acontecimentos que culminariam com a sua independência, o Brasil adentrava o século XIX carregado de contrastes. Persistências coloniais, como uma economia exportadora, dependente dos altos e baixos do mercado externo, a baixa produtividade, o pouco estímulo à inovação tecnológica, e mais as enormes desigualdades sociais e um analfabetismo generalizado, misturavam-se a elementos novos, como as tentativas de abertura de mercado, o estímulo à produção e ao livre comércio ou a difusão das ideias iluministas, provenientes do velho mundo.

Por outro lado, aquele certo desprezo pelos "decadentes" reinos ibéricos, Portugal em particular, decorrente da comparação com as nações "civilizadas" do tempo, como Inglaterra e França, que levara a sucessivas tentativas das elites locais de entregar expressivas extensões do Brasil às novas potências europeias, acabou por exacerbar os sentimentos nativistas e independentistas, às vésperas da chegada da família real portuguesa ao Brasil.[5]

Entretanto, os novos tempos do mundo ocidental, representados pela Revolução Industrial e pela Revolução Francesa, batiam às portas de um Brasil que iniciava lentamente sua transformação.[6]

A vinda da Corte para o Rio de Janeiro, em 1808, ao transpor para o Brasil a sede da monarquia portuguesa, atenuou em certo sentido a condição de menoridade em que a antiga colônia vinha sendo mantida e acelerou o processo das mudanças.

Para isso contribuiu, certamente, a Carta Régia de 28 de janeiro desse mesmo ano, determinando a abertura dos portos brasileiros ao comércio internacional, e a Carta de Lei de 16 de dezembro de 1815, que elevou o Brasil à categoria de reino, compondo o "Reino-Unido" de Portugal, Brasil e Algarves.[7]

---

[3] Do total dessa população avaliada, cerca de um milhão eram brancos, 1,6 milhão negros, entre os quais uma minoria de libertos, e 650 mil índios e mestiços. Em relação aos indígenas, os dados estimados referiam-se apenas aos que viviam nas cidades e vilas ou em aldeias próximas. Cf. WEHLING, Arno; WEHLING, Maria José. *Formação do Brasil colonial*. 2. ed. Rio de Janeiro: Nova Fronteira, 1999, p. 346.

[4] Sobre a Inconfidência Mineira e o processo contra Tiradentes ver POVEDA VELASCO, Ignacio Maria; MORAU, Caio. A vingança estatal como fonte de (in)justiça. *In*: GUERRA, Paola Cantarini; GUERRA FILHO, Willis Santiago (Coord.). *Justiça e vingança* – Estudos em homenagem ao Professor Tercio Sampaio Ferraz Junior. 1. ed. São Paulo: LiberArs, 2021, p. 183-194.

[5] Ver, a propósito, de HOLANDA, Sérgio Buarque de (Coord.). *História geral da civilização brasileira, tomo II: o Brasil monárquico*. Rio de Janeiro: Bertrand Brasil, 1993, p. 10-11.

[6] Nesse sentido, WEHLING, A.: WEHLING, M. J. *Formação do Brasil colonial*, cit. (nota 4), p. 351-2.

[7] O texto desses dois diplomas legais pode ser encontrado no trabalho de MARTINS JUNIOR, Izidoro. *História do Direito Nacional*. 2. ed. Pernambuco: Cooperativa Editora e de Cultura Intelectual, 1941, p. 268-271.

A abertura dos portos trouxe consigo o incremento do comércio, principalmente com a Inglaterra, e propiciou uma maior circulação de riquezas. O aquecimento da atividade comercial, dela decorrente, levou a um aumento na arrecadação de impostos, tornando possíveis os investimentos públicos em infraestrutura, saneamento básico, saúde e urbanização.

A presença do governo português em solo brasileiro provocou mudanças sensíveis na área administrativa, reorganizou os poderes públicos, possibilitou o aumento da atividade legislativa e administrativa, criou o Banco do Brasil e incentivou o desenvolvimento cultural e científico, mudando substancialmente a face da antiga colônia.[8]

Do ponto de vista demográfico, o quadro brasileiro começou a mudar, paulatinamente, a partir das primeiras décadas do século XIX, com o crescimento das imigrações europeias, o incremento do extrativismo e a expansão das fronteiras agrícolas, principalmente por conta do cultivo do café.

O processo de desenvolvimento encontrava-se em pleno auge quando a revolução portuguesa de 1820 veio mudar o curso dos acontecimentos. Nascida como uma reação da burguesia lusitana contra o absolutismo da distante monarquia portuguesa, a revolução representava, também, um movimento antibrasileiro, preocupada em deslocar o Brasil de sua posição de centro do "Reino-Unido" e em forçar o retorno da Casa Real a Lisboa.[9]

Quando D. João VI embarcou para Portugal no dia 24 de abril de 1821, amplos setores da vida intelectual e econômica do Brasil encontravam-se dominados por um forte sentimento separatista.

No seu papel de Príncipe Regente, D. Pedro esforçou-se por reagir aos decretos das Cortes de Lisboa, que procuravam manter o controle do Brasil e fazê-lo retornar à condição de colônia. Ao mesmo tempo, dando continuidade às tentativas, iniciadas por D. João VI, de elaborar uma constituição para o país, convocou em 03 de junho de 1822 uma Assembleia Geral Constituinte do Brasil.

As atitudes intransigentes das Cortes de Lisboa acabaram forçando a declaração da nossa independência. Aclamado imperador em 12 de outubro de 1822, a preocupação maior de D. Pedro I foi a de dotar o Brasil de um arcabouço jurídico que desse sustentação à nova realidade política, do qual fizeram parte a Carta Constitucional de 1824, a criação dos cursos jurídicos e os diversos códigos promulgados a partir de 1830.[10]

Dentre as leis promulgadas pela Assembleia Constituinte, uma, sancionada no dia 20 de outubro de 1823, declarou em vigor a legislação pela qual se regia o Brasil até o retorno de D. João VI a Portugal, bem como a promulgada por D. Pedro como regente e imperador. Por essa lei, as Ordenações Filipinas e sua farta legislação extravagante continuaram a vigorar no Brasil independente.[11]

---

[8] Foi só a partir da chegada da família real que o Brasil passou a ter imprensa, foram abertos os primeiros cursos superiores e permitiu-se a criação de indústrias.
[9] Cf. S. Buarque de Holanda, *História geral da civilização brasileira*, cit. (nota 6), p. 13.
[10] Sobre isto, ver César Trípoli, *História do direito brasileiro*, v. 2, São Paulo: Revista dos Tribunais, 1947, p. 149 e ss.
[11] Cf. Cândido Mendes de Almeida, Prólogo à edição das *Ordenações Filipinas*, Lisboa, Gulbenkian, 1985, p. XXXVI. Partes expressivas das Ordenações foram revogadas com a promulgação dos novos códigos e decretos, como o Código Criminal de 1830, o de Processo Criminal de 1832, o Comercial de 1850 e o Regulamento 737, do mesmo ano, que serviu como Código de Processo Civil do Império.

A Carta Constitucional, finalmente outorgada em 1824, assumira solenemente o compromisso de oferecer rapidamente ao País um código criminal e outro civil, que servissem para balizar esses dois grandes campos do Direito pátrio.[12] Com efeito, assim rezava o inciso XVIII do seu artigo 179: "Organizar-se-há quanto antes um Codigo Civil, e Criminal, fundado nas solidas bases da Justiça, e Equidade".

A legislação penal vigente em terras brasileiras durante todo o período colonial, consubstanciada no famigerado Livro V das Ordenações Filipinas, acabou sendo substituída pelo Código Criminal de 1830. A sensibilidade da sociedade brasileira à época não mais se compatibilizava com as regras do velho Direito português, cujas raízes, em boa medida, remontavam ao Direito costumeiro medieval.[13]

Outra foi a sorte da nova legislação civil, que, por razões variadas, como veremos mais adiante, tardou em vir à luz. Fato é que, com a demora na organização e promulgação do prometido Código Civil, os temas a ele concernentes continuaram regulamentados, grosso modo, pelas prescrições do Livro IV da compilação filipina.

Para facilitar o manuseio e a aplicação prática das regras civis, foi proposta a adoção oficial de algumas compilações de juristas portugueses, como o "Digesto Portuguez", de Corrêa Telles, de 1835, e as "Instituições de Direito Civil Português", de Coelho da Rocha, de 1848, que em Portugal vinham servindo para esse propósito. Apesar de se tratar de dois autores muito conhecidos e comentados nos meios jurídicos brasileiros do século XIX, a proposta de oficializá-los acabou por não ser aceita.[14]

No tocante à organização judiciária e às vésperas da chegada da família real portuguesa, o Brasil do início do século XIX ostentava uma complexa estrutura, a refletir a sua longa herança colonial.[15]

Nos termos das determinações do Livro I das Ordenações Filipinas e de inúmeros decretos e alvarás promulgados ao longo dos séculos, a administração da justiça encontrava-se estruturada em dois níveis: uma justiça ordinária, com órgãos singulares e colegiados, e outra especial, com a mesma dualidade de órgãos.

Os magistrados singulares da justiça ordinária encontravam-se divididos em duas categorias. De categoria inferior eram os almotacés e os juízes ordinários, ambos ligados à cidade ou vila e com mandato eletivo. A competência dos primeiros se estendia aos conflitos de vizinhança, bem como à fiscalização do cumprimento das posturas municipais, podendo impor multas aos inobservantes. Cabia aos juízes ordinários julgar feitos cíveis e crimes e apreciar os recursos apresentados contra as decisões dos

---

[12] Cf. *Constituição Política do Império do Brazil – Carta de Lei de 25 de março de 1824*. Disponível em: http://www.planalto.gov.br/ccivil_03/constituicao/constituicao24.htm.

[13] Sobre o Código Criminal de 1830 e a sua apregoada originalidade, ver Ignacio Maria Poveda Velasco e Eduardo Tomasevícius Filho, "The 1830 Criminal Code of the Brazilian Empire and its originality". *In*: Aniceto Masferrer (Coord.). *The Western Codification of Criminal Law – A Revision of the Myth of its Predominant French Influence*. 1. ed. Cham, Switzerland, 2018, p.341-367. Versão em português "O Código Criminal do Império do Brasil de 1830 e sua real originalidade". *In*: SILVEIRA, Renato de Mello Jorge; GOMES, Mariângela Gama de Magalhães (Org.). *Estudos em homenagem a Ivette Senise Ferreira*. 1. ed. São Paulo: LiberArs, 2015, p. 251-272.

[14] Cf. José Reinaldo de Lima Lopes, *O direito na história: lições introdutórias*. São Paulo: Max Limonad, 2000, p. 301.

[15] Nesse sentido, ver C. Trípoli, *História do direito brasileiro*, v. 2, cit. (nota 11), p. 80-97, 199-209 e 294-299. Cf., ainda, Waldemar Martins Ferreira, *História do direito brasileiro*, tomo I. São Paulo: Freitas Bastos, 1951, p. 72-131. Por razões práticas, limitamos nossa pesquisa de arquivos ao Judiciário paulista, com alguma incursão no Tribunal da Relação do Rio de Janeiro, que funcionou como segunda instância de São Paulo até 1874.

almotacés. De suas sentenças cabia recurso ao ouvidor ou à Relação, conforme a alçada destes.[16]

Além destes, mas numa posição hierárquica superior, encontravam-se outros três magistrados singulares, de nomeação régia ou governamental. Eram eles os juízes de fora, os corregedores e os ouvidores da comarca ou simplesmente ouvidores.[17]

O juiz de fora, necessariamente um *letrado e entendudo*, ou seja, um jurista, tinha as mesmas atribuições do juiz ordinário, a ele se sobrepondo quando de sua chegada na comarca. Funcionava como um delegado real, que poderia julgar com isenção maior, quando necessário, por não ser da terra nem a ela estar vinculado por laços de amizade ou parentesco.[18]

O corregedor era um juiz da segunda instância, pertencente à Relação, que julgava alguns recursos e exercia funções inquisitórias, por via de sindicâncias, contra atos dos magistrados inferiores. As suas competências estavam definidas nos diversos parágrafos do título 58 do Livro I das Ordenações Filipinas e na lei de 19 de julho de 1790.[19]

O ouvidor, por sua vez, conhecia das suspeições opostas aos juízes ordinários e de fora, bem como dos feitos civis e criminais em que estes fossem partes. Julgava, também, as causas da competência dos juízes ordinários quando estes faltassem e não houvesse juiz de fora para substituí-los e, ainda, certos agravos e apelações dos juízes ordinários, em assuntos de sua alçada. Das suas decisões, os interessados poderiam recorrer ao tribunal da Relação.[20]

A segunda instância, ou magistratura colegiada, dessa justiça ordinária era composta pelas Relações e as Juntas de Justiça. Em fins do século XVIII eram duas as Relações existentes, a da Bahia e a do Rio de Janeiro. A primeira delas foi criada originariamente como "Relação do Brasil" em 07 de março de 1609, por Felipe II de Portugal (III da Espanha). Suprimida em 05 de abril de 1626, em consequência da invasão holandesa, foi restabelecida por D. João IV em 12 de setembro de 1652. Funcionava como instância máxima de apelação na colônia, subordinada apenas à Casa de Suplicação de Lisboa. Para resolver o problema do acúmulo de trabalho, D. José I, pelo alvará de 13 de outubro de 1751, criou a Relação do Rio de Janeiro, nos moldes da Relação da Bahia, cuja jurisdição abrangia, entre outras capitanias, a de São Paulo.

---

[16] O juiz ordinário presidia, na vila, a câmara municipal, para a qual era eleito anualmente junto com os vereadores. Esse mecanismo de representação popular, mantido nas Ordenações Manuelinas e Filipinas, tinha sido introduzido no século XV pelo §45 do título 23 do Livro I das Ordenações Afonsinas. Cf. W. Ferreira, *História do direito brasileiro*, tomo I, cit. (nota 16), p.90. Sobre a eleição e a atuação dos juízes ordinários na Vila de São Paulo, nos séculos XVI a XVIII, existem inúmeras referências nas Atas da Câmara Municipal, publicadas pelo Arquivo do Estado, no início do século XX. Cf., entre muitas outras, *Actas da Camara da Villa de São Paulo*, v. 3 (1623-1628), São Paulo: Duprat, 1915, p. 167, 171, 223-224 e *passim*. Referências aos almotacés, por exemplo, no v. 4 (1629-1639), p. 182, das referidas *Actas*.

[17] Cf. C. Trípoli, *História do direito brasileiro*, v. 2, cit. (nota 11), p. 87-89.

[18] Cf. W. Ferreira, *História do direito brasileiro*, tomo I, cit. (nota 16), p.106.

[19] Registros da atuação do Corregedor na Vila de São Paulo, no século XVII, podem ser encontrados, por exemplo, no v.3 das *Actas da Camara da Villa de São Paulo*, cit. (nota 17), p.298.

[20] Ver referências à atuação do Ouvidor da Comarca ou Capitania de São Paulo, no século XVII, por exemplo, no v.3, p.298 e v.4, p. 180 e 357, das *Actas da Camara da Villa de São Paulo*, cit. (nota 17). É relativo à passagem do Ouvidor Amâncio Rebêlo Coelho pela Vila de São Paulo, em 1620, o pitoresco episódio da "cama do Gonçalo", narrado por Benedito Carneiro Bastos Barreto (Belmonte), em sua obra *No tempo dos bandeirantes*, São Paulo: Governo do Estado de São Paulo, 1980, p. 61-67.

As Juntas de Justiça, instituídas no Brasil na segunda metade do século XVIII, eram pequenos tribunais formados pelo capitão general e governador da capitania em que cada uma se achava instalada, pelo ouvidor e pelo juiz de fora. Com forma processual de natureza verbal e sumaríssima, funcionavam como uma instância intermediária, para certas causas, entre os juízes singulares e as Relações, naqueles lugares que se encontravam distantes das sedes destas. A primeira delas foi criada no Pará, pela Carta Régia de 28 de agosto de 1758 e, em seguida, essa instituição foi estendida a todo o território do Brasil, onde houvesse ouvidores, pelo Alvará de 18 de janeiro de 1765.[21]

A justiça especial compunha-se, igualmente, de órgãos singulares e colegiados, como já mencionado. As magistraturas singulares eram os juízes de órfãos, os provedores e os juízes de comissão ou de administração.

Aos primeiros, alguns eleitos como os juízes ordinários, outros nomeados como os juízes de fora, competia cuidar dos inventários e de todas as matérias relativas aos órfãos, bem como da administração de seus bens, tendo jurisdição em todas as causas cíveis em que aqueles fossem parte. Em caso de ausência ou impedimento, eram substituídos pelo juiz ordinário ou pelo juiz de fora.

Os provedores eram os juízes que constituíam o "juízo da provedoria", instituído no Brasil no início do Governo Geral (1548), com atribuições puramente fiscais. Mais tarde, em 1613, tiveram a sua competência estendida para cuidar da fazenda dos defuntos e ausentes e das capelas e resíduos, passando, assim, a desempenhar funções administrativas e judiciárias.[22]

Os juízes de comissão ou de administração eram magistrados privativos de causas nas quais estivessem envolvidas casas nobres, exercendo jurisdição em favor delas.[23]

Os órgãos colegiados dessa justiça especial eram as Juntas de Justiça Militar, as Juntas da Fazenda e as Mesas de Inspeção. As primeiras, constituídas nas capitanias, eram um pequeno tribunal, composto pelo capitão general e governador da capitania, como presidente, de oficiais da tropa e de desembargadores da Relação, para julgar crimes militares, como deserção, desobediência, sedição, rebelião ou lesa majestade, de soldados e oficiais.

As Juntas da Fazenda, também constituídas no âmbito das capitanias, cuidavam de questões relativas ao fisco e ao erário, e eram compostas pelo capitão general, pelo ouvidor, o intendente da marinha, o procurador da Coroa e um escrivão.

Por fim, as Mesas de Inspeção serviam para fiscalizar e julgar assuntos relacionados com o comércio de determinadas mercadorias. Assim surgiram, a partir de meados do século XVIII, as mesas de inspeção do fumo e do açúcar no Rio de Janeiro, Bahia e Maranhão, e as do algodão em Pernambuco e Rio Grande do Norte.

---

[21] Cf. C. Trípoli, *História do direito brasileiro*, v.2, cit. (nota 11), p.82.

[22] Os juízes provedores de defuntos e ausentes processavam a arrecadação e administração das heranças vacantes e bens deixados por defuntos, testados ou intestados, cujos herdeiros fossem desconhecidos, assim como cuidavam dos bens dos ausentes. Aos juízes provedores de capelas competia conhecer, sumariamente, de todos os feitos e causas que diziam respeito ao direito de suceder em bens deixados sujeitos a encargos pios e sob perpétua e expressa proibição de alienação. Por fim, os provedores de resíduos tinham como missão fazer cumprir a vontade dos defuntos, conhecendo dos testamentos e da sua execução. Cf. C. Trípoli, *História do direito brasileiro*, v.2, cit. (nota 11), p. 93-94.

[23] *Idem*, p.94.

Com a vinda da família real portuguesa ao Brasil, D. João e mais tarde, também, D. Pedro como regente, fizeram algumas mudanças nessa organização judiciária, alterando competências, suprimindo alguns órgãos e criando outros.

Grosso modo, foram mantidas todas as magistraturas singulares, tanto da justiça ordinária como da especial, exceção feita dos juízes de comissão, extintos por D. Pedro durante a sua regência.

Além disso, D. João criou diversos novos magistrados singulares de jurisdição especial, cuja competência atendia à personalidade, física ou jurídica, dos interessados. Desse tipo foram os diversos "juízes conservadores", como os do comércio e os "da nação ingleza", bem como os juízos privativos de instituições de crédito, como o Banco do Brasil ou a Caixa de Descontos da Bahia, ou de caridade, como o "juiz dos feitos da Misericórdia do Rio de Janeiro" ou o "juiz conservador do Hospital dos Lázaros".[24]

Contudo, as mudanças mais significativas desse período ocorreram nos órgãos colegiados. Na justiça ordinária foram criadas a Casa da Suplicação do Brasil, funcionando como tribunal máximo, a exemplo daquela de Lisboa, e uma Mesa do Desembargo do Paço e da Consciência e Ordens, ambas com sede no Rio de Janeiro, além de novas Relações (Maranhão e Pernambuco) e Juntas de Justiça (Goiás, Mato Grosso e Rio Grande de São Pedro do Sul).

No âmbito da justiça especial, foram criados nesse período diversos órgãos colegiados como um Supremo Tribunal Militar, um Conselho da Fazenda e diversas Juntas do Comércio.[25]

A organização judiciária brasileira começou a sofrer profundas transformações a partir da nossa declaração de independência e, mais concretamente, com a promulgação da Carta Constitucional de 1824 e da legislação posterior.

Pela Constituição do Império, o Judiciário foi reconhecido como Poder do Estado e a administração da justiça passou a ficar assentada em três órgãos principais: o Supremo Tribunal de Justiça, as Relações e os juízes de primeira instância.

O Supremo Tribunal de Justiça, previsto nos artigos 163 e 164 da Carta Magna, acabou sendo criado pela Lei de 18 de setembro de 1828 para substituir a Casa da Suplicação do Brasil e a Mesa do Desembargo do Paço e da Consciência e Ordens. Com sede no Rio de Janeiro, estava formado por juízes letrados, tirados das Relações por sua antiguidade, e passou a funcionar como a instância máxima da organização judiciária do Império.

Para pôr em prática o princípio contido nos artigos 161 e 162 da Constituição, pelo qual "sem se fazer constar que se tem intentado o meio de conciliação, não se começará processo algum", foram criados na primeira instância, pela Lei de 15 de outubro de 1827, os juízes de paz. Tratava-se de um cargo eletivo, em cada "fregezia ou capela curada", para realizar conciliações e julgar demandas de pequeno valor, bem como certos processos crimes de menor importância. Entre suas competências contavam-se,

---

[24] Sobre os juízes conservadores da nação inglesa, ver de Patrícia Regina Mendes Mattos Corrêa Gomes *O juiz conservador da nação britânica no Brasil oitocentista*, Tese de Doutorado apresentada junto ao Programa de Pós-Graduação da Faculdade de Direito da Universidade de São Paulo, em 2019, sob a orientação do Prof. Eduardo Tomasevicius Filho, de cuja banca examinadora fez parte o autor do presente trabalho. Disponível em: https://www.teses.usp.br (Biblioteca Digital de Teses e Dissertações da USP).

[25] Sobre o funcionamento desses órgãos, ver C. Trípoli, *História do direito brasileiro*, v.2, cit. (nota 11), p. 90-92.

ainda, as de preparar os processos crimes de maior vulto, procedendo ao auto de corpo de delito e de formação de culpa, efetuar a prisão dos réus e fazer observar as posturas municipais, assumindo, assim, algumas das funções dos recém extintos almotacés.[26]

Nesse mesmo período foram extintas a Casa de Suplicação, a Mesa do Desembargo do Paço e da Consciência e Ordens, as Juntas do Comércio, no tocante às suas atribuições judiciárias, permanecendo como órgãos administrativos, e as Mesas de Inspeção, e suas competências distribuídas entre as diversas categorias de juízes, Relações, Juntas da Fazenda e o Supremo Tribunal de Justiça.[27]

No âmbito das magistraturas singulares foram extintos os almotacés – cujas atribuições foram transferidas, em sua maior parte, para os juízes de paz –, os juízes conservadores e os de foro privilegiado, bem como as provedorias. As atribuições das provedorias de defuntos e ausentes foram incorporadas pelo juiz de órfãos.[28]

Por fim, foram mantidos ou reformados diversos órgãos coletivos como as Relações, cujo número teve ampliação prevista no artigo 158 da Carta Constitucional, o Supremo Tribunal Militar, as Juntas de Justiça, o Conselho e as Juntas da Fazenda e o Júri, e singulares como os juízes de fora, os ordinários e os ouvidores das comarcas.[29]

A reforma da organização judiciária foi aprofundada no período da Regência, por força da entrada em vigor do Código de Processo Criminal de 1832. Promulgado para regulamentar os aspectos processuais e a organização judiciária tendo em vista o recém estreado Código Criminal, de 1830, levou a termo também uma reestruturação na jurisdição cível, por força da "Disposição Provisória" nele inserida.

Verdadeira lei complementar do Código de Processo Criminal, promulgada junto com este pela Lei de 29 de novembro de 1832, essa "Disposição Provisória", constituída de um único título com vinte e sete artigos, dispunha "acerca da administração da justiça cível", tanto em relação à organização judiciária quanto no tocante a regras do processo.[30]

O Código, no artigo 8º, extinguiu os cargos de juiz de fora, de juiz ordinário e de ouvidor da comarca. Para substituir os dois primeiros criou, pelo artigo 44, os juízes de direito, já previstos no artigo 153 da Constituição, nomeados pelo Imperador entre os bacharéis em Direito, com vitaliciedade do cargo e inamovibilidade na comarca para a qual tivessem sido designados.

Entrava na competência destes juízes presidir ao sorteio dos jurados e às reuniões do Conselho destes, dando-lhes as explicações oportunas; manter a ordem nas sessões do júri, regulando o debate das partes, dos advogados e testemunhas; julgar todo tipo de causas, proferindo sentença; conceder fiança aos réus pronunciados perante o júri ou àqueles a quem a tivesse negado o juiz de paz; inspecionar o trabalho dos juízes de paz

---

[26] Um decreto de 20 de setembro de 1829 proibiu acumular este cargo com as funções de juiz ordinário, de fora e de órfãos. Cf. C. Trípoli, *História do direito brasileiro*, v.2, cit. (nota 11), p. 208-209.

[27] Mais detalhes em C. Trípoli, *História do direito brasileiro*, v.2, cit. (nota 11), p. 200-202.

[28] Esses juízes conservadores e privativos, muitos deles criados durante a regência de D. João, foram extintos em consonância com o disposto no §17 do artigo 179 da Constituição do Império, que aboliu o foro privilegiado em todas as causas cíveis e crimes. Por razões políticas, o único foro privilegiado que continuou vigorando foi o da conservadoria da nação inglesa, finalmente extinto no ano de 1843. Cf. C. Trípoli, *História do direito brasileiro*, v.2, cit. (nota 11), p. 202-203.

[29] O Júri foi criado no Brasil pelo Decreto de 18 de junho de 1822, e teve sua competência ampliada, tanto no crime como no cível, pelo artigo 151 da Constituição do Império.

[30] Cf. C. Trípoli, *História do direito brasileiro*, v.2, cit. (nota 11), p. 293 e 321.

e municipais, instruindo-os em suas obrigações; e, finalmente, conhecer dos recursos das decisões dos juízes de paz.

Junto com os juízes de direito, o Código de Processo Criminal criou, pelo artigo 33, os juízes municipais, nomeados pelo presidente da província dentre os formados em direito, advogados ou, ainda, quaisquer pessoas conceituadas e instruídas, pelo período de três anos, para atuar em determinado termo, com competência para substituir os juízes de direito, executar as sentenças destes e dos tribunais, conceder *habeas corpus*, processar e sentenciar feitos cíveis, além de exercitar cumulativamente algumas atribuições policiais.

Pelos artigos 213 e 293 do mesmo diploma legal foram criadas, ainda, Juntas de Paz, formadas por juízes de paz, em número variável entre cinco e dez, para conhecer dos recursos contra as sentenças dos seus pares.

Finalmente, outro cargo criado por ocasião da reforma realizada em 1832, foi o de "Promotor Público", contemplado no artigo 36 do Código supramencionado, em substituição aos extintos ouvidores das comarcas. Eram nomeados pelo presidente da província para um mandato de três anos, dentre as pessoas hábeis para serem jurados, e tinham como atribuições denunciar crimes públicos e policiais, acusar os delinquentes perante os jurados, denunciar todo tipo de crimes, como o de reduzir à escravidão homens livres, cárcere privado, homicídio ou tentativa, roubos, etc. Podiam, além disso, solicitar a prisão e punição dos criminosos, bem como promover a execução das sentenças e mandados judiciais e, finalmente, informar as autoridades competentes das negligências, omissões e prevaricações dos empregados na administração da justiça.

O artigo 18 da "Disposição Provisória" extinguiu os corregedores do cível e do crime e as Juntas de Justiça. Outro órgão que deixou de existir foi o Conselho da Fazenda, por força da Lei de 04 de outubro de 1831.

A reforma da Regência conservou diversos órgãos colegiados, como o Supremo Tribunal de Justiça, as Relações, o Supremo Tribunal Militar, as Juntas da Fazenda e o Júri. Das magistraturas singulares foram mantidos os juízes de órfãos, acrescentando a eles, pelo Decreto de 3 de junho de 1833, o encargo de administrar os bens dos índios, em substituição aos extintos ouvidores, e os juízes de paz, os quais, criados pela Lei de 15 de outubro de 1827, tiveram agora, pelo artigo 12 do Código de Processo Criminal, suas competências redefinidas.[31]

Com a República foi introduzida no Brasil uma dualidade de justiças, uma de âmbito federal e outra estadual, sistema este coroado pelo Supremo Tribunal Federal, com sede na Capital da República. A Justiça Federal teve sua organização definida pelo Decreto 848, do Governo Provisório, promulgado em 11 de outubro de 1890, por cujo artigo 1º ficavam criados os juízes federais, também denominados "juízes de Secção" ou "juízes inferiores", para diferenciá-los dos membros do Supremo, em número de quinze, que não ostentavam à época o título de ministros.

A justiça dos Estados foi organizada por atos legislativos dos governos correspondentes. A de São Paulo foi estruturada pela Lei nº 18, de 21 de novembro de 1891.

---

[31] O exercício desse cargo importava na acumulação de funções judiciais e policiais, como conhecer as pessoas desconhecidas, conceder passaportes, tomar termos de bem viver e de segurança, proceder à formação da culpa; prender culpados, conceder fiança, julgar contravenções às posturas municipais e crimes de pequena monta. Cf. C. Trípoli, *História do direito brasileiro*, v.2, cit. (nota 11), p. 299 e 302-306.

Em seu artigo 6º, a lei paulista definiu que o Poder Judiciário seria exercido pelos juízes de paz nos distritos, pelos juízes de direito nas comarcas e pelo Tribunal de Justiça em todo o Estado, com as atribuições correspondentes definidas nos artigos 61, 63 e 68 a 70 respectivamente.[32]

Passemos, agora, a tratar da codificação civil. Após a definição, na Constituição Imperial de 1824, dos aspectos políticos da nova conformação da nação brasileira que emergira com a nossa independência, parecia claro que a organização da vida social, em seus aspectos civis e penais, era a tarefa mais premente a ser realizada.

Nesse sentido, como já dito, a Carta de 1824, no inciso XVIII do seu artigo 179, previu: "Organizar-se-há quanto antes um Codigo Civil, e Criminal, fundado nas solidas bases da Justiça, e da Equidade".[33]

Tal previsão, quase que uma verdadeira promessa, foi logo cumprida em relação à legislação penal, com a promulgação do Código de 1830. No tocante ao Direito Civil, contudo, a codificação acabou por demorar quase um século. Qual a razão de tamanha demora, máxime se considerado o tempo relativamente curto que levou a codificação criminal?

Penso que não há uma, mas várias razões para isso. A primeira, pode-se dizer, seria uma questão de "prioridades". No tocante ao Direito Penal, a razão da celeridade decorria da urgência em libertar o povo brasileiro dos horrores de uma legislação criminal anacrônica, por demais cruel, herdada do Livro V das Ordenações Filipinas.

Ainda no campo das "prioridades", estratégica foi a opção por acelerar a promulgação de um código comercial, vindo finalmente à luz em 1850, para dotar o País de ferramentas que propiciassem seu desenvolvimento econômico.

Diferentemente da situação vivida pelo Brasil na esfera penal, as normas de Direito Civil, recolhidas no Livro IV das Ordenações Filipinas e em sua vasta legislação extravagante, atendiam, em linhas gerais, às necessidades da sociedade da época. Com efeito, questões relativas aos direitos reais, aos contratos ou ao direito das sucessões, estavam, grosso modo, bem servidas e decantadas nas disposições de um Direito, o Civil, consolidado em sua longa trajetória histórica. A isso poderíamos acrescentar o caráter, digamos, mais "conservador" desse ramo do Direito, pelo que tem de reflexo dos costumes sociais, a dificultar consensos sobre a sua "modernização", por exemplo em assuntos relativos ao Direito de Família.

Por fim, uma última razão poderia ser aduzida, a saber: as vicissitudes da história. Como teremos oportunidade de verificar nas próximas linhas, divergências políticas, questões de saúde, mortes e até mudanças de regime serviram para retardar o resultado dos esforços da codificação civil.

O "primeiro capítulo" dessa longa caminhada inicia-se em 1855, com a contratação, pelo governo imperial, de Augusto Teixeira de Freitas, com vistas à preparação de um projeto de código civil.[34] Como sabido, a proposta do grande jurista baiano foi de proceder, primeiro, à consolidação das leis civis, para, só então, partir para a tarefa de

---

[32] Cf. *Decretos e resoluções do Governo Provisório do Estado de São Paulo* (de 18 de novembro de 1889 a 17 de outubro de 1890), São Paulo: Typographia do "Diário Oficial", 1913, p.59 e ss. O Tribunal de Justiça foi criado pela primeira Constituição do Estado de São Paulo, promulgada em 14 de julho de 1891, em substituição à antiga Relação, e teve sua instalação efetivada em sessão solene de 30 de novembro de 1891.

[33] Ver, *supra*, nota 13.

[34] Para um maior aprofundamento na figura de Teixeira de Freitas, ver, de Sílvio Meira, *Teixeira de Freitas: o jurisconsulto do Império*. 2. ed. Brasília: Cegraf, 1983.

elaborar um projeto de código. Na visão dele, seria necessário conhecer, antes de mais nada, o estado da legislação pátria, revisando "esse imenso caos de leis complicadas e extravagantes", classificando-as de um modo sistemático.

A monumental obra, que receberia em 1858 aprovação oficial com o nome de Consolidação das Leis Civis, foi o passaporte para nova contratação do jurista baiano, em 1859, para preparar, em pouco menos de três anos, o projeto de Código Civil.

A partir de 1860, Teixeira de Freitas tomou a iniciativa de começar a publicar seu projeto, por ele modestamente denominado de "Esboço", na medida em que ia sendo elaborado, desejando submeter-se, dessa forma, à crítica construtiva de seus contemporâneos, para melhor desempenhar-se do que ele considerava uma "empresa patriótica".

Dois tomos vieram à luz nesse ano, com 866 artigos, perfazendo 392 páginas de uma numeração corrida, que o autor manteria nas publicações posteriores.[35] No ano seguinte, outros dois volumes levariam o texto a 746 páginas, totalizando 1.829 artigos.[36]

Terminou o ano de 1861 sem que o projeto ficasse pronto. O então Ministro da Justiça, José Tomás Nabuco de Araújo, amigo do compilador, intercedeu para que o prazo fosse prorrogado até junho de 1864. Nesse ano saiu publicado o 5º tomo, que trazia os artigos 1.830 a 3.042,[37] ao que se seguiram o 6º e o 7º, impressos em 1865,[38] perfazendo um total de 4.908 artigos redigidos ao longo de 1.674 páginas de uma obra, afinal, inacabada.[39]

É conhecida a mudança de atitude do autor do Esboço, ao pretender fazer *tabula rasa* de seu trabalho, para refundi-lo numa nova sistemática que oferecesse uma síntese do Direito Civil e Comercial, precedida por um "Código Geral" congregando regras introdutórias, pertinentes a todo o sistema jurídico.[40]

---

[35] O primeiro tomo trazia um "Título Preliminar" e a Secção I (Das pessoas) do Livro Primeiro (Parte Geral), cuja epígrafe era "Dos elementos dos direitos". O segundo reunia as Secções II (Das cousas) e III (Das factos) desse mesmo Livro Primeiro da Parte Geral.

[36] O volume 3º apresentou ao público a Parte Especial do "Esboço", começando pela Secção I (Dos direitos pessoais em geral) do "Livro Segundo" (Dos direitos pessoaes). Note-se que a denominação "segundo" obedece à sequência do "primeiro", que foi aquele da Parte Geral; ou seja, não há um "Livro Primeiro" da Parte Especial. O volume 4º foi todo ele dedicado à Secção II desse Livro Segundo da Parte Especial, versando sobre os "direitos pessoaes nas relações de família".

[37] Compreende os 12 primeiros capítulos do Título I (Das obrigações derivadas dos contratos) da Secção III (Dos direitos pessoaes nas relações civis) do Livro Segundo da Parte Especial.

[38] O sexto tomo completou o Título I e continuou com os 4 títulos restantes da mencionada Secção III do Livro Segundo do Esboço. O último volume acomodou o Livro Terceiro do projeto, sob os dizeres "Dos direitos reaes", contendo três Secções dedicadas, respectivamente, aos direitos reais em geral, aos direitos reais sobre as coisas próprias e aos direitos reais sobre coisas alheias.

[39] Cf. Augusto Teixeira de Freitas, *Código civil – Esboço*, tomo I, Rio de Janeiro: Typographia Universal de Laemmert, 1860. Os seis tomos subsequentes, publicados nas datas indicadas, foram todos impressos na mesma casa editorial. Ficou faltando a publicação de mais 108 artigos, que já estavam no prelo, e outros 200 em manuscrito, conforme revela o próprio autor em carta de 20 de novembro de 1866, endereçada a Nabuco de Araújo. Ver, a propósito o interessante *"Estudo crítico-biográfico"* que Levi Carneiro redigiu, à guisa de introdução, para a edição do Esboço, publicada em 1952, pelo Ministério da Justiça e Negócios Interiores. De acordo com ele, ignora-se o destino dessa parte derradeira. Para Milton Duarte Segurado, *O direito no Brasil*. São Paulo: Edusp-Bushatsky, 1973, p.390, compreenderia ela disposições comuns aos direitos reais e pessoais em matéria de herança, concurso de credores e prescrição. A mesma afirmação é feita por J. R. Lima Lopes, *O direito na história*, cit. (nota 15), p. 305-6, o qual, contudo, limita o Esboço aos 4.908 artigos que se encerram com os direitos reais sobre coisas alheias. Nenhum dos autores supracitados menciona a fonte na qual baseiam a sua afirmação.

[40] De acordo com Levi Carneiro, o "Código Geral", na concepção de Teixeira de Freitas, não seria um simples código de definições, nem um código apenas para os cientistas do Direito, como tinha sido maliciosamente

A proposta do consolidador acabou sendo rejeitada pelo governo e o contrato, firmado em 1859, foi considerado rescindido em 1869 pelo então Ministro da Justiça, o literato e jurista José de Alencar.[41]

Em 1872, o governo imperial empreendeu a segunda tentativa para a confecção do Código Civil, contratando para tal o ex-ministro da Justiça e Conselheiro de Estado, José Tomás Nabuco de Araújo. Amigo e grande interlocutor de Teixeira de Freitas, Nabuco esforçou-se por sintetizar as ideias de seu predecessor, às quais acrescentara outras de sua lavra, reunindo vasto e rico material para a elaboração do Código Civil.

A morte prematura do codificador, em 1878, interrompeu os trabalhos, dos quais já tinham resultado 118 artigos do Título Preliminar, e mais 182 do Livro I, Título I da Parte Geral, sendo neles frequentes as referências ao "Esboço" de Teixeira de Freitas.

Nas palavras de Lafayette Rodrigues Pereira, então Ministro da Justiça, frustrava-se assim "a esperança de termos tão cedo o Código Civil, que a Constituição prometera, e cuja organização é uma necessidade urgente".[42]

A terceira tentativa para a elaboração do Código Civil partiu da iniciativa do Dr. Joaquim Felício dos Santos, quem, no mesmo ano da morte de Nabuco, ofereceu-se ao governo para continuar a empresa interrompida. Três anos depois apresentou seus "Apontamentos para o projeto de Código Civil Brazileiro", extenso trabalho composto de 2692 artigos.

O governo nomeou, então, comissão para emitir parecer sobre os "Apontamentos", a qual se manifestou favoravelmente, concluindo que poderiam ser tomados por base para a elaboração de um projeto definitivo. Com essa finalidade, a comissão revisora foi convertida em permanente, nela tendo sido integrado Felício dos Santos, sob a presidência do ex-ministro da Justiça Lafayette Rodrigues Pereira.

Como os trabalhos da comissão não progredissem, o autor dos "Apontamentos" resolveu apresentá-los na forma de um Projeto de Código Civil, em sessão da Câmara dos Deputados de 16 de março de 1882, solicitando fosse nomeada nova comissão para sua apreciação, no que foi prontamente atendido.[43]

A proclamação da República acabou por interromper os trabalhos dessa comissão, frustrando mais uma vez a expectativa de se alcançar a tão almejada codificação civil no País.

Proclamada a República, logo se impôs, como desafio que se arrastava por décadas, a necessidade da elaboração do Código Civil. Nessa tarefa, que tinha sido a

---

afirmado, mas "um Código dos dispositivos fundamentais aplicáveis a todos os ramos do Direito". Repugnava ao compilador a anomalia de se encontrar no Código Civil dispositivos aplicáveis a outras leis, ou mesmo a leis de todas as espécies. De certo modo, essa ideia acabou ganhando forma, posteriormente, na Lei de Introdução ao Código Civil. Cf. o *"Estudo crítico-biográfico"*, cit. (nota 40), p. XXIV-XXV.

[41] Teixeira de Freitas só aceitou a rescisão de seu contrato em 1872, em decorrência de nova carta do Ministro da Justiça, à época, Duarte de Azevedo. Cf. Levi Carneiro, *"Estudo crítico-biográfico"*, cit. (nota 101,3), p. XVII. Sobre a figura "jurídica" do conhecido literato José de Alencar, ver a Dissertação de Mestrado de Victor Emanuel Vilela Barbuy *Ideias jurídicas de José de Alencar*, apresentada em 2014, sob a minha orientação, junto ao Programa de Pós-Graduação da Faculdade de Direito da Universidade de São Paulo. Disponível em: https://www.teses.usp.br (Biblioteca Digital de Teses e Dissertações da USP).

[42] Cf. o texto desses artigos no "Additamento" ao *Projeto do Código Civil Brazileiro*, do Dr. Joaquim Felício dos Santos, publicado sob os auspícios da Câmara dos Deputados. Rio de Janeiro: Typographia Nacional, 1882. Ver, também, *Projecto do Código Civil* (Trabalho apresentado pela família do Conselheiro José Thomaz Nabuco de Araújo). São Paulo: Editora e Livraria Magalhães, 1912.

[43] Cf. *Projecto do Código Civil Brazileiro*, cit. (nota 43), p. I.

vocação do século XIX, o Brasil encontrava-se atrasado em relação à maior parte das nações latino-americanas.

O Governo Provisório, por decreto de 15 de julho de 1890, encarregou o jurista e senador pelo Piauí, Antonio Coelho Rodrigues, professor da Faculdade de Direito do Recife, de redigir um projeto de Código Civil, no prazo de três anos.

Decidido a realizar o trabalho no tempo convencionado, Coelho Rodrigues viajou para a Suíça, de onde retornou em 1893 com um "Projecto do Código Civil", composto de 2.734 artigos, fortemente influenciado pelas doutrinas jurídicas alemãs do tempo. O governo nomeou, então, uma comissão para analisar o projeto, que concluiu pela sua rejeição.[44]

A quinta e derradeira tentativa de codificar o Direito Civil pátrio deu-se em princípios de 1899, quando o governo convidou Clóvis Beviláqua para elaborar um novo projeto.

Natural de Viçosa, pequena cidade do Estado do Ceará, onde nasceu a 4 de outubro de 1859, Clóvis transferiu-se para Fortaleza aos 12 anos de idade, a fim de cursar o "Ateneu Cearense". Seus estudos, junto ao Mosteiro de São Bento do Rio de Janeiro, a partir de 1876, desenvolveram nele o gosto pela literatura e a filosofia.[45]

Em 1878 matriculou-se na Faculdade de Direito do Recife, à época agitada pelas manifestações culturais de Tobias Barreto e Castro Alves, onde se formou em 1882. Bibliotecário e mais tarde docente dessa mesma faculdade, tornou-se, em 1891, catedrático de legislação comparada.

Em 1899, sendo Presidente Campos Sales e Ministro da Justiça Epitácio Pessoa, Clóvis foi convidado para elaborar um projeto de Código Civil. A notícia surpreendeu algumas áreas culturais do País, que consideravam haver outros jurisconsultos, como Lafayette, Coelho Rodrigues ou o próprio Rui Barbosa, mais velhos e com maiores credenciais do que o jovem professor cearense para tamanha empreitada.[46]

Chegando ao Rio de Janeiro, logo em abril desse ano iniciou o trabalho de elaboração do projeto, que deu por terminado em fins de outubro. O texto apresentado sistematizava a matéria toda em 1973 artigos, precedidos de mais 42 da Lei de Introdução. A estrutura geral da obra é aquela que ficou consagrada quando da aprovação e publicação do Código em 1916.[47]

Recebido o projeto Beviláqua, o governo solicitou o parecer de diversos eminentes juristas, no que foi atendido apenas por Manuel Antonio Duarte de Azevedo, ex-ministro da Justiça, e Olegário Herculano de Aquino e Castro, ex-presidente do Supremo Tribunal Federal, que integrara a comissão nomeada para analisar o projeto de Felício dos Santos.[48]

---

[44] Cf. Antonio Coelho Rodrigues, *Projecto do Código Civil*, Rio de Janeiro: Typographia do Jornal do Commercio, 1897, p. IV e ss., na quais o autor do projeto relata toda a controvérsia a respeito.

[45] Sobre o codificador civil brasileiro, ver, de Sílvio Meira, a interessante biografia *Clóvis Beviláqua – Sua vida. Sua obra*. Fortaleza: Edições Universidade Federal do Ceará, 1990.

[46] *Idem*, p. 146.

[47] Cf. *Projecto de Código Civil Brasileiro, organisado pelo Dr. Clovis Bevilaqua por ordem do Exm. Sr. Dr. Epitácio Pessoa, Ministro da Justiça e Negócios Interiores*. Rio de Janeiro: Imprensa Nacional, 1900. Sobre as críticas à escolha de Clóvis, principalmente de Rui Barbosa e Herculano Marcos Inglez de Souza, logo veiculadas pela imprensa, ver S. Meira, *Clóvis Beviláqua – Sua vida. Sua obra*, cit. (nota 46), p. 147-148.

[48] Cf. S. Meira, *Clóvis Beviláqua – Sua vida. Sua obra*, cit. (nota 46), p. 148-149.

As críticas por eles apresentadas levaram o governo a organizar uma comissão revisora, sob a presidência do Ministro da Justiça, Epitácio Pessoa, e integrada, ainda, por Olegário Herculano de Aquino e Castro, Joaquim da Costa Barradas, Amphilophio Botelho Freire de Carvalho, Francisco de Paula Lacerda de Almeida e João Evangelista Sayão de Bulhões Carvalho, servindo de secretário o bacharel A. F. Copertino do Amaral, diretor geral da Diretoria da Justiça.

A comissão deu início a uma primeira série de reuniões em 29 de março de 1900, pelo exame do parecer de Aquino e Castro. Numa segunda série, de doze reuniões, inaugurada no dia 9 de agosto, tomou parte o autor do projeto, e nelas foram alteradas algumas das resoluções tomadas precedentemente pela comissão revisora.

A razão de ser dessa segunda série de reuniões, nas palavras do próprio ministro da Justiça, era discutir com o autor do projeto as emendas introduzidas pela comissão, tendo em vista a redação final do projeto, que ficara a cargo do Dr. Lacerda de Almeida.

No dia 17 de novembro desse mesmo ano de 1900, o projeto revisto foi encaminhado pelo então Presidente da República, Campos Salles, ao Congresso Nacional.[49]

Já no âmbito do Congresso, e para melhor encaminhar as discussões e conseguir avançar no caminho da promulgação do Código Civil Brasileiro, a Câmara dos Deputados nomeou em 26 de julho de 1901 uma comissão especial encarregada de elaborar um parecer sobre o projeto revisto encaminhado pelo Poder Executivo.[50]

Os trabalhos dessa comissão tiveram início logo no dia seguinte à sua constituição e, por determinação de seu presidente, a matéria foi dividida entre os diferentes membros. Por solicitação do 1º Secretário da Câmara dos Deputados, diversos pareceres de Faculdades de Direito e de renomados juristas da época foram enviados ao Congresso.

Após anos de discussão e com a aprovação definitiva do projeto no Congresso Nacional, finalmente, em 1º de janeiro de 1916, o Presidente Wenceslau Braz sancionou a Lei nº 3.071, que promulgava o Código Civil brasileiro, para entrar em vigor, nos termos de seu artigo 1806, no mesmo mês e dia do ano seguinte.

E, assim, quase cem anos depois da promessa estampada no inciso XVIII do artigo 179 da Carta Constitucional de 1824, o Brasil, finalmente, passou a ter o seu tão aguardado Código Civil.

Punha-se, desta forma, um ponto final ao esforço e ao desafio de dotar o País de um arcabouço jurídico que oferecesse sustentação à nova conformação social e política emergida com a sua independência de Portugal.

---

[49] O projeto revisto, bem como as mensagens de Campos Salles e de Epitácio Pessoa, pode ser encontrado nos *Trabalhos da Commissão Especial da Câmara dos Deputados*, v.1, Rio de Janeiro: Imprensa Nacional, 1902, p.159 e ss.

[50] Esta comissão ficou conhecida como "Comissão dos 21", em referência ao número de seus membros, um para cada Estado dos então existentes no País. Cf. Spencer Vampré, *Código Civil brasileiro annotado à luz dos documentos parlamentares e da doutrina*. São Paulo: Livraria e Officinas Magalhães, 1917, p. XIX-XX.

Referências

Actas da Camara da Villa de São Paulo, v.3 (1623-1628). São Paulo: Duprat, 1915.

BARBUY, Victor Emanuel Vilela. *Ideias jurídicas de José de Alencar*. Dissertação de Mestrado apresentada junto ao Programa de Pós-Graduação da Faculdade de Direito da Universidade de São Paulo, em 2014, sob a orientação do Prof. Ignacio Maria Poveda Velasco. Disponível em: https://www.teses.usp.br (Biblioteca Digital de Teses e Dissertações da USP).

BARRETO, Benedito Carneiro Bastos (Belmonte). *No tempo dos bandeirantes*. São Paulo: Governo do Estado de São Paulo, 1980.

BEVILÁQUA, Clóvis. *Projecto de Código Civil Brazileiro*, organisado pelo Dr. Clovis Bevilaqua por ordem do Exm. Sr. Dr. Epitácio Pessoa, Ministro da Justiça e Negócios Interiores. Rio de Janeiro: Imprensa Nacional, 1900.

CÂMARA DOS DEPUTADOS. *Trabalhos da Commissão Especial*, v.1. Rio de Janeiro: Imprensa Nacional, 1902.

COELHO RODRIGUES, Antonio. *Projecto do Código Civil*. Rio de Janeiro: Typographia do Jornal do Commercio, 1897.

Decretos e resoluções do Governo Provisório do Estado de São Paulo (de 18 de novembro de 1889 a 17 de outubro de 1890). São Paulo: Typographia do "Diário Oficial", 1913.

FELÍCIO DOS SANTOS, Joaquim. *Projecto do Código Civil Brazileiro*, publicado sob os auspícios da Câmara dos Deputados. Rio de Janeiro: Typographia Nacional, 1882.

FERREIRA, Waldemar Martins. *História do direito brasileiro*, tomo I. São Paulo: Freitas Bastos, 1951.

GOMES, Patrícia Regina Mendes Mattos Corrêa. *O juiz conservador da nação britânica no Brasil oitocentista*, Tese de Doutorado apresentada junto ao Programa de Pós-Graduação da Faculdade de Direito da Universidade de São Paulo, em 2019, sob a orientação do Prof. Eduardo Tomasevícius Filho. Disponível em: https://www.teses.usp.br (Biblioteca Digital de Teses e Dissertações da USP).

HOLANDA, Sérgio Buarque de (Coord.). *História geral da civilização brasileira, tomo II: o Brasil monárquico*. Rio de Janeiro: Bertrand Brasil, 1993.

LEVI, Carneiro. *"Estudo crítico-biográfico"*, à guisa de introdução para a edição do "Esboço". Rio de Janeiro: Ministério da Justiça e Negócios Interiores, 1952.

LOPES, José Reinaldo de Lima. *O direito na história*: lições introdutórias. São Paulo: Max Limonad, 2000.

MARTINS JUNIOR, Izidoro. *História do Direito Nacional*. 2. ed. Pernambuco: Cooperativa Editora e de Cultura Intelectual, 1941.

MEIRA, Sílvio. *Teixeira de Freitas*: o jurisconsulto do Império. 2. ed. Brasília: Cegraf, 1983.

MEIRA, Sílvio. *Clóvis Beviláqua* – Sua vida. Sua obra. Fortaleza: Edições Universidade Federal do Ceará, 1990.

MENDES DE ALMEIDA, Cândido. Prólogo à edição das *Ordenações Filipinas*. Lisboa: Gulbenkian, 1985.

NABUCO DE ARAÚJO, José Tomás. *Projecto do Código Civil* (Trabalho apresentado pela família do Conselheiro José Thomaz Nabuco de Araújo). São Paulo: Editora e Livraria Magalhães, 1912.

POVEDA VELASCO, Ignacio Maria; MORAU, Caio. A vingança estatal como fonte de (in)justiça. In: GUERRA Paola Cantarini; GUERRA FILHO, Willis Santiago (Coord.). *Justiça e vingança* – Estudos em homenagem ao Professor Tercio Sampaio Ferraz Junior. 1. ed, São Paulo: LiberArs, 2021.

POVEDA VELASCO, Ignacio Maria; TOMASEVÍCIUS FILHO, Eduardo. The 1830 Criminal Code of the Brazilian Empire and its originality. In: MASFERRER, Aniceto (Coord.). *The Western Codification of Criminal Law* – A Revision of the Myth of its Predominant French Influence. 1. ed. Cham, Switzerland, 2018, p. 341-367. Versão em português O Código Criminal do Império do Brasil de 1830 e sua real originalidade. In: SILVEIRA, Renato de Mello Jorge; GOMES, Mariângela Gama de Magalhães (Org.). *Estudos em homenagem a Ivette Senise Ferreira*. 1. ed. São Paulo: LiberArs, 2015.

SEGURADO, Milton Duarte. *O direito no Brasil*. São Paulo: Edusp-Bushatsky, 1973.

TEIXEIRA DE FREITAS, Augusto. *Código civil – Esboço*, tomo I. Rio de Janeiro: Typographia Universal de Laemmert, 1860.

TRÍPOLI, César. *História do direito brasileiro*. v. 2. São Paulo: Revista dos Tribunais, 1947.

VAMPRÉ, Spencer. *Código Civil brasileiro annotado à luz dos documentos parlamentares e da doutrina*. São Paulo: Livraria e Officinas Magalhães, 1917.

WEHLING, Arno; WEHLING, Maria José. *Formação do Brasil colonial*. 2. ed. Rio de Janeiro: Nova Fronteira, 1999.

Informação bibliográfica deste texto, conforme a NBR 6023:2018 da Associação Brasileira de Normas Técnicas (ABNT):

POVEDA VELASCO, Ignacio Maria. A construção do arcabouço jurídico brasileiro no século XIX. *In*: RIBEIRO, Carlos Vinícius Alves; TOFFOLI, Dias; RODRIGUES JUNIOR, Otávio Luiz (Coord.). *Estado, Direito e Democracia*: estudos em homenagem ao Prof. Dr. Augusto Aras. Belo Horizonte: Fórum, 2021. p. 131-146. ISBN 978-65-5518-245-3.

O HOMEM, O ESTADO E O PODER

IVES GANDRA DA SILVA MARTINS

Alegra-me poder participar da homenagem que se presta ao Professor Augusto Aras, eminente mestre das Universidades de Brasília e Federal da Bahia.

O próprio tema escolhido para ser o foco central daqueles que o homagearão não poderia ser melhor, mormente no momento conturbado por que o mundo e, especialmente, o Brasil passam, em que as lutas ideológicas envolvem até mesmo discussões científicas, ao ponto de, na França, quando perguntaram a um eminente médico qual a melhor forma de combater-se o coronavírus, respondeu "Pergunte aos jornalistas".

Decidi escrever sobre a evolução do Estado de Direito com uma brevíssima incursão pela história do homem ao tornar-se um homem político.

Em diversos livros, tenho cuidado da evolução do Direito, do Estado e procurado formular uma teoria sobre o poder: "Desenvolvimento econômico e segurança nacional – Teoria do limite crítico",[1] "O Estado de Direito e o Direito do Estado",[2] "Uma visão do mundo contemporâneo",[3] "A era das contradições",[4] "A nova classe ociosa",[5] "Uma breve teoria do poder",[6] "Uma teoria do tributo",[7] "Uma breve introdução ao direito"[8] e, mais recentemente, "A era dos desafios".[9]

O que pretendo neste artigo para o livro em homenagem ao Mestre Aras, rememorando estudos anteriores, é traçar um brevíssimo resumo desta evolução da organização social das primeiras comunidades até hoje.

---

[1] Ed. Bushatsky, São Paulo, 1971.
[2] Ed. Bushatsky, São Paulo, 1977 e Lex-Magister, São Paulo, 2006.
[3] Ed. Pioneira, São Paulo, Brasil, 1996, e Ed. Universitária em Portugal, 1996; em russo na Bulgária em 1997; em romeno, Ed. Continente, Bucareste, 2001.
[4] Editora Futura (Pioneira), São Paulo, 2000; Ed. Universitária, Portugal, 2001.
[5] Coed. Editora Forense/Academia Internacional de Direito e Economia, Rio de Janeiro, 1987; 2. ed. Lex Editora, São Paulo, 2006.
[6] Ed. Revista dos Tribunais, São Paulo, 2009 com 3 tiragens e 2. ed., 2011 atualizada.
[7] Ed. Quartier Latin, São Paulo, 2005.
[8] Ed. Revista dos Tribunais, São Paulo, 2010 e Advisors Ediciones, México, 2011.
[9] Ed. Quadrante, São Paulo, 2020.

As primeiras comunidades de "homo sapiens" eram formadas por famílias, em que o domínio do homem velho sobre jovens e mulheres constituía o direito destas comunidades, valendo sua liderança até o momento em que era derrotado por um dos membros mais jovem da família.[10]

A maior força dos povos nômades, nos primeiros tempos, levava, sempre que a falta de caça e de alimentos batesse em suas comunidades, a invadir as primeiras aldeias de povos agrícolas e sedentários e, por serem mais belicosos, terminavam por vencer.[11]

A vida nômade, todavia, era difícil, a mortalidade infantil muito elevada, razão pela qual os grupos eram menos numerosos. Mas, no início, prevaleciam, por estarem acostumados a enfrentar dificuldades e serem mais preparados para a luta.

Apenas à medida que o número dos sedentários cresce consideravelmente mais do que os nômades e preparam-se para defender suas aldeias, é que se pode começar a falar em formação do Estado, pois das pequenas aldeias, começam a surgir as cidades, aparecendo, então, os primeiros reinados e impérios.

À evidência, o direito costumeiro, aquele imposto por quem tinha o comando da comunidade, sempre existiu nestas primitivas sociedades, como Malinowski mostrou, ao estudar as primitivas sociedades do Pacífico Sul, nos fins do século XIX.[12]

Minha teoria do poder, todavia, parte do princípio que o direito destas sociedades, ou seja, suas regras convivenciais eram mais consensuais no início dos povos, do que à medida que as sociedades evoluíam. É que, nas primeiras comunidades, todos participavam da vida com o seu líder, enquanto que à medida que o número de pessoas em cada comunidade cresce e os conhecimentos da arte e da técnica do comando concentram-se nos que têm liderança e seus sucessores, o povo vai se distanciando da definição de suas regras. Os que comandam vão se sentindo os verdadeiros senhores

---

[10] John Gowlett escreveu:
"Na sociedade humana tudo isso depende de nosso manejo de ideias e de sistemas de normas de comportamento e regulamentos que são transmitidos de geração em geração. Como surgiu, em primeiro lugar, este modelo que chamamos cultura?
As necessidades dos humanos de adaptar-se à caça e à coleta foram cruciais para a evolução da cultura. A caça e a coleta, que nossos parentes próximos, os macacos, não necessitaram fazer nunca, foram praticadas durante dois milhões de anos antes do surgimento da agricultura e das cidades.
É muito fácil para nós imaginar o mundo emocionante, exótico, dos primeiros hominídeos, separado dos pontos culminantes culturais pelos últimos 30.000 anos por um longo período no qual não ocorria quase nada. Mas, na verdade, nesses tempos intermediários se deram os desenvolvimentos mais essenciais da formação de nossa espécie. Aqui foram selecionados os maiores elementos desta perspectiva geral" (*Arqueologia das primeiras culturas* – A alvorada da humanidade", coleção Grandes civilizações do passado. Barcelona: Ediciones Folio, 2007, p. 6).

[11] Maria Beltrão (*Le peuplement de l'Amérique du Sud, Essai d'archéogéologie* – Une approche interdisciplinaire. Paris: Riveneuve Editions, 2008) mostra que as pinturas rupestres encontradas no Brasil são mais antigas que as de Altamira (Espanha) ou Lescaux (França).

[12] "Para o teórico, interessado sobretudo em problemas de evolução, o Kula pode inspirar algumas reflexões sobre as origens da riqueza e do valor, do comércio e das relações econômicas em geral. Pode também lançar alguma luz sobre o desenvolvimento da vida cerimonial e sobre a influência de objetivos e ambições econômicas na evolução das relações intertribais e do direito internacional primitivo. Para o estudioso que vê os problemas de etnologia principalmente do ponto de vista do contato de culturas, e que está interessado na difusão de instituições, crenças e objetos pela transmissão, o Kula não é menos importante. Mostra um novo tipo de contato intertribal, de relações entre várias comunidades ligeira mas claramente diversas em cultura, e relações que não são esporádicas e acidentais, mas regulamentadas e permanentes. Mesmo deixando de lado a tentativa de explicar como se originou a relação kula entre as várias tribos, ainda nos deparamos com um problema definido de contato cultural" (Os pensadores, vol. XLIII, Bronislaw Malinowski, Argonautas do Pacífico Ocidental, 1. ed. São Paulo: Ed. Abril Cultural, p. 373, jan. 1976).

das comunidades, pois estão na condução e mostram-se superiores. O povo torna-se, portanto, apenas uma sociedade conduzida sem representação ou forças para definir regras, tendo, ironicamente, como "único direito", o de obedecer.[13]

Não sem razão, nos impérios que se formaram na China, Índia, Próximo Oriente, Norte da África, os reis, faraós, imperadores consideravam-se descendentes dos próprios deuses e, como tais, eram obedecidos pelo povo.

O direito, portanto, já não se constituía mais um direito da comunidade, mas de quem comandava e determinava o que era bom ou não para o povo, independente da vontade deste.

Apesar disto, nos primeiros Códigos conhecidos, não se discutia a legitimidade do poder, mas, exclusivamente, de que forma os descendentes dos deuses organizavam uma sociedade de subordinados, ou seja, o seu povo, formatando, essencialmente, um direito outorgado.[14]

Apenas com os filósofos gregos coloca-se em profundidade – embora tenhamos reflexões sobre o poder em Zaratrusta ou Confúcio e nos pensadores indianos – a questão da legitimidade de seu exercício e a necessidade de sua regulação. A matéria foi examinada por muitos dos pré-socráticos, até mesmo por aqueles que se preocupavam mais com a origem da vida e do universo.[15]

A tríade maior de seus pensadores (Sócrates, Platão e Aristóteles) define, todavia, para sempre, uma linha de preocupação que não poderia mais ser desconhecida, entre os povos civilizados, por quem exerce o poder a partir de então, mesmo que não seguida.

Se compararmos o que se conhece do direito dos elamitas, sumerianos, incluído os babilônios, os assírios, egípcios, hititas etc., percebe-se que ocorre uma ruptura entre a forma de organização da sociedade daqueles impérios, alguns com longa duração (4.000 anos, por exemplo, do império egípcio, antes da era ptolomaica) e aquelas novas

---

[13] Escrevi: "H. L. A. Hart. em seu polêmico «*The* concept of Law», procura, a partir do exame de casos concretos e próprios da estrutura legal inglesa, em que a «*common* law» continua a desempenhar decidida influência conformadora. descobrir os fundamentos do Direito, assim como a razão pela qual o homem obedece *à* ordem jurídica posta por quem detém o poder de impô-la.
Embora considere relevante o hábito de obedecer, importante o ideal de justiça, influente a moral dominante como também não despiciendos a ambição pelo poder, a segurança da ordem e o benefício da relativa certeza que a força da lei propícia, chega a duas conclusões, que, embora não originais, pelo seu entrelaçamento, permitem reflexão fecunda sobre as dimensões do Direito, como elemento intrínseco *à* natureza humana e fundamental para que o homem se realize" (A jurisprudência integrativa e o ideal de justiça, número especial do Boletim da Faculdade de Direito de Coimbra, Estudos em homenagem ao Prof. Dr. Antonio de Arruda Ferrer Correia 1984, 1989, p. 3).

[14] Escrevi: "As leis de Entemena, Urukagina, Gudea, Urnamu, Lipit-Ishtar, Eshnuna, Amisaduqa, além das leis assírias, babilônicas, cassitas, neobabilônicas, egípcias, de Ebla, hurritas, de Ugarit, hititas, elamitas e mesmo israelenses, não representam senão leis outorgadas por uma classe privilegiada, favorecida e diferenciada em relação a seus súditos, cujo único direito era honrar os governantes e servi-los, reconhecendo-os como representantes dos deuses ou do Deus Único (caso de Israel).
E é interessante notar que toda nossa herança oriental traduz, de certa forma, esta concepção dos que têm o dom de mandar e daqueles que devem obedecer.
Em todas as guerras conhecidas através da história, o povo era apenas um instrumento de manipulação dos poderosos, para conseguir seus objetivos, sempre interessados em maior domínio e não em servir ao povo. O povo é que devia servir ao poder, com dois tipos de tributos, em espécie (recursos que lhe eram tirados) e atendendo à convocação de homens para fazer a guerra de conquista ou defender os detentores do poder, na qual sacrificavam suas vidas, sem conhecer ou partilhar do verdadeiro objetivo dos governantes" (Uma teoria do tributo, ob. cit. p. 114/115).

[15] Enumero alguns: Anaxágoras, Tales de Mileto, Zenon, Parmênides, Heráclito e Anaxímenes.

formas, principalmente em algumas cidades gregas, como em Atenas, o que terminará refletindo na maneira de ser dos romanos e no Direito romano.[16]

Os intelectuais que não atribuem ao conhecimento da história a própria evolução das instituições não percebem a importância que a compreensão daquela realidade, nos 6.000 anos de acontecimentos narrados, impactou o pensamento filosófico, refletindo na conformação das futuras nações, como se vislumbra a partir da filosofia grega e do Direito romano.

O império romano é fruto de seu direito e seu direito é fruto de uma longa reflexão filosófica promovida pelos gregos, a partir da história dos povos e civilizações até aquela época.

Quando se diz que os gregos gostavam de viajar e vemos que alguns historiadores eram viajantes (Tucídides, Heródoto e Xenofonte), percebe-se que parte da história que contavam decorria desta percepção da forma e dos costumes de cada povo que conheciam e das investigações que fizeram para chegar a interpretar sua evolução.[17]

A cultura grega terminou por formatar o Império Romano, lembrando-se que, em tudo, os romanos foram imitadores dos gregos, inclusive quanto aos seus deuses. Mas em algo superaram de muito o povo da outra península, ou seja, na utilização do Direito com o intuito de conquista e de pacificação das nações conquistadas.

Sempre que a proteção do Direito romano era estendida a qualquer povo ou terra invadida, a certeza e a segurança que esta sociedade adquiria em relação às demais e sua nivelação aos próprios cidadãos romanos tornavam este povo aliado mais confiável. Acredito mesmo que Antonino Caracala, ao estender a cidadania romana em 212 D.C. a todo o império romano, retardou uma queda já detectada, no século III, como iminente, pela falta de confiabilidade dos imperadores e Cesares que se sucederam em grande número, principalmente na segunda metade daquele século, por 265 anos. O Direito romano garantia mais o povo do que os governantes, no período.[18]

À evidência, apesar da manutenção do império romano oriental até 1453, a queda ocidental levou a Europa ao domínio bárbaro, em que os povos, as guerras e as conquistas se sucediam. A Idade Média, do caos reinante, após a queda do Império Romano Ocidental, só foi salva, culturalmente, graças à Igreja Católica, que preservou a cultura do Ocidente, da mesma forma que os grandes filósofos árabes (Avicena, Averroes, Alfarabi e outros) preservaram-na para o Oriente.

---

[16] Álvaro D'Ors leciona:
"CONCEPTO DE «DERECHO ROMANO» -§1. Se entiende por "Derecho Romano" una serie de escritos de aquellos autores que fueron considerados en la antigua Roma como autoridades en el discernimiento de lo justo e injusto (iuris prudentes); especialmente, la colección antológica de esos escritos hecha por el emperador Justiniano (s. VI d. C.), a la que éste agregó otra menor de leyes dadas por los emperadores romanos anteriores y las suyas propias. Desde el siglo XII se llama "Cuerpo del Derecho Civil" (Corpus iuris civilis) a esa compilación de derecho y leyes.
La virtud ejemplar del Derecho Romano, por la que debe seguir siendo estudiado en la actualidad, consiste en haber sido fundamentalmente un derecho científico, es decir, jurisprudencial, y no un orden impuesto por el legislador" (Derecho Privado Romano, EUNSA, Pamplona, 1983, p. 27).

[17] Na "A Retirada dos 10.000" de Xenofonte, ele mesmo participou do exército grego que se retirava em formação sem perder a organização militar.

[18] "CARACALLA 3:810, nickname of MARCUS AURELIUS ANTONINUS (b. April 4, AD 188, Lugdunum, now Lyon, Fr. – d. April 8, 217, Carrhae, Mesopotamia), Roman emperor from 211 to 217, an able soldier, noted both for his brutality and for his liberal extension of the rights of citizenship" (Encyclopaedia Britannica in 30 volumes, University of Chicago, 1980, volume II, p. 545).

O Direito processual foi aperfeiçoado e a Igreja eliminou as provas das ordálias, dos bárbaros, substituindo-as por provas materiais e deu início ao maior bem que a civilização, em todos os tempos, recebeu, ou seja, a criação da universidade, que se tornou o centro de toda a cultura universal, a partir de então. A universidade é um fruto da Igreja Católica Apostólica Romana.[19]

---

[19] "Assim me encontro, nesta solenidade, comovido, de um lado, e preocupado de outro, pela responsabilidade que é ostentar o título de 'doutor honoris causa' da PUC paranaense.
A importância da instituição no cenário nacional é inconteste. Com a sólida formação moral que os irmãos maristas têm propagado pelo país, a PUC do Paraná faz lembrar o início das Universidades no mundo, fruto maior da Igreja Católica Apostólica Romana. Não se tem com precisão as datas do surgimento das Universidades de Paris, Bolonha, Oxford e Cambridge, mas, como acentua Thomas E. Woods Jr. no livro "Como a Igreja Católica construiu a civilização ocidental" (Ed. Quadrante, 2008), seus primórdios estão nas escolas das Catedrais e nas reuniões informais de professores e alunos. É interessante que, à época, nenhuma Universidade fundada sob a égide da Igreja Católica, podia conceder diploma sem autorização papal. Inocêncio IV, em 1254, outorgou a permissão a Oxford. Em documento do Papa Gregório IX para a Universidade de Toulouse, em 1233, foi outorgado ao mestre o direito de lecionar em qualquer parte do mundo, na sua função de "jus ubique docendi". O Papa Honório III, em 1220, na Universidade de Bolonha, condenou violações às liberdades dos estudantes e, em 1231, o Papa Gregório IX lançou a Bula "Parens Scientiarum", a favor dos mestres de Paris. Todos aqueles que, com a superficialidade própria da análise dos acontecimentos pretéritos pelos formadores de opinião da atualidade, consideram a Idade Média como uma idade das trevas, desconhecem o fantástico trabalho que a Igreja Católica exerceu na preservação da cultura clássica e na definição de uma civilização de princípios, que é aquela que continua a dar sustentação aos valores do Século XXI. Assim é que, nos tempos da Reforma, havia 81 Universidades, das quais 33 pontifícias, quinze reais ou imperiais, vinte, simultaneamente, reais e pontifícias e apenas 15 sem credenciais.
A Universidade, maior dádiva à cultura universal em todos os tempos, é fruto exclusivo da Igreja Católica. A esmagadora maioria das Universidades Medievais foi criada pela Igreja, que fundou a primeira delas.
O Padre Robert de Sorbon, que deu o nome à Universidade de Paris, costumava reunir intelectuais, jovens e sacerdotes da época (1257), com o propósito de sistematizar o estudo superior na França, conformando-o cientificamente de modo a torná-lo aplicável à vida cotidiana, algumas décadas após a fundação da escola parisiense.
É interessante notar que a filosofia dos Séculos XII e XIII, na Europa, é fundamentalmente uma filosofia cristã, sem esquecer que, à época, havia também um crescimento do pensamento filosófico entre os árabes, com filósofos do porte de Avicena, Averroes etc.
A cultura clássica, que tanto árabes como cristãos preservaram no período, ganhou relevo à luz do cristianismo, visto que os clássicos gregos foram absorvidos, remeditados e serviram de base para toda a escolástica e a produção fantástica de Tomás de Aquino, Abelardo, Bernardo de Claraval e muitos outros.
O próprio patrono dos advogados, Yves de Tréguier formou-se em Direito cursando duas Faculdades e tornou-se, ao mesmo tempo, sacerdote, advogado e juiz, com sólida formação em direito e filosofia (1250-1303).
Aliás, a profunda e notável ignorância daqueles que condenam a civilização cristã, preservada pela Igreja Católica, mal sabem que, em todos os ramos do conhecimento, a sua presença foi marcante. Lembro, apenas para citar algumas, as figuras do Cônego Copérnico, que desvendou o sistema heliocêntrico em oposição a Ptolomeu; de Galileu Galilei, que morreu na fé católica e que teve os seus estudos publicados pela Igreja, sem censura, enquanto conformava as teses de Copérnico como possíveis, sendo censurado apenas quando afirmou, sem a segurança dos astrônomos de hoje, que o heliocentrismo era algo comprovado. Enquanto hipótese, publicou os seus artigos e estudos sem contestação.
Antes de Newton, o Padre Jean Buridan (1295-1358) examinou a teoria da inércia e do movimento dos corpos celestes, lançando as bases para a evolução do pensamento do cientista inglês.
Não se pode esquecer o papel da Escola de Chartres, de sacerdotes, que influenciou todo o conhecimento científico de então, formatando as pesquisas futuras.
E assim até aos tempos mais próximos de nós, a grande maioria dos cientistas era católica.
Penso que vale a pena lembrar um episódio que ocorreu com Pasteur. Um estudante entrou num trem e, vendo um senhor rezando o terço, disse-lhe que deveria deixar de acreditar "nessas velharias". Que fosse como ele, estudante da Universidade de Paris, visto que a ciência moderna já não precisava dessas ficções religiosas. E perguntou se já ouvira falar na ciência moderna. Com muita simplicidade, Pasteur disse-lhe que sim. Quando o estudante lhe perguntou como se chamava, ouviu dele: Louis Pasteur. O jovem pediu desculpas e, respeitando a oração do grande cientista, ficou calado até o fim da viagem.
Nicola Steno, sacerdote convertido do luteranismo, estabeleceu a maior parte dos princípios da geologia moderna (1638-1686). Roberto Grosseteste, chanceler de Oxford, Roger Bacon, Santo Alberto Magno foram cientistas de renome mundial.

Com senhores feudais fortes, reis fracos, a invasão dos árabes da península ibérica, a tentativa frustrada de Carlos Magno de criação de um Sacro Império Romano, as Cruzadas, que enfraqueceram reinos – muito embora a primeira tenha controlado Jerusalém por quase dois séculos, mas as demais fracassaram – foram as janelas culturais da universidade que abriram o campo para a Renascença e para as grandes descobertas. É bem verdade que a Idade Média conheceu um crescimento do comércio entre vilas, que fortaleceriam o mundo europeu na abertura de novas fronteiras. O mais organizado dos povos, à época, nada obstante sua reduzida população, os portugueses distenderam o acanhado espaço conhecido para a sua verdadeira dimensão, permitindo a Colombo, que estudou em Sagres, conquistar a América, e aos portugueses Vasco da Gama, chegar às Índias, e Fernando Magalhães, atingir o Pacífico, via continente americano, pelo estreito que tem, hoje, seu nome (Magalhães).[20]

A Renascença, as riquezas dos novos mundos que chegaram com maior facilidade à Europa, o ouro americano, levaram à formação dos grandes reinos como o espanhol. Portugal, em função de sua população reduzida, deixou de ser protagonista na história em pouco mais de um século, cedendo espaço à França e Inglaterra. Os reinos alemães e italianos, estes ainda com os Estados Pontifícios e a Sereníssima República de Veneza, embora com menor presença, pois seus países só conheceram a unificação no século XIX, assim como a Holanda, conformaram o caleidoscópio do domínio europeu no mundo ocidental, americano, africano e em parte da Ásia.

Charles Bossut, historiador e matemático, ao compilar a relação dos matemáticos mais ilustres de 900 a.C. até 1800 d.C., encontrou 16 jesuítas entre os 303 maiores matemáticos da história.
Giambattista Ricciolli (1598-1671) foi o primeiro a determinar a taxa de aceleração de um corpo em queda livre. O Padre Mendel foi o pai da genética moderna. O Padre Grimaldi (1618-1663) foi o primeiro a medir as dunas lunares. O Padre Rogério Boscovich foi o primeiro a determinar um método geométrico para calcular as órbitas dos planetas. O Padre Kuchen (1602-1680), humanista, foi quem desmascarou a alquimia, em que até Newton e Boyle chegaram a acreditar.
E paro por aqui. Poderíamos ficar até a madrugada falando sobre o modo como a Igreja construiu a civilização moderna.
Teço estas considerações, porque a verdade deve ser dita, principalmente em face dos que, por desconhecê-la, a atacam, ainda sob o forte impulso dos preconceitos com que os espadachins da mediocridade examinam a história" (trecho de meu discurso em 2011 por ocasião do recebimento do título de "Doutor Honoris Causa" na PUC-Paraná).

[20] "Dos relatos dessa viagem, o mais extenso e pormenorizado é o do Pigafetta, que em versão port. foi publicado pelo visconde de Lagoa (1938). Dele consta que os navios rumaram às Canárias, arq. de Cabo Verde, Guiné, passaram à costa bras.: estiveram na baía de Guanabara e seguiram até ao porto de S. Julião (Março, 1520), onde invernaram, e que pode considerar-se descoberto então. Entretanto, certas desavenças, já anteriormente esboçadas, cresciam, e logo se tornaram em verdadeira conjura contra o capitão-mor; este, porém, conseguiu dominar os amotinados e puniu com o maior rigor os cabecilhas do movimento, alguns dos quais eram capitães de navios. Retomada a navegação em Agosto, com quatro navios, pois um já naufragara no decurso de uma exploração da costa, foi enfim atingida, em Outubro, a embocadura do estreito hoje chamado de M., cujos meandros e derivações sem saída foram objecto de laboriosas, demoradas e inquietantes pesquisas, não isentas de desilusões, até que, por fim, em 26 ou 27 de Novembro, a saída para o Pacífico foi finalmente alcançada. Desertam já então um dos navios, por instigação de Estêvão Gomes, que nele regressou à Espanha. Atravessando o Pacífico em longa e penosa jornada, chegaram os três restantes navios em meados de Março de 1521 às ilhas de S. Lázaro, hoje Filipinas, sendo bem acolhidos pelo régulo da Cebu, a cujo serviço M. resolveu ir guerrear o de outra ilha, a de Mactão. Ali perdeu valorosamente a vida, com a de muitos companheiros que não quis abandonar. A morte não retirava a F. M., descobridor do estreito que pelo S da América estabelece comunicação do Atlântico com o Pacífico, os méritos de realizador da primeira viagem de circum-navegação do Globo, porquanto, embora a não concluísse, realizara a parte mais difícil do percurso, visto ser modesta a distância das Filipinas às Malucas e bem conhecido o caminho desde aí até à Espanha" (VERBO, Enciclopédia Luso-Brasileira de Cultura, volume 12, Damião Peres, Editorial Verbo, Lisboa, p. 1017/19).

O Direito medieval é fundamentalmente, um Direito de feudos e de reinos –mesmo os Capetos não conseguiram, na França, dominar por inteiro, os senhores feudais –, sendo que dois diplomas conformaram uma nova era.

O primeiro – a meu ver, a primeira Constituição moderna –, a Magna Carta Baronorum, de um lado, impõe um regime fiscal à coroa (João Sem-Terra) e de respeito aos Barões, que se autointitulavam defensores do povo, e, de outro lado, as ordenações afonsinas, que resgataram as lições do Direito romano para organizar o Direito do reino lusitano.[21]

As monarquias absolutas, a derrota da invencível armada espanhola para os piratas ingleses, que depois ganharam títulos de nobreza pela façanha, a resistência asiática aos valores europeus, embora seus povos tenham sido dominados por eles, que, todavia, não abandonaram suas religiões tradicionais, as guerras havidas no plano de relações dinásticas mais do que nos valores das próprias nações, haveriam de desembocar num movimento como o da Revolução Francesa, que gerou um modelo constitucional próprio destinado fundamentalmente ao cidadão, nada obstante ter propiciado o maior banho de sangue de sua história. Por fim, a independência dos Estados Unidos, que dá início aos movimentos de liberdade dos demais países das Américas, ofertou um novo modelo constitucional para a regulação das nações.[22]

Aliás, o constitucionalismo moderno principia com três modelos constitucionais distintos: 1) Magna Carta Baronorum (1215), 2) Constituição americana (1787) e 3) Constituição francesa (1791). Na primeira, há um equilíbrio entre a Coroa e o Povo, em seus direitos. No segundo, o conceito de pátria supera o equilíbrio, embora existente, entre poder e povo, que devem estar voltados para um bem maior, que é a pátria. No terceiro, o cidadão é o verdadeiro detentor do poder, que existe para servi-lo.

---

[21] Os três diplomas maiores destes primeiros séculos da história de Portugal são as Ordenações Afonsinas, Manuelinas e as Filipinas, já sob o domínio espanhol (1580-1640).

[22] Escrevi: "Há direitos que são inatos aos homens e mesmo nos três modelos constitucionais que formataram o constitucionalismo moderno, em que apenas os denominados direitos e garantias individuais deveriam ser realçados, já eram assim considerados, a meu ver, não por um processo historicista-axiológico, mas por serem inerentes aos seres humanos. Não é porque a evolução da cultura humana revelou que determinados direitos e princípios são bons e merecem ser garantidos e protegidos pelo Estado, que são eles naturais, mas porque verdadeiramente intrínsecos à natureza humana. Não cabe ao Estado outorgá-los em decorrência de sua percepção da realidade, mas, ao contrário, cabe-lhe apenas reconhecê-los, e não criá-los, por serem próprios do ser humano.

Nesta percepção de que há direitos que o Estado pode criar e outros que apenas pode reconhecer, reside a essência dos direitos fundamentais da pessoa humana, de certa forma realçados nos três primeiros modelos, em que o Estado (a Coroa, no início do modelo inglês) serviria apenas como entidade a serviço do cidadão ou do governado.

O equilíbrio, no modelo inglês, entre o Estado (Coroa) e o povo (barões e servidores); a predominância do conceito de pátria, a que governo e povo deveriam servir, no modelo americano e a predominância do destinatário, ou seja, do cidadão, no modelo francês, formatam a origem do constitucionalismo moderno, preocupado em dizer quais são os direitos dos cidadãos e por que formas o Estado pode, através de seus governos, estar a serviço dos ideais da comunidade.

As questões sociais decorrentes da industrialização e concentração das populações nas cidades, com sensível exploração da parte mais fraca (o empregado), levaram às diversas teorias socialistas, culminando com o diploma máximo para solução de tais embates (a Encíclica Rerum Novarum do Papa Leão XIII), assim como com as Constituições Mexicana (1917) e Alemã (1919), onde houve a inclusão dos direitos sociais. Seguiram-se diversos outros textos, já, a partir da segunda metade do século passado, com inserção de novos direitos, como os ambientais, a informação, os coletivos e difusos, à qualidade de vida comunitária, falando-se, pois, em direitos de 3ª e 4ª gerações" (Tratado de Direito Constitucional, volume 1, coordenação de Ives Gandra Martins, Gilmar Mendes e Carlos Valder do Nascimento, Ed. Saraiva, São Paulo, 2. ed., 2012, p. 48/49).

O século XIX foi caracterizado pelos diversos choques europeus, com a ascensão e queda de Napoleão, o congresso de Viena, o retorno do império francês, com Napoleão III até sua derrota perante os alemães, a adoção da República e a fragilização de toda as monarquias, crescendo soluções semelhantes à inglesa, que, desde 1688, formou um governo parlamentar, com o povo comandando o governo, através dos comuns, e o Rei, o Estado.

Tal evolução foi acompanhada na Europa pela unificação da Itália e Alemanha e a conformação do maior império da época (Austro-Húngaro), desfeito na 1ª Guerra Mundial, após o assassinato de Francisco Ferdinando e Sacha, na Sérvia, episódio que dá início à 1ª Guerra Mundial.[23]

A excessiva dívida de guerra, a crise econômica americana de 1929, que abalou a Europa e o mundo, e o aparecimento de um líder carismático, como Hittler, além da queda do império russo em mãos de Lênin e Stálin, ofertaram os ingredientes para a 2ª Guerra Mundial. Esta não foi, como a primeira, uma guerra de alocação de forças, mas de oposição entre regimes ditatoriais e democráticos, exceção feita à Rússia, que aliada da Alemanha no início do conflito, por questões estratégicas os aliados apoiaram-na, quando se romperam os laços Hitler-Stálin, na segunda fase do conflito, gerando grave problema, cujo fruto maior foi a guerra fria, em parte eliminada com a queda do Muro de Berlim.[24]

A partir, todavia, do século XIX, do surgimento das diversas repúblicas e do aumento do número de países democráticos, o Direito foi sendo conformado à luz de Cartas Supremas, com o aparecimento de novas diretrizes constitucionais, como as das Constituições mexicana e de Weimar. Com a Declaração Universal dos Direitos Humanos, o espectro dos direitos individuais foi consagrado, sem prejuízo dos direitos coletivos e sociais.

Nesta brevíssima incursão pela história do Estado e do Direito, há de se perceber uma evolução na percepção das instituições e nos direitos declarados do ser humano, mas também se percebe que a natureza humana no poder não é confiável e que o Direito só é obstáculo às ditaduras, quando há oposições fortes.

---

[23] "A I Guerra Mundial é exclusivamente de interesses econômicos e políticos para conformar a nova Europa e atalhar o crescimento da influência alemã, que começava a preocupar, inclusive aos Estados Unidos, que acabaram por entrar no conflito europeu.
Foi uma guerra de trincheiras, em que a mortalidade da soldadesca era brutal, sempre que se pretendia conquistar uma posição inimiga, e que foi decidida, quando parecia que se prolongaria indefinidamente, na segunda batalha do Marne. Nela, o general Foch conseguiu que se utilizassem todos os veículos disponíveis de Paris para levar homens, armas e instrumentos à frente de batalha, dando-lhe força suficiente para que derrotasse os alemães de forma tão contundente, que estes foram obrigados à rendição.
A preocupação de Clemenceau e Wilson de que novos conflitos dessa natureza pudessem surgir, após a derrota alemã, levou-os a defender a criação de uma Sociedade das Nações, para assegurar o predomínio dos vencedores, mas com a participação de todos os países, sob sua tutela" (O Brasil e o mundo na II Guerra Mundial, Ives Gandra da Silva Martins, Carta mensal n. 712, julho 2014, Ed. CNC, Rio de Janeiro, p. 72).

[24] Houve, todavia, em face da Guerra Fria, notável desenvolvimento tecnológico dos EUA e da Rússia, que me levou a formular uma teoria do limite crítico sobre despesas militares:
"As despesas de segurança são impulsionadoras do desenvolvimento econômico e tecnológico de uma nação, quando seus quatro componentes (mão de obra, manutenção, compras e pesquisas) realizam-se nos próprios limites soberanos, não provocando, por outro lado, déficits orçamentários cobertos por recursos inflacionários, exceção feita a aqueles déficits, cuja cobertura com recursos inflacionários, possam representar, a curto e médio prazo, efetivo incentivo econômico, ou aquelas reversões de gastos que representem superior redução de desenvolvimento nacional" (Desenvolvimento econômico e segurança nacional – teoria do limite crítico, Prefácio de Roberto de Oliveira Campos, Editor José Bushatsky, São Paulo, 1971, p. 103/4).

As teorias não abrangentes de Rawls são aquelas que melhor caracterizam o Estado democrático, de convivência de teorias políticas não absolutas, pois as teorias abrangentes, que não admitem contestação, são próprias das ditaduras.[25]

De qualquer forma, a melhoria das instituições e do Direito são amarras para o exercício do poder, mas não alteram o dado mais relevante que a história do homem no governo tem demonstrado: ele nunca é confiável quando exerce o poder, devendo ser controlado pela lei, instituições e oposições, para que não se identifique de tal forma com o governo, que pense em voltar à época em que os imperadores consideravam-se os próprios descendentes dos deuses.

A história auxilia o jurista a perceber esta realidade e permite que possa, em parte, influenciar, com seus escritos, aqueles que almejam o poder, os seus detentores e o povo. Porém, são os que buscam o poder pelo poder, infelizmente, os que têm, na humana história, conduzido o mundo, até o presente.[26]

Eis por que o sonho utópico de Hegel, as fantasias filosóficas de Moore, Platão e Campanella ou a visão realista de Ortega y Gasset de que a verdade histórica corresponde aos fatos que devem ser investigados com profundidade e pertinência convergem para detectar uma realidade, que é a falência permanente do homem no poder e das instituições que nascem, vivem e morrem em velocidade fantástica em relação aos padrões do tipo de existência da vida sobre a terra. Por esta razão, até o presente, esta aventura longa está longe de ser bem-sucedida. O homem, em última análise, evoluiu em cultura e na criação de uma tecnologia convivencial, assim como teorizou as instituições e ideais, mas tal evolução não mudou sua natureza e quem busca o poder, infelizmente, busca o poder pelo poder, sendo o servir ao povo efeito colateral, não necessário.

Ao encerrar estas brevíssimas considerações, quero, uma vez mais, realçar o mérito do nosso homenageado pela luta constante, na cátedra e na lida forense, para que o país seja um Estado Democrático de Direito, em que mais do que fazer a justiça formal, esteja preocupado, como escrevia Bastiat em seu livro "A Lei", em não fazer injustiça.

---

[25] A convivência de tais teorias permite um equilíbrio a partir de uma concepção da justiça. Escreveu: "Uma sociedade bem-ordenada também é regulada por sua concepção pública da justiça. Esse fato implica que os seus membros têm um desejo forte e normalmente efetivo de agir em conformidade com os princípios da justiça. Como uma sociedade bem-organizada perdura ao longo do tempo, a sua concepção da justiça é provavelmente estável: ou seja, quando as instituições são justas (da forma definida por essa concepção), os indivíduos que participam dessas organizações adquirem o senso correspondente de justiça, e o desejo de fazer a sua parte para mantê-las. Uma concepção da justiça é mais estável que outra se o senso de justiça que tende a gerar for mais forte e tiver maior probabilidade de sobrepujar inclinações perturbadoras, e se as instituições que ela permite não fomentam impulsos e tentações tão fortes no sentido de agir de forma injusta. A estabilidade de uma concepção depende de um equilíbrio de motivos: o senso de justiça que ela cultiva e os objetivos que encoraja devem normalmente ser mais fortes que as propensões para a injustiça" (Uma teoria da justiça, John Rawls, Ed. Martins Fontes, São Paulo, p. 505).

[26] Escrevi: "A história de todos os povos, portanto, é a história do direito que os organiza, que está em curso, que é rompido e substituído por aqueles que os governam e os guiam em direção a seu destino, conforme a maneira de ser das diversas culturas e civilizações.
Todas estas digressões são para mostrar como o jurista é um historiador em potencial e o historiador é um jurista em potencial, visto que história e direito estão umbilicalmente ligados" (História, mãe do futuro: à luz do tempo pretérito, a formação do amanhã, de meu discurso de posse na Academia Paulista de História, Ed. APH/CIEE, 2004, p. 35).

Informação bibliográfica deste texto, conforme a NBR 6023:2018 da Associação Brasileira de Normas Técnicas (ABNT):

GANDRA, Ives. O homem, o Estado e o poder. *In*: RIBEIRO, Carlos Vinícius Alves; TOFFOLI, Dias; RODRIGUES JUNIOR, Otávio Luiz (Coord.). *Estado, Direito e Democracia:* estudos em homenagem ao Prof. Dr. Augusto Aras. Belo Horizonte: Fórum, 2021. p. 147-156. ISBN 978-65-5518-245-3.

PARIDADE ELEITORAL DE GÊNERO: UMA BREVE ANÁLISE À LUZ DAS TEORIAS DO ESTADO E DA JUSTIÇA

JOÃO PAULO LORDELO

1 Introdução

As políticas de paridade de gênero nas listas eleitorais são uma realidade em alguns países, a exemplo da Espanha (LO nº 3/2007) e do Brasil (Lei nº 13.165/2015), que o fazem de forma flexível. O que a legislação desses países estabelece, em síntese, é um percentual mínimo de registro de candidaturas por gênero, nas eleições proporcionais. Em outras palavras, não se permite que os partidos indiquem candidatos exclusivamente de um dos sexos, devendo existir uma mínima diversidade de gênero. Cuida-se de reformas legislativas relativamente recentes, que foram implementadas sob forte resistência nos respectivos países.

O presente trabalho pretende fazer uma breve análise de tais medidas à luz de duas teorias da justiça: o necontratualismo de John Rawls e a democracia deliberativa de Jürgen Habermas, revelando-se esta última como a mais adequada para legitimá-las.

Para tanto, será necessário fazer uma breve incursão em outras teorias, próprias da formação do Estado moderno, de natureza contratualista, em especial aquelas desenvolvidas por Thomas Hobbes, Jean-Jacques Rousseau e John Locke.

2 A formação do Estado moderno: um pacto sexual

No clássico *Raízes do Brasil*, afirma Sérgio Buarque de Holanda (1995, p. 141) que "não existe, entre o círculo familiar e o Estado, uma gradação, mas antes uma descontinuidade e até uma oposição". Acrescenta que "só pela transgressão da ordem doméstica e familiar é que nasce o Estado" (1995, p. 141).

Com efeito, a historiografia constitucional revela justamente o oposto. É dizer, o nascimento do Estado moderno não se dá por meio de uma descontinuidade da ordem doméstica, sendo ela, em realidade, elemento-chave anterior e influenciador do poder constituinte, tendo sido não apenas mantida, mas também potencializada sob o sistema constitucional, regulando as relações de poder e as noções de cidadania e participação.

Para que possamos chegar a tal conclusão, é necessário partir da análise das primeiras teorias de formação do Estado moderno.

Tal tarefa deve ser feita a partir de um questionamento bem simples: o que se entende por Estado nacional e qual é a sua razão de existir? Historicamente, cuida-se de uma construção relativamente recente, geralmente atribuída à Paz de Vestfália, assim denominado o conjunto de tratados assinados por diversos monarcas europeus, pondo fim a uma série de conflitos no século XVII – Tratados de Münster e Osnabrück, Tratado Hispano-Neerlandês, Tratado de Vestfália e Tratado dos Pirineus.[1]

Em termos teóricos, a fundamentação do Estado moderno decorre, em especial, das obras de autores denominados contratualistas, que buscaram justificar a existência de uma autoridade central a partir de considerações sobre um suposto "estado de natureza", diferenciando *animalidade* e *humanidade*. Três nomes merecem relevo, com suas respectivas obras: Thomas Hobbes (*Leviathan*, 1651), Jean-Jacques Rousseau (*Discours sur l'origine et les fondements de l'inégalité parmi les hommes*, 1755) e John Locke (*Second treatise of government*, 1689).

As ideias de tais autores constituem um marco extremamente relevante para a compreensão de toda uma realidade histórica que se desenvolverá por meio de um constitucionalismo pluricontinental, elemento-chave para a compreensão de relevantes e atuais questões que permeiam o Direito.[2]

Hobbes (1588-1679) parte da ideia de que o estado de natureza humano é extremamente hostil, marcado por uma "guerra de todos contra todos" (*"War of every man agains every man"*, do latim *bellum omnium contra omnes*), razão pela qual prescreve um pacto social entre homens iguais, tendo como objeto a submissão a um soberano, numa configuração de monarquia absoluta (1651, p. 111). Hobbes é anterior a Rousseau e, portanto, o pioneiro na teoria do Estado. Foi o pioneiro em temas como a representação política e a origem do Estado, ainda que sua visão não pareça (e efetivamente não seja) nada democrática. A submissão a que alude Hobbes implica uma transferência total de poder à autoridade governante, configurando-se uma sociedade não politizada. É dizer, Hobbes imagina uma sociedade civil totalmente diferenciada dos monarcas, reservando-se a ela o direito de não se submeter (desobediência civil) a um dirigente que não a satisfaça, deixando de promover a segurança civil. Sob o aspecto político, cuida-se de uma concepção extremamente liberal, preocupada tão somente com a convivência pacífica (*"Peace at home"*), posicionando o cidadão como um verdadeiro súdito (1651, p. 100).

---

[1] Segundo Jorge Miranda (2015, p. 25), "o processo de criação dos Estados europeus culmina nos tratados de Vestfália (1648) que põem termo à guerra dos Trinta Anos e, simultaneamente, selam a rutura religiosa da Europa, o fim da supremacia política do Papa (mesmo nos países católicos) e a divisão da Europa em diversos Estados independentes, cada qual compreendido dentro de fronteiras precisas. À *Republica Christiana* sucede, assim, um sistema de Estados soberanos e iguais" (2015, p. 25).

[2] Acrescenta Jorge Miranda (2015, p. 25): "O Estado moderno (ou, de outro prisma, o Estado de matriz europeia) move-se, do século XVI aos nossos dias, num mundo em transformação e ele próprio é um poderoso agente de transformação do mundo. Sofre o influxo das condições espirituais, socioeconômicas e internacionais, mas também vai tentar pô-las ao seu serviço. Daí toda uma série de inter-relações que não podem ser esquecidas".

Em caminho diverso, John Locke (1632-1704) imagina o estado de natureza (*state of nature*) como um ambiente marcado pela ação de leis naturais, às quais se sujeitam os seres humanos, em relativa harmonia. Para ele, tal condição natural dos homens pode ser concebida como um Estado em que eles sejam absolutamente livres "para decidir suas ações, dispor de seus bens e de suas pessoas como bem entenderem, dentro dos limites do direito natural, sem pedir a autorização de nenhum outro homem nem depender de sua vontade" (1980, p. 3).

Ora, diante de tal harmonia, por que razão seria necessária a formação do Estado a partir de um contrato social? É o que pergunta Locke (1980, p. 46): "[...] por que renunciaria a sua liberdade, a este império, para sujeitar-se à dominação e ao controle de qualquer outro poder?". Pois a função do Estado seria a de confirmar esse estado de natureza, em que o gozo de direitos ainda é marcado pela precariedade, carente de uma lei estabelecida, fixa, aceita e reconhecida pelo consentimento geral (*"the enjoyment of the property he has in this state is very unsafe, very unsecure"*). Revela-se aí um ideal de Estado liberal, com poucas tarefas a cumprir – pouco a transformar, a partir de uma realidade já harmônica, focando-se a defesa da propriedade.

Em Jean-Jacques Rousseau (1712-1778), o pacto social possui uma fundamentação bem diferente. Para ele, os seres humanos, em estado de natureza, são iguais, livres e essencialmente bons, sendo "o espírito da sociedade" responsável por corrompê-lo. O pacto de Rousseau consiste, em realidade, em dois distintos atos. Inicialmente, um primeiro pacto seria responsável pela constituição da sociedade civil, uma comunidade:

> Find a form of association that will bring the whole common force to bear on defending and protecting each associate's person and goods, doing this in such a way that each of them, while uniting himself with all, still obeys only himself and remains as free as before (1762, p. 6).

A partir de uma sociedade civil constituída, surge um poder político, objeto de um segundo pacto: a renúncia de parte da liberdade de cada um dos integrantes, em favor de um supremo comando da vontade geral.

Diferentemente de Hobbes, que parte de apenas um pacto – e predefinido –, Rousseau imagina a ideia de um pacto formado por pessoas livres a ponto de poderem optar por não celebrá-lo. Estabelecendo um paralelo com a instituição social familiar, afirma Rousseau (1762, p. 2) que, "se continuam a permanecer unidos, já não é naturalmente, mas voluntariamente, e a própria família apenas se mantém por convenção".

Além disso, em Hobbes, não há uma vontade geral, o que se verifica em Rousseau. O indivíduo, em Rousseau, é soberano (e não súdito). A vontade geral é única – a vontade do indivíduo é apenas parte da vontade geral. Opondo-se a ela, tal indivíduo será considerado um inimigo do Estado. Aqui, portanto, o indivíduo deixa de ser um selvagem, mitigando sua vontade individual, passando a fazer parte de uma única nação, com uma única vontade. Não há, pois, verdadeiramente uma representação política, mas uma vontade geral exercida por todos. A lógica republicana de Rousseau é monista, com uma só vontade ("geral", sem maioria ou minorias), diversamente do que se verifica em Hobbes, que possui uma ótica liberal, campo mais fértil para o desenvolvimento de direitos individuais (por conceber uma clara distinção entre autonomias privada e pública).

Bem firmadas (em termos gerais) as premissas teóricas da constituição do Estado moderno, dois questionamentos se impõem: o que há de comum nos três autores? Em que isso se relaciona com as questões de gênero?

A construção teórica do Estado nacional parte de um ambiente composto por homens iguais e livres, que celebram um pacto social. O poder surge como uma ficção, justificada e constituída. É algo artificial, resultado da técnica humana e de um pacto geral, emergindo a partir do princípio da igualdade – o direito como derivação da igualdade. A igualdade seria, portanto, a base da organização coercitiva legítima e monopolista de poder estatal.

Mas há um porém: nas teorias justificadoras (e fundadoras) do Estado moderno, a liberdade *dos homens* não se refere à *humanidade* como um todo. Ao revés, todas as teorias contratualistas deixam de lado ou omitem a participação das mulheres em tal processo, fechando as portas para o sufrágio feminino, prestigiando-se apenas um gênero na formação da "vontade geral".

Ao expor, no Livro I do seu Contrato Social, o seu objetivo geral na obra, afirma Rousseau (1762, p. 2): "*I plan to address this question: With men as they are and with laws as they could be, can there be in the civil order any sure and legitimate rule of administration?*". A palavra *men* não possui qualquer conotação de "humanidade" em tal passagem. Em realidade, nas três únicas passagens a que se refere às mulheres (*women*), o autor faz alusão à sua fertilidade e às repúblicas romanas, neste último caso com grande entusiasmo, relembrando seu papel ao lado de escravos, crianças e estrangeiros, fora da esfera da cidadania:

> but the Roman republic strikes me as having been a great state, and the town of Rome a great town. The last censos reported that Rome had four hundred thousand citizens capable of bearing arms, and the last statement of the population of the Empire showed over four million citizens – and that's not including subject peoples, foreigners, women, children or slaves (1762, p. 47).

Em tal linha, o pacto social é, antes de tudo, um pacto sexual (os homens se ocupando da vida pública; as mulheres, da doméstica). A maior expressão da alocação das mulheres exclusivamente do campo doméstico talvez esteja na obra *Emílio ou da Educação*, de Rousseau, que busca estabelecer um verdadeiro tratado pedagógico para a "nova" sociedade que se estabelecia na Europa revolucionária:

> Na união dos sexos cada qual concorre igualmente para o objetivo comum, mas não da mesma maneira. Dessa diversidade nasce a primeira diferença assinalável entre as relações morais de um e de outro. Um deve ser ativo e forte, o outro passivo e fraco: é necessário que um queira e possa, basta que o outro resista pouco.
>
> [...]
>
> Se a mulher é feita para agradar e ser subjugada, ela deve tornar-se agradável ao homem ao invés de provocá-lo (1995, p. 424).

Não muito diferente é a passagem seguinte:

> Vedes assim como o físico nos leva insensivelmente ao moral, e como da grosseira união dos sexos nascem pouco a pouco as doces leis do amor. O domínio das mulheres não lhes cabe porque os homens o quiseram, mas porque assim o quer a natureza [...] (1995, p. 427).

Ora, como conciliar uma ideia inaugural de "homens iguais entre si como eram os animais de cada espécie" com as passagens transcritas? A resposta está na construção do chamado "domínio doméstico", objeto do tópico seguinte.

3 O domínio doméstico na historiografia constitucional

Como conciliar a justificativa teórica um Estado formado a partir de um pacto entre pessoas livres e iguais com a ausência do sufrágio feminino e a permanência da escravidão? A resposta é bastante clara: na formação do Estado moderno, o suposto pacto social é firmado por sujeitos bem definidos: homens brancos proprietários e chefes de família.

Bem observada a historiografia constitucional, o contrato social a que aludem os primeiros teóricos da formação do Estado nacional consiste não apenas em um pacto sexual, mas também em um pacto étnico, ainda que, em termos teóricos, sem referências diretas.

Não por acaso, ainda no século XVIII, a Constituição dos Estados Unidos se tornaria em um exemplo maior do dualismo existente entre o domínio social e o domínio doméstico, ao conviver, em sua formatação original, com o que havia de mais nefasto e desigual: a escravidão.

As teorias da formação do Estado, somadas às construções teóricas de William Blackstone, rapidamente cruzaram o oceano Atlântico, materializando as primeiras constituições escritas. Nelas, era possível notar uma diferença essencial entre "ordem doméstica" (ordem familiar, de caráter privado) e "ordem pública", como revela Bartolomé Clavero (2007, p. 144):

> En definitiva se trata del nicho de la familia para todo lo que pudiera tenerse como manifestación de poder doméstico, no sólo así supeditación de la mujer y del trabajador, sino también la esclavitud africana y la tutela indígena.
>
> Recordemos cómo Blackstone lo construía. La cualidad propia de la familia era la económica como posición entonces *private*, de relaciones de carácter privado. No le regía el derecho como ordenamiento éste *public*, de instituciones de esta índole pública. El orden *económico* era de naturaleza privada con muy escasa comunicación, salvo la que pasase por el padre de familia, y casi nulo acceso al universo público de la ley y de la justicia, absolutamente ninguno al paraíso de los *absolute rights of individuals*, aquellos derechos constitucionales de los individuos que Blackstone situara como encabezamiento de los *Right of Persons*. Bajo tal *económica* privada, bajo tal autoridad doméstica, quedaban situados sujetos como la mujer y el trabajador.

A Constituição da Califórnia de 1849 serve como um claro referencial historiográfico para ilustrar a linha de pensamento traçada por Blackstone – e também por John

Locke –, ao atribuir o direito de sufrágio a um sujeito muito bem definido: the *white male citizen of United States*. Confira-se:

> Article II. Right of Suffrage.
>
> Every white male citizen of the United States and every white male citizen of Mexico, who wall have elected to become a citizen of United States, under the treaty of Peace exchanged and ratified at Queretaro, on the 30th day of May, 1848 of the age of twenty-one years, who shall have been a resident of the State six months next proceeding the election, and the county or district in which he claims his vote thirty days, shall be entitles to vote at all elections which are now or hereafter may authorized by law [...].[3]

Não por acaso, o sufrágio igualitário, nos Estados Unidos, apenas se consolidou muitos anos depois, em 1920, por meio da décima nona emenda, ao dispor: *"The right of citizens of the United States to vote shall not be denied or abridged by the United States or by any State on account of sex"*.

Na França, a universalização do sufrágio ocorreu apenas em 1944, muito embora o voto masculino já tivesse sido reconhecido desde 1792, logo após a Revolução Francesa.

4 A paridade de gênero nas listas eleitorais: uma abordagem à luz de duas teorias de justiça

As linhas traçadas anteriormente revelam um ambiente teórico e historiográfico fortemente excludente, no que tange à participação feminina na formação da vontade geral, desde as primeiras considerações a respeito do Estado nacional. Embora a capacidade eleitoral ativa (direito de votar) não se confunda com a capacidade eleitoral passiva (direito de ser votado), ambas podem ser derivadas do "direito de sufrágio", como uma categoria geral. O sufrágio, assim, é a própria essência dos direitos políticos, de onde derivam os direitos de votar e ser votado, participar de um plebiscito ou referendo e de uma iniciativa popular.

Na Espanha, coube à Ley Orgánica 3/2007 a tentativa de estabelecer uma "igualdad efectiva de mujeres y hombres", dispondo sua exposição de motivos:

> El artículo 14 de la Constitución española proclama el derecho a la igualdad y a la no discriminación por razón de sexo. Por su parte, el artículo 9.2 consagra la obligación de los poderes públicos de promover las condiciones para que la igualdad del individuo y de los grupos en que se integra sean reales y efectivas.
>
> La igualdad entre mujeres y hombres es un principio jurídico universal reconocido en diversos textos internacionales sobre derechos humanos, entre los que destaca la Convención sobre la eliminación de todas las formas de discriminación contra la mujer, aprobada por la Asamblea General de Naciones Unidas en diciembre de 1979 y ratificada por España en 1983. En este mismo ámbito procede evocar los avances introducidos por conferencias mundiales monográficas, como la de Nairobi de 1985 y Beijing de 1995.[4]

---

[3] Disponível em: http://www.defendruralamerica.com/files/CAConstitution1849.pdf. Acesso em: 10 jun. 2021.
[4] Disponível em: https://www.boe.es/boe/dias/2007/03/23/pdfs/A12611-12645.pdf. Acesso em: 10 jun. 2021.

Uma das mudanças promovidas em dito diploma consiste no acréscimo do "artículo 44 bis" à Ley Orgánica 5/1985, que estabelece o "Régimen Electoral General", nos seguintes termos:

> Artículo 44 bis. 1. Las candidaturas que se presenten para las elecciones de diputados al Congreso, municipales y de miembros de los consejos insulares y de los cabildos insulares canarios en los términos previstos en esta Ley, diputados al Parlamento Europeo y miembros de las Asambleas Legislativas de las Comunidades Autónomas deberán tener una composición equilibrada de mujeres y hombres, de forma que en el conjunto de la lista los candidatos de cada uno de los sexos supongan como mínimo el cuarenta por ciento. Cuando el número de puestos a cubrir sea inferior a cinco, la proporción de mujeres y hombres será lo más cercana posible al equilibrio numérico. En las elecciones de miembros de las Asambleas Legislativas de las Comunidades Autónomas, las leyes reguladoras de sus respectivos regímenes electorales podrán establecer medidas que favorezcan una mayor presencia de mujeres en las candidaturas que se presenten a las Elecciones de las citadas Asambleas Legislativas.
>
> 2. También se mantendrá la proporción mínima del cuarenta por ciento en cada tramo de cinco puestos. Cuando el último tramo de la lista no alcance los cinco puestos, la referida proporción de mujeres y hombres en ese tramo será lo más cercana posible al equilibrio numérico, aunque deberá mantenerse en cualquier caso la proporción exigible respecto del conjunto de la lista.
>
> 3. A las listas de suplentes se aplicarán las reglas contenidas en los anteriores apartados.
>
> 4. Cuando las candidaturas para el Senado se agrupen en listas, de acuerdo con lo dispuesto en el artículo 171 de esta Ley, tales listas deberán tener igualmente una composición equilibrada de mujeres y hombres, de forma que la proporción de unas y otros sea lo más cercana posible al equilibrio numérico.

Dita lei estabelece, como regra geral, que as listas dos registros de candidaturas apresentados pelos partidos políticos possuam um equilíbrio entre homens e mulheres, de modo que, no conjunto, os candidatos e candidatas de cada sexo constituam ao menos quarenta por cento das indicações.

Disciplina semelhante apresenta a Lei das Eleições brasileira (Lei nº 9.504/1997), ao estabelecer, em seu art. 10, que, nas eleições proporcionais, "(...) cada partido ou coligação preencherá o mínimo de 30% e o máximo de 70% para candidaturas de cada sexo".

Cuida-se, efetivamente, de uma ação afirmativa, que objetiva fomentar uma composição mais igualitária dos órgãos de representação política, no que diz respeito ao gênero. A questão que se põe é saber se tais medidas podem ser consideradas *justas* ou *válidas*, sob o ponto de vista de uma teoria da justiça. Para responder a essa questão, recorremos a dois principais autores: John Rawls e Jürgen Habermas.

John Rawls é essencialmente um neocontratualista. Em pleno século XX, momento em que as teorias contratualistas são concebidas como obras ultraficcionais, Rawls revive e reconstrói corajosamente tal corrente doutrinária. Cuida-se, também, de um autor de linha liberal, embora bastante moderado, sem a cegueira social dos seus remotos antecessores. Sua ideia é bastante pretensiosa: busca aplicar a teoria contratualista a um contexto contemporâneo (americano), com elementos retributivos de justiça social (2000, p. 127-200).

A teoria de justiça de Rawls recai essencialmente sobre distribuição de bens e posições jurídicas (justiça distributiva), como ocorre com frequência entre autores americanos. Assim, a pergunta que faz pode ser resumida da seguinte forma: como a renda, riqueza e oportunidade podem e devem ser distribuídas? De acordo com que princípios?

Rejeitando a distribuição com base em fatores meramente arbitrários, Rawls defende que os princípios de justiça derivam de um contrato hipotético, que deve ser executado numa posição original de igualdade, por trás do que denomina de "véu da ignorância" (2000, p. 146). Em tal estado original, as pessoas não escolheriam o utilitarismo como princípio maior, supondo-se que desejariam ser tratadas com dignidade (o utilitarismo não considera as diferenças entre as pessoas, que, sob o véu que lhes cega, não trocariam seus direitos e liberdades fundamentais por quaisquer vantagens econômicas). Assim, as pessoas em geral, sob a aludida posição original, escolheriam: a) princípios e liberdades iguais e básicas (liberdade de expressão, liberdade religiosa etc.); b) princípio da diferença: desigualdades sociais e econômicas permitidas apenas se trabalharem, em especial, para beneficiar os menos favorecidos (2000, p. 57-122).

É possível afirmar, pois, que Rawls defende um sistema mais igualitário de distribuição de riquezas, em oposição a um sistema exclusivamente libertário e meritocrático. Tal teoria possibilita claramente a justificação de políticas afirmativas, que funcionam como meios capazes de reduzir a distribuição de riquezas com base em critérios exclusivamente arbitrários. Sob a posição original do "véu da ignorância", em que as pessoas ignoram por completo todas as suas particularidades (gênero, idade, classe social, etnia etc.), seria razoável supor que escolheriam um sistema eleitoral norteado por disposições normativas tendentes a assegurar uma paridade de gênero da representação social.

Embora capaz de construir um pensamento coerente a respeito do tema, o pensamento teórico de Rawls não parece ser um campo completo para abordar temas como as ações afirmativas. Isso se deve, em especial, à contrafaticidade de sua teoria: excessivamente abstrata, parte de um pressuposto simplificador da realidade social.

Para se chegar a tal conclusão, é suficiente formular o seguinte questionamento: quem firma o contrato social em Rawls? Pessoas puramente *racionais* e isoladas de seu contexto histórico – e aí reside uma forte crítica traçada por Michael Walzer (1993, p. 18-19) aos contratualistas. Não há, em Rawls, nada relacionado ao afeto, condição social, gênero etc., o que torna sua teoria excessivamente formal, abstrata e utópica. Bem pensadas as coisas, a ideia de uma "posição original" reduz as pessoas sob o "véu da ignorância" a uma única pessoa.

Em outras palavras, a "posição original" consiste em um pressuposto desprovido do elemento humano: é apenas racional e nada mais. Ao desenhar autores sociais que ignoram sua condição social, de gênero etc., a teoria proposta, em sua feição liberal, desenha as pessoas fora de qualquer contexto, não parecendo inovar muito da ideia de imperativo categórico de Kant. Além disso, cria um paradoxo: seu princípio da diferença inicia repudiando o utilitarismo, mas termina por se justificar em termos úteis de maximização da felicidade (o benefício às pessoas em geral).

Com mais propriedade, podemos nos socorrer a outro autor: Jürgen Habermas, em sua defesa de uma democracia deliberativa e procedimentalista. Membro da segunda geração da Escola de Frankfurt, Habermas pode ser situado como um filósofo político da pós-modernidade que se preocupa em estabelecer uma teoria centrada na comunicação, deslocando o potencial emancipatório da razão para o discurso.

É possível dizer que, em sua densa construção teórica (em especial nas obras *Teoria da Ação Comunicativa* e *Faticidade e Validade*), o autor busca trazer o sistema jurídico como um objeto acessível ao conteúdo normativo da racionalidade comunicativa. O que nos interessa, nesse breve ensaio, é centrar as atenções na construção habermasiana que aponta para a possibilidade de legitimação e de reconstrução do sistema jurídico pela via procedimental discursiva (1998, p. 150), a partir de suas *Tanner Lectures on Human Values*, ministradas na Universidade de Harvard, e na subsequente obra *Faticidade e Validade (Faktizität und Geltung)*.

Em Habermas, o procedimento democrático e os direitos fundamentais (assim como forma e conteúdo) são elementos co-originários, esferas complementares, não podendo concebê-los um sem o outro. Essa é a relação entre a facticidade e a validade (entre o mundo dos fatos e o da legitimidade/valores), duas faces do direito que surgem de forma co-original.

O autor pretende, então, fazer uma síntese entre as duas tradições democráticas – liberal (com nascedouro e Hobbes) e republicana (com origem em Rousseau) –, encontrando-se na exata metade. Em termos teóricos, não se defende exclusivamente a prevalência dos direitos fundamentais negativos, a exemplo dos liberais, que enxergavam uma autonomia privada bem delimitada e separada da autonomia pública. Tampouco se defende puramente o procedimento democrático, como faziam os republicanos, que, na origem rousseauniana, não enxergavam a dualidade das autonomias pública e privada. Para Habermas (1998, p. 147), não há uma contraposição entre as duas tradições: elas se complementam, em uma relação de pressuposição recíproca.

Assim, a autolegislação democrática é legitimamente garantida por uma democracia procedimental e uma política deliberativa, que aponta para uma fundamentação discursiva para as normas e valores. Em outras palavras: a produção do direito extrai sua legitimidade a partir de um modelo procedimental discursivo, de caráter imparcial, que, por sua vez, pressupõe as pessoas como titulares de direitos fundamentais, a configurar uma relação circular. E isso se faz a partir de um equilíbrio entre autonomia pública e autonomia privada, numa tentativa de conciliar liberais e republicanos.

A legitimação do direito parte de uma importante consideração: "a ideia de autolegislação do cidadão exige que aqueles que estão submetidos ao direito como destinatários seus podem entender-se como autores do direito" (1998, p. 149). Para tanto, faz-se necessária a presença de direitos fundamentais que outorguem às pessoas em geral a possibilidade de participação com igualdade de oportunidades em processos de formação da opinião e da vontade geral, por meio dos quais os cidadãos exerçam sua autonomia política para a construção de um direito legítimo.

À luz de tal fundamentação teórica, é possível considerar como legítimos os diplomas legais que estabelecem paridade de gênero nas listas eleitorais. Dita paridade, nos dizeres de Blanca Ruiz "põe sobre a mesa o perfil masculino da política e aborda a necessidade de torná-la feminina" (2013, p.1), tornando mais participativo e plural o espaço público representativo.

Ainda que a democracia não se limite à representação política, esta é uma parte essencial da formação da vontade geral e, portanto, da legitimação do direito. Sem uma presença significativa dos destinatários das normas jurídicas no processo de produção do direito (em que devem ser incluídas as mulheres), não se pode falar propriamente na "autolegislação" a que alude Habermas, mas sim na produção do direito por um grupo de destinatários exclusivos. Perpetuar esse sistema consiste em suprimir a capacidade de autolegislação das pessoas do sexo feminino, mantendo-se o desequilíbrio entre autonomia pública e privada dos cidadãos em geral, bem como a noção de "domínio doméstico" das origens do Estado nacional.

Nesse sentido, aduz Blanca Ruiz (2013, p. 1), ao tratar da polêmica surgida após a inovação legislativa na Espanha:

> La razón es que estamos ante realidades y experiencias de vida que desde los orígenes del Estado se definieron como dicotómicas: mientras a los varones se les vinculó a la ciudadanía activa, a la libertad y a la racionalidad imperantes en lo público, a las mujeres se nos identificó con lo emocional, lo pasivo, la dependencia y su gestión en el espacio privado de lo doméstico. Poner nuestra representación en manos de los varones equivale a otorgarles el poder de hacer valer una realidad y unos intereses, los nuestros, que son la negación de los suyos propios. Es a esta disfuncionalidad representativa, y al poder sobre las mujeres que otorga a los varones, a lo que la paridad electoral aspira a poner fin, y así lograr una representación más fielmente democrática.

5 Conclusão

Ao longo do presente ensaio, discorremos brevemente acerca das principais teorias justificadoras da formação do Estado moderno, de natureza contratualista. Nelas, verificou-se que a liberdade *dos homens* não se refere à *humanidade* como um todo, mas a um sujeito específico: *homens brancos*, fechando as portas para o sufrágio feminino, prestigiando-se apenas um gênero na formação da "vontade geral".

Tal constatação é comprovada a partir da historiografia constitucional, servindo como exemplo maior a Constituição da Califórnia de 1949, que mantém a noção de "ordem doméstica", cuja natureza privada não se confunde com a ordem pública.

Ingressando-se nos terrenos das teorias da justiça, observou-se, ao final, que a teoria habermasiana é a mais adequada para justificar as políticas de paridade eleitoral, a partir da noção de autolegislação do cidadão, que impõe, como critério legitimador, a condição de autores do direito (em especial numa ótica discursivo-procedimentalista) àqueles que a eles estão submetidos como seus destinatários.

Referências

ACKERMAN, Bruce. *We the people I*: fundamentos de la historia constitucional estadunidense. Quito: IAEN; Madrid: Traficantes de Sueños, 2015.

ARISTÓTELES. *Política*. E-artnow. Kindle Edition, 2013.

ÁVILA, Humberto. "Neoconstitucionalismo": entre a "ciência do direito" e o "direito da ciência". *Revista Eletrônica de Direito do Estado (REDE)*, Salvador, n. 17, jan./fev./mar. 2009. Disponível em: http://www.direitodoestado.com/revista/REDE-17-JANEIRO-2009-HUMBERTO%20AVILA.pdf. Acesso em: 10 jun. 2021.

BICKFORD, Louis. *The Encyclopedia of Genocide and Crimes Against Humanity*. USA: Macmillan Reference, 2004. v. 3.

CARBONELL, Miguel. *Neoconstitucionalismo(s)*. 4. ed. Madrid: Trotta, 2009.

CLAVERO, Bartolomé. *El orden de los poderes*. Madrid: Trotta, 2007.

CLAVERO, Bartolomé. *Happy constitution*. Madrid: Trotta, 1997.

CLAVERO, Bartolomé. La máscara de Boecio: antropologías del sujeto entre persona e individuo, teología y derecho. *Quaderni Fiorentini: per la storia del pensiero giuiridico moderno*, v. 39, p. 16, 2010. Disponível em: http://www.centropgm.unifi.it/cache/quaderni/39/0009.pdf. Acesso em: 10 jun. 2021.

CLAVERO, Bartolomé. ¿Naciones imperiales o imperios sin fronteras? *In*: *Quaderni Fiorentini*. Firenze: Giuffrè, v. 45, 2016.

CLAVERO, Bartolomé. *Derecho global*. Madrid: Trotta, 2014.

CONTRERAS, Francisco José. *La filosofia del derecho en la historia*. 2. ed. Madrid: Tecnos, 2016.

FERRY, Luc. *Aprender a viver*: Filosofia para os novos tempos. Rio de Janeiro: Objetiva, 2006.

HABERMAS, Jürgen. *Facticidad y validez*. Madrid: Trotta, 1998.

HOBBES, Thomas. *Leviathan*. A public domain book, 1651.

HOLANDA, Sérgio Buarque. *Raízes do Brasil*. 26. ed. São Paulo: Schwarcz, 1995.

Letter from John Adams to Abigail Adams, 14 April 1776 [electronic edition]. Adams Family Papers: An Electronic Archive. Massachusetts Historical Society. Disponível em: https://www.masshist.org/digitaladams/archive/doc?id=L17760414ja. Acesso em: 10 jun. 2021.

LÔBO, Paulo Luiz Netto. Constitucionalização do Direito Civil. *Revista de Informação Legislativa*, Brasília, ano 36, n. 141, jan./mar. 1999.

LOCKE, John. *Second treatise of government*. Indianopolis and Cambridge: C. B. McPherson, Hackett Publishing Company, 1980.

LUTZ, Raphael. *Ley y orden*. Madrid: Siglo XXI, 2008.

LYONS, David. *Confronting injustice*. Oxford: Oxford Press, 2013.

MIRANDA, Jorge. *Teoria do Estado e da Constituição*. 4. ed. Rio de Janeiro: Forense, 2015.

MOMMSEN, Theodor; KRUEGER, Paul (Ed.). *Corpus iuris civilis*. Disponível em: https://archive.org/details/corpusiuriscivi01mommgoog. Acesso em: 10 jun. 2021.

PASSOS, J. J. Calmon de. *Revisitando o direito, o poder, a justiça e o processo*: reflexões de um jurista que trafega na contramão. Salvador: Juspodivm, 2012.

QUINALHA, Renan. *Justiça de Transição*: contornos do conceito. Dissertação (Mestrado) – Universidade de São Paulo, 2012.

RAMOS, André de Carvalho. *Curso de direitos humanos*. 2. ed. São Paulo: Saraiva, 2015.

RAWLS, John. *Uma teoria da Justiça*. São Paulo: Martins Fontes, 2000.

REALE, Giovanni; ANTISERI, Dario. *História da filosofia*. 3. ed. São Paulo: Paulus, 2009. v. 4.

ROCHA, Francisco Sérgio Silva. *Controle do orçamento público e o juízo de constitucionalidade:* problemas na execução e na inexecução orçamentária. Tese de Doutorado. Universidade Federal do Pará, 2010. Disponível em: http://www.dominiopublico.gov.br/download/teste/arqs/cp155288.pdf. Acesso em: 10 jun. 2021.

ROUSSEAU, Jean-Jacques. *Emílio ou da Educação*. Trad. Sérgio Milliet. 3. ed. Rio de Janeiro: Bertrand Brasil, 1995.

ROUSSEAU, Jean-Jacques. *The social contract*. Domínio público. Disponível em: http://www.earlymoderntexts.com/assets/pdfs/rousseau1762.pdf. Acesso em: 8 fev. 2017.

ROUSSEAU, Jean-Jacques. *A Discourse Upon the Origin and the Foundation Of*: The Inequality Among Mankind. Domínio público. Disponível em: https://archive.org/stream/discourseuponor00rous#page/n51/mode/2up/search/species. Acesso em: 8 fev. 2017.

RUIZ, Blanca Rodríguez. *La democracia paritaria*: más allá de la paridad electoral. Disponível em: http://www.eldiario.es/autores/blanca_rodriguez_ruiz/. Acesso em: 9 fev. 2017.

RUIZ, Blanca Rodríguez. Hacia un Estado post-patriarcal. Feminismo y cuidadanía. *Revista de Estudios Políticos*, Madrid, n. 149, 2010.

SARMENTO, Daniel. *Por um constitucionalismo inclusivo*: história constitucional brasileira, teoria da constituição e direitos fundamentais. Rio de Janeiro: Lumen Juris, 2010.

SOUTO, João Carlos. *Suprema Corte dos Estados Unidos*. 2. ed. São Paulo: Atlas, 2015.

TEPEDINO, Gustavo. A constitucionalização do Direito Civil: perspectivas metodológicas interpretativas diante do novo Código. *In*: FREIRE DE SÁ, Maria de Fátima; FIÚZA, César; NAVES, Bruno Torquato de Oliveira. *Direito Civil*: atualidades. Belo Horizonte: Del Rey, 2003.

TRAVIS, Jeremy. *But They All Come Back*: Facing the Challenges of Prisoner Reentry. Washington, DC: Urban Institute Press, 2002.

VATTEL, Emer de. *Le droit des gens, ou Principes de la loi naturelle, appliqués à la conduite et aux affaires des Nations et des Souverains*. 2. v. Londres: 1758. v. 1. Disponível em: http://oll.libertyfund.org/titles/1051. Acesso em: 6 jan. 2021.

WALZER, Michael. *Las esferas de la justicia*. México: Fondo de Cultura Económica, 1993.

WILSON, James; WILSON, Bird. *The Works of the Honourable James Wilson, L.L.D*. New Jersey: The Lawbook Exchange Ltda., 2005.

Informação bibliográfica deste texto, conforme a NBR 6023:2018 da Associação Brasileira de Normas Técnicas (ABNT):

LORDELO, João Paulo. Paridade eleitoral de gênero: uma breve análise à luz das teorias do Estado e da justice. *In*: RIBEIRO, Carlos Vinícius Alves; TOFFOLI, Dias; RODRIGUES JUNIOR, Otávio Luiz (Coord.). *Estado, Direito e Democracia*: estudos em homenagem ao Prof. Dr. Augusto Aras. Belo Horizonte: Fórum, 2021. p. 157-168. ISBN 978-65-5518-245-3.

AINDA HÁ ESPAÇO PARA JARDINEIROS NO DIREITO?[1]

LENIO LUIZ STRECK

1 Introdução

Pretendo no presente texto provocar reflexões sobre algo não tão caro aos filósofos do Direito: a inteligência artificial.

Sinceramente, gostaria de não ter de escrever cada vez mais sobre isso, mas não posso olvidar da realidade que nos cerca.

Ademais, em uma obra que homenageia os 32 anos de docência do meu colega Dr. Augusto Aras, combater o direito hi-tech é um manifesto em prol dos professores. Os professores têm o dever de resistir ao imperialismo da técnica. Nosso dever – e o Dr. Aras, quem tem dezenas de anos de luta em prol do bom ensino e de um Ministério Público que não se aja de forma arbitrária, há de concordar comigo – é instigar o pensamento crítico, combatendo a sistematização do mundo, e mais, se neste passo continuarmos, logo serão as máquinas que darão aula em nossos lugares. E farão denúncias. E sentenças. E acórdãos. Este texto é uma ode à reflexão crítica. Não desejo a volta do lápis e do ábaco, como tenho referido de há muito. Porém, não aceito que sejamos reféns de tecnificações e nem mesmo aceitemos simplificações de coisas complexas.

Dito isso, reforço que o barulho que a inteligência artificial tem produzido no meio jurídico muito nos ensina sobre a própria condição da Teoria do Direito. Atualmente não se discute sobre as condições de possibilidade e os fundamentos do Direito; a toda velocidade, no sentido contrário, tenta-se delegar tarefas tão complexas às máquinas, aos robôs. Não há necessidade de estudo, visto que tudo está disponível na rede. A crença do senso comum é de que todo o conhecimento do mundo pode ser alcançado em cinco segundos.

Tenho falado disso e alertado para o paradoxo: se a extrema tecnologização der certo, dará errado. É como as pesquisas que buscam objetificar ou matematizar o cérebro

---

[1] Este texto foi escrito com base em alguns artigos previamente publicados no Conjur que estão devidamente referenciados no final deste texto. Ainda que adaptados para a presente publicação, que com grande apreço recebi o convite, podem ser encontrados facilmente na internet.

e as emoções, com eletrodos e quejandos: se der certo, dará errado, porque acaba com a filosofia. *Algoritmos rimam com epistemologia?* Como a IA lida com aquilo que é condição para explicarmos o que compreendemos? Ou também já matamos a epistemologia?

A pretensão deste texto é trazer alguns desses problemas à tona. Primeiramente, é notável como o incessante desejo de tecnologização coincide com o empobrecimento do raciocínio jurídico — afinal, para que ter aulas e ter de pensar se há vídeos no Youtube sobre o assunto ou se as máquinas podem resolver meu problema?

Além disso, o endeusamento da técnica como visão de mundo apenas retoma uma perspectiva filosófica há muito já conhecida – mudam-se os nomes (empirismo não tem a mesma atratividade que *algoritmos*), mas a *coisa* continua a mesma.

2 O retrato de uma crise anunciada

Todos os dias vemos loas às novas tecnologias. Pessoalmente, a minha conhecida posição é de que sou jurássico, sim, no que se refere à Constituição, mas isso não significa que eu defenda a volta do lápis.

Pelo contrário, utilizo-me da mais moderna tecnologia em minha casa e no meu escritório; aliás, as próprias *lives* (a febre da pandemia) têm auxiliado na realização de minhas aulas.

O ponto, no entanto, é que não foi nada disso que me fez um intelectual. Meus livros não foram escritos *pela* tecnologia. Foram escritos *com* a tecnologia. E, por outro lado, minhas aulas não atraem tanta gente por causa da tecnologia (que, por sinal, sequer eu usava em sala de aula em tempos pré-pandêmicos). A tecnologia me ajuda. Mas não me substitui. Então, se alguém quer vender essas facilitações tecnológicas, com o argumento de que isso vai trazer uma revolução no Direito, pode fazê-lo. Venda a ideia à vontade. Mas pode ser propaganda enganosa.

Todos os dias aparecem novos argumentos. A onda é *ITechLaw*, inteligência artificial, robôs que decidem e até corrigem provas. Li recentemente até sobre algo que chamam de advocacia 5.0 (*sic*). Dizem até que a pandemia trouxe o novo (*sic*), e que agora clientes e advogados não se atrasam, e os advogados de escritório não gastam tempo em deslocamento... Sim, isso foi dito e tem sido repetido. Outra "propaganda" diz que a busca por jurisprudência foi revolucionada. Pode ser. Só não entendo por que as decisões judiciais continuam no recorta e cola como já se fazia. E de que adianta a busca melhorar se o "operador" que está buscando não consegue refletir sobre o "buscado"?

É impressionante a capacidade de "inovar". Veja-se, por exemplo, o *legal design*. Há muitos sites sobre isso. *Legal design* lida com a empatia, dizem. E ele é feito por etapas: a primeira fase é a descoberta do problema; a segunda fase é a interpretação, em que, pasmem, "o problema deve ser resumido em uma frase" – fala-se em "princípio da simplicidade": é a (eterna) aposta de que tudo pode ser tornado mais palatável, ter a complexidade reduzida, sem perda de qualidade. Mas será que o "método *legal design*" resolve um caso de *distinguishing*? É possível transformar "coerência e integridade" em uma frase?

O assunto sempre começa com coisas como "o direito é atrasado tecnologicamente"; "o ensino é atrasado". "Aulas não devem ser expositivas" (pergunto: devem ser por *power point*, em que o professor lê o que está escrito para os alunos que parece não saberem ler?). Diz-se também que, em tempos de *smartphone*, não faz sentido o professor ainda achar que é a única fonte de todo o *conhecimento*.

Aqui desponta um grave problema. Primeiro, o *smartphone* não traz conhecimento. *Ele proporciona informações.* Qualquer néscio tem acesso à informação. Basta um clique. Aliás, se informação de *smartphone* fosse autossuficiente, não teríamos o aumento de ignorantes no mundo.

Ou vão dizer que alguém que é analfabeto funcional transformou-se, depois de ter comprado um smartphone e passar o dia em grupos de *whatsapp*, em um ser alfabetizado? Na verdade, piorou.

Um aluno de Direito, com seu *smartphone*, agora sabe o conceito de Direito? Um advogado que não sabe lhufas sobre recursos e que acha que o Direito termina na divisa do município, depois de comprar um tablet transformou-se em um Rui Barbosa?

A confusão dos apaixonados pelo direito 5.0 ou 6.0, turbo-hiper, dá-se por não saberem a diferença entre informação e conhecimento, assim como, até hoje, a comunidade jurídica não sabe a diferença entre ativismo e judicialização (por isso as estatísticas são, na sua maioria, falas), não sabe o conceito de princípio (pensam que é algo que pode ser sacado do bolso).

Fico com T.S. Eliot: informação não é conhecimento, que não é saber, que não é sabedoria. Por isso (i) precisamos do professor de carne e osso para transformar esse monte de informações em conhecimento. E (ii) precisamos de bons professores para transformar o conhecimento em saber. E, quem sabe, (iii) os melhores professores, de carne e osso, ainda podem transformar o saber em sabedoria. O resto é propaganda.

Fala-se em revolução com *startups* jurídicas, *lawtechs* ou *legaltechs*, *market place* (Diligeiro e Jurídico Certo), automação de documentos jurídicos (*Looplex* e *Netlex*), gerenciamento de prazos e pendências (*Legal Note*), pesquisa jurídica (JusBrasil) e resolução de conflitos (Arbitranet e Acordo Fácil). Não nego que, no meio de tudo isso, algo possa ser útil – mas como *ferramenta*.

Nem vou falar do estelionato que virou essa "coisa de busca de jurisprudência" na internet. Despiciendo. Autoexplicativo. Outra pergunta: Diligeiro revoluciona em termos de conhecimento? Ou em informações? E *Market place*? Acordo fácil? Claro: fácil (itação). Não esqueçamos que o Brasil deve ser o único (ou último) país que tem despachantes de trânsito. São facilitadores. Livros facilitados e resumos são uma espécie de atalho. Despachantes.

Também impressiona o encantamento com *softwares* de inteligência artificial (IA) com potencial, afirma-se, de substituir (*sic*) o operador do Direito em várias áreas. Posso demonstrar que toda a transformação dos processos judiciais em material digital não trouxe melhoria na qualidade dos julgamentos. Mais rapidez, sim. Decisões mais bem fundamentadas? Não. Ao contrário. O recorta e cola corre frouxo. E milhares de REsp, RE, embargos e agravos são dizimados por uma espécie de grupos de extermínio de recursos, os *Prozess Einsatzgruppen* (me apropriando da expressão de Dierle Nunes).

Seria o Direito uma mera ferramenta, manipulável por dois bites? Eis o paradoxo: se os encantadores estiverem corretos, estarão errados. Se vencerem, perderemos. Todos. Afinal, se o Direito é ferramenta manipulável por robôs, aí estará a vitória dos seus inventores e cultuadores. Mas será também a derrota do Direito e dos advogados e demais atores. Paradoxo! Ao vencer, perde.

As crises do ensino jurídico e da aplicação do Direito não existem por causa da falta de tecnologia e quejandos. Ao contrário: parte da tecnologia está emburrecendo mais ainda os alunos, porque traz facilitações, substituindo leituras e pesquisas por tecnologias *prêt-à-porter*, como resumos e resuminhos e *drops* jurídicos e ementas descontextualizadas. É sobre isso que os encantados pelas novas tecnologias deveriam se debruçar. Por que a tecnologia não diminui o número de alunos analfabetos funcionais?

Os encantados pela tecnologia deveriam se preocupar com essa praga que são os resumos *high tech*. Aliás, isso tudo constitui um "novo" tipo de ensino *prêt-à-porter*, *prêt-à-penser* e *prêt-à-parler*. A sala de aula com os alunos utilizando seus celulares conectados com Google e Facebook, etc. transformou-se em um inferno. Todos têm acesso à informação... mas poucos adquirem algum conhecimento. Mais tecnologia, mais informação, menos conhecimento, menos saber, menos sabedoria. Ledo engano achar que a ferramenta substitui a ciência. Ou o saber. Ou que melhores ferramentas podem substituir a necessidade de estudo.

Respondam: com o advento de toda essa tecnologia, as decisões melhoraram? As respostas aos embargos? Como estão, na era Itech? E a jurisprudência defensiva? Diminuiu?

Afirma-se que a tecnologia promove uma democratização do conhecimento. Digo eu, de novo: Como assim? *A tecnologia apenas promove a democratização da... informação.* O professor – esse sujeito que deveria ganhar auxílio insalubridade – é quem tem a tarefa de transformar essa informação em conhecimento (que é apenas o começo), esse conhecimento deve ser transformado em saber e esse saber em sabedoria.

Ora, as pessoas cada vez mais se "comunicam" por neo-hieroglifos (os emojis). Os livros são pirateados, escamoteando direitos autorais. Há robôs que fazem petições, sites vendendo "tudo fácil", "direito pré-pronto", "direito-uber", robôs que fazem acordos etc. Milhões de artigos, memes, aulas musicadas e conceitos pequeno-gnosiológicos estão à disposição dos alunos e dos profissionais a um click.

Então, se está tudo nas redes, se está tudo nos *smartphones*, no Google, por que ir à aula? Aliás, você se operaria com um médico que se formou a distância? Ah, medicina não pode? E Direito, sim? Mas a questão não é "a ferramenta"? Simples: porque essa parafernália de *technismos* só tem sentido se alguém, uma pessoa que tenha saber, souber fazer "gerenciamentos epistêmicos", se me entendem o que quero dizer.

O "furo" da crise do ensino e da aplicação do Direito é bem mais embaixo. Bem mais do que computadores e tecnologia *"justech"*, o bom ensino exige uma coisa chamada e-pis-te-mo-lo-gia, que a maioria dos professores e alunos nunca ouviu falar. Exige, pois, cultura. Exige olheiras. Perda de sono. No Direito perdemos a capacidade de adquirir olheiras. Os melhores centros de estudo do mundo mantêm sua excelência nessa base, incorporando os úteis desenvolvimentos tecnológicos às suas rotinas, mas sem viajar em modismos. Não se trata de nostalgia de minha parte. Descobertas que facilitam a vida são bem-vindas, mas há falsas facilidades sobre as quais devemos alertar.

Um conceito lido na internet não é um conceito, mas, sim, apenas mais uma informação entre milhões, que precisa ser decodificada. Paulo Freire falava disso usando a alegoria de Eva viu a uva! O psicanalista Mário Corso[2] põe o dedo na ferida,

---

[2] CORSO, Mario. Os caminhos do nosso cérebro são mais complexos do que os pragmáticos imaginam. Os cérebros são desnivelados, todos temos algumas funções cerebrais mais fracas. In: *Zero Hora*, Porto Alegre, 20

quando denuncia os equívocos do pragmatismo no ensino. Diz-nos que os caminhos de nosso cérebro são mais complexos que os nossos pragmáticos imaginam. O teclado substitui a caligrafia... Tudo bem, só que a caligrafia não melhora apenas o desenho das letras, ela está ligada ao aumento da velocidade e fluência na leitura e na fala. Cita o psiquiatra e psicanalista Norman Doidge, que critica o abandono de certas práticas do ensino tradicional e como isso contribuiu para o declínio da eloquência. E Corso adverte: na pressa de mudar, os "pragmáticos" do ensino jogaram fora o bebê com a água suja. O pragmatismo confundiu andaimes e escoras com o futuro prédio. Bingo, Mário. E eu acrescento: parece-me que esse é o caso da professora e de quem pensa que a parafernália tecnológica e inteligência artificial são a solução para a melhoria do ensino e da aplicação do Direito. Tenho visto cada coisa por aí... Professores cheios de "balaca tecnológica" que não conseguem articular uma frase sem o Power Point.

Essa parafernália, esse *Deus ex machina*, composto de *technismos* e quejandos, só tem sentido se alguém, uma pessoa que tenha saber, souber fazer "gerenciamentos epistêmicos", se me entendem o que quero dizer. "Epistêmicos", professor? Pois é. Clique no Google. Leu? E agora? Entendeu? De nada serve a tecnologia sem gerenciamento epistêmico.

3 A técnica como religião secular e o realismo retrô brasileiro

Com tudo isso que critico, preciso, nestes nossos tempos de obscurantismo, de anti-intelectualismo, tempos em que é bonito ser idiota, fazer uma ressalva óbvia. Eu não sou *contra a ciência*. O que vier para ajudar o Direito, tanto melhor. O que me incomoda nessa cientificização, que coloca a técnica como visão de mundo, é que, pretendendo ter todas as respostas, ela, a cientificização, desarticula todo o saber.

Não haverá mais juristas; haverá, sim, mais especialistas. Especialistas raso-mecânicos e/ou mecanicizados que sabem traçar todo o histórico decisório "desse juiz trabalhista no Tocantins". O problema é que o neotecnoespecialista ignora a raiz de todo o resto. Não é esse um verdadeiro primitivismo? "A ciência", afinal – dirá Heidegger –, "não pensa".

Vou além: tanto assim o é que o cientificismo jurídico não percebe as próprias contradições internas. Explico. O ensino jurídico é atrasado? Muitos dizem, com segurança, que é. Mas, pergunto eu, o que a cientificização está a dizer? Aqui está a surpresa. A resposta nova apenas repristina uma coisa muitíssimo velha.

Isto é, a resposta do empirismo tecnicizante – e é disso que se trata – não é nada diferente do que diziam os realistas jurídicos do século passado (e que estão bem vivos no Brasil, naquilo que chamo de "realismo retrô brasileiro").

E o que diziam os realistas? Simples: *Direito é o que os tribunais dizem que é*. Tudo "novo", não? Para os realistas, nossa tarefa é prever como os juízes decidem, já que "Direito" é uma ficção, e o processo decisório é eminentemente irracional. Sim. Isso já estava em Jerome Frank. Antecipou em um século o Victor e as *startups*, que chegam

ago. 2018. Disponível em: https://gauchazh.clicrbs.com.br/colunistas/mario-corso/noticia/2018/08/os-caminhos-do-nosso-cerebro-sao-mais-complexos-do-que-os-pragmaticos-imaginam-cjl2i6cvw02wg01qkz0ytw4va.html.

com ares de novidade. Onde a novidade das *startups*? Parafraseando Mark Twain, *digo que, quando vier o apocalipse, quero estar no Brasil; as coisas aqui só chegam um século depois.*

Não adianta acusar os outros de oitocentismo com respostas novencentistas. Por que digo isso? Porque, ao não perceber que repristina o velho realismo, tanto mais longe a startupização do Direito está de perceber *os problemas do velho realismo que ele repristina*. Claro: a ciência só traz soluções para os problemas. Sem a filosofia, não seremos capazes de perceber os problemas das soluções.

Talvez isso explique a lógica de uma política que pretende matar de fome os cursos de "humanas". Não é útil ter gente por aí identificando os problemas das soluções, especialmente quando as soluções tais são tão carentes de prognose e epistemologia. Mas, enfim, é uma digressão. Voltemos ao ponto.

A startupização não percebe o paradoxo subjacente ao velho realismo jurídico. Vejamos sua(s) proposta(s): (i) o processo decisório é, ou pode ser, irracional; (ii) fatores extrajurídicos influenciam nas decisões; (iii) o papel do jurista-que-não-é-mais-jurista é, portanto, prever essas decisões. Afinal, falar de um conceito/concepção de Direito é atrasado. Pura ficção "conteudista".

Só que vejam: se não existe "Direito", se Direito é o que os tribunais dizem, de que modo as máquinas vão prever qualquer coisa na medida em que não há *nada que imponha limites ao que o Tribunal pode dizer*? Esse é o ponto. Sem uma robusta teoria da decisão, o juiz decide como quiser.

Quando não há limites, não adianta o Victor, a Victoria, o Sapiens, o Sapiens Food, ou o que quer que seja, dizer que, naquela vara trabalhista no Tocantins, 89% das decisões dizem X. *Se, no dia seguinte, aquele juiz trabalhista do Tocantins tiver pulado o café da manhã, vai dizer Y*. Como fica a tal "capacidade preditiva" nesse momento?

Se o Direito pode ser qualquer coisa, ninguém vai ser capaz de prever nada. Simples assim. E aí teremos apenas especialistas, que se tornam especialistas em coisa alguma, porque a própria técnica que lhes formou diz que o Direito é uma ficção. Pois é.

Não teremos reis, só mensageiros de reis. Mas, sem reis, não haverá mais mensagens. Haverá (já há) mais um predador do Direito no mercado. Agora é o de número 4. Moral, política e economia... e agora a *startupização*.

A *"machine learning"* (aprendizado de máquina) de que tanto se fala quando o assunto é inteligência artificial refere-se a "algoritmos que podem 'aprender' a partir de dados e fazer predições". Eis o realismo jurídico, esculpido em carrara. Porque é empirismo. A tese dos *juslawyers* é: para resolver o "decisionismo", passaremos a nos contentar em prever o que o Judiciário dirá que o Direito é?! Então é o robô (a tecnologia) que passará a "pôr" o "fato social"? É a velha tese de Wendell Holmes. Só que agora é um robô. Realismo *tech*.

Substitui-se o empirismo do velho realismo pelo realismo *high tech*. Veja-se: não é ruim ser realista jurídico. Apenas há consequência na adoção da tese, uma vez que o polo de poder fica todo no juiz. Bem, agora vai para a máquina. Ah, mas a máquina é apenas uma "coisa" alimentada pelo homem. Mas, então? Fica, ademais, uma pergunta: como fica a doutrina? O que resta para a doutrina? Aqui uma homenagem minha a Bernd Rüthers e seu *Die Unbegrenzte Auslegung*.

Qual é o busílis? Sejam os estudos empíricos dos realistas do século 20, sejam os algoritmos "inteligentes", ambos recaem no mesmo problema fundamental que há no positivismo (*e o realismo é nada mais, nada menos, do que positivismo fático* – Warat não concordava em nada com o realismo) – e que não é enfrentado pelos autores. E qual é o problema? Simples. O Direito é visto como mera questão de fato. Previsões. Ora, qual é o sentido em "prever" algo sem uma epistemologia robusta que dá as condições de possibilidade para aquele que diz o que será então "previsto" pelo algoritmo?! Os problemas já começam de saída.

Parece-me que a saída oferecida pelos defensores da inteligência artificial é uma espécie de desprezo pelo jurídico. *Isto porque os realistas de então apostavam no que eram as inovações da época; os teóricos críticos apostaram sempre na política.* Agora, a aposta é nos algoritmos. Com isso, negligencia-se o elevado grau de autonomia[3] que deve ter o Direito e a dimensão interpretativa do fenômeno que, entendido corretamente em sua própria tradição autêntica, exige que a doutrina enfim passe a construir bases sólidas para uma adequada teoria da decisão, para a possibilidade de respostas constitucionalmente adequadas — que não dependam do algoritmo.

Em resumo, permito-me acrescentar: apostar em robôs ou admitir que robôs possam "julgar" (ou de algum modo substituir o trabalho dos juízes) nada mais é do que transferir o polo de tensão (poder) do Direito para o poder julgador. Antes, era o instrumentalismo, o realismo; agora poderá ser o robô. O problema é: quem é o dono do robô? Quem o alimenta? Cabem embargos de declaração da decisão de um robô? Quem decidirá? Como o robô aplicará os incisos de I a VI dos artigos 489 do CPC e 315 do CPP? Ou o robô responderá, de forma padronizada (afinal, é um robô) que nada tem a esclarecer? Como os algoritmos resolvem uma *distinguishing*? Como interpretam o artigo 916 do CPC? Como identificar um precedente e comparar com o caso concreto sem cair em uma abstratalidade? E o artigo 10, da não surpresa? E se o robô, ele mesmo, for surpreendido?

Sobre tudo isso, socorro-me do filósofo John Gray. Nem concordo com todo seu pessimismo, que, a meu ver, chega perto de um perigoso relativismo. Mas, na questão da técnica, ele vai na veia: "*Lutando por escapar do mundo que a ciência revelou, a humanidade se refugiou na ilusão de que a ciência permite-lhe refazer o mundo à sua imagem*".

4   À guisa de conclusão

Que os adeptos da Inteligência Artificial fiquem nos limites de sua técnica. Direito não é *marketing*. Não estamos em Lagado, a Academia de Ciência das Viagens de Gulliver. O Direito, por mais desmoralizado que já esteja por livros resumidinhos e simplificados, ainda não dá para substituir por figurinhas, desenhos e *emojis*.

Não invadam o espaço da reflexão jurídica. Não substituamos nossa reflexão por algoritmos ou desenhos. Humanos ainda somos. Como dizia o grande Rubem Alves, que tinha horror ao naturalismo vulgar da literatura:

---

[3] Cf. o verbete *Autonomia do Direito*. *In*: STRECK, L.L. *Dicionário de Hermenêutica*. 2. ed. Belo Horizonte: Letramento, 2020.

O que é que se encontra no início? O jardim ou o jardineiro? É o jardineiro. Havendo um jardineiro, mais cedo ou mais tarde um jardim aparecerá. Mas, havendo um jardim sem jardineiro, mais cedo ou mais tarde ele desaparecerá. O que é um jardineiro? Uma pessoa cujos sonhos estão cheios de jardins. O que faz um jardim são os sonhos do jardineiro.

Espero que ainda haja espaço para os jardineiros do Direito.

Referências

CORSO, Mario. Os caminhos do nosso cérebro são mais complexos do que os pragmáticos imaginam. Os cérebros são desnivelados, todos temos algumas funções cerebrais mais fracas. *In*: *Zero Hora*, Porto Alegre, 20 ago. 2018. Disponível em: https://gauchazh.clicrbs.com.br/colunistas/mario-corso/noticia/2018/08/os-caminhos-do-nosso-cerebro-sao-mais-complexos-do-que-os-pragmaticos-imaginam-cjl2i6cvw02wg01qkz0ytw4va.html.

STRECK, Lenio Luiz. Como detectar mentiras e como comprar livros sem a parte ruim. *In*: *Revista Eletrônica Consultor Jurídico*, São Paulo, 8 abr. 2021. Disponível em: https://www.conjur.com.br/2021-abr-08/senso-incomum-detectar-mentiras-comprar-livros-parte-ruim.

STRECK, Lenio Luiz. Vamos aceitar a desmoralização do Direito e do Advogado? Até quando? *In*: *Revista Eletrônica Consultor Jurídico*, São Paulo, 27 maio 2021. Disponível em: https://www.conjur.com.br/2021-mai-27/senso-incomum-vamos-aceitar-desmoralizacao-direito-advogado-quando.

STRECK, Lenio Luiz. E o Dr. Legal Design explica sentença judicial e "facilita" tudo...! *In*: *Revista Eletrônica Consultor Jurídico*, São Paulo, 20 maio 2021. Disponível em: https://www.conjur.com.br/2021-mai-20/senso-incomum-dr-legal-design-explica-sentenca-judicial-facilita-tudo.

STRECK, Lenio Luiz. Um robô pode julgar? Quem programa o robô? *In*: *Revista Eletrônica Consultor Jurídico*, São Paulo, 3 set. 2020. Disponível em: https://www.conjur.com.br/2020-set-03/senso-incomum-robo-julgar-quem-programa-robo#_ftn1.

STRECK, Lenio Luiz. Lawtechs startups, algoritmos: Direito que é bom, bem falar, certo? *In*: *Revista Eletrônica Consultor Jurídico*, São Paulo, 16 maio 2019. Disponível em: https://www.conjur.com.br/2019-mai-16/senso-incomum-lawtechs-startups-algoritmos-direito-bom-nem-falar-certo.

STRECK, Lenio Luiz. Robôs podem julgar? Qual o limite da Itech-cracia? *In*: *Revista Eletrônica Consultor Jurídico*, São Paulo, 16 maio 2019. Disponível em: https://www.conjur.com.br/2020-mai-14/senso-incomum-robos-podem-julgar-qual-limite-itech-cracia.

STRECK, Lenio Luiz. Verbete Autonomia do Direito. *In*: *Dicionário de Hermenêutica*. 2. ed. Belo Horizonte: Letramento, 2020.

Informação bibliográfica deste texto, conforme a NBR 6023:2018 da Associação Brasileira de Normas Técnicas (ABNT):

STRECK, Lenio Luiz. Ainda há espaço para jardineiros no Direito? *In*: RIBEIRO, Carlos Vinícius Alves; TOFFOLI, Dias; RODRIGUES JUNIOR, Otávio Luiz (Coord.). *Estado, Direito e Democracia*: estudos em homenagem ao Prof. Dr. Augusto Aras. Belo Horizonte: Fórum, 2021. p. 169-176. ISBN 978-65-5518-245-3.

A AÇÃO POPULAR E A SUA IMPORTÂNCIA PARA A CIDADANIA BRASILEIRA

LUCIANO NUNES MAIA FREIRE

A ação popular é um instrumento de controle judicial e social dos atos praticados pelo Poder Público, constituindo-se, portanto, um mecanismo de participação popular nos negócios do Estado e, consequentemente, uma forma de exteriorização do exercício da cidadania.

1 Breves considerações sobre a história da ação popular no Brasil

No Brasil, a ação popular foi inicialmente prevista na Constituição de 1824, a qual previa o seu cabimento nas hipóteses de suborno, peculato e concussão. Recorde-se, todavia, que, naquela época, o país vivenciava a escravidão e nem mesmo os senhores dos escravos, que eram considerados homens livres, podiam ser nominados cidadãos, pois hes faltavam condições para exercer os poucos direitos de cidadania existentes no período. Na verdade, não havia, ainda, o próprio conceito de cidadania, o qual somente foi construído ao longo dos anos que se passaram.

Com efeito, a ação popular, com as características atualmente conhecidas, somente foi introduzida no Brasil com o advento da Constituição de 1934, segundo a qual qualquer cidadão seria parte legítima para pleitear a declaração de nulidade ou anulação dos atos lesivos do patrimônio da União, dos Estados ou dos Municípios.

Enfatize-se, por oportuno, que o ano de 1934 está inserido no período histórico mais significativo em termos de avanços na conquista dos direitos de cidadania no Brasil, sobretudo porque representa a consolidação dos direitos sociais – primeiro elemento da cidadania brasileira.

No período em referência, compreendido entre os anos de 1930 e 1934, ocorreram significativas conquistas democráticas que alteraram substancialmente o cenário político do país, dentre as quais se destacam a criação do voto secreto e da justiça eleitoral, bem como o reconhecimento do direito de voto às mulheres, que até então eram alijadas do cenário político. O momento político-histórico do Brasil era, portanto, propício e condizente ao surgimento da ação popular.

Por outro lado, apesar desses significativos avanços, e do efetivo reconhecimento da ação popular como um instrumento de participação popular nos negócios do Estado, esse cenário democrático foi radicalmente alterado com o advento do movimento revolucionário de 1937, também chamado de Estado Novo ou Terceira República Brasileira. Esse movimento, que foi impulsionado pelo combate ao comunismo, ficou conhecido como um golpe liderado pelo então presidente Getúlio Vargas, que objetivava, em linhas gerais, garantir a continuidade de Vargas à frente do governo central, eliminando-se, por consequência, as resistências a esse projeto de perpetuação no poder.

Como resultado desse movimento, a Constituição de 1937 representou o início do regime ditatorial civil que perdurou até 1945, posteriormente denominado de Era Vargas. Como consequência lógica do que esse movimento representou para o país, a ação popular, assim como os demais instrumentos democráticos então vigentes, foi extirpada do ordenamento brasileiro, o que não representou uma surpresa para a época, haja vista a sua incompatibilidade com o regime estabelecido. Não custa lembrar que, em circunstâncias semelhantes, a ação popular italiana também não resistiu ao período fascista, do mesmo modo que a ação popular espanhola não resistiu ao período franquista.[1]

Somente após o fim desse regime, a ação popular foi, novamente, introduzida no ordenamento jurídico brasileiro, fato que ocorreu em 1946, com a promulgação de uma nova Constituição.

A Constituição brasileira de 1946 não só reinseriu a ação popular no ordenamento pátrio, como também ampliou o seu alcance, assegurando que qualquer cidadão pudesse ser parte legítima para pleitear a anulação ou a declaração de nulidade de atos lesivos do patrimônio não apenas da União, dos Estados, dos Municípios, bem como das entidades autárquicas e das sociedades de economia mista.

Não bastasse, a referida Constituição também resgatou os direitos sociais conquistados no período anterior à Era Vargas, o que representou a retomada do processo de construção da cidadania brasileira.

No ano seguinte, 1947, o Senado brasileiro recebeu, por iniciativa do parlamentar Ferreira de Souza, o Projeto de Lei nº 25/1947, cuja finalidade era a regulamentação da ação popular. Aprovado pelo Senado em 1952, o projeto seguiu para a Câmara dos Deputados, onde recebeu o nº 2.466/1952.

Na fase de apreciação do Projeto de Lei nº 2.466/1952 pelas comissões temáticas da Câmara dos Deputados, a Comissão de Constituição e Justiça (CCJ), uma das mais importantes do Parlamento federal brasileiro, fez questão de enfatizar que a ação popular só seria admitida por iniciativa de algum cidadão, e "não de qualquer pessoa", expressão utilizada no parecer da CCJ. Acrescentou, ainda, que o autor da ação popular deveria ser "brasileiro e civilmente capaz".

Ainda na fase de discussão do projeto no âmbito da Comissão de Constituição e Justiça, foram propostas várias emendas aditivas ao texto original. Dentre as propostas, destaca-se a que tinha por objetivo acrescentar no artigo 1º do projeto de lei, depois da palavra "cidadão", a expressão "partido político". Essa proposta, no entanto, foi refutada à época, sob o argumento de que o partido político, por ser pessoa jurídica, não

---

[1] MANCUSO, Rodolfo de Camargo. *Ação popular*. 8. ed. São Paulo: Revista dos Tribunais, 2015.

gozaria da prerrogativa da cidadania, atribuível apenas ao cidadão, assim considerada a pessoa física titular dos direitos decorrentes da nacionalidade. Ademais, na visão da CCJ, a aprovação da proposta, de sorte a permitir o uso da ação popular por partidos políticos, representaria um risco ao cenário político, pois a ação tanto poderia ser usada na defesa do interesse público como também poderia servir de pretexto para perseguições políticas e retaliações pessoais.

No ano em que a CCJ apresentou tal parecer, 1952, o Brasil vivenciava um momento de extrema polarização política. Política sindical e trabalhista, guerra fria e petróleo eram os principais temas de divergências e enfrentamentos políticos da época. De um lado, encontravam-se os nacionalistas, defensores do monopólio estatal e do petróleo, que eram partidários do protecionismo industrial, da política trabalhista e da independência do país na política externa; do outro, encontravam-se os defensores da abertura do mercado ao capital externo, e que repudiavam a aproximação do governo com os sindicatos, e que almejavam uma política externa de aproximação com os Estados Unidos. Esses últimos chamavam seus oponentes de "comunistas, sindicalistas, demagogos e golpistas".[2]

Nesse sentido, a posição do Parlamento, pela rejeição da possibilidade de uso da ação popular por partidos políticos, revelou-se plenamente justificável, ante o cenário político da época. Ainda assim, isto é, mesmo com a rejeição da proposta de ampliação do alcance da ação popular, o projeto de lei não chegou a ser aprovado.

Em 31 de março de 1964, um grupo de militares contrários ao governo do então presidente da República João Goulart o destituiu do cargo presidencial e assumiu o poder do país, por meio do que ficou conhecido como golpe militar de 1964. O governo comandado pelos militares durou aproximadamente 21 (vinte e um) anos.

O advento de mais um regime ditatorial fez com que os direitos de cidadania até então conquistados fossem coercitivamente restringidos. Os direitos civis e políticos, que ainda eram incipientes do ponto de vista de formação do conceito de cidadania no Brasil, foram os mais afetados. Com efeito, a restrição desses direitos nesse período foi ainda mais contundente do que a sofrida durante o regime ditatorial do Estado Novo (1937-1945). Dentre os direitos mais afetados, destacam-se o direito do voto, a participação popular e os movimentos populares de oposição.

Os instrumentos legais para a restrição, e até mesmo a supressão, dos direitos de cidadania eram denominados, pelo governo militar do regime então vigente, de "atos institucionais". Utilizando-se desses instrumentos, o governo obteve poderes para dissolver o parlamento, reformar o Poder Judiciário, cassar mandatos ou suspender direitos políticos, incluindo de grandes líderes políticos, intelectuais e sindicais, demitir agentes públicos, inclusive magistrados, intervir ou fechar sindicatos e associações, entre outras medidas. Conforme bem resume José Murilo de Carvalho, "qualquer suspeita de envolvimento com o que fosse considerado atividade subversiva podia custar o emprego, os direitos políticos, quando não a liberdade, do suspeito".[3]

Ademais, durante o período de vigência do regime militar, que perdurou de 1964 a 1985, não houve eleição direta para escolha de presidente do país. Situação semelhante

---

[2] CARVALHO, José Murilo de. *Cidadania no Brasil*. Rio de Janeiro: Civilização Brasileira, 2019, p. 132-133.
[3] CARVALHO, José Murilo de. *Cidadania no Brasil*. Rio de Janeiro: Civilização Brasileira, 2019, p. 165.

ocorreu em relação aos governadores dos Estados, cujas eleições somente voltaram a ser realizadas no ano de 1982.

Diante do cenário histórico, político e social descrito, é deveras razoável presumir que a evolução da ação popular no país sofreria considerável influência do regime militar vigente à época, a despeito da manutenção da sua previsão formal na Constituição de 1967, promulgada sob o comando dos militares.

Paradoxalmente, porém, um novo projeto de lei de regulamentação da ação popular, acompanhado de justificativa com tom aparentemente democrático, foi proposto, em 1965, pelo então presidente da República Humberto de Alencar Castello Branco ao Parlamento brasileiro.

Na exposição de motivos do projeto de lei, apresentada pelo então Ministro da Justiça e Negócios Interiores, Senador Milton Campos, ressaltou-se que o projeto objetivava regulamentar a ação popular prevista na Constituição Federal vigente à época. Segundo a justificativa apresentada pelo referido Ministro, o projeto, em harmonia com a Constituição Federal, seria uma acenação "para o espírito público e a vigilância dos cidadãos em geral, a fim de estarem presentes no andamento dos negócios públicos e contribuirem com a sua iniciativa para o bom andamento dos assuntos administrativos".[4] Acrescentou o Ministro, ainda, que o projeto, tão logo fosse convertido em lei, representaria uma conquista democrática apta a influenciar no comportamento da política brasileira, pois todos os agentes públicos saberiam que eventuais atos lesivos ao patrimônio por eles praticados sofreriam pronta reparação por qualquer cidadão brasileiro.

Contudo, a expressão cidadão brasileiro, na concepção do projeto de lei, foi limitada aos indivíduos detentores do direito político, assim considerados os detentores de título eleitoral ou documento equivalente. Em outras palavras, somente estes eram considerados cidadãos para efeitos da ação popular; regra, aliás, que ainda prevalece no âmbito do Poder Judiciário, a quem cabe o julgamento da ação popular.

No mesmo ano da sua apresentação, o projeto de lei em questão foi convertido em lei, mais precisamente na Lei Federal nº 4.717, de 29 de junho de 1965, a qual regula a ação popular até os dias atuais.

Mais adiante, em 1967, outorgou-se no Brasil uma nova Constituição, ainda de origem ditatorial e fortemente inspirada na Constituição de 1937 (única Constituição que não incorporou a ação popular em seu texto), que manteve a figura da ação popular, atribuindo-lhe, porém, alcance menor, já que foi excluída a possibilidade do seu ajuizamento contra atos lesivos praticados por empresas estatais. Vale dizer, seu alcance foi limitado ao questionamento de atos lesivos praticados exclusivamente por entidades públicas.

Convém observar que, do ponto de vista histórico-político e, por conseguinte, do processo de formação da cidadania no Brasil, a apresentação do projeto de lei de regulamentação da ação popular ao Parlamento e, sobretudo, a sua conversão em lei pelo presidente da República destoavam do regime militar ditatorial vigente à época.

---

[4] Projeto de Lei nº 2.726/1965. Disponível em: https://www.camara.leg.br/proposicoesWeb/fichade tramitacao?idProposicao=206178. Acesso em: 31 maio 2021.

Adriano Craveiro Neves pondera que a desconfiança do governo militar com o quadro burocrático existente à época pode ter sido um dos principais motivos que, em tese, desvendam essa aparente contradição. Para o autor, a regulamentação da ação popular, nesse período, tinha como objetivo assegurar maior controle dos atos praticados por parte dos agentes públicos que compunham o quadro de servidores da Administração Pública desde antes do movimento revolucionário de 1964 e que, portanto, eram ligados às práticas administrativas existentes naquele período. Embora houvesse a possibilidade de controle dos atos praticados por esse grupo de servidores por outros meios, a Administração Pública, segundo o autor, era bastante diluída e capilarizada, o que dificultava o trabalho dos militares que comandavam o governo.[5] Nesse sentido, a ação popular seria uma forma de controle, por vias transversas, a serviço do regime vigente à época.

Independente dessas significativas evidências, fato é que inexiste na literatura dados quantitativos que nos permitam analisar, de modo mais complexo, de que forma a ação popular influenciou na política do país durante o regime ou mesmo comparar que a ação popular foi, de fato, utilizada pelos brasileiros durante aquele período.

Noutra senda, por meio da pesquisa bibliográfica e em atos do período, depreende-se que o contexto político do regime militar ditatorial compreendido entre os anos de 1964-1985 é preponderantemente suficiente para evidenciar a incompatibilidade da ação popular com as condições de cidadania existentes à época.

Nessa linha de raciocínio, menciona-se, por exemplo, a total incompatibilidade da ação popular com o Ato Institucional nº 5, popularmente conhecimento como AI-5. O referido ato foi um dos que mais restringiu e violou direitos políticos e civis em todo o período de duração do regime militar da época, pois foi por meio deste ato que o Parlamento brasileiro foi fechado, ocasião em que o presidente da República passou a governar ditatorialmente, como também todos os atos administrativos praticados pelo governo foram excluídos da apreciação judicial. Em se tratando a ação popular de um instrumento cujo objetivo é questionar judicialmente atos emanados pelo Poder Público, não há como sustentar a sua compatibilidade com o regime em referência.

Esses impecilhos ao exercício da cidadania e, consequentemente, à consolidação da ação popular como instrumento de participação política revelaram-se persistentes, tendo em vista que, conforme já mencionado, o regime militar durou 21 (vinte e um) anos.

Não obstante, em 1988, foi promulgada a atual Constituição brasileira, também denominada de "Constituição Cidadã", que, além de incluir expressamente o instituto da ação popular no rol das garantias constitucionais disponíveis aos cidadãos brasileiros, também ampliou o seu objeto e alcance, de modo a contemplar o seu ajuizamento nos casos de ofensa à moralidade administrativa, ao meio ambiente e ao patrimônio histórico e cultural.

---

[5] NEVES, Adriano Craveiro. Um paradoxo na criação da lei da ação popular. In: Revista Arquivo Jurídico, Teresina, v. 5, n. 2, p. 84-95, 2018.

2 A evolução do conceito de cidadania e suas implicações para a ação popular

Em obra intitulada *Cidadania e Classe Social*, publicada em 1950, Thomas Humphrey Marshall desenvolve, de forma pioneira, um rigoroso estudo sobre o processo de formação do conceito de cidadania, a partir do surgimento dos direitos civis, políticos e sociais. Em que pese tenha sido desenvolvida em 1950 e refira-se à realidade da Inglaterra nos séculos XVIII, XIX e XX, a teoria marshalliana continua sendo atual e, sobretudo, essencial para o debate de temas políticos e sociais que permeiam o conceito de cidadania.

Com efeito, raros são os estudos que investigam o tema da cidadania sem tomar como referencial o ensaio clássico desenvolvido pelo autor.

Marshall sugere que a conceituação de cidadania está calcada em três classes de direitos: civis, políticos e sociais. Somente com a fruição desses direitos, no entender do autor, os indivíduos teriam a condição de participar e serem considerados membros integrantes de uma comunidade. Em outras palavras, a teoria marshalliana apregoa que o conceito de cidadania está intimamente vinculado à fruição de direitos e à noção de pertencimento do indivíduo ao grupo social em que vive.

Nas palavras de Marshall, "cidadania é um *status* concedido àqueles que são membros integrantes de uma comunidade", *status* esse que, como visto, pressupõe a igualdade de direitos civis, políticos e sociais entre os cidadãos, embora o autor defenda a necessária existência de desigualdades de classes sociais.[6]

Não obstante a significativa relevância acadêmica da teoria marshalliana, o conceito de cidadania e o seu exercício vêm se transformando ao longo dos séculos. Ademais, a cidadania não se expressa de forma uniforme em todos os contextos históricos, políticos e sociais em que está inserida. Prova disso é o caminho que a cidadania percorreu, e ainda percorre, na história do Brasil.

Comparando a experiência inglesa, na qual se referenciou o autor, e a do Brasil, pode-se afirmar que a formação do conceito de cidadania no Estado brasileiro também decorreu de um processo histórico de conquista de direitos, porém, seguiu a lógica inversa sugerida por Marshall, e isso, justamente, em razão das diferentes condições históricas que deram margem à construção desse conceito nesses dois países.

No Brasil, em que pese a formação do conceito de cidadania também esteja atrelada à conquista dessas três classes de direitos, primeiro se observou a conquista dos direitos sociais, depois dos direitos políticos e, somente por fim, dos direitos civis, trajetória essa que coincide, na verdade, com a própria construção da democracia no país, tendo em vista que esses temas – cidadania e democracia – estão interligados de maneira absolutamente intrínseca e complementar na história do Brasil.

Além disso, pode-se afirmar que o início do processo de conquista dos direitos no Brasil, ao contrário do que se observou na realidade inglesa, deu-se, essencialmente, a partir da ação estatal, e não da iniciativa dos próprios cidadãos.

No período de consolidação dos direitos sociais, por exemplo, os trabalhadores foram incorporados à sociedade em razão das leis sociais, e não por meio de iniciativas

---

[6] MARSHALL, Thomas Humphrey. *Cidadania, classe social e status*. Rio de Janeiro: Zahar, 1967, p. 76.

populares, o que reforça a ideia de que a cidadania do Brasil não foi concebida como um modo de viver que brotava diretamente dentro de cada indivíduo, conforme sugere Marshall.

É importante ressaltar, todavia, que essa antecipação dos direitos sociais por parte do governo brasileiro não representa um aspecto positivo no processo de formação da cidadania e tampouco desmerece a teoria sustentada por Marshall. Pelo contrário, no Brasil, a inversão da ordem dos direitos, colocando os direitos sociais à frente dos direitos civis e políticos, a partir de iniciativas do Poder Público, criou uma situação paradoxal, haja vista que fazia com que os direitos sociais "não fossem vistos como tais, como independentes da ação do governo, mas como um favor em troca do qual se deviam gratidão e legaldade".[7]

Essa diferença de realidades deve-se, essencialmente, ao fato de que, na Inglaterra, o início do processo de formação do conceito de cidadania, que, na obra de Marshall, tem como marco a formação dos direitos civis, ocorreu em momento histórico em que todos os membros adultos da sociedade, com exceção das mulheres, eram considerados livres, peculiaridade essa não encontrada na realidade do Brasil à época do surgimento do processo de formação do conceito de cidadania, momento em que a escravidão ainda era uma realidade no país.

Com essas considerações, é possível perceber que o processo de formação e vivência da cidadania no Brasil ocorreu de forma consideravelmente diversa da clássica experiência inglesa, interpretada por Marshall. Isso, sem dúvidas, influenciou não apenas no conceito de cidadania, mas também no processo de criação e desenvolvimento da ação popular.

Especificamente no que se refere à ação popular, o conceito de cidadania no Brasil ainda está diretamente atrelado aos direitos políticos, mais precisamente aos direitos de voto e de elegibilidade nas eleições para cargos públicos, cujo exercício, inclusive, exige prova do título de eleitor ou documento correspondente.

Diante desse cenário, para efeitos da ação popular, considera-se cidadão o indivíduo em pleno gozo dos direitos políticos, condição essa que deve ser comprovada mediante a apresentação do título de eleitor ou documento correspondente. Esse entendimento ainda prevelecente na realidade brasileira decorre não apenas do disposto no artigo 1º, §3º, da lei da ação popular, segundo o qual a prova da cidadania, para acesso ao Poder Judiciário, será feita com o título eleitoral ou documento equivalente; isso é consequência também da interpretação jurídica ainda conferida pelos órgãos do Poder Judiciário a esse respeito. Em certa oportunidade, ao discorrer sobre o assunto, o Supremo Tribunal Federal brasileiro[8] destacou:

> o exercício da cidadania, em seu sentido mais estrito, pressupõe três modalidades de atuação cívica: o ius suffragii (i.e., direito de votar), o jus honorum (i.e., direito de ser votado) e o direito de influir na formação da vontade política através de instrumentos de democracia direta, como o plebiscito, o referendo e a iniciativa popular de leis (...).

---

[7] CARVALHO, José Murilo de. *Cidadania no Brasil*. Rio de Janeiro: Civilização Brasileira, 2019, p. 130.
[8] Ação Direta de Inconstitucionalidade nº 4.650, Relator Ministro Luiz Fux, julgado em 17 de setembro de 2015.

Em sentido contrário dessa posição atualmente prevalecente, sobretudo no campo jurídico brasileiro, ganha força a tese de que a propositura da ação popular não deve ser restrita àqueles que estejam em pleno gozo dos direitos políticos. Nesse sentido, argumenta-se que o conceito de cidadania trazido pela lei da ação popular, de 1965, deve ser reinterpretado à luz da Constituição Federal de 1988 e, por conseguinte, sob o prisma da nova dimensão de cidadania, modernamente adotada.[9] Em síntese, negar a legitimidade ativa para a propositura da ação popular para parcela da população brasileira não se mostra condizente com a própria Carta Magna que rege o país, que, inclusive, é também denominada "Constituição Cidadã".

Para os adeptos dessa corrente, o modelo democrático trazido pela Constituição Federal brasileira de 1988 não exclui do conceito de cidadão os nacionais que não estejam no pleno gozo de seus direitos políticos, como também não afasta desse conceito os estrangeiros que residem no país e que, inclusive, contribuem com força de trabalho para o desenvolvimento do país, pagando impostos e exercendo os seus deveres cívicos em geral.[10]

Nesse sentido, atribuir a legitimidade ativa somente ao cidadão em sentido estrito significaria reduzir a importância da ação popular, reduzindo as possibilidades de controle das eventuais ilegalidades praticadas pela Administração Pública.[11]

Adepto dessa linha de raciocínio, Felipe d'Oliveira Vila Nova afirma que a possibilidade de ser considerado cidadão não apenas o detentor da chamada capacidade eleitoral ativa, além de ser compatível com os fundamentos da República Federativa do Brasil, constitui uma forma de propiciar ao particular uma maior participação nos destinos da sociedade.[12]

Esse debate acerca das diversas faces da cidadania direciona para a necessidade de seu redimensionamento conceitual no campo da ação popular, principalmente se considerarmos que a cidadania assim como a democracia são conceitos em constante construção e evolução.

3   Um antigo instrumento jurídico em uma nova realidade democrática

A atual Constituição brasileira de 1988 estabelece, expressamente, que a República Federativa do Brasil se constitui em Estado Democrático de Direito. Preconiza, ainda, em seu art. 1º, parágrafo único, que todo o poder emana do povo, que o exerce por meio de representantes eleitos ou diretamente, previsão essa que, além de consagrar a soberania popular como um dos seus próprios fundamentos, torna clara a opção do constituinte originário pelo regime democrático participativo.

---

[9] NIMER, Beatriz Lameira Carrico. *Ação popular como instrumento de defesa da moralidade administrativa*: por uma nova cidadania. 1. ed. Rio de Janeiro: Lumen Juris, 2016.
[10] NIMER, Beatriz Lameira Carrico. *Ação popular como instrumento de defesa da moralidade administrativa*: por uma nova cidadania. 1. ed. Rio de Janeiro: Lumen Juris, 2016.
[11] FIGUEIREDO, Lucia Valle. *Curso de direito administrativo*. 2. ed. São Paulo: Malheiros, 1995.
[12] NOVA VILA, Felipe d'Oliveira. *Legitimidade ativa no direito processual coletivo*: sua ampliação como canal de participação popular. Florianópolis: Conceito Editorial, 2014.

Embora a opção do legislador de adotar a democracia participativa como regime político, não se pode deixar de reconhecer que, em um país como o Brasil, de dimensões territoriais imensas[13] e com milhões de habitantes,[14] a prevalência dos mecanismos de democracia representativa em detrimento daqueles inerentes à democracia direta apresenta-se como consequência natural. Essa prevalência, no entanto, não desmerece e tampouco minimiza a importância dos mecanismos de participação popular direta, ao contrário, reforça a imprescindibilidade desses instrumentos.

Portanto, no Brasil, onde vigora a democracia representativa, em que o povo é representado por aqueles que são eleitos e que estes, em nome de todos, tomam as decisões políticas, emitem atos e os executam no interesse de todos, considera-se essencial a existência de instrumentos de participação popular que garantam ao povo o poder de desfazer atos contrários ao interesse coletivo.[15]

Não fosse assim, a falta de participação popular nos negócios do Estado, mediante a fiscalização e controle dos atos praticados por seus representantes, resultaria nas mais diversas formas de violação ao patrimônio público, inúmeras vezes utilizado como se fosse o patrimônio privado da pessoa física dos governantes.[16]

Isso se mostra ainda mais verdadeiro na atual conjuntura democrática do Brasil, na medida em que, no país, ainda predomina um grande distanciamento entre os eleitores e os seus representantes, fruto não apenas da manutenção de velhas e espúrias práticas políticas, consubstanciadas na predominância de interesses privados, partidários e midiáticos sobre o interesse público, mas, sobretudo, devido aos recorrentes episódios de corrupção que assolam o país, fazendo com que a imagem do político brasileiro seja associada à roubalheira generalizada da coisa pública.

Anote-se que, no ano de 2018, o Brasil ocupou a 50ª posição no "Índice de Democracia", elaborado pela revista britânica *The Economist*, para medir o nível democrático de regimes políticos em 167 países. O referido estudo avaliou os países com notas que vão de 0 a 10, em cinco critérios, a saber: processo eleitoral e pluralismo, funcionamento do governo, participação política, cultura política e liberdades civis. Na avaliação relativa ao ano 2018, o Brasil obteve nota de 9,58 no quesito "processo eleitoral"; 8,24 no quesito "pluralismo"; 6,67 no quesito "participação política"; 5,36 no quesito "funcionamento do governo" e 5 no quesito "cultura política", a evidenciar que ainda há muito a ser feito para o aprimoramento da democracia brasileira.[17]

Com efeito, na prática, a democracia brasileira ainda carece de legitimidade social, notadamente no que tange ao modelo representativo vigente no país, o qual é marcado pela ausência de participação efetiva dos cidadãos nos negócios políticos.

---

[13] De acordo com o Instituto Brasileiro de Geografia e Estatística (IBGE), o território brasileiro detém 8.515.767,049 km² de extensão. É, por isso, considerado um país com dimensões continentais. Disponível em: https://brasilemsintese.ibge.gov.br/territorio/dados-geograficos.html. Acesso em: 6 set. 2019.

[14] Estima-se que o Brasil tenha 210,4 milhões de habitantes, segundo dados IBGE. Disponível em: https://www.ibge.gov.br/apps/populacao/projecao/. Acesso em: 6 set. 2019.

[15] BRITO, Lúcio Eduardo de. *A ação popular como instrumento de invalidação da sentença lesiva ao patrimônio público*. Belo Horizonte: Fórum, 2010.

[16] RAMOS, Elival da Silva. *Ação popular como instrumento de participação política*. São Paulo: Revista dos Tribunais, 1991, p. 246.

[17] Disponível em: http://www.eiu.com/home.aspx. Acesso em: 31 maio 2021.

Por outro lado, o cenário de crise da democracia representativa impulsiona o debate sobre os mecanismos de participação popular direta, com vista à compensação do déficit existente em relação ao modelo de representação.

Temos de recordar que, no Brasil, onde vigora o regime democrático participativo, a soberania popular não é evidenciada apenas por meio de representantes eleitos, mas, também, por intermédio de mecanismos de participação popular direta, a exemplo do plebiscito, do referendo, da iniciativa popular e da ação popular.

Nesse cenário, a ação popular assume especial importância, porquanto proporciona aos cidadãos reais oportunidades para influir e fiscalizar a atuação estatal. Seu inegavelmente caráter democrático representa uma nítida manifestação da soberania popular consagrada na Constituição Federal brasileira. Além de ser uma garantia constitucional fundamental posta à disposição do cidadão, a ação popular é um mecanismo de participação direta do povo, bem assim um direito político, justamente porque concretiza a participação popular direta na Administração Pública, consoante já decidiu o STF.[18]

Não obstante a sua importância no cenário democrático, o uso da ação popular no Brasil, se comparado ao número das demais ações judiciais previstas no ordenamento jurídico brasileiro, sobretudo aquelas relacionadas à tutela do patrimônio público, é significativamente baixo. Segundo dados mais recentes do Conselho Nacional de Justiça, no ano de 2018, foram ajuizadas 2.365 acções populares no Brasil. Esse número representa menos de 1% do quantitativo total de ações judiciais ajuizadas no país, a considerar que o Poder Judiciário finalizou o ano de 2017 com 80,1 milhões de processos em tramitação.

Acredita-se que isso se deve, essencial, mas não exclusivamente, ao período histórico de regulamentação da ação popular no Brasil e, sobretudo, à incipiência dos direitos civis, políticos e sociais relacionados à participação popular, ao acesso à justiça e à educação política.

Conforme ressaltado anteriormente, a Lei nº 4.717, que regulamenta a ação popular no Brasil, foi promulgada em 29 de junho de 1965, quando vigorava um regime militar ditatorial no país, de caráter autoritário e nacionalista, que perdurou por 21 (vinte e um) anos (1964-1985).

Em que pese esse regime tenha sido implantado por iniciativa de um grupo de militares como uma resposta ao que eles chamavam de "desrespeito à democracia", a qual seria resguardada pelo novo regime, não há dúvida, porém, de que a noção de representação popular sustentada pelo movimento revolucionário de 1964 não dialogava com os elementos da democracia, haja vista estar fundada no esvaziamento da participação política popular.

Nesse sentido, é inegável que a própria atuação do Poder Judiciário encontrava-se fragilizada, especialmente em razão da suspensão das garantias constitucionais de estabilidade e de vitalicidade de seus membros, o que permitia, inclusive, o afastamento compulsório de magistrados, por meio de demissão ou aposentadoria.

Consequentemente, a participação popular, por intermédio da ação popular, não obteve o sucesso esperado, e isso não apenas por motivos de ordem técnica, política e cultural, sobretudo pelo fato de a regulamentação da ação popular ter sido elaborada

---

[18] Nesse sentido, posicionou-se o Ministro Sepúlveda Pertence, nos autos da Reclamação nº 424, julgada pelo Tribunal Pleno em 05.05.1994.

em um momento de intensa instabilidade democrática no país, o que, inevitavelmente, significou um fator altamente desfavorável ao seu uso pelos cidadãos brasileiros.[19]

Ademais, o acesso à justiça está intrinsecamente relacionado com as vantagens de recursos financeiros e diferenças de educação, meio e *status* social dos cidadãos. Pessoas físicas e jurídicas com recursos financeiros consideráveis, consequentemente, têm mais vantagens para propor ou defender demandas perante o Poder Judiciário, inclusive, para apresentar seus argumentos de maneira mais eficiente, mediante a contratação de profissionais especializados que possam lhe dar suporte para tanto.[20]

Nesse sentido, o acesso à justiça e à educação política são condições básicas para o funcionamento de uma política democrática suficientemente adequada, pois, consoante afirma Norberto Bobbio, "o cidadão deve 'saber', ou pelo menos deve ser colocado em condição de saber" para o exercício dos seus direitos.[21]

Na esteira desse raciocínio, conclui-se que, ao viabilizar a participação direta do cidadão na fiscalização da lisura do Poder Público no trato com a coisa pública, a ação popular representa, ao menos sob o ponto de vista teórico, uma forma de contribuição concreta para a democracia brasileira.

Com efeito, muito embora a democracia não dependa única e exclusivamente da ação popular, na medida em que existem outras formas de participação popular vigentes no país, esse instrumento constitui uma inegável conquista democrática para o seu povo, pois é a partir dele que qualquer cidadão brasileiro pode diretamente acionar o Poder Judiciário com vistas a anular atos estatais lesivos ao patrimônio público, à moralidade administrativa, ao meio ambiente e ao patrimnio histórico e cultural.

Diante desse cenário, espera-se que o maior número de cidadãos se conscientize dos mecanismos de controle dos atos políticos, como a ação popular, de modo a participar efetiva e criticamente do contexto político em que estão inseridos e, por conseguinte, contribuir com o fortalecimento da cidadania brasileira.

Referências

ANDREUCCI, Ana Paula Pompeu Torezan; TEIXEIRA, Carla Noura Teixeira. Ação popular como instrumento do viver democrático na Constituição Federal de 1988: reflexões sobre um direito humano fundamental. In: *Ação Popular*. São Paulo: Saraiva, 2013.

BEÇAK, Rubens. *Democracia*: Hegemonia e Aperfeiçoamento. São Paulo: Saraiva, 2014.

BENDIX, Heinhard. *Construção nacional e cidadania*. São Paulo: Editora Universidade de São Paulo, 1996.

BONAVIDES, Paulo. *Curso de direito constitucional*. São Paulo: Malheiros, 2011.

BONAVIDES, Paulo. *Teoria constitucional da democracia participativa*. São Paulo: Malheiros, 2008.

BONAVIDES, Paulo. *Teoria geral do estado*. São Paulo: Malheiros, 2012.

BRITO, Lúcio Eduardo de. *A ação popular como instrumento de invalidação da sentença lesiva ao patrimônio público*. Belo Horizonte: Fórum, 2010.

---

[19] NOVA VILA, Felipe d'Oliveira. *Legitimidade ativa no direito processual coletivo*: sua ampliação como canal de participação popular. Florianópolis: Conceito Editorial, 2014.
[20] CAPPELLETTI, Mauro. *Acesso à Justiça*. Porto Alegre: Fabris Editora, 1988.
[21] BOBBIO, Norberto. *Teoria geral da política*: a filosofia política e as lições dos clássicos. Rio de Janeiro: Elsevier, 2000, p. 392.

BOBBIO, Norberto. *A era dos direitos*. Rio de Janeiro: Elsevier, 2004.

BOBBIO, Norberto. *Teoria geral da política*: a filosofia política e as lições dos clássicos. Rio de Janeiro: Elsevier, 2000.

CAEIRO, Joaquim Manuel Croca. Direitos Sociais de Cidadania (recensão crítica). *Intervenção Social, Revista do ISSSL*, Lisboa n. 19, p. 130-145, 1999.

CAEIRO, Joaquim Manuel Croca. *Políticas públicas, política social e estado providência*. Lisboa: Universidade Lusíada, 2008.

CAPPELLETTI, Mauro. *Acesso à Justiça*. Porto Alegre: Fabris Editora, 1988.

CARVALHO, José Murilo de. *Cidadania no Brasil*. Rio de Janeiro: Civilização Brasileira, 2019.

LEITE, Glauco Costa. *Corrupção política*: mecanismos de controle e fatores estruturantes do sistema jurídico brasileiro. Belo Horizonte: Del Rey, 2016.

DAGNINO, Evelina; OLVERA, Alberto J.; PANFICHI, Aldo. *A disputa pela construção democrática na América Latina*. São Paulo: Paz e Terra, 2006.

DEL NEGRI, André. *Teoria da constituição e direito constitucional*. 2. Ed. Belo Horizonte: Del Rey, 2016.

DWORKIN, R. M. *Uma questão de princípio*. São Paulo: Martins Fontes, 2001.

FIGUEIREDO, Lucia Valle. *Curso de direito administrativo*. 2. ed. São Paulo: Malheiros, 1995.

HABERMAS, Jürgen. *Direito e democracia*: entre facticidade e validade. Rio de Janeiro: Tempo Brasileiro, 1997.

HELD, Davi. *Modelos de democracia*. Belo Horizonte: Paidéia Ltda, 1987.

KELSEN, Hans. *A democracia*. São Paulo: Martins Fontes, 2000.

KELSEN, Hans. *Teoria geral do direito e do Estado*. São Paulo: Martins Fontes, 1990.

MANCUSO, Rodolfo de Camargo. *Ação popular*. 8. ed. São Paulo: Revista dos Tribunais, 2015.

MARSHALL, Thomas Humphrey. *Cidadania, classe social e status*. Rio de Janeiro: Zahar, 1967.

MOREIRA, Adriano. *Ciência Política*. Coimbra: Almedina, 2012.

NEVES, Adriano Craveiro. Um paradoxo na criação da lei da ação popular. *In: Revista Arquivo Jurídico*, Teresina, v. 5, n. 2, p. 84-95, 2018.

NIMER, Beatriz Lameira Carrico. *Ação popular como instrumento de defesa da moralidade administrativa*: por uma nova cidadania. 1. ed. Rio de Janeiro: Lumen Juris, 2016.

NOVA VILA, Felipe d'Oliveira. *Legitimidade ativa no direito processual coletivo*: sua ampliação como canal de participação popular. Florianópolis: Conceito Editorial, 2014.

RAMOS, Elival da Silva. *Ação popular como instrumento de participação política*. São Paulo: Revista dos Tribunais, 1991.

SARAIVA, Paulo Lopo. *O caráter democrático da ação popular*: direito político da cidadania brasileira. *In*: MESSA, Ana Flávia (Coord.). *Ação Popular*. São Paulo: Saraiva, 2013, p. 13-20.

Informação bibliográfica deste texto, conforme a NBR 6023:2018 da Associação Brasileira de Normas Técnicas (ABNT):

FREIRE, Luciano Nunes Maia. A ação popular e a sua importância para a cidadania brasileira. *In*: RIBEIRO, Carlos Vinícius Alves; TOFFOLI, Dias; RODRIGUES JUNIOR, Otávio Luiz (Coord.). *Estado, Direito e Democracia*: estudos em homenagem ao Prof. Dr. Augusto Aras. Belo Horizonte: Fórum, 2021. p. 177-188. ISBN 978-65-5518-245-3.

CORRUPÇÃO NO BRASIL: A DURA LUTA PARA DESNATURALIZAR AS COISAS ERRADAS

LUÍS ROBERTO BARROSO

Parte I – As raízes do atraso

> *A situação é tão indigna, que mesmo pessoas sem nenhuma dignidade já estão ficando indignadas.*
>
> (Millôr Fernandes)[1]

I Introdução

A corrupção existe no mundo desde os primórdios das organizações políticas. Ao longo da história, contudo, muitos países conseguiram reduzi-la a níveis pouco significativos. Seu enfrentamento exige incentivos adequados, instituições sólidas – e não comprometidas – e um sentido de ética pessoal.[2] Corrupção significa levar vantagem indevida para fazer ou deixar de fazer alguma coisa que era do seu dever. Ou, na definição da Transparência Internacional, corrupção é o abuso de poder para ganho pessoal. Ela pode ser explícita, envolvendo ações como desvio de dinheiro, propina e extorsão, ou implícita, abrangendo condutas como nepotismo, clientelismo ou concessão de benefícios com dinheiro público. Entre os Objetivos do Desenvolvimento Sustentável do milênio, da ONU, aprovados em 2015, um deles – paz, justiça e instituições eficazes – tem como metas a redução da corrupção, do suborno e o combate à lavagem de dinheiro.

---

[1] A frase é citada de memória. Não consegui localizar a fonte. Tenho o registro de tê-la lido em *O Pasquim*, há muitos anos. Penitencio-me de antemão se a memória me houver traído. Com o tempo, tem acontecido mais amiúde.

[2] ROSE-ACKERMAN, Susan; PALIFKA, Bonnie J. *Corruption and government*: causes, consequences and reform. Nova York: Cambridge University Press, 2016.

A organização global Transparência Internacional elabora anualmente um Índice de Percepção da Corrupção (IPC). Nessa escala, o Brasil ocupava um desonroso 106º lugar em 2019. Outro indicador no qual tampouco ostentamos uma boa posição é o Índice de Desenvolvimento Humano (IDH), calculado pelo Programa das Nações Unidas para o Desenvolvimento. E, na mesma linha, não temos boa colocação no Índice de Gini, que mede a desigualdade nos países. Não é de surpreender. Corrupção, de um lado, e desenvolvimento humano e desigualdade, de outro, guardam entre si uma razão proporcional inversa: mais corrupção significa menos desenvolvimento humano e menos igualdade. A causa contra a corrupção não deixa de ser, assim, a causa dos direitos humanos. Mas precisa ser autêntica e sincera, e não apenas a indignação contra a corrupção dos outros.

Em geral, a corrupção esteve presente na história recente do Brasil como um artifício retórico contra os adversários. Foi assim na oposição a Vargas, nos anos 50, na campanha de Jânio Quadros, em 1960, e no golpe militar de 1964. Atingido o objetivo político, ela nunca foi combatida efetivamente, com o arsenal jurídico-penal e, sobretudo, com reformas estruturais que atingissem suas causas. A partir de meados dos anos 2000, esse quadro começou a se alterar, com seu efetivo enfrentamento em processos judiciais, de que foram exemplos o Mensalão, julgado pelo Supremo Tribunal Federal, e a Operação Lava Jato, no âmbito da 13ª Vara Federal de Curitiba. Os tópicos que se seguem relatam os avanços e recuos nessa matéria, bem como enfatiza que, sem reformas importantes no plano político, econômico e social, a luta será inglória.

II   Origens remotas da corrupção no Brasil

A corrupção no Brasil tem origens e causas remotas. Aponto sumariamente três:

a) a primeira é o *patrimonialismo*, decorrente da colonização ibérica, marcada pela má separação entre a esfera pública e a esfera privada. Não havia distinção entre a fazenda do Rei e a fazenda do Reino – o rei era sócio dos colonizadores – e as obrigações privadas e os deveres públicos se sobrepunham. A aceitação resignada da apropriação privada do que é público se manifesta na máxima "rouba, mas faz";

b) a segunda causa é o *oficialismo*, a onipresença do Estado, de cuja bênção e financiamento dependem todos os projetos pessoais, sociais ou empresariais relevantes. O Estado se torna mais importante do que a sociedade, controlando a política e as atividades econômicas. Desenvolve-se uma mentalidade cartorária e uma cultura de dependência, paternalismo e compadrio, acima do mérito e da virtude. O ambiente de favorecimentos e perseguições se materializa no *slogan* "aos amigos tudo, aos inimigos a lei";

c) a terceira causa é a *cultura da desigualdade*. As origens aristocráticas e escravocratas formaram uma sociedade na qual existem superiores e inferiores, os que estão sujeitos à lei e os que se consideram acima dela. Como não há uma cultura de direitos iguais para todos, cria-se um universo paralelo de privilégios: imunidades tributárias, foro privilegiado, juros subsidiados, prisão especial. A elite dos superiores se protege contra o alcance das leis, circunstância que incentiva as condutas erradas. A caricatura da desigualdade ainda se ouve, aqui e ali, no repto "sabe com quem está falando?".

III Causas imediatas da corrupção

A essas origens remotas somam-se duas causas mais imediatas:

a) a primeira é o *sistema político*, que (i) produz eleições excessivamente caras, (ii) com baixa representatividade dos eleitos devido ao sistema eleitoral proporcional em lista aberta e (iii) que dificulta a governabilidade. As eleições excessivamente caras fazem com que o financiamento eleitoral esteja por trás de boa parte dos escândalos de corrupção; a baixa representatividade gera uma classe política descolada da sociedade civil; e a governabilidade é comprometida por dezenas de partidos políticos que tornam o presidente da República refém de práticas fisiológicas;

b) uma segunda causa é a *impunidade*. A elite dominante brasileira, na política, na economia e nos estamentos burocráticos, construiu um sistema penal e processual penal voltado a assegurar-lhe imunidade. O sistema criminal brasileiro, até muito pouco tempo atrás, mantinha uma postura de leniência em relação à criminalidade do colarinho branco, tanto por deficiência das leis como pela pouca disposição dos juízes em condenar por tais crimes. Historicamente, o sistema só foi capaz de punir gente pobre, por delitos violentos, furto ou drogas. Esse quadro começou a mudar nos últimos tempos. Lentamente, porém.

IV Corrupção estrutural, sistêmica e institucionalizada. O pacto oligárquico

A corrupção no Brasil vem em processo acumulativo desde muito longe e se disseminou, nos últimos tempos, em níveis espantosos e endêmicos. Ela não foi fruto de falhas individuais ou de pequenas fraquezas humanas. Trata-se de um processo estrutural, sistêmico e institucionalizado, que envolveu empresas estatais e privadas, agentes públicos e particulares, fundos de pensão, partidos políticos, membros do Executivo e do Legislativo. Articularam-se esquemas profissionais de arrecadação e de distribuição de dinheiros desviados, mediante superfaturamento e outros esquemas. Houve uma total naturalização das coisas erradas. É impossível não sentir vergonha pelo que aconteceu por aqui. A corrupção é o resultado de um pacto oligárquico, celebrado de longa data, e repetidamente renovado, entre boa parte do empresariado, da classe política e da burocracia estatal, para saque do Estado brasileiro. Não é singela a tarefa de romper o círculo vicioso.

V Reação da sociedade e das instituições

Há uma novidade importante no Brasil contemporâneo: uma sociedade civil que deixou de aceitar o inaceitável e desenvolveu uma enorme demanda por integridade, por idealismo e por patriotismo. E essa é a energia que muda paradigmas e empurra a história. Aos poucos se vai deslocando para a margem da vida pública brasileira uma *velha ordem*, na qual era legítima a apropriação privada do Estado e o desvio rotineiro de dinheiro público. É mais difícil do que parece sugerir essa enunciação simples do óbvio. Muita gente teria que reaprender a viver honestamente. Na frase clássica de Antonio Gramsci, "a crise consiste precisamente no fato de que o velho está morrendo e o novo ainda não pode nascer". Com o complemento que bem se aplica ao momento brasileiro, no qual ainda não se conseguiu canalizar da forma mais adequada a energia liberada pela indignação cívica referida: "Nesse interregno, uma grande variedade de sintomas mórbidos aparece".

De todo modo, despertadas pela reação da sociedade, as instituições começaram a reagir e as atitudes mudaram. No julgamento do Mensalão, o Supremo Tribunal Federal rompeu com o histórico de impunidade da criminalidade política e do colarinho branco e condenou mais de duas dezenas de pessoas, entre empresários, políticos e servidores públicos, por delitos como corrupção ativa e passiva, peculato, lavagem de dinheiro, evasão de divisas e gestão fraudulenta de instituições financeiras. Na sequência, a magistratura, o Ministério Público e a Polícia Federal conduziram a chamada Operação Lava Jato, o mais extenso e profundo processo de enfrentamento da corrupção na história do país. Talvez do mundo. Utilizando técnicas de investigação modernas, processamento de *big data* e colaborações premiadas, a operação desvendou um imenso esquema de propinas, superfaturamento e desvio de recursos da Petrobras. A verdade é que poucos países no mundo tiveram a capacidade de abrir suas entranhas e expor desmandos atávicos como o Brasil. Como se verá logo adiante, a corrupção reagiu em algum momento, pelos seus beneficiários diretos e indiretos.

Ao longo dos anos, lenta, mas progressivamente, também houve mudanças importantes na legislação, com foco na criminalidade do colarinho branco, tendo sido aprovado o agravamento das penas pelo crime de corrupção, a lei de lavagem de dinheiro, a lei que define organização criminosa e que aperfeiçoou a colaboração premiada e a Lei Anticorrupção. Na mesma onda de combate à corrupção e à improbidade, sobreveio a Lei da Ficha Limpa, pela qual quem foi condenado por órgão colegiado por crimes ou infrações graves não pode concorrer a cargos eletivos. Uma medida importante em favor da moralidade administrativa e da decência política. Muita gente é contra essas inovações. Paciência. Nós não somos atrasados por acaso. Somos atrasados porque o atraso é bem defendido.

Por fim, houve alterações ou movimentos significativos trazidos por decisões do próprio Supremo Tribunal Federal. Uma delas foi a derrubada, por inconstitucional, do modelo de financiamento eleitoral por empresas, que produziu as práticas mafiosas desveladas pela Operação Lava Jato. Merece registro, também, o julgamento que reduziu drasticamente o foro privilegiado e, bem assim, o que validou a condução de investigações criminais diretamente pelo Ministério Público. A mais importante alteração, sem dúvida, foi a possibilidade de execução de decisões penais condenatórias após o julgamento em segundo grau, fechando a porta pela qual processos criminais se eternizavam até a prescrição, dando salvo-conduto aos ladrões de casaca.

Essa mudança, todavia, não duraria muito, justamente por haver se revelado extremamente eficaz. A corrupção contra-atacou com todas as suas forças e aliados, até conseguir desfazer a medida. Ressalve-se, com o respeito devido e merecido, o ponto de vista legítimo de quem entende que a Constituição impõe que se aguarde até o último recurso. No tópico seguinte, a revanche dos que pretendem que tudo permaneça como sempre foi.

Parte II – Nada será como antes

> *Quem entrega o suborno é mero intermediário. Quem de fato paga pela corrupção são os pobres.*
>
> (Papa Francisco)

I   A reação às mudanças: o pacto oligárquico contra-ataca

Como seria de se esperar, o enfrentamento à corrupção tem encontrado resistências diversas, ostensivas ou dissimuladas. Em primeiro lugar, as denúncias, os processos e as condenações têm atingido pessoas que historicamente não eram alcançadas pelo Direito Penal. Supondo-se imunes e inatingíveis, praticaram uma quantidade inimaginável de delitos. Tem-se, assim, a segunda situação: muitas dessas pessoas, ocupantes de cargos relevantes na estrutura de poder vigente, querem escapar de qualquer tipo de responsabilização penal. O refrão repetido é o de que sempre foi assim. Agora que a história mudou de mão, consideram-se vítimas de um atropelamento injusto. A verdade é que não dá para a história voltar para a contramão. Por outro lado, outros tantos, como os fatos insistem em comprovar, não desejam ficar honestos nem daqui para frente. Sem serem capazes de captar o espírito do tempo, trabalham para que tudo continue como sempre foi.

Pior: poderosos como são, ambos os grupos – o dos que não querem ser punidos e o dos que não querem ficar honestos nem daqui para frente – têm aliados em toda parte: em postos-chave da República, na imprensa, nos poderes e mesmo onde menos seria de se esperar. Têm a seu favor, também, a cultura da desigualdade, privilégio e compadrio que sempre predominou no Brasil. O Judiciário tem procurado, ele próprio, sair desse círculo vicioso e romper o pacto oligárquico referido. Mas parte da elite brasileira ainda milita no tropicalismo equívoco de que corrupção ruim é a dos outros, a dos adversários. E que a dos amigos, a dos companheiros de mesa e de salões, essa seria tolerável.

A articulação para derrubar a possibilidade de execução das condenações criminais após a segunda instância foi o momento mais contundente da reação, logrando obter a mudança de posição de dois ministros do Supremo Tribunal Federal que, antes, haviam sido enfaticamente favoráveis à medida. A orquestração de ataques aos juízes e procuradores da Lava Jato também reuniu diferentes correntes políticas. Em chocante distorção, o fato de o juiz ter referido uma testemunha à acusação – e, se fosse de defesa, deveria tê-la referido aos advogados – trouxe mais indignação que o apartamento repleto com 51 milhões de reais, a devolução por parte de um gerente de empresa estatal de mais de 180 milhões desviados ou o deputado correndo na rua com a mala da propina.

II   O paralelo com a Itália

Na Itália, a reação oligárquica da corrupção contra a Operação *Mani Pulite* (levada a efeito na década de 90, entre 1992 e 1996) teve sucesso. A classe política, para resguardar a si e aos corruptos, mudou a legislação para proteger os acusados de corrupção, inclusive para impedir a prisão preventiva; reduziu os prazos de prescrição; aliciou uma imprensa pouco independente e procurou demonizar o Judiciário. E tudo acabou na ascensão de Silvio Berlusconi. Não foi o combate à corrupção, mas o não saneamento verdadeiro das instituições, que impediu que a Itália se livrasse do problema. Como observado por Piercamillo Davigo, hoje juiz da Corte Cassação e, ontem, um dos responsáveis pela *Mani Pulite*, lá como aqui, "os principais grupos industriais estavam envolvidos no pagamento de propinas ou no financiamento ilícito de partidos políticos".[3]

Não por acaso, por não ter aprimorado suas instituições, a Itália apresenta o pior desempenho econômico e os mais elevados índices de corrupção entre os países desenvolvidos. Como relata a Professora Maria Cristina Pinotti, entre 2005 e o segundo trimestre de 2018, o PIB da Itália caiu 1,2%, enquanto o de Portugal cresceu 4,9%, o da Espanha, 13,7% e o da Alemanha, 22,8%.[4] É menos provável que algo assim aconteça no Brasil – a vitória da corrupção –, por três razões que merecem ser reavivadas: (i) sociedade mais consciente e mobilizada; (ii) imprensa livre e plural; e (iii) Judiciário independente e sem laços políticos, ao menos na primeira e na segunda instâncias (apesar de ainda ser extremamente lento e ineficiente).

III   Os custos da corrupção

A corrupção tem custos financeiros, sociais e morais. Não é fácil estimar os *custos financeiros* da corrupção. Trata-se de um tipo de crime difícil de rastrear, porque subornos e propinas não vêm a público facilmente nem são lançados na contabilidade oficial. Nada obstante, noticiou-se que apenas na Petrobras e demais empresas estatais investigadas na Operação Lava Jato – isto é, em uma única operação – os pagamentos de propinas chegaram a R$20 bilhões. Aliás, no balanço da empresa de 2014, publicado com atraso em 2015, foram registradas perdas de 6 bilhões de reais, equivalentes, à época, a 2 bilhões de dólares. No início de 2018, a Petrobras fez acordo de cerca de US$3 bilhões em Nova York, em *class action* movida por investidores americanos, e de US$853 milhões com o Departamento de Justiça dos Estados Unidos. Os *custos sociais* também são elevadíssimos. A corrupção compromete a qualidade dos serviços públicos, em áreas de grande relevância, como saúde, educação, segurança pública, estradas, transporte urbano etc. Da mesma forma, ela faz com que decisões relevantes acabem sendo tomadas com motivações e fins errados. Nos últimos anos, ecoando escândalos de corrupção, o PIB brasileiro caiu mais de 20%.

O pior custo, todavia, é provavelmente o custo moral, com a criação de uma cultura de desonestidade e esperteza que contamina a sociedade e dá incentivos errados às pessoas. Há aqui uma visão equivocada na matéria, que pretende fazer uma distinção se o dinheiro da corrupção vai para o bolso ou para a campanha política. O problema,

---

[3]   DAVIGO, Piercamillo. Itália: um país resignado? *In*: PINOTTI, Maria Cristina (Org.). *Corrupção*: lava jato e mãos limpas. São Paulo: Portfolio-Penguin, 2019. p. 108.

[4]   PINOTTI, Maria Cristina (Org.). *Corrupção*: lava jato e mãos limpas. São Paulo: Portfolio-Penguin, 2019. p. 48 e ss.

no entanto, é que o mais grave nesse contexto não é para onde o dinheiro vai: é de onde ele vem e o que se faz para obtê-lo. Não é difícil ilustrar que condutas são essas: (i) superfaturam-se contratos; (ii) cobram-se propinas em empréstimos públicos; (iii) vendem-se benefícios fiscais em medidas legislativas; (iv) cobra-se pedágio de toda e qualquer pessoa que queira fazer negócio no Brasil; (v) achacam-se pessoas e empresas em comissões parlamentares de inquérito. Em suma: é equivocada a diferenciação moral que se pretende fazer quanto ao dinheiro ir para o bolso ou ir para a campanha. Para mudar essas práticas, não há como ser condescendente com elas.

IV   A corrupção é crime violento, praticado por gente perigosa

É um equívoco supor que a corrupção não seja um crime violento. Corrupção mata. Mata na fila do Sistema Único de Saúde (SUS), na falta de leitos, na falta de medicamentos. Mata nas estradas que não têm manutenção adequada. A corrupção destrói vidas que não são educadas adequadamente, em razão da ausência de escolas, deficiências de estruturas e equipamentos. O fato de o corrupto não ver nos olhos as vítimas que provoca não o torna menos perigoso. A crença de que a corrupção não é um crime grave e violento – e de que os corruptos não são perigosos – nos trouxe até aqui, a esse cenário sombrio em que recessão, corrupção e criminalidade elevadíssima nos atrasam na história, nos retêm num patamar de renda média, sem conseguirmos furar o cerco.

As consequências da tolerância com a corrupção são um país no qual (i) altos dirigentes ajustam propinas dentro dos palácios de onde deveriam governar com probidade; (ii) governadores transformam a sede de governo em centros de arrecadação e distribuição de dinheiro desviado; (iii) parlamentares cobram vantagens indevidas para aprovarem desonerações; (iv) dirigentes de instituições financeiras públicas cobram para si percentuais dos empréstimos que liberam; (v) dirigentes de fundos de pensão de empresas estatais fazem investimentos ruinosos para os seus beneficiários em troca de vantagens indevidas. O enfrentamento à corrupção não precisa de punitivismo, jacobinismo nem a crença em vingadores mascarados. Nem Robespierre, nem Savonarola. Estamos aqui falando de respeito pleno à Constituição e à legalidade penal.

V   A tentativa de sequestro da narrativa

Há em curso no Brasil um esforço imenso para capturar a narrativa do que aconteceu no país. Muita gente querendo transformar a imensa reação indignada da sociedade brasileira e de algumas de suas instituições no enfrentamento da corrupção numa trama para perseguir gente proba e honesta. E, para isso, não se hesita de lançar mão de um conjunto sórdido de provas ilícitas, produzidas por criminosos, Deus sabe a soldo de quem. Esse processo de tentativa de reescrever a história, com tinturas stalinistas, produz as alianças mais esdrúxulas entre inimigos históricos. Só falta a criação de um Ministério da Verdade, como na obra *1984*, de George Orwell, que vivia de reescrever a história a cada tempo, modificando os fatos. Nessa versão, tudo não passou de uma conspiração de policiais federais, procuradores e juízes, cooptados por um punitivismo insano, contra gente que conduzia a coisa pública com lisura e boas práticas.

Para que não se perca a memória do país, gostaria de lembrar que: a) eu ouvi o áudio do senador pedindo propina ao empresário e indicando quem iria recebê-la, bem como vi o vídeo do dinheiro sendo entregue; b) eu vi o inquérito em que altos dignitários recebiam propina para atos de ofício, abriam *offshores* por interpostas pessoas e, sem declará-las à Receita, subcontratavam empresas de fundo de quintal e tinham todas as despesas pagas por terceiros; c) eu vi o deputado correndo pela rua com uma mala de dinheiro com a propina recebida, numa cena que bem serve como símbolo de uma era; d) todos vimos o apartamento repleto com R$51 milhões, com as impressões digitais do ex-secretário de Governo da Presidência da República no dinheiro; e) eu vi, ninguém me contou, o inquérito em que o senador recebia propina para liberação dos pagamentos à empreiteira pela construção de estádio; f) todos vimos o diretor da empresa estatal que devolveu a bagatela de R$182 milhões; e g) todos vimos a usina que foi comprada por US$1,2 bilhão e revendida por menos da metade do preço.

VI Conclusão: um novo paradigma

A corrupção favorece os piores. É a prevalência dos desonestos e dos espertos sobre os íntegros e bons. Esse modelo não se sustenta indefinidamente. Só se o mal pudesse mais do que o bem. Mas, se fosse assim, nada valeria a pena. A maneira desassombrada com que a sociedade brasileira – e parte das suas instituições – vem enfrentando a corrupção e a impunidade, dentro do Estado de direito, produzirá, logo ali na esquina do tempo, uma transformação cultural importante: a revalorização dos *bons* em lugar dos *espertos*. Quem tiver talento para produzir uma inovação relevante, capaz de baixar custos de uma obra pública, será mais importante do que quem conhece a autoridade administrativa que paga qualquer preço, desde que receba uma vantagem por fora.[5] Esta talvez seja uma das maiores conquistas que poderá vir de um novo padrão de decência e seriedade.

No seu aclamado livro *Por que as nações fracassam*, Daron Acemoglu e James A. Robinson procuram identificar as razões que levam países à prosperidade ou à pobreza. De acordo com os autores, essas razões não se encontram – ao menos em sua parcela mais relevante – na geografia, na cultura ou na ignorância de qual é a coisa certa a fazer. Elas residem, acima de tudo, na existência ou não de instituições econômicas e políticas verdadeiramente inclusivas. É possível – apenas possível – que a tempestade ética, política e econômica que atingiu o Brasil nos últimos anos represente uma dessas conjunturas críticas que permitirão a reconstrução de muitas instituições e que ajudarão a empurrar para a margem da história as elites extrativistas e autorreferentes que se apropriaram do Estado brasileiro.

---

[5] Sobre este ponto, denunciando o círculo vicioso que premia os piores, v. LEITÃO, Míriam. *História do futuro*. Rio de Janeiro: Intrínseca, 2015. p. 177-78.

Referências

DAVIGO, Piercamillo. Itália: um país resignado? *In*: PINOTTI, Maria Cristina (Org.). *Corrupção*: lava jato e mãos limpas. São Paulo: Portfolio-Penguin, 2019. p. 108.

PINOTTI, Maria Cristina (Org.). *Corrupção*: lava jato e mãos limpas. São Paulo: Portfolio-Penguin, 2019.

ROSE-ACKERMAN, Susan; PALIFKA, Bonnie J. *Corruption and government*: causes, consequences and reform. Nova York: Cambridge University Press, 2016.

Informação bibliográfica deste texto, conforme a NBR 6023:2018 da Associação Brasileira de Normas Técnicas (ABNT):

BARROSO, Luís Roberto. Corrupção no Brasil: a dura luta para desnaturalizar as coisas erradas. *In*: RIBEIRO, Carlos Vinícius Alves; TOFFOLI, Dias; RODRIGUES JUNIOR, Otávio Luiz (Coord.). *Estado, Direito e Democracia*: estudos em homenagem ao Prof. Dr. Augusto Aras. Belo Horizonte: Fórum, 2021. p. 189-197. ISBN 978-65-5518-245-3.

AUTONOMIA PESSOAL, DESTINO, JULGAMENTOS E INSTITUIÇÕES NO BRASIL: NOTAS SOBRE UMA PERGUNTA E ALGUMAS RESPOSTAS[1]

LUIZ EDSON FACHIN

Introdução

O presente comprova disputas experimentadas na extensão desafiadora[2] da democracia sobre sentidos de um pouco de futuro e outro tanto de passado.[3] Em realce estão deliberações das instituições que compõem a sociedade e o Estado de Direito Democrático. A sombra de fraturas institucionais repõe nos diagnósticos a qualidade da democracia e a confiança nas instituições.

Confiança e procedimentos de deliberação, por isso mesmo, compõem matéria-prima de notável usina de ideias, a partir do campo da normatividade jurídica. Não apenas nos diagnósticos, as análises relevantes sobre o presente traduzem preocupações com o próprio futuro do Brasil[4] e o papel que nele cumpre ao Supremo Tribunal Federal. Dentre os sintomas dos tempos correntes, vem à tona a *judicialização da política*.[5] Avultam por aí as controvérsias sobre autoridade pública, legitimidade do poder e participação.

---

[1] Texto já publicado na *Revista Brasileira de Políticas Públicas*, v. 10, n. 2, p. 21-39, ago. 2020. Disponível em: https://www.publicacoes.uniceub.br/RBPP/article/view/6995.

[2] ABRANCHES, Sérgio et al. *Democracia em risco? 22 ensaios sobre o Brasil de hoje*. Vários autores, dentre eles: Celso Rocha de Barros, Boris Fausto, Conrado Hübner Mendes. São Paulo: Companhia das Letras, 2020.

[3] É possível indagar, com Heloísa Murgel Starling, se existe algo no passado que não passou. E é possível concluir, também com a historiadora, que o passado é mais extenso do que parece, o que nos conduz a uma resposta afirmativa. STARLING, Heloisa Murgel. O passado que não passou. *In:* ABRANCHES, Sérgio *et al. Democracia em risco? 22 ensaios sobre o Brasil de hoje*. Vários autores, dentre eles: Celso Rocha de Barros, Boris Fausto, Conrado Hübner Mendes. São Paulo: Companhia das Letras, 2020.

[4] BARROSO, Luís Roberto. Um outro país – transformações no direito, na ética e na agenda do Brasil. Belo Horizonte: Fórum, 2018. V. também: GODOY, Miguel Gualano de. Devolver a constituição ao povo: crítica à supremacia judicial e diálogos institucionais. Belo Horizonte: Fórum, 2017; MACHADO FILHO, Roberto Dalledone; FACHIN, Luiz Edson. O direito à igual dignidade: do texto de 1988 à atuação da jurisprudência do STF. *In:* MORAES, Guilherme Peña de (Org.). *30 anos da Constituição Federal e o direito brasileiro*. 1. ed. São Paulo: Forense, 2018, v. 1, p. 143-156.

[5] LUNARDI, Fabrício Castagna. O STF na política e a política no STF. São Paulo: Saraiva, 2020. O autor sustenta que o novo papel desempenhado pelo STF é de revisor judicial da política, contribuindo para apontar a insuficiência da clássica dicotomia ativismo *versus* autocontenção.

É possível que de maneira não muito consciente essas questões sejam a tradução no âmbito interno de disputas por que passam diversos países. Em recente obra sobre o capitalismo neste início de século, Branko Milanović defende que a organização do sistema de produção é atualmente feita a partir de duas lógicas contrapostas, ou, se preferir, dois tipos ideais de capitalismo: de um lado o modelo liberal meritocrático, representando pela versão de democracia dos Estados Unidos; de outro, o político, representado pela China.[6] É incorreto, argumenta o autor, analisar os dois modelos de forma maniqueísta, como se apenas um representasse o ideal virtuoso, porque ambos têm graves problemas. A versão liberal tende a se concentrar cada vez mais em uma elite global extremamente conectada, degenerando para uma forma de plutocracia de um governo de especialistas. Por outro lado, a versão política do capitalismo baseia-se no exercício autoritário do poder. No atual estágio de desenvolvimento, ambas as formas de capitalismo concentram poder e excluem uma camada imensa de pessoas da efetiva participação de seu destino. Graças à ascensão econômica da China, o apelo a uma gestão política autoritária dos conflitos de interesses serve de resposta à crítica ao governo tecnocrático. Ao mesmo tempo, contra o autoritarismo, a resposta que se oferta é a de um governo ainda mais especializado.

Porque é no texto constitucional que se busca o sentido sobre esse quê que nos constitui, em nossa igualdade e em nossas diferenças,[7] o desafio que se lança ao constitucionalismo hoje é o de defender a democracia quer em face do autoritarismo político, quer em face do governo de especialistas.

Sem descurar do conjuntural, impelido por esse campo gravitacional de desassossegos, o texto entrega ao debate estrutural anotações para contribuir com o exame da cultura de fundamentação dos procedimentos e das deliberações, nomeadamente das decisões jurisdicionais, bem como da interpenetração do público com o privado nessa quadra histórica.

O estudo gravita, portanto, em torno da clivagem que pode ser vista dentro da *sala de situação* sobre o atual *estado da arte* após a Constituição de 1988. Nada obstante, ancora-se marcadamente nos últimos cinco anos a reflexão que se apresenta como passo tão só na antessala, sem deixar de comungar de uma aposta que, tenuemente, ainda habita o terreno da esperança.

Expor à crítica os fundamentos democráticos da atuação constitucional é dever de todos os que exercem funções públicas nas instituições que garantem a democracia, exigência de *accountability* da atuação estatal. Tal dever, em âmbito acadêmico, é ainda mais agudo. Envolve, com efeito, a interseção dialógica entre as relações jurídicas privadas intersubjetivas e o constitucionalismo, e, nesse horizonte, trata do espaço da autonomia pessoal no território do público e do privado.

Assim se procede neste estudo. Não se trata, contudo, de uma apreciação burocrática nem que se propõe a ser unívoca. No entanto, há evidentes limites nessa missão. Ciente dessa unidade na dimensão dual, racional e sistemática de afazeres,

---

[6] MILANOVIĆ, Branco. *Capitalism Alone*: the Future of the System that Rules the World. Cambridge: Harvard University Press, 2019.

[7] Sigo, aqui, a instigante leitura feita por Gabriel Rezende da obra do Prof. Menelick de Carvalho Netto. REZENDE, Gabriel. A Máquina de Menelick. In: *Revista de Estudos Constitucionais, Hermenêutica e Teoria do Direito (RECHTD)*, 9(2):183-195, maio/ago. 2017.

conquanto seja dúplice a perspectiva, o presente texto almeja responder à pergunta inspirada por Andrei Marmor no capítulo[8] *"Authority, Equality, and Democracy"* de *"Law in the Age of Pluralism"*, e repiso: existe, na Constituição brasileira, razão para obedecer a decisões democráticas apenas por sua natureza de emanação da justiça, mesmo que isso signifique seguir decisões questionáveis ou mesmo erradas? É essa, no fundo, a questão que ilumina o debate a respeito de julgamentos tormentosos que continuam a reverberar nas relações entre democracia e instituições de controle e justiça, para tornar as coisas mais concretas. É essa, em essência, a questão que deve ser posta às instituições neste início de século: contra os que se arrogam o conhecimento e contra os que têm o poder, por que devemos questionar a autoridade ainda que com ela venhamos a concordar?

As respostas às dúvidas – e que em grande medida coincidem com a que propõe Marmor – longe estão de dissolver os dilemas recentes ou antigos de nossa sociedade, mas, ao menos, servem para apontar para a razoabilidade de nossos desacordos. O caminho para a construção democrática no Brasil – e, quiçá, no resto do mundo – é tortuoso, o que não descura de seus deveres às instituições republicanas de justiça.[9]

Um Brasil para Emily Dickinson

Destino, julgamentos e instituições no Brasil, eis um vasto campo para perscrutar o tema da autonomia pessoal diante da formulação, desenvolvimento e execução de processos decisórios que distinguem os *eleitos* dos *condenados*. Saberes e possibilidades que não se resumem ao discurso jurídico podem abonar olhares que ilustram essa excursão pelas sendas dos significantes e significados.

Deixemo-nos iluminar por um intenso exemplo. Uma poetisa norte-americana, Emily Dickinson, avistou, no século XIX, um Brasil por ela nunca visitado. Do interior de sua mirada, legou à posteridade o registro de seu olhar único sobre o que considerou a tal ponto precioso que, para tê-lo, ofertaria o seu próprio ser.

Brasil, o objeto visto em sua poesia, também ali é um oceano de arquétipos. Qual imagem desse bem inestimável à poetisa de Amherst se entremostrava? A de um lugar especial, ou de uma cor específica ou ainda de um elevado espírito?

Emily Dickinson era, por si só, um *modo de ver*, e, por meio dele, gerou uma linguagem ao corpo da forma. É como em si produzir epistemologicamente a própria *casa*, nem sempre, por certo, ajustada ao opressivo *modus operandi* do tempo num dado espaço. As esferas da identidade pessoal, bem como das instituições na sociedade, assim se originam, porquanto cruzam esses olhares coletivos ou individuais.

Os poemas de Dickinson evocam paisagens brasileiras, como os pampas gaúchos, a cor do pau-brasil e a fauna nativa. A poetisa, no entanto, nunca percorreu o país, razão pela qual sua ligação com o Brasil pode ser adjetivada como espiritual. A origem de tal

---

[8] É o capítulo 3 da obra mencionada: MARMOR, Andrei. *Law in the Age of Pluralism*. Oxford: Oxford University Press, 2007. Justiça, justificação e procedimentos democráticos compõem o tripé dessa análise.

[9] Registro nesta nota prévia, por fim e por não menos relevante, meu agradecimento ao Professor Roberto Dalledone Machado Filho e à Doutora Desdêmona Tenório de Brito Toledo Arruda, pela contribuição que me deferiram.

afeição pelo Brasil pode derivar, no entender de George Monteiro,[10] de um presente que a poetisa recebeu de seu pai: o livro intitulado *Exploration of the Valley of the Amazon*,[11] escrito por William Lewis Herndon e Lardner Gibbon.

São diversas as referências que Dickinson faz ao Brasil. Uma das mais conhecidas é a que está no poema "I asked no other thing":

> I asked no other thing–
> No other–was denied–
> I offered Being–for it–
> The Mighty Merchant sneered–
>
> Brazil? He twirled a Button–
> Without a glance my way–
> "But–Madam–is there nothing else–
> That we can show–Today?"

O poema narra a história de uma transação comercial entre uma *consumidora* e um mercador poderoso, cujo objeto é um "Brasil". Sabemos que o negócio é malsucedido ("I asked no other thing"), que o mercador desdenha da cliente ("The Mighty Merchant sneered – Brazil? He twirled a Button – Without a glance my way–") e que tenta, ainda, oferecer algo diverso ("is there nothing else – That We can show–Today?").

Sabemos, além disso, que "Brasil" significa algo muito valioso, para o qual a poetisa está disposta a pagar com o seu próprio *ser* (I offered Being–for it–). Mas quem é esse *mercador* e por que a cliente oferece seu próprio *ser* em troca desse "Brasil"?

O objeto da transação refere-se, de forma evidente, à cor vermelha, advinda do tom escarlate do pau-brasil, utilizada para tingir os melhores tecidos. Mas não é a trama que a consumidora deseja. George Monteiro[12] defende que o poema contém uma alegoria da salvação. Nela, o mercador poderoso é o "Deus puritano" e "Brasil" consiste na própria ideia de salvação.

O poema é, por sua vez, a crítica a uma doutrina puritana que admitia como salvos apenas alguns poucos, ou seja, os "eleitos" ou "privilegiados", rejeitando a relação pessoal e próxima com Deus, como Dickinson sugere.

Exclua-se o sentido transcendente da metáfora de salvação. O Deus puritano, que antes dizia e sabia quem seriam os eleitos e quem seriam os condenados, conforme a crença calvinista da predestinação, é apenas alguém cujos comandos são bons.

Transponhamos, então, a metáfora de Dickinson para a leitura de nossa realidade circunstancial imanente. Às "instituições" de nosso regime político cabe exercer o papel que, no poema, cumpre ao Deus puritano. A qualidade do julgamento nos torna simpáticos ao desafio de Dickinson: afinal, mesmo que a decisão emanada das "instituições" seja boa, ela não permitiu que participássemos do processo de definição

---

[10] MONTEIRO, George. Emily Dickinson's Brazil. *In: Alfa*, n. 15, p. 201-206, 1969.
[11] Disponível pela biblioteca da Universidade de Harvard e também na *Carnegie Library of Pittsburgh*.
[12] MONTEIRO, George. Emily Dickinson. *In:* 'The land of dye-wood'. *Fragmentos*, Florianópolis, n. 34, p. 99-113, jan./jun. 2008.

de quem seriam os *eleitos*. Assim, em termos mais próximos da teoria da Constituição, o tema do poema de Dickinson é o respeito mínimo que se deve a cada pessoa humana, dando-lhe voz sobre seu próprio destino.

A pergunta feita por Dickinson pode, portanto, ser lida como um desafio, bastante atual, a respeito dos sentidos do exercício da autoridade. Para além da mediação entre os destinatários de um comando, a pergunta indica que há um valor no respeito à participação no processo. Um valor, portanto, intrínseco ao respeito do direito à autonomia pessoal. Autonomia pessoal que diferencia os eleitos dos condenados e faz todos mais que eleitores.

Dispensa-se, para a presente análise, uma perspectiva romantizada do recolhimento privado pelo qual Dickinson passou em vida. É possível especular que, se voluntária, sua saída[13] do espaço público é condizente com uma visão de autonomia pessoal que nos oferece uma primeira pista sobre o sentido de participar de uma decisão. Nessa toada, a autonomia pessoal não depende, para sua plena realização, da convivência pública. O sentido de autonomia, assim, inclui também o direito de ser deixado em paz, ou seja, o direito até mesmo de não participar da vida pública.

Essa dimensão bastante liberal de autonomia está na raiz de nossas definições de democracia. Em essência, democracia é um regime de governo no qual o exercício da autoridade pública, ou a legitimidade do poder, depende da participação das pessoas que serão atingidas pela decisão a ser tomada. As pessoas, por sua vez, têm direito de participar, ou, se assim o quiserem, de não participar. A autonomia é um direito, não uma virtude, não o ideal perfeccionista de uma pessoa autônoma.

O imaginário dos versos de Dickinson dialoga com as premissas que desafiam a questão inicial deste texto, especialmente com o "Brasil" de 1988: a parcela de autoridade estatal exercida pelo Supremo Tribunal Federal contribui para ampliar a autonomia reivindicada pela poetisa?

A Constituição e a constituição do Estado e da sociedade

Fotografa-se aqui, para tanto e apenas *en passant*, um pontual convívio com uma incomum expressão da literatura poética, e o faço, com respeito que se impõe, somente para capturar do panteão no qual repousa Dickinson a problematização que deságua da clivagem entre os *eleitos* e os *condenados*.

Não somente na distinção entre participar e ter vida pública, como também quando aqueles não chamados a ter voz no respectivo processo de escolha são os eleitos, o que para eles pode ser uma acertada decisão, sem embargo, especialmente para os excluídos, configura desrespeito ao direito à autonomia pessoal, quer no sentido de participação, um dos aspectos da *vita activa*, quer na acepção de ser deixado só, um dos recintos em que reside quem quer ficar em paz.

---

[13] "Você diz que me acolher, mas suas estruturas me expulsam. / Seu abraço tenta me conformar, mas todo o entorno grita que eu não deveria estar, que nesse espaço não deveria ser, a não ser que estivesse disposta a ser uma outra, uma que nunca fui. / (...) Você diz que me acolhe, desde que eu seja sóbria como são suas paredes frias, então tenta me conter em seu abraço. / Mas eu nunca aprendi a ser contida. / Eu vibro. / Eu me expulso." (BERNARDELLI, Paula. Entranhas. 1. ed. Belo Horizonte: Visibilidade Feminina, 2020. Poema *Paredes*. p. 27).

Sociedade e Estado no Brasil foram refeitos em 1988 e assim se constituíram, moldados por finalidades elevadas ao estatuto de norma jurídica. A Constituição é o princípio que avia o fim. A linguagem constitucional é fundacional, e por isso ela se lançou sobre a derrota do passado e se alça a ente simbólico fundador do Estado democrático e da sociedade brasileira.

A Constituição também é um corpo vivo. A complexidade desse fenômeno é um *banco de provas*. É do procedimento e das decisões resultantes na busca das respostas a essas provas que incumbe se ocupar aqui.

O processo histórico que em 1988 deságua refaz o país. A realidade é nela descrita numa narrativa inclusiva, indígena e universal,[14] aberta e plural, e se projeta às gerações futuras como vinculante para a normatividade jurídica e suas compreensões.[15] Como assim o foi constituída: fraterna, pluralista e sem preconceitos.

A centralidade da Constituição de 1988 na arquitetura do Estado Democrático de Direito e da sociedade brasileira apreende não apenas o espaço público (nomeadamente nas relações independentes e harmônicas entre os Poderes) como também a tríplice constituição[16] do direito que se dirige às relações privadas. O Estado de Direito torna-se identificado com a democracia; patrimônio, contrato e sistemas de parentesco, o tripé das relações sociais foi constituído nesse mesmo desenho jurídico da normatividade, ou seja, Estado e sociedade assim foram edificados e constitucionalizados.[17]

Nas relações intersubjetivas, houve transformação da ideia de instituições fundamentais, quer quanto à família, a "comunidade de sangue" e a "comunidade de afeto", quer no tocante à propriedade, ao patrimônio privado, quer ainda na dinâmica jurídica da circulação. Na superação do formalismo[18] do sistema do século XIX e na constitutiva da dignidade humana[19] se abriram desafios e perspectivas da modernidade à contemporaneidade. De modo especial dentro do sistema de justiça e da prestação jurisdicional.[20]

A dignidade humana– que remete à dimensão imanente da interpretação do poema de Dickinson – é, dessa forma, o mote do constitucionalismo que exsurge da Constituição de 1988. Dignidade que atinge a todos, em plena igualdade, e nos transforma não mais em eleitos e condenados, mas em eleitores do nosso destino. A Constituição, portanto, promete-nos o "Brazil", mas será que ela efetivamente o entrega?

A Constituição de 1988 conferiu ao Supremo Tribunal Federal a guarda da Constituição. Constituiu um lugar na linguagem, portanto no simbólico. O que se torna visível e o que se eclipsa no que chega a esta parte do século XXI pode, em alguma medida,

---

[14] PAPA FRANCISCO. *Carta Encíclica 'Laudato si'* – Sobre o cuidado da casa comum. São Paulo: Paulinas, 2015.
[15] A propósito: CRUZ, Álvaro Ricardo de Souza; WYKROTA, Leonardo Martins. *O pensamento jurídico e suas crenças*. Belo Horizonte: Arraes Editores, 2018.
[16] SCHREIBER, Anderson. *Direito civil e Constituição*. 1. ed. São Paulo: Atlas, 2013.
[17] Como está exposto por BARROSO, Luís Roberto. *Curso de direito constitucional contemporâneo*: os conceitos fundamentais e a construção do novo modelo. 8. ed. São Paulo: SaraivaJur, 2019.
[18] Da travessia da forma *código* à constitucionalização, v.: TEPEDINO, Gustavo (Coord.). *O código civil na perspectiva civil-constitucional*. Rio de Janeiro: Renovar, 2013.
[19] Por todos, ver: MORAES, Maria Celina Bodin de. *Na medida da pessoa humana*: estudos de direito civil. Rio de Janeiro: Editora Processo, 2016.
[20] É o que se vê em LORENZETTI, Ricardo Luis. *A arte de fazer justiça*: A intimidade dos casos mais difíceis da Corte Suprema da Argentina; tradutora Maria Laura Delaloye. São Paulo: Revista dos Tribunais, 2015.

ser fotografado no Brasil em ações ou pronunciamentos reais de instituições como o Supremo Tribunal Federal, mormente na intensa quadra histórica recente, espelhada em fatos e julgamentos do último quinquênio no STF.

Processos e pronunciamentos no quinquênio recente

A modo de *aide-mémoire*, seguem amostras desses cinco anos que evocam, no Brasil, um mundo de sentidos, particularmente rememorando-se o calendário do STF.

Presentemente, em 2020, o planeta é vergado pela pandemia de coronavírus; no Brasil, o palco também é o da crise sanitária, da crise política e da crise social e econômica. Embora, por sua magnitude e impacto, a pandemia de coronavírus talvez só encontre precedente na Gripe Espanhola de 1917, rememore-se que, no ano de 2015, em maio, a OMS houvera declarado epidemia de ebola na Libéria. Em fevereiro de 2016, houve emergência de saúde pública mundial em relação ao zika em áreas do Brasil e da Polinésia Francesa. Em 2002, a epidemia de SARS (Síndrome Respiratória Aguda Grave) afetou Hong Kong em particular, bem como a de gripe aviária, em 2003.

Os desafios que emergem com a crise que se apresenta em tríplice dimensão, embora sejam dotados de complexidade admirável, não são, portanto, exatamente inéditos. Desde o final da década de 1980, com o fim da Guerra Fria, a realidade vem sendo adjetivada como volátil, incerta, complexa e ambígua, *VUCA*, no acrônimo em inglês, cunhado por Warren Bennis e Burt Nanus. A pandemia amplifica tais características. Se a *judicialização da* política e a atração do Poder Judiciário ao centro do debate nacional já eram presentes, a emergência atual, de 2020, pavimenta o caminho ao STF. O núcleo da controvérsia toma as vestes da descentralização das medidas de combate à pandemia (na ADI nº 6.341, Rel. Min. Marco Aurélio, liminar referendada pelo Plenário em 15.04.2020), o que também se expôs no julgamento da MP nº 966, que desonerava os gestores por seus atos (ADIs nºs 6.421, 6.422, 6.424, 6.425, 6.427, 6.428 e 6.431, Rel. Min. Roberto Barroso, julgadas em 20.05.2020).

O cenário nacional exibe embates do Judiciário com o Poder Executivo, a exemplo da decisão no MS 37097, Rel. Min. Alexandre de Moraes, julgado monocraticamente em 29.04.2020. E o próprio STF é arrostado aos limites diante do denominado *Inquérito das fake news* (ADPF nº 572, Rel. Min. Edson Fachin, julgada em 18.06.2020).

A emergência sanitária pode ter contribuído para acelerar a necessidade de respostas a serem dadas pelo Judiciário em relação a questionamentos advindos da vida pública nacional. No entanto, outra não foi a dinâmica, o volume e o contexto nos anos imediatamente anteriores.

O STF, em 2015, recebeu 93 mil novos processos. Foram prolatadas 116 mil decisões, das quais 98,3 mil monocráticas e 17,7 mil colegiadas.[21] A pauta veiculou disputas internas e externas do Congresso. Houve o questionamento da votação das contas presidenciais em sessão separada pela Câmara dos Deputados (MS nº 33.729, Rel. Min. Luís Roberto Barroso), impugnações ao relator de procedimento contra

---

[21] Dados extraídos do Relatório de Atividades 2015 – STF – Disponível em: http://www.stf.jus.br/arquivo/cms/centralDoCidadaoAcessoInformacaoGestaoEstrategica/anexo/Relat_Ativ_STF2015.pdf, acesso em: 22 jul. 2020.

o Presidente da Câmara perante o Conselho de Ética (MS nº 33.927, Rel. Min. Luís Roberto Barroso; e MS nº 33.942, Rel. Min. Rosa Weber), questionamento acerca da natureza secreta da deliberação sobre a ordem de prisão do Senador Delcídio do Amaral (MS nº 33.908, Rel. Min. Edson Fachin).

Nesse âmbito, destaque para a *judicialização* das diversas etapas do rito do processo de *impeachment* perante a Câmara dos Deputados e o Senado Federal, incluindo a possibilidade de recurso da negativa de seguimento a denúncias (MS nº 33.558, Rel. Min. Celso de Mello); a validade do ato do Presidente da Câmara dos Deputados que disciplinou o procedimento naquela Casa (MS nº 33.837, Rel. Min. Teori Zavascki, e MS nº 33.838, Rel. Min. Rosa Weber); a legitimidade da abertura do processo de impedimento contra a Presidente Dilma Rousseff pelo deputado Eduardo Cunha (MS 33.920, Rel. Min. Celso de Mello e MS 33.921, Rel. Min. Gilmar Mendes) e também a recepção pela Constituição de 1988 de diversos dispositivos da Lei nº 1.079/1950, que dispõe sobre os crimes de responsabilidade (ADPF nº 378, Rel. Min. Edson Fachin).[22]

Em 2016, aportaram ao STF 90,3 mil novos processos. Contabilizaram-se 117 mil decisões, das quais 98 mil monocráticas e 15 mil colegiadas.[23] A pauta do Supremo restou tomada pelo *impeachment*: A Corte, por maioria e nos termos do voto do Min. Luís Roberto Barroso, rejeitou os ED na ADPF nº 378. Impediu-se a apresentação de candidaturas ou chapas avulsas para a formação da comissão especial; definiu-se que a votação para a formação de tal comissão somente pode se dar por voto aberto; afirmou-se a competência do Senado para deliberar sobre a instauração ou não do processo, em votação do Plenário, por maioria simples de votos. Com isso, o processo voltou à estaca zero e a Câmara dos Deputados teve que realizar nova eleição para a comissão especial do *impeachment*, seguindo as determinações do Supremo. Já no dia seguinte ao julgamento, ocorrido em 16.03.2016, a comissão especial foi instalada e o processo de impedimento teve seu início.[24]

Em 14.04.2016, na véspera do início da sessão do Plenário da Câmara dos Deputados para decidir sobre a autorização da instauração do processo, o STF realizou uma sessão extraordinária para julgar cinco ações, aforadas naquela mesma data, que discutiam aspectos pontuais do rito do *impeachment* (ADI nº 5.498, MS nº 34.127, MS nº 34.128, MS nº 34.130 e MS nº 34.131). Restaram indeferidos os pedidos de medida cautelar formulados em todas as ações. O Tribunal considerou que os questionamentos quanto ao procedimento de votação envolviam matéria *interna corporis*; e reiterou que o papel da Câmara dos Deputados é apenas o de autorizar ou não a instauração do processo contra o Presidente da República.

Mais sintomas desse *pathos* sobrevêm na anulação da nomeação de Ministros realizada pela Presidente Dilma Rousseff (ADPF nº 388, Rel. Min. Gilmar Mendes, julgamento em 09.03.2016; e MS nº 34.070 e MS nº 34.071, Rel. Min. Gilmar Mendes,

---

[22] Para esta memória dos julgamentos de relevo que figuraram na pauta do Supremo Tribunal Federal no quinquênio decorrido de 2015 a 2020, vali-me da síntese elaborada anualmente pelo Ministro Luís Roberto Barroso e publicada na Conjur, disponível em: https://www.conjur.com.br/2015-dez-28/retrospectiva-2015-10-principais-decisoes-pauta-supremo. Acesso em: 22 jul. 2020.

[23] Dados extraídos do Relatório de Atividades 2016 – STF. Disponível em: http://www.stf.jus.br/relatorio2016/. Acesso em: 22 jul. 2020.

[24] BARROSO, Luís Roberto. O Supremo Tribunal Federal em 2016: o ano que custou a acabar. Disponível em: https://www.conjur.com.br/dl/retrospectiva-2016-barroso-parte.pdf. Acesso em: 22 jul. 2020.

liminar deferida monocraticamente em 18.03.2016). É desse período o afastamento do Presidente da Câmara dos Deputados da presidência e do mandato (AC nº 4.070, Rel. Min. Teori Zavascki, liminar concedida em 05.05.2016 e referendada pelo Tribunal Pleno no mesmo dia).

Coloca-se na agenda do STF, nessa mesma quadra, o tema da linha sucessória, vale dizer, possibilidade de réus em ação penal ocuparem cargos na linha de substituição presidencial (ADPF nº 402, Rel. Min. Marco Aurélio, início do julgamento de mérito em 03.11.2016, julgamento do referendo da cautelar em 07.12.2016).

Ao lado da crise política, adentra às portas do STF a crise fiscal e financeira dos Estados, como se depreende destes julgamentos: cálculo da dívida (MS nº 34.023, MS nº 34.110 e MS nº 34.122, Rel. Min. Edson Fachin, julgamento em 27.04.2016; liminares deferidas nos MS nºs 34.123, 34.132, 34.137, 34.141, 34.143, 34.151, 34.154, 34.168, 34.186, ACO nº 2.925, Pet nº 6.398); e repartição da multa da lei de repatriação (ACOs nºs 2.934, 2.935, 2.936, 2.938, 2.940, 2.941 e 2.942, Rel. Min. Rosa Weber, liminares concedidas em 11.11.2016).

A notoriamente controvertida execução da pena em segunda instância teve especial lugar no elenco dos feitos debatidos pelo STF: HC nº 126.292, Rel. Min. Teori Zavascki, julgamento concluído em 17.02.2016; ADCs nºs 43 e 44 MC, Rel. Min. Marco Aurélio, julgamento da cautelar em 05.10.2016; ARE nº 964.246 RG, Rel. Min. Teori Zavascki, julgamento pelo plenário virtual concluído em 11.11.2016.

O Tribunal, ainda no ano de 2016, enfrentou os temas da judicialização da saúde, como se passou no caso da fosfoetanolamina (ADI nº 5.501 MC, Rel. Min. Marco Aurélio, liminar deferida em 19.05.2016); de embates entre direitos culturais e ambientais, no caso da vaquejada (ADI nº 4.983, Rel. Min. Marco Aurélio, julgamento concluído em 06.10.2016) e decisão da Primeira Turma reflexamente sobre o aborto (HC nº 124.306, Rel. Min. Marco Aurélio, Rel. p/ acórdão Min. Luís Roberto Barroso, julgamento concluído em 29.11.2016).

As portas de 2017 foram arrombadas por uma tragédia: no Brasil, o STF, o País e a sociedade brasileira foram estremecidos pela morte do Ministro Teori Zavascki em janeiro. No STF, naquele indelével 2017, houve 103,6 mil novos processos, prolatadas 123 mil decisões, das quais 113 mil monocráticas e 12,8 mil colegiadas.[25]

Na pauta do STF, tomou assento a questão atinente à homologação de delações premiadas: QO (Questão de Ordem) tratou de dois assuntos principais imbricados nesta matéria. Em primeiro lugar, saber de quem é e qual a extensão da competência para homologar acordos de colaboração premiada submetidos ao STF pelo Procurador-Geral da República. Em segundo lugar, decidir se é cabível a revisão ou anulação judicial das cláusulas do acordo, após a sua homologação, bem como de quem é a competência para tanto (Pet nº 7.074 QO e Pet nº 7.074-AgR, Rel. Min. Edson Fachin, julgamento concluído em 29.06.2017).[26]

---

[25] Dados extraídos do Relatório de Atividades 2017 – STF. Disponível em: http://www.stf.jus.br/arquivo/cms/centralDoCidadaoAcessoInformacaoGestaoEstrategica/anexo/RelatorioAtividadesSTF2017.pdf. Acesso em: 22 jul. 2020.

[26] BARROSO, Luís Roberto. O Supremo Tribunal Federal em 2017: A República que ainda não foi. Disponível em: https://www.conjur.com.br/2018-jan-08/artigo-exclusivo-barroso-analisa-papel-supremo-pais. Acesso em: 22 jul. 2020.

Deu-se naquele transcurso a imposição de medidas cautelares contra o Senador Aécio Neves pela Primeira Turma (AgR no Terceiro AgR na AC nº 4.327, Rel. Min. Marco Aurélio, Redator p/ Acórdão Min. Luís Roberto Barroso, julgamento concluído em 26.09.2017).

Temáticas também de relevo apreciadas no período de 2017 podem ser mencionadas, como: a necessidade de submeter à apreciação da Casa Legislativa a aplicação de medidas cautelares a membros do Congresso Nacional (ADI nº 5.526, Rel. Min. Edson Fachin, julgamento concluído em 11.10.2017); a extensão a deputados estaduais das imunidades formais previstas na Constituição para parlamentares federais (Medidas Cautelares nas ADI nºs 5.823, Rel. Min. Marco Aurélio, 5.824 e 5.825, Rel. Min. Edson Fachin, julgamento não concluído naquele ano); e o foro por prerrogativa de função (AP nº 937 QO, Rel. Min. Luís Roberto Barroso).

E ainda: autorização prévia da Assembleia Legislativa para processar governador (ADI nº 5.540, Rel. Min. Edson Fachin, julgamento concluído em 03.05.2017, e ADI nº 4.797, redator para acórdão Min. Luís Roberto Barroso, julgamento concluído em 04.05.2017); ensino religioso em escolas públicas (ADI nº 4.439, Rel. Min. Luís Roberto Barroso, Red. p/ Acórdão Min. Alexandre de Moraes, julgamento concluído em 27.09.2017); possibilidade de transexuais alterarem o registro civil sem mudança de sexo (RE nº 670422, com repercussão geral reconhecida, Rel. Min. Dias Toffoli, julgamento não concluído naquele ano).

No mesmo diapasão dos anos pretéritos, 2018 iniciou com decretação de intervenção militar na segurança pública do Rio de Janeiro e a vereadora Marielle Franco foi assassinada em crime que banhou de sangue o País, os processos que chegaram ao STF totalizaram, naquele ano, 100 mil novos casos. Houve a prolação de 124,9 mil decisões, sendo 110,4 mil monocráticas e 14,5 mil colegiadas.[27]

Em matéria criminal, o STF restringiu o foro privilegiado (AP nº 937-QO, Rel. Min. Luís Roberto Barroso, julgamento concluído em 03.05.2018), ratificou a possibilidade de execução da pena criminal após a decisão de 2º grau (HC nº 152.752, Rel. Min. Luiz Edson Fachin, julgamento concluído em 04.04.2018) e considerou inconstitucional a condução coercitiva (ADPFs nºs 395 e 444, Rel. Min. Gilmar Mendes, julgamento concluído em 14.06.2018).

Na seara trabalhista, o Tribunal, ainda, validou a terceirização, mesmo em se tratando de atividade fim (ADPF nº 324, Rel. Min. Luís Roberto Barroso, RE nº 958.252, Rel. Min. Luiz Fux, julgamento concluído em 30.08.2018), assim como chancelou itens da Reforma Trabalhista, inclusive e notadamente o fim da contribuição sindical (ADI nº 5.794 e ADC nº 55, Red. para acórdão Min. Luiz Fux, julgamento concluído em 29.06.2018). Realce-se, também, a decisão que assegurou a estabilidade das gestantes, mesmo quando a gravidez era desconhecida do empregador (RE nº 629.053, Rel. Min. Alexandre de Moraes).[28]

Em termos de direitos fundamentais, decisão do Plenário assegurou a liberdade de expressão política em universidades, que vinha sendo tolhida por decisões da Justiça

---

[27] Dados extraídos do Relatório de Atividades 2018 – STF. Disponível em https://sistemas.stf.jus.br/dspace/xmlui/handle/123456789/2111. Acesso em: 22 jul. 2020.

[28] BARROSO, Luís Roberto. Atravessando a tempestade em direção à nova ordem. Disponível em: https://www.conjur.com.br/2018-dez-28/luis-roberto-barroso-atravessando-tempestade. Acesso em: 22 jul. 2020.

Eleitoral (ADPF nº 548, Rel. Min. Cármen Lúcia, julgamento concluído em 31.10.2018). Além disso, considerou-se que a prática do ensino domiciliar (*homeschooling*) não poderia ser admitida até a superveniência de lei regulamentadora (RE nº 888.815, red. para acórdão Min. Alexandre de Moraes, julgamento concluído em 12.09.2018) e garantiu-se o direito de transgêneros procederem à mudança do nome social no registro civil, independentemente de operação de mudança de sexo (ADI nº 4.275, Red. para acórdão Min. Luiz Edson Fachin e RE nº 670.422, Rel. Min. Dias Toffoli, julgamento concluído em 1º.03.2018). Digno de nota, ainda, o julgado que assegurou 30% do Fundo Partidário para candidaturas femininas.

E assim, com essa singela *memorabilia*, o calendário deságua em 2019. No STF, no contexto do total de 93 mil novos processos, universo em que foram proferidas 115,6 mil decisões, das quais 98 mil monocráticas e 17,6 mil colegiadas.[29]

Na pauta do Plenário, a já mencionada e notoriamente controvertida execução da pena em segunda instância voltou ao debate no julgamento das ADCs nºs 43, 44 e 54, Rel. Min. Marco Aurélio, concluído em 07.11.2019. Merecem destaque, também, os julgados referentes a indulto de crimes de corrupção e semelhantes (ADI nº 5.874, Red. para acórdão Min. Alexandre de Moraes, julgamento concluído em 09.05.2019); à ordem de apresentação das alegações finais (HC nº 166.373, Red. para acórdão Min. Alexandre de Moraes, julgamento concluído em 02.10.2019) e à transferência de competências penais da Justiça Federal para a Justiça Eleitoral (Inq 4.435 AgR-quarto, Rel. Min. Marco Aurélio, julgamento concluído em 14.03.2019. Compartilhamento de dados entre Receita Federal/Coaf e Ministério Público (RE nº 1.055.941, Rel. Min. Dias Toffoli, julgamento concluído em 04.12.2019).[30]

O Tribunal formou maioria expressiva na questão do sacrifício de animais em ritos religiosos (RE nº 494.601, Rel. Min. Marco Aurélio, Red. para acórdão Min. Edson Fachin, julgamento concluído em 28.03.2019) e na criminalização da homofobia (ADO nº 26, Rel. Min. Celso de Mello; MI nº 4.733, Rel. Min. Edson Fachin, julgamento concluído em 13.06.2019).

O STF reconheceu, também, como legítima a inovação trazida pelos aplicativos de transporte de pessoas (RE 1.054.110-RG, Rel. Min. Luís Roberto Barroso. ADPF nº 449, Rel. Min. Luiz Fux, julgamento concluído em 09.05.2019). Em outro julgado, a Corte exonerou o Estado do dever de fornecer medicamentos não registrados na ANVISA (RE nº 657.718, Rel. Min. Marco Aurélio, red. para acórdão Min. Luís Roberto Barroso, julgamento concluído em 22.05.2019). E, também, permitiu a alienação de subsidiárias de empresas estatais, independentemente de autorização legislativa (ADI nº 5.624-MC, ADI nº 5.846-MC, ADI nº 5.924-MC, ADI nº 6.029-MC, Rel. Min. Ricardo Lewandowski, julgamento concluído em 06.06.2019).

Eis aí um percurso sucinto, a modo de elenco de menções, apto a relevar um leiaute para prosseguirmos na análise, sempre desfiando a questão inicial. Como já referimos, a usina de ideias que compõe a matéria-prima do campo da normatividade jurídica envolve confiança e procedimentos de deliberação. A análise que ora se leva a

---

[29] Dados extraídos do Relatório de Atividades 2019 – STF. Disponível em https://sistemas.stf.jus.br/dspace/xmlui/handle/123456789/2112. Acesso em: 22 jul. 2020.

[30] BARROSO, Luís Roberto. O Supremo Tribunal Federal ainda no olho do furacão. Disponível em https://www.conjur.com.br/2019-dez-24/luis-roberto-barroso-supremo-ainda-olho-furacao. Acesso em: 22 jul. 2020.

efeito sobre o presente e o futuro do Brasil e o papel que neles cabe ao Supremo Tribunal Federal não pode descurar do passado recente de complexidades que já faziam parte das atividades cotidianas da Corte. Conquanto a crise de múltiplos vértices que em 2020 se instala imprima densidade ao teor dos desafios, eles já existiam e compunham o debate do qual emergiam e continuam a emergir controvérsias sobre autoridade pública, legitimidade do poder e participação.

As questões da justiça dos julgamentos e da decisão correta são inevitavelmente permeadas por controvérsias. A disputa de sentidos integra a coleção aberta de uma sociedade plural e de um Estado de Direito Democrático, e nos mais diversos campos de saberes, dentre eles aquele reservado à normatividade jurídica, confere significados a lugares conceituais, como autonomia pessoal, instituições do Estado de Direito Democrático e igualdade. São pontos constantemente encontráveis no trajeto de incontáveis interrogações e dilemas, tanto da prestação jurisdicional quanto das investigações acadêmicas.

Entrelaçam-se, por aí, olhares e leituras, a razão do julgar e o múnus do pesquisar, ambos sorvidos de conhecimento e de experiência para verem expostos à crítica os respectivos fundamentos. Decisões e procedimentos deliberativos demandam perquirição. O processo decisório não implica necessariamente legitimar a decisão como justa nem verdadeira participação.

Participação, democracia e desigualdade

O percurso traçado pelo Supremo Tribunal Federal merece ser lido como sendo mais do que uma coletânea de precedentes – e assim deve ser debatido. É certo, como adverte Raz,[31] que a normatividade da decisão decorre de seu caráter de fonte, daí por que, não raro, mais fácil do que se dar o trabalho de examinar as razões que levaram uma autoridade a tomar determinada decisão é simplesmente cumpri-la. Afinal, se fôssemos examiná-la a fundo, o que tem um custo elevado, possivelmente chegaríamos à mesma conclusão.

Rediscutir a decisão não é apenas uma tarefa para avaliar a solidez de seus argumentos. Em diálogo com a proposta de Raz, Andrei Marmor propõe que a avaliação da legitimidade de uma autoridade não deve ser feita somente em função da qualidade dos argumentos, mas também a partir da justiça do procedimento que leva à decisão.

O imaginário poético de Dickinson e o caminho percorrido pelo Supremo Tribunal Federal no decurso dos últimos cinco anos permitem repor o desafio formulado pela poetisa: o Supremo Tribunal Federal contribuiu para entregar o "Brasil" que ela almejava? O exercício da jurisdição pelo Tribunal garantiu a autonomia das pessoas que participaram do processo decisório?

Tal como formuladas, as perguntas direcionam-se a uma dimensão imanente das práticas sociais. A resposta a elas exige, portanto, debater o sentido constitucional de autonomia e, a partir dele, o de igualdade: iguais condições para participar de nosso

---

[31] RAZ, Joseph. *The morality of freedom*. Oxford: Oxford University Press, 1986.

destino comum. É esta a mensagem que emana do sentido normativo de democracia que emerge do texto constitucional.

Não por acaso, a Constituição brasileira declara: *homens e mulheres são iguais em direitos e obrigações* (no primeiro inciso do artigo 5º). A participação ou a ausência de possibilidades reais, materiais ou eficazes é identificador desse *estar fora* do *contrato social*. O *centro desse mundo* estaria na quimérica apoteose da vida desprovida do espaço público: ao invés da *praça*, apenas *o jardim*.[32] Porém, assim não o é quando a autonomia é tal que permite ao próprio sujeito *se expulsar*, decisão autônoma da pessoa.

A exigência de tratamento igual que se deve dispensar às pessoas não decorre do fato de elas possuírem visões de mundo diferentes, ou seja, dos chamados *desacordos morais razoáveis*, mas, sim interesses diferentes.[33] O pluralismo de uma sociedade democrática, como o que fundou a Constituição Federal, não se constitui apenas pela soma de indivíduos com histórias de vida diferentes, mas a partir de condições de existência distintas.

A diferença não é apenas uma diferença sobre valores, sobre visões de mundo: os recursos sociais, sejam econômicos ou não, são escassos. Uma decisão coletiva, fruto de deliberação plural, como são as tomadas pelas instituições colegiadas, é, também, uma decisão sobre a distribuição de recursos. A Constituição, dessa forma, suprime o que antes eram as tradicionais fronteiras da distinção jurídica entre o público e o privado. O perigo de se tratar tudo como se fosse um desacordo moral razoável é, no limite, como defendeu Marmor, acreditar que em uma sociedade mais homogênea seria possível menos democracia. Se nada nos distingue de forma relevante, se somos todos brasileiros, então não há razão para perder tempo resolvendo nossas diferenças. Não é difícil imaginar a dimensão desumana que essa linha de pensamento toma relativamente às populações indígenas. Se elas não são mais "diferentes", então o que lhes resta é a "integração".

Esta é uma visão de democracia que, além de incompatível com o sentido de autonomia pessoal consagrado na Constituição, esquece que a natureza dos conflitos é sobre a escassez de recursos sociais. Que autonomia é essa e, afinal, quais são as nossas diferenças?

A autonomia não se confunde com a privacidade, ou seja, com a esfera de determinação livre da ingerência estatal. A autonomia é muito mais ampla e guarda até um sentido emancipatório: autonomia significa toda escolha que uma pessoa pode fazer para tomar conta de seu próprio destino. A autonomia substancial significa ter condições de escolher.

Por isso, não é na liberdade pessoal, nem nos capítulos em que se encontra uma liberdade[34] que se poderia chamar de primeira geração, que está o conceito constitucional de autonomia. Antes, é preciso examiná-lo no capítulo referente à ordem social,

---

[32] SALDANHA, Nelson. *O Jardim e a Praça*: ensaio sobre o lado privado e o lado público da vida social e histórica. Porto Alegre: Sérgio Antônio Fabris Editor, 1986.

[33] Sigo, aqui, a mesma posição de Marmor não para excluir a possibilidade de desacordos razoáveis, mas para indicar que nas modernas sociedades democráticas, uma das principais, se não a principal origem de conflitos, está na distribuição de recursos coletivos, na análise de custo benefícios e na construção de políticas públicas. MARMOR, Andrei, *op. cit.*, p. 67.

[34] V. sobre as liberdades: RUZYK, Carlos Eduardo Pianovski. *Institutos fundamentais do direito civil e liberdade(s)*: repensando a dimensão funcional do contrato, da propriedade e da família. 1. ed. Rio de Janeiro: GZ, 2011.

aos direitos econômicos e sociais. A Constituição garante uma série de direitos que objetivam, em última instância, assegurar um espaço individual de atuação, conferindo a todos um leque mínimo de escolhas.

A Constituição faz isso porque sabe que o conflito típico das sociedades democráticas é um conflito de interesses sobre a escassez de recursos que asseguram a autonomia das pessoas. A constitucionalização do Direito Civil[35] não significa apenas que o Direito Civil deve ser lido à luz da Constituição (essa afirmação seria até um truísmo, se tivermos em conta a hierarquia das normas). Ela indica que a autonomia tem algo a dizer sobre a distribuição de recursos. E ela diz: é preciso construir instituições que assegurem a participação das pessoas. O respeito à igual autonomia implica o direito à igual participação, seja no processo de deliberação, seja na tomada de decisão propriamente dita.

A diferença entre as fases de deliberação e de tomada de decisão indica que a igualdade é também medida de forma variada em cada uma dessas etapas. O respeito à autonomia na fase de deliberação implica o reconhecimento de uma igualdade de oportunidade em relação à definição de agenda e à apresentação de argumentos que serão utilizados na fase decisória. Na fase de decisão, igual autonomia significa respeito à decisão majoritária.

Não há espaço aqui para se debruçar sobre a participação na fase deliberativa. Permito-me apenas reconhecer que esse é o tema mais promissor nas pesquisas acadêmicas sobre os órgãos constitucionais. No que tange à decisão majoritária, sabemos dos limites que a Constituição a ela impõe. Noutras palavras, há razões constitucionais para que nem todos os temas sejam resolvidos por maiorias ocasionais. Mas há também uma razão prática que anima a opção constitucional: *supermaiorias* garantem igualdade para grupos minoritários. Sem *supermaiorias* não há igualdade efetiva. Pense-se, por exemplo, em uma decisão que afeta a alocação de recursos a um grupo que compõe 49% da população. Qualquer decisão que venha a ser tomada por maioria simples não assegura a esse grupo igual oportunidade de tomar parte da decisão. E o que é mais perigoso: é com base no abusivo argumento da legitimidade da maioria – a invocação constante do argumento segundo o qual a minoria deve se conformar – que uma minoria é retirada do processo de deliberação. Nada poderia ser mais atentatório para o sentido de autonomia consagrado no texto constitucional.

Às Cortes Constitucionais cabe definir quem será afetado pela decisão e assegurar a essas pessoas igual oportunidade de se fazer ouvir. A pergunta sobre o sentido normativo de democracia não pode, portanto, desconsiderar o histórico de precedentes que foram construídos pelas Cortes. Não pode olvidar da luta por reconhecimento de quem por muito tempo ficou de fora da agenda distributiva.

Não compartilho da visão extremada que sustenta que apenas com a Constituição de 1988 é que um Estado verdadeiramente democrático foi estabelecido no Brasil. Há no passado, como afirma a historiadora Heloisa Murgel Starling, algo que não passou.[36] Houve, por certo, experiências e experimentações democráticas ao longo de

---

[35] Como se expõe em: LÔBO, Paulo Luiz Neto. *Direito civil*: parte geral. 8. ed. São Paulo: SaraivaJur, 2019. V. 1.

[36] STARLING, Heloisa Murgel. O passado que não passou. In: ABRANCHES, Sérgio *et al*. *Democracia em risco? 22 ensaios sobre o Brasil de hoje*. Vários autores, dentre eles: Celso Rocha de Barros, Boris Fausto, Conrado Hübner Mendes. São Paulo: Companhia das Letras 2020.

nossa história. Elas ajudam a entender que a Constituição interrompeu o ciclo autoritário anterior, dando às pessoas o direito de escolher, mas deu continuidade à luta histórica pela afirmação dos direitos fundamentais. No âmbito da experiência constitucional brasileira, é preciso honrar os que lutaram pela democracia.

Do ponto de vista institucional, a Constituição brasileira, resultado desse processo, se assemelhou ao que se viu na experiência comparada: a defesa forte de um mecanismo de *judicial review*, a promoção de direitos humanos, tendo por fundamento a dignidade da pessoa humana, e o reconhecimento da jurisdição de órgãos internacionais de proteção desses direitos.

Logo na primeira década após a promulgação da nova Constituição, há uma explosão de demandas no Judiciário brasileiro. Com o fim da ditadura constitucional e a criação de novos remédios constitucionais como o *habeas data* e o mandado de injunção, o alcance da *judicial review* expandiu-se. Ganharam espaço as questões ligadas aos limites da jurisdição criminal, à liberdade de imprensa, ao direito de greve, aos direitos dos mais necessitados. Em suma, entra no radar jurisdicional o problema do acesso à justiça.

A jurisprudência dos tribunais tem que se adaptar a uma produção legislativa e administrativa sem precedentes. Mais leis, mais termos indeterminados. A legislação do Estado Social é obrigada a acomodar muitos interesses, não raro conflitantes. A solução é conceder uma margem de discricionariedade muito mais ampla ao administrador e, consequentemente, ao magistrado. O papel do juiz muda. Os casos se tornam mais difíceis.

A teoria do direito também teve de se adaptar. A valorização das teorias da argumentação, o uso de princípios e os estudos sobre a regra de proporcionalidade muito contribuíram não apenas para a construção de soluções jurídicas nos Tribunais, mas sobretudo pela valiosa crítica de sua atividade.

Talvez porque os desafios sejam muitos, aos poucos o entusiasmo e a esperança que a ampliação dos direitos promoveu cedem face a preocupações com sua concretude efetiva.

O principal exemplo, nesse ponto, é a jurisprudência sobre a efetividade dos direitos sociais. A segunda década da nova Constituição é marcada pelos limites da atuação do Poder Judiciário no que tange à efetivação desses direitos. O marco dessa jurisprudência foi a série de casos em que o Supremo Tribunal Federal reconheceu o direito de acesso gratuito aos medicamentos para as pessoas portadoras do vírus HIV/ aids. Em um desses precedentes, o Ministro Celso de Mello advertia que "o reconhecimento judicial da validade jurídica de programas de distribuição gratuita de medicamentos a pessoas carentes (...) dá efetividade a preceitos fundamentais da Constituição e representa, na concreção do seu alcance, um gesto reverente e solidário de apreço à vida e à saúde das pessoas, especialmente daqueles que nada têm e nada possuem, a não ser a consciência de sua própria humanidade e de sua essencial dignidade".[37]

O reconhecimento da gratuidade e da impossibilidade de se frustrar as justas expectativas que a população depositou no Estado imaginado pela Constituinte mereceu um ajuste, no que se refere às demais demandas de saúde. A diretriz, então, passou a

---

[37] RE nº 271286-AgR. Rel. Min. Celso de Mello. Segunda Turma. Julgamento em 12.09.2000, Publicação 24.11.2000.

ser a de uma certa – e saudável – desconfiança em relação à capacidade de o Judiciário solucionar demandas distributivas. O Judiciário faz bem o trabalho de realizar a justiça comutativa, a que preserva a igualdade processual, mas tem limite quando precisa decidir a distribuição de recursos públicos em um orçamento público.

A influência das teorias críticas ainda deve ser sentida nos próximos anos. Temas muitos mais caros às demandas de igualdade devem, em breve, ser julgados pelo Supremo Tribunal Federal. Dentre esses casos, alguns são especialmente sensíveis. A descriminalização do uso de drogas, por exemplo, permitirá refletir sobre o impacto desproporcional que a política de combate às drogas causa às populações femininas e negras. A descriminalização do aborto, por sua vez, permitirá debater o sentido último da igualdade entre homens e mulheres. A inconstitucionalidade da proibição geral de doação de sangues por homens homossexuais,[38] recentemente apreciada pelo Tribunal, é exemplo desse movimento, cuja conclusão permite antever que a discriminação feita sob roupagem científica não será mais tolerada.

Em síntese, o caminho da atuação jurisdicional do Supremo Tribunal Federal tem sido o de reconhecer, aqui e ali, a relevância dos interesses em jogo na formulação de políticas sociais e o de garantir, nesses processos, a igualdade de oportunidade de participação política, ainda que isso implique uma atuação contramajoritária.

À luz dessas decisões, retomo a questão por que iniciei esta apresentação: será que devemos obedecer a uma decisão tomada em um procedimento justo, mesmo tendo sido ela incorreta? A resposta é evidentemente afirmativa. A razão para apoiar a decisão reside precisamente em reconhecer que, em boa medida, as instituições contribuíram para o aprimoramento da democracia. Isso, porém, não as desonera de, sempre que possível, corrigirem os seus erros, nem lhes outorga leniência para agirem como bem aprouverem. Simultaneamente, isso impõe às instituições a grave obrigação de manter em pleno vigor a democracia, o que, cada vez mais, significará enfrentar o preocupante quadro de desigualdades no nosso país.

Não refuto as críticas feitas à atuação das Cortes Constitucionais como injustas ou infundadas. O reconhecimento desse histórico de lutas pela igualdade[39] serve, porém, para marcar uma diferença – um desacordo moral, se assim podemos chamá-lo – entre uma concepção de soberania popular que simplesmente transfere para o soberano o poder constituinte e uma que exige a mediação do Estado de Direito e da democracia.

---

[38] ADI nº 5.543, Rel. Min. Edson Fachin, Plenário, Sessão Virtual de 1.5.2020 a 8.5.2020. Acórdão pendente de publicação.

[39] Refiro-me aos movimentos sociais pela anistia, como, por exemplo, o Movimento Feminino pela Anistia, bem como às Diretas Já, que contou com expressiva participação popular e culminou com a convocação de assembleia nacional constituinte. Merece realce ainda o trabalho de Silvia Pimentel, que levou o Judiciário brasileiro a abolir a absurda tese de legítima defesa da honra. Destaco, ainda, que, sob a liderança de Leila Linhares Barsted, o Congresso fez aprovar a Lei Maria da Penha, que buscou internalizar diversos mecanismos da Convenção Interamericana para Prevenir, Punir e Erradicar a Violência contra a Mulher. Mais recentemente, aprovou-se também a lei que tipifica o crime de feminicídio. Quando desafiado, o Supremo prontamente reconheceu que tratamento diferenciado entre os gêneros é compatível com o princípio da igualdade. Na mesma direção, o Tribunal reconheceu constitucional a união civil homoafetiva e dispensou os transgêneros não apenas da cirurgia de transgenitalização, mas também da requisição judicial para alteração do nome social. Destaque, também, para a criminalização da homofobia e, no âmbito da discriminação racial, o Tribunal julgou legítimas as cotas nos exames vestibulares e no acesso ao serviço público.

Notas conclusivas

Dickinson se fez Emily vinte e um dias antes de terminar 1830 e ela, que imaginava um Brasil nunca visitado, aqui, quase dois séculos mais tarde, ecoa nos desafios que emergem da crise que se apresenta em tríplice dimensão. Os desafios, robustos, não são inéditos. Como se depreende do prefácio do tratado sobre saúde pública, publicado em 1904, de autoria do sanitarista francês Henry Monod: "Não basta declarar, como fez um Primeiro Ministro Inglês, que 'o cuidado com a saúde pública é o primeiro dever de um homem de Estado'. Não é suficiente dizer que este é um dever do cidadão, *pois a solidariedade sanitária não conhece fronteiras*. Pode ser que, ao momento em que escrevo, uma falta contra a higiene é cometida nas bordas do Ganges ou em um dos portos da Índia e fará, um dia, vítimas na Europa".[40]

Superar a crise que advém da pandemia significa exercer a fraternidade e a solidariedade. As controvérsias a respeito de autoridade pública, legitimidade do poder e participação, que já compunham a paisagem nacional, ganham relevo e densidade na pandemia, mas as respostas permanecem no mesmo lugar. É nela, na Constituição, que encontramos a defesa invencível das instituições republicanas, da democracia, do devido processo legal, das garantias processuais, da supremacia dos direitos fundamentais. É a Constituição e sua força vinculante que nos constituem, enquanto pacto ordenador do Estado e da sociedade. Cabeças e corações que não se conformam com a restrição de direitos, seja na prática, seja na retórica, quando se invoca um *passado que não passou*, repetimos com Dickinson: "I asked no other thing".

Se a emergência atual, de 2020, pavimenta o caminho ao STF, o Tribunal responde com federalismo cooperativo,[41] com critérios científicos para pautar a atuação dos gestores públicos[42] e com a defesa do devido processo legal.[43]

O debate que se trava no Brasil contrapõe, de um lado, os que se preocupam com uma escalada autoritária e receiam retrocessos democráticos; de outro, os que dizem que o que está em marcha nada mais é do que o próprio resultado de um processo democrático. De 2015 a esta parte do tempo, uma apreciável coleção de eventos trágicos e infaustos oscilam entre fúria e humanidade. Fica saliente que não há imunidade às contradições. Ainda nítidos, fantasmas insepultos se aboletaram na plateia e no palco entre deliberantes e desvalidos.

Neste momento em que estas observações se encerram, as instituições resistem e as disputas ainda abrem as portas para debater igualdade, democracia e, bem assim, um conceito prospectivo de Constituição. Tomar as rédeas do destino é o oposto do que descreveu Scurati no fim de uma trincheira e no crepúsculo de uma nova guerra, referindo-se às *ovelhas prontas para o abate*.[44]

---

[40] MONOD, Henry. *La Santé Publique (législation sanitaire de la France)*. Paris: Librairie Hachette, 1904. Tradução livre. Disponível em: http://salubre.free.fr/docs/monod.pdf. Acesso em: 23 jul. 2020.

[41] No julgamento acerca da descentralização das medidas de combate à pandemia, ADI nº 6.341, Rel. Min. Marco Aurélio, liminar referendada pelo Plenário em 15.04.2020.

[42] Vide o julgamento da MP nº 966, que desonerava os gestores por seus atos (ADIs nºs 6.421, 6.422, 6.424, 6.425, 6.427, 6.428 e 6.431, Rel. Min. Roberto Barroso, julgadas em 20.05.2020).

[43] É o que se depreende da apreciação da constitucionalidade do assim denominado *Inquérito das fake news* (ADPF nº 572, Rel. Min. Edson Fachin, julgada em 18.06.2020).

[44] O rebanho era composto de *descontentes com tudo*, aqueles que "xingavam os políticos, os Altos Comandos, os socialistas, os burgueses. No havia, havia a *gripe espanhola* e, nas baixadas, na direção do mar, a malária",

Nos procedimentos deliberativos há diversos patamares e formas de inclusão. Como mencionei alhures, a *vita activa*, na espacialidade da política, foi registrada de modo exímio por Heloisa Murgel Starling quando investigou[45] certo éthos republicano no Brasil. Era a *igualdade* dos *homens letrados*. Significava: *homens podem se organizar de acordo com a própria vontade*.[46] Integrar a *vita activa*, aceder ao *viver propriamente*, como escreve Sloterdijk,[47] é "fazer parte da mesma comunidade política" (nas palavras de Starling[48]). Integrar, nada obstante, pode ser excluir quando equaliza arbitrariamente as diferenças. Caminha-se com Álvaro Ricardo de Souza Cruz,[49] para "amparar/resgatar fatia considerável da sociedade que se vê tolhida no direito fundamental de participação da vida pública e privada".

Diferente foi também a *jornada* de Dickinson pelo Brasil. O *Exploration of the Valley of the Amazon*, volume do acervo da Universidade de Harvard, é um grande livro de viagens especialmente para quem nunca saiu de sua casa. A quimérica clausura que se impôs Emily Dickinson significou uma sublime odisseia em busca de algo precioso: Brasil. Nesse significante que reúne um universo de sentidos, exprimiu trajetórias que substantivam uma das concepções de autonomia pessoal, percurso que findou para a poetisa em 1886. A imagem dela do Brasil continua uma interrogação no meio do caminho.

Essa *viagem* que produz ao menos algum conhecimento exprime uma possibilidade de ser a voz sobre o seu próprio destino e remete a um conceito central das relações jurídicas: o da autonomia pessoal. E com descobrir o espaço constituído pelo que mapeia o viajante, suas cosmovisões e suas instituições; desvelar a bússola que no tempo guia o curso percorrido; e nomear os marcos desse caminho, obras e pensamentos.

Retornemos à questão inicial. A separação entre os eleitos e os não escolhidos normalmente é uma correta decisão para os eleitos, ainda que do processo decisório da seleção não tenham participado. Para os condenados pela exclusão será provavelmente uma decisão injusta, mesmo que tenham participado ativamente da construção do procedimento por meio do qual a essa decisão se chegou.

Entre a falta de indícios de algum porvir e a demolição da própria história, aqui se a primeira, passível de ser preenchida como todo vazio, enquanto a segunda é o próprio abismo. A encruzilhada é entre *dar um futuro ao passado*[50] e *fazer do futuro o passado* derrotado pela Constituição de 1988, pelo Estado de Direito Democrático e pela

---

marginalizados que buscam *a vida sem abatimentos e a morte sem puderes*". SCURATI, Antonio. M, o filho do século. Rio de Janeiro: Intrínseca, 2020

[45] STARLING, Heloisa Murgel. *Ser republicano no Brasil*: a história de uma tradição esquecida. São Paulo: Companhia das Letras, 2018: "No interior da tradição republicana esse éthos se originava tanto da matriz clássica greco-romana quanto da matriz renascentista, e ele reapareceu, nas Minas, entre o grupo de letrados, por força da adesão desse grupo aos valores da amizade e da vida política – os valores da philia e da vita activa – e da adoção de um comportamento de cariz igualitário (...)".

[46] STARLING, ob. cit., p. 90.

[47] *You must change your life: on Anthropotechnics*, na tradução de Wieland Hoban, publicação da Polity Press de 2015, reimpressão de 2019, advém do original alemão *Du musst dein Leben* ändern, publicação Suhrkamp Verlag de 2009.

[48] Ob. cit., p. 245.

[49] CRUZ, Álvaro Ricardo de Souza. *O direito à diferença*. As ações afirmativas como mecanismo de inclusão social de mulheres, negros, homossexuais e portadores de deficiências. Belo Horizonte: Del Rey, 2009. p. 15-28.

[50] SCHWARCZ, Lilia Moritz; STARLING, Heloisa Murgel. *Brasil*: uma biografia. 1. ed. São Paulo: Companhia das Letras, p. 497.

proclamação de uma sociedade livre, justa e solidária; na primeira opção, há um *canteiro de obras* da democracia; na segunda, *cul de sac*. E por isso mesmo, acima de alternativas plebiscitárias, redutoras da complexidade, impende ter espaço, sempre, para o que se define como diverso. A organização política de um país não pode ser estruturada a partir da distinção *amigo e inimigo*.

As normas jurídicas, ainda que dentre seus fins menos salientes, intentam estabilizar a maneira pela qual se deve produzir confiança nesses processos decisórios e nas próprias decisões, nem sempre justas ao ver de todos. Porém, é por aí que quiçá se desenhe um país a ser percebido por diferentes compreensões.

Dickinson tinha razão em recursar a oferta ("is there nothing else – That We can show –Today?") do mercador, que tenta oferecer-lhe algo outro que não o Brasil.

Informação bibliográfica deste texto, conforme a NBR 6023:2018 da Associação Brasileira de Normas Técnicas (ABNT):

FACHIN, Luiz Edson Autonomia pessoal, destino, julgamentos e instituições no Brasil: notas sobre uma pergunta e algumas respostas. *In*: RIBEIRO, Carlos Vinícius Alves; TOFFOLI, Dias; RODRIGUES JUNIOR, Otávio Luiz (Coord.). *Estado, Direito e Democracia:* estudos em homenagem ao Prof. Dr. Augusto Aras. Belo Horizonte: Fórum, 2021. p. 199-217. ISBN 978-65-5518-245-3.

JULGAMENTOS DIGITAIS E A VOCAÇÃO DA MODERNA ATIVIDADE JURISDICIONAL

LUIZ FUX

1 Itinerário da função jurisdicional

O Estado, como garantidor da paz social, avocou para si a solução monopolizada dos conflitos intersubjetivos pela transgressão à ordem jurídica, limitando o âmbito da autotutela.[1] Em consequência, dotou um de seus poderes, o Judiciário, da atribuição de solucionar os referidos conflitos mediante a aplicação do direito objetivo, abstratamente concebido, ao caso concreto.[2]

A supremacia dessa solução revelou-se pelo fato incontestável de ela provir da autoridade estatal, cuja palavra, além de coativa, torna-se a última manifestação do Estado soberano acerca da contenda, de tal sorte que os jurisdicionados devem-na respeito absoluto, porque haurida de um trabalho de reconstituição dos antecedentes do litígio, com a participação dos interessados, cercados isonomicamente das mais comezinhas garantias.[3] Essa função se denomina jurisdicional e tem o caráter tutelar da ordem e da pessoa, distinguindo-se das demais soluções do Estado pela sua imodificabilidade por qualquer outro poder, por adquirir o que se denomina, em sede anglo-saxônica, *"final enforcing power"*, consubstanciado na "coisa julgada".[4]

---

[1] A regra ressoa absoluta quanto aos particulares que não têm, por força mesmo da isonomia constitucional, poderes sobre seus concidadãos. No que pertine aos entes públicos há uma tênue mitigação diante da presunção de legitimidade dos atos da administração acoplada ao *ius imperii* necessário à gestão da coisa pública. Entretanto, mesmo com esse *privilège du préable*, o controle posterior dos atos administrativos garante aos indivíduos a chancela judicial nesses conflitos. Destarte, nas atividades no *self executing*, o Estado se socorre da jurisdição, assim como os particulares.

[2] A atividade jurisdicional de particularização do direito ao caso concreto conduziu a doutrina de Chiovenda à dicotomia entre a vontade abstrata e a vontade concreta da lei, concluindo o mestre que "a jurisdição consiste na atuação da lei mediante a substituição da atividade de órgãos públicos à atividade de outros, seja no afirmar a existência de uma vontade da lei, seja em determinar ulteriormente que ela produza seus efeitos" (*Principii di Diritto processuale civile*, 1928, p. 301).

[3] Couture atribuía a solução obtida por "acto de la autoridad" à principal característica da jurisdição, em *Fundamentos de Derecho Procesal Civil*, 1951, p. 4.

[4] O caráter dúplice – tutelar da jurisdição – foi decantado por toda a doutrina processual, com supremacia para a "defesa da ordem jurídica". Assim Liebman, para quem a jurisdição tinha como escopo "tornar efetiva a ordem

O Estado, por meio da jurisdição, e provocado pelo interessado que exerce a ação, institui um método de composição do litígio com a participação dos reais destinatários da decisão reguladora da situação litigiosa, dispondo sobre os momentos em que cada um pode fazer valer as suas alegações, com o fim de alcançar um resultado corporificado em tudo quanto o Judiciário "sentiu" das provas e do direito aplicável retratado na "sentença".

Essa dinâmica respira os mesmos ares de seu tempo, devendo, consigo, evoluir. O acesso à justiça é um valor constitucional inegociável, mas a via para sua garantia não necessita estar petrificada. A evolução histórica da compreensão do princípio da inafastabilidade esclarece o atual cenário de digitalização.

Os estudos de Mauro Cappelletti e Bryant Garth, em meados do século passado, apontaram, após análise do panorama mundial de acessibilidade ao Judiciário, que existiam três grandes barreiras a serem vencidas por três ondas renovatórias.[5] A primeira delas era a questão dos custos, tendo se percebido que é absolutamente inconstitucional que alguém deixe de pleitear em juízo um direito por limitações econômicas, seja quanto às custas do processo – o que se vence com o reconhecimento do direito à gratuidade de justiça –, seja quanto ao gasto com advogados, o que se soluciona com serviços de assistência jurídica gratuita.

As outras duas ondas se referiam aos direitos transindividuais (coletivos) e a outros aspectos do processo, como a inefetividade, a lentidão da decisão, etc. A propósito, no Brasil, essas três ondas vieram praticamente em conjunto, com o advento da Constituição de 1988, o que praticamente significou uma *tsunami* de acesso à justiça, o que, no cenário da redemocratização, se revelou um ganho.

Acontece, contudo, que se chegou a uma espécie de paradoxo: ao mesmo tempo em que se lutou muito para que houvesse o acesso à justiça, sua facilitação erodiu a eficiência e a celeridade com que se deveriam resolver os conflitos, aplicando-se a máxima *"better the roads, more the traffic"*, a Justiça ficou muito abarrotada de processos, ações e recursos.

Trata-se, portanto, de um valor central e em permanente evolução. Sempre que surgem novas injustiças e barreiras, impõem-se novos meios de acessar e garantir a justiça.

Uma primeira e já consolidada ampliação da noção clássica de jurisdição passou pela implementação, com prioridade, dos métodos alternativos (adequados) de resolução de conflitos. O Código de Processo Civil o esclarece ao estimular todos os agentes da ceara processual a construir ambiente propício à solução consensual, alcançada pelas partes.

Se, no primeiro momento, apenas o Estado-juiz podia resolver conflitos, no presente delineio, a solução impositiva do magistrado público está em pé de igualdade com outros métodos de formação de títulos executivos efetivos.[6]

---

jurídica e impor através do Judiciário a regra jurídica concreta que, por força do direito vigente, deve regular determinada situação jurídica" (Corso di Diritto processuale civile, 1952, p. 13). Por isso que se considera a jurisdição a longa *manus* do legislador.

[5] CAPPELLETTI, Mauro; GARTH, Bryant. *Acesso à justiça*. Porto Alegre: Sérgio Antônio Fabris Editor, 2002.

[6] "A releitura do princípio da inafastabilidade da jurisdição deve ter como fundamento o conceito moderno de acesso à Justiça, que não se limita ao acesso ao Judiciário, mas abrange a oportunidade de solucionar conflitos

No atual momento histórico, vivemos, ainda, uma ulterior onda: o acesso à justiça digital, em que o Direito é definitivamente influenciado pelos impactos tecnológicos.[7] A era digital é marcada pela inovação e a jurisdição deverá ser prestada adequadamente.

De maneira a trazer maior eficiência, vê-se uma ampliação do uso de ferramentas de tecnologia e de inteligência artificial no Judiciário. Ademais, ultimamente, assistiu-se à necessidade de tornar corrente a prática de atos processuais *on-line*, como audiências e julgamentos, assim como o uso dos demais meios de resolução dos conflitos, inclusive com o emprego das tecnologias, desenhando-se uma pluralidade de métodos à disposição das partes.

No campo da resolução de conflitos, os números de processos judiciais existentes no país, aliados à pandemia da covid-19, levaram a um vertiginoso incremento tecnológico na melhora da prestação jurisdicional. Diversos tribunais tiveram que se adaptar, rapidamente, ao distanciamento social, editando resoluções e portarias, promovendo soluções inovadoras.[8] [9] O tom propositivo chegou até o plano legislativo,

---

no âmbito privado, onde também devem estar garantidas a independência e a imparcialidade do terceiro que irá conduzir o tratamento do conflito. Como já temos falado em diversas oportunidades, a via judicial deve estar sempre aberta, mas isso não significa que deva ser acessada como primeira opção. Seu uso deve ser subsidiário, de forma a evitar a sobrecarga do sistema, o que leva, inexoravelmente, ao comprometimento da efetividade e da celeridade46 da prestação jurisdicional." (PINHO, Humberto Dalla Bernardina de; STANCATI, Maria Maria Martins Silva. A ressignificação do princípio do acesso à justiça à luz do art. 3º do CPC/2015. *Revista de Processo*, vol. 254, p. 20, abr. 2016).

[7] "Com sistemas avançados cada vez mais baratos e com um oceano de informações à disposição, é possível que tanto o Estado quanto os particulares repensem a forma de solução de conflitos através da tecnologia, mas sem apego a formas vetustas e desgastadas que não têm mais elasticidade para serem aprimoradas e fazer frente aos novos desafios impostos pela dinamização das relações pessoais e comerciais." (WOLKART, Erik Navarro. *Análise econômica do processo civil*, São Paulo: Thomson Reuters Brasil, 2019, p. 726).

[8] GAIO JÚNIOR, Antônio Pereira. Jurisdição civil brasileira em crise: desafios em tempos de pandemia. *Revista Eletrônica de Direito Processual*, ano 15, vol. 22, p. 79-99, jan./abr. 2021. No mesmo sentido: "O isolamento social atualmente imposto, no entanto, exigiu uma transição forçada do mundo *offline* para o mundo *online*, provocando um rearranjo na prática dos atos processuais, a fim de se adotar a forma preponderantemente eletrônica, tal como já autoriza o CPC, em seu art. 193: 'Os atos processuais podem ser total ou parcialmente digitais, de forma a permitir que sejam produzidos, comunicados, armazenados e validados por meio eletrônico, na forma da lei.' Nesse diapasão, foram editados inúmeros atos normativos pelos tribunais e também pelo CNJ, com a finalidade de ampliar as hipóteses de julgamento eletrônico (Ex.: Emenda Regimental nº 53 do STF), disciplinar a sustentação oral por videoconferência (Ex.: Resolução nº 314 do CNJ que disponibilizou a ferramenta Cisco Webex), regrar a realização de perícia por meios eletrônicos (Ex.: Resolução nº 317 do CNJ), regulamentar as audiências não presenciais (Resolução nº 314 do CNJ), dentre outras situações." (VALE, Luís Manoel Borges do; NADER, Philippe de Oliveira. Cortes online e devido processo legal tecnológico: um dilema em construção. *Jota*. 1º de junho de 2020. Disponível em: https://www.jota.info/opiniao-e-analise/artigos/cortes-online-e-devido-processo-legal-tecnologico-um-dilema-em-construcao-01062020).

[9] Quanto aos julgamentos virtuais nos tribunais de segundo grau, Paulo Cezar Pinheiro Carneiro expõe preocupação a respeito do princípio da publicidade, bem como quanto à competência para editar normas sobre direito processual: "A regulamentação dos julgamentos virtuais pelos Tribunais Federais das diversas regiões e das Justiças Estaduais, nos respectivos Regimentos Internos contém, em todas elas, severas inconstitucionalidades. Mesmo os Tribunais que facultam a qualquer das partes ou aos membros do Ministério Público o direito de pedir a retirada do processo da pauta virtual para incluí-lo na presencial, sem necessidade de fundamentar o pedido, v.g. Tribunal de Justiça de São Paulo, não escapam da ilegal regulamentação do procedimento de julgamento em si, que, na prática, é secreto.". Igualmente, acerca da deliberação virtual no Superior Tribunal de Justiça: "O julgamento virtual adotado pelo Superior Tribunal de Justiça, diversamente daquele previsto no Supremo Tribunal Federal (...), é praticamente secreto e, portanto, nitidamente inconstitucional, ferindo as garantias constitucionais da publicidade, da ampla defesa, do contraditório e do reserva legal para editar normas processuais (artigo 5º, LX, LIV, LV e artigo 22, todos da Constituição Federal)" (*O novo processo civil brasileiro*. 2. ed. Rio de Janeiro: Forense, 2021). Por outro lado, Osmar Mendes Paixão Côrtes, mesmo antes da pandemia (em 2018), já o enxergava com bons olhos, sob a ótica da celeridade da jurisdição (Algumas palavras sobre os julgamentos virtuais no âmbito do STJ. *Migalhas*. 23 de agosto de 2018. Disponível em: https://www.migalhas.com.br/depeso/286116/algumas-palavras-sobre-os-julgamentos-virtuais-no-ambito-do-stj).

com a autorização da conciliação não presencial nos Juizados Especiais Cíveis (Lei nº 13.994/20),[10] com a instauração de uma "*hiperoralidade* (oralidade por hiperlink)".[11]

Os tempos correntes revelam uma autêntica "virada tecnológica",[12] com influxos da inteligência artificial na atividade jurisdicional, vislumbrando-se diversos questionamentos outrora inimagináveis acerca, por exemplo, da tomada de decisão automatizada através do funcionamento de vieses algorítmicos.[13] Outra relevante frente aberta pela aproximação digital é a das plataformas *on-line* de resolução de conflitos (*Online Dispute Resolution – ODRs*[14]), nas quais, fora do Judiciário, se permite a pacificação, em ambientes criados pelo Estado ou por particulares. Tal modalidade é uma das espécies do gênero tribunal *on-line*,[15] no qual também se insere a possibilidade de deliberação virtual ou telepresencial pelas cortes físicas.[16]

2 A recente experiência do Supremo Tribunal Federal: ampliação do julgamento eletrônico

Especificamente no âmbito do Supremo Tribunal Federal, a imprevisibilidade da pandemia levou à aceleração de expedientes tecnológicos relevantes. A Corte Constitucional se preparou, com a celeridade necessária, para bem decidir os imbróglios surgidos nesse sensível e ímpar período,[17] tornando-se uma Corte Digital.[18]

---

[10] RODRIGUES, Marco Antonio; CABRAL, Thiago Dias Delfino. O futuro é virtual? *Jota*. 14 de julho de 2020. Disponível em: https://www.jota.info/opiniao-e-analise/colunas/tribuna-da-advocacia-publica/o-futuro-e-virtual-14062020.

[11] NUNES, Dierle; FARIA, Guilherme Henrique Lago; PEDRON, Flávio Quinaud. Hiperoralidade em tempos de Covid-19. *Consultor Jurídico*. 16 de junho de 2020. Disponível em: https://www.conjur.com.br/2020-jun-16/nunes-faria-pedron-hiperoralidade-tempos-covid-19.

[12] FEIGELSON, Bruno; BECKER, Daniel; RODRIGUES, Marco Antonio (Coord.). *Litigation 4.0*. São Paulo: Revista dos Tribunais, 2021.

[13] Acerca dos novéis temas atinentes à inteligência artificial, veja-se: WOLKART, Erik Navarro; NUNES, Dierle; LUCON, Paulo Henrique dos Santos (Org.). *Inteligência artificial e Direito Processual*: impactos da virada tecnológica no direito processual. 2. ed. Salvador: Juspodivm, 2021.

[14] FORNASIER, Mateus de Oliveira; SCWEDE, Matheus Antes. As plataformas de solução de litígio online (ODR) e a sua relação com o direito fundamental ao acesso à justiça. *Revista Eletrônica de Direito Processual*, v. 22, n. 1, 2021.

[15] SUSSKIND, Richard. *Online Courts and the Future of Justice*. Oxford: Oxford University Press, 2019.

[16] NUNES, Dierle; PASSOS, Hugo Malone. Os tribunais *online* avançam durante a pandemia da Covid-19. *Consultor Jurídico*. 11 de maior de 2020. Disponível em: https://www.conjur.com.br/2020-mai-11/nunes-passos-tribunais-online-pandemia.

[17] Art. 21-B. Todos os processos de competência do Tribunal poderão, a critério do relator ou do ministro vistor com a concordância do relator, ser submetidos a julgamento em listas de processos em ambiente presencial ou eletrônico, observadas as respectivas competências das Turmas ou do Plenário.
§1º Serão julgados preferencialmente em ambiente eletrônico os seguintes processos: I – agravos internos, agravos regimentais e embargos de declaração; II – medidas cautelares em ações de controle concentrado; III – referendo de medidas cautelares e de tutelas provisórias; IV – demais classes processuais, inclusive recursos com repercussão geral reconhecida, cuja matéria discutida tenha jurisprudência dominante no âmbito do STF.
§2º Nas hipóteses de cabimento de sustentação oral previstas neste regimento interno, fica facultado à Procuradoria-Geral da República, à Advocacia-Geral da União, à Defensoria Pública da União, aos advogados e demais habilitados nos autos encaminhar as respectivas sustentações por meio eletrônico após a publicação da pauta e até 48 horas antes de iniciado o julgamento em ambiente virtual.
§3º No caso de pedido de destaque feito por qualquer ministro, o relator encaminhará o processo ao órgão colegiado competente para julgamento presencial, com publicação de nova pauta.

No tocante à atividade deliberativa e decisória da Corte, sabidamente existem dois ambientes disponíveis.[19] Foram ampliadas as hipóteses de julgamento por meio eletrônico, o primeiro deles. Antes da pandemia, apenas determinadas classes processuais poderiam ser decididas remotamente; com a modificação regimental, qualquer tipo de processo pode ser submetido a tal modalidade de deliberação: após a disponibilização do voto pelo ministro relator, os demais julgadores dispõem de prazo para se posicionar, seja concordando, divergindo ou solicitando pedido de vista.

Além disso, o plenário virtual, existente desde 2007, recebeu, no período, uma série de melhorias, voltadas à preservação do direito ao contraditório, tais como o envio das sustentações orais por meio eletrônico, a possibilidade de se realizar esclarecimento de fato durante a sessão e a disponibilização na internet do relatório e da íntegra dos votos dos ministros, o que amplia a transparência e a publicidade dos julgamentos.[20] Nessa linha, foi criado o Painel de Julgamentos Virtuais, que informa estatísticas e gráficos, a partir de relatórios obtidos de forma automática da base de dados do STF, com as informações mais relevantes para o público.

No tocante à segunda modalidade de julgamento, o presencial, sucedeu-se a adaptação para a realização por videoconferência.[21] Desse modo, as deliberações que seriam tomadas, em condições normais, no próprio tribunal puderam ser mantidas, com idêntica participação de ministros, Ministério Público e advogados, sem comprometimento da atividade decisória do Supremo Tribunal, de enorme relevo para a sociedade.

3 O papel do Conselho Nacional de Justiça na expansão do processo digital e o funcionamento do "Juízo 100% Digital"

Desde sua criação, o Conselho Nacional de Justiça vem ocupando destacado papel na concretização de ditames genericamente previstos na Constituição Federal e na legislação. A edição da Resolução nº 345/2020 representa mais um importante passo nesse sentido, especificamente quanto à digitalização processual.

Um marco importante, antecessor da etapa atual, foi a Lei nº 11.419/2006, que instituiu o processo judicial eletrônico (na realidade, a tramitação processual em autos eletrônicos). Após delinear critérios para a realização de atos centrais da relação jurídica processual, a exemplo dos atos de comunicação, o legislador optou por deixar a cargo

---

§4º Em caso de excepcional urgência, o Presidente do Supremo Tribunal Federal e os Presidentes das Turmas poderão convocar sessão virtual extraordinária, com prazos fixados no respectivo ato convocatório.
§5º Ato do Presidente do Tribunal regulamentará os procedimentos das sessões virtuais.

[18] OLIVEIRA SANTOS, Pedro Felipe de; ARABI, Abhner Youssif Mota. Cortes digitais: a experiência do Supremo Tribunal Federal. In: FUX, Luiz; ÁVILA, Henrique; CABRAL, Trícia Navarro Xavier. *Tecnologia e Justiça Multiportas*. Indaiatuba: Editora Foco, 2021, p. 105-116.

[19] Acerca das sessões virtuais no Supremo Tribunal Federal, veja-se BECKER, Rodrigo; PEIXOTO, Marco Aurélio. A consolidação das sessões virtuais no STF. *Jota*. 29 de agosto de 2019. Disponível em: https://www.jota.info/opiniao-e-analise/colunas/coluna-cpc-nos-tribunais/a-consolidacao-das-sessoes-virtuais-no-stf-29082019.

[20] Resolução nº 642/2019, com as alterações realizadas pelas Resoluções nº 669/2020 e nº 675/2020.

[21] Emenda Regimental nº 53, de 18.03.20, Resolução nº 672, de 26.03.20, e Resolução nº 676.

dos tribunais a regulamentação da etapa evolutiva,[22] o que, naturalmente, prestigia a autonomia do Judiciário e a adaptabilidade do regramento às circunstâncias peculiares de cada corte.

A experiência foi bem-sucedida, de sorte que, nos dias correntes, a tramitação eletrônica se tornou realidade e tendencialmente o padrão a ser seguido, em função da celeridade e da eficiência[23] permitidas pela modalidade, atendendo a exigência de um módulo constitucional de tempestividade[24] e de economicidade,[25] com dispensa de custos operativos exclusivos do atendimento presencial e físico.

O mote passa a ser, doravante, a incorporação de novas melhorias tecnológicas ao Direito Processual e Jurisprudencial, como desejou o legislador de 2015 ao incumbir o Conselho Nacional de Justiça de disciplinar "a incorporação progressiva de novos avanços tecnológicos" e editar os respectivos atos necessários, respeitando as normas fundamentais (art. 196 do Código de Processo Civil). Em outras palavras, deve a Administração Judiciária ser propositiva e atenta à realidade de seu tempo.

Atendendo a essa vocação, foi criado o "Juízo 100% Digital", modalidade de tramitação processual na qual os atos são praticados exclusivamente por meios eletrônicos e remotos. Por se tratar de experiência inovadora, haverá permanente intercâmbio e *feedbacks* entre o Conselho e os tribunais, tão logo adotarem e implementarem a sistemática.[26]

---

[22] Art. 18. Os órgãos do Poder Judiciário regulamentarão esta Lei, no que couber, no âmbito de suas respectivas competências.

[23] O art. 8º também previu norma fundamental que impõe grande mudança de postura não só pelo julgador, mas pelo próprio Poder Judiciário como um todo. Trata-se da eficiência, que não se confunde com a duração razoável do processo. Enquanto esta se encontra ligada ao tempo do processo, a eficiência se refere à adequada gestão processual e do Poder Judiciário enquanto Poder, buscando-se o desenvolvimento de um processo que produza resultados qualitativamente bons com o mínimo de dispêndio de tempo, dinheiro e energias. A eficiência impõe a necessidade de que o juiz adote adequada gestão dos processos em que atua, buscando soluções que adaptem o procedimento às necessidades concretas do conflito de interesses, o que dará a melhor performance possível ao processo em curso. Ademais, a eficiência determina ao Poder Judiciário que adote medidas de gestão, enquanto estrutura de Poder estatal, para maximizar a obtenção da prestação jurisdicional nos processos, bem como que extraia de todos os agentes que compõem seus quadros seus melhores potenciais. (CÂMARA, Alexandre Freitas; RODRIGUES, Marco Antonio dos Santos. A reunião de execuções fiscais e o NCPC: por uma filtragem à luz das normas fundamentais. *Revista de Processo*, vol. 263, ano 42, p. 114-115).

[24] SOUSA, José Augusto Garcia de. O tempo como fator precioso e fundamental do processo civil brasileiro: aplicação no campo das impenhorabilidades. *Revista de Processo*, vol. 295, set. 2019.

[25] O princípio da economicidade é fruto da humanização da ideia de inadimplemento, consectário da transposição da responsabilidade pessoal do devedor para sua responsabilidade patrimonial. Calcado em razões de equidade, o princípio da economicidade recomenda prudência e equilíbrio entre os valores de satisfação ao beneficiário e sacrifício do demandado. Na sua essência figura como regra *in procedendo* quanto à escolha do provimento adequado, que deve ser aquele reputado idôneo e suficiente sem causar um grande sacrifício ao réu. Assim, *v.g.*, se ao juiz pleiteia-se a interdição de um estabelecimento por graves desavenças entre os sócios e diante de uma iminente dilapidação patrimonial, incumbe-lhe nomear um interventor sem excluir a atuação dos partícipes da sociedade, concedendo *aliud*, porém *minus*. Os processos, notadamente o satisfativo e o urgente, tornam influente a economicidade dos meios utilizados para realizar o que contém a decisão a favor do beneficiário da medida judicial. Trata-se de demandas em que a margem de erro do provimento ronda o processo, principalmente no juízo em que se decide de forma urgente diante de uma situação de perigo, provendo-se *incontinenti* e *inaudita altera pars*.

[26] Art. 7º da Resolução nº 345/2020: Os tribunais deverão acompanhar os resultados do "Juízo 100% Digital" mediante indicadores de produtividade e celeridade informados pelo Conselho Nacional de Justiça.
Art. 8º da Resolução nº 345/2020: Os tribunais que implementarem o "Juízo 100% Digital" deverão, no prazo de trinta dias, comunicar ao Conselho Nacional de Justiça, enviando o detalhamento da implantação. Parágrafo único. O "Juízo 100% Digital" será avaliado após um ano de sua implementação, podendo o tribunal optar pela manutenção, pela descontinuidade ou por sua ampliação, comunicando a sua deliberação ao Conselho Nacional de Justiça.

Ao elegerem unidades jurisdicionais para uso da modalidade, os tribunais devem ter em mente que, em obediência ao princípio constitucional do juiz natural e ao consectário regramento legal de normas de distribuição imparcial de processos pelos juízos, não pode haver alteração de competência.[27]

Afinal, a competência é a repartição da jurisdição entre os diversos órgãos encarregados da prestação jurisdicional segundo os critérios estabelecidos na lei. Isso porque, nas sociedades modernas, não é concebível um "juízo único" em razão da quantidade da população, da extensão territorial e da natureza múltipla dos litígios. A competência é, portanto, um imperativo da divisão de trabalho.[28]

A limitação legal implica que a competência seja uma medida da jurisdição em confronto com o caso concreto. Assim, a jurisdição é o poder de julgar *in genere*, ao passo que a competência é a aptidão para julgar *in concreto*. O juiz que tem o poder de julgar mantém-no para os processos em geral, como decorrência de sua investidura no cargo de magistrado. Entretanto, a competência somente é atribuída para determinada causa à luz dos critérios estabelecidos na lei. Sob esse aspecto, a lei, no sentido mais amplo do termo, é o "estatuto" da competência. O instituto vem regulado, primariamente, na Constituição Federal e, depois, na legislação processual infraconstitucional, na lei local de organização judiciária e no regimento interno dos tribunais. Não pode a resolução, evidentemente, feri-la.

Por conseguinte, mesmo a renúncia ao juízo digital não será razão para a alteração da unidade julgadora, porque apenas será possível a opção completamente eletrônica quando abarcados todos os juízos de uma mesma circunscrição territorial (comarca ou seção judiciária),[29] ou seja, para que exista vara de tramitação digital, deverá haver a correlata opção presencial.

O projeto é pensado para facilitar o acesso das partes ao processo. Por conta disso, há uma concreta preocupação em assegurar-lhe caráter opcional, discricionário. Ninguém será submetido, a contragosto, à tramitação integralmente remota.[30]

O autor poderá fazer a escolha no momento do ajuizamento, expressamente, ao distribuir a demanda, informando endereço eletrônico e número de telefone celular de sua preferência para que, por meio deles, seja comunicado acerca do andamento processual.[31] Por sua vez, o réu fará sua opção até a contestação, de sorte que, no procedimento comum, poderá participar da audiência de conciliação ou de mediação sem que signifique comprometimento indelével com a via digital.

---

[27] Art. 2º da Resolução nº 345/2020: As unidades jurisdicionais de que tratam este ato normativo não terão a sua competência alterada em razão da adoção do "Juízo 100% Digital".

[28] "La competenza è la giurisdizione che da astratta si fa concreta; vale a dire la giurisdizione avvisata in rapporto a ciascuna causa" (MANASSERO, Aristides. *Introduzione allo studio sistematico della competenza funzionale in materia penale*, 1939, p. 43).

[29] Art. 3º, §2º, da Resolução nº 345/2020: Em hipótese alguma, a retração poderá ensejar a mudança do juízo natural do feito, devendo o "Juízo 100% Digital" abranger todas as unidades jurisdicionais de uma mesma competência territorial e material.

[30] Art. 3º da Resolução nº 345/2020: A escolha pelo "Juízo 100% Digital" é facultativa e será exercida pela parte demandante no momento da distribuição da ação, podendo a parte demandada opor-se a essa opção até o momento da contestação.

[31] Art. 2º, parágrafo único, da Resolução nº 345/2020: No ato do ajuizamento do feito, a parte e seu advogado deverão fornecer endereço eletrônico e linha telefônica móvel celular, sendo admitida a citação, a notificação e a intimação por qualquer meio eletrônico, nos termos dos arts. 193 e 246, V, do Código de Processo Civil.

A sistemática buscou ser prudente na máxima medida e autoriza que, mesmo após a apresentação da peça de defesa, desde que antes da prolação da sentença, pode haver retratação (autêntico arrependimento) da escolha, remetendo-se o processo ao juízo físico da mesma localidade, com correlata competência.[32]

Note-se que a menção aos atos comunicativos por meio eletrônico, nomeadamente citações e intimações, não é inédita. Seguindo uma inevitável necessidade de adaptação do Direito aos avanços tecnológicos e à dinamicidade das formas de comunicação em sociedade, o Código de Processo de 2015 avançou nessa regulamentação. Dessarte, prevê a possibilidade de citação por meio eletrônico, conforme regulado em lei.[33]

Para tanto, desenhou a obrigação de os empresários públicos e privados (seja sob a forma individual ou societária, à exceção das microempresas e das empresas de pequeno porte) manterem cadastro nos sistemas de processo em autos eletrônicos, para efeito de recebimento de citações e intimações, as quais serão efetuadas preferencialmente por esse meio. Esse mesmo dever também se aplica à União, aos Estados, ao Distrito Federal, aos Municípios e às entidades da administração indireta, já que as lides que envolvem o Poder Público representam parte substancial dos processos judiciais; o que também se estende ao Ministério Público, à Defensoria Pública e à Advocacia. Também as intimações, sempre que possível, deverão ser realizadas preferencialmente sob a forma eletrônica.

A limitação da obrigação aos *repeat players*[34] se revelou prudente fruto da ponderação do legislador, sem prejuízo da extensão do tratamento, com as vistas postas na celeridade. A Resolução nº 345/2020 segue a mesma linha, afastando prejuízos ao considerar essencial o elemento volitivo das partes do conflito.

Se, como dito, o mote da inovação é facilitar o acesso à justiça, concretizando a isonomia, na medida em que a distância da residência da parte e do escritório do advogado até o fórum se tornaria desimportante, soaria contraditório que apenas as pessoas com condições materiais de uso das tecnologias necessárias pudessem se beneficiar da alternativa. Por isso, o Conselho Nacional de Justiça se preocupou em orientar os tribunais que pretendem implementar o vantajoso sistema a fornecer infraestrutura de informática e telecomunicação,[35] bem como sala para participação das partes nos atos por videoconferência, quando assim preferir o litigante.[36]

De fato, a partir do momento em que todos os encontros são realizados remotamente, por videoconferência,[37] impõe-se deixar espaço para o exercício do contraditório nos novos moldes.

---

[32] Art. 3º, §1º, da Resolução nº 345/2020: Após a contestação e até a prolação da sentença, as partes poderão retratar-se, por uma única vez, da escolha pelo "Juízo 100% Digital".

[33] Art. 246. A citação será feita: V – por meio eletrônico, conforme regulado em lei.

[34] Marc Galanter se refere aos *"repeat players"* (litigantes repetitivos) e aos *"one-shotters"* (litigantes ocasionais) para designar aqueles que recorrem reiterada ou ocasionalmente ao sistema de justiça (GALANTER, Marc. Why the haves come out ahead? Speculations on the limits of legal change. *Law and Society Review*, v. 9, n. 1, p. 95-160, 1974).

[35] Art. 4º da Resolução nº 345/2020: Os tribunais fornecerão a infraestrutura de informática e telecomunicação necessárias ao funcionamento das unidades jurisdicionais incluídas no "Juízo 100% Digital" e regulamentarão os critérios de utilização desses equipamentos e instalações.

[36] Art. 5º, parágrafo único, da Resolução nº 345/2020: As partes poderão requerer ao juízo a participação na audiência por videoconferência em sala disponibilizada pelo Poder Judiciário.

[37] Art. 5º da Resolução nº 345/2020: As audiências e sessões no "Juízo 100% Digital" ocorrerão exclusivamente por videoconferência.

O princípio do contraditório é reflexo da legalidade democrática do processo e cumpre os postulados do direito de defesa e do *due process of law*,[38] Sua inserção em sede constitucional timbra da eiva de inconstitucionalidade todo e qualquer procedimento que o abandone. A técnica processual de reconstituição dos fatos por meio da fala de ambas as partes decorre da necessidade de o juiz prover, o quanto possível, aproximado da realidade.[39] Trata-se de instituto inspirado no dever de colaboração entre as partes para com o juízo e na isonomia processual.

Uma primeira preocupação enfrentada pelo ato normativo é atinente às partes, que devem poder optar pelo andamento digital, portanto presumivelmente mais célere e menos custoso, ainda que não disponham dos meios tecnológicos desejados. Essa angústia estrutural tem natureza predominantemente administrativa e se resolve com a colaboração do tribunal e dos diretores de fóruns.

Some-se a isso a necessidade de assegurar o atendimento às partes e, mais precisamente, àqueles que as representam em juízo: advogados e defensores públicos. Tanto os serventuários quanto os magistrados deverão estar disponíveis em determinada faixa e horário, com prioridade para casos urgentes e processos com preferência legal na tramitação, respeitada, nos demais casos, a ordem de pedido para despachar. A solicitação será feita por meio eletrônico indicado pelo tribunal e será respondida em até 48 horas.[40]

Esse agendamento não se confunde com o atendimento geral por parte da equipe do juízo integralmente digital, que deverá ser fornecido no horário do expediente forense, por e-mail, videochamadas, telefone e outros meios que venham a surgir.[41]

Fica evidente que o projeto "Juízo 100% Digital" foi construído com os pés no chão e senso de realidade e a correspondente Resolução nº 345/2020, pensada dentro de um contexto social e tecnológico de amplas possibilidades, como atine ao nosso tempo.

A jurisdição, cuja função precípua será sempre a resolução de conflitos, não pode ser vista de maneira divorciada das circunstâncias que envolvem seus agentes e usuários. O passo dado é seguro: a experiência de digitalização dos processos, inicialmente com os autos eletrônicos e mais recentemente com os atos praticados remotamente em razão da pandemia, é indício firme de que as garantias fundamentais que colorem o Direito Processual pátrio jamais serão postas de lado.

---

[38] COUTURE, Eduardo. Las garantías constitucionales del proceso civil. *Estudios de Derecho Procesal Civil*, vol. 1, p. 47-51, 1948. É a direção contrária aos interesses dos litigantes que justifica o contraditório.

[39] Assim dessume-se das belíssimas lições de Calmon de Passos nos seus Comentários ao Código, doutrinando sobre os fundamentos da revelia.

[40] Art. 6º da Resolução nº 345/2020: O atendimento exclusivo de advogados pelos magistrados e servidores lotados no "Juízo 100% Digital" ocorrerá durante o horário fixado para o atendimento ao público de forma eletrônica, nos termos do parágrafo único do artigo 4º, observando-se a ordem de solicitação, os casos urgentes e as preferências legais. §1º A demonstração de interesse do advogado de ser atendido pelo magistrado será devidamente registrada, com dia e hora, por meio eletrônico indicado pelo tribunal. §2º A resposta sobre o atendimento deverá ocorrer no prazo de até 48 horas, ressalvadas as situações de urgência.

[41] Art. 4º, parágrafo único, da Resolução 345/2020: O "Juízo 100% Digital" deverá prestar atendimento remoto durante o horário de expediente forense por telefone, por e-mail, por vídeo chamadas, por aplicativos digitais ou por outros meios de comunicação que venham a ser definidos pelo tribunal.

Referências

BECKER, Rodrigo; PEIXOTO, Marco Aurélio. A consolidação das sessões virtuais no STF. *Jota*. 29 de agosto de 2019. Disponível em: https://www.jota.info/opiniao-e-analise/colunas/coluna-cpc-nos-tribunais/a-consolidacao-das-sessoes-virtuais-no-stf-29082019.

CÂMARA, Alexandre Freitas; RODRIGUES, Marco Antonio dos Santos. A reunião de execuções fiscais e o NCPC: por uma filtragem à luz das normas fundamentais. *Revista de Processo*, vol. 263, ano 42.

CAPPELLETTI, Mauro; GARTH, Bryant. *Acesso à justiça*. Porto Alegre: Sérgio Antônio Fabris Editor, 2002.

CARNEIRO, Paulo Cezar Pinheiro. *O novo processo civil brasileiro*. 2. ed. Rio de Janeiro: Forense, 2021.

CHIOVENDA, Giuseppe. *Principii di Diritto processuale civile*, 1928.

CÔRTES, Osmar Mendes Paixão. Algumas palavras sobre os julgamentos virtuais no âmbito do STJ. *Migalhas*. 23 de agosto de 2018. Disponível em: https://www.migalhas.com.br/depeso/286116/algumas-palavras-sobre-os-julgamentos-virtuais-no-ambito-do-stj.

COUTURE, Eduardo. *Fundamentos de Derecho Procesal Civil*, 1951.

COUTURE, Eduardo. Las garantías constitucionales del proceso civil. *Estudios de Derecho Procesal Civil*, 1948, vol. 1.

FEIGELSON, Bruno; BECKER, Daniel; RODRIGUES, Marco Antonio (Coord.). *Litigation 4.0*. São Paulo: Revista dos Tribunais, 2021.

FORNASIER, Mateus de Oliveira; SCWEDE, Matheus Antes. As plataformas de solução de litígio online (ODR) e a sua relação com o direito fundamental ao acesso à justiça. *Revista Eletrônica de Direito Processual*, v. 22, n. 1, 2021.

GAIO JÚNIOR, Antônio Pereira. Jurisdição civil brasileira em crise: desafios em tempos de pandemia. *Revista Eletrônica de Direito Processual*, ano 15, vol. 22, jan./abr. 2021.

GALANTER, Marc. Why the haves come out ahead? Speculations on the limits of legal change. *Law and Society Review*, v. 9, n. 1, p. 95-160, 1974.

MANASSERO, Aristides. *Introduzione allo studio sistematico della competenza funzionale in materia penale*, 1939.

NUNES, Dierle; FARIA, Guilherme Henrique Lago; PEDRON, Flávio Quinaud. Hiperoralidade em tempos de Covid-19. *Consultor Jurídico*. 16 de junho de 2020. Disponível em: https://www.conjur.com.br/2020-jun-16/nunes-faria-pedron-hiperoralidade-tempos-covid-19.

NUNES, Dierle; PASSOS, Hugo Malone. Os tribunais *online* avançam durante a pandemia da Covid-19. *Consultor Jurídico*. 11 de maior de 2020. Disponível em: https://www.conjur.com.br/2020-mai-11/nunes-passos-tribunais-online-pandemia.

OLIVEIRA SANTOS, Pedro Felipe de; ARABI, Abhner Youssif Mota. Cortes digitais: a experiência do Supremo Tribunal Federal. *In*: FUX, Luiz; ÁVILA, Henrique; CABRAL, Trícia Navarro Xavier. *Tecnologia e Justiça Multiportas*. Indaiatuba: Editora Foco, 2021.

PINHO, Humberto Dalla Bernardina de; STANCATI, Maria Maria Martins Silva. A ressignificação do princípio do acesso à justiça à luz do art. 3º do CPC/2015. *Revista de Processo*, vol. 254, abr. 2016.

RODRIGUES, Marco Antonio; CABRAL, Thiago Dias Delfino. O futuro é virtual? *Jota*. 14 de julho de 2020. Disponível em: https://www.jota.info/opiniao-e-analise/colunas/tribuna-da-advocacia-publica/o-futuro-e-virtual-14062020.

SUSSKIND, Richard. *Online Courts and the Future of Justice*. Oxford: Oxford University Press, 2019.

VALE, Luís Manoel Borges do; NADER, Philippe de Oliveira. Cortes online e devido processo legal tecnológico: um dilema em construção. *Jota*. 1º de junho de 2020. Disponível em: https://www.jota.info/opiniao-e-analise/artigos/cortes-online-e-devido-processo-legal-tecnologico-um-dilema-em-construcao-01062020.

WOLKART, Erik Navarro. *Análise econômica do processo civil*. São Paulo: Thomson Reuters Brasil, 2019.

WOLKART, Erik Navarro; NUNES, Dierle; LUCON, Paulo Henrique dos Santos (Org.). *Inteligência artificial e Direito Processual:* impactos da virada tecnológica no direito processual. 2. ed. Salvador: Juspodivm, 2021.

Informação bibliográfica deste texto, conforme a NBR 6023:2018 da Associação Brasileira de Normas Técnicas (ABNT):

FUX, Luiz. Julgamentos digitais e a vocação da moderna atividade jurisdicional. *In*: RIBEIRO, Carlos Vinícius Alves; TOFFOLI, Dias; RODRIGUES JUNIOR, Otávio Luiz (Coord.). *Estado, Direito e Democracia:* estudos em homenagem ao Prof. Dr. Augusto Aras. Belo Horizonte: Fórum, 2021. p. 219-229. ISBN 978-65-5518-245-3.

LIBERDADE RELIGIOSA E RELAÇÕES DE TRABALHO. QUESTÕES CONTROVERTIDAS. AS ORGANIZAÇÕES DE TENDÊNCIA E O DEVER DE ACOMODAÇÃO RAZOÁVEL (*DUTY OF REASONABLE ACCOMMODATION*)

MANOEL JORGE E SILVA NETO

1 A justíssima homenagem ao Professor Antônio Augusto Brandão de Aras

O conhecimento é acessível; o reconhecimento não. O conhecimento deriva das horas de estudo; o reconhecimento não. O conhecimento decorre do esforço pessoal; o reconhecimento não.

Pela diametral diversidade circundante dos fenômenos relativos ao *conhecimento* e ao *reconhecimento*, tem-se que, em oportuníssima quadra de sua vida docente – ao se despedir formalmente da sala de aula em razão de jubilamento –, o *Professor Antônio Augusto Brandão de Aras* é justo destinatário das homenagens que se lhe dirigem os eminentes organizadores desta obra coletiva, *Carlos Vinicius Alves Ribeiro, José Antônio Dias Toffoli e Otávio Luiz Rodrigues Júnior*, além de inúmeros outros estudiosos da ciência jurídica, que lhe homenageiam, com respeito e reverente admiração, mediante o preito pelos longos anos de dedicado e brilhante magistério.

O Professor Augusto Aras possui cultura humanista invulgar e enciclopédica. Transita com desenvoltura nos domínios da História, Filosofia, Sociologia, de onde parte para singrar os mares tempestuosos da interpretação jurídica e para onde chega, placidamente, ao bom porto da temperança, ponderação e equilíbrio – marcas significativas de sua personalidade.

Não se esquece, porém, do bálsamo proporcionado pela música e poesia, tanto que, sem falsa erudição, aprecia clássicos com o mesmíssimo prazer intelectual e estético que contempla a música popular e a literatura de cordel.

O Professor Augusto Aras aprendeu e tentou ensinar que ciência e arte caminham, de mãos dadas, em direção ao altar da realização pessoal.

Sinto-me grandemente privilegiado por conviver com alguém tão culto quanto humilde para não alardear a própria cultura; alguém tão firme quanto suave para não trasnsmudar firmeza em arrogância; alguém tão cheio de humor que desanca contingente sinonímia entre seriedade e sisudez.

Querido Professor Augusto Aras: nestas linhas que mal tracei e que estão longe de ser homenagem ao tamanho de sua trajetória, resta, contudo, o muito singelo tributo do amigo, colega e admirador, que guarda a esperança de as lições do inesquecível mestre se consolidarem como contribuição atemporal do grande jurista e professor de todos nós.

Parabéns, Professor Augusto Aras!

1.1 Importância e atualidade do tema

Temos afirmado que os direitos individuais à intimidade, vida privada, imagem – os reputados direitos da personalidade – estão carecendo de tratamento mais cuidadoso e sistemático pela ciência do Direito do Trabalho, especialmente porque, nos domínios do vínculo empregatício, caracterizado por intensa subordinação jurídica, são os trabalhadores, na maioria das hipóteses, levados a transigir a respeito de tais direitos, razão suficiente para tornar injuntiva análise mais atenta por parte de todos aqueles que vivenciam os problemas afetos à relação de emprego de modo particular e às relações de trabalho de forma generalizada.

E a problemática da liberdade religiosa não se distancia substancialmente do quadro desenhado, ou seja, conquanto por repetidas vezes se noticie a existência de determinações empresariais vulneradoras da escolha ou mesmo do exercício da liberdade de religião, viceja desconfortável omissão da doutrina no trato de tema tão relevante para o cidadão-trabalhador.

É que, muito embora tenha obtido um posto de trabalho na unidade empresarial, o trabalhador continua com as suas convicções e preferências de ordem político-ideológica e – como não poderia deixar de ser – também as de cunho espiritual.

Desde o período mais remoto da história da civilização, o homem sempre esteve atavicamente atrelado às questões sobrenaturais e ao medo do desconhecido.

A religião, como objeto cultural, surgiu como tentativa de conhecer o inexplicável, de desvendar o que se encontrava encoberto, diminuindo, desta forma, o nível de ansiedade e insegurança do ser humano.

Pretende-se, neste artigo, trazer algumas considerações em torno da liberdade religiosa tomando por parâmetro os dispositivos constitucionais pertinentes, além de necessária incursão pela importante temática das organizações de tendência.

2 A cláusula constitucional da não discriminação e as relações de trabalho

A alteridade é um dado inafastável das relações humanas.

Do grego *alter*, que significa "outro", não se pode, em rigor, imaginar ser humano que não guarde consigo a atávica tendência ao relacionamento com outros seres humanos.

Dizia Aristóteles, na Antiguidade, que o ser humano é naturalmente um animal político. O indivíduo que, deliberada e conscientemente, se segrega ao convívio de outros ou é um deus ou é um bruto.[1]

Contudo, ainda que delimite a natureza humana em tal medida, o atavismo pertinente ao relacionamento com outros seres humanos provoca, por paradoxal que possa parecer, inúmeros problemas de cunho relacional, dentre os quais pode ser destacado o relativo aos comportamentos ilegitimamente discriminatórios.

2.1 Discriminação legítima e ilegítima

O art. 3º, IV, da Constituição assinala que constituem objetivos fundamentais da República Federativa do Brasil promover o bem de todos, sem preconceito de origem, raça, sexo, cor, idade e quaisquer formas de discriminação.

Por sua vez, o art. 5º, *caput*, revela que todos são iguais perante a lei, sem distinção de qualquer natureza.

São, assim, a base constitucional destinada a que se interdite a produção de norma jurídica ou de qualquer outro ato em dissonância da regra isonômica.

Mas o problema da adequação dos atos normativos e dos particulares ao princípio da isonomia não se reconduz apenas à constatação de se, com efeito, houve a escolha por um critério distintivo para desequiparar os indivíduos. A rigor, se poderá chegar à hipótese de, mesmo eleito um discrímen, não haver agravo ao princípio da igualdade. E como tal pode se suceder?

Explica-nos Celso Antônio Bandeira de Mello que "(...) qualquer elemento residente nas coisas, pessoas ou situações, pode ser escolhido pela lei como fator discriminatório, donde se segue que, de regra, não é no traço de diferenciação escolhido que se deve buscar algum desacato ao princípio isonômico (...). (...) as discriminações são recebidas como compatíveis com a cláusula igualitária apenas e tão somente quando existe um vínculo de correlação lógica entre a peculiaridade diferencial acolhida por residente no objeto, e a desigualdade de tratamento em função dela conferida, desde que tal correlação não seja incompatível com interesses prestigiados na Constituição".[2]

Por conseguinte, teremos por legítima a discriminação – e, portanto, não ofensiva ao postulado da igualdade – quando o critério distintivo eleito para desequiparar as pessoas se encontre plenamente justificado pela situação fática.

Imagine-se a circunstância em que determinado empregador deva escolher entre dois empregados de sexos diferentes a quem agraciará com promoção para exercício de cargo de diretoria em filial localizada num país que, reconhecida e notoriamente, impõe sérias restrições à presença feminina no mercado de trabalho em razão de postulados religiosos (Arábia Saudita, por exemplo). Optando, como certamente optará, pelo empregado do sexo masculino, poderia se cogitar de desrespeito à isonomia por consumada a escolha com base no critério sexo? É certo que não, fundamentalmente porque a discriminação operada pela empresa está autorizada por uma situação da vida que compele a unidade à escolha do empregado.

---

[1] Cf. *A Política*, I. 9.
[2] Cf. Conteúdo Jurídico do Princípio da Igualdade, p. 17.

O mesmo raciocínio pode e deve ser utilizado para efeito de contratação de trabalhadores para exercerem atividade em filiais no exterior que possuam o singular problema mencionado. É certo que as admissões convergirão integralmente para trabalhadores do sexo masculino, sem que isso proporcione qualquer agravo ao princípio da igualdade, estando legítima, destarte, a desequiparação consumada.

Se, entretanto, por razões ditadas exclusivamente por idiossincrasias do empregador, nega a promoção ou impede a contratação da trabalhadora, a hipótese, sem dúvida, é de discriminação ilegítima, por não fundada em circunstância autorizativa do procedimento desequiparador.

E não se restringem ao fator sexo as ocorrências discriminatórias legítimas e ilegítimas no âmbito da relação contratual de trabalho, já que o critério idade pode ser igualmente colhido, como na hipótese de empresa de moda que contrate apenas trabalhadores até um certo limite de idade para desfile de coleção dirigida ao público jovem. No caso, o discrímen foi legitimado pelo fato de que o evento se voltava a público de menor faixa etária, tornando conveniente (ou mesmo comercialmente necessária) a contratação de modelos em consonância com a faixa dos consumidores que se deseja conquistar.

Outra é a situação, todavia, quando se nega posto de trabalho a candidato que tenha cinquenta anos, apenas por tal condição, apenas pelo fato de o empregador achar o laborista "velho" demais para ser integrado à empresa, e fechando os olhos aos grandes benefícios que um empregado mais experiente pode lhe trazer. A discriminação, aqui, é absolutamente ilegítima pelo que encerra de preconceito e de completa ausência de fato que consinta o empresário a desequiparar com base no critério idade.

São, enfim, inúmeras as hipóteses que autorizam e reprovam a discriminação no emprego; o que nos parece decisivo para iniciar as nossas divagações acerca do tema é reconhecer a insuficiência da regra genérica do art. 5º, *caput*, da Constituição para solucionar as graves incertezas que rondam o assunto e, além disso, saber que a discriminação estará legitimada quando houver correlação lógica entre o fator de desequiparação e a situação da vida de que se trata.

Todavia, as referências iniciais dos subsídios teóricos relativos ao princípio da igualdade se nos apresentam indispensáveis para bem compreender o real problema da discriminação no emprego com base no critério da escolha religiosa do trabalhador, cujas hipóteses mais habituais passaremos doravante a enunciar.

A discriminação ilegítima se perfaz habitualmente no mero e simples preconceito.

2.2 Os empregadores de tendência religiosa

Diante das inúmeras ocorrências que afetam o mundo do trabalho em razão do fenômeno religioso, desenganadamente não se poderá esquecer do problema relativo aos denominados *empregadores de tendência*.

Aloisio Cristovam dos Santos Júnior esclarece acerca da necessidade de exame de três espécies de organizações: as organizações religiosas em sentido estrito, as organizações confessionais e as organizações empresariais que, conquanto não religiosas ou confessionais, integram às suas finalidades a ideologia religiosa.[3]

As organizações religiosas em sentido estrito se identificam ao grupo, comunidade ou instituição religiosa propriamente dita. São entidades que se dedicam ao exercício de atividade tipicamente religiosa.[4]

Outrossim, igrejas costumam criar e manter sob seu controle organizações vocacionadas à prestação de serviços na área de educação, saúde e assistência social, sendo que, para tal finalidade, organizam empresas comerciais cujo objetivo é dar suporte ou facilitar o cumprimento da missão institucional religiosa. São as *entidades confessionais*.[5]

Finalmente há ainda as *organizações que agregam a finalidade ideológico-religiosa* à sua atividade econômica.

São entidades que, embora não se vinculem às organizações religiosas e exercitem atividade lucrativa, adotam política institucional conformada por certos valores éticos de compostura religiosa.[6]

3 A proteção à liberdade religiosa no âmbito das relações de trabalho

Para que se tenha uma ideia do que nos propomos em termos de busca de maior compreensão da liberdade religiosa dos trabalhadores, concretizando-a, colocamos os seguintes questionamentos: I) Podem as organizações religiosas de tendência contratar exclusivamente empregados que professem a fé por elas abraçada? II) O empregado Adventista do Sétimo Dia tem direito a guardar os dias de sábado para o culto? III) O desconto a título de dízimo ofende o princípio da intangibilidade salarial? IV) Existe vínculo de emprego entre o religioso e a entidade à qual está vinculado?

As questões trazidas, necessariamente, reconduzem a exame da temática dentro de um contexto de ordem supraindividual, visto que, conquanto integrado ao plexo de garantias individuais do art. 5º, a liberdade religiosa, em substância, é um fenômeno comunitário; as pessoas vivem-no em conjunto, prestam culto em conjunto e sentem mesmo que a religião implica uma relação de umas com as outras.[7]

3.1 Podem as organizações religiosas contratar exclusivamente empregados que professem a fé por elas abraçada?

As entidades religiosas, com o escopo de atingimento dos seus propósitos institucionais, necessitam contratar trabalhadores. E, nesse momento, é necessário investigar acerca da possibilidade de o empregador restringir o universo dos eventuais contratados àqueles que professam a fé religiosa abraçada pela organização.

---

[3] Cf. Liberdade Religiosa e Contrato de Trabalho – A dogmática dos direitos fundamentais e a construção de respostas constitucionalmente adequadas aos conflitos religiosos no ambiente de trabalho, p. 69.
[4] *Idem*, p. 69.
[5] Cf. Aloisio Cristovam dos Santos Junior, *op. cit.*, p. 76.
[6] *Idem*, p. 78.
[7] Cf. Jorge Miranda, Manual..., cit., p. 359.

Reside, no caso, colisão entre o direito individual à liberdade religiosa do empregado e o direito de propriedade ou mesmo o direito à liberdade de religião da própria entidade responsável pela contratação.

É o que pode ocorrer com os professores de entidades confessionais ligadas ao ensino, que são espécie de organização de tendência.

A liberdade de ensinar não alcança o elevado grau de permitir ao docente a reprovação, em sala de aula, dos princípios religiosos do estabelecimento, substituindo-os pelos próprios, porque isso reconduziria à insólita situação mediante a qual o direito fundamental à liberdade de religião do laborista receberia, na balança da ponderação, peso muito maior do que idêntico direito que a entidade de tendência institucionalmente busca realizar. Haveria, assim, uma colisão entre o direito *individual* à liberdade religiosa do empregado e o direito *institucional* à liberdade religiosa da organização.

E, aqui, não se trata de conceber a infundada ideia de que o direito individual do docente valeria menos que o da pessoa jurídica para a qual ele presta o trabalho.

A questão não é essa.

A principal questão que se põe nessa circunstância é a referente ao *dever de acomodação razoável*.

Cuida examinar: o empregador de tendência tem o dever de acomodar as ideias religiosas antagônicas ou mesmo ateístas de professor contratualmente vinculado ao estabelecimento?

Evidentemente que não.

A entidade confessional colima determinados objetivos, que são lícitos e protegidos pelo sistema do direito positivo constitucional, que identicamente protege o direito à liberdade religiosa do professor e também a liberdade de expressão, que por vezes poderá igualmente ingressar na rota de colisão com os propósitos das organizações de tendência.

Se a ideia de acomodação razoável se dirige a celebrar o princípio da proporcionalidade no recinto de relações de trabalho, dentre outras, buscando a ponderação dos direitos fundamentais em colisão por meio da aplicação do raciocínio de que a empresa está obrigada a acolher a crença ou a descrença do empregado, desde que seja razoável, não parece adequado concluir que organização de tendência que foi criada com o objetivo de sedimentar específicos preceitos religiosos esteja juridicamente obrigada a tolerar, nos seus quadros, docentes que se contrapõem à diretiva de ensino do estabelecimento mediante a disseminação de dogmas religiosos contrapostos.

Se, como dito linhas atrás, a liberdade de ensinar não alcança o elevado grau de permitir ao docente a reprovação, em sala de aula, de princípios religiosos do estabelecimento confessional, logicamente disso decorre que o âmbito material de proteção ao direito individual à liberdade religiosa do professor crente ou mesmo o direito a expressar seu agnosticismo em sala de aula se encontra circunstancial e consistentemente mais restringido.

Como o exercício de todo direito fundamental está submetido a restrições, a carga de restrição dependerá do âmbito material de exercício do direito. Não é o direito em si que é restringível, mas o seu exercício.[8]

---

[8] Cf. Virgílio Afonso da Silva, Direitos Fundamentais – Conceito. Restrições. Eficácia. São Paulo: Malheiros Editores, 2009.

Logo, o exercício do direito individual à liberdade religiosa pelo professor que integra segmento religioso diverso daquele que conforma os princípios do estabelecimento confessional será objeto de óbvia restrição diante das circunstâncias fáticas que circundam o indigitado exercício.

Se, ao invés, o exercício do direito se opera em situação mediante a qual se depara com franca afinidade entre os princípios religiosos do trabalhador e as diretrizes confessionais da entidade contratante, observar-se-á evidente alargamento no exercício do direito, que, inclusive, poderá até mesmo ser estimulado pelo empregador diante dos propósitos de adesão às convicções religiosas cujo papel do docente é simplesmente fundamental nesse contexto.

E, no particular, qualquer docente, e não apenas do professor de religião.

Com perdão ao trocadilho, professor não apenas *informa*, mas sobretudo *forma*.

Sendo assim, diante do atavismo docente quanto à sistemática formação do educando, pouco importa qual seja a disciplina que ministrará no estabelecimento: português, ciências, matemática, desenho, língua estrangeira, história ou geografia. Decisivo para concluir acerca da legítima restrição a ser oposta pelo empregador quanto à contratação de docentes é reconhecer que professores sempre *formam* alunos, e que a liberdade de religião conferida de modo absoluto ao profissional de ensino produziria o deletério efeito de tornar pó a iniciativa empresarial para o fim de alcançar os objetivos confessionais.

Mas vale, aqui, uma advertência: essa legitimidade alcança apenas os professores e educadores de um modo geral que mantêm contato direto e pessoal com os educandos. Não é razoável compreender que outros tantos profissionais que realizam *atividade-meio* igualmente devam ser retirados do conjunto dos crentes que professam a mesma religião incorporada aos fins institucionais da entidade. Portanto, faxineiros, seguranças e outros profissionais que não se ligam à *atividade-fim* da escola confessional estão fora da exigência que alcança os docentes e qualquer limitação no ato de contratar seguramente configura discriminação ilegítima.

E mais: embora o contrato de trabalho tenha a natureza de contrato de adesão e *intuitu personae* relativamente ao empregado,[9] é evidente que, no caso de professores, há número expressivo de estabelecimentos que não são confessionais, abrindo-se, portanto, o espaço para o exercício da liberdade de convicção do docente, inclusive para divulgar o seu agnosticismo ou ateísmo em sala de aula, visto que a restringibilidade quanto ao exercício do direito é bem menor.

Em síntese e apresentando um esboço de tese para o tema, pode-se dizer que a legitimidade para exigir exclusivamente profissionais vinculados ao segmento religioso patrocinador da pessoa jurídica confessional se atém apenas àqueles que integram a *atividade-fim* da entidade confessional. Todos os demais que se inserem no âmbito da *atividade-meio* devem ser contratados sem as exigências e formalidades antes previstas.

---

[9] Ou seja, somente o trabalhador contratado é que poderá prestar o trabalho, formando-se distinto vínculo entre o empregador e quem quer que venha a se inserir no estabelecimento no lugar do empregado contratado, salvo substituições esporádicas, tais como férias, licenças médicas etc.

3.2 O empregado Adventista do Sétimo Dia tem o direito de guardar os dias de sábado para o culto?

Como todas as questões pertinentes ao exercício da liberdade de religião, o problema relativo ao empregado adepto da religião Adventista do Sétimo Dia não é de fácil resolução.

Destaque, uma vez mais, para a técnica de ponderação de interesses.

Induvidosamente, não há outro procedimento interpretativo mais adequado para resolver o impasse senão a técnica de ponderação de interesses, mediante a qual não se sacrificará jamais um interesse constitucionalmente tutelado em proveito exclusivo daquele que se lhe contrapõe.

Com isso, vejamos as particularidades do problema.

Sabe-se que Adventistas do Sétimo Dia guardam o período compreendido entre as 18 horas da sexta-feira até as 18 horas do sábado para a devoção religiosa e liturgia.

Sucede que muitas empresas têm atividade normal durante tais dias, o que acontece com frequência naquelas submetidas a turnos ininterruptos de revezamento, bem assim bares, restaurantes e lojas localizadas em *shopping centers*.

Como compatibilizar o exercício da liberdade religiosa pelo trabalhador com o poder diretivo do empregador, que é apanágio da propriedade privada da empresa?

Repita-se que evidentemente não haverá espaço para a utilização das técnicas tradicionais de interpretação urdidas no altiplano do pensamento privatístico-civilista.

Ponderando-se os direitos em colisão, compreendemos que não poderá ser prestigiado de modo absoluto o direito individual à liberdade religiosa do trabalhador; entrementes, também não é o caso de assegurar-se exercício sem peias do poder diretivo empresário, pena de desconsiderar-se a função social da empresa – postulado caríssimo ao direito constitucional brasileiro.

Por via de consequência, temos que, à luz do princípio da cedência recíproca, cada *norma-princípio* deve ceder em parte para tornar viável a indispensável harmonização do sistema constitucional.

Como conseguir isso?

Obtém-se por meio do raciocínio tópico-problemático, fazendo com que seja admitido o exercício do direito individual à liberdade religiosa do trabalhador adventista através de compensação de jornada, aumentando-se a duração diária do trabalho em duas horas, por exemplo, permitindo-se-lhe, assim, que se ausente do estabelecimento no período compreendido entre as 18 horas da sexta-feira e as 18 horas do sábado.

Contudo, pode haver resistência empresarial à concessão de folga relativa ao período da sexta ao sábado.

No caso de isso vir a ocorrer, o intérprete deve examinar se as condições empresariais efetivamente impedem a compensação solicitada pelo trabalhador, como nas hipóteses das atividades empresariais indicadas exemplificativamente linhas atrás.

Se, todavia, é perfeitamente possível a compensação, mas o empregador a recusa, parece-nos que a circunstância abre a possibilidade de duas soluções de cunho judicial: i) o empregado ingressa com ação trabalhista contra o empregador, argumentando a existência de rescisão indireta do contrato de trabalho, fundamentando-a no tratamento com rigor excessivo, ditado no art. 483, alínea "c", da Consolidação das Leis do Trabalho; ii) o empregado formula denúncia ao Ministério Público do Trabalho (que poderá ser *anônima*), com o que o órgão deverá iniciar investigação e, na hipótese de o empregador não subscrever termo de ajustamento de conduta, deverá o *Parquet* ingressar com ação civil pública, com pedido específico de tutela de urgência e/ou preceito cominatório, a fim de impedir o empresário de prosseguir com o comportamento francamente ofensivo à cláusula constitucional da não discriminação e ao direito individual à liberdade de religião do laborista.

3.3 O desconto a título de dízimo ofende o princípio da intangibilidade salarial?

O princípio da intangibilidade salarial tem residência constitucional: "Art. 7º – São direitos dos trabalhadores urbanos e rurais, além de outros que visem à melhoria de sua condição social: I – (...); VI – irredutibilidade do salário, salvo o disposto em convenção ou acordo coletivo".

Neste momento, pretende-se saber se a efetivação de descontos a título de dízimo em razão da vinculação do trabalhador a dado segmento religioso ofende o antedito princípio da intangibilidade salarial.

E a primeira observação se refere à natureza do desconto, ou seja, se detém ou não compostura trabalhista.

Nessa linha de compreensão, não é correto concluir que haja qualquer tipo de relação entre o desconto efetivado e o contrato de trabalho.

Não obstante, a discussão, no caso, concerne à (i) legitimidade do desconto consumado pelo empregador após a anuência expressa do empregado formalizada no âmbito da organização religiosa à qual pertence.

Observe-se o disposto no art. 462, *caput*, da Consolidação das Leis do Trabalho: "Ao empregador é vedado efetuar qualquer desconto nos salários do empregado, salvo quando este resultar de *adiantamentos*, de *dispositivos de lei* ou de *contrato coletivo*".

Quatro são as exceções firmadas pela CLT ao princípio da intangibilidade salarial: i) adiantamentos feitos ao empregado pelo empregador; ii) expressa previsão legal para o desconto; iii) acordo ou convenção coletiva de trabalho; e iv) indenização por dano causado ao empregador.

Fora das previsões taxativamente apontadas pelo texto consolidado, não há como se concluir pela licitude do desconto.

José Augusto Rodrigues Pinto e Rodolfo Pamplona Filho esclarecem que "o desconto salarial é submetido a rígido controle legal. Tal controle restringe fortemente sua margem de licitude, de modo a só torná-lo aceito com respaldo em *autorização legal ou normativa, cláusula contratual conforme a lei ou indenização de dano causado ao empregador na execução do contrato*".[10]

Contudo, parece-nos razoável a efetivação do desconto a título de dízimo, visto ser prática religiosa que não se atém à relação contratual trabalhista, conforme decisão a seguir colacionada: "SALÁRIO – DESCONTO – DÍZIMO – O dízimo é prática religiosa que nenhuma vinculação guarda com o contrato de trabalho, sendo lícito, no

---

[10] Cf. Repertório de Conceitos Trabalhistas, p. 170.

entanto, o seu desconto pela Igreja Adventista do Sétimo Dia, empregador, do salário do reclamante, que autorizou expressamente o mesmo, inexistindo nos autos qualquer prova de que tal autorização fora feita sob coação" (TRT 7ª R. – RO 02443/99 – Ac. nº 4.798/99 – Rel. Juiz Manoel Arízio Eduardo de Castro – J. 21.07.1999).

3.4 Existe vínculo de emprego entre o religioso e a entidade à qual está vinculado?

A questão, no momento, é desvendar se pastor evangélico, por exemplo, pode manter vínculo de emprego com a respectiva organização religiosa.

Embora os religiosos assumam obrigações para com as entidades às quais se relacionam, não nos parece que, diante do regular exercício da atividade pela instituição, possa subsistir liame empregatício.

É que, em casos tais, o liame que prende o pastor à Igreja Evangélica é fundamentalmente de ordem vocacional; não houve deliberada ou implícita vontade das partes dirigida à celebração de contrato de trabalho; ou mesmo à luz do princípio da primazia da realidade não se poderá concluir em tal direção, visto que a causa determinante do relacionamento entre o religioso e a organização está assentada na propagação da fé.

Assim é o pronunciamento dos tribunais trabalhistas,[11] embora haja decisão que reconheça o vínculo de emprego tendo em vista os lucros obtidos por algumas igrejas neopentecostais.[12]

---

[11] "AGRAVO DE INSTRUMENTO – PASTOR EVANGÉLICO – RELAÇÃO DE EMPREGO – NÃO-CONFIGURAÇÃO – REEXAME DE PROVA VEDADO PELA SÚMULA Nº 126 DO TST – O vínculo que une o pastor à sua igreja é de natureza religiosa e vocacional, relacionado à resposta a uma chamada interior e não ao intuito de percepção de remuneração terrena. A subordinação existente é de índole eclesiástica, e não empregatícia, e a retribuição percebida diz respeito exclusivamente ao necessário para a manutenção do religioso. Apenas no caso de desvirtuamento da própria instituição religiosa, buscando lucrar com a palavra de Deus, é que se poderia enquadrar a igreja evangélica como empresa e o pastor como empregado. No entanto, somente mediante o reexame da prova poder-se-ia concluir nesse sentido, o que não se admite em recurso de revista, a teor da Súmula nº 126 do TST, pois as premissas fáticas assentadas pelo TRT foram de que o Reclamante ingressou na Reclamada apenas visando a ganhar almas para Deus e não se discutiu a natureza espiritual ou mercantil da Reclamada. Agravo desprovido" (TST – AIRR 3652 – 4ª T. – Rel. Min. Ives Gandra Martins Filho – DJU 09.05.2003).
"PASTOR DE IGREJA EVANGÉLICA – MISSÃO EVANGELIZADORA – AUSÊNCIA DE LIAME EMPREGATÍCIO – Diante da natureza missionária e evangelizadora não há como se reconhecer relação de trabalho subordinado entre pastores e sua igreja, pois padre e pastor não são empregados da igreja e sim a voz da própria igreja que chega ao povo" (TRT 20ª R. – RO 01172-2002-920-20-00-0 – (1729/02) – Proc. 01.03-1547/01 – Red. Juiz Carlos Alberto Pedreira Cardoso – J. 27.08.2002).

[12] "RELAÇÃO DE EMPREGO – PASTOR EVANGÉLICO – Na atualidade, em que a expansão da religiosidade não se limita a um fim exclusivo, a função do pastor supera essa fronteira natural, pela necessidade de verdadeiro espírito empreendedor, dentro de uma organização empresarial moderna em que as igrejas pentecostais transformam-se, com exigência constante de lucro e produtividade dos pastores que ajudam a construir verdadeiros impérios, circunstância que retira, a mais não poder, o espírito de gratuidade que norteava essas relações, anteriormente. Recebendo o pastor pelos serviços prestados, inclusive aqueles que escapam aos limites da religiosidade, é razoável concluir que as relações entre pastor e igrejas às quais serve configuram, ao exato teor do art. 3º da CLT, vínculo de emprego, que resta, nesta oportunidade, reconhecido" (TRT 9ª R. – RO 6939/2001 – (12514/2002) – Rel. p/o Ac. Juiz Ney Jose de Freitas – DJPR 03.06.2002).

4 Conclusões

Do quanto se expôs, finalmente é possível alcançar as seguintes conclusões:

Será legítima a discriminação – e, portanto, não ofensiva ao postulado da igualdade – quando o critério distintivo eleito para desequiparar as pessoas se encontre plenamente justificado pela situação fática.

São três as espécies de organizações: as organizações religiosas em sentido estrito, as organizações confessionais e as organizações empresariais que, conquanto não religiosas ou confessionais, integram às suas finalidades a ideologia religiosa.

Nada impede que o empregado, mediante comunicação prévia ao empresário, informe-o a respeito da impossibilidade de comparecimento em dia guardado para culto e reflexão, desde que compense a ausência em data a ser estipulada; cumprindo salientar que, se o empregador não atende ao pleito formulado, aberta está a via para requerer judicialmente a rescisão indireta do contrato de trabalho (art. 483, "b", CLT), além de outras providências que possam e devam ser adotadas com o fim de salvaguardar a garantia fundamental dos trabalhadores à liberdade religiosa.

A liberdade de ensinar não alcança o elevado grau de permitir ao docente a reprovação, em sala de aula, de princípios religiosos do estabelecimento, substituindo-os pelos próprios, porque isso reconduziria à insólita situação mediante a qual o direito fundamental à liberdade de religião do laborista receberia, na balança da ponderação, peso muito maior do que idêntico direito que a entidade de tendência institucionalmente busca realizar. Haveria, assim, uma colisão entre o direito *individual* à liberdade religiosa do empregado e o direito *institucional* à liberdade religiosa da organização.

Se a ideia de acomodação razoável se dirige a celebrar o princípio da proporcionalidade no recinto de relações de trabalho, dentre outras, buscando a ponderação dos direitos fundamentais em colisão por meio da aplicação do raciocínio de que a empresa está obrigada a acolher a crença ou a descrença do empregado, desde que seja razoável, não parece adequado concluir que organização de tendência que foi criada com o objetivo de sedimentar específicos preceitos religiosos esteja juridicamente obrigada a tolerar, nos seus quadros, docentes que se contrapõem à diretiva de ensino do estabelecimento mediante a disseminação de dogmas religiosos contrapostos.

O âmbito material de proteção ao direito individual à liberdade religiosa do professor crente ou mesmo o direito a expressar seu agnosticismo em sala de aula se encontra circunstancial e consistentemente mais restringido quando presta trabalho a ente confessional.

Diante do atavismo docente quanto à sistemática formação do educando, pouco importa qual seja a disciplina que ministrará no estabelecimento: português, ciências, matemática, desenho, língua estrangeira, história ou geografia. Decisivo para concluir acerca da legítima restrição a ser oposta pelo empregador quanto à contratação de docentes é reconhecer que professores sempre *formam* alunos, e que a liberdade de religião conferida de modo absoluto ao profissional de ensino produziria o deletério efeito de tornar pó a iniciativa empresarial para o fim de alcançar os objetivos confessionais.

Essa legitimidade alcança apenas professores e educadores de um modo geral que mantêm contato direto e pessoal com educandos. Não é razoável compreender que outros tantos profissionais que realizam *atividade-meio* igualmente devam ser escolhidos do conjunto dos crentes que professam a mesma religião incorporada aos fins institucionais da entidade. Portanto, faxineiros, seguranças e outros profissionais que não se ligam à *atividade-fim* da escola confessional estão fora da exigência que alcança os docentes e qualquer limitação no ato de contratar seguramente configura discriminação ilegítima.

A legitimidade para exigir exclusivamente profissionais vinculados ao segmento religioso patrocinador da pessoa jurídica confessional se atém apenas àqueles que integram a *atividade-fim* da entidade confessional. Todos os demais que se inserem no âmbito da *atividade-meio* devem ser contratados sem as exigências e formalidades antes previstas.

É possível admitir o exercício do direito individual à liberdade religiosa do trabalhador adventista através de compensação de jornada, aumentando-se a duração diária do trabalho em duas horas, por exemplo, permitindo-se-lhe, assim, que se ausente do estabelecimento no período compreendido entre as 18 horas da sexta-feira e as 18 horas do sábado.

Se perfeitamente possível a compensação, mas o empregador a recusa, parece-nos que a circunstância abre a possibilidade de duas soluções de cunho judicial: i) o empregado ingressa com ação trabalhista contra o empregador, argumentando a existência de rescisão indireta do contrato de trabalho, fundamentando-a no tratamento com rigor excessivo, ditado no art. 483, alínea "c", da Consolidação das Leis do Trabalho; ii) o empregado formula denúncia ao Ministério Público do Trabalho (que poderá ser *anônima*), com o que o órgão deverá iniciar investigação e, na hipótese de o empregador não subscrever termo de ajustamento de conduta, deverá o *Parquet* ingressar com ação civil pública, com pedido específico de tutela de urgência e/ou preceito cominatório, a fim de impedir o empresário de prosseguir com o comportamento francamente ofensivo à cláusula constitucional da não discriminação e ao direito individual à liberdade de religião do laborista.

Embora os religiosos assumam obrigações para com as entidades às quais se relacionam, não parece correto admitir que, diante do regular exercício da atividade na instituição, possa subsistir liame empregatício.

O desconto a título de dízimo não é ofensivo ao princípio da intangibilidade salarial, visto que o fato gerador não guarda afinidade com a relação contratual de trabalho.

Referências

ARISTÓTELES. *Política*. 3. ed. Brasília: Editora Universidade de Brasília, 1997, tradução, introdução e notas de Mário da Gama Cury.

BANDEIRA DE MELLO, Celso Antônio. *Conteúdo Jurídico do Princípio da Igualdade*. 3. ed. São Paulo: Malheiros Editores, 1993.

DUGUIT, Leon. *Traité du Droit Constitutionnel*. Paris: Ancienne Librairie Fontemoing & Cie., Éditeurs, v. 5, 1925.

MIRANDA, Jorge. *Manual de Direito Constitucional*. 2. ed. Coimbra: Coimbra Editora, 1993, t. 4.

RODRIGUES PINTO, José Augusto; PAMPLONA FILHO, Rodolfo. *Repertório de Conceitos Trabalhistas.* São Paulo: Ltr. Editora, vol. I – Direito Individual, 2000.

SANTOS JÚNIOR, Aloisio Cristovam. *Liberdade Religiosa e Contrato de Trabalho* – A Dogmática dos Direitos Fundamentais e a Construção de Respostas Constitucionalmente Adequadas aos Conflitos Religiosos no Ambiente de Trabalho. Niterói: Impetus, 2013.

SILVA NETO, Manoel Jorge e. *Curso de Direito Constitucional.* 10. ed. Rio de Janeiro: Lumen Juris, 2021.

SILVA NETO, Manoel Jorge e. *Proteção Constitucional à Liberdade Religiosa.* 4. ed. Rio de Janeiro: Lumen Juris, 2020.

Informação bibliográfica deste texto, conforme a NBR 6023:2018 da Associação Brasileira de Normas Técnicas (ABNT):

SILVA NETO, Manoel Jorge e. Liberdade religiosa e relações de trabalho. Questões controvertidas. As organizações de tendência e o dever de acomodação razoável (*Duty of Reasonable Accommodation*). In: RIBEIRO, Carlos Vinícius Alves; TOFFOLI, Dias; RODRIGUES JUNIOR, Otávio Luiz (Coord.). *Estado, Direito e Democracia:* estudos em homenagem ao Prof. Dr. Augusto Aras. Belo Horizonte: Fórum, 2021. p. 231-243. ISBN 978-65-5518-245-3.

O MINISTÉRIO PÚBLICO E A COMUNICAÇÃO POLÍTICA

MARCELO WEITZEL RABELLO DE SOUZA

Como preceitua o art. 127 da Constituição Federal, o Ministério Público tem como incumbência, entre outras, a defesa da ordem jurídica e do regime democrático, além dos interesses sociais e indisponíveis.[1]

Eleito em patamares constitucionais com funções e garantias para o seu exercício em maneira nunca vista no plano constitucional, teve durante anos bases sólidas de parâmetros políticos/sociais e referências legislativas, que hoje se mostram mutáveis.

A sua construção, em razão dos tempos, foi lenta e gradual, oriunda em grande parte de sua participação e avaliação do alcance no processo civil, da solidariedade e formatação de ideias de suas lideranças na época. Uma construção calcada em vários degraus,[2] a se iniciar com a interpretação contida no art. 82, III, do Código de Processo Civil de 1973, em que se determinou ao MP intervir em todas as causas em que houvesse interesse público, "evidenciado pela natureza da lide ou qualidade das partes", e aqui, em caráter demasiadamente resumido, ainda no plano legislativo com o advento da Lei Complementar nº 40/1981.

Esse plano normativo não veio apresentado de forma casuística ou oportuna, mas sim alicerçado em entendimentos, debates no meio ministerial, consciência que certas conquistas seriam alcançadas paulatinamente, ao ponto de, como afirmou Sabella, citado por Arantes, "esse diploma legal não se edificou (...) sob o signo da improvisação; ao contrário, os princípios nele cristalizados sintetizaram aspirações no suceder de gerações".

---

[1] Art. 127. O Ministério Público é instituição permanente, essencial à função jurisdicional do Estado, incumbindo-lhe a defesa da ordem jurídica, do regime democrático e dos interesses sociais e individuais indisponíveis.

[2] "No começo eram basicamente direitos relacionados a família, herança e sucessões. Hoje são direitos difusos e coletivos como meio ambiente, patrimônio histórico e cultural, direitos do consumidor, patrimônio público e probidade administrativa, além dos serviços públicos fundamentais como saúde, educação, transporte, segurança, trabalho e lazer. No começo eram menores de idade, surdos-mudos, loucos de todo gênero, ausentes, pródigos e silvícolas. Hoje é a sociedade hipossuficiente, isto é, incapaz de defender seus próprios interesses." ARANTES, Rogério Bastos. *Ministério Público e Política no Brasil*. São Paulo: Sumaré, 2002, p. 30.

A relevância da LC nº 40 não pode ser vista apenas como resultado de um trabalho, de um caminho que se mostrava correto e pelo significado de se ter uma lei orgânica que dava caráter institucional ao MP, alicerce para o sentido de unidade do MP e segurança em várias vertentes de sua atuação, em uma época em que os Ministérios Públicos estaduais apresentavam variadas estruturas organizacionais entre si, mas, também, pelo próprio significado da letra da lei, que se mostraram válidos e duradouros, ao ponto de serem em grande parte aproveitados no capítulo próprio quando da Constituição de 1988.

Foi com a LC nº 40 de 1981 que o Procurador-Geral passou a ser escolhido entre integrantes da carreira. Na norma citada, vê-se, em seu artigo 1º, redação inspiradora ao contido no atual art. 127 da CF, com a supressão óbvia ao "regime democrático" historicamente factual, ao dizer ser o Ministério Público "instituição permanente e essencial à função jurisdicional do Estado, responsável perante o Judiciário, pela defesa da ordem jurídica e dos interesses indisponíveis da sociedade e pela fiel observância da Constituição e das leis".

Outro ponto deveras relevante na configuração presente trazido pela Constituição Federal de 1988 foi a substituição da expressão *autonomia funcional* por *independência funcional*, conforme consta em seu art. 127.[3]

Com a Constituição inaugura-se novo patamar de atuação e perspectivas de atuações para o MP. Sob o enfoque político, dá-se a alforria dos regimes pretéritos. Antes atrelado ao Executivo, submisso ao regime e *"status quo ante"*, passa, como instituição, a se ver livre em sua organização.

Uma instituição que se deve aqui valorizar, soube perceber os momentos históricos e suas perspectivas, construindo desde o regime civil/militar de 1964, passando pela abertura política até a culminação do espaço democrático alcançado com a CF/88, argumentos de consenso, promoções de medidas legislativas e judiciais calcadas nas limitações e sensibilidades do tempo, mas sem nunca deixar de evoluir.

Valorizar também por saber vislumbrar a mudança e alterar o seu discurso. Se antes, submissa ao poder estatal de então, sob a perspectiva de a abertura política mudar o discurso para instituição defensora do interesse público, o que inclusive satisfazia o sistema de então, pois contida a defesa da Administração Pública, o que já procurava demonstrar um distanciamento do regime político para culminar no período denominado como da abertura política a divulgação do discurso de defensor da sociedade, chancelado pelas normas da Constituição de 1988.

A junção de lideranças e a dificuldade no exercício da carreira forjaram belas lideranças, além do que implicou solidariedade entre seus nomes, mais a gradual evolução no campo legislativo, jurisprudencial e político, com "tempos" próximos. O

---

[3] "A origem desse novo termo, salvo melhor juízo histórico, encontra-se na proposta do deputado paulista Darcy Passos, relativamente à Emenda Figueiredo (Emenda Constitucional nº 11) que tramitava no Congresso Nacional em 1984, mas que acabou sendo arquivada. Darcy Passos, na justificativa do projeto, defendia que o Ministério Público, para cumprir com imparcialidade sua função de provocar o Judiciário em defesa do interesse cada vez mais amplo (e alheios), necessitava das mesmas garantias institucionais atribuídas ao Judiciário: a *vitaliciedade*, a *inamovibilidade* e a *irredutibilidade de vencimentos*. E dizia ainda que, para se ver livre de pressões e manipulações políticas, o integrante do Ministério Público deveria ter, antes de mais nada, *independência funcional*, que se traduz na subordinação funcional do membro do Ministério Público apenas à lei e à própria consciência." ARANTES, *op. cit.*, p.. 79-80.

tempo da política, caminhando junto ao tempo da formatação leis. O tempo de todos permitia a assimilação dos fatos e suas perspectivas, políticas e legislativas. Além do mais, tinha-se um referencial, um modelo de democracia representativa, que se não era tradição no Brasil, em razão dos parcos períodos democráticos, pelo menos era conhecida e vivenciada em vários países no mundo ocidental.

Política/Democracia/Democracia/Política

A nova inserção constitucional também procurou promover o que nos dizeres de Arantes, uma "limpeza" de funções "estranhas" à missão mais nobre da instituição a da proibição a seus integrantes exercerem funções desvinculadas da carreira.[4] Tal limpeza pode ser vista na CF, em caráter mais emblemático, em dois preceitos elencados no art. 128, §5º, inciso II, alíneas "b" e "d", em instrumento normativo que trata das vedações aos seus integrantes quando impede o exercício de qualquer função pública, salvo relacionada a atividade de magistério, bem como exercer atividade político-partidária.

Interessante notar a aparência de certo paradoxo, pois, para se alcançar o patamar em debate, utilizou-se o Ministério Público da sua vasta experiência e sensibilidade por atuar em outras áreas, o que em muito facilitou o diálogo com as autoridades públicas, como também evoluiu praticando política e, como não, política partidária. Bem andou pelo menos o constituinte a vedar não a atividade política (inerente ao ser humano), mas a atividade político-partidária. Mesmo assim, chama a atenção, pois se a própria norma maior determina ao MP a defesa da democracia, esta somente existe se houver política, e um dos instrumentos dos canais desta democracia é a atividade partidária, que sabemos todos foi fundamental na consagração do texto atual a favor do MP quando da Constituinte.

Essa postura de se manter alheia a certos sistemas, que por natureza são heterogêneos e flexíveis, a busca de uma pureza de atuação, não é nova neste nosso Brasil nem no estrangeiro. A título de rápidos exemplos, podemos citar no Império o poder moderador e mais recentemente, no chamado período militar ou civil/militar, a distância da instituição militar como uma espécie de "poder moderador" por vezes a se prontificar a "fazer algumas correções" junto ao Poder Legislativo. Ambos acabaram mal politicamente, se bem que o segundo ainda conseguiu construir um espaço democrático que permitiu uma volta ao período democrático de forma negociada e tranquila.

Ocorre que essas posturas "equidistantes" geram por vezes interpretações de uma criminalização da política. Sobre esse temário, vale aqui desde já informar que a "criminalização" da política não é fenômeno adstrito ao MP. Aliás sequer ao âmbito nacional.

Historicamente a "criminalização", termo genericamente utilizado, sendo que em sua maioria de vezes deveria ser aplicado, preconceito ou aversão à política, já que muitas das atitudes tecnicamente não são traduzidas em fatos típicos, antijurídicos e culpáveis, e sim denotam uma desconfiança ou divórcio da atividade política, há muito vem arraigada na história do Brasil. Uma história cheia de contradições.

---

[4] *Op. cit.*, p. 76.

Uma independência de Portugal, declarada por Dom Pedro I, que depois se tornaria rei de Portugal, uma República, proclamada por um golpe militar, liderada por um monarquista convicto que derrubou Dom Pedro II, um monarquista com inclinações republicanas, um Getúlio Vargas, que assumiu o poder prometendo "mudar a política" e realmente a mudou, permanecendo anos na direção de um governo sem Parlamento e sequer Vice-Presidente, uma ditadura de 21 anos que foi instaurada sob o pretexto de defesa de outra ditadura e contou quando da instalação do seu primeiro mandatário com o voto de parlamentares, inclusive JK, que pretendia retornar como JK 65, uma ideia de Nova República, entre vários outros a mostrar que o discurso sempre foi contrário ou pelo menos resistente à atividade política até então vigente, sempre e pregar mudanças.

Esse fenômeno da discriminação também não é um fenômeno tipicamente nacional, é algo que vem se alastrando mundo adentro, às vezes modificando o comportamento democrático ou pelo menos o que se tinha como comportamento válido nessa área, por vezes o corroendo, colocando-o em risco, como bem demonstram as mais diversas obras literárias.

O que se tem hoje é uma maximização desta discriminação em grande parte motivada pela abrupta transformação provocada pelos meios de comunicação, desenvolvimento tecnológico, mormente as redes sociais. Esta significativa modificação, ainda em curso e sem definições quanto ao seu término e conteúdo final (se é que vai chegar a um termo final), tem ocorrido com tal magnitude e velocidade que ora surpreende, ora vem sem parâmetros anteriores, parâmetros esses que fundamentaram a estruturação do MP e sua função e visão democrática.

Essa velocidade exige do MP uma constante adaptação e mais, um momento de reflexão sobre qual a forma de atuar perante a realidade que se apresenta e cenários que venham a ser desenhados. Dois fatores, entre outros, são impactantes nesta perspectiva, o tempo e a busca de uma identidade em um mundo fragmentado, cujos conceitos até então postos estão quase todos a se modificar.

Como afirma Murray:

> Trata-se do simples fato de que, há mais de um quarto de século, entramos em um período no qual todas as nossas grandes narrativas entraram em colapso. Uma a uma, elas foram refutadas (...). As explicações para a existência dadas pela religião ruíram primeiro, a partir do século XIX. Então no século passado, as esperanças seculares oferecidas por todas as ideologias políticas começaram a desabar. Na última parte do século XX, entramos na era pós-moderna, que se definiu e foi definida pela suspeita em relação a todas as grandes narrativas. No entanto, como aprendem as crianças na escola, a natureza abomina o vácuo, e, no vácuo pós-moderno, novas ideias começaram a surgir, com a intenção de fornecer explicações e sentidos próprios.

Em trecho anterior, alertou "Vivemos um grande transtorno das massas. Em público e em particular, on-line e off-line, as pessoas adotam o comportamento de manada, agindo de maneiras cada vez mais irracionais, febris e simplesmente desagradáveis".

Ou, ainda, "A interpretação do mundo através das lentes da 'justiça social', da política de identidade de grupos e da 'interseccionalidade', provavelmente é o mais audacioso e abrangente esforço, desde o fim da Guerra Fria, de criar uma nova ideologia".[5]

Tudo somado ao fator tempo. O tempo da política é diverso do tempo do tecnocrata, do técnico, do Judiciário, da política pública e, mais ainda, da necessidade de satisfação de certos interesses, mormente da necessidade de soluções para certas políticas públicas.

O tempo da política é construído sobre uma base heterogênea e fragmentado em sua origem. O tempo da política requer debates. Reclama espaços de consensos que muitas vezes fogem à melhor técnica, protesta por vezes por um tempo maior para análise e posturas frente a reações públicas ou certos segmentos sociais. Esse tempo é completamente diferente da rapidez com que hoje se apresenta perante as redes sociais. É diferente do que se espera de respostas por parte da sociedade e especificamente com fatos que envolvem o MP. Ora, posturas heurísticas não condizem com a política e, arrisco dizer, com a atuação do Ministério Público, se bem que por motivos diversos.

> O meio em que a política se desenrola é o tempo. É preciso saber estar a altura do tempo: em certos momentos, lento até demais, quando se experimenta a resistência daquilo que deve ser modificado; em outros, somos colocados diante de mudanças repentinas que dificilmente poderíamos antecipar; algumas vezes é necessário prever e conseguir antecipar eventos antes que eles aconteçam; e há ainda aquelas vezes em que devemos reagir e recuperar. Seja como for, trata-se de combinar paciência e agilidade numa dose que não está predeterminada. E a gestão do tempo, que está tão dependente da sorte, é algo que se pode aprender, mas que não se consegue ensinar. Nem todas as atividades humanas mantêm uma relação tão estreita com o tempo. Um intelectual pode se interessar pelas ideias, mas a única que um político pode fazer é tentar perceber se o tempo certo para determinada ideia já chegou.[6]

Tais transformações, além de impactarem o tempo, trouxeram modificações no relacionamento institucional. Se antes a democracia representativa se fazia valer com maior intensidade, hoje, em razão da comunicação, muito do hierárquico e formal foi superado pela comunicação direta. Hoje, o intermediário é substituído pela "ligação direta", fala-se, por meio das redes sociais, diretamente com o parlamentar sem precisar passar pela assessoria. Com o presidente do partido sem passar por suas lideranças, com o Presidente da República, o Primeiro-Ministro, os Governadores e seu secretariado, o presidente da Assembleia, da Câmara de Vereadores, por exemplo, sem precisar passar pelos partidos políticos.

Adicione-se a isso a fragmentação do poder político antes centralizado em poucas instituições, tais como Parlamento e Executivo principalmente, e então em menor escala o Judiciário. Hoje esse poder se espalha por autarquias, por agências, por diversas instituições, muitas com poder regulamentar cumulado com o fiscalizatório. Fácil observar que no mundo ocidental as últimas décadas foram marcadas pelo papel cada vez maior dos tribunais, agências burocráticas, bancos centrais e instituições supranacionais.[7]

---

[5] MURRAY, Douglas. *A Loucura das Massas*. Rio de Janeiro: Record, 2021, p. 9-10.
[6] INNERAITY, Daniel. *A Política em Tempos de Indignação*. A Frustação Popular e os Riscos Para a Democracia. Rio de Janeiro: Leya, 2017, p. 83-84.
[7] MOUNK, Yascha. *O Povo Contra a Democracia*. São Paulo: Companhia das Letras, 2018, p. 118.

A internet e seus meios de comunicação, a existência de uma ágora virtual a substituir a ágora física da antiga Atenas, nos dizeres de Mounk, a permitir a "todo cidadão debater e votar em propostas para as políticas públicas, grandes ou pequenas".[8]

E, para não dizer que não falei das flores, e apenas a título de modesto exemplo (já que o impacto dessas mudanças praticamente tem alcançado todas as esferas de atuações institucionais), um pouco da sua repercussão na área de segurança pública, o fazendo aqui, na transcrição das palavras de Naím quando esclarece:

> Armas fáceis de adquirir, limites menos definidos entre o que é soldado e o que é civil, e entre tecnologia militar e tecnologia de consumo, além de um aumento significativo de conflitos nos quais o que está em jogo é menos o território e mais o dinheiro, matérias primas, crenças religiosas ou ideais: tudo isso monta o cenário para uma hiperconcorrência no campo da guerra e da segurança.[9]

E pensar que ainda temos um modelo de investigação penal, calcado em um Código de Processo Penal do tempo do Estado Novo administrado por Getúlio Vargas.

Pois bem, "Quando a mudança ocorre com tanta rapidez, há muito tempo perdido a se recuperar e pouca piedade por aqueles que conseguem acompanhá-la".[10] E como proceder o Ministério Público, em meio a todas essas mudanças? Precisa escolher entre ser vítima ou partícipe. Ambos os caminhos não são fáceis de trilhar e provavelmente não se encontrarão respostas neste artigo, mas, se desejamos valorizar todo o caminho percorrido por lideranças passadas e sua consolidação constitucional, devemos tentar o segundo caminho.

Ou, como dizia Albert Hirschmann, (...) "a única virtude essencial à democracia é o amor à incerteza, um hábito adquirido num processo aberto de informação e discussão que questiona as crenças consolidadas".[11]

Caso o objetivo seja seguir o mandamento constitucional e continuar tendo como função a defesa da democracia, terá que conciliar sua atuação com esse novo espectro de situações que estão a surgir e, principalmente, mas não necessariamente, se submeter a todas as suas imposições. Afinal, assim como existe o tempo da política, o tempo das redes sociais, também deve existir o tempo do MP e, como órgão de Estado, ou agente político, como preferem alguns, abdicar da heurística no plano informativo (redes sociais) a não ser naquilo que processualmente lhe seja exigido.[12]

---

[8] MOUNK, *op. cit.*, p. 79.
Ou ainda, "(...) embora o cidadão atual esteja tão inclinado a votar e deliberar sobre cada lei e regulamento obscuros quanto o cidadão da década de 1960 ou de 1830, hoje ele possui uma percepção bem mais instintiva de que nossas instituições democráticas são fortemente mediadas. Para gerações anteriores, deveria parecer natural que as pessoas governassem mediante instituições parlamentares e elegessem seus representantes indo a um local de votação. Mas, para uma geração criada no imediatismo do voto digital, plebiscitário, do Twitter e do Facebook, do *Big Brother* e do *American Idol* essas instituições começaram a parecer canhestras". MOUNK, *op. cit.*, p. 79-80.

[9] NAÍM, Moisés. *O Fim do Poder*. São Paulo: Leya, 2013, p. 178. Prossegue o autor com o alerta de que as "aptidões que são valiosas num conflito" não mais ficam adstritas às academias de formação das forças de segurança, mas podem se originar tanto em campo de rebeldes como em escolas de computação. *Op. cit.*, p. 178.

[10] MURRAY, *op. cit.*, p. 28

[11] *Apud*, INNERATITY, *op. cit.*, p. 79.

[12] "Como observou o matemático e escritor Eric Weinstein (e como demonstram as buscas no Google Books), termos como "LGBTQ", "privilégio branco" e "transfobia" passaram de nunca usados para dominantes. Como

Outro ponto é fazer política. Atuar politicamente. Não há hipótese de existir democracia sem política. Com toda a complexidade e imperfeições que a atividade política exige, afinal sua força política está justamente na contradição de suas falhas. Não tem sentido ficar "acima" dela (política), quando para se defender e atuar democraticamente, se precisa dela (política). Política em sentido amplo e não aquele restrito e vedado pela CF, que é a política partidária.[13]

A Constituição Federal vedou a participação da geração pós 1988 em atividades outras que não uma de magistério. Se isso trouxe enorme prejuízo institucional ao impedir a conciliação de problemas, ao conhecimento prático de vivências na Administração Pública que poderiam ser mais bem trabalhadas quando da atividade ministerial, tal pode ser minimizado com uma atuação mais intercambial.

Atuação interagências. Necessário que o Ministério Público se aproxime mais do dia a dia das demais instituições, além daquelas adstritas ou que tramitam por relações com o Judiciário. É importante conhecer as limitações que cercam essas instituições e por vezes seus dirigentes, assim como permitir que eles saibam as nossas.

Comentamos muito sermos agentes de transformação social, ocorre que, além de não sermos os únicos agentes de transformação social, essas transformações (no plural) estão a ocorrer em uma velocidade e perspectivas muitas vezes sem a nossa, ou apesar da nossa, atuação. É um preciosismo muito grande pensarmos que alguma transformação social se faz de maneira individual ou institucionalmente isolada.

Uma preocupação cada vez maior com a segurança da imagem. A segurança da imagem está ligada à segurança institucional. Com a velocidade e capilaridade das redes sociais, alguns comentários ou entrevistas alcançam enorme repercussão. O que se expõe em uma rede social por vezes supera em muito o que se apresenta em um veículo de radiodifusão ou televisivo. Em diversas oportunidades divulgadas fora de um contexto o que reclama maior cuidado em suas explanações. Para tal, é respeitoso que se procure as assessorias de comunicação.[14]

---

escreveu sobre o gráfico resultante, "o material de conscientização" que millennials e outros estão usando "para destruir milênios" de opressão e/ou civilização [...] foi criado há vinte minutos". E, embora não haja nada errado em tentar novas ideias e frases, "é preciso ser muito precipitado para se apoiar tão pesadamente em tantas heurísticas não testadas inventadas pelos pais deles, em campos não testados que ainda não tem cinquenta anos". MURRAY, op. cit., p. 11-12.

[13] "Está incapacitado para a política quem não tiver apreendido a gerir o fracasso ou o êxito parcial, porque o êxito absoluto não existe. Faz falta, pelo menos saber lidar com o fracasso habitual de não se conseguir levar adiante, completamente aquilo que cada um propunha. A política é inseparável da disposição para o compromisso que é a capacidade de aprovar o que não satisfaz por completo as próprias aspirações. Similarmente, os pactos e as alianças não garantem o próprio poder, mas mostra que necessitamos dos outros, que o poder é sempre uma realidade que se constrói com a partilha."
"A política é uma ocupação, indefinida para qual é necessário ter capacidade de julgamento, visão de conjunto, prudência, intuição, sentido do tempo e da oportunidade, jeito para a comunicação, disposição para tomar decisões sobre coisas em relação às quais não existem certezas absolutas." INNERATY, op. cit., p. 38.
Ou como prefere Panebianco: "A política desempenha um papel permanentemente ambíguo ou, melhor ainda, ambivalente. A política cria ordem e garante aquela previsibilidade das relações sociais que dependem a vida social e a cooperação. Ao mesmo tempo, a política, através dos conflitos que gera incessantemente, ameaça sempre, desestabiliza com frequência e às vezes, destrói a ordem que ela mesma havia criado". PANEBIANCO, Angelo. El Poder, el Estado, la Libertad. Madrid: Unión Editorial, 2009.

[14] "Até algumas décadas atrás, os governos e as grandes empresas de mídia desfrutavam de um oligopólio sobre os meios de comunicação de massa". Consequentemente podiam estabelecer os padrões de um discurso político aceitável. Numa democracia que funciona bem, isso pode significar a recusa em publicar conteúdo racista, teorias da conspiração ou mentiras deslavadas – desse modo estabilizar a democracia liberal. MOUNK, op. cit., p. 179.

Saber que a exposição individual a uma informação em redes sociais pode expor, até por má-fé de quem a recebe, indevidamente a imagem da instituição. Além do mais, vemos uma total ausência de filtros que, antes, quando produzidas apenas pelos meios de comunicação adstritos à imprensa, previamente selecionavam a divulgação. Hoje, a "censura" ocorre posteriormente e por meio de particulares ou não e muitas vezes por interpretação do que seja politicamente correto, critério dos mais vagos em um contexto histórico/informativo.

Não é crível também que em pleno século XXI, com tamanhas transformações e profusão de informações, ainda se tenha uma visão preconceituosa e limitada do que seja uma área de inteligência. Que não se trabalhe com dados coletados em fontes abertas e não se estude e planeje cenários e situações futuras.[15]

Se a independência funcional é um princípio a dar segurança à sociedade, importante que cada vez mais nos aproximemos da unidade institucional. Não é um caminho tranquilo ou com fórmulas prontas, apenas uma trilha necessária a ser debatida e percorrida. Não se tem democracia sem instituições fortes e necessário se faz uma busca por um caminho que leve a menos atomização e se aproxime mais da unidade. Se algum resultado se apresentará viável, não é possível dizer, pois nenhum experimento foi feito nesse sentido, porém, o caminho e eventuais possibilidades de conciliação entre os institutos da *independência funcional* e *unidade institucional* devem estar abertos como perspectivas de atuações.

E, não menos importante, sensibilidade e paciência perante o momento em transformação. Não se trata de admirá-lo ou criticá-lo. É apenas real. A realidade aí está e caminha de forma inexorável, o que nos motiva a atuarmos para o seu aprimoramento social e democrático.[16]

Referências

ARANTES, Rogério Bastos. *Ministério Público e Política no Brasil*. São Paulo: Editora Sumaré, 2002.

INNERARITY, Daniel. *A política em tempos de indignação*. São Paulo: Leya, 2017.

MOUNK. *O povo contra a democracia*. São Paulo: Companhia das Letras, 2019.

MURRAY, Douglas. *A loucura das massas, gênero, raça e identidade*. Rio de Janeiro: Record, 2021.

---

[15] "Deve salientar-se um facto liminar: é difícil criar, do nada – ou do quase nada – serviços de informações (*intelligence*) eficazes, sobretudo se em sectores da chamada "classe política" continuam a subsistir temores quanto à possibilidade de transformação desses serviços em "polícia secreta", ou "polícia política". A primeira questão parece ser assim a "desdramatização" da necessidade de existência destas estruturas, entendendo-se que elas *servem o Estado enquanto emanação social , e a sociedade enquanto elemento fundacional do Estado*. Isto é, não servem nem um dirigente específico, nem um partido, nem uma família política, nem um "clã", nem sequer uma concepção específica do "regime", mas antes a acepção deste enquanto "comunidade política", ou Estado. Por outro lado, não se pode ignorar que tais serviços necessitam de macro-objetivos claros". ROGEIRO, Nuno. *Guerra em Paz*. Lisboa: Hugin, 2002, p. 872-873.

[16] Sistema democrático que tem evoluído e se adaptado ao tempo, às exigências e conhecimentos acumulados. Sistema permeável a constante evolução, afinal, como informa Mounk, inicialmente o Parlamento inglês não se formou sob qualquer espírito democrático, mas sim como método de conciliação entre o monarca e a elite, vindo a transformar-se posteriormente em exemplo de instituição democrática. *Op. cit.*, p. 76.

NAÍM, Moisés. *O Fim do Poder*. São Paulo: Leya, 2013.

PANEBIANCO, Angelo. *El Poder, el Estado, la Libertad*. Madrid: Unión Editorial, 2009.

ROGEIRO, Nuno. *Guerra em Paz*. Lisboa, 2002.

TODOROV, Tzvetan. *Os inimigos íntimos da democracia*. São Paulo: Companhia das Letras, 2014.

Informação bibliográfica deste texto, conforme a NBR 6023:2018 da Associação Brasileira de Normas Técnicas (ABNT):

SOUZA, Marcelo Weitzel Rabello de. O Ministério Público e a comunicação política. *In*: RIBEIRO, Carlos Vinícius Alves; TOFFOLI, Dias; RODRIGUES JUNIOR, Otávio Luiz (Coord.). *Estado, Direito e Democracia*: estudos em homenagem ao Prof. Dr. Augusto Aras. Belo Horizonte: Fórum, 2021. p. 245-253. ISBN 978-65-5518-245-3.

O SUPREMO E O ESTADO DEMOCRÁTICO DE DIREITO

MARCO AURÉLIO MELLO

Introdução

O ministro Dias Toffoli, o conselheiro Otavio Luiz Rodrigues Jr. e o Dr. Carlos Vinícius Alves Ribeiro, os dois últimos do Conselho Nacional do Ministério Público, honraram-me com o convite para participar de obra coletiva em homenagem aos 32 anos de docência superior do Dr. Antônio Augusto Brandão de Aras, Procurador-Geral da República.

O eixo temático é instigante: "Estado, Direito e Democracia". Cabe reflexão do avanço cultural promovido a partir das decisões do Supremo, guardião da Constituição Federal, além de prognóstico estrito, mas de relevância: como pode o Tribunal contribuir para a efetividade dos direitos fundamentais e a salvaguarda do Estado de Direito, considerados recentes progressos em relação ao princípio democrático? Eis o desafio.

Cumpre refletir sobre o papel do Direito na mitigação de instabilidades. Qualquer abordagem deve passar pela instrumentalidade, tendo em conta os direitos fundamentais. Normas jurídicas internas e internacionais hão de ser meio para que Estados dialoguem e cooperem, sobre base solidária, visando a prevalência da liberdade, dos direitos humanos, do bem-estar do cidadão.

Este artigo possui a seguinte estrutura: o tópico seguinte (1) versa a disciplina constitucional dos direitos fundamentais; o segundo (2), os desafios contemporâneos impostos ao Estado de Direito e à dogmática jurídica; o terceiro (3), a influência da interpretação judicial na cultura; o quarto (4), o fortalecimento das instituições por meio de aprimoramentos da democracia participativa; alfim, breve conclusão.

1 A consagração dos direitos fundamentais na Constituição de 1988

O Estado Democrático de Direito estendeu-se por toda a Europa após a Segunda Guerra Mundial, alcançando a América Latina com o declínio dos regimes de exceção.

O movimento distinguiu-se por constituições rígidas cujo fundamento axiológico e jurídico reside em normas, de aplicação imediata, a encerrarem sistema de direitos fundamentais.

Eis os elementos essenciais da engenharia revelada na Constituição de 1988: (i) previsão, mediante princípios e regras, de amplo catálogo de direitos fundamentais; (ii) distribuição de poderes considerados os diferentes níveis da Federação; e (iii) separação de poderes – Executivo, Legislativo e Judiciário –, com mecanismos de controle judicial e amplo acesso da sociedade civil.

Os preceitos são normativamente densos, fixando balizas a orientarem decisões políticas. São direitos positivos e negativos, de matrizes liberal e social, individuais e coletivos, a exigirem do Estado compromisso com o desenvolvimento, em bases livres e igualitárias, da pessoa humana.

A interpretação dos textos fundamentais tem sido tarefa desafiadora aos juízes, reunidos em colegiados. A empreitada impõe novas fronteiras às coletividades – no caso brasileiro, afiançadas em princípios humanísticos.

Os tribunais constitucionais representam avanço importante na melhoria dos processos institucional e civilizatório pelos quais passam as democracias. Mediante a prestação jurisdicional, os direitos são interpretados e a Justiça é concretizada.

Nos dizeres do professor português José Gomes Canotilho, é "na supremacia normativa da lei constitucional que o 'primado do direito' do Estado de direito encontra uma primeira e decisiva expressão".[1]

O epicentro do sistema constitucional reside na prioridade dos direitos fundamentais, especialmente no princípio da dignidade da pessoa humana.

O Supremo formalizou, nos últimos anos, pronunciamentos paradigmáticos, como os relativos ao estado de coisas inconstitucional do sistema carcerário, à equiparação jurídica entre união estável homoafetiva e heteroafetiva, à alteração de prenome e classificação de gênero, sem mudança de sexo, no registro civil, aos incentivos à candidatura de pessoas negras, à liberdade de expressão em rede social e à divulgação de cadastro de empregadores que tenham submetido trabalhador a condição análoga à de escravo.

E assim o é justamente por ter a Constituição o centro que tem. O legislador dela fez verdadeiro livro de direitos, e o Supremo vem guardando papel de verdadeiro guardião.

Ainda há muito a realizar. Inscritas nessa engenharia, existem promessas, sobretudo no campo social, a serem aperfeiçoadas. Nada disso leva ao descrédito da Lei Maior, sendo a realização de um projeto constitucional movimento, trajetória, construção. Nenhuma Constituição é obra acabada. A legitimidade depende não só da qualidade do texto e do arranjo político-institucional estabelecido, mas também do empenho da sociedade.[2]

---

[1] CANOTILHO, José Joaquim Gomes. *Direito constitucional e teoria da Constituição*. 4. ed. Coimbra: Almedina, 2000. p. 245.

[2] BALKIN, Jack M. *Constitutional redemption:* political faith in an unjust world. Cambridge: Harvard University Press, 2011. p. 8-16.

2 Desafios ao Estado Democrático de Direito e à dogmática jurídica

Ante o mundo globalizado, como enfrentar os desafios à democracia, ao exercício da cidadania e aos direitos humanos? É possível conviver entre extremos, como falava Heráclito? Melhor: é possível viver entre o medo e a esperança?

A transição para o século XXI ainda não se consolidou. A democracia, o constitucionalismo e a liberdade de mercado saíram vitoriosos no fim do século XX. No atual, o mundo está mergulhado em dúvidas. A "certeza" prometida pelos primeiros iluministas nunca esteve tão distante. Vive-se, hoje, em meio a choques culturais, quebra de paradigmas que se tinha como permanentes.

Essas rupturas afetam a economia, a política, a cultura. Provocam crises. O aumento das desigualdades sociais e a impossibilidade de os Estados atenderem a demandas essenciais da população têm ocasionado instabilidade. A capacidade de os governos manterem a ordem vem sendo desafiada. Eclodem distúrbios de larga escala, mesmo em democracias consolidadas.

A superpopulação mundial revela-se preocupação maior, podendo levar à escassez de alimentos e recursos naturais, comprometer o crescimento sustentável e aumentar o risco de pandemias.

Ao lado das adversidades, surge aspecto positivo: o acesso à informação. Sob o ângulo da Era Digital, a quadra caracteriza-se pelo imediatismo da conexão, a dinamizar as relações, expandir o horizonte do conhecimento humano e potencializar a difusão da cultura. Mudam os comportamentos, as instituições, a sociedade. Os processos políticos são impactados. As redes sociais tornaram-se canal de diálogo dos eleitores e destes com os candidatos. Mais pessoas passaram a ser ouvidas.

Somos uma "sociedade digital" organizada em uma "democracia digital". A internet é a nova ágora ateniense. A tecnologia proporciona facilidades que reduzem custos do engajamento político. Para um democrata convicto, é de se comemorar, acreditando na força epistêmica da democracia, certo de que decisões melhores serão tomadas à medida que todos possam se informar e participar.

Simultaneamente, o mundo globalizado enfrenta o desafio à democracia revelado pela Era da Intolerância, tendo em conta ataques crescentes ao livre debate.

O paradoxo é evidente e inadmissível. Nada obstante a ampliação de oportunidades para a expressão, tem-se o aumento da perseguição e ameaça às garantias individuais, às instituições e à imprensa.

A informação tornou-se o bem mais precioso das relações sociais, acirrando a tentação de monitorar o que as pessoas sabem e podem saber, sob o pretexto da proteção à privacidade e da preservação do interesse público.

Impera a intransigência com opiniões antagônicas. Em alguns países, caminha-se para a institucionalização da intolerância, mediante a edição de normas a criminalizarem tanto críticas a governos e religiões como discursos de liberdade e independência.

Cumpre apostar na troca de ideias, sem dogmas e limitações predeterminadas, como a produzir os melhores resultados. É preciso respeitar o diferente.

Há outro desafio: a violência contra a identidade e a cultura dos povos.

Organizações fundamentalistas impõem o terror e ameaçam a liberdade, voltando-se contra costumes e crenças que lhes pareçam ofensivas. As ações representam a negação dos direitos humanos.

A opressão obriga cidadãos a deixarem a terra de origem, abandonarem práticas culturais e atividades econômicas, provocando uma das maiores crises humanitárias de todos os tempos.[3] Os desafios migratórios, de inclusão e do controle de fronteiras conectam-se aos democráticos, econômicos, climáticos, laborais e relativos à segurança.

O Direito é influenciado por essa realidade, à qual deve ajustar-se e, a um só tempo, conformar. A relação é de reciprocidade, ainda que assimétrica, a depender da matéria e dos valores em jogo.

3 A influência do Judiciário na cultura

As decisões judiciais, direcionadas à fixação das liberdades individuais e à preservação da estabilidade do ordenamento jurídico, provocam discussão e engajamento públicos. Passaram a ser analisadas em função do contexto, verificando-se o impacto em concretas condições sociais, econômicas, políticas e culturais.

Daí a necessidade de centrar-se em exemplo positivista. Se o Supremo é tão visto, não pode implementar, a toda hora, nova jurisprudência. Precisa ensinar pelo exemplo, dizendo o direito de forma clara e constante.

Tem-se um só documento básico. É possível evoluir em pensamentos e ópticas, mas não há como extrair dele, a cada julgado, sentido distinto. O significado das palavras que emanam do legislador é somente um.

Em lugar de proferir decisões distantes da realidade, um tribunal constitucional deve investir em padrões mais afeitos à comunicação com a sociedade.

Ao lado das leis em sentido lato, os pronunciamentos do órgão de cúpula do Judiciário constituem fonte formal do arcabouço jurídico, passando não só a legitimar, mas também a estruturar a ordem normativa. Ao Supremo cumpre zelar pela unidade do sistema ao mesmo tempo em que contribui para edificá-lo.

A preeminência dos direitos fundamentais como norte da interpretação constitucional é tarefa tanto objetiva quanto complexa, tão fiel ao texto como criativa, ao mesmo tempo apegada aos elementos tradicionais e sensível à relevância político-social das matérias julgadas.

A Constituição de 1988 inicia-se vinculando o Estado brasileiro à dignidade da pessoa humana e aos valores sociais do trabalho e da livre-iniciativa – artigo 1º, incisos III e IV –, para, a seguir, prever como objetivos fundamentais a construção de sociedade livre, justa e solidária, a erradicação da pobreza e da marginalização, a redução das desigualdades sociais e regionais e a promoção do bem geral, sem qualquer forma de preconceito ou discriminação – artigo 3º.

A pandemia de covid-19 está na ordem do dia do Tribunal. No julgamento, em 17 de dezembro de 2020, das Ações Diretas de Inconstitucionalidade nºs 6.586 e 6.587, relator ministro Ricardo Lewandowski, e do Recurso Extraordinário com Agravo nº 1.267.879, relator ministro Luís Roberto Barroso, o Tribunal fez ver a tradição em

---

[3] De acordo com o relatório "Tendências Globais" da Agência da Organização das Nações Unidas para Refugiados – ACNUR, divulgado em 18 de junho de 2020, o deslocamento forçado alcançou recorde global, atingindo 79,5 milhões de pessoas.

vacinação, serviço que sempre funcionou. Assentou a imunização compulsória, a ser implementada pela União, Estados, Distrito Federal e Municípios, adotando-se medidas, inclusive indiretas, voltadas a restringir atividades e frequência a certos lugares, observado o princípio da legalidade.

O tema insere-se no campo da solidariedade porque vacinar-se é ato visando a coletividade, considerados os concidadãos. Foram determinadas a observância da dignidade da pessoa humana e das garantias individuais, a ampla informação sobre segurança, eficácia e contraindicações e a distribuição universal e gratuita.

O direito ao meio ambiente equilibrado, previsto no artigo 225 da Carta da República, revela preocupação com a manutenção, em prol dos cidadãos de hoje e de amanhã, das condições ecologicamente equilibradas para uma vida saudável e segura.

Cuida-se de direito de terceira geração, a partir do valor solidariedade, de índole coletiva ou difusa, dotado de teor humanista e universal, que a todos pertence e obriga, daí encerrar autêntico direito-dever fundamental.

Eis a única via ante as perplexidades surgidas das crises: cidadania é pertencimento à comunidade, mas pertencimento ético e jurídico, e não decorrente exclusivamente de laços naturais com cidade. Assegura a todos, nos planos nacional, internacional e supranacional, direitos e deveres fundamentais, a integração dos povos em torno da justiça, da liberdade e da solidariedade. Cidadania significa que a relação entre Estado e sociedade há de apoiar-se na afirmação dos direitos humanos e da justiça. Assim será alcançada a correção de rumos.

Essa perspectiva é incompatível com políticas de intolerância, com populismos e nacionalismos, com a estratégia do medo que organizações terroristas empregam, algumas encontrando apoio em governos autoritários.

Há de respeitar-se o pluralismo étnico, cultural, ideológico e político. O cidadão tem o direito-dever de exercer a capacidade política, de tornar realidade, quer no nível local, quer no internacional, a cidadania democrática. Presentes o diálogo e a participação política, plural e efetiva, será dado combater os medos deste mundo em transformação.

4   Democracia participativa na Era Digital

Democracia não é apenas o regime político mais adequado entre tantos outros ou, parafraseando Winston Churchill, o pior à exceção de todos os demais. Antes, deve ser compreendida, considerados os valores da soberania popular e do autogoverno, como conjunto de instituições voltado a assegurar, na medida do possível, igual participação política dos membros da comunidade – condição empiricamente necessária à própria existência.

Tem-se conceito ideal – insuscetível de realização plena –, mas valioso na condição de guia para a formulação de desenhos constitucionais, arranjos institucionais e sistemas políticos que aspirem ser democráticos.

A premissa é verdadeira tanto para a ideia tradicional de democracia representativa como para a noção contemporânea de democracia deliberativa. Na primeira, o poder é exercido indiretamente pelos membros da sociedade e diretamente pelos representantes políticos eleitos. A soberania popular não é, necessariamente, autora das decisões fundamentais, mas legitimadora do papel desempenhado por aqueles que foram escolhidos mediante voto.

A igual participação política também está no cerne do desenvolvimento da chamada democracia deliberativa. Sem negar a importância do processo de eleição, os partidários dessa corrente sustentam que a democracia não pode ser reduzida à representação política, devendo envolver "também a possibilidade efetiva de se deliberar publicamente sobre as questões a serem decididas".[4]

A deliberação pública racionaliza e legitima as decisões tomadas no âmbito dos processos políticos e de gestão, evitando amesquinhamento e manipulação. Para alcançar legitimidade, há de ocorrer em contexto aberto, livre e igualitário. Todos devem participar sem sofrer coerção física ou moral, presentes condições equitativas em termos de possibilidade e capacidade de influenciar e persuadir.

Revela-se princípio de governo a homenagear a autonomia do cidadão para decidir o melhor considerada a comunidade que integra.

A participação política não se resume à eleitoral. Vai além do ato de votar, envolvendo o controle das decisões tomadas.

Apontou a professora Ana Paula de Barcellos que um dos conteúdos mínimos do princípio democrático é o de "controle social" – exercido diretamente pelos integrantes da sociedade sobre a atuação dos agentes públicos.[5]

A fiscalização é modo fundamental de participação política, essencial para a vitalidade da democracia. Povo que não exerce controle não se autogoverna. No âmbito do Poder Judiciário, este pode ser realizado por meio de ação popular, denúncia ao Ministério Público, representação perante Tribunal de Contas. Na esfera do Legislativo, há o referendo, o plebiscito, a iniciativa e o veto popular.

Os cidadãos, além de motivados a tomar parte nas decisões fundamentais, devem estar informados. Conforme destacou o professor Daniel Sarmento, "não é exagero afirmar que o controle do poder tem no direito à informação o seu instrumento mais poderoso. A transparência proporcionada pelo acesso à informação é o melhor antídoto para a corrupção, para as violações de direitos humanos, para a ineficiência governamental".[6]

Ao Direito, máxime o constitucional, cabe fomentar o controle social, prescrevendo a difusão das informações sobre as ações públicas.[7] Deve promover a transparência dos dados.

Um sistema abrangente de transparência relativamente às ações públicas é essencial para a atuação dos governados. No inciso XXXIII do principal rol de garantias constitucionais – o artigo 5º –, consta que "todos têm direito a receber dos órgãos

---

[4] SOUZA NETO, Cláudio Pereira de. Deliberação pública, constitucionalismo e cooperação democrática. In: BARROSO, Luís Roberto (Org.). *A reconstrução democrática do direito público no Brasil*. Rio de Janeiro: Renovar, 2007. p. 44.

[5] BARCELLOS, Ana Paula de. Papéis do direito constitucional no fomento do controle social democrático: algumas propostas sobre o tema da informação. *Revista de Direito de Estado*, Rio de Janeiro, n. 12, p. 80.

[6] SARMENTO, Daniel. Liberdades comunicativas e "direito ao esquecimento" na ordem constitucional brasileira. Parecer. Disponível em: http://www.migalhas.com.br/arquivos/2015/2/art20150213-09.pdf. Acesso em: 4 jun. 2021.

[7] BARCELLOS, op. cit., p. 86: "caso as informações sejam de fácil acesso e compreensão para o público, o custo de se informar e exercer alguma forma de controle social diminuirá sensivelmente".

públicos informações de seu interesse particular, ou de interesse coletivo ou geral, que serão prestadas no prazo da lei, sob pena de responsabilidade, ressalvadas aquelas cujo sigilo seja imprescindível à segurança da sociedade e do Estado".

O artigo 37, §3º, inciso II, prevê o dever de legislar sobre as formas de participação do cidadão na Administração Pública direta e indireta, sendo assegurado o acesso a dados quando em jogo atos de governo. Há, assim, o direito fundamental à informação e o dever constitucional de publicidade.

Os instrumentos digitais proporcionam facilidades que reduzem custos do engajamento político. Possuem vantagens de tempo e espaço, derrubando limitações. Oferecem comodidade e interatividade, desaguando em maior conveniência à participação popular.

A democracia digital vem ganhando corpo com a atividade legislativa. A Lei nº 12.527, de 18 de novembro de 2011, mediante a qual disciplinado o acesso à informação, estabelece diretrizes e procedimentos a serem observados pela União, pelos Estados, pelo Distrito Federal e pelos Municípios, além de incentivar a cultura de transparência na Administração Pública.

Com medidas dessa natureza, foi ampliada a fiscalização, pelo cidadão, da gestão da coisa pública. A atuação não se dá mais em momento puramente eleitoral, revelando-se monitoramento contínuo do Poder Público, em verdadeira supervisão das decisões de governo. A democracia participativa na Era Digital é, assim, alargada, estando em vias de consolidação uma "democracia digital".

Conclusão

Não há como deixar de reconhecer fenômeno atual: juízes e tribunais desempenham papel-chave no moderno Estado Democrático de Direito, voltado à consagração de padrões éticos de integridade e solidariedade.

O Supremo tem concorrido para a máxima realização do sistema constitucional, e o direito instrumental, revelado nas regras gerais do Código de Processo Civil, é indispensável à efetivação do material.

Ante o inegável desafio, considerados institutos, expressões e vocábulos de natureza polissêmica e contornos imprecisos, mostra-se capaz de superar os bloqueios que vêm impedindo o avanço civilizatório. Cumpre-lhe catalisar os debates, sem deixar de intervir, em nome do princípio democrático, quando os canais políticos se apresentem obstruídos, sob pena de chegar-se a somatório de inércias injustificadas.

A comunicação, pelas vias digitais, entre política e cidadania vem robustecendo os processos democráticos mediante a igualdade de participação e o controle da gestão pública. Avança-se culturalmente quando observada a supremacia da Constituição Federal. Esta não poder ser tomada como documento lírico, cujo conteúdo é passível de metamorfose ao sabor dos acontecimentos e da vontade das maiorias reinantes. O Supremo, última trincheira da cidadania, não há de faltar à Nação em momento tão crucial da história de nossa jovem República.

Informação bibliográfica deste texto, conforme a NBR 6023:2018 da Associação Brasileira de Normas Técnicas (ABNT):

MELLO, Marco Aurélio. O Supremo e o Estado Democrático de Direito. *In*: RIBEIRO, Carlos Vinícius Alves; TOFFOLI, Dias; RODRIGUES JUNIOR, Otávio Luiz (Coord.). *Estado, Direito e Democracia:* estudos em homenagem ao Prof. Dr. Augusto Aras. Belo Horizonte: Fórum, 2021. p. 255-262. ISBN 978-65-5518-245-3.

A CONSTITUIÇÃO AMEAÇADA: CONSTITUCIONALISMO ABUSIVO E PRÁTICAS ATENTATÓRIAS AO REGIME DEMOCRÁTICO

MARCUS VINICIUS FURTADO COÊLHO

Introdução

O advento da Constituição de 1988 representa um marco jurídico-político na redemocratização do país, em resposta às mais de duas décadas de regime militar. No âmbito político, a Carta consolida a transição do regime militar para o regime democrático e, no campo jurídico, consubstancia-se no texto mais abrangente de nossa história em termos de direitos e garantias fundamentais. Discursos de retrocesso democrático, contudo, têm ganhado espaço no Brasil, sob a forma de ataques à Carta Constitucional. Propostas como a convocação de uma nova Assembleia Constituinte, bem como defesas enérgicas em prol de uma "intervenção militar constitucional" ou de um retorno do Ato Institucional nº 5, representam iminente risco e fragilização do regime democrático tão duramente conquistado ao longo da história nacional. Um elemento novo surge ainda nesse contexto, que é a presença de agentes do próprio Estado ecoando publicamente ideias dessa estirpe.

A falência dos regimes democráticos em todo o globo tem sido objeto de análise de cientistas políticos, juristas e pesquisadores em geral. Em sua obra "Como as democracias morrem",[1] Steven Levitsky e Daniel Ziblatt debruçam-se sobre a história dos regimes democráticos para estudar seu colapso em vários países da Europa e da América Latina. Os autores, professores de Ciência Política da Universidade de Harvard, nos Estados Unidos, afirmam que esse novo modelo de solapamento da democracia dispensa armas e golpes de Estados militarizados porque os candidatos a ditadores são aceitos e criados dentro dos próprios partidos políticos, fazendo uso de discursos populistas e antissistêmicos, os famosos *"outsiders"*, e utilizando-se das vias institucionais para minar, por dentro, o Estado democrático. Citam como exemplos Donald Trump, nos Estados Unidos, Chávez na Venezuela, Erdogan na Turquia e Orbán na Hungria.

---

[1] LEVITSKY, Steven; ZIBLATT, Daniel. *Como as democracias morrem*. Rio de Janeiro: Zahar, 2018.

Nesse contexto de ataques e enxugamento das normas e garantias constitucionais, é possível destacar, na experiência brasileira, duas propostas ou ideias de difusão recentes na mídia e na sociedade: o pleito pela convocação de uma nova assembleia constituinte e a defesa de que a atual Constituição ofereceria guarida a uma intervenção militar para garantir a lei e a ordem e "reequilibrar" os poderes da República.

As iniciativas padecem, ambas, de inconstitucionalidades graves, não possuindo lastro jurídico ou mesmo ambiente político-social capazes de legitimarem-nas. Embora, para muitos, sua inconstitucionalidade seja gritante, o enfrentamento sério e fundamentado de tais iniciativas se faz necessário diante dos riscos democráticos que decorrem do alastramento de ideias dessa natureza.

1 Por que o Brasil não precisa de uma nova Constituição

Recentemente alguns discursos em defesa da convocação de uma Assembleia Nacional Constituinte têm ganhado força, seja politicamente, pela voz de parlamentares eleitos,[2] seja academicamente, por meio da defesa de estudiosos do tema.[3] Embora não seja nova, a ideia tem se fortalecido a cada vez que irrompe alguma crise econômica ou institucional.

Os defensores de uma nova Constituição alegam que o texto prevê muitos direitos e poucos deveres aos cidadãos, que seria preciso reequilibrar a separação de poderes no Brasil, já que haveria uma preponderância do poder fiscalizador sob a égide da Constituição de 1988. Pontua-se, ademais, que o verborrágico e programático texto constitucional traria obstáculos à governabilidade do país e dificuldade de se adaptar a ordem jurídica à rápida dinâmica do mercado e da sociedade, engessando as possibilidades de mudança e tornando o texto obsoleto.

Todavia, a teoria constitucional é farta em demonstrar que o momento constitucional não é algo que aconteça corriqueiramente. A Constituição de um país, como documento fundante da organização política dos poderes de Estado e garantidor dos direitos fundamentais básicos dos cidadãos não pode ser alterada – ou pior, substituída – ordinariamente, como se não tivesse valor algum. Há que se ter uma conjuntura política que justifique tal alteração e forças sociais que a legitimem, sob pena de se dar abertura a um movimento perigoso de retrocesso democrático.

O momento constituinte que deu origem à Carta de 1988 foi marcado pela intensa mobilização e participação da sociedade civil e pela necessidade de ruptura com o regime ditatorial. Conforme leciona o professor Menelick de Carvalho Neto, "foi desse processo, profundamente democrático, que a Constituição hauriu sua legitimidade original, resultando de uma autêntica manifestação de poder constituinte, em razão do processo adotado". O fundamento que fornece validade e legitimidade à Carta de 1988 é, pois, exatamente o seu caráter democrático e inclusivo.

---

[2] Em evento realizado no dia 26.10.2020, o líder do governo na Câmara dos Deputados, o parlamentar Ricardo Barros (PP-PR), defendeu a realização de um plebiscito, à semelhança do que foi realizado no Chile.

[3] O professor da Faculdade de Yale, Bruce Ackerman, defendeu em publicação que a saída para a crise do Brasil seria a convocação de uma Assembleia Constituinte para 2023, pela qual se aprovasse a alteração do sistema de governo e a adoção do parlamentarismo. Ver https://www.correiobraziliense.com.br/app/noticia/opiniao/2020/07/13/internas_opiniao,871622/o-brasil-precisa-de-nova-constituicao.shtml.

Convém, nesse ínterim, questionar quais fatores justificariam, contemporaneamente, a invocação do poder constituinte originário e a radical ruptura com as bases do regime atual que seria provocada por uma nova Constituição. Por certo, não se observa no Brasil a ocorrência de um momento constitucional. Não há uma crença difundida na ilegitimidade da ordem constitucional de 1988, tampouco demandas generalizadas por uma nova pactuação constitucional.

A diferença entre poder constituinte e poder constituído, bem assim entre poder constituinte originário e reformador, constitui-se como elemento central do constitucionalismo moderno e necessário à estabilidade do Texto Maior. Não se pode pretender tornar o poder constituinte um recurso ordinário, sem que exista um contexto de necessária superação da ordem jurídica existente e fundação de uma nova ordem, sob novas bases e fundamentos.

Além disso, a própria Carta já estabelece os mecanismos para mudanças e atualizações de seu texto, o que permite sua oxigenação e lhe assegura capacidade para enfrentar as mudanças advindas da ordem social, a qual se encontra em permanente transformação. O poder revisional, exercido em 1993, a possibilidade de emendas constitucionais e mesmo os mecanismos hermenêuticos, como a mutação constitucional, são adequados e suficientes ao aprimoramento das instituições e aos avanços necessários, de sorte que eventuais excessos existentes podem ser corrigidos pelas vias legais ordinárias.

Diversamente do que aduzem as críticas quanto à ingovernabilidade proporcionada pelo texto constitucional, a experiência mostra, na verdade, a capacidade da Constituição de conduzir o processo político e nortear as lutas por direitos, mesmo enfrentando reveses e obstáculos que desafiam a sua concretização. A solução para as dificuldades e crises enfrentadas não está em substituir a Constituição de 1988, mas antes em aprofundar seu cumprimento.

Por outro lado, a extinção desse texto, o primeiro a expressar os direitos e garantias como cláusulas pétreas, ameaçaria conquistas como as liberdades de expressão e de reunião, a presunção de inocência e os direitos de participação e organização política, por exemplo. Uma nova constituinte representa a sentença de morte da ordem constitucional em vigor. Sendo o poder constituinte originário amplo e ilimitado, não há qualquer controle sobre a resultante de sua invocação. Não há substrato histórico, jurídico, político ou social para se afastar a Constituição de 1988 no atual contexto brasileiro. Em verdade, a defesa da democracia brasileira passa, invariavelmente, pela defesa da ordem constitucional em vigor.

2 Forças Armadas, intervenção militar e a ordem jurídico-constitucional

Em outro espectro, temos visto também a defesa, por alguns segmentos, não só da sociedade civil, mas também de agentes políticos,[4] a respeito da possibilidade

---

[4] General Mourão admite que, na hipótese de anarquia, pode haver 'autogolpe' do presidente com apoio das Forças Armadas. Disponível em: https://g1.globo.com/politica/eleicoes/2018/noticia/2018/09/08/general-

de uma intervenção militar a fim de solucionar eventual conflito entre os Poderes da República. Seria uma espécie de exercício do poder moderador por parte das Forças Armadas atuando, em casos excepcionais, a fim de garantir a lei e a ordem.

O jurista Ives Gandra Martins defendeu, em polêmico artigo, que a interpretação do art. 142 da Constituição[5] admite o exercício de Poder Moderador pelas Forças armadas para mediar conflitos entre os Poderes Executivo, Legislativo e Judiciário e que, "se o conflito se colocasse entre o Poder Executivo Federal e qualquer dos dois outros Poderes, não ao Presidente, parte do conflito, mas aos Comandantes das Forças Armadas caberia o exercício do Poder Moderador".[6]

Segundo os defensores dessa tese, a previsão constitucional de que as Forças Armadas destinam-se "à garantia dos poderes constitucionais e, por iniciativa de qualquer destes, da lei e da ordem", conferir-lhes-ia um mandato para agir em defesa da normalidade constitucional, atribuição essa que envolveria, também, a faculdade extraordinária de "repor a lei e a ordem", a pedido de qualquer um dos Poderes, quando for indevidamente tolhido de atribuição que lhe é própria pela atuação de outro Poder. Dessa forma, o art. 142, *caput*, conferiria autorização capaz de permitir que as Forças Armadas possam agir, em situações extremas, como Poder Moderador.

Ao se avaliar a interpretação de que a Constituição conferiria às Forças Armadas a função de "Poder Moderador", a fundamentar sua atuação como árbitro dos conflitos entre os Poderes, em nome da garantia da ordem constitucional, há que se considerar duas questões principais. Em primeiro lugar, trata-se de interpretação que se apoia em leitura equivocada da história constitucional brasileira a respeito da concepção de Poder Moderador e da interferência dos militares nos processos políticos. Em segundo lugar, a tese contraria frontalmente a Constituição de 1988, que estabeleceu um modelo institucional de subordinação do poder militar ao poder civil. Vejamos esses dois pontos.

Historicamente, de todas as constituições brasileiras, a Constituição do Império de 1824 foi a única a prever um Poder Moderador, exercido pelo monarca. Sob a inspiração da doutrina de Benjamin Constant, o Poder Moderador seria um poder neutro incumbido de assegurar o equilíbrio e a harmonia entre os demais poderes, estando acima deles. Com a proclamação da República e a promulgação da Constituição de 1891, o Poder Moderador deixou de existir, adotando-se a fórmula de tripartição de poderes, "harmônicos e independentes entre si", todos obedientes à Constituição.

O desaparecimento do Poder Moderador, com a Constituição republicana de 1891, coincide com a adoção do modelo de supremacia constitucional. Como descreve Christian Lynch, ao introduzir o controle difuso de constitucionalidade, os constituintes de 1891 tinham em mente substituir o Poder Moderador pela jurisdição constitucional, com a função de arbitrar os conflitos políticos e de zelar pela observância

---

mourao-admite-que-na-hipotese-de-anarquia-pode-haver-autogolpe-do-presidente-com-apoio-das-forcas-armadas.ghtml. Acesso em: 24 fev. 2021.

[5] Art. 142. As Forças Armadas, constituídas pela Marinha, pelo Exército e pela Aeronáutica, são instituições nacionais permanentes e regulares, organizadas com base na hierarquia e na disciplina, sob a autoridade suprema do Presidente da República, e destinam-se à defesa da Pátria, à garantia dos poderes constitucionais e, por iniciativa de qualquer destes, da lei e da ordem.

[6] Cabe às Forças Armadas moderar os conflitos entre os Poderes. Conjur. Disponível em: https://www.conjur.com.br/2020-mai-28/ives-gandra-artigo-142-constituicao-brasileira#author. Acesso em: 24 fev. 2021.

da Constituição.⁷ Como consequência, os objetivos de estabilização da ordem jurídica e institucional passaram a ser garantidos por mecanismos de resolução dos conflitos políticos que assegurem a autoridade suprema, não de qualquer poder, mas da própria Constituição.

O controle de constitucionalidade constitui um dos mecanismos de freios e contrapesos que têm o escopo de resolver conflitos e de combater a prática de abusos pelos poderes políticos, garantindo o funcionamento harmônico do sistema jurídico e político. Em casos de ameaças mais graves à estabilidade institucional, a Constituição autoriza o recurso a instrumentos excepcionais, como é o caso do estado de sítio e da intervenção federal, por meio de procedimentos e regras de competências que também são claramente estabelecidas pelo próprio texto constitucional.

Em nenhum desses mecanismos é dado às Forças Armadas atuar como uma instância decisória suprema localizada acima dos demais poderes, ou seja, como uma espécie de Poder Moderador. Ao longo da nossa história republicana, a interferência dos militares nos processos políticos sempre configurou um transbordamento de suas funções institucionais e uma ameaça à estabilidade democrática.

Portanto, as interferências das Forças Armadas sobre os processos políticos na história brasileira recente não representam o exercício de um suposto Poder Moderador, inexistente no arranjo político-constitucional, mas demonstram a fragilidade de uma democracia tutelada pelo poder militar, que, enquanto poder armado, deve estar necessariamente subordinado às autoridades civis, democraticamente legitimadas para o exercício do poder político. Não por outra razão, com o fim do regime ditatorial pós-1964, os constituintes de 1988 se preocuparam em garantir um enquadramento democrático às Forças Armadas, que desempenham funções da mais alta relevância em nossa ordem constitucional.

Além de se basear em equivocada leitura da história constitucional, a ideia de que as Forças Armadas exercem um Poder Moderador não se extrai do artigo 142 da Constituição, tampouco de qualquer outro dispositivo da Carta. Tal interpretação ignora os limites constitucionais impostos às Forças Armadas, impedindo o controle externo e tornando-as a intérprete máxima da Carta Cidadã, especialmente no que atine à repartição de atribuições entre os Poderes Executivo, Legislativo e Judiciário.

Cabe ainda ressaltar que a malsinada interpretação do art. 142, *caput*, capaz de reconhecer a intervenção militar constitucional em defesa da separação dos poderes, também ocasionaria um paradoxo insolúvel, pois frontalmente incompatível com outros dispositivos constitucionais que se referem à organização e ao funcionamento das Forças Armadas, a exemplo do artigo 84, XIII, que atribui privativamente ao Presidente da República "exercer o comando supremo das Forças Armadas".

É princípio básico da hermenêutica constitucional a figura da unidade da Constituição, que orienta que a interpretação do texto constitucional seja conduzida em sua totalidade e sistematicidade, e não parceladamente, como ensina o Professor Inocêncio Mártires Coelho, em obra de referência:

---

⁷ LYNCH, Christian Edward Cyril. O caminho para Washington passa por Buenos Aires. *Revista Brasileira de Ciências Sociais*, vol. 27, n. 78, fev. 2012.

Segundo essa regra de interpretação [a unidade da Constituição], as normas constitucionais devem ser vistas não como normas isoladas, mas como preceitos integrados num sistema unitário de regras e princípios, que é instituído na e pela própria Constituição. Em consequência, a Constituição só pode ser compreendida e interpretada corretamente se nós a entendermos como unidade, do que resulta, por outro lado, que em nenhuma hipótese devemos separar uma norma do conjunto em que ela se integra, até porque – relembre-se o círculo hermenêutico – o sentido da parte e o sentido do todo são interdependentes.[8]

Nesse contexto, compreender que as Forças Armadas, inseridas inequivocamente na estrutura do Poder Executivo sob o comando do Presidente da República, poderiam intervir nos Poderes Legislativo e Judiciário para a preservação das competências constitucionais estaria em evidente incompatibilidade com o art. 2º da Constituição Federal, que dispõe sobre a separação dos poderes. Afinal, com isso, estabelecer-se-ia uma hierarquia implícita entre o Poder Executivo e os demais poderes quando da existência de conflitos referentes a suas esferas de atribuições.

No limite, chegar-se-ia à descabida conclusão de que qualquer conflito entre os poderes estaria submetido à autoridade suprema do Presidente da República, pois mediado pelas Forças Armadas, que desempenham suas atividades sob seu comando. E essa interpretação, ao estabelecer hierarquia entre os poderes, traria importantes e graves riscos para o princípio da supremacia constitucional e, por óbvio, da separação dos poderes.

Portanto, sob qualquer ótica que se aprecie a questão, fica evidente a manifesta inconstitucionalidade da proposta de intervenção militar constitucional, com base no art. 142 da Constituição Federal, supostamente voltada a reequilibrar conflitos entre os poderes.

3 Constitucionalismo abusivo e a democracia ameaçada

A literatura constitucional contemporânea tem destacado a existência de formas de fragilização da democracia e do constitucionalismo por dentro das próprias regras democráticas e por meio de mecanismos formalmente legítimos, mas que são manuseados com fins autoritários. Ao invés de episódios envolvendo tanques nas ruas e manifestações de força e de violência contra a ordem constitucional, ganha relevo o recurso a modalidades mais sutis, e talvez por isso mais eficientes, de implantação de práticas antidemocráticas e de deterioração das instituições.

A convivência entre estruturas típicas do Estado de Direito e regimes autoritários não é algo novo em nossa história constitucional, assim como não é inovadora a estratégia de utilizar discursos e mecanismos jurídicos para justificar e legitimar práticas repressivas. A experiência da ditadura brasileira é pródiga em exemplos de usos do direito e inclusive dos mecanismos de reforma constitucional como instrumento para fazer avançar o projeto autoritário.

---

[8] COELHO, Inocêncio Mártires. *Interpretação Constitucional*. 3. ed. São Paulo: Saraiva, 2007, p. 101.

Na atual quadra histórica, no entanto, tem ganhado destaque o uso de mecanismos de mudança constitucional em diversos países que passam por processos de erosão democrática. Trata-se do fenômeno nomeado por David Landau como constitucionalismo abusivo e que consiste na implementação do autoritarismo por meio de ferramentas constitucionais.[9]

Nesse sentido, as mudanças realizadas pela via constitucional podem dificultar a substituição dos detentores do poder e desarmar as instituições, principalmente os órgãos de controle. Com base nos exemplos da Colômbia, Venezuela e Hungria, Landau aborda os seguintes métodos de ação do constitucionalismo abusivo: (i) a remoção de membros da oposição; (ii) o enfraquecimento/empacotamento dos tribunais e órgãos de controle; e (iii) o controle governamental sobre a mídia e outras instituições.

Tais experiências demonstram que uma das formas mais sofisticadas e radicais de atuação do constitucionalismo abusivo é justamente a elaboração de uma nova constituição ou mesmo apenas a implantação de sucessivas reformas no texto da Carta vigente, que acabam por corromper totalmente a intenção e ideais do Constituinte originário.

Na Colômbia, um constitucionalismo abusivo por emendas buscou ampliar o número de mandatos do presidente, tendo sido derrubada pela Corte Constitucional a emenda que tentava um terceiro mandato, uma vez que criaria uma presidência excessivamente forte em detrimento das instituições democráticas. Por sua vez, o exemplo da Venezuela demonstra um tipo de constitucionalismo abusivo por substituição, em que uma nova Constituição foi aprovada por uma Assembleia Constituinte, que atuou sem limitações e promoveu sérias intervenções no âmbito dos Poderes Legislativo e Judiciário, bem como uma ampliação do alcance dos atos do Executivo, em nítido fortalecimento do poder presidencial.

Se a experiência constitucional comparada inspira cautela, a própria vivência brasileira comprova os riscos associados seja a propostas que visem substituir ou alterar profundamente a atual Constituição, seja interpretações que se façam de seus dispositivos tendentes a contrariar sua própria essência e o regime democrático e de separação de poderes por ela estabelecido. Com frequência atores políticos no Brasil vêm a público defender um enxugamento do texto constitucional, o que abre perigoso caminho para a retirada de direitos duramente conquistados.

Considerações finais

Em um contexto de intensa polarização política e de emergência de radicalismos, tal como se vive no Brasil, discursos que visam a suplantar a atual constituição ou que pretendam conferir-lhe interpretação que contraria a própria ordem por ela fundada, baseada no regime democrático e na separação dos poderes, são falsos remédios para crises que sempre existiram. Não solucionam, mas, antes, aprofundam problemas econômicos e sociais atávicos na história brasileira e que, certamente, não se resolvem com menos democracia e com ruptura institucional. Esses discursos representam uma

---

[9] LANDAU, David. Constitucionalismo abusivo. *Revista Jurídica da UFERSA*, v. 4, n. 7, 2020.

armadilha perigosa, que ameaça todas as conquistas e avanços obtidos sob a Constituição de 1988.

A necessidade de um diálogo franco e aberto com a sociedade a respeito desses temas é cada vez mais premente numa sociedade que parece esquecer ou desconhecer as mazelas provocadas por regimes que desprezam os valores democráticos e os direitos fundamentais. A incompletude de um processo de justiça de transição no país dá azo para que setores da sociedade passem a defender práticas antidemocráticas e na contramão de garantias fundamentais para os cidadãos.

A justiça de transição pode ser compreendida como os processos e mecanismos, jurídicos ou não, por meio dos quais uma sociedade procura superar o legado de um passado marcado por violações e abusos de direitos humanos em larga escala,[10] guiada pela busca de justiça na transição para a paz e democracia.

O processo brasileiro, de transição do regime militar (1964-1985) ao regime constitucional democrático, não vivenciou por completo as quatro dimensões da justiça transicional, quais sejam a reparação das vítimas, a responsabilização dos violadores de direitos humanos, a reforma das instituições e a promoção do direito à memória e à verdade, com o estabelecimento e divulgação da verdade sobre os fatos ocorridos no período. Entre as causas dos conflitos existentes na sociedade brasileira atual, uma parte significativa decorre dos déficits transicionais e, nessa linha de raciocínio, os três poderes da República possuem protagonismo importante para que se alcance um efetivo Estado Democrático de Direito.[11]

O desconhecimento da história recente do país, das atrocidades cometidas pela ditadura militar e a constatação de que a transição democrática não se completou no Brasil trazem reflexos, ainda hoje, às nossas instituições, à parca participação da sociedade na política e ao desprezo aos valores constitucionais essenciais, como a separação dos poderes, a autonomia destes e a garantia de direitos fundamentais, que não são "benesses exageradas" da Constituição, mas garantias dos cidadãos contra o arbítrio do Estado, garantia à vida, à liberdade de expressão, de ir e vir, ao direito de defesa, entre tantos outros. Enquanto a justiça transicional não se completar na história brasileira, viveremos as dores dessa chaga aberta, que teima em sangrar: o fantasma do autoritarismo.

---

[10] Tal definição foi consagrada no conhecido Relatório do Secretário-Geral da ONU ao Conselho de Segurança sobre o tema da rule of Law e Justiça de Transição. Report of the Secretary-General, "The rule of Law and transitional justice in conflict and post-conflict societies", Segundo o qual: "The notion of 'transitional justice' discussed in the present report comprises the full range of processes and mechanisms associated with a society's attempts to come to terms with a legacy of large-scale past abuses, in order to ensure accountability, serve justice and achieve reconciliation".

[11] ALMEIDA, Eneá de Stutz; TORREÃO, Marcelo Pires. O papel institucional do poder judiciário nas quatro dimensões do sistema de justiça de transição. In: *Revista de movimentos sociais e conflitos*, Brasília, v. 3, n. 1, p. 20-41, jan./jun. 2017. Disponível em: https://www.indexlaw.org/index.php/revistamovimentosociais/article/view/1908/pdf. Acesso em: 25 fev. 2021.

Referências

ACKERMAN, Bruce. O Brasil precisa de nova Constituição. *Correio Braziliense*, 13.07.2020.

ALMEIDA, Eneá de Stutz; TORREÃO, Marcelo Pires. O papel institucional do poder judiciário nas quatro dimensões do sistema de justiça de transição. *In: Revista de movimentos sociais e conflitos*, Brasília, v. 3, n. 1, p. 20-41, jan./jun. 2017.

COELHO, Inocêncio Mártires. *Interpretação Constitucional*. 3. ed. São Paulo: Saraiva, 2007.

LANDAU, David. Constitucionalismo abusivo. *Revista Jurídica da UFERSA*, v. 4, n. 7, 2020.

LEVITSKY, Steven; ZIBLATT, Daniel. *Como as democracias morrem*. Rio de Janeiro: Zahar, 2018.

LYNCH, Christian Edward Cyril. O caminho para Washington passa por Buenos Aires. *Revista Brasileira de Ciências Sociais*, vol. 27, n. 78, fev. 2012.

MARTINS, Ives Gandra da Silva. Cabe às Forças Armadas moderar os conflitos entre os Poderes. *Revista Consultor Jurídico*, 28 maio 2020.

Informação bibliográfica deste texto, conforme a NBR 6023:2018 da Associação Brasileira de Normas Técnicas (ABNT):

COÊLHO, Marcus Vinicius Furtado. A Constituição ameaçada: constitucionalismo abusivo e práticas atentatórias ao regime democrático. *In*: RIBEIRO, Carlos Vinícius Alves; TOFFOLI, Dias; RODRIGUES JUNIOR, Otávio Luiz (Coord.). *Estado, Direito e Democracia*: estudos em homenagem ao Prof. Dr. Augusto Aras. Belo Horizonte: Fórum, 2021. p. 263-271. ISBN 978-65-5518-245-3.

O USO REMUNERADO DA FAIXA DE DOMÍNIO: ANÁLISE DE PRECEDENTES DO SUPREMO TRIBUNAL FEDERAL E DO SUPERIOR TRIBUNAL DE JUSTIÇA À LUZ DO PRAGMATISMO JURÍDICO

MAURO CAMPBELL MARQUES

1 Introdução

O presente artigo objetiva analisar como o Supremo Tribunal Federal (STF) e o Superior Tribunal de Justiça (STJ) têm proferido decisões quanto à possibilidade de cobrança, pelo uso não convencional, da faixa de domínio que margeia as rodovias brasileiras.

Examinar-se-á se referidas decisões foram fundamentadas em um prisma de concretude, com vista a prevenir eventuais consequências deletérias quando da tomada de decisão. Para tanto, será adotado como marco teórico o pensamento jurídico pragmático, o qual, a despeito de remontar a séculos anteriores, tem como um de seus precursores mais contemporâneos o jurista norte-americano Richard Allen Posner.

O exame da controvérsia perpassará por conceitos gerais sobre a classificação de bens públicos e encontrará seu ponto principal no enquadramento da faixa de domínio em uma dessas categorias, bem como suas implicações quanto ao seu uso em atividades de natureza empresarial, nos serviços públicos concedidos.

O ponto nodal do presente artigo circunscreve-se ao exame de precedentes do Supremo Tribunal Federal e do Superior Tribunal de Justiça quanto ao uso remunerado da faixa de domínio, para alfim, responder aos seguintes questionamentos: a relação jurídica judicializada é capaz de definir a natureza jurídica de eventual cobrança? Em caso positivo, há elementos de ordem objetiva aptos a legitimar eventuais cobranças quando referido bem estiver sendo usado no exercício de serviços públicos delegados a concessionárias?

Por fim, o objetivo a ser alcançado é, após a descrição das nuances fáticas e argumentativas de cada um dos precedentes das Cortes de Superposição, verificar se os tribunais adotaram argumentos pragmatistas na tomada das decisões relacionadas ao tema.

2 Breves notas sobre o pragmatismo jurídico

No plano jurídico, o pragmatismo tem como maior expoente e defensor o norte-americano Richard Allen Posner. Ocorre que a matriz pragmática encontra repouso na filosofia e tem como princípio o fato de que, para atingir uma clareza perfeita em nossos pensamentos em relação a um objeto, precisaríamos apenas considerar quais os efeitos concebíveis de natureza prática que o objeto pode envolver, as sensações que devemos esperar e que reações devemos preparar (JAMES, 2005).

Conforme explanado por Pogrebinschi (2005, p. 26), a matriz pragmatista é composta de três elementos: o antifundacionismo, o contextualismo e o consequencialismo. Enquanto o antifundacionismo consiste na "permanente rejeição de quaisquer espécies de entidades metafísicas, conceitos abstratos, categorias aprioristicas, princípios perpétuos, instâncias últimas, entes transcendentais, dogmas, entre outros tipos de fundações possíveis ao pensamento", o contextualismo confere importância às investigações relacionadas às experiências, que nada mais são do que exame do contexto de ordem cultural da sociedade analisada. O consequencialismo, por sua vez, foi definido como uma ação de "insistência de olhar para o futuro, e não para o passado". Por essa particularidade, a prática pragmatista envolveria o "teste consequencialista", no qual a produção do conhecimento passaria pelo juízo de antecipação das consequências futuras, de forma que a decisão a ser tomada considerasse todos os fatos em torno da questão e testasse todos os seus possíveis resultados.

Com essas premissas, propõe Pogrebinschi que o juiz orientado pelo pragmatismo, mediante exame de diversas hipóteses de resolução de um caso concreto, sempre busque prever as consequências de decisões alternativas. Assim, a melhor decisão, para o pragmatista, será aquela que melhor corresponder às necessidades humanas e sociais, pois:

> O juiz pragmatista, afinal, quer olhar para o futuro, e por isso decide de acordo com as consequências que o seu julgamento pode acarretar. Ele não tem o dever de olhar para o passado, para a história, e só faria isso estrategicamente. Vale dizer, o juiz pragmatista, que almeja tomar uma decisão tendo em vista as necessidades sociais presentes e futuras, apenas buscaria uma certa consistência com o direito pré-existente se isso fosse não um fim em si, mas um meio de atingir os melhores resultados, isto é, de formar a melhor decisão. Afinal, muitas vezes, uma decisão judicial incongruente e que desestabiliza o direito, é uma má decisão. E o juiz pragmatista quer sempre a melhor decisão.
>
> O pragmatismo jurídico não é, portanto, apenas uma teoria sobre a prática do direito, mas é também um modo de se exercer esta própria prática. Por isso, seu desenvolvimento teórico, em permanente construção, não deve e não pode se dar isoladamente na academia. Se sua forma já nos é conhecida, é preciso ainda, contudo, identificar e ampliar seu conteúdo e substância. E isso só pode ser feito através da atividade cotidiana e paulatina dos magistrados, e de sua análise e compreensão.

No que concerne ao pragmatismo jurídico na concepção desenvolvida por Richard Posner, sobretudo na vertente consequencialista, merece destaque a importância do exercício de exame das consequências da decisão e sua inserção como parte dos julgamentos. No exercício de *olhar para frente*, defende o autor ser dever do juiz pragmatista, ao aplicar o Direito, ater-se aos entendimentos jurisprudenciais como fonte de informação, uma vez que:

(...) o juiz pragmatista encara a jurisprudência, a legislação e o texto constitucional sob dois aspectos: como fontes de informações potencialmente úteis sobre o provável melhor resultado no caso sob exame e como marcos que ele deve ter o cuidado de não obliterar nem obscurecer gratuitamente, pois as pessoas os tomam como referência. Porém, como vê essas "fontes" somente como fontes de informação e como restrições parciais à sua liberdade de decisão, ele não depende delas para encontrar o princípio que lhe permite decidir um caso verdadeiramente inusitado. Recorre, antes, a fontes que tenham relação direta com a sabedoria da norma que se pede que ele confirme ou modifique. (...) (POSNER, 2009, pág. 382)

Explicando com mais clareza a proposta de Posner, Camargo (2007, p. 206) afirma que:

Segundo Posner, o pragmatista tem prioridades distintas da simples segurança conferida pelo ato de autoridade. Ele quer a "melhor decisão", tendo em mente necessidades presentes e futuras, ainda que não pretenda alcançar determinado alvo. A consistência obtida com as decisões passadas, como propugna o convencionalismo, não é um fim em si, mas um meio de trazer os melhores resultados para o caso presente. Ignorar as decisões passadas seria tolice, diz Posner num sentido bem pragmático, vez que são úteis tanto como fonte de sabedoria e conhecimento como garantia de ordem e segurança, objeto de expectativa social. Os precedentes nada mais são do que repositórios de conhecimento e sabedoria capazes de apontar para a melhor decisão, e também bases de expectativa da população, que espera que o juiz decida coerentemente com o que os tribunais apresentam. Qualquer desvio abrupto e despropositado geraria insegurança.

Posner propõe que o juiz, como agente ativo na criação do Direito, aproxime-se de questões factuais e empíricas, mensure as consequências factíveis e profira decisões com vista a alcançar o senso comum de coletividade, promovendo o bem-estar social, sem promoção de graves desequilíbrios no sistema vigente.

3 Dos bens públicos

3.1 Conceitos introdutórios

A classificação de bens públicos encontra repouso no Código Civil de 2002 (CC/2002), que codificou regras gerais tanto de Direito privado quanto de Direito público, ficando, pois, a cargo de normas especiais de Direito Administrativo a tutela de casos específicos não amparados pela lei civil.[1]

---

[1] A razão de ter a codificação civil disciplinado normas gerais quanto ao regime de bens públicos foi didaticamente traçada na Exposição de Motivos do Anteprojeto do Código: não há razão para considerar incabível a disciplina dessa matéria no âmbito da Lei Civil. Não se trata de apego a uma concepção privatista do Direito Administrativo que está bem longe das conhecidas posições do autor desta Exposição, mas reflete, antes de mais nada, a compreensão da Filosofia e Teoria Geral do Direito contemporâneo, as quais mantêm a distinção entre Direito público e privado como duas perspectivas ordenadoras da experiência jurídica, considerando-os distintos, mas substancialmente complementares e até mesmo dinamicamente reversíveis, e não duas categorias absolutas e estanques. Abstração feita, porém, desse pressuposto de ordem teórica, há que considerar outras razões não menos relevantes, que me limito a sumariar. A permanência dessa matéria no Código Civil, além de obedecer à linha tradicional de nosso Direito, explica-se: 1) por ser grande número dos princípios e normas fixados na Parte Geral de larga aplicação nos domínios do Direito Público, em geral, e Administrativo, em

As mesmas premissas ideológicas encartadas no Código Civil de 1916 quanto à reunião em um único instrumento normativo de elementos de Direito Civil e de Direito Administrativo foram adotadas pelo CC/2002. Os bens públicos são classificados em três grupos, a saber: de uso comum, de uso especial e os de uso dominical ou dominial. Os dois primeiros referem-se a bens de domínio essencialmente público e o último, não obstante pertencer a pessoas jurídicas de direito público, refere-se a bens de domínio privado do Estado.

O critério dessa classificação tem como parâmetro a destinação ou afetação dos bens. Os de uso comum do povo, por lei ou natureza, terão, em regra, destinação coletiva; os de uso especial subsidiarão a Administração no exercício de suas atividades fins, entre eles a prestação de serviços públicos e; por último, os dominicais. Estes, por não possuírem destinação pública direta, já que se enquadram no patrimônio privado da administração, são regidos, com ressalvas, por normas de Direito Privado.

O objeto do presente trabalho exige do intérprete o enquadramento da faixa de domínio em uma das categorias propostas pelo art. 99 do CC/2002. Uma vez estabelecida tal premissa, demais questões relacionadas ao seu uso e aos custos dele decorrentes serão examinadas com maior precisão técnica, notadamente os estudos quanto à possibilidade de cobrança pelo seu uso efetivo.

De início, é possível registar que, em regra, caso a faixa de domínio tenha natureza de bem de domínio essencialmente público, o uso consentâneo com sua vocação natural por parte se dará de forma gratuita. Outrossim, sua utilização, de forma especial e com propósitos específicos, poderá ensejar contraprestação pecuniária estabelecida por via legal (MEIRELLES, 2013).

Outrossim, ao se defender a possibilidade de referido bem enquadrar-se na categoria bens de domínio privado do Estado, não obstante também sujeitar-se a pretensa utilização às regras de titular da propriedade, *ultima ratio*, não seria demais prever não só o seu uso remunerado, como, observadas as exigências legais, até mesmo sua alienação.

---

particular, como o reconhece, entre tantos outros, o mestre Guido Zanobini, um dos mais ardorosos defensores da autonomia dogmática de sua disciplina (Cfr. "Novissimo Digesto Italiano", vol. V, p. 788); 2) por melhor se determinarem os conceitos de personalidade e bens públicos e privados, quando postos em confronto uns com os outros, dada a sua natural polaridade; 3) por inexistir um Código de Direito Administrativo, ainda de incerta elaboração, sendo o Código Civil, sabidamente, a lei comum, que fixa os lineamentos lógico-normativos da experiência jurídica; 4) por resultarem da disciplina feita várias consequências relevantes na sistemática do Código, a começar pela atribuição ao Território, erigido à dignidade de pessoa jurídica, de uma série de direitos antes conferidos à União; 5) por serem aplicáveis as normas do Código Civil às entidades constituídas pelo Poder Público em função ou para os fins de seus serviços, sempre que a lei que as instituir não lhes der ordenação especial, o que se harmoniza com o que determina o art. 170, §2º, da Constituição de 1969, segundo o qual "na exploração, pelo Estado, da atividade econômica, as empresas públicas e as sociedades de economia mista reger-se-ão pelas normas aplicáveis às empresas privadas" (Exposição de Motivos do Anteprojeto do Código, Mensagem n. 160, de 10 de junho de 1975, p. 39-10). A funcionalidade da codificação e sua reunião em um único instrumento normativo foram defendidas por Clóvis Bevilácqua, a saber. "As codificações, além de corresponderem às necessidades mentais de clareza e sistematização, constituem, do ponto de vista social, formações orgânicas do direito, que lhe aumentam o poder de precisão e segurança, estabelecendo a harmonia e a recíproca elucidação dos dispositivos, fecundando princípios e institutos, que, no isolamento, se não desenvolveriam suficientemente, contendo, canalizando e orientando energias, que se poderiam prejudicar, na sua ação dispersiva. Por isso, apresentam-se na história do direito, como fase normal da evolução, que, partindo da fluidez inicial das ordenas mais ou menos arbitrárias, das sentenças de várias inspirações, e dos costumes, vai em busca de formas definidas, firmes e lúcidas, que traduzem, melhor, as exigências, cada vez mais apuradas, da consciência jurídica, e, melhor, disciplinem os interesses dos indivíduos e dos agrupamentos sociais." (BEVILÁCQUA, Clóvis. *Código Civil dos Estados Unidos do Brasil, comentado por Clóvis Bevilácqua*. 11. ed., atual. por Achilles Bevilácqua, e Isaías Bevilácqua. Rio de Janeiro: Livraria Francisco Alves, 1956, p. 9)

3.2 Do enquadramento normativo da faixa de domínio e suas implicações

Faixa de domínio pode ser definida como "base física sobre a qual assenta uma rodovia, constituída pelas pistas de rolamento, canteiros, obras de arte, acostamentos, sinalização e faixa lateral de segurança, até o alinhamento das cercas que separam a estrada dos imóveis marginais ou da faixa do recuo".[2]

Do Anexo I da Lei nº 9.503/97 – Código de Trânsito Brasileiro – extrai-se a seguinte definição: "superfície lindeira às vias rurais, delimitada por lei específica e sob responsabilidade do órgão ou entidade de trânsito competente com circunscrição sobre a via".

Tem-se, pois, que a faixa de domínio pode ser entendida como conjunto de áreas destinadas à construção e operação da rodovia e, assim como essa, dada sua destinação específica prevista na citada lei, é classificada como bem de uso comum do povo. Assim como ocorre com o uso da rodovia, qualquer restrição ao direito subjetivo de fruição só terá ensejo caso acarrete benefícios maiores à coletividade.

Dessa forma, do mesmo modo como a cobrança de pedágio em rodovias justifica-se em caráter excepcional, a cobrança pelo uso da faixa de domínio também poderá ser aventada, desde que, além de prévia regulamentação, repita-se, haja uso com interesses particulares e destoantes de sua vocação natural.

4 Do uso remunerado ou não da faixa de domínio

4.1 Breve resgate dos argumentos da doutrina administrativista sobre o tema

A questão que se coloca está em saber se é legal a cobrança pelo uso da faixa de domínio em face de concessionárias de serviços públicos de energia elétrica, distribuição de gás canalizado, prestação de serviços de telecomunicações e de saneamento.

Os serviços públicos concedidos demandam uma série de investimentos, entre eles: instalação de postes, passagens subterrâneas de estrutura para serviço de água e esgoto etc. Muitos desses, para vencer longas distâncias, necessitam realizar obras na faixa de domínio. Contudo, não obstante se tratar de bem público, nessa hipótese seu uso não seria eventual, mas permanente e com vista a atender o interesse específico da empresa concessionária. Nesse contexto, surge o questionamento quanto ao uso, remunerado ou não, da faixa de domínio, ou seja, nas hipóteses em que concessionárias de serviço público dela fazem uso para a realização dos serviços objeto da delegação.

A questão é mais complexa do que parece, pois há duas premissas que precisam ser diferenciadas. A primeira quando a rodovia permanece sob a administração direta do ente que tem a titularidade do bem. A segunda quando o bem público está sob a administração de concessionária de rodovia que o tem como objeto do serviço a ser prestado.

---

[2] Definição do *Glossário de Termos Técnicos Rodoviários do DNIT*. Departamento Nacional de Estradas de Rodagem. Diretoria de Desenvolvimento Tecnológico. http://www1.dnit.gov.br/arquivos_internet/ipr/ipr_new/manuais/DNER-700-GTTR.pdf. Acesso em: 6 jun. 2021.

Na primeira, há relação direta entre o titular do bem público de uso comum do povo e a concessionária que busca sua utilização. Assim sendo, a receita oriunda de possível cobrança, caso fosse possível sua instituição, teria natureza essencialmente tributária, compreendida nos conceitos de tributos, na modalidade taxa, cujas hipóteses de incidência deitam premissas no art. 78, II, do Código Tributário Nacional.

Na segunda premissa, cujo uso envolve bem público administrado sob delegação, a questão é examinada sob o prisma de contribuição devida pelo seu uso compartilhado, cuja natureza é de receita contratual e não tributária.

Antes de avançar quanto ao ponto, algumas ponderações a respeito do uso convencional do serviço delegado – *in casu*, a administração da rodovia – facilitam a compreensão da questão. O objeto da concessão rodoviária é a conservação e administração de determinada rodovia, cuja contraprestação cobrada do usuário é feita mediante pedágio, cuja finalidade é custear a conservação da via.

Não obstante parcela considerável da doutrina tributária defender a ideia de que referida cobrança teria natureza de taxa, o Supremo Tribunal Federal, na ADI nº 800/RS, de relatoria do Ministro Teori Zavascki, julgada em 11.06.2014, exarou entendimento no sentido de que pedágio é tarifa (espécie de preço público) em razão de não ser cobrado compulsoriamente de quem não utilizar a rodovia; ou seja, é uma retribuição facultativa paga apenas mediante o uso voluntário do serviço.

Ocorre que o uso da faixa de domínio sob concessão por outras concessionárias de serviço público não se assimila ao uso remunerado mediante pedágio. Isso porque o uso objetivado não atende à vocação natural do bem – ou seja, o direito de tráfego eventual –, mas sim a um uso não convencional, no sentido de dele se valer de forma permanente, podendo, inclusive, alterar-lhe a forma ou reduzir-lhe o uso.

Na hipótese, há o envolvimento de duas pessoas jurídicas de direito privado que, não obstante sejam concessionárias de serviço público, fazem um típico negócio de natureza privada, destoante dos serviços públicos por elas prestados.

É bem verdade que a negociação visa otimizar a prestação dos serviços que lhe foram delegados. Contudo, enquanto pactuantes, submetem-se às regras de Direito privado, uma vez que não está em jogo a prestação do serviço público propriamente dito, mas sim sua otimização. A relação jurídica ocorre somente entre as concessionárias, não envolvendo, de forma direta, os usuários do serviço.

Com essas observações, o que se tem na espécie é uso compartilhado de infraestrutura, no qual a utilização da faixa de domínio mostra-se mais vantajosa pela outra concessionária (que não a de rodovia). Tal vantagem explica-se pelo fato de, não obstante haver meios alternativos de realização das obras, além de mais burocráticos, são consideravelmente mais caros, a exemplo da instituição de servidões de passagem sobre bens privados que margeiam as estradas.

Em parecer sobre o tema, encomendado pela Associação Brasileira de Concessionárias de Rodovias, Eros Roberto Grau valeu-se dessas premissas para não só defender a legalidade, mas também a constitucionalidade da cobrança por concessionária de rodovia pelo uso das faixas de domínio às demais concessionárias de serviços públicos de energia elétrica, distribuição de gás canalizado, prestação de serviços de telecomunicações e de saneamento. Segundo o autor, a questão não encerra uma relação de intercâmbio entre as concessionárias que participam do compartilhamento de infraestrutura, mas sim uma relação do que ele denominou de "comunhão de escopo", sendo esse entendido com o objeto comum. Defende que:

> Os interesses dos contratantes correm paralelamente, há identidade de objetivos no uso compartilhado da infraestrutura; ambos perseguem um escopo comum em termos de otimização de recursos, mútua redução de custos operacionais e mútua disponibilidade de outros benefícios aos usuários dos serviços prestados. (GRAU, 2015, p. 233)

Diante da presença de um escopo comum, a cobrança em tela seria possível e não teria natureza jurídica de taxa/preço público, mas sim de contribuição a cargo de cada partícipe da relação de compartilhamento.

Soma-se a isso o fato de que o art. 11 da Lei nº 8.987/95 faz clara previsão de que bens dados em concessão podem ser utilizados para a produção de receitas alternativas, complementares ou acessórias, tendo em vista favorecer a modicidade das tarifas.

A cobrança pela utilização desses bens por parte de concessionárias de serviços públicos, também na visão de Bandeira de Mello (2005), vai ao encontro da lógica preconizada na Lei nº 8.987/95:

> Entretanto, se, conforme ocorreu entre nós, o Poder Público entende de colocar tanto a prestação de serviços quanto as obras rodoviárias em regime de concessão e se a lei estabelece a previsão de receitas alternativas complementares à exploração rodoviária, com o fito de favorecer a modicidade de tarifas, isto significa que foi, de direito, acolhida uma lógica negocial, em que se abrem portas para o ingresso de um conjunto de interesses econômicos a serem compostos.

Prossegue:

> Às prestadores de serviço público não foi outorgado pelo concedente – ou ao menos não o foi explicitamente – direito algum à gratuidade do uso especial de bens de uso comum e nem há lei alguma que o estabeleça, ao passo que as concessionárias de obras foi expressamente outorgado o direito de exploração do bem, assim como o que decorre do art. 11 da Lei nº 8987/95, isto é: fonte de receita alternativas, complementares ou acessórias em vista de favorecer modicidade das tarifas. Quanto às entidades públicas que estejam afetas as rodovias, também têm em seu prol, além do dispositivo citado os poderes inerentes à qualidade de titulares ou de gestores do bem.
>
> [...]
>
> Logo, não será o fato de estar em pauta a passagem de equipamentos instrumentais à realização de um interesse público o que justificaria o direito a alguma gratuidade, porquanto os pagamentos que fossem versados em contrapartida desta utilização também podem ser vistos como revertendo em favor do interesse público, isto é, da modicidade do pedágio.

Concluem os autores que, assim como o serviço público prestado pelas concessionárias envolvidas não tem características de gratuidade, o uso da infraestrutura desenvolvida e mantida por outra concessionária, não obstante tenha forma de cobrança diversa, tampouco o terá.

Isso posto, como ilação lógica extraível da legislação de regência, não só é permitida a remuneração, como esta não terá qualidade de tarifa – fonte principal de remuneração da concessionária na prestação dos serviços delegados (pedágio) –, mas de contribuição ou, na dicção literal do art. 11 da Lei de Concessões, de receita alternativa.

4.2 Dos fatos e fundamentos decisórios de precedente do Supremo Tribunal Federal sobre o tema

Nos autos da Ação Direta de Inconstitucionalidade nº 6.482/DF, de relatoria do Ministro Gilmar Mendes, julgada em 18.02.2021, ajuizada pelo Procurador-Geral da República, o Supremo Tribunal Federal foi instado a examinar a constitucionalidade do artigo 12, *caput*, da Lei nº 13.116/2015 – Lei de Antenas –, que proíbe aos Estados, ao Distrito Federal e aos Municípios cobrar das empresas de telecomunicações pelo direito de passagem em vias públicas, faixas de domínio e outros bens públicos de uso comum.

Segundo a decisão, a inconstitucionalidade formal não estaria presente, pois o tema insere-se no âmbito da competência privativa da União para legislar sobre telecomunicações e tem inequívoco interesse público geral, pois busca uniformizar a implantação nacional do sistema de telecomunicações e promover a democratização do acesso à tecnologia. Trata-se, pois, de uma política nacional destinada a desonerar o direito de passagem.

Os votos proferidos em sentido favorável à constitucionalidade da norma levam à compreensão de que a solução legislativa da isenção foi legítima e teve como objetivo garantir a uniformização e a segurança jurídica, para que não houvesse, em localidades distintas, obstáculos para a implantação nacional do sistema de telecomunicações.

Merece destaque, porquanto consentânea com o pragmatismo jurídico de Richard Allen Posner, a observação feita pelo Ministro Luís Roberto Barroso no sentido de que a existência de regimes próprios de compensação pela passagem da infraestrutura de telecomunicações em cada Estado ou Município ocasionaria imensa dificuldade na prestação de um serviço público de âmbito nacional e "a fragmentação do regime jurídico". A propósito, cita-se o seguinte trecho do voto:

> Poderia ser perfeitamente razoável que a lei federal estabelecesse critérios para a compensação de estados e municípios pela passagem do cabeamento, dos postes, da infraestrutura de telecomunicação, era perfeitamente razoável. E tanto é, que foi a opção que se adotou pela Constituição e pela legislação relativamente ao petróleo, em que pese o petróleo ser uma atividade econômica, e as telecomunicações, em rigor, um serviço público. Como bem já exposto nas sustentações, hoje em dia, telecomunicações são muito mais uma atividade econômica privada do que, em rigor, um serviço público. Mas, como eu dizia, em relação ao petróleo, a Constituição e a legislação federal previram essa compensação; em relação a telecomunicações, não se previu esse tipo de compensação, de modo que acho que essa era uma opção legítima do constituinte e do legislador. Nem um nem outro previram qualquer benefício direto pecuniário para estados e municípios pela passagem da infraestrutura de telecomunicação.
>
> O que não me parece razoável – e aqui ainda uma vez pedindo todas as vênias aos relevantes argumentos trazidos pelo Ministro Luiz Edson Fachin – é que esses serviços de telecomunicações pudessem estar sujeitos à interferência unilateral de estados e municípios,

sem sequer existir um parâmetro nacional, de modo que haveria uma fragmentação do regime jurídico e uma dificuldade imensa de cálculo dos custos, inclusive do equilíbrio econômico-financeiro dos contratos.

(...)

Assim, reiterando, se cada estado ou cada município pudesse ter um regime próprio de compensação para a passagem da infraestrutura de telecomunicação pelo seu território em áreas públicas, nós teríamos uma dificuldade imensa na prestação de um serviço público de âmbito nacional.

Em que pese a Lei nº 13.116/2015 regulamentar exclusivamente o setor de telecomunicações, não se pode ignorar ser defensável a incidência da fundamentação desse julgado em relação a concessionárias de outros serviços públicos.

Também merece destaque a Ação Direta de Inconstitucionalidade nº 3.763/RS, de relatoria da Ministra Cármen Lúcia, julgada em 08.04.2021. Proposta pela Associação Brasileira de Distribuidores de Energia Elétrica (Abradee), a ação voltou-se ao exame da constitucionalidade de parte da Lei Estadual nº 12.238/2005 e do Decreto nº 43.787/2005, ambos do Estado do Rio Grande do Sul, que autorizavam, respectivamente, o Poder Executivo e o DAER/RS a explorar a utilização e a comercialização, a título oneroso, das faixas de domínio adjacentes às rodovias estaduais e federais utilizadas pelas concessionárias de energia.

No que se refere às concessionárias de energia elétrica, o Código de Águas e o Decreto nº 84.398/1980, alterado pelo Decreto nº 86.859/1982, trazem norma expressa no sentido de que a ocupação de faixas de domínio de rodovias, ferrovias e de terrenos de domínio público por suas linhas de transmissão, subtransmissão e distribuição de energia elétrica ocorrerá de forma gratuita, sujeita apenas à autorização, por prazo indeterminado, do órgão público federal, estadual ou municipal competente.

O voto condutor da ADI nº 3.763/RS assentou que, por ser da União a titularidade da prestação do serviço público de energia elétrica, é também dela a prerrogativa constitucional de estabelecer o regime e as condições da prestação desse serviço por concessionárias, a qual não pode sofrer ingerência normativa dos demais entes políticos. Ressaltou, inclusive, que esse é o posicionamento do Supremo Tribunal, vazado nos autos da ADI nº 3.729-3/SP, da relatoria do Ministro Gilmar Mendes e julgado em 9.11.2007, na qual ficou assentada a tese da

> impossibilidade de interferência do Estado-membro nas relações jurídico-contratuais entre Poder concedente federal e as empresas concessionárias, especificamente no que tange a alterações das condições estipuladas em contrato de concessão de serviços públicos, sob regime federal, mediante edição de leis estaduais.

A referida ADI foi julgada parcialmente procedente para:

a) para que atribuir interpretação conforme à Constituição Federal à Lei n. 12.238/2005 e ao Decreto n. 43.787/2005 do Rio Grande do Sul, excluindo da incidência de ambos os diplomas as concessionárias de serviço público de energia elétrica e

b) declarar a inconstitucionalidade da expressão 'de energia' contida no inc. IV do art. 6º e da Tarifa Básica prevista no Tipo II do Item 1 do Anexo I do mencionado Decreto.

Embora se trate da possibilidade de cobrança por autarquia estadual (DAER/RS), mais uma vez verifica-se pelo conjunto dos votos proferidos, contrários à cobrança, a premissa básica de que Estados e Municípios não podem onerar um serviço público federal, sob pena de violar a repartição de competências e poderes estabelecidos na Constituição.

Observa-se que, em todos os precedentes examinados, um dos polos da relação é ocupado pelo ente público, o que permite levar à conclusão de que, nas hipóteses analisadas pelo Supremo Tribunal Federal, a cobrança examinada ostenta natureza jurídica de taxa.

4.3 Dos fatos e fundamentos decisórios de precedente do Superior Tribunal de Justiça sobre o tema

A jurisprudência do Superior Tribunal de Justiça deve ser analisada tomando por base duas vertentes: a primeira, quando a cobrança pelo uso da faixa de domínio for realizada por concessionária de serviço público que administra a via em desfavor de outra concessionária; a segunda, quando tal cobrança for feita pelo ente público titular do serviço em desfavor de outra concessionária, hipótese em que a administração da via estaria sendo feita de forma direta pelo ente estatal.

Quanto à primeira hipótese, no julgamento do Recurso Especial nº 975.097/SP (relator para acórdão Ministro Humberto Martins, Primeira Seção, julgado em 09.12.2009) envolvendo duas concessionárias, a Companhia de Saneamento Básico do Estado de São Paulo (Sabesp) e a Concessionária Ecovias dos Emigrantes S/A, o STJ foi demandado a se posicionar sobre a possibilidade de utilização das faixas de domínio de rodovia sob regime de concessão, para a execução de obras de manutenção e expansão de redes de água e esgoto, sem a contraprestação pecuniária exigida pela concessionária recorrente.

Assentou-se o entendimento de que a questão deveria ser resolvida à luz do art. 11 da Lei nº 8.987/95, que traz em seu bojo a possibilidade de a concessionária de serviço público obter receitas acessórias, e a cobrança pelo uso da faixa de domínio enquadrar-se-ia em tal modalidade. Para tanto, deve-se observar a regra do art. 18, XIV, do mesmo normativo, ou seja, a prévia inserção de tal cobrança no contrato de concessão firmado entre o delegatário e o poder concedente.

Esse precedente aplica-se às hipóteses de concessões atreladas aos serviços de água e esgoto, pois, conforme se demonstrará, o art. 11 é insuficiente para resolver a celeuma em relação a todos os serviços públicos delegados. Isso porque cada um deles tem um arcabouço jurídico que lhe é peculiar, o que demanda do operador do Direito uma interpretação sistêmica.

Em relação ao uso remunerado da faixa de domínio por concessionária de energia elétrica, a Primeira Seção do Superior Tribunal de Justiça, no julgamento dos Embargos de Divergência no Recurso Especial nº 985.695/RJ (relator Ministro Humberto Martins, julgado em 26.11.2014), reafirmou o entendimento nos termos da ementa:

> ADMINISTRATIVO. PROCESSUAL CIVIL. EMBARGOS DE DIVERGÊNCIA. CONCESSÃO. RODOVIA. DISTRIBUIÇÃO DE ENERGIA ELÉTRICA. COBRANÇA PELO USO DE FAIXA DE DOMÍNIO. ART. 11 DA LEI 8.987/95. POSSÍVEL DESDE QUE PREVISTA

NO CONTRATO. CASO SOB ANÁLISE. PREVALÊNCIA DA DISPOSIÇÃO LEGAL. MANUTENÇÃO DO ENTENDIMENTO DA PRIMEIRA SEÇÃO EXPLICITADO NO ACÓRDÃO PARADIGMA. PROVIMENTO.

1. Cuida-se de embargos de divergência interpostos contra acórdão que consignou não ser possível - no caso - a cobrança de concessionária de distribuição energia elétrica pelo uso da faixa de domínio de rodovia concedida, em razão da existência do Decreto nº 84.398/80.
2. É trazido paradigma da Primeira Seção no qual foi apreciado caso similar, quando se debateu a extensão interpretativa do art. 11 da Lei n. 8.987/95 (Lei de Concessões e Permissões) e a possibilidade de cobrança pelo uso de rodovia por outras empresas concessionárias.
3. No acórdão paradigma está firmado que o art. 11 da Lei n. 8.987/95 autoriza a cobrança de uso de faixas de domínio, mesmo por outra concessionária de serviços públicos, desde que haja previsão no contrato de concessão da rodovia, em atenção à previsão legal.
4. Deve prevalecer o entendimento firmado pela Primeira Seção, que se amolda com perfeição ao caso: "Poderá o poder concedente, na forma do art. 11 da Lei n. 8.987/95, prever, em favor da concessionária, no edital de licitação, a possibilidade de outras fontes provenientes de receitas alternativas, complementares, acessórias ou de projetos associados, com ou sem exclusividade, com vistas a favorecer a modicidade das tarifas. (...) No presente caso, há a previsão contratual exigida no item VI, 31.1, da Cláusula 31" (REsp 975.097/SP, Rel. Ministra Denise Arruda, Rel. p/ Acórdão Ministro Humberto Martins, Primeira Seção, julgado em 9.12.2009, DJe 14.5.2010).
Embargos de divergência providos.

Referido julgado é relevante. Ao acolher os embargos de divergência opostos pela Concessionária da Rodovia Presidente Dutra S/A contra acórdão da Primeira Turma do STJ, a Primeira Seção solucionou controvérsia pontual quanto ao tema, em relação às concessionárias de energia elétrica.

Notadamente quanto à cobrança de concessionária de distribuição de energia elétrica pelo uso da faixa de domínio de rodovia concedida, as Turmas da Corte registravam entendimentos diversos no sentido da existência de impeditivo legal, qual seja, a vedação expressa elencada no arts. 1º e 2º do Decreto nº 84.398/80. Tais dispositivos impediriam a existência de quaisquer ônus à concessionária de energia elétrica em casos de ocupação de faixas de domínio de rodovias e de terrenos de domínio público por linhas de transmissão, subtransmissão e distribuição de energia elétrica.

Sem maiores explicações quanto aos critérios de julgamento adotado – não recepção do dispositivo legal pela ordem constitucional vigente ou critério da especialidade de uma norma em detrimento da outra – concluiu-se que não há como prevalecer o teor do Decreto nº 84.398/80 em detrimento do art. 11 da Lei nº 8.987/95.

Desde então, no que diz respeito à cobrança efetuada pelas concessionárias de energia elétrica, assim como pelas de água e esgoto, esse tem sido o entendimento do Superior Tribunal de Justiça quanto ao tema. Entendimento – registra-se – que encontra oposição em parcela considerável da doutrina.[3]

---

[3] Em sentido oposto, Maria Sylvia Zanella Di Pietro diz: "Note-se que o artigo 11 da Lei nº 8.987/95, ao permitir a previsão de fontes de receitas alternativas, acessórias ou complementares, deixou expresso que o objetivo é o de favorecer a modicidade das tarifas. Ora, seria irrazoável, por contrariar o intuito do legislador, permitir que, para favorecer a modicidade das tarifas de rodovias, fossem elevadas as tarifas de água, luz, gás e telefone [...] A conclusão é, portanto, no sentido de que não tem fundamento jurídico a remuneração das concessionárias

Nas hipóteses em que a controvérsia está circunscrita ao debate acerca da legalidade da exigência de valores pela utilização de faixas de domínio das rodovias sob a *administração direta do ente Estatal*, o entendimento do Superior Tribunal de Justiça, por fundamentos diversos, se afina com o resultado proposto nos precedentes do Supremo Tribunal Federal.

Nessa situação, a questão central foi examinada sob o prisma da legalidade da exação tributária, em nada se aproximando, pois, da possibilidade de obtenção de receitas alternativas tal como na primeira hipótese.

Nos autos do Recurso Especial nº 1.246.070/SP (Rel. Ministro Mauro Campbell Marques, Segunda Turma, julgado em 03.05.2012), em controvérsia acerca da utilização de faixas de domínio das rodovias sob administração do Departamento de Estradas de Rodagem (DER) para passagem de dutos e cabos de telecomunicações, sagrou-se vencedora a tese no sentido de ser ilegal qualquer tipo de cobrança.

O fundamento adotado, consentâneo com o entendimento de respeitável parcela da doutrina administrativista, sobretudo o defendido por Di Pietro (2001), foi no sentido de que referida cobrança não se enquadraria nem no conceito de preço público, nem no de taxa. No primeiro caso, pelo fato de que a utilização do bem reverter-se-ia em favor da sociedade e, no segundo, por não haver serviço público prestado ou poder de polícia exercido.

Na hipótese, o STJ não examinou a cobrança efetuada por concessionária, mas, sim, por ente público que administrava diretamente a via. Inexistindo concessão, a questão não estaria, pois, abarcada pelo art. 11 da Lei nº 8.985/98. Assim, em resumo, a cobrança teria natureza jurídica de tributo na modalidade taxa e, dadas as circunstâncias fáticas que não permitiriam o perfeito enquadramento da cobrança a caracterizar a exação, aquela estaria revestida de flagrantes ilegalidades.

O tema que enseja maiores controvérsias, não só doutrinárias, como judiciais, é o elencado na primeira hipótese, ou seja, cobrança do uso da faixa de domínio por quem detém a delegação das rodovias.

Pelo que se extrai dos precedentes, salvo exceção feita ao serviço público de energia elétrica, quando a questão foi examinada não só pela ótica do art. 11 da Lei nº 8.987/95 como também pela do Decreto nº 84.398/80, em todos os outros casos que envolviam apenas delegatárias de serviço público, o STJ limitou-se ao exame da aplicabilidade de dispositivos da Lei de Concessões.

Em síntese, assentou-se que, havendo previsão no contrato de concessão, tal cobrança seria possível na qualidade de outras receitas alternativas, tal como previsto no mencionado art. 11 da Lei nº 8.987/95. A cobrança, por sua vez, não teria natureza de preço/taxa, mas sim de receita indenizatória, ficando a cargo da concessionária, dentro de parâmetros previstos no contrato de concessão, estabelecer as regras para sua cobrança.

Ao que parece, o Superior Tribunal de Justiça, no tocante às cobranças levadas a efeito por concessionários, não obstante fundamentar seu posicionamento apenas no art. 11 da Lei nº 8.985/95, terminou por legitimar os argumentos favoráveis à cobrança, ou como Eros Grau (1999) convencionou chamar de "comunhão de escopo", a saber:

---

de serviços públicos que se utilizam das faixas de domínio das rodovias para a instalação de equipamentos indispensáveis à prestação de serviços públicos" (Cobrança de remuneração pela ocupação de faixas de domínio por outras concessionárias de serviços públicos. *In*: DI PIETRO. *Temas polêmicos sobre licitações e contratos*, p. 360).

a) os bens operacionais são transferidos por meio do contrato de concessão, e, como tal, é possível sua exploração comercial, no ponto, regida pelo direito privado (art. 25, §8º, da Lei n. 8.987/95);

b) a cobrança pela exploração comercial da faixa de domínio é fonte de receita adicional, instituída em complementaridade à modicidade tarifária. Uma vez prevista no contrato de concessão, integrará a estrutura econômica do negócio[4]; e

c) a implantação da faixa de domínio gera custos para a concessionária de rodovias; sendo assim, a utilização gratuita por outras concessionárias representaria uma apropriação indevida desses valores.

4.4 Da distinção entre os fundamentos decisórios dos precedentes do Supremo Tribunal Federal *versus* o proferido pelo Superior Tribunal de Justiça

Os precedentes firmados em ações diretas de inconstitucionalidade têm fatos e fundamentos distintos daqueles examinados pelo Superior Tribunal de Justiça.

Enquanto nas ADIs, ora o objeto de análise foi uma norma estadual aplicável apenas ao ente federativo que a editou, ora tratou de cobrança a cargo de ente federativo diverso do titular do bem jurídico em testilha, nos precedentes do Superior Tribunal de Justiça a cobrança realizada pelo uso da faixa de domínio é levada a efeito não por ente político, mas por concessionárias de rodovia que, para o exercício do serviço público delegado, passaram a deter a titularidade, por força do contrato de concessão, da exploração do referido bem público.

Nas hipóteses examinadas pelo STJ, a cobrança pelo uso da faixa de domínio tem como fundamento o art. 11 da Lei nº 8.987/95 e fundamenta-se nos instrumentos firmados com o poder concedente que, comumente, têm cláusula expressa a permitir a cobrança pela utilização das faixas de domínio, inclusive por outras concessionárias de serviço público – como é o exemplo das concessionárias de energia elétrica.

Conclui-se, pois, que o campo normativo e as relações contratuais objeto de exame pelo STJ não se confundem com normas examinadas pelo STF, o que, a rigor,

---

[4] Tercio Sampaio Ferraz Junior quanto ao tema assim se manifestou: "O desprendimento econômico, os acertos políticos, na prestação do serviço vigente no passado foram os grandes responsáveis pela ineficiência do Estado. Daí por que a força motriz da economia e agora também dos serviços públicos passa a ser dada primordialmente pela racionalidade privada na alocação de recursos. É esta racionalidade que permitirá ao Estado alcançar a melhor prestação de serviços, resultado pelo qual responde e do qual se beneficiam os usuários. E esta racionalidade baseia-se no lucro, o que pressupõe a obtenção de receitas. Isto é incompatível com privilégios de gratuidade. [...] Existe uma intenção firme do Estado, dentro do novo modelo, em permitir que todos os bens e recursos públicos sejam aproveitados, de tal forma que retornem ao administrado, sob a forma de redução de tarifas. Essa nova mentalidade é particularmente expressa no art. 11 da Lei que permite (se é que não exige) a exploração de toda e qualquer forma de receita alternativa, tendo em vista a redução de tarifas. [...] Portanto, como sintetizou com argúcia Marçal Justen Filho, no novo modelo de concessões, a racionalidade empresarial deve estar presente em sentido amplo, não somente para o serviço objeto da concessão, mas na administração e exploração de todos os bens concedidos, de forma que também quanto a bens não diretamente relacionados ao serviço, e. g., as margens da rodovia, não cabem mais antigos privilégios ou gratuidades" (FERRAZ JUNIOR, Tércio Sampaio. Antinomia do art. 11 da Lei de Concessões de Serviços Públicos com normas do Dec. 84.398/80 que estabelecem antigas regalias típicas do modelo de generosidade na prestação do serviço público. In: Associação Brasileira de Concessionárias de Rodovias. *Uso da faixa de domínio por concessionárias de serviços públicos*, p. 60- 62).

implica duas afirmações: i) as situações examinadas pelas Cortes de Superposição têm diferentes naturezas jurídicas. Enquanto o STF examina uma relação jurídica tendente a consubstanciar-se como uma espécie tributária cuja cobrança é vinculada a uma atuação estatal, o STJ examina uma hipótese de cobrança decorrente de regras contratuais, não decorrendo, pois, do poder extroverso do Estado; ii) os precedentes firmados nas ações diretas de inconstitucionalidade não exercem juízo de prejudicialidade em relação ao do STJ, sendo, portanto, possível a coexistência de ambos.

Sobre esse último ponto, o STF registra várias decisões monocráticas que conferem ao STJ a legitimidade para dar a última palavra em feitos nos quais a celeuma a ser dirimida ancora-se em relações jurídicas fundamentadas em contratos firmados sob os auspícios da Lei de Concessões. A propósito, cita-se a proferida nos autos do RE nº 1.104.997/SP, relator Ministro Luiz Fux, decisão de 30.03.2020:

> Outrossim, concluir diversamente do tribunal a quo a respeito da natureza jurídica dos valores controvertidos, bem como da legitimidade da empresa ora recorrida para a respectiva cobrança, demandaria o reexame da legislação infraconstitucional aplicável à espécie (Lei federal 8.987/1995 e Lei 7.835/1992 do Estado de São Paulo), o que se revela inviável em sede de recurso extraordinário, por configurar ofensa indireta à Constituição da República.

Por fim, é de se concluir que o Supremo Tribunal Federal não examinou os fundamentos para a cobrança pelo uso das faixas de domínio em âmbito nacional, quando essa ocorrer no âmbito de relações contratuais envolvendo concessionárias de serviços públicos, sem intervenção direta de qualquer ente político, persistindo, pois, os fundamentos adotados pelo Superior Tribunal de Justiça, discorridos em tópico próprio.

5   Considerações finais

O presente estudo, mediante o exame de precedentes do Supremo Tribunal Federal e do Superior Tribunal de Justiça quanto ao tema proposto, objetivou examinar se os fundamentos decisórios proferidos pelas Cortes de Superposição seriam, em sua essência, antagônicos.

Para tanto, foi adotado como premissa o pensamento jurídico-pragmático, com ênfase no consequencialismo, na acepção de Richard Allen Posner, em que se pode perceber, sobretudo nas decisões proferidas pelo STF no âmbito do controle de constitucionalidade, considerável preocupação com as consequências da decisão judicial. Conjunturas de efeitos concretos, notadamente quanto a possíveis dificuldades na expansão dos serviços públicos em regiões que enfrentam barreiras estruturais estimuladas pelo próprio monopólio natural dos serviços públicos, foram não só consideradas, como decisivas na tomada de decisões.

A preocupação com as consequências da decisão é também observada nos precedentes do STJ. Ao defender a cobrança levada a efeito por concessionária de serviço público, o Tribunal busca preservar a equação econômico-financeira do contrato para, ao fim e ao cabo, garantir a continuidade e a expansão do serviço público concedido.

Com essas considerações, é certo que, nos termos da legislação em vigor, a jurisprudência do Superior Tribunal de Justiça, não obstante não seja a mais abrangente, cumpriu seu papel, dando ao tema a interpretação cabível consoante a norma que lhe foi submetida. Novos avanços jurisprudenciais exigem prévia atuação legislativa do parlamento, porquanto é esse o poder a quem a Constituição Federal de 1988 conferiu a prerrogativa, não só de eleger as normas que melhor representam os anseios da coletividade, como também de alterá-las na medida exigida pela evolução da ordem vigente.

Referências

BEVILÁCQUA, Clóvis. *Código Civil dos Estados Unidos do Brasil, comentado por Clóvis Bevilácqua.* 11. ed., atual. por Achilles Bevilácqua, e Isaías Bevilácqua. Rio de Janeiro: Livraria Francisco Alves, 1956.

CAMARGO, Margarida Maria Lacombe. Fundamentos teóricos do pragmatismo jurídico. *In: Revista de Direito do Estado*, v. 6, p. 185-212, 2007.

DE MELLO, Celso Antônio Bandeira. Legitimidade e natureza jurídica da cobrança de concessionária de serviço público pela utilização subterrânea das faixas de domínio de rodovias dadas em concessão. *In*: ASSOCIAÇÃO BRASILEIRA DE CONCESSIONÁRIAS DE RODOVIAS. *Uso da faixa de domínio por concessionárias de serviços públicos.* São Paulo: ABCR, 2005. (Coletânea de Decisões e Pareceres Jurídicos).

DI PIETRO, Maria Sylvia Zanella. Cobrança de remuneração pela ocupação de faixas de domínio por outras concessionárias de serviços públicos. *In*: DI PIETRO, Maria Sylvia Zanella. *Temas polêmicos sobre licitações e contratos.* 5. ed. São Paulo: Malheiros, 2001.

FERRAZ JUNIOR, Tércio Sampaio. Antinomia do art. 11 da Lei de Concessões de Serviços Públicos com normas do Dec. 84.398/80 que estabelecem antigas regalias típicas do modelo de generosidade na prestação do serviço público. *In*: ASSOCIAÇÃO BRASILEIRA DE CONCESSIONÁRIAS DE RODOVIAS. *Uso da faixa de domínio por concessionárias de serviços públicos.* São Paulo: ABCR, 2005 (Coletânea de Decisões e Pareceres Jurídicos).

GRAU, Eros Roberto. Parecer: *Remuneração pelo uso da faixa de domínio de rodovias, taxa de uso e ocupação do solo e espaço aéreo e Recurso Extraordinário 581.947.* R. Trib. Reg. Fed., 4ª Reg. Porto Alegre, 2015.

GRAU, Eros Roberto. Uso do subsolo de faixas de domínio de rodovias vias públicas por empresas concessionárias de serviços públicos: servidão administrativa, direito restritivo de passagem e preço. Falsa privatização de serviço público. *Revista Trimestral de Direito Público*, São Paulo, v. 27, p. 75-88, jul./set. 1999.

JAMES, William. *Pragmatismo.* São Paulo: Martin Claret, 2005.

MEIRELLES, Hely Lopes. *Direito administrativo brasileiro.* 39. ed. São Paulo: Malheiros, 2013.

POGREBINSCHI, Thamy. *O que é o pragmatismo jurídico?* Disponível em: http://www.soc.puc-rio.br/cedes/PDF/paginateoria/pragmatismo.pdf. Acesso em: 6 jun. 2021.

POGREBINSCHI, Thamy. *Pragmatismo:* teoria política e social. Rio de Janeiro: Relume Dumará, 2005.

POSNER, Richard A. *Direito, pragmatismo e democracia.* Rio de Janeiro: Forense, 2010.

POSNER, Richard A. *Para além do Direito.* Tradução de Evandro Ferreira e Silva. São Paulo: WMF Martins Fontes, 2009.

Informação bibliográfica deste texto, conforme a NBR 6023:2018 da Associação Brasileira de Normas Técnicas (ABNT):

MARQUES, Mauro Campbell. O uso remunerado da faixa de domínio: análise de precedentes do Supremo Tribunal Federal e do Superior Tribunal de Justiça à luz do pragmatismo jurídico. *In*: RIBEIRO, Carlos Vinícius Alves; TOFFOLI, Dias; RODRIGUES JUNIOR, Otávio Luiz (Coord.). *Estado, Direito e Democracia:* estudos em homenagem ao Prof. Dr. Augusto Aras. Belo Horizonte: Fórum, 2021. p. 273-288. ISBN 978-65-5518-245-3.

A AUTONOMIA, A OLIGARQUIZAÇÃO E A DEMOCRACIA INTERNA DOS PARTIDOS POLÍTICOS NO BRASIL[1]

OPHIR FILGUEIRAS CAVALCANTE JUNIOR

A importância dos partidos políticos para o Estado de Direito é fato. Em nosso país e na esmagadora maioria das democracias modernas, são eles promotores de direitos fundamentais, mesmo sendo entidades privadas, devendo, por isso mesmo, estar salvos de controle ideológico ou de qualquer tipo de obstáculo que atente contra a sua autonomia. No Brasil, essa autonomia abarca tanto a possibilidade de dispor sobre a sua estruturação interna (organização e funcionamento, incluindo normas sobre escolha, formação e duração dos seus órgãos permanentes e provisórios) como a sua atuação nos pleitos eleitorais (art. 17, CF/88).

Por seu turno, a Lei nº 9.096/1995, que dispõe sobre os partidos políticos em nosso país, estabelece, em seu art. 1º, que "o partido político, pessoa jurídica de direito privado, destina-se a assegurar, no interesse do regime democrático, a autenticidade do sistema representativo e a defender os direitos fundamentais definidos na Constituição Federal" e, no art. 2º, faz menção à democracia: "É livre a criação, fusão, incorporação e extinção de partidos políticos cujos programas respeitem a soberania nacional, o regime democrático, o pluripartidarismo e os direitos fundamentais da pessoa humana".

Como se constata, não há regras sobre a democracia interna, limitando-se a lei, apenas, a prever a isonomia entre os filiados de um partido político quanto aos direitos e deveres. Não há, assim, forma como se garantir a igualdade de tratamento. Esse fato, por si só, autorizaria os partidos a dispor sobre a sua estrutura interna de modo contrário à sua missão constitucional, ou seja, sem respeitar os direitos fundamentais, imprescindíveis ao regime democrático?

A resposta para essa indagação não é simples, especialmente porque as decisões do STF vêm considerando que a organização interna é matéria que "cria uma área de

---

[1] Este artigo é uma versão adaptada de um dos capítulos da obra "Partidos Políticos, Autonomia e Democracia Interna: a Constitucionalidade da Imposição de Regras", aceito e aguardando publicação na Revista Estudos Eleitorais do TSE (ISSN 1414-5146).

reserva estatutária absolutamente indevassável pela ação normativa do Poder Público, vedando, nesse domínio, qualquer ensaio de ingerência legislativa do aparelho estatal".[2]

Por seu turno, José Afonso da Silva, embora reconheça a largueza do princípio da autonomia partidária na estruturação interna das agremiações, pondera que os partidos devem se organizar e funcionar em sintonia com o regime democrático, sentenciando que "não é compreensível que uma instituição resguarde o regime democrático se internamente não observa o mesmo regime".[3]

Com efeito, embora a autonomia seja uma garantia constitucional dos partidos políticos, que lhes dá uma esfera de privacidade e intimidade dogmática institucional/organizacional que é infensa à intervenção estatal, isso não significa que tais corpos intermediários sejam integralmente imunes às regras e princípios fundamentais constantes da Carta Política, que é expressa ao preservar este espaço de autonomia ao incondicional respeito à soberania nacional, ao regime democrático, ao pluripartidarismo e aos direitos fundamentais da pessoa humana.[4]

Não há falar, portanto, em soberania partidária, mas, unicamente, em autonomia, o que autoriza e legitima a imposição legal de determinados padrões de comportamento fundados na Constituição, bem assim a atuação corretiva do Poder Judiciário. Não há, dessa forma, uma imunidade absoluta que os torne impermeáveis às regras e valores constitucionais, especialmente quando, como hoje ocorre no Brasil, os partidos recebem elevados recursos financeiros do Estado, não podendo internamente estabelecer verdadeiros feudos e com isso impedir o pleno exercício da cidadania.[5]

Clèmerson Merlin Clève bem sintetiza os termos do debate em que coloca de um lado, a autonomia partidária e, de outro, a necessidade de garantir a estrita observância do comando constitucional de regência dos partidos políticos em compatibilidade com o regime democrático. Nesse sentido, na atual Constituição, e ao contrário do que ocorria na Constituição anterior, os partidos políticos possuem liberdade de organização, podendo, ademais, definir as suas normas de estrutura interna e funcionamento, as quais, evidentemente, poderão variar de partido para partido.[6]

Tal proteção foi conferida aos partidos políticos como um antídoto à centralização do poder e padronização das condutas e linhas de pensamento político à prévia época da ditadura, que controlava o funcionamento dessas entidades, o que situa, de forma clara, o pensamento dominante e a motivação dessa inserção.[7] Ora, se é certo que aos próprios partidos compete a definição da respectiva estrutura interna, não é menos certo que pode a lei, respeitada a autonomia conferida pela Constituição, fixar

---

[2] MC na ADI nº 1.063-8/DF, Rel. Min. Celso de Mello, Tribunal Pleno, STF, j. 18.05.1994, *DJ* 27.04.2001.
[3] SILVA, José Afonso da. *Curso de direito constitucional positivo*. 35. ed. São Paulo: Malheiros, 2012, p. 406.
[4] BUCCHIANERI PINHEIRO, Maria Claudia. O problema da (sub)representação política da mulher: um tema central da agenda política nacional. *In:* COELHO, Marcus Vinícius; AGRA, Walber de Moura (Coord.). *Direito eleitoral e democracia*: desafios e perspectivas. Editora do Conselho Federal da OAB, Gestão 2010/2013.
[5] BUCCHIANERI PINHEIRO, Maria Cláudia: Tomemos a sério o debate em torno do *compliance* partidário: uma primeira reflexão crítica dos projetos de lei ns. 60/2017 e 429/2017, do Senado Federal. Em busca de um modelo efetivo. *In:* FUX, Luiz; PEREIRA, Luiz Casagrande; AGRA, Walber de Moura (Coord.); PECINI, Luiz Eduardo (Org.). *Direito Partidário*. Belo Horizonte: Fórum, 2018, p. 234-235.
[6] CLÈVE, Clèmerson Merlin. *Fidelidade Partidária, impeachment e Justiça Eleitoral*. Curitiba. Juruá, 2008, p. 19.
[7] MOTA, Rafael Moreira. A justificativa da autonomia dos partidos políticos na Constituição. Reforma Política e Direito Eleitoral Contemporâneo. *In:* FRAZÃO, Carlos Eduardo; NAGIME, Rafael; CARVALHO NETO, Tarcísio Vieira de (Coord.). *Estudos em Homenagem ao Ministro Luiz Fux*. Ribeirão Preto: Migalhas, 2019, p. 339.

determinadas balizas para efeito de compatibilizar a liberdade partidária com os outros postulados constitucionais de observância obrigatória.

Para Merlin Clève, é necessário clarificar que "a autonomia do partido imuniza a agremiação da interferência do legislador ordinário, mas não imuniza totalmente a agremiação contra o atuar normativo do legislador, desde que compatível com os parâmetros fixados pela Constituição",[8] o que, certamente, não fora debatido no momento da inclusão da proteção no texto constitucional por ter o dispositivo sido pensado para impedir excessos do Estado sobre esses corpos intermediários.

O próprio Tribunal Superior Eleitoral (TSE), em decisões recentes, vem advogando a tese de que a cláusula constitucional de autonomia partidária deve ser interpretada de forma a adequá-la ao regime democrático, conforme se pode ver no acórdão proferido, à unanimidade, nos autos do Recurso Especial Eleitoral nº 11.228/PA:

> ELEIÇÕES 2016. DEMONSTRATIVO DE REGULARIDADE DE ATOS PARTIDÁRIOS (DRAP). COLIGAÇÃO FORMADA PELA PRIMEIRA CONVENÇÃO PARTIDÁRIA MUNICIPAL. CONSTITUIÇÃO DE NOVA COMISSÃO PROVISÓRIA QUE REALIZOU NOVA CONVENÇÃO PARTIDÁRIA EM DATA POSTERIOR. ANULAÇÃO DA PRIMEIRA CONVENÇÃO POR ESSA NOVEL COMISSÃO PROVISÓRIA. IMPOSSIBILIDADE. ART. 7º, §2º, DA LEI DAS ELEIÇÕES. PRERROGATIVA EXCLUSIVA CONFIADA AO DIRETÓRIO NACIONAL. HIPÓTESES ESTRITAS DE DESCUMPRIMENTO DE SUAS DIRETRIZES ANTERIORMENTE ESTABELECIDAS E DESDE QUE A INTERVENÇÃO DO ÓRGÃO NACIONAL OBSERVE OS IMPERATIVOS CONSTITUCIONAIS FUNDAMENTAIS. RECURSO ESPECIAL DESPROVIDO.
>
> 1. Os partidos políticos, mercê da proeminência dispensada em nosso arquétipo constitucional, não gozam de imunidade para, a seu talante, praticarem barbáries e arbítrios entre seus Diretórios, máxime porque referidas entidades gozam de elevada envergadura institucional, posto essenciais que são para a tomada de decisões e na própria conformação do regime democrático.
>
> 2. A autonomia partidária, postulado fundamental insculpido no art. 17, §1º, da Lei Fundamental de 1988, manto normativo protetor contra ingerências estatais canhestras em domínios específicos dessas entidades (e.g., estrutura, organização e funcionamento interno), não imuniza os partidos políticos do controle jurisdicional, a ponto de erigir uma barreira intransponível à prerrogativa do Poder Judiciário de imiscuir-se no equacionamento das divergências internas partidárias, uma vez que as disposições regimentais (ou estatutárias) consubstanciam, em tese, autênticas normas jurídicas e, como tais, são dotadas de imperatividade e de caráter vinculante.
>
> 3. O estatuto partidário denota autolimitação voluntária por parte da grei, enquanto produção normativa endógena, que traduz um pré-compromisso com a disciplina interna de suas atividades, de modo que sua violação habilita a pronta e imediata resposta do ordenamento jurídico.
>
> 4. Os atos *interna corporis* dos partidos políticos, quando potencialmente apresentarem riscos ao processo democrático e lesão aos interesses subjetivos envolvidos (suposto ultraje a princípios fundamentais do processo) não são imunes ao controle da Justiça Eleitoral, sob pena de se revelar concepção atávica, inadequada e ultrapassada, em um Estado Democrático de Direito, como o é a República Federativa do Brasil (CRFB/88, art. 1º, caput).

---

[8] CLÈVE, Clèmerson Merlin. *Fidelidade Partidária, impeachment e Justiça Eleitoral*. Curitiba. Juruá, 2008, p. 19.

5. O órgão nacional da grei partidária ostenta a prerrogativa exclusiva de anular as deliberações e atos decorrentes de convenções realizadas pelas instâncias de nível inferior, sempre que se verificar ultraje às diretrizes da direção nacional, *ex vi* do art. 7º, §2º, da Lei das Eleições, desde que indigitadas orientações não desbordem dos balizamentos erigidos pelos imperativos constitucionais.

6. A jurisdição mais incisiva se justifica nas hipóteses em que a disposição estatutária, supostamente transgredida, densificar/concretizar diretamente um comando constitucional.

7. As discussões partidárias não podem situar-se em campo que esteja blindado contra a revisão jurisdicional, adstritas tão somente à alçada exclusiva da respectiva grei partidária, porquanto insulamento extremo é capaz de comprometer a própria higidez do processo político-eleitoral, e, no limite, o adequado funcionamento das instituições democráticas.

8. A Justiça Eleitoral possui competência para apreciar as controvérsias internas de partido político, sempre que delas advierem reflexos no processo eleitoral, circunstância que mitiga o postulado fundamental da autonomia partidária, *ex vi* do art. 17, §1º, da Constituição da República – cânone normativo invocado para censurar intervenções externas nas deliberações da entidade –, o qual cede terreno para maior controle jurisdicional. [...] (REE nº 11.228/PA, TSE, Rel. Min. Luiz Fux, j. 04 out. 2016, publicado em sessão de 04 out. 2016)

Mais recentemente ainda, no julgamento de processo no qual se examinava alterações propostas por partido político em seus estatutos, o TSE, em voto do Min. Tarcísio Vieira, reafirmou a jurisprudência da Corte no sentido de que embora a EC nº 97/2017, que modificou o §1º do artigo 17, da CF/88, tenha assegurado aos partidos políticos definir sua estrutura interna e estabelecer regras sobre escolha, formação e duração de seus órgãos permanentes e provisórios, tal aspecto não autorizava a agremiação a proceder contra a exegese do mencionado dispositivo constitucional, no sentido de que os partidos devem resguardar o regime democrático. No caso, o partido pretendia impor regra arbitrária para resolução de conflitos internos sem salvaguardar o contraditório e a ampla defesa dos seus filiados.[9]

As decisões do TSE partem da premissa de que, em havendo colisão de princípios constitucionais direta e imediata, há de se fazer uma ponderação de caráter político submetida à prova da proporcionalidade, levando-se em conta as especificidades do caso concreto e os interesses partidários.

Essa questão, sob o prisma das decisões do TSE, ajudou a inaugurar um diálogo com o Parlamento, tendo sido aprovado o PLS nº 181/2017, que propõe alterar o Código Eleitoral, estabelecendo ser da competência da Justiça Eleitoral as demandas que versem sobre disputa intrapartidária, mesmo sem repercussão direta no processo eleitoral.[10]

O STF dirá, enquanto não houver normatização em lei, em que medida se deve dar o alcance da autonomia partidária, quando do julgamento da ADI nº 5.875/DF, em que a Procuradoria-Geral da República questiona a constitucionalidade da EC nº 17/2017, que modificou o §1º do artigo 17, da CF/88, prevendo que caberá aos partidos fixarem prazo próprio em seus estatutos para o funcionamento das comissões provisórias.

---

[9] RPP nº 0001417-96.2011.6.00.0000, TSE, Rel. Min. Maria Thereza Rocha de Assis Moura, j. 07 jun. 2016, DJe 09 ago. 2016.

[10] BARROS, Ezikelly; FERREIRA VICTOR, Sérgio Antônio. A competência da Justiça Eleitoral para apreciar controvérsias decorrentes de atos intrapartidários. In: FRAZÃO, Carlos Eduardo; NAGIME, Rafael; CARVALHO NETO, Tarcísio Vieira de (Coord.). *Estudos em Homenagem ao Ministro Luiz Fux*. Ribeirão Preto: Migalhas, 2019, p. 714-715.

Essa matéria deverá descortinar se é possível ao Estado, via Poder Legislativo ou mesmo as próprias agremiações em seus estatutos, criar normas que, sob a justificativa de prestigiar a autonomia partidária, acabem por desnaturar a missão constitucional dos partidos políticos, num atentado ao preceito constitucional de que eles devem funcionar observando o regime democrático e respeitando os direitos fundamentais, dentre os quais o de permitir maior transparência no funcionamento dos seus órgãos internos.

Não se pode deixar de registrar, no entanto, que a doutrina não é unânime quanto à possibilidade de mitigar a autonomia partidária submetendo questões internas envolvendo filiados e a direção dos partidos ao crivo da Justiça Eleitoral. Nesse ponto, não se pode perder de vista as peculiaridades que são próprias dos partidos políticos, enquanto órgãos que possuem a missão constitucional de servir de instrumento para o exercício, pelos cidadãos, de seus direitos políticos, inclusive de participar, como filiados, da construção de uma proposta de poder alternativa ao poder estabelecido.

Se é assim, devem os partidos ter transparência em seus atos, para filiados e não filiados; ter uma direção partidária comprometida com o código de ética e boa governança e promover incentivo à denúncia e independência do órgão responsável pela fiscalização das regras de comportamento e pela imposição de penalidades aos que as desrespeitam. Tais comportamentos não podem ser meramente formais, mas sim internamente efetivos.[11]

Robert Dahl, ao estabelecer um conceito de governo democrático, alude que os cidadãos devem ter oportunidades para demonstrar/formular suas preferências, expressar suas preferências a seus concidadãos e ao governo através da ação individual ou coletiva e de ter suas preferências igualmente consideradas na conduta do governo, ou seja, consideradas sem discriminação decorrente do conteúdo ou da fonte de preferência.[12]

Considerando a correta concepção de Dahl, constata-se que a funcionalidade democrática depende de regras de procedimentos à tomada de decisões políticas plurais. Tendo normas de procedimentos, há de haver normas constitucionais de acesso e para o exercício do poder, como alude Eneida Salgado, ao defender que "no embate entre constitucionalismo e democracia, a apologia a uma democracia constitucional é que protege os pré-compromissos com a liberdade e a igualdade. Essas amarras que governam a democracia garantem a liberdade da geração presente e das gerações futuras, que passam a contar com uma estrutura democrática consolidada e que embaraça decisões que possam implicar a renúncia da liberdade".[13]

A organização, disciplina e funcionamento dos partidos devem seguir regras. Os estatutos já explicitam procedimentos de ordem para isso, devendo passar por aprimoramentos.

---

[11] BUCCHIANERI PINHEIRO, Maria Cláudia: Tomemos a sério o debate em torno do *compliance* partidário: uma primeira reflexão crítica dos projetos de Lei nºs 60/2017 e 429/2017, do Senado Federal. Em busca de um modelo efetivo. *In*: FUX, Luiz; PEREIRA, Luiz Casagrande; AGRA, Walber de Moura (Coord.); PECINI, Luiz Eduardo (Org.). *Direito Partidário*. Belo Horizonte: Fórum, 2018, p. 238.

[12] DAHL Robert. *A poliarquia*: participação e oposição. São Paulo: Editora da Universidade de São Paulo, 1997, p. 26.

[13] SALGADO, Eneida Desiree; HUALDE, Alejandro Pérez. A democracia interna dos partidos políticos como premissa da autenticidade democrática. *Revista de Direito Administrativo & Constitucional*, Belo Horizonte, ano 3, n. 11, p. 63-81, jan./mar. 2003.

Para aceitação de uma boa disciplina interna dos partidos, os procedimentos devem passar pelo crivo da transparência, ampla defesa, contraditório. Votar e ser votado com clareza de candidaturas (campanhas e apuração), tempo determinado de validade das comissões provisórias, limitação dos poderes das comissões, e, sobretudo, limitação dos poderes dos dirigentes, bem como a obrigatoriedade de as decisões serem respaldadas pelos filiados em convenções.[14]

O que se tem visto, na prática, é uma concentração exacerbada de poder nas mãos das elites dirigentes dos partidos políticos na busca do governo pelo governo. A preocupação, na maioria dos casos, é muito mais com as eleições do que com a construção de uma agenda que reúna pessoas em torno de ideias, identidades e objetivos, que as leve ao poder.

Campos Neto alude que a autenticidade da representação partidária depende, em grande medida, da democracia interna dos partidos políticos. No entanto, critica o método político-eleitoral, pois ele torna a agremiação refém da vontade do eleitor, fato esse que tem repercussão no ambiente interno justamente por não contemplar a visão dos filiados.[15]

O foco quase que cego em vencer eleições debilita internamente os partidos, pois os deixa à mercê da vontade momentânea dos eleitores em detrimento do ideário partidário, fato esse que funciona como elemento de enfraquecimento no fortalecimento da própria democracia representativa pelo descrédito que ocasiona nos filiados e na própria sociedade. Blasi faz uma leitura bastante apropriada desse desvirtuamento:

> Ao desvincular-se historicamente do povo para se fixar como instrumento do processo eleitoral, o partido político brasileiro também se afastou de suas bases constitucionais, razão pela qual apenas a instituição real e efetiva de uma democracia intrapartidária é que garantirá a transformação das funções de representatividade dos partidos, desenvolvendo-se com a finalidade de sustentar, em último grau, o próprio regime democrático. Isso porque hoje, a relação dos votantes com o partido é precária.[16]

Como se vê, portanto, mesmo sendo a representação política um monopólio dos partidos, não têm eles cumprido a sua missão nas práticas e nos discursos políticos, o que vem gerando uma forte crise de legitimidade da representação política (crise que lhe é ontológica), somada ao desprestígio social, que acaba por criar condições para discursos políticos que, apesar de utilizarem a gramática da democracia, flertam com soluções nada adequadas a um sistema democrático.[17] Bonavides identifica, com clareza, o atual quadro:

---

[14] BLASZAK, José Luís. Democracia interna dos partidos. *In*: FUX, Luiz; PEREIRA, Luiz Casagrande; AGRA, Walber de Moura (Coord.); PECINI, Luiz Eduardo (Org.). *Direito Partidário*. Belo Horizonte: Fórum, 2018, p. 322.

[15] CAMPOS NETO, Raymundo, Democracia interna e o fenômeno da oligarquização dos partidos políticos. *In*: FUX, Luiz; PEREIRA, Luiz Casagrande; AGRA, Walber de Moura (Coord.); PECINI, Luiz Eduardo (Org.). *Direito Partidário*. Belo Horizonte: Fórum, 2018. p. 341.

[16] BLASI, Ana Cristina Ferro. Os desafios na democracia interna partidária brasileira: possíveis ferramentas de atuação procedimental das organizações partidárias para sua articulação sociopolítica de aproximação com o cidadão *In*: FUX, Luiz; PEREIRA, Luiz Casagrande; AGRA, Walber de Moura (Coord.); PECINI, Luiz Eduardo (Org.). *Direito Partidário*. Belo Horizonte: Fórum, 2018. p. 355.

[17] SALGADO, Eneida Desiree; HUALDE, Alejandro Pérez. A democracia interna dos partidos políticos como premissa da autenticidade democrática. *Revista de Direito Administrativo & Constitucional*, Belo Horizonte, ano 3, n. 11, p. 63-81, jan./mar. 2003.

A ditadura invisível dos partidos, já desvinculada do povo, estende-se, por outro lado, às casas legislativas, cuja representação, exercendo de fato um mandato imperativo, baqueia de todo dominada ou esmagada pela direção partidária. O partido onipotente, a esta altura, já não é o povo nem a sua vontade geral. Mas ínfima minoria que, tendo os postos de mando e os cordões com que guiar a ação política, desnaturou nesse processo de condução partidária toda a verdade democrática. Quando a fatalidade oligárquica assim se cumpre, segundo a lei sociológica de Michels, da democracia restam apenas ruínas. Uma contradição irônica terá destruído o imenso edifício das esperanças doutrinárias no governo do povo pelo povo.[18]

Salgado e Hualde destacam que o maior problema dos partidos políticos no Brasil e Argentina está na falta de incorporação da cultura e das práticas democráticas internamente, sendo eles vítimas do personalismo, do caudilhismo, da perpetuação das oligarquias partidárias, dentre outros, o que lhes desvia da missão de garantia que encarnam na estrutura democrática, especialmente porque ficam reféns dos interesses pessoais de seus dirigentes, os quais se arvoram à condição de intérpretes diretos, únicos e verdadeiros, da vontade popular.[19] Só há, portanto, uma alternativa para que os partidos atuem de maneira adequada nas democracias, cumprindo o papel a eles reservado pelas Constituições, que é o da renovação em suas práticas internas. Efetivamente,

[...] não há transparência na tomada de decisões em partidos sem democracia interna. Não há efetivo controle dos atos praticados pelo e para o partido, ou mesmo em seu nome, num ambiente completamente impermeável à alternância ou a dissensos efetivos e em que os interesses egoísticos e de aniquilação de uma real disputa interna entre os que pretendem, em nome do partido, exercer as parcelas do poder por ele conquistado.[20]

A primeira medida para se promover um refazimento na democracia interna dos partidos reside em criar mecanismos para que os filiados tomem decisões, conjuntamente com os dirigentes, nos temas mais importantes, pois hoje o que se vê é a concentração dessas decisões nas mãos de um pequeno grupo.

Não se nega a necessidade de uma estrutura organizacional nos órgãos partidários, seja porque as regras são inerentes à própria democracia representativa, seja porque deve haver a profissionalização na gestão, mas não se pode criar verdadeiros feudos para os dirigentes, passando estes a deter total domínio dos partidos, instituindo um verdadeiro clube de amigos e parentes nos principais organismos partidários e sendo eternos candidatos a cargos eletivos.

Alexander Schifrin afirma que os males da oligarquização em um partido são inevitáveis e, para combatê-los, a democracia interna deve estar composta por três

---

[18] BONAVIDES, Paulo. *Ciência política*. São Paulo: Malheiros, 2000, p. 359.
[19] SALGADO, Eneida Desiree; HUALDE, Alejandro Pérez. A democracia interna dos partidos políticos como premissa da autenticidade democrática. *Revista de Direito Administrativo & Constitucional*, Belo Horizonte, ano 3, n. 11, p. 63-81, jan./mar. 2003.
[20] BUCCHIANERI PINHEIRO, Maria Cláudia: Tomemos a sério o debate em torno do *compliance* partidário: uma primeira reflexão crítica dos projetos de lei ns. 60/2017 e 429/2017, do Senado Federal. Em busca de um modelo efetivo. *In*: FUX, Luiz; PEREIRA, Luiz Casagrande; AGRA, Walber de Moura (Coord.); PECINI, Luiz Eduardo (Org.). *Direito Partidário*. Belo Horizonte: Fórum, 2018, p. 238.

pontos: (i) liberdade de expressão, que é a condição principal da democracia interna; (ii) intensa autonomia e vida própria das organizações locais, como uma proteção contra a centralização exagerada (como se fossem 'células primárias' nas decisões políticas), sendo delas a formação da vontade política do partido e a liberdade para tomar decisões próprias; e (iii) constituição democrática do partido através de um processo igualitário em toda a organização, a partir de regras estabelecidas em seus estatutos.[21]

A doutrina e a prática nos têm demonstrado que os partidos políticos vêm perdendo a sua condição de catalisadores dos direitos políticos ao se afastarem da sua missão de instrumentos à efetivação destes direitos, fato esse que gera um desserviço à própria sociedade, que deixa de votar em melhores candidatos, e aos filiados, que raras vezes são chamados a opinar em assuntos importantes e muito menos para, no mínimo, serem informados das decisões tomadas. Portanto, se faz imperioso dotá-los de mecanismos jurídicos mínimos, que seria recomendável fossem inseridos no texto constitucional para evitar ficassem ao sabor da vontade do Parlamento.

Tais mecanismos teriam que ser construídos observando a autonomia partidária, mas de modo a compatibilizá-la com o *múnus* constitucional de respeitar os direitos fundamentais e o regime democrático, compreendidos como a igualdade do voto, direito de eleger e ser eleito, prestação de contas e transparência, entre afiliados e corpo diretivo.[22] Essas medidas, embora possam parecer meramente retóricas ou até mesmo afrontosas à autonomia partidária, não o são, na medida em que as regras internas devem permitir que haja chances reais das minorias chegarem ao poder. Sim, porque não existem minorias com vocação de sê-lo eternamente; e tampouco existem maiorias sem a presença de minorias. Do contrário, sua presença é inventada, fabricada ou fictícia para simular o cumprimento da normativa.[23]

Para além disso, há de haver, internamente, o respeito ao regime democrático com a participação dos membros no processo de tomada de decisões e na eleição de dirigentes, em todos os níveis. Assim, não resta dúvida de que a democracia interna é um ônus que os partidos devem suportar, tendo como limite o direito à auto-organização, a qual, por seu turno, também tem como limite o direito dos filiados de participarem politicamente da vida interna do partido.

Com efeito, se tem, atualmente, uma degradação da democracia interna dos partidos, a qual, lamentavelmente, se insere no âmbito de degradação da própria atividade política e, consequentemente, corrói a democracia. O atual sistema político brasileiro propicia o surgimento de líderes que centralizam o poder dos partidos, sem que haja grande preocupação para com os eleitores. Assim, se os partidos políticos constituem a coluna vertebral do sistema democrático, devem também constituir-se

---

[21] SCHIFRIN, Alexander. Aparato de partido y democracia interna – Una crítica socialista de Michels. *In*: LENK, Kurt; NEUMANN, Fraz (Ed.). *Teoría y sociología críticas de los partidos políticos*. Barcelona: Anagrama, 1980, p. 275-276.

[22] BLASI, Ana Cristina Ferro. Os desafios na democracia interna partidária brasileira: possíveis ferramentas de atuação procedimental das organizações partidárias para sua articulação sociopolítica de aproximação com o cidadão *In*: FUX, Luiz; PEREIRA, Luiz Casagrande; AGRA, Walber de Moura (Coord.); PECINI, Luiz Eduardo (Org.). *Direito Partidário*. Belo Horizonte: Fórum, 2018. p. 365.

[23] CAMPOS NETO, Raymundo, Democracia interna e o fenômeno da oligarquização dos partidos políticos. *In*: FUX, Luiz; PEREIRA, Luiz Casagrande; AGRA, Walber de Moura (Coord.); PECINI, Luiz Eduardo (Org.). *Direito Partidário*. Belo Horizonte: Fórum, 2018. p. 329.

em corpos dotados de transparência e democracia interna, de maneira a garantir a sustentabilidade do regime democrático.[24]

Não impressiona o argumento de que os partidos, como entes privados com um *múnus* constitucional, não podem sofrer qualquer limitação na sua auto-organização e que a existência de regramentos legais sobre a forma de auto-organização pode gerar a judicialização da vida interna da entidade, pois, se internamente descumprem direitos fundamentais dos filiados, a questão transmuda-se da seara privada para a pública, justamente em razão da própria condição dos partidos na Constituição, o que deve atrair, inclusive, o controle da Justiça Eleitoral por se tratar de uma violação indireta de direitos constitucionais, inadmissível por parte de agentes democráticos, como o são os partidos.

Por outro lado, como reiteradamente vem sendo decidido pelo STF, os direitos fundamentais têm eficácia e observação obrigatória também nas relações privadas:

> É por essa razão que a autonomia privada – que encontra claras limitações de ordem jurídica – não pode ser exercida em detrimento ou com desrespeito aos direitos e garantias de terceiros, especialmente aqueles positivados em sede constitucional, pois a autonomia de vontade não confere aos particulares, no domínio de sua incidência, e atuação, o poder de transgredir ou de ignorar as restrições postas e definidas pela própria Constituição, cuja eficácia e força normativa também se impõem, aos particulares, no âmbito de suas relações privadas, em tema de liberdades fundamentais. [...] Concluo, pois, senhores Ministros, no sentido de reconhecer que assiste ao associado, no procedimento de sua expulsão referente à entidade civil de que seja membro integrante, a prerrogativa indisponível de ver respeitada a garantia do contraditório e da plenitude de defesa, com os meios e recursos a ela inerentes, consoante prescreve, em cláusula mandatória, a Constituição da República, em seu artigo 5º, LV, não obstante se trate, como no caso, de ato praticado na esfera e sob a égide de uma típica relação de ordem jurídico-privada. (RE nº 201.819-8/RJ, Tribunal Pleno, STF, Rel. Min. Celso de Mello, j. 11 out. 2005, DJ 27 out. 2006).

No quesito competência jurisdicional – em que pese os partidos políticos serem entidades com personalidade jurídica de direito privado – seria bem mais razoável se a apreciação das demandas intrapartidárias coubesse à Justiça Eleitoral, e não à Justiça Comum, quando não estiver instaurado o processo eleitoral. Com efeito, a doutrina e a jurisprudência vêm evoluindo no sentido de que as causas relacionadas ao Direito Eleitoral devem ter a justiça especializada eleitoral como a competente, como alude Blaszak:

> O motivo é simples e único, ou seja, a matéria atrai a competência. O óbvio é que a solução de um processo cuja matéria indica reflexos nas eleições, ainda que seja de administração interpartidária, deve tramitar no juízo que tem mais afinidade com o objeto, ou seja, eleitoral. Além desse patamar, os partidos políticos anseiam que além das matérias com reflexos diretos nas eleições, os processos cujo objeto seja qualquer matéria de cunho *interna corporis* possam ser dirimidos, de igual forma, na justiça especializada.[25]

---

[24] BLASI, Ana Cristina Ferro. Os desafios na democracia interna partidária brasileira: possíveis ferramentas de atuação procedimental das organizações partidárias para sua articulação sociopolítica de aproximação com o cidadão *In*: FUX, Luiz; PEREIRA, Luiz Casagrande; AGRA, Walber de Moura (Coord.); PECINI, Luiz Eduardo (Org.). *Direito Partidário*. Belo Horizonte: Fórum, 2018. p. 362-363.

[25] BLASZAK, José Luís. Democracia interna dos partidos. *In*: FUX, Luiz; PEREIRA, Luiz Casagrande; AGRA, Walber de Moura (Coord.); PECINI, Luiz Eduardo (Org.). *Direito Partidário*. Belo Horizonte: Fórum, 2018. p. 325.

O TSE, igualmente, tem entendido que os atos *interna corporis* dos partidos políticos, quando potencialmente revelem riscos ao processo democrático e lesão aos interesses subjetivos envolvidos, não são imunes ao controle da Justiça Eleitoral, na medida em que o processo eleitoral de que cuida o art. 16, CF/88, deve ser compreendido em seu sentido mais amplo, iniciando-se um ano antes da data do pleito, razão pela qual qualquer divergência partidária interna tem, presumidamente, o condão de impactar na competição eleitoral. A dinâmica eleitoral não se inicia apenas formalmente na convenção partidária: há movimentos políticos de estratégia que ocorrem antes, pela conjugação e harmonização de forças.[26]

Independentemente da competência à apreciação, há necessidade de a democracia representativa partidária voltar ao passado, no qual a ideologia prevalecia sobre os interesses meramente negociais dos dirigentes. É a chamada desideologização com perda da função pedagógica,[27] que não se compatibiliza com a missão constitucional dos partidos políticos, desafiando, desse modo, uma releitura do exercício na formação e administração, mesmo porque são eles a forma mais racional para a disputa entre grupos com objetivos de chegar à governança.[28]

A exteriorização mais explícita e recorrente da antidemocracia no seio partidário diz respeito à utilização da figura ditatorial da dissolução dos diretórios quando desalinhados com os posicionamentos do diretório nacional. Esse tipo de postura agride a democracia interna, na medida em que tolhe o direito à divergência por parte dos diretórios municipais e estaduais, onde se encontra a base dos filiados e que tem poderes para convocar convenções e registrar candidaturas. José Luís Blaszak bem esclarece como tem sido essa prática:

> Há uma identificação de procedimentos negativos pelos comandantes das agremiações em geral. Os diretórios nacionais estão soba a gerência de nomes de expressão nacional que ocuparam num passado recente mandatos de presidente da república, senadores ou governadores. Representam, assim, uma espécie de liderança com predominância de opiniões e escolhas.
>
> Os diretórios estaduais, em forte sintonia com os diretórios nacionais, são liderados por deputados federais ou estaduais que, na ativa, sonham em alçar voos mais altos na política. Por isso, buscam sempre a sintonia fina com quem exerce o comando nacional do partido.
>
> Quando a sintonia deixa de existir, cresce os enfrentamentos e os diretórios nacionais exercem uma espécie de abuso de poder e interferem nos diretórios regionais, aplicando a dissolução. A maioria dos diretórios municipais é comandada por comissões provisórias impostas pelos diretórios regionais. [...] Os partidos não gozam de imunidade para praticarem barbáries e arbítrios em seus diretórios. A concentração de poder exercida pelos diretórios nacionais é de ser banida das organizações partidárias. O exercício do poder nos partidos deve ser aquele de fomentação de ideias de governança para a ocupação de cargos no Executivo e de ampla representatividade e defesa de anseios populares ao compor o Legislativo – em qualquer das esferas – municipal, estadual ou federal.[29]

---

[26] MS nº 060145316/PB, Rel. Min. Luiz Fux, TSE, j. 29.09.2016, DJe 27.10.2017, Tomo 209, p. 83-85.

[27] SALGADO, Eneida Desiree; HUALDE, Alejandro Pérez. A democracia interna dos partidos políticos como premissa da autenticidade democrático. *Revista de Direito Administrativo & Constitucional*. Belo Horizonte, ano 3, n. 11, p. 63-81, jan./mar. 2003.

[28] BLASZAK, José Luís. Democracia interna dos partidos. *In*: FUX, Luiz; PEREIRA, Luiz Casagrande; AGRA, Walber de Moura (Coord.); PECINI, Luiz Eduardo (Org.). *Direito Partidário*. Belo Horizonte: Fórum, 2018. p. 310.

[29] BLASZAK, José Luís. Democracia interna dos partidos. *In*: FUX, Luiz; PEREIRA, Luiz Casagrande; AGRA, Walber de Moura (Coord.); PECINI, Luiz Eduardo (Org.). *Direito Partidário*. Belo Horizonte: Fórum, 2018. p. 317-320.

Com efeito, o princípio do pluralismo político implica, entre outros valores, o direito dos filiados de participar ativamente da vida partidária, votando nas matérias de interesse do partido, sendo candidato a cargos eletivos e tendo respeitadas as decisões do diretório de que participe. A partir do momento em que esses direitos são desrespeitados há um descumprimento dos preceitos constitucionais, pois a autonomia partidária deve se pautar nos vetores axiológicos da Carta Magna, de modo que não é ilimitada ou absoluta. Tal desrespeito conduz a uma concentração de forças nas mãos dos dirigentes, que se utilizam dos mais diversos expedientes para minar a oposição interna, em claro processo de oligarquização partidária.

Robert Michels ao estudar a estrutura dos grandes partidos de massa, embora ressalve a oligarquização como um fator presente, reconhece poder ela agir sobre o Estado no sentido democrático, por entender que os oligarcas se submeteriam não só as ordens estatais, mas também às exigências vindas de baixo.[30] No entanto, o autor reconhece que os aspectos negativos acabam por levar a uma espécie de ditadura das elites[31] e identifica algumas causas que conduzem à oligarquização partidária, partindo da premissa de que a soberania das massas daria lugar à necessária representação política, tendo em vista a impossibilidade de deliberação de um número grande de cidadãos em um espaço limitado. Mesmo em um partido político, torna-se inviável a deliberação de um grupo de filiados, sendo necessária a eleição de delegados, bem como é necessária a profissionalização e a especialização técnica das pessoas dirigentes e chefes em geral. Conclui Michels:

> A especialização técnica, esta consequência inevitável de qualquer organização mais ou menos extensa, torna necessário o que chamamos de direção dos negócios. Daí que resulta que o poder de decisão, considerado com um dos atributos específicos da direção é pouco retirado das massas e concentrado exclusivamente nas mãos dos chefes. E estes, que antes não eram senão órgãos executivos da vontade coletiva, em breve se tornam independentes das massas, frustrando-se ao seu controle.[32]

Essa profissionalização decorre da própria exigência de funcionamento da máquina partidária para alcançar o poder, numa crescente burocratização, deixando o partido de ser meio e passando a se tornar o fim. Todos os órgãos e instrumentos que em princípio eram destinados a assegurar o funcionamento da máquina – subordinação, cooperação harmoniosa dos membros individuais relações hierárquicas, discrição, correção – passam a ser mais importantes do que o próprio grau de rendimento da máquina.[33] Panebianco, ao referir o processo de institucionalização como sinônimo da burocratização, discorre sobre seus efeitos na oligarquização da organização partidária:

---

[30] MICHELS, Robert. *Sociologia dos partidos políticos*. Brasília: Editora da UnB, 1982, p. 21.
[31] Para Bobbio, se entende por "teoria das elites" a existência, em todas as sociedades, de uma "minoria que, por várias formas, é detentora do poder, em contraposição a uma maioria que dele está privada. Uma vez que, entre todas as formas de poder, a teoria das Elites nasceu e se desenvolveu por uma especial relação com o estudo das elites políticas, ela pode ser redefinida como a teoria segundo a qual, em cada sociedade, o poder político pertence sempre a um restrito círculo de pessoas: o poder de tomar e impor decisões válidas para todos os membros do grupo, mesmo que tenha de recorrer à força, em última instância" (BOBBIO, Norberto. *Dicionário de Política*. 13. ed. Brasília: Editora da UnB, 2010, p. 385-386).
[32] MICHELS, Robert. *Sociologia dos partidos políticos*. Brasília: Editora da UnB, 1982, p. 21.
[33] MICHELS, Robert. *Sociologia dos partidos políticos*. Brasília: Editora da UnB, 1982, p. 223.

Institucionalização é efetivamente o processo por meio do qual a organização incorpora valores e objetivos dos fundadores do partido. Se o processo de institucionalização tem sucesso, a organização perde, pouco a pouco, o caráter de instrumentos estimado não por si mesmo, mas somente em vistas dos objetivos organizativos: adquire o valor em si, os objetivos são incorporados à organização, e dela se tornam inseparáveis e, geralmente, indistinguíveis. Característico de um processo de institucionalização bem-sucedido é o fato de que, para a maioria o 'bem' da organização tende a coincidir com os seus objetivos, ou seja, tudo que 'for bom' para o partido, que for em direção ao seu fortalecimento vis-à-vis às organizações concorrentes, tende a ser considerados automaticamente como parte integrante do próprio objetivo. A organização tornar-se, ela própria, 'objetivo' para uma grande parte dos seus filiados e, desse modo, 'carrega-se' de valores.[34]

Michels identifica outro aspecto que conduz à oligarquização partidária, que diz respeito à necessidade de outorgar a uma elite os poderes para definir e executar ações com a agilidade necessária a fim de alcançar os objetivos perseguidos pela organização, o que é ampliado pela passionalidade dos cidadãos em assuntos relacionados à política e, nos partidos políticos, à abstenção voluntária dos filiados nas decisões do partido. Estabelece, então, um paralelo entre os filiados dos partidos e os devotos de igrejas, aludindo que uns vão ao culto porque são animados pelo nobre sentimento do dever e outros compareçem somente por mero hábito.[35]

Outro fator que contribuiria para a oligarquização estaria ligado à estabilidade dos líderes em seus cargos, o que decorreria da adoração a estes por personificarem os ideais da agremiação. A esse fenômeno deveria ser acrescido o fato de que esses líderes se utilizariam dos instrumentos de cooptação; do nepotismo, especialmente na escolha de candidatos, e da eternização dos mandatos para se perpetuar no poder.[36]

No tocante à luta interna pelo poder, Michels refere a existência de grupos que querem destituir os dirigentes em exercício para inaugurar uma nova oligarquia, enumerando os motivos das divergências, como de ordem pessoal, de teorias e de ordem intelectual. Destaca, ainda, que a elite partidária, do ponto de vista externo, utilizaria a imprensa como fator de conquista, de conservação e de consolidação do poder sobre os filiados.[37] Ao final do seu estudo, o autor chega à conclusão de que a constituição de oligarquias seria um fenômeno orgânico por serem as relações de dominação e dependência inerentes a sua própria natureza:

> Reduzida a sua mais breve expressão, a lei sociológica fundamental a que refere inelutavelmente os partidos (dando à palavra 'políticos' seu sentido mais abrangente) pode ser formulada assim: a organização é a fonte de onde nasce a dominação dos eleitos, dos mandatários sobre os mandantes, dos delegados sobre os que delegam, quem diz organização, diz oligarquia. Toda a organização de partido representa uma potência oligárquica repousa sobre uma base democrática. Encontramos em toda a parte eleitores

---

[34] PANEBIANCO, Angelo. *Modelos de partidos*: organização e poder nos partidos políticos. São Paulo: Martins Fontes, 2005, p. 101.
[35] MICHELS, Robert. *Sociologia dos partidos políticos*. Brasília: Editora da UnB, 1982, p. 34.
[36] MICHELS, Robert. *Sociologia dos partidos políticos*. Brasília: Editora da UnB, 1982, p. 31, 66-67.
[37] MICHELS, Robert. *Sociologia dos partidos políticos*. Brasília: Editora da UnB, 1982, p. 97.

e eleitos. Mas também encontramos em toda a parte um poder quase ilimitado dos eleitos sobre as massas que elegem. O que é oprimido, o que deveria ser. Para a massas, essa essencial entre realidade e o ideal é ainda um mistério.[38]

Constata-se, em síntese, que o processo de oligarquização, para Michels, fundamenta-se na ausência de controle dos representantes pelos representados, da quase que inexistente vontade dos dirigentes em seguir a vontade dos liderados, da falta de transparência na prestação de contas, da permanência de dirigentes por longos períodos, o que leva os partidos a não mais ser um meio para se tornar um fim em si mesmo.

Em que pese as críticas formuladas às análises de Michels,[39] não há dúvida de que se apresentam atuais, sendo necessária a busca de mecanismos que possam contribuir com o aperfeiçoamento da missão constitucional dos partidos políticos, sem tolher a sua autonomia, considerando-se serem eles instrumentos funcionais cujo objetivo é de colocar, por meio de eleições, representantes de cargos públicos para desempenharem papéis em nome e para o todo (sociedade) e não em nome ou para uma parte (classe).[40]

Uma questão relevante na maioria dos partidos políticos, para que seus líderes possam compreender a extensão e o compromisso que a sua função estruturante e monopolística lhes reserva, reside no fato de que devem eles ter transparência em seus atos. Essa transparência, hoje chamada de *accountability*, inclui desde a gestão, nela inserida a prestação de contas dos dinheiros que recebem do Poder Público; o respeito aos direitos dos filiados de participarem ativamente dos destinos das agremiações, podendo candidatar-se ou escolher candidatos a cargos eletivos, até o combate à corrupção dentro e fora da agremiação.

Bucchianeri Pinheiro, embora reconheça a importância do controle dos gastos e arrecadações, que estão sob o crivo da Justiça Eleitoral, defende um programa de comportamento, organização e conduta para entidades, por força da autonomia que lhes é conferida, serem livres à definição de regras internas. Propõe, assim, uma compatibilização da democracia interna com os sistemas de *compliance* mediante lei ordinária, que instituiria regras mínimas de integridade partidária, que procurasse desenvolver, no interior dos partidos, mecanismos e estruturas voltadas ao estrito cumprimento da legislação aplicável às agremiações partidárias, destacando a necessidade de um Código de Boa Conduta e de Ética, que deveria estabelecer, por exemplo, normas sobre o recebimento de presentes por dirigentes partidários, sobre a contratação de parentes ou empresas com vínculos familiares com filiados, ou regras de riscos na contratação de prestadores de serviços.[41]

A proposta de Bucchianeri Pinheiro, fundada no exemplo espanhol (política denominada de "cenouras e varas"), defende uma forma mista de controle, pela qual

---

[38] MICHELS, Robert. *Sociologia dos partidos políticos*. Brasília: Editora da UnB, 1982, p. 238.
[39] SARTORI, Giovanni. *Partidos e sistemas partidários*. Rio de Janeiro: Zahar, 1982, p. 206-207.
[40] BLASI, Ana Cristina Ferro. Os desafios na democracia interna partidária brasileira: possíveis ferramentas de atuação procedimental das organizações partidárias para sua articulação sociopolítica de aproximação com o cidadão In: FUX, Luiz; PEREIRA, Luiz Casagrande; AGRA, Walber de Moura (Coord.); PECINI, Luiz Eduardo (Org.). *Direito Partidário*. Belo Horizonte: Fórum, 2018. p. 360.
[41] BUCCHIANERI PINHEIRO, Maria Claudia. O problema da (sub)representação política da mulher: um tema central da agenda política nacional. In: COELHO, Marcus Vinícius; AGRA, Walber de Moura (Coord.). *Direito eleitoral e democracia*: desafios e perspectivas. Editora do Conselho Federal da OAB, Gestão 2010/2013, p. 234-239.

se tornaria obrigatória, apenas para os corpos partidários que recebessem recursos públicos, a instituição imediata de um programa de integridade (o que deve gerar a revisão de todos os estatutos partidários em prazo a ser legalmente fixado) e, associado a isso, a sua real efetividade deveria ser aferida apenas no contexto de eventual aplicação de penalidades a serem previstas num cenário a ser legalmente fixado de responsabilização objetiva das agremiações partidárias, servindo como critério para redução de reprimenda.[42]

A proposição em causa é extremamente positiva, pois lança luzes sobre um tema que tem sido tangenciado em termos de soluções efetivas, na medida em que a autonomia partidária vem sendo usada como escudo para que os partidos, internamente, não tenham políticas que zelem pela democracia intestina.

Ademais, estimularia uma nova cultura a respeito da ética partidária, o que, a médio prazo, contribuiria para o resgate da credibilidade da atividade política como um todo e estimularia uma maior participação dos filiados na vida do partido. Por outro lado, se se exigem das empresas privadas políticas de integridade, como não exigir dos partidos políticos, que têm uma missão constitucional e que recebem verbas públicas?

Para que tal exigência pudesse vingar, no entanto, seria necessário, ao nosso sentir, que, além de se criar comitês internos de fiscalização, se lhes conferisse uma certa autonomia para que, além de comunicar eventuais irregularidades detectadas ao Diretório Nacional, também o fizessem, obrigatoriamente, ao Ministério Público Eleitoral para a adoção das medidas judiciais cabíveis, cuja consequência poderia variar de multa até a suspensão do funcionamento do partido, com análise de competência da Justiça Eleitoral.

Igualmente importante seria a responsabilização civil objetiva do partido e de seu Presidente, para o ressarcimento integral de eventual dano causado à Administração Pública. Essas balizas seriam objeto de lei ordinária, mas seria recomendável a inserção, no texto constitucional, da obrigatoriedade de os partidos políticos criarem comissões de fiscalização interna, as quais, em caso de detecção de irregularidades, teriam que encaminhá-las ao Ministério Público Eleitoral. É evidente que haverá resistência, mas a implementação de uma política de integridade no seio dos partidos políticos será o caminho para iniciar o resgate da confiança da sociedade na atividade política.

Conclusão

Os partidos políticos adquiriram importância fundamental à concretização dos direitos políticos, os quais constituem, nas democracias modernas, um dos direitos fundamentais dos cidadãos – o de participar, ativa e passivamente, da vida do seu país. Tal é sua importância que passaram a ter assento constitucional, inaugurando uma democracia representativa partidária. É justamente essa constitucionalização que, segundo Gramsci, os eleva a um patamar que lhes impõe o dever de serem capazes de,

---

[42] BUCCHIANERI PINHEIRO, Maria Claudia. O problema da (sub)representação política da mulher: um tema central da agenda política nacional. *In*: COELHO, Marcus Vinícius; AGRA, Walber de Moura (Coord.). *Direito eleitoral e democracia: desafios e perspectivas*. Editora do Conselho Federal da OAB, Gestão 2010/2013, p. 251.

ao mesmo tempo, elaborar e agir, proporcionar o surgimento de operadores de ideias de comando, de novos projetos ideológicos, e não de determinar a simples reprodução de ideias de comando, sendo o compromisso do partido servir de protótipo de sociedade do futuro, além de possibilitar a confrontação de pensamentos.[43]

Como se vê, portanto, os partidos são elementos de coesão do contexto social, não podendo ficar distanciados dos cidadãos, pois, para mediar política, economia, direito e vontades divergentes, é preciso canalizar, em última escala, as necessidades majoritárias e minoritárias e operar na lógica do pluralismo político.[44] Se sua importância tem tal dimensão, não podem deixar de atuar, externa e internamente, dentro dos preceitos constitucionais. No entanto, a realidade vem demonstrando que eles têm um discurso e uma prática externa que prega transparência, ética, combate à corrupção, dentre outras bandeiras, enquanto, internamente, funcionam, na grande maioria dos casos, como verdadeiros feudos de seus dirigentes, desrespeitando os direitos dos filiados de participar ativamente da vida partidária em toda a sua extensão, por ações que restringem direitos e que objetivam consolidar e eternizar o poder nas mãos dos seus "donos".

A autonomia de que gozam – e que é essencial para que não sejam controlados pelo Estado – não lhes confere, no entanto, um salvo-conduto para, internamente, agir contra os princípios e valores constitucionais, num claro desvio do *múnus* constitucional.

Deve-se, portanto, buscar a proteção da democracia representativa partidária, criando mecanismos que estabeleçam regras de procedimentos, políticas de integridade (*compliance*), para que tenham transparência de atos e para que permitam a possibilidade do contraditório interno com a participação em todas as instâncias partidárias opinando, debatendo e votando nas principais decisões do partido, especialmente na definição de seus candidatos a cargos eletivos. Para que a política de integridade seja efetiva e não uma mera declaração de princípios, deve haver previsão na Constituição no sentido de que os partidos se submetam às regras de *compliance* consignadas em seus estatutos através de Comissão, com certa autonomia, encarregada de fiscalizar o seu cumprimento e obrigatoriamente comunicar os resultados em desconformidade à avaliação do Ministério Público Eleitoral.

De modo a garantir maior efetividade e zelar pela higidez das regras de *compliance*, o ideal seria conferir poderes à Justiça Eleitoral para decidir sobre todas e quaisquer divergências internas dos partidos em função da natureza eleitoral do direito em questão e não mais, como já vem fazendo a Justiça Eleitoral, sobre aquelas que tenham acontecido até um ano antes as eleições e que tenham potencialidade de influir no pleito.

A democracia representativa partidária foi um significativo avanço para o exercício pleno da cidadania em suas dimensões ativa e passiva. Para que possa cumprir seu papel como um direito fundamental, não pode ter duas faces, uma externa, em que seja plena, e uma interna, em que negue a sua razão de ser ao restringir direitos de filiados e perenizar o mandato dos seus líderes.

---

[43] GRAMSCI, Antonio. *Maquiavel, a política e o Estado moderno*. 7. ed. Rio de Janeiro: Civilização Brasileira, 1989, p. 51.
[44] BLASI, Ana Cristina Ferro. Os desafios na democracia interna partidária brasileira: possíveis ferramentas de atuação procedimental das organizações partidárias para sua articulação sociopolítica de aproximação com o cidadão *In*: FUX, Luiz; PEREIRA, Luiz Casagrande; AGRA, Walber de Moura (Coord.); PECINI, Luiz Eduardo (Org.). *Direito Partidário*. Belo Horizonte: Fórum, 2018. p. 361.

Referências

BARROS, Ezikelly; FERREIRA VICTOR, Sérgio Antônio. A competência da Justiça Eleitoral para apreciar controvérsias decorrentes de atos intrapartidários. *In:* FRAZÃO, Carlos Eduardo; NAGIME, Rafael; CARVALHO NETO, Tarcísio Vieira de (Coord.). *Estudos em Homenagem ao Ministro Luiz Fux*. Ribeirão Preto: Migalhas, 2019.

BLASI, Ana Cristina Ferro. Os desafios na democracia interna partidária brasileira: possíveis ferramentas de atuação procedimental das organizações partidárias para sua articulação sociopolítica de aproximação com o cidadão *In:* FUX, Luiz; PEREIRA, Luiz Casagrande; AGRA, Walber de Moura (Coord.); PECINI, Luiz Eduardo (Org.). *Direito Partidário*. Belo Horizonte: Fórum, 2018. p. 355.

BLASZAK, José Luís. Democracia interna dos partidos. *In:* FUX, Luiz; PEREIRA, Luiz Casagrande; AGRA, Walber de Moura (Coord.); PECINI, Luiz Eduardo (Org.). *Direito Partidário*. Belo Horizonte: Fórum, 2018, p. 322.

BOBBIO, Norberto. *Dicionário de Política*. 13. ed. Brasília: Editora da UnB, 2010.

BONAVIDES, Paulo. *Ciência política*. São Paulo: Malheiros, 2000.

BRASIL. Supremo Tribunal Federal. Medida Cautelar em Ação Direta de Inconstitucionalidade. *MC na ADI nº 1.063-8/DF*. Rel. Min. Celso de Mello, Tribunal Pleno, STF. Brasília, j. 18.05.1994, *DJ* 27.04.2001.

BRASIL. Supremo Tribunal Federal. Recurso Extraordinário. *RE nº 201.819-8/RJ*. Tribunal Pleno, STF. Brasília, Rel. Min. Celso de Mello, j. 11 out. 2005, *DJ* 27 out. 2006.

BRASIL. Tribunal Superior Eleitoral. Mandado de Segurança. *MS nº 060145316/PB*. Rel. Min. Luiz Fux. Brasília, j. 29.09.2016, *DJe*, 27.10.2017, Tomo 209.

BRASIL. Tribunal Superior Eleitoral. Recurso Especial Eleitoral. *REE nº 11.228/PA*, Rel. Min. Luiz Fux. Brasília, j. 04 out. 2016, publicado em sessão de 04 out. 2016.

BRASIL. Tribunal Superior Eleitoral. Registro de Partido Político. *RPP nº 0001417-96.2011.6.00.0000*, Rel. Min. Maria Thereza Rocha de Assis Moura. Brasília, j. 07 jun. 2016, *DJe* 09 ago. 2016.

BUCCHIANERI PINHEIRO, Maria Claudia. O problema da (sub)representação política da mulher: um tema central da agenda política nacional. *In:* COELHO, Marcus Vinícius; AGRA, Walber de Moura (Coord.). *Direito eleitoral e democracia:* desafios e perspectivas. Editora do Conselho Federal da OAB, Gestão 2010/2013.

BUCCHIANERI PINHEIRO, Maria Cláudia: Tomemos a sério o debate em torno do *compliance* partidário: uma primeira reflexão crítica dos projetos de lei ns. 60/2017 e 429/2017, do Senado Federal. Em busca de um modelo efetivo. *In:* FUX, Luiz; PEREIRA, Luiz Casagrande; AGRA, Walber de Moura (Coord.); PECINI, Luiz Eduardo (Org.). *Direito Partidário*. Belo Horizonte: Fórum, 2018.

CAMPOS NETO, Raymundo, Democracia interna e o fenômeno da oligarquização dos partidos políticos. *In:* FUX, Luiz; PEREIRA, Luiz Casagrande; AGRA, Walber de Moura (Coord.); PECINI, Luiz Eduardo (Org.). *Direito Partidário*. Belo Horizonte: Fórum, 2018.

CLÈVE, Clèmerson Merlin. *Fidelidade Partidária, impeachment e Justiça Eleitoral*. Curitiba: Juruá, 2008.

DAHL Robert. *A poliarquia*: participação e oposição. São Paulo: Editora da Universidade de São Paulo, 1997.

GRAMSCI, Antonio. *Maquiavel, a política e o Estado moderno*. 7. ed. Rio de Janeiro: Civilização Brasileira, 1989.

MICHELS, Robert. *Sociologia dos partidos políticos*. Brasília: Editora da UnB, 1982.

MOTA, Rafael Moreira. A justificativa da autonomia dos partidos políticos na Constituição. Reforma Política e Direito Eleitoral Contemporâneo. *In:* FRAZÃO, Carlos Eduardo; NAGIME, Rafael; CARVALHO NETO, Tarcísio Vieira de (Coord.). *Estudos em Homenagem ao Ministro Luiz Fux*. Ribeirão Preto: Migalhas, 2019.

PANEBIANCO, Angelo. *Modelos de partidos:* organização e poder nos partidos políticos. São Paulo: Martins Fontes, 2005.

SALGADO, Eneida Desiree; HUALDE, Alejandro Pérez. A democracia interna dos partidos políticos como premissa da autenticidade democrática. *Revista de Direito Administrativo & Constitucional*, Belo Horizonte, ano 3, n. 11, p. 63-81, jan./mar. 2003.

SARTORI, Giovanni. *Partidos e sistemas partidários*. Rio de Janeiro: Zahar, 1982.

SCHIFRIN, Alexander. Aparato de partido y democracia interna – Una crítica socialista de Michels. *In*: LENK, Kurt; NEUMANN, Fraz (Ed.). *Teoría y sociología críticas de los partidos políticos*. Barcelona: Anagrama, 1980.

SILVA, José Afonso da. *Curso de direito constitucional positivo*. 35. ed. São Paulo: Malheiros, 2012.

Informação bibliográfica deste texto, conforme a NBR 6023:2018 da Associação Brasileira de Normas Técnicas (ABNT):

CAVALCANTE JUNIOR, Ophir Filgueiras. A autonomia, a oligarquização e a democracia interna dos partidos políticos no Brasil. *In*: RIBEIRO, Carlos Vinícius Alves; TOFFOLI, Dias; RODRIGUES JUNIOR, Otávio Luiz (Coord.). *Estado, Direito e Democracia:* estudos em homenagem ao Prof. Dr. Augusto Aras. Belo Horizonte: Fórum, 2021. p. 289-305. ISBN 978-65-5518-245-3.

O PAPEL DA OUVIDORIA NACIONAL DO MINISTÉRIO PÚBLICO: EXERCÍCIO DA DEMOCRACIA REPRESENTATIVA NO ESTADO DEMOCRÁTICO DE DIREITO

OSWALDO D'ALBUQUERQUE LIMA NETO

O presente artigo visa analisar a criação das ouvidorias no âmbito do Ministério Público brasileiro, especialmente a Ouvidoria Nacional do Ministério Público, sua estrutura e funcionamento, bem como a importância no exercício da democracia participativa no âmbito do Estado de Direito, sob a perspectiva de acesso a direitos fundamentais dos cidadãos.

Recebi com muita honra e alegria o convite para participar desta obra em homenagem ao Professor Augusto Aras, pessoa com elevado espírito e notório saber jurídico, há 32 anos exercendo a docência universitária na Universidade Federal da Bahia e na Universidade de Brasília, entre outras instituições de ensino superior, que também já ocupou o cargo de Ouvidor-Geral do Ministério Público Federal no ano de 2003.

No Ministério Público brasileiro, as ouvidorias tem *status* constitucional desde a EC nº 45/2004, com previsão no art. 130-A, §5º,[1] *in verbis*:

> Art. 130-A. *Omissis*.
>
> [...]
>
> 5º Leis da União e dos Estados criarão ouvidorias do Ministério Público, competentes para receber reclamações e denúncias de qualquer interessado contra membros ou órgãos do Ministério Público, inclusive contra seus serviços auxiliares, representando diretamente ao Conselho Nacional do Ministério Público.

Com efeito, atento aos ideais de democracia, o legislador reformador fez inserir no texto constitucional tal imposição, com a finalidade de propiciar o amplo acesso dos citadinos aos serviços prestados pelo Ministério Público, nas suas múltiplas e diversificadas atribuições, garantindo a efetivação de direitos fundamentais.

---

[1] BRASIL. *Constituição* (1988). *Constituição da República* Federativa do Brasil. Brasília: Senado Federal: Centro Gráfico, 1988.

Para Bernardo Gonçalves Fernandes:

Fato que democracia hoje não se dá apenas pela possibilidade de escolha dos atores políticos, mas inclui ainda uma proteção constitucional que afirma: a superioridade da Constituição; a existência de direitos fundamentais; da legalidade das ações estatais; um sistema de garantias jurídicas e processuais.

[...]

Nesses termos, com Habermas podemos observar que as democracias contemporâneas trabalham com uma conexão entre o autogoverno do povo e os direitos fundamentais (relação cooriginárias, ou seja, de pressuposição recíproca entre soberania popular e direitos humanos).[2]

Nessa perspectiva, o Conselho Nacional do Ministério Público editou a Resolução nº 64, de 11 de dezembro de 2010,[3] cujo texto original previa que:

Art. 1º As Ouvidorias constituem um canal direto e desburocratizado estabelecido entre os cidadãos e a instituição, com o objetivo de manter e aprimorar o padrão de excelência nos serviços e atividades realizadas pelo Ministério Público.

Art. 2º As Ouvidorias são competentes para receber reclamações, críticas, comentários, elogios, pedidos de providências, sugestões e quaisquer outros expedientes que lhes sejam encaminhados, exclusivamente acerca dos serviços e das atividades desenvolvidas pelo Ministério Público e, se for o caso, representar diretamente ao Conselho Nacional do Ministério Público, além de outras atribuições estabelecidas nos respectivos atos constitutivos.

Art. 3º O Ministério Público dos Estados e da União que ainda não instituíram por lei suas ouvidorias deverão, por ato próprio, criá-las no prazo de 120 (cento e vinte) dias.

Art. 4º. O Conselho Nacional do Ministério Público, por ato próprio, implantará, no prazo estabelecido no artigo anterior, sua Ouvidoria e promoverá a integração de todas as Ouvidorias ministeriais visando a implementação de um sistema nacional que viabilize a obtenção de informações necessárias ao atendimento das demandas do Ministério Público.

Posteriormente, a norma supra foi revogada pela Resolução nº 95, de 22 de maio de 2013,[4] que "dispõe sobre as atribuições das ouvidorias dos Ministérios Públicos dos Estados e da União", estabelecendo, entre outros aspectos, que:

Art. 1º Esta Resolução regulamenta as atribuições das ouvidorias do Ministério Público brasileiro. (Redação dada pela Resolução nº 153, de 21 de novembro de 2016)

Art. 2º As Ouvidorias do Ministério Público representam um canal direto e desburocratizado dos cidadãos, servidores e membros com a instituição, com o objetivo de dar efetividade, manter e aprimorar um padrão de excelência nos serviços e atividades públicas.

---

[2] FERNANDES, Bernardo Gonçalves. *Curso de direito constitucional*. 9. ed. Salvador: Juspodivm, 2017, p. 299.
[3] *CONSELHO NACIONAL DO MINISTÉRIO PÚBLICO*. Resolução nº 64, de 11 de dezembro de 2010. Brasília: CNMP, dezembro, 2010. Disponível em: https://www.cnmp.mp.br/portal/images/Resolucoes/2021/Resoluo-064.pdf. Acesso em: 1 jun. 2021.
[4] *CONSELHO NACIONAL DO MINISTÉRIO PÚBLICO*. Resolução nº 95, de 22 de maio de 2013. Brasília: CNMP, maio, 2013. Disponível em: https://www.cnmp.mp.br/portal/images/Resolucoes/Resolu%C3%A7%C3%A3o-0951.pdf. Acesso em: 1 jun. 2021.

Art. 3º A função de Ouvidor do Ministério Público será exercida por membro em atividade e com mais de 10 anos de efetivo exercício, preferencialmente em caráter de exclusividade, de acordo com o disposto nos regulamentos e leis em vigor. (Redação dada pela Resolução nº 104, de 2 de dezembro de 2013)

§1º O Ouvidor do Ministério Público será eleito pelo órgão colegiado próprio, para mandato de 2 anos, admitida uma recondução, aplicando-se, no que couber, as normas pertinentes à eleição do Corregedor-Geral do Ministério Público.

§2º O Ouvidor do Ministério Público será substituído em suas faltas e impedimentos pelo Ouvidor do Ministério Público Substituto, designado pelo Conselho Superior ou órgão equivalente.

Art. 4º. Compete às Ouvidorias do Ministério Público:

I - receber reclamações e representações de qualquer interessado contra membros ou órgãos do Ministério Público, inclusive contra seus serviços auxiliares, podendo representar diretamente ao Conselho Nacional do Ministério Público, no que couber, nos termos do art. 130-A, §5º, da Constituição Federal; (Redação dada pela Resolução nº 153, de 21 de novembro de 2016)

II - receber elogios, críticas, representações, reclamações, pedidos de informações, sugestões e outros expedientes de qualquer natureza que lhes sejam encaminhados acerca dos serviços e das atividades desenvolvidas pelo Ministério Público, comunicando ao interessado as providências adotadas; (Redação dada pela Resolução nº 153, de 21 de novembro de 2016)

III - promover articulação e parcerias com outros organismos públicos e privados, visando ao atendimento das demandas recebidas e aperfeiçoamento dos serviços prestados; (Redação dada pela Resolução nº 153, de 21 de novembro de 2016)

IV - sugerir aos órgãos da Administração Superior do Ministério Público e ao Conselho Nacional do Ministério Público a adoção de medidas administrativas tendentes ao aperfeiçoamento das atividades desenvolvidas, com base em informações, sugestões, reclamações, representações, críticas, elogios e outros expedientes de qualquer natureza; (Redação dada pela Resolução nº 153, de 21 de novembro de 2016)

V - encaminhar, se pertinente, às instituições competentes elogios, críticas, representações, reclamações, pedidos de informações e sugestões que lhes sejam dirigidos acerca dos serviços e das atividades desempenhadas por instituições alheias ao Ministério Público; (Redação dada pela Resolução nº 153, de 21 de novembro de 2016)

VI – apresentar e dar publicidade aos dados estatísticos acerca das manifestações recebidas e das providências adotadas; (Redação dada pela Resolução nº 153, de 21 de novembro de 2016)

VII – encaminhar relatório estatístico trimestral e analítico semestral das atividades desenvolvidas pela ouvidoria aos respectivos órgãos colegiados superiores, Corregedoria e Procuradoria-Geral; (Redação dada pela Resolução nº 153, de 21 de novembro de 2016)

VIII – encaminhar, preferencialmente por meio eletrônico, relatório estatístico trimestral e analítico semestral das atividades desenvolvidas ao Conselho Nacional do Ministério Público, com os indicadores mínimos constantes no anexo desta Resolução. (Redação dada pela Resolução nº 153, de 21 de novembro de 2016)

IX – divulgar o seu papel institucional à sociedade.

Art. 5º. A Ouvidoria terá estrutura material, tecnológica e de pessoal permanente e adequada ao cumprimento de suas finalidades e será localizada em espaço físico de fácil acesso à população. Parágrafo único. Por ato próprio e de acordo com sua estrutura, cada ouvidoria poderá determinar seus critérios de atendimento presencial ao cidadão, dando ampla divulgação ao público. (Incluído pela Resolução nº 153, de 21 de novembro de 2016)

Art. 6º. As manifestações dirigidas à Ouvidoria não possuem limitação temática e poderão ser feitas pessoalmente ou por meio dos canais de comunicação eletrônicos, postais, telefônicos ou outros de qualquer natureza. Parágrafo único. Diante do poder-dever da administração pública em controlar a legalidade e moralidade dos seus atos, as informações que, apesar de anônimas, interessarem ao Ministério Público, serão registradas e será dado conhecimento ao órgão respectivo, quando dotadas de plausibilidade.

Mais recentemente, o CNMP aprovou e instituiu o Regimento Interno da Ouvidoria Nacional do Ministério Público, por meio da Resolução nº 212, de 11 de maio de 2020,[5] prescrevendo, na essência, o seguinte:

> Art. 1º A Ouvidoria Nacional do Ministério Público é o órgão de comunicação direta e simplificada entre o Conselho Nacional do Ministério Público (CNMP) e a sociedade, e tem por objetivo principal o aperfeiçoamento e o esclarecimento aos cidadãos das atividades realizadas pelo CNMP e pelo Ministério Público.
>
> Art. 2º A Ouvidoria Nacional do Ministério Público funcionará, no âmbito do CNMP, como unidade responsável pelo Serviço de Informações ao Cidadão (SIC), para os efeitos da Lei nº 12.527, de 18 de novembro de 2011.
>
> Art. 3º A Ouvidoria Nacional do Ministério Público observará, na sua atuação, as seguintes diretrizes:
>
> I – transparência da informação, proporcionando amplo acesso a ela e a sua divulgação;
>
> II – proteção da informação, garantindo-se sua disponibilidade, autenticidade e integridade;
>
> III – proteção da informação sigilosa e da informação pessoal, observada a sua disponibilidade, autenticidade, integridade e eventual restrição de acesso;
>
> IV – zelo pela celeridade e pela qualidade das respostas às demandas de seus usuários;
>
> V – objetividade e imparcialidade no tratamento das manifestações;
>
> VI – defesa da ética, da participação social e da transparência nas relações entre o CNMP, o Ministério Público e a sociedade;
>
> VII – incentivo às práticas de autocomposição entre a sociedade, o Ministério Público e o CNMP;
>
> VIII – incentivo à autonomia e à estruturação das Ouvidorias do Ministério Público;
>
> IX – garantia da efetividade dos direitos da sociedade e dos cidadãos.
>
> Art. 4º A Ouvidoria Nacional do Ministério Público funcionará, para atendimento ao público externo e interno, de segunda a sexta-feira úteis, das 12h às 19h, no edifício-sede do CNMP.
>
> §1º No período de 20 de dezembro a 6 de janeiro, a Ouvidoria seguirá o horário de funcionamento do CNMP, em regime de plantão, das 13h às 18h.
>
> §2º Nos meses de janeiro, após o recesso forense, e de julho, o horário de funcionamento previsto no caput poderá ser alterado nos termos de ato específico da Secretaria-Geral.
>
> §3º Em situações excepcionais, o horário de funcionamento da Ouvidoria Nacional do Ministério Público poderá ser alterado por decisão do Ouvidor Nacional.
>
> Art. 5º O Ouvidor Nacional do Ministério Público, escolhido nos termos do Regimento Interno do CNMP, terá independência funcional para realização das atividades inerentes

---

[5] CONSELHO NACIONAL DO MINISTÉRIO PÚBLICO. Resolução nº 212, de 11 de maio de 2020. Brasília: *CNMP*, maio, 2020. Disponível em: https://www.cnmp.mp.br/portal/images/Resolucoes/Resoluo-n-212-2020.pdf. Acesso em: 1 jun. 2021.

às suas atribuições e atuará em regime de cooperação com as unidades administrativas do CNMP e do Ministério Público, coordenando a integração em rede das respectivas Ouvidorias.

Art. 6º A Ouvidoria Nacional do Ministério Público contará com a colaboração de membros do Ministério Público brasileiro, os quais atuarão, conforme designação, na condição de membro auxiliar ou de membro colaborador. Parágrafo único. Caberá ao Ouvidor Nacional a escolha dos membros do Ministério Público que atuarão perante a Ouvidoria Nacional, observado o disposto no art. 12, XX e §§1º e 2º, do Regimento Interno do CNMP.

Art. 7º Compete à Ouvidoria Nacional:

I – receber, examinar, encaminhar, responder e arquivar críticas, reclamações, representações, elogios, sugestões e pedidos de informação que lhe sejam dirigidos concernentes às atividades desenvolvidas pelo CNMP e pelo Ministério Público;

II – promover a integração entre as Ouvidorias do Ministério Público, com vistas à implementação de sistema nacional que viabilize a consolidação das principais demandas e informações colhidas, de forma a permitir a formulação de estratégias nacionais direcionadas ao atendimento ao público e ao aperfeiçoamento da instituição;

III – incentivar a autocomposição junto às unidades do CNMP e do Ministério Público, observado o disposto na Resolução CNMP nº 118, de 1º de dezembro de 2014, e na Portaria CNMP-PRESI nº 142, de 10 de setembro de 2019;

IV – sugerir à Administração do CNMP a adoção de medidas administrativas tendentes ao aperfeiçoamento das atividades desenvolvidas;

V – organizar, interpretar e consolidar as informações obtidas nas manifestações recebidas, produzindo relatórios estatísticos trimestrais e analíticos semestrais que espelhem o desempenho do CNMP e da Ouvidoria Nacional em níveis de satisfação dos usuários e de necessidades de correções e de melhorias nos procedimentos institucionais;

VI – realizar semestralmente o estudo dos relatórios analíticos encaminhados pelas Ouvidorias do Ministério Público brasileiro, visando colher indicativos de atuação e boas práticas, a fim de consolidar diretrizes para o aperfeiçoamento dos trabalhos desenvolvidos pelas Ouvidorias e demais unidades do Ministério Público;

VII – divulgar à sociedade, permanentemente, seu papel institucional e fomentar a sua participação.

A propósito, com o objetivo de dar concreção ao disposto no art. 7º, inciso II, antes transcrito, a Presidência do CNMP, por meio da Portaria nº 39, de 11 de março de 2020,[6] instituiu a Rede de Ouvidorias do Ministério Público brasileiro, estatuindo que:

Art. 1º Fica instituída a Rede de Ouvidorias do Ministério Público brasileiro, com a finalidade de integrar as Ouvidorias que compõem o Ministério Público dos Estados e da União e fortalecer suas atividades.

§1º A Rede de Ouvidorias do Ministério Público brasileiro será composta pela Ouvidoria Nacional do Ministério Público e pelas Ouvidorias dos demais Ministérios Públicos (MPU e MP estaduais) que manifestarem interesse e assinarem o Termo de Adesão, cujo modelo consta do Anexo Único da presente Portaria.

---

[6] *CONSELHO NACIONAL DO MINISTÉRIO PÚBLICO*. Portaria CNMP-PRESI nº 39 de 11 de março de 2020. Brasília: *CNMP*, março, 2020. Disponível em: https://www.cnmp.mp.br/portal/images/Portarias_Presidencia_nova_versao/2020/2020.Portaria-CNMP-PRESI.39.2018--Instituicao_da_Rede_de_Ouvodrias_do_MP.pdf. Acesso em: 1 jun. 2021.

§2º Ouvidorias de outros Órgãos ou Entidades dos Poderes da União e demais Entes Federados poderão compor a Rede como membros convidados.

Artigo 2º Compete à Rede de Ouvidorias do Ministério Público:

I – propor diretrizes para o aperfeiçoamento das atividades das Ouvidorias integrantes da Rede;

II – estimular o aperfeiçoamento dos canais de acesso às Ouvidorias integrantes da Rede, bem como das práticas de atendimento ao público;

III – promover o intercâmbio de experiências funcionais e administrativas, bem como de informações sobre métodos de registro, tratamentos e levantamentos estatísticos das manifestações recebidas pelas Ouvidorias integrantes da Rede;

IV – elaborar estudos com o objetivo de uniformizar a metodologia de consolidação de dados quantitativos e qualitativos produzidos pelas Ouvidorias integrantes da Rede, a fim de subsidiar ações de fomento e melhoria dos serviços públicos prestados à sociedade;

V – tramitar por meio eletrônico, as manifestações de ouvidoria entre os integrantes da Rede, na medida das suas atribuições;

VI – firmar parcerias para a implementação de um Sistema Único de Ouvidoria, que atenda aos integrantes da Rede e otimize o tratamento das manifestações e o envio de relatórios;

VII – elaborar plano estratégico a cada dois anos; e

VIII – incentivar a realização de oficinas e fóruns de debates entre os integrantes da Rede, a fim de alinhar ações e programas de atuação conjunta em áreas temáticas afetas às Ouvidorias.

Art. 3º A Rede de Ouvidorias do Ministério Público brasileiro reunir-se-á periodicamente para debater temas de interesse das ouvidorias e para traçar estratégias conjuntas de atuação, nos moldes a ser definido no Regimento Interno, que será aprovado na oportunidade da 1ª. Reunião Ordinária da Rede.

Oportuno destacar, ainda, a criação do canal Ouvidoria das Mulheres por meio da Portaria CNMP-PRESI nº 77, de 21 de maio de 2020, no âmbito da Ouvidoria Nacional do Ministério Público, que "tem por objetivo principal estabelecer um canal especializado de recebimento e encaminhamento às autoridades competentes das demandas relacionadas à violência contra a mulher", conforme previsão inserta no art. 2º, do citado ato normativo.

A finalidade específica deste canal especializado é justamente ampliar a rede de apoio às mulheres vítimas de violência, proporcionando um canal de atendimento diferenciado e especializado, a fim de promover um trabalho coordenado e integrado entre todas as unidades do Ministério Público brasileiro e demais instituições envolvidas no enfrentamento da violência contra a mulher, especialmente levando-se em consideração o exponencial aumento de delitos no período de distanciamento social provocado pela pandemia da covid-19.

Para ressaltar a importância desta iniciativa, vale observar que, de junho a setembro de 2020 (ano de criação do canal), a Ouvidoria Nacional, por meio do canal da ouvidoria das mulheres, recebeu 402 manifestações relacionadas à violência contra a mulher, ao passo que, no mesmo período, recebeu 1186 manifestações relativas a outras demandas, representando aproximadamente 40% das demandas que aportaram na Ouvidoria Nacional.

Nestes tempos de transformação, urge que o Ministério Público ouça o cidadão, e este, aliás, é o lema da Ouvidoria Nacional: "Ouvir e Servir", na busca de conhecer a realidade de cada citadino, suas demandas e expectativas, promovendo um dos valores do Estado Democrático de Direito, que é a dignidade da pessoa humana (art. 1º, inciso III, da Constituição da República).

Nesta senda, tratando da dimensão do Estado Democrático de Direito, a lição lapidar de Bernardo Gonçalves:

> O chamado Estado Democrático de Direito é também nominado pelos autores de tradição alemã como Estado Constitucional, uma vez que as aquisições históricas deixaram claro que não é submissão ao Direito que justificaria a limitação quer do próprio Estado quer dos Governantes, mas necessariamente uma subjugação total à Constituição.
>
> Para muitos autores, o Estado Democrático de Direito seria a união de dois princípios fundamentais, o Estado de Direito e o Estado Democrático. Todavia, mais que uma junção, o produto desses dois princípios acaba por formalizar-se e revelar-se como um conceito novo que, mais do que adicionar um no outro, equivale à afirmação de um novo paradigma de Estado e de Direito.
>
> Na realidade, o Estado Democrático de Direito é muito mais que um princípio, configurando-se em verdadeiro paradigma- isto é, pano de fundo de silêncio – que compõe e dota de sentido as práticas jurídicas contemporâneas. Vem representando, principalmente, uma vertente distinta dos paradigmas anteriores do Estado Liberal e do Estado Social. Aqui a concepção de direito não se limita a um mero formalismo como no primeiro paradigma, nem descamba para uma materialização totalizante como no segundo. A perspectiva assumida pelo direito caminha para a procedimentalização e, por isso mesmo, a ideia de democracia não é ideal, mas configura-se pela existência de procedimentos ao longo de todo o processo decisório estatal, permitindo e sendo poroso à participação dos atingidos, ou seja, da sociedade.[7]

Desta sorte, visando perfectibilizar o exercício da democracia representativa, alicerce do Estado Constitucional, a Ouvidoria Nacional ampliou significativamente, a partir de 2010, os canais de acesso aos cidadãos, contando atualmente com 13 canais, a saber:

> Canais de Atendimento da Ouvidoria Nacional
>
> Atendimento presencial semanal, das 12h às 19h.
>
> Atendimento telefônico: (61) 3366-9229 / 3315-9467/ 3315-9468
>
> Formulários eletrônicos disponíveis na página da Ouvidoria Nacional: https://www.cnmp.mp.br/portal/ouvidoria
>
> Atendimento por WhatsApp: (61) 3366-9229 /Ouvidoria Nacional e (61) 3315-9476/ Ouvidoria das Mulheres
>
> Atendimento por e-mail: ouvidoria@cnmp.mp.br e ouvidoriadasmulheres@cnmp.mp.br
>
> Atendimento nas redes sociais oficiais do CNMP: Facebook: cnmpoficial, Instagram: cnmpoficial e Twitter: cnmp_oficial.

---

[7] FERNANDES, Bernardo Gonçalves. *Curso de direito constitucional*. 9. ed. Salvador: Juspodivm, 2017, p. 296.

Canais de atendimento dos órgãos parceiros:

Ministérios Públicos dos Estados e da União e Conselho Nacional dos Ouvidores do Ministério Público dos Estados e da União/CNOMP;

Ouvidoria Nacional dos Direitos Humanos/Sistema Integrado Nacional de Direitos Humanos

Disque 100/Direitos Humanos

Disque 180/Central de atendimento à Mulher

Sistema Informatizado Ouvidor DH

Por conseguinte, elevou-se exponencialmente o número de manifestações recebidas pela Ouvidoria Nacional, tanto que de novembro de 2019 até o dia 31 de março de 2021, foram recebidas, tratadas e encaminhadas, pelos canais disponibilizados, 6.518 (seis mil, quinhentas e dezoito) demandas, perfazendo uma média de 383 (trezentas e oitenta e três) manifestações por mês. Veja-se:

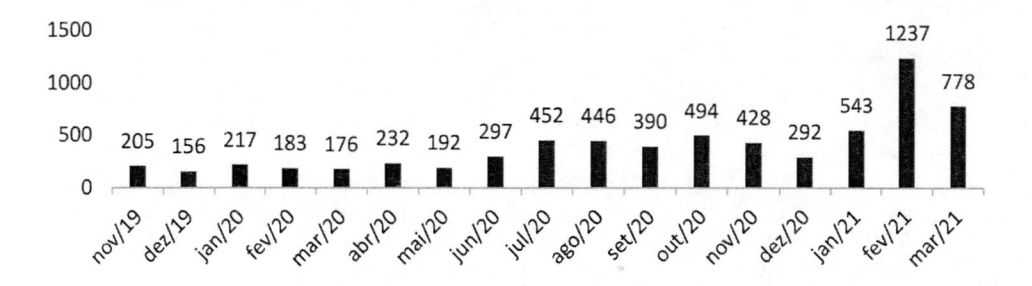

mês	quantidade
nov/19	205
dez/19	156
jan/20	217
fev/20	183
mar/20	176
abr/20	232
mai/20	192
jun/20	297
jul/20	452
ago/20	446
set/20	390
out/20	494
nov/20	428
dez/20	292
jan/21	543
fev/21	1237
mar/21	778

OUVIDORIA NACIONAL – Quantidade de manifestações recebidas no período de nov./19 a mar./21

Nos meses de novembro e dezembro de 2019, foram recebidas, tratadas e encaminhadas 361 (trezentas e sessenta e uma) demandas, uma média de 180,5 manifestações mês. Já no ano de 2020, período em que a ONMP passou a ampliar seus canais de atendimento ao cidadão, foram recebidas para tratamento e encaminhamento 3.799 (três mil setecentas e noventa e nove) demandas, média de 316,5 manifestações mês.

A ampliação dos canais de atendimento ensejou um aumento percentual superior a 60% (sessenta por cento), quando comparado o ano de 2020 ao ano de 2019. Esse número expressivo demonstra que as ações implementadas democratizaram os canais de recebimento de manifestações dos cidadãos. Confira-se:

```
         3799
4000  ┌─────┐
3000  │     │
      │2295 │
2000  ├───┤ │
1000  │   │ │
   0  └───┴─┴──────
      Ano 2019  Ano 2020
```

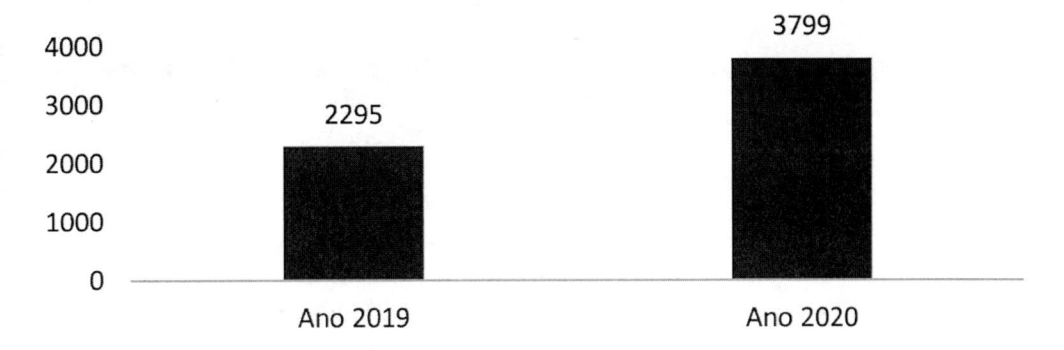

OUVIDORIA NACIONAL – Comparativo após a ampliação dos canais de comunicação

Ressalta-se, ainda, que, no mês de janeiro de 2021, a Ouvidoria Nacional, em parceria com a Secretaria de Comunicação do CNMP, lançou campanha institucional disponibilizando para o cidadão todos os canais de atendimento da ONMP para o recebimento de notícias relativas a possíveis descumprimentos ao Plano Nacional de Imunização da covid-19 ("Fura-Fila").

Com este propósito, a Ouvidoria Nacional registrou, no período de 22 de janeiro a 31 de março, o recebimento de 1.728 (mil setecentas e vinte e oito) demandas, com uma média de 25 manifestações por dia sobre o assunto, o que correspondeu, em pouco mais de 2 meses, ao índice de 25% das demandas recebidas. Observe-se a seguir:

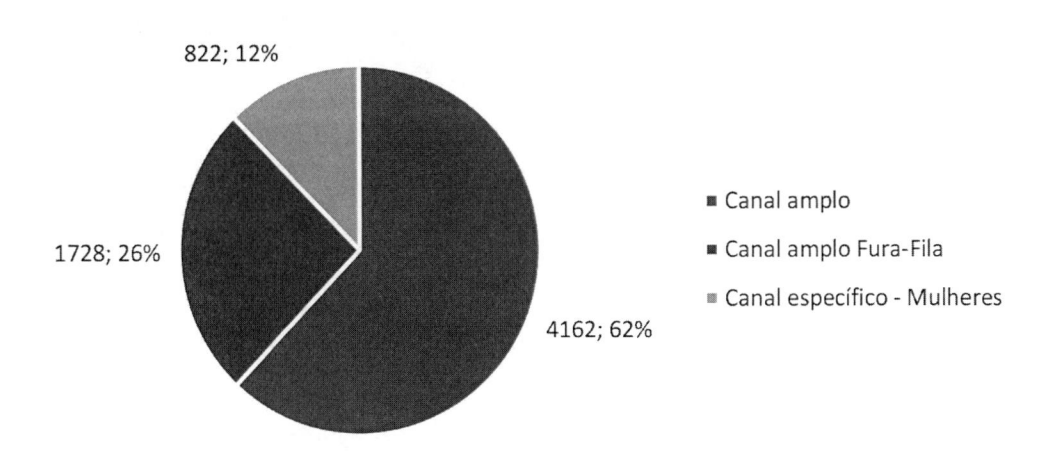

Gráfico de pizza:
- 822; 12% – Canal específico - Mulheres
- 1728; 26% – Canal amplo Fura-Fila
- 4162; 62% – Canal amplo

OUVIDORIA NACIONAL – Comparativo entre os canais de recebimento de demandas

Decerto, a pandemia mundial decorrente da covid-19 impôs grandes desafios à sociedade mundial, obrigando os cidadãos a isolarem-se, com o propósito imediato de garantir seus dois bens jurídicos mais valorosos: saúde e vida.

Com a alteração de rotinas e a implementação de novas formas de aproximação e cuidado pessoal, observou-se a necessidade da reinvenção/aperfeiçoamento dos canais oficiais de atendimento ao cidadão, o qual não poderia ficar desamparado ou desassistido em meio a uma crise sanitária de proporções mundiais. O Ministério Público brasileiro não parou e suas ouvidorias fortaleceram seu caráter de imprescindibilidade neste novel cenário desafiador.

Indubitável que ficou evidenciada a identificação do cidadão com a instituição ministerial por meio do trabalho realizado pelas ouvidorias, as quais massificaram a divulgação de seus canais de comunicação, implementando novas ferramentas para o recebimento de manifestações, sem olvidar a atual estruturação em rede, cujas ouvidorias, em atuação integrada, potencializam a comunicação entre o cidadão e o órgão do Ministério Público responsável pela prestação do serviço público.

Nesse compasso, conforme destacado no intitulado "Diagnóstico da Pandemia de Coronavírus",[8] elaborado em conjunto pela Ouvidoria Nacional do Ministério e Conselho Nacional dos Ouvidores do Ministério Público dos Estados e da União, infere-se que as ouvidorias, identificadas como organismo da estrutura nuclear do *Parquet*, exercem papel fundamental na consecução e efetivação de direitos fundamentais, recomendando a necessidade de contínua estruturação e capacitação de seus membros e servidores para o exercício do mister institucional, com vistas a possibilitar a cada cidadão o amplo acesso à prestação de serviços públicos essenciais e a consequente efetivação de direitos fundamentais.

Referências

BRASIL. *Constituição* (1988). *Constituição da República* Federativa do Brasil. Brasília: Senado Federal: Centro Gráfico, 1988.

CONSELHO NACIONAL DO MINISTÉRIO PÚBLICO. Resolução nº 64, de 11 de dezembro de 2010. Brasília: *CNMP*, dezembro, 2010. Disponível em: https://www.cnmp.mp.br/portal/images/Resolucoes/2021/Resoluo-064.pdf. Acesso em: 1 jun. 2021.

CONSELHO NACIONAL DO MINISTÉRIO PÚBLICO. Resolução nº 95, de 22 de maio de 2013. Brasília: *CNMP*, maio, 2013. Disponível em: https://www.cnmp.mp.br/portal/images/Resolucoes/Resolu%C3%A7%C3%A3o-0951.pdf. Acesso em: 1 jun. 2021.

CONSELHO NACIONAL DO MINISTÉRIO PÚBLICO. Resolução nº 212, de 11 de maio de 2020. Brasília: CNMP, maio, 2020. Disponível em: https://www.cnmp.mp.br/portal/images/Resolucoes/Resoluo-n-212-2020.pdf. Acesso em: 1 jun. 2021.

CONSELHO NACIONAL DO MINISTÉRIO PÚBLICO. Portaria CNMP-PRESI nº 39 de 11 de março de 2020. Brasília: *CNMP*, março, 2020. Disponível em: https://www.cnmp.mp.br/portal/images/Portarias_Presidencia_nova_versao/2020/2020.Portaria-CNMP-PRESI.39.2018--Instituicao_da_Rede_de_Ouvodrias_do_MP.pdf. Acesso em: 1 jun. 2021.

---

[8] CONSELHO NACIONAL DO MINISTÉRIO PÚBLICO. Diagnóstico da pandemia de coronavírus. Brasília: *CNMP*, agosto, 2020. Disponível em: https://www.cnmp.mp.br/portal/images/noticias/2020/agosto/Diagnostico_v3.pdf. Acesso em: 1 jun. 2021.

CONSELHO NACIONAL DO MINISTÉRIO PÚBLICO. Diagnóstico da pandemia de coronavírus. Brasília: CNMP, agosto, 2020. Disponível em: https://www.cnmp.mp.br/portal/images/noticias/2020/agosto/Diagnostico_v3.pdf. Acesso em: 1 jun. 2021.

FERNANDES, Bernardo Gonçalves. *Curso de direito constitucional*. 9. ed. Salvador: Juspodivm, 2017, p. 296.

Informação bibliográfica deste texto, conforme a NBR 6023:2018 da Associação Brasileira de Normas Técnicas (ABNT):

LIMA NETO, Oswaldo D'Albuquerque. O papel da Ouvidoria Nacional do Ministério Público: exercício da democracia representativa no Estado Democrático de Direito. *In*: RIBEIRO, Carlos Vinícius Alves; TOFFOLI, Dias; RODRIGUES JUNIOR, Otávio Luiz (Coord.). *Estado, Direito e Democracia:* estudos em homenagem ao Prof. Dr. Augusto Aras. Belo Horizonte: Fórum, 2021. p. 307-317. ISBN 978-65-5518-245-3.

OBRAS, MONUMENTOS E LIBERDADE[1]

PAULO GUSTAVO GONET BRANCO

Não raro se debate se é dado a uma cidade aportar recursos públicos para a construção de obras e monumentos de conotação religiosa, mesmo quando são de acesso aberto a todo o público.

A controvérsia costuma girar em torno da interpretação do veto, estatuído no art. 19, I, da Constituição Federal a que a União, os Estados, o Distrito Federal e os Municípios venham a "estabelecer cultos religiosos ou igrejas, subvencioná-los, embaraçar-lhes o funcionamento ou manter com eles ou seus representantes relações de dependência ou aliança, ressalvada, na forma da lei, a colaboração de interesse público".

A leitura desapaixonada do dispositivo constitucional não deve fazer tábula rasa da sua cláusula final, que, de imediato, desautoriza a ideia de que se haja estremado religião e Poderes Públicos em mônadas incomunicáveis.

Decerto, sobretudo, que o dispositivo não põe inimizade entre o Estado e a religião. Ao contrário, uma visão sistemática da Constituição revela que a religião é um bem constitucionalmente reconhecido e protegido; a sua prática, como ocorre tipicamente com os direitos fundamentais, é merecedora de tutela e promoção pelos Poderes Públicos. Daí ser equivocada a leitura assistemática e extremista do art. 19, I, da Constituição que desconsidere essa perspectiva mais abrangente.

Uma obra arquitetônica que permita culto e reverência de uma expressiva parcela da população e que, em si mesma, não implica mensagem de ódio a outras confissões religiosas, ajusta-se ao papel do Estado de viabilizador dos interesses das práticas de fé que não conflitam com os valores de atitude reta e cidadã acolhidos pelo constituinte, antes os confirmam e animam.

O conceito que favoreça uma visão ateia da comunidade política não está sancionado pela Constituição. Afinal, o constituinte proclama o livre exercício de culto e protege as suas liturgias (art. 5º, VI), proíbe que se restrinjam direitos por motivo de crença religiosa (art. 5º, VIII) e admite, sob a forma de disciplina de matrícula facultativa,

---

[1] Entre as inúmeras causas de admiração que Augusto Aras, homenageado desta *festschrift*, inspira, sempre me impressionou o seu respeito pela fé. Não me aventuro à especulação sobre se ele concordará com as ideias deste artigo, mas o assunto, certamente, não será alheio à abertura que há ao transcendental no meu amigo de mais de três décadas.

o ensino religioso em escolas públicas de ensino fundamental (CF, art. 210, §1º). O constituinte acolhe e prevê consequências jurídicas para o casamento religioso no âmbito civil (CF, art. 226, §§1º e 2º) e dá abrigo à objeção de consciência (CF art. 143, §1º). A importância da religião para o sistema constitucional é reconhecida, da mesma forma, quando se lê, no art. 5º, VII, da Constituição, que o Estado se incumbe de assegurar, "nos termos da lei, a prestação de assistência religiosa nas entidades civis e militares de internação coletiva". Há inequívoco reconhecimento pelo constituinte da importância da vivência religiosa para os que assim queiram formatar a sua existência. Reconhece-se até ao que está excluído do convívio social a participação em atos religiosos, o que impõe ao intérprete da Constituição o reconhecimento de que a ordem constitucional assume a religião como algo que merece respeito acentuado, a ser tomada como elemento central do que entende por dignidade da pessoa humana. Isso também se evidencia quando, em juízo especialmente positivo das instituições religiosas, o constituinte as isenta de impostos, assegurando que não serão perturbadas pelo poder de taxar, estimulando a sua viabilidade social. Além disso, como assinalado, o art. 19, I, da Constituição expressamente contempla a colaboração do Estado com as confissões religiosas, em prol do interesse público.

A Constituição Federal, portanto, rejeita que se visualize no princípio da laicidade um comando de completo afastamento entre Estado e religião, que impediria a manutenção de relações entre ambos e que relegaria as manifestações religiosas à esfera privada. Os contornos definidores da laicidade no caso brasileiro não se confundem com os de outros países, em que peculiaridades das Histórias respectivas conduzem a modelos diferentes. No nosso sistema, não se concebe uma subtração da religião da esfera pública.

Nesse ponto, é útil a distinção usual entre laicidade e laicismo. Este último, como aponta André Ramos Tavares,

> (...) Significa um juízo de valor negativo, pelo Estado, em relação às posturas de fé, [baseado], historicamente, no racionalismo e cientificismo [e] hostil à liberdade de religião plena, às suas práticas amplas. (...) Um Estado que, longe de permitir e consagrar amplamente a liberdade de religião e o não comprometimento do Estado, compromete-se, ao contrário, com uma postura de desvalorização da religião, tornando o Estado inimigo da religião, seja ela qual for.[2]

Uma análise proveitosa do tema não pode tampouco prescindir dos precisos subsídios colhidos do voto do Min. Gilmar Mendes na ADI nº 4.439/DF,[3] que define o que se entende, entre nós, por Estado laico e ressalta a diferença entre *laicidade* e *laicismo*, encerrando com a importante nota de que o Estado laico não é indiferente às religiões:

> Ser um Estado laico não significa que o Estado é antirreligioso, só que há separação entre Clero e Estado e que não há adoção de uma religião oficial. Daí, diferencia-se laicidade de laicismo. Na laicidade, o Estado adota posição de neutralidade em relação à Igreja, respeitando todos os credos, bem como sua manifestação negativa. No laicismo, porém,

---

[2] TAVARES. André Ramos. *Curso de Direito Constitucional*. 11. ed. rev. e Atual. São Paulo: Saraiva, 2013, p. 490-491.
[3] ADI nº 4.439/DF, redator p/ acórdão o Min. Alexandre de Moraes, *DJe* 20.06.2018.

os Estados adotam postura de mera tolerância, ou seja, a religião seria algo negativo, o que claramente não é o que ocorre entre nós.

(...)

Nos nossos dias, a Constituição de 1988 estabelece amplo espectro de proteção a toda forma de credo e celebração religiosa ou, ainda, à objeção de consciência, impondo dever de observância compulsória a um direito reconhecidamente fundamental.

Por isso, é importante afirmar que, em nosso país, neutralidade estatal não se confunde com indiferença, até mesmo porque, conforme salientado por Jorge Miranda, "(...) o silêncio sobre a religião, na prática, redunda em posição contra a religião" (MIRANDA, Jorge. Manual de Direito Constitucional. Tomo IV. Coimbra: Coimbra Editora, 1998, p. 427).

Canotilho e Jônatas Machado afirmam que o princípio da neutralidade do Estado "não tem nada a ver com indiferentismo religioso por parte dos poderes públicos. (...) O princípio da neutralidade do Estado preclude qualquer compreensão negativa oficial relativamente à religião em geral ou a determinadas crenças religiosas em particular" (CANOTILHO, J.J. Gomes. MACHADO, Jônatas. Bens culturais, propriedade privada e liberdade religiosa. *In: Revista do Ministério Público*, ano 16, n. 64, p. 29-30).

A laicidade como componente de um modo de ser coletivo político-liberal tem sobretudo a ver com uma postura de tolerância, que permite que concepções religiosas distintas convivam, sem que o Estado assuma uma delas, a modo de excluir as outras.

Sob essa perspectiva, o princípio da laicidade preceitua a autonomia do Estado perante as visões de mundo antagônicas e conflitantes existentes na sociedade, impedindo que as instituições públicas intervenham em aspectos internos de doutrinas religiosas e não religiosas, cujos adeptos dispõem de ampla liberdade para as exercerem livre e desimpedidamente. De forma alguma, porém, a autonomia do Estado com relação às religiões impede que os Poderes Públicos colaborem para que a população viva mais intensa e produtivamente a sua fé, expressiva da sua identidade histórica e cultural. Assim o assegura a função promocional dos direitos fundamentais (como o da prática de religião), que impede de encará-los exclusivamente como direitos de abstenção.

É importante ter presente que o tratamento do fenômeno religioso no Brasil não se identifica em todas as suas multidimensões com soluções acolhidas por sistemas jurídicos outros. Entende-se, assim, que o Supremo Tribunal Federal tenha esclarecido que não se aplica à realidade brasileira a posição jurisprudencial norte-americana contrária a que se aprovem leis que, de qualquer forma, favoreçam uma ou mesmo todas as religiões. A conhecida metáfora jeffersoniana do muro entre Igrejas e Estado não se ajusta do modelo da Constituição de 1988.[4] Fica compreendido que as soluções de convivência do Estado com as confissões religiosas devem muito ao contexto conjuntural em que são concebidas; daí a necessária advertência contra os anacronismos e a falta de perspectiva histórica em que se enredam tantos emuladores acríticos de balizas estrangeiras de ação do Estado em face das religiões. Por isso, afirmamos, Paulo Vasconcelos Jacobina e eu:[5]

---

[4] A propósito, do Supremo Tribunal Federal, a STA 389 AgR, rel. o Ministro Gilmar Mendes, *DJe* 14.5.2010.
[5] BRANCO, Paulo G. Gonet; JACOBINA, Paulo Vasconcelos. Liberdade de Gueto? Religião e Espaço Público. *Revista Direito Público*, Porto Alegre, vol. 13, n. 71, p. 9-21, set./out 2016, p. 16-20.

(...) Prova-se o direito brasileiro, em termos de proteção dos Poderes Públicos ao valor religioso, bem mais próximo, se quisermos algum modelo estrangeiro para confronto, do sistema português do que do norte-americano – o que, por óbvias razões históricas, não causa surpresa.

De fato, também em Portugal se explica, com perfeito proveito para o jurista brasileiro, que a essência da separação do Estado e Igreja está em que "o Estado não se propõe a fins religiosos" e, mais, que "uma compreensão atual da tutela das liberdades conjuga a atitude de não interferência do Poder na esfera pessoal com a ativa criação de condições de exercício de culto".[6] Daí Paulo Adragão esclarecer que "não confessionalidade e neutralidade religiosa não se confundem. A neutralidade religiosa do Estado é, aliás, impossível. Escreve [Jorge Miranda]: '... o silêncio sobre a religião, na prática, redunda em posição contra a religião".[7] Da mesma forma, Jónatas Machado estrema esses conceitos relevantes, ao enfatizar que a neutralidade do Estado, em matéria religiosa, "não tem nada a ver com indiferentismo religioso por parte dos poderes públicos", cuida-se é de vedar "qualquer compreensão negativa oficial relativamente à religião em geral ou a determinadas crenças religiosas em particular".[8]

(...)

Sendo a representatividade de confissões religiosas no Brasil muito mais concentrada do que nos Estados Unidos, por exemplo, e estando a religião católica entre nós, como também em Portugal, profundamente enraizada na nossa identidade cultural, não cabe importar açodadamente de específicas latitudes setentrionais certas suscetibilidades à exposição de emblemas religiosos cristãos, ou mesmo estritamente católicos, em público ou em lugares oficiais. As instituições no Brasil não se formaram com olhos vendados para a influência religiosa; seria, por isso, render-se a um laicismo injustificado histórica e socialmente o veto a crucifixos e a outros sinais de cunho religioso em lugares públicos ou oficiais[9] – máxime quando esses símbolos apontam para valores de justiça, de misericórdia e de paz, que coincidem com os intuitos do projeto do constituinte de 1988. Não há ver, aí, endosso a uma religião, como se as confissões religiosas no Brasil estivessem em permanente e aguerrida concorrência – tipicamente capitalista – entre si; antes, há que se reconhecer a confluência de objetivos que a Constituição impõe aos Poderes Públicos com os valores de uma fé religiosa de significativa representatividade social e inspiradora do nosso patrimônio cultural comum.

(...)

Dentre os objetivos valiosos, está o cuidado que o estado deve ter com a história e cultura daqueles segmentos da população que são considerados "participantes do processo civilizatório nacional" (art. 215, §1º) e que, portanto, são detentores de uma cultura e uma expressão perfeitamente integrada ao nosso povo. O Estado brasileiro deve ser o *estado laico de um povo religioso*; vale dizer, precisa respeitar o patrimônio cultural brasileiro, os bens de natureza material e imaterial, tomados individualmente ou em conjunto, portadores de referência à identidade, à ação, à memória dos diferentes grupos formadores da sociedade brasileira (CF, art. 216). É preciso reconhecer e aceitar a história e a identidade religiosa

---

[6] ADRAGÃO, Paulo Pulido. *A liberdade religiosa e o Estado*. Coimbra: Almedina, 2002, p. 435 e 438. Essas frases culminam resenha específica da literatura portuguesa a que o autor se dedica.
[7] *Id.*, p. 435.
[8] Canotilho e Machado. Bens culturais, propriedade privada e liberdade religiosa. *Revista do Ministério Público*, Lisboa, p. 29-30, 1995.
[9] A propósito, do juiz da Corte Constitucional de Portugal Sousa e Brito, compilado por Adragão, ob. cit., p. 442: "A Constituição impõe a laicidade, mas não o laicismo, o qual seria mesmo proibido. Ora, a proibição do uso de símbolos religiosos liga-se mais à ideia de laicismo do que à laicidade".

do povo brasileiro. Expurgá-la em nome de uma mal-entendida laicidade, ou de uma necessidade de atender demandas idiossincráticas, ou mesmo em nome de cientificismos ou antropologismos pretensamente avançados, é agir inconstitucionalmente.

(...)

Reconhecer e respeitar as religiões existentes nos processos históricos e culturais do Brasil, fomentar e facilitar sua prática, tudo isso é papel do estado brasileiro.

Sob esse prisma, a construção de monumento representativo de um alto valor religioso por um Município não afronta, em si, o princípio da laicidade, recaindo no plano das opções políticas abertas à discricionariedade dos agentes políticos, que respondem politicamente por suas decisões. Não é infrequente que se ligue a obras dessa ordem o intuito de "estimular o turismo da região", somando-se – mesmo que isso não seja imprescindível – a razão prática para conferir finalidade também secular ao empreendimento.

Enfim, não há óbice de antemão para que os poderes públicos federal, estaduais e municipais criem, construam, mantenham ou protejam imagens, monumentos, expressões, símbolos, datas comemorativas e feriados religiosos representativos das mais variadas crenças religiosas adotadas na sociedade brasileira, a fim de permitir que cidadãos possam exercer o direito à liberdade religiosa, ainda mais quando com isso se concretizam interesses públicos outros.

Vem a propósito a lúcida resposta do Tribunal Regional Federal da 3ª Região, nos autos da Apelação/Remessa 0019890-16.2012.4.03.9100/SP, a pedido formulado em ação civil pública de que fosse retirada a frase "Deus seja louvado" das cédulas do real. A certa altura, o acórdão disse:

> Ensina José Afonso da Silva que a liberdade de crença inclui a liberdade de escolha da religião, a liberdade de aderir a qualquer seita religiosa, a liberdade/direito de mudar de religião, a liberdade de não aderir à religião alguma, a liberdade de descrença, a liberdade de ser ateu e de exprimir o agnosticismo. Mas não compreende a liberdade de embaraçar o livre exercício de qualquer religião, de qualquer crença (in Curso de Direito Constitucional Positivo, 35ª edição, São Paulo, Malheiros Editores, 2012, p. 249).
>
> (...) Não se pode concordar que a expressão Deus seja louvado na cédula do Real ofenda o ateu, que - como todo cidadão de um Estado democrático de direito - deve tolerar e respeitar a crença alheia e a exposição pública às manifestações e aos simbolismos religiosos.
>
> (...) a manutenção de um símbolo religioso não fere a laicidade do Estado.
>
> Não se pode desprezar o fato de que a aposição da frase ora questionada no dinheiro brasileiro ocorreu num país em que até a Constituição foi promulgada "sob a proteção de Deus". (...)
>
> A referência à divindade - seja no preâmbulo da Constituição, seja nas cédulas monetárias - tem raízes na História brasileira e nos costumes de nosso povo; não é uma afronta a qualquer culto ou religião em particular; menos ainda é um acinte contra os brasileiros que se declaram ateus. Essa prática de referir-se ou dirigir-se a uma divindade - genericamente tratada como Deus - alcançava 73,6% dos brasileiros em 2016. E está longe de trazer ofensa aos cerca de 8,00% que se dizem sem religião.

De fato, como adverte Paulo Vasconcelos Jacobina, a "abertura à expressão pública de uma característica constitutiva da população" não tem como ser rejeitada como "uma potencial agressão à liberdade religiosa".[10]

Essa é também a posição externada por Paulo Brossard, em artigo publicado no Jornal "Zero Hora",[11] a respeito de decisão do Conselho da Magistratura do Tribunal de Justiça do Rio Grande do Sul, que determinara a retirada de crucifixos existentes em prédios do Poder Judiciário estadual:

> Minha filha Magda me advertiu de que estamos a viver tempos do Apocalipse sem nos darmos conta; semana passada, certifiquei-me do acerto da sua observação, ao ler a notícia de que o douto Conselho da Magistratura do Tribunal de Justiça do Estado, atendendo postulação de ONG representante de opção sexual minoritária, em decisão administrativa, unânime, resolvera determinar a retirada de crucifixos porventura existentes em prédios do Poder Judiciário estadual, decisão essa que seria homologada pelo Tribunal. Seria este "o caminho que responde aos princípios constitucionais republicanos de Estado laico" e da separação entre Igreja e Estado.
>
> Tenho para mim tratar-se de um equívoco, pois desde a adoção da República o Estado é laico e a separação entre Igreja e Estado não é novidade da Constituição de 1988, data de 7 de janeiro de 1890, Decreto 119-A, da lavra do ministro Rui Barbosa, que, de longa data, se batia pela liberdade dos cultos. Desde então, sem solução de continuidade, todas as Constituições, inclusive as bastardas, têm reiterado o princípio hoje centenário, o que não impediu que o histórico defensor da liberdade dos cultos e da separação entre Igreja e Estado sustentasse que "a nossa lei constitucional não é antirreligiosa, nem irreligiosa".
>
> (...)
>
> Faz mais de 60 anos que frequento o Tribunal gaúcho, dele recebi a distinção de fazer-me uma vez seu advogado perante o STF, e em seu seio encontrei juízes notáveis. Um deles chamava-se Isaac Soibelman Melzer. Não era cristão e, ao que sei, o crucifixo não o impediu de ser o modelar juiz que foi e que me apraz lembrar em homenagem à sua memória. Outrossim, não sei se a retirada do crucifixo vai melhorar o quilate de algum dos menos bons.
>
> (...) A propósito, alguém lembrou se a mesma entidade não iria propor a retirada de "Deus" do preâmbulo da Constituição nem a demolição do Cristo que domina os céus do Rio de Janeiro durante os dias e todas as noites.[12]

Ainda na trilha desse entendimento, merece ser transcrita essa outra feliz passagem do voto do Ministro Gilmar Mendes na ADI nº 4.439/DF,[13] em que se excluem do campo dos atos violadores do princípio do Estado laico adotado no Brasil as homenagens explícitas em tantos atos e obras públicos a valores sacros:

> Aqui me ocorre uma dúvida interessante: será que precisaremos, em algum momento, chegar ao ponto de discutir a retirada da estátua do Cristo Redentor do Morro do Corcovado por simbolizar a influência cristã em nosso país? Ou a extinção do feriado

---

[10] JACOBINA, Paulo Vasconcelos. *Estado laico, povo religioso* – reflexões sobre liberdade religiosa e laicidade estatal. São Paulo: LTr, 2015, p. 99.
[11] Ed. de 12.3.2012.
[12] Artigo do Ministro Paulo Brossard transcrito no voto divergente de acórdão proferido pelo Conselho Nacional de Justiça nos autos do Procedimento de Controle Administrativo 0006392-29.2013.2.00.0000.
[13] ADI nº 4.439, Redator do acórdão o Min. Alexandre de Moraes, *DJe* 21.06.2018.

nacional de nossa padroeira, Nossa Senhora Aparecida? A alteração do nome de Estados e de cidades, porque recebem o nome de santos, como São Paulo e Santa Catarina?

Assim como no nosso preâmbulo, Deus também está presente em nosso dia a dia nas cédulas de real, com a expressão "Deus seja louvado", menção feita desde a década de 1980.

Também o uso de símbolos religiosos em órgãos do Poder Judiciário brasileiro não fere o princípio de laicidade do Estado. Assim entendeu o Conselho Nacional de Justiça no julgamento de quatro pedidos de providência (1.344, 1.345, 1.346 e 1.362) que questionavam a presença de crucifixos em dependências de salas do Judiciário nacional.

Na decisão, proferida em 29 de maio de 2007, entendeu-se que os objetos seriam símbolos da cultura brasileira e que não interferiam na imparcialidade, nem na universalidade do Poder Judiciário.

Mesmo entendimento foi repetido pelo Poder Judiciário em ação civil pública ajuizada pelo Ministério Público Federal que visava à retirada da expressão "Deus seja louvado" das cédulas de real.

Do mesmo julgado, colhe-se esta lição do Ministro Ricardo Lewandowski:

Considero importante sublinhar que, a meu sentir, não existe nenhum tipo de incompatibilidade entre democracia e religião no Estado laico: ao contrário, ambas podem e devem ser parceiras na busca do bem comum, especialmente no desenvolvimento de uma sociedade plural e compreensiva para com as naturais diferenças entre os seus integrantes. O conceito de laicidade no Brasil, cumpre ressaltar, assim como em outros países, embasa-se no tripé tolerância, igualdade e liberdade religiosa. Trata-se, acima de tudo, de um princípio constitucional voltado à proteção das minorias que, graças à separação entre o Estado e a Igreja, não podem ser obrigadas a submeter-se aos preceitos da religião majoritária.

Essa separação não constitui, é importante destacar, quer no Brasil quer em outros países, uma muralha que separa cosmovisões incomunicáveis. Se assim fosse, não seriam admissíveis, *inter alia*, a menção explícita a Deus no preâmbulo de nossa Constituição, os feriados religiosos, o descanso dominical e muitas outras manifestações religiosas institucionalizadas pelo Poder Público, como, por exemplo, a aposição do crucifixo no plenário da mais alta Corte do País.

A menção à estátua do Cristo Redentor no Rio de Janeiro justifica que se recorde que a sua construção se deu na década de 1920, pelo Estado brasileiro. Vigia a Constituição de 1891, que, à semelhança da Carta de 1988, também vedava à União e aos Estados "estabelecer, subvencionar ou embaraçar o exercício de cultos religiosos" (art. 11, 2º), ao mesmo tempo em que concedia aos indivíduos e confissões religiosas o direito de "exercer pública e livremente o seu culto, associando-se para esse fim e adquirindo bens, observadas as disposições do direito comum" (art. 72, §3º). Muito embora o então Consultor-Geral da República houvesse emitido parecer, em 17 de outubro de 1921, contrário à construção do monumento religioso pelos Poderes Públicos, em face do princípio da laicidade previsto na Carta de 1891,[14] a objeção foi superada, e a estátua erguida tornou-se marco turístico dos mais importantes do país;

---

[14] A esse respeito, vide artigo de Arnaldo Sampaio de Moraes Godoy disponível em: https://www.conjur.com.br/2015-mai-28/passado-limpo-cristo-redentor-fere-espirito-constituicao-parecer-1921. Acesso em: 21 ago. 2019.

mais especialmente da cidade do Rio de Janeiro, que tantas vezes é por ele simbolizada e identificada.

O exemplo serve para que não se condene o monumento que serve a propósitos religiosos e também concretiza interesses públicos culturais, econômicos e turísticos da comunidade em que se insere. A construção de estátuas que liguem a imagem de uma cidade a expressões religiosas relevantes para a cultura e história locais apresenta valor que não se exaure no domínio do transcendental, não podendo ser condenada ao argumento escoteiro da laicidade do Estado.[15]

Quando esses monumentos já estão erigidos, pretender demoli-los é ainda mais desastroso no plano da afronta aos preceitos constitucional que protegem o valor da religião.

Não é preciso convocar a imaginação a um duro esforço para antever as consequências prático-jurídicas da destruição pelo Estado de um monumento religioso. O gesto de demolição da obra sacra transparece a inevitável impressão de que os Poderes Públicos abominam a religião e desprezam a opção que o povo local realizou, por meio dos seus representantes democráticos, de encarecer o que a população guarda como valor religioso e cultural.

Se a proibição de construir o monumento já não se amolda ao regime constitucional dos direitos fundamentais, o ato iconoclasta assume proporções de agressão à religião. Aqui se encontraria até mesmo no Acordo Brasil-Santa Sé o repúdio a uma semelhante ação, hostil ao compromisso disposto no art. 7º de a República tomar as

---

[15] Mesmo nos Estados Unidos, encontram-se, em doutrina, apontamentos irônicos dos extremos de irrisão a que um fundamentalismo laico pode conduzir no tocante à cláusula de separação do Estado da religião. Vejam-se estes trechos do artigo "Is St. Paul Unconstitutional?", de Michael Stokes Paulsen (Michael Stokes Paulsen, "Is St. Paul Unconstitutional?" *Constitutional Commentary*, vol. 23, n. 1, p. 1-6, 2006):

"A capital de Minnesota deve o seu nome ao apóstolo Paulo, o mais importante evangelista cristão da história, cujas cartas representam quase um terço do Novo Testamento e grande parte da teologia cristã. Por que isso não é inconstitucional?

Preste bem atenção! O nome da capital de Minnesota não é apenas "Paulo", que poderia sugerir uma mera homenagem histórica a um notável escritor e pensador do primeiro século. Não, não!: É "Saint Paul". A santidade desta grande figura religiosa e apóstolo de Jesus Cristo confere o nome à capital. É difícil descontar o significado religioso do nome ou reduzi-lo a uma mera referência histórica. (...)

Será que o uso prolongado e a familiaridade drenaram o nome *St. Paul* do verdadeiro significado religioso? Cuidado aqui: Essa proposta ofende as pessoas religiosas, provavelmente com razão. O problema da separação da religião não existe também quando o Estado assimila um feriado ou símbolo religioso e depois o despoja de seus elementos religiosos?

(...)

Será que o observador razoavelmente familiarizado com os precedentes da "establishment clause" da Suprema Corte não entenderia que o nome *São Paulo* comunica uma mensagem de endosso do governo ao cristianismo, para assim fazê-lo se sentir um "forasteiro", não totalmente integrado na comunidade política por não ser um cristão? Será que uma tal pessoa sentiria raiva, ou choraria, à noite, até cair de sono exausto, abalado pelo dano psíquico de viver em um Estado cuja capital deve o nome a um evangelista e santo cristão? Eu suponho que sim. (...)

Não há como evitar este símbolo religioso difundido e, portanto, não há como escapar do espinhoso problema constitucional que ele apresenta. Ao contrário dos presépios nos gramados das bibliotecas, não se pode simplesmente olhar para o outro lado. St. Paul está em toda parte - pelo menos em todo lugar em St. Paul. Você não tem como fugir, se você vive na própria cidade St. Paul.(...)

A doutrina funciona muito bem para outras questões de símbolos religiosos também, é claro. Deveríamos remover das exposições de Natal simplesmente tudo o que diga respeito ao nascimento de Cristo: Nenhum Menino Jesus, nenhuma Maria ou José, nenhum pastor, nenhum dos magos, nenhum anjo. Acabaria que teríamos apenas as bengalas e os elfos, mas, afinal, tirar Cristo do Natal seria simplesmente o preço imposto pela Constituição..."

"medidas necessárias para garantir a proteção dos lugares de culto da Igreja Católica e de suas liturgias, símbolos, *imagens* e *objetos cultuais*, contra toda forma de violação, desrespeito e uso ilegítimo".

A História testemunha que a derrubada de um monumento apologético produz impacto metafórico muito mais veemente do que a sua elevação mesma. Esfacelar uma estátua que reflete sentimentos religiosos de vasta porção dos brasileiros haveria de ser percebido como epítome de ojeriza à fé, comportamento, esse sim renegado pela ordem constitucional. Caberia, então, o argumento de que, se a liberdade religiosa consiste no reconhecimento da ordem constitucional da possibilidade de professar a fé, não cabe argui-la justamente para impedir a demonstração de fé.[16]

Na realidade, se a comunidade, por seus representantes democraticamente eleitos, resolve homenagear a fé de seus membros, sem que a imagem traduza, por si mesma, algum ataque aos que adotam outros credos, não há falar em impedimento constitucional a uma tal deliberação, que expressa o reconhecimento do papel da religião na vida atual de tantos brasileiros e na própria História social e cultural do país. É de se esperar que a imagem religiosa, nesse contexto, suscite, quando menos, atitude de tolerância e de respeito pelos que acaso não comunguem das mesmas convicções.

Seguramente que isso nada tem a ver de negativo com o postulado da igualdade. Guardadas as devidas proporções, não haveria tampouco quebra da isonomia na construção de estátua que reverenciasse um certo personagem ou um dado evento da História, e não um outro. O ato de escolha importa necessariamente discricionariedade, ínsita às deliberações dos agentes políticos, que será legítimo, se não positivo vício de arbitrariedade. Como o Supremo Tribunal já ensinou, "o tratamento privilegiado a certas pessoas somente pode ser considerado ofensivo ao princípio da igualdade ou da moralidade quando não decorrer de uma causa razoavelmente justificada".[17] E causa razoavelmente justificada mostra a homenagem à fé.

Informação bibliográfica deste texto, conforme a NBR 6023:2018 da Associação Brasileira de Normas Técnicas (ABNT):

BRANCO, Paulo Gustavo Gonet. Obras, monumentos e liberdade. *In*: RIBEIRO, Carlos Vinícius Alves; TOFFOLI, Dias; RODRIGUES JUNIOR, Otávio Luiz (Coord.). *Estado, Direito e Democracia*: estudos em homenagem ao Prof. Dr. Augusto Aras. Belo Horizonte: Fórum, 2021. p. 319-327. ISBN 978-65-5518-245-3.

---

[16] Com mais pormenores, cf. Gilmar Ferreira Mendes e Paulo G. Gonet Branco. *Curso de Direito Constitucional*. 6. ed. São Paulo, Saraiva, 2011, p. 360-361.

[17] RE 405.386, *DJe* 26.3.2013.

PANDEMIA, DIREITOS FUNDAMENTAIS E FRATERNIDADE

REYNALDO SOARES DA FONSECA

1 Introdução: eminente Procurador-Geral da República e Professor Augusto Aras

Este artigo possui o singelo objetivo de homenagear a bela trajetória acadêmica do eminente Procurador-Geral da República e Professor Doutor Augusto Aras. São trinta e dois anos de docência na Universidade Federal da Bahia e na Universidade de Brasília, dentre outras importantes instituições.

Pelo fato do percurso acadêmico e profissional do Professor Augusto Aras confundir-se com a consolidação da arquitetura constitucional do Estado de Direito brasileiro no processo de redemocratização, reconhece-se o qualificado valor de obras coletivas, como certamente é a presente, as quais proponham um olhar retrospectivo aos dilemas jurídicos enfrentados pela individualidade do homenageado em conjunto com a colegialidade da Academia e do Sistema de Justiça.

Pretende-se, pois, versar qualitativamente sobre os direitos fundamentais: seus dilemas passados, desafios atuais em tempos de pandemia e projeções futuras.

O presente ensaio justifica-se especialmente pela questão altercada referente às ações afirmativas em sociedades democráticas e Estados constitucionais, especialmente em tempos de crise sanitária.

A Constituição como expressão histórica não só pressupõe ideias de conflitos sociais, mas pretende equilibrar controvérsias de distribuição de maneira autoritativa e integrativa.

Com efeito, o avanço do constitucionalismo e sua compatibilização com a democracia deliberativa representam conquistas recentes e significativas em favor da humanidade. Segundo Günther Frankenberg, as Constituições possuem dupla função: conferir autoridade a quem deverá decidir por todos de forma vinculante e integrar o corpo social a uma coletividade jurídico-política em que haja coordenação de ações com matiz identitária.[1]

---

[1] FRANKENBERG, Günter. Constituição como Gramática de Conflitos Sociais. Trad. Tito Lício Cruz Romão. *In: Revista de Direito Público*, Porto Alegre, n. 14, p. 58-72, out./nov. 2006, p. 62-63.

Nesse diapasão, demandas e conflitos distributivistas foram incorporados pela gramática constitucional na medida em que se aposta na possível integração social por intermédio de uma ordem constitucional que reconhece certas controvérsias como essenciais e quais configurações de conflitos são por ela regulamentados.

Sob outra perspectiva, temos visto uma plêiade de filósofos, politólogos, juristas e demais cientistas sociais interessada na reconstrução da fraternidade na condição de norma regulatória da vida pública em prol do bem comum, o que possui reflexos no sistema jurídico.

No esforço de indicar possíveis caminhos de diálogo entre a fraternidade e a necessidade de preservação da atividade financeira do Estado, notadamente no financiamento de direitos fundamentais de conotação social, à luz da estruturação social no Brasil, este estudo versa sobre a inclusão das exigências normativas decorrentes da fraternidade no espaço de justificação do orçamento público. O esforço justifica-se necessário, ante a ambiência de crise sanitária relacionada à pandemia do Covid-19, sobretudo a partir da preocupação dirigida à parcela da população mais vulnerável sob as perspectivas econômica e da saúde pública.

Assim, neste espaço de reflexão acadêmica, pretende-se lançar considerações gerais acerca das implicações políticas e jurídicas de assumir-se a fraternidade como ideal constitucional. Em seguida, será abordada a instituição jurídica do Orçamento Mínimo Social depreendida da Constituição da República de 1988 e sua importância na tensão entre o ideal de liberdade no orçamento público com aptidão a gerar condições de ação aos governantes eleitos pelos ritos da democracia constitucional e a formulação pelo constitucionalismo brasileiro de garantias ao financiamento de direitos sociais por intermédio de vinculações orçamentárias em nível constitucional. Por fim, será perquirida a efetividade do princípio constitucional da fraternidade no âmbito do financiamento de direitos humanos fundamentais de índole social, tendo em conta as dificuldades postas por situação de calamidade pública, atualmente vivenciada e decorrente de crise sanitária relacionada à pandemia da Covid-19.

2 Pandemia, direito e fraternidade

A proliferação do novo Coronavírus, identificada pela Organização Mundial da Saúde (OMS) como uma *pandemia*, na medida em que se alastrou em progressão geométrica e global, convida o mundo à reinvenção e ao experimentalismo institucional. Às sociedades é exigido o redimensionamento de prioridades, de estilo de vida, das relações familiares, sociais e profissionais. Aos entes estatais, por sua vez, é imposto guiar e amparar essas mudanças, para que gerem o mínimo impacto socioeconômico possível.

É preciso lembrar que a humanidade já não se encontrava numa situação minimamente satisfatória antes da pandemia. Como exemplo, temos crises humanitárias, como os deslocamentos populacionais forçados, as guerras civis, os conflitos étnicos, a dizimação de etnias indígenas, as imigrações derivadas de regimes autoritários, as perseguições xenófobas, os refugiados, a exclusão social da periferia global, os genocídios e os conflitos militares.

Espera-se de todos (cidadãos, sociedade, governos e entes não governamentais) o necessário movimento de ampliar e fortalecer os sistemas de saúde, bem como a implementação de outras medidas que possam minorar os picos de contágio (como isolamentos sociais e quarentenas) e as consequências socioeconômicas daí decorrentes, reduzindo-se a desvantagem na corrida científica por possíveis curas e/ou vacinas.

De outra parte, são necessárias medidas de impacto imediato na economia, altamente atingida pela covid-19, tanto no que tange à empregabilidade quanto à renda de trabalhadores autônomos, notadamente em setores como construção civil, economia criativa (eventos e produções) e turismo.

A pandemia é, portanto, por definição, um problema global, que provoca uma dimensão que extrapola as fronteiras – transterritorialidade. A omissão ou qualquer ação irresponsável de um Estado traz consequência para os demais. Necessitamos construir pontes e não fortalezas!

Com efeito, em situação de emergência pública, os direitos fundamentais e humanos não podem ser suspensos. Eventual limitação deve ser sempre feita por lei e há de ser temporária, proporcional, estritamente razoável e necessária. Não pode ser também discriminatória ou tornar mais agudas as consequências já nefastas de exclusão social de segmentos da população, especialmente os mais carentes.

O quadro passa a ser trágico e é indiscutivelmente complexa a estruturação de políticas públicas em curtíssimo espaço de tempo, com recursos financeiros reduzidos, diante de variáveis desconhecidas e imprevisíveis, e, notadamente, quando toda medida (omissiva ou comissiva) tem graves reflexos sociais – e inexiste um balanço de proteção excelente.

Um dos poucos aspectos tratados de forma veemente e uníssona nos discursos dos organismos internacionais e das sociedades civis é a necessidade de os países e cidadãos agirem rápido e coordenadamente, em busca do resgate da pedagogia da *fraternidade*, que promove as chamadas ações afirmativas ou políticas públicas afirmativas de integração civil e moral de segmentos historicamente discriminados, como o segmento das mulheres, dos deficientes físicos, dos idosos, dos negros, dos presidiários e assim avante.

Nesse contexto, o mínimo que se espera de um "pensamento de possibilidades" é alternativa do resgaste ao princípio da fraternidade, por ser esta "a categoria de pensamento capaz de conjugar a unidade e a distinção a que anseia a humanidade contemporânea".[2] Isso porque a experiência e metodologia concernentes à fraternidade, tal como proposta por Chiara Lubich, são caracterizadas pelos seguintes elementos: (i) compreensão da fraternidade como experiência possível, (ii) o estudo e a interpretação da história, à luz da fraternidade, (iii) a colaboração entre teoria e prática da fraternidade na esfera pública, (iv) a interdisciplinaridade dos estudos e (v) o diálogo entre culturas.[3]

Com essa diretriz metodológica, torna-se possível tratar a fraternidade como categoria política com aptidão a refundar a prática democrática, ao compatibilizar o

---

[2] LUBICH, Chiara. Mensagem ao I Congresso Nacional sobre o tema "Direito e Fraternidade". (Mariápolis Ginetta 25 a 27 jan. de 2008). Disponível em: http://groups.google.com/group/comunhao-e- direito/files?hl=pt-BR. Acesso em: 8 dez.2008.

[3] BAGGIO, Antonio Maria. The Forgotten Principle: fraternity in its public dimension. *Claritas – Journal of Dialogue and Culture*, West Lafayette-EUA, v. 2, n. 2, p. 35-58, 2013, p. 44.

relacionamento entre a igualdade (paridade) e a liberdade (diferença), em prol de uma causa unificante. Logo, o conteúdo mínimo desse princípio político expressa-se como a condição de igualdade entre irmãos e irmãs de modo a ser possível que cada um seja livre na sua própria diversidade.[4]

Sendo assim, a fraternidade abre-se a possibilidades atuais e futuras, ganhando universalidade perante a humanidade e a própria condição humana. Enfim, esse princípio político tem o potencial de atuar como método e conteúdo da política, ao tornar-se parte constitutiva do processo de tomada de decisões políticas, assim como guia hermenêutico das demais normas em interação dinâmica, inclusive em ambiente jurisdicional.

Por outro lado, dado que é valor jurídico-político próprio do constitucionalismo, também possui conteúdo no âmbito do Direito cuja estruturação emana da dignidade da pessoa humana. Ao traduzir-se no código jurídico, a fraternidade possui natureza normativo-principiológica, servindo para a construção hermenêutica de outras normas, mas impondo comandos deônticos mediante a soberania estatal.

A respeito disso, recorre-se ao escólio de Clara Cardoso Machado Jaborandy:

> Defende-se, portanto, que fraternidade é princípio fundamental introduzido de maneira expressa ou implícita no texto constitucional que atua como vetor interpretativo na construção de significado de outros enunciados, além de fomentar no indivíduo o reconhecimento da dignidade humana e realizar o princípio da responsabilidade no âmbito estatal, individual e coletivo.
>
> Além disso, o princípio da fraternidade é fonte direta de direitos e deveres transindividuais na medida em que constitui fundamento jurídico-normativo de tais direitos. Assim, direitos fundamentais transindividuais que não estejam expressamente enumerados na Constituição serão protegidos em razão da fraternidade (...) O conteúdo da fraternidade realiza-se quando cada um, desempenhando sua função social, reconhece a existência e dignidade do outro, e é tratado pela sociedade individualmente com necessidades e fins próprios de forma que a felicidade, que é um fim individual por excelência, se realize em comunidade.[5]

Por conseguinte, considerada a Constituição como o estatuto jurídico do político, a fraternidade possui guarida como princípio explícito ou implícito na Constituição da República de 1988, como bem destaca Carlos Augusto Alcântara Machado:

> A Constituição do Brasil de 1998, já no preâmbulo, assume tal compromisso, ao referir-se, de forma expressa, que perseguirá, coma garantia de determinados valores, a sociedade fraterna. Adiante, indica como objetivo fundamental, além dos tradicionais e clássicos misteres estatais com a liberdade e a igualdade, a construção de uma sociedade solidária (art. 3º, I – CF).

---

[4] Ibid., p. 47.
[5] JABORANDY, Clara Cardoso Machado. *A Fraternidade no Direito Constitucional Brasileiro*: um instrumento para proteção de direitos fundamentais transindividuais. Tese (Doutorado) – Universidade Federal da Bahia, Salvador, 2016, p. 71.

Ademais, o sistema jurídico constitucional brasileiro, além de garantir direitos de *status* diferenciado, como destacado, busca assegurar o bem-estar de todos os que se submetem à ordem jurídica pelo constituinte plasmado por meio e a partir da Constituição de 1988. Assim, em oito oportunidades, considerando a dimensão fraternal do constitucionalismo, refere-se ao bem-estar, inicialmente como valor supremo de uma sociedade fraterna, no preâmbulo da Constituição Federal, e depois em campos específicos do seu disciplinamento normativo: no art. 23, parágrafo único (bem-estar nacional); no art. 182, *caput* (bem-estar dos habitantes da cidade); art. 186, IV (bem estar dos proprietários e trabalhadores – requisito para aferição da função social da propriedade rural); art. 193, *caput* (bem-estar social); art. 219, *caput* (bem-estar da população); art. 230, *caput* (bem-estar dos idosos) e art. 231, §1º (bem-estar dos índios).[6]

3 A fraternidade como princípio jurídico e político

A ideia de fraternidade tem condições de gerar uma contribuição específica à vida política institucional e ordinária, porquanto sua origem remonta a uma ligação universal entre seres igualmente dignos que têm por resultado um complexo sistema de solidariedade social e atenção aos necessitados, à luz da imperatividade de afirmação da ética pública.

Na condição de categoria política, o ideal fraternal promete refundar a prática democrática, ao compatibilizar o relacionamento entre a igualdade (paridade) e a liberdade (diferença), em prol de uma causa única subjacente ao bem comum da humanidade. Por conseguinte, o conteúdo desse princípio expressa-se pela condição de igualdade entre cidadãos em condições irmanais que sirva de suporte ao desenvolvimento livre de cada qual na sua própria diversidade. Em síntese, a fraternidade consiste em método e diálogo da política na medida em que deve ser parte constitutiva do processo de tomada de decisões públicas e guia hermenêutico das demais normas em interação dinâmica.[7]

Por seu turno, no bojo do universo jurídico, a fraternidade também é parâmetro normativo de correção da conduta de sujeitos de direito, ou seja, consiste em categoria dotada de normatividade de caráter relacional com aptidão para regular a vida gregária e estabilizar as expectativas sociais no tocante às condutas humanas. Ante essa razão, o ideal fraternal assume centralidade nas operações de fundamentação, legitimação, identificação, qualificação e positivação de direitos fundamentais.

Na qualidade de condicionante normativo-estrutural ao sistema jurídico, o conceito de fraternidade incidente sobre a ordem constitucional revela valor normativo influente sobre o conteúdo, função e finalidade desta.

De início, as condições sociológicas vinculantes ao Poder Constituinte decorrem de influxos valorativos cujo marco é a dignidade da pessoa humana, uma ideologia constitucional e uma função transformativa da estrutura social que se rompem na transição de ordens jurídicas, como pode se verificar na concepção de um constitucionalismo transformativo. Nesses termos, a fraternidade propõe vedações e limites

---

[6] MACHADO, Carlos Augusto Alcântara. *A Garantia Constitucional da Fraternidade*: constitucionalismo fraternal. 272 f. Tese (Doutorado) – Pontifícia Universidade Católica de São Paulo, São Paulo, 2014, p. 130.

[7] FONSECA, Reynaldo Soares da. *O Princípio Constitucional da Fraternidade*: seu resgate no sistema de Justiça. Belo Horizonte: D'Plácido, 2019, p. 55.

materiais ao conteúdo da Constituição e a própria autodeterminação coletiva de um povo, sob a perspectiva do republicanismo, assim como formulações e arranjos sociais alternativos em prol de maior isonomia entre os cidadãos e de um bem-estar fraternalmente considerado.[8]

A propósito, há significativa utilidade em uma categoria normativa que indica vias comunicacionais para a solução de controvérsias sociais e a gerência comum da vida pública, à luz de valores humanistas como tolerância, compaixão e irmandade. Afinal, tem-se que a transcendência social, política, econômica e jurídica do imaginário fraterno auxilia, ainda, a governança de comunidades parcialmente sobrepostas que compartilham espaço político, decisões e corpo cívico, tendo em conta o componente ético e moral das categorias jurídicas fundamentais.

Em síntese, a interpretação humanista decorre do acolhimento constitucional da fraternidade como categoria jurídica.

O princípio da fraternidade é uma categoria jurídica e não pertence apenas às religiões ou à moral. Sua redescoberta apresenta-se como um fator de fundamental importância, tendo em vista a complexidade dos problemas sociais, jurídicos e estruturais ainda hoje enfrentados pelas democracias. A fraternidade não exclui o direito e vice- versa, mesmo porque a fraternidade, enquanto valor, vem sendo proclamada por diversas Constituições modernas, ao lado de outros direitos historicamente consagrados como a igualdade e a liberdade.

A fraternidade é um macroprincípio dos direitos humanos e passa a ter uma nova leitura prática, diante do constitucionalismo fraternal prometido na CF/88 (preâmbulo e art. 3º);

No ponto, em recente artigo produzido em parceria com os brilhantes Professores Carlos Augusto Alcântara Machado e Clara Cardoso Machado Jaborandy, das terras sergipanas, registramos:

> As profundas transformações sociais exigiram o redimensionamento ético da vida em sociedade na qual se exige do Direito uma releitura de inúmeros institutos jurídicos, com o intuito de resgatar o bem central em torno do qual o fenômeno jurídico ganha sentido, qual seja, a valorização do ser humano e sua relação com o ambiente no qual vive e transforma. O tempo atual é o tempo de rever velhos pressupostos esquecidos e que podem auxiliar no constante e necessário processo de transformação social. Neste contexto o "velho/novo" pressuposto da fraternidade deve ser resgatado como ponto central da vida em sociedade. A ênfase aos direitos fundamentais nos sistemas jurídicos democráticos é realidade inarredável. Vislumbra-se, com clareza, a evolução da teoria dos direitos fundamentais, apesar de persistir grande anseio da sociedade em torno da proteção e promoção de direitos formalmente positivados no texto constitucional, mas ainda carentes de efetivação. No caso específico da fraternidade, observa-se que é vista como uma obrigação moral e não uma forma de direito, embora apareça textualmente em várias Constituições modernas.
>
> Apesar do farto estudo em torno dos direitos fundamentais, explorando teoria e prática, parece correto afirmar que ainda não houve uma ruptura com a matriz liberal em que tais direitos foram alicerçados, este fato justifica porque a fraternidade ficou esquecida

---

[8] *Ibid.*, p. 74.

ou, propositalmente, deixada de lado, pois fraternidade implica ver o "outro" como outro "eu" livre de qualquer obrigação moral ou religiosa, mas relacionada diretamente com a vida em sociedade, em que não basta ser solidário com o outro é preciso conviver a aprender com a diferença do "outro" em relação ao "eu", por isso fraternidade reabre o "jogo" direito/dever.[9]

4   A atividade financeira do Estado

Adotando como premissa de raciocínio a existência de uma Constituição Financeira que reconhece a substancialidade do Direito Financeiro como instrumento promotor de direitos fundamentais, que, por sua vez, relaciona-se diretamente com a organização da estrutura de poder e respectivo regime jurídico, é possível concluir que as decisões financeiras da atuação do Estado têm suas raízes na realidade política e na cultura jurídica do povo.

Nesses termos, o espaço de liberdade do Poder Legislativo na Constituição Financeira é ditado pela legalidade orçamentária, na medida em que se concebe a figura do legislador orçamentário e sua plêiade de liberdades, cuja função para a democracia sobeja em muito uma questão de organização e método orçamentário, pois permite aos representantes eleitos disporem, durante seu mandato, de recursos financeiros para implementar o programa de governo em conformidade com a ordem constitucional vigente.

Logo, as receitas públicas auferidas devem estar à disposição dos governantes periodicamente eleitos para que eles definam, por intermédio da lei orçamentária, quais são as prioridades na realização dos gastos públicos. Isso porque a busca por verbas públicas deve ocorrer às claras e com sustentabilidade na disputa legislativa travada no momento de elaboração, aprovação e fiscalização do orçamento público, de modo a impedir que recursos sejam perenizados ou capturados para além da periodicidade orçamentária.[10]

Com base nessa leitura macroestrutural, torna-se cabível ao jurista que se ocupa do Direito Financeiro refletir sobre os limites à liberdade do legislador orçamentário. O objetivo estatal de assegurar liberdade ao legislador orçamentário perpassa pelo racional de direcionar à arena política a conflituosidade inerente à deliberação periódica sobre as decisões coletivas que envolvem as questões de quem arrecada, com quem e quanto se gasta e por qual motivo endivida-se. Almeja-se, portanto, que a persecução legítima por recursos não seja definida de forma perene por intermédio de vinculações normativas, mas através do processo orçamentário no qual a disputa legislativa centra-se na escassez de recursos, apropriação do excedente econômico e reserva do financeiramente possível atinente à atividade financeira do Estado.

---

[9]   JABORANDY, Clara Cardoso Machado; MACHADO, Carlos Augusto Alcântara; FONSECA, Reynaldo Soares da. *In*: A Completude da Teoria dos Direitos Fundamentais Sociais: a compreensão dos direitos e deveres fundamentais a partir do princípio esquecido da fraternidade. *Revista Pensamento Jurídico*, São Paulo, v. 13, n. 2, p. 235-258, jul./dez. 2019, p. 236.

[10] SCAFF, Fernando Facury. Liberdade do legislador orçamentário e não afetação – captura versus garantia dos direitos sociais. *In*: GOMES, Marcus Lívio; ABRAHAM, Marcus; TORRES, Heleno Taveira (Coord.). *Direito Financeiro na Jurisprudência do Supremo Tribunal Federal*: homenagem ao Ministro Marco Aurélio. Curitiba: Juruá, 2016, p. 150.

Sendo assim, a situação fático-normativa do legislador orçamentário brasileiro distancia-se progressivamente do ideal de liberdade, porquanto se tornam residuais no ciclo orçamentário as condições de possibilidade de implementação de programas de governos com inovações relevantes quanto às despesas discricionárias, tendo em conta a rigidez orçamentária.

De todo modo, com previsão no art. 167, IV, da Constituição da República de 1988, o princípio da não afetação (ou não consignação ou não vinculação) de receitas advindas de impostos possui como conteúdo a vedação genérica de vinculação a órgão, fundo ou despesa, com a finalidade de resguardar justamente a liberdade do legislador orçamentário, de maneira que haja recursos públicos suficientes para que o corpo governante eleito decida sobre as despesas públicas a serem realizadas no curso do mandato.

Com base no pensamento de Fernando Facury Scaff, é possível estabelecer distinções conceituais juridicamente significativas, que, por vezes, são turvadas nos discursos econômicos e políticos, no que diz respeito ao ciclo orçamentário. A vinculação traduz-se em liame normativo entre receitas e despesas públicas, ao passo que a afetação cinge-se em determinar uma finalidade pública à destinação de recursos. Em sentido diverso, quando se trata de Desvinculação das Receitas da União (DRU), o conceito central é a referibilidade das contribuições sociais vertida na arrecadação de receitas criadas e condicionadas à realização de certas despesas públicas previamente fixadas e próprias do financiamento da seguridade social. Por fim, a problemática de flexibilidade do orçamento público reside na conceituação do gasto obrigatório na condição de dever normativo de realizar despesas, independentemente da existência de lastro nas receitas a elas vinculados.[11]

No entanto, o próprio Poder Constituinte excepcionou a norma-regra de não vinculação em decorrência da necessidade de garantir financeiramente a persecução de fins, valores e objetivos constitucionais igualmente relevantes. Diante da pluralidade de bens a serem protegidos, são distintas as prescrições excepcionais estabelecidas originariamente ou agregadas cumulativamente ao texto constitucional.

Na própria dicção do inciso IV do art. 167 da Constituição, constata-se que gastos com manutenção e desenvolvimento do ensino e ações e serviços públicos de saúde ostentam afetação na ordem constitucional direcionada a todos os entes federativos, os denominados pisos setoriais para efetivação dos direitos sociais.

Esse dispositivo ainda garante que a repartição do produto da arrecadação via os fundos constitucionais de participação dos Estados e Municípios não se submete à regra da não afetação, sob o fundamento de preservação do federalismo fiscal.

Ademais, a solvência da dívida pública pode ser garantida por receitas advindas de impostos em operações de crédito por antecipação de receita orçamentária e empréstimos ou pagamento de débitos dos entes subnacionais ao governo federal.

---

[11] SCAFF, Fernando Facury. Liberdade do Legislador Orçamentário e Não Afetação Captura versus Garantia dos Direitos Sociais. *In*: GOMES, Marcus Lívio; ABRAHAM, Marcus; TORRES, Heleno Taveira (Coord.). *Direito Financeiro na Jurisprudência do Supremo Tribunal Federal*: homenagem ao Ministro Marco Aurélio. Curitiba: Juruá, 2016, p. 156.

Enfim, após o advento da EC nº 42/2003, passou-se a prever no indigitado inciso uma prioridade alocativa de recursos na administração tributária, veiculando interesses do Estado Fiscal e da corporação de servidores encarregados dessa função estatal.

Na redação originária da Constituição Federal, já se previa em seu §5º do art. 218 ser facultado aos Estados e ao Distrito Federal vincular parcela de sua receita orçamentária a entidades públicas de fomento ao ensino e à pesquisa científica e tecnológica, o que abarca, por evidente, a arrecadação de impostos. Com base nessa experiência autorizativa e facultativa, a EC nº 42/2003 permitiu aos Estados e ao DF vincular 0,5% de sua receita tributária líquida a fundos públicos de fomento à cultura e a programas de apoio à inclusão e promoção social, desde que não direcionado ao serviço da dívida ou à realização de despesas correntes não vinculadas à área ou com pessoal e encargos sociais.

Em outro escopo, a função pública de combate e erradicação da pobreza fora contemplada com exceção à regra da não consignação, haja vista que por meio dos arts. 79 a 81 do ADCT criou-se um fundo federal de combate à pobreza abastecido com adicional de 5% de IPI sobre produtos supérfluos e arrecadação do Imposto sobre Grandes Fortunas. No âmbito dos Estados, Municípios e DF, determinou-se a criação de fundos de combate à pobreza com esteio no adicional de 2% de ICMS e de 0,5% de ISS incidente sobre produtos supérfluos.

Observa-se que o financiamento dos direitos fundamentais sociais é alvo de proteção constitucional por intermédio de algumas das vinculações constitucionais orçamentárias na condição de exceções da regra de não afetação. Portanto, na engenharia constitucional, essas vinculações normativas entre receitas e despesas e afetações a finalidades públicas podem ser tomadas como mecanismos de garantia financeira de padrões mínimos de fruição das promessas civilizatórias do Estado moderno, retirando da liberdade de conformação do legislador orçamentário a discricionariedade política pela promoção do conteúdo desses direitos sociais.

A relevância dessas garantias financeiras ao contínuo financiamento de direitos sociais, notadamente nas áreas da saúde e do ensino, foi também acolhida como princípio sensível da Constituição da República, nos termos de seus arts. 34, VII, "e", e 35, III, haja vista que a aplicação do mínimo da receita resultante de impostos estaduais e municipais é hipótese de intervenções federal nos Estados e estadual nos Municípios, após a procedência de representação interventiva movida pelo Procurador-Geral da República.

Sendo assim, essas vinculações consistem em garantias de organização de instituições públicas ou garantias institucionais, segundo a terminologia de Carl Schmitt, cujos objetivos são a criação e manutenção de instituições imprescindíveis à sustentação do exercício dos direitos fundamentais em prol dos respectivos titulares, o que demanda grande parte do orçamento estatal.[12]

Na linha de institucionalização dos direitos fundamentais na organização política do Estado, Fernando Facury Scaff concebe a categoria do "orçamento mínimo social" como comando constitucional direcionado ao legislador orçamentário para que

---

[12] DIMOULIS, Dimitri; MARTINS, Leonardo. *Teoria Geral dos Direitos Fundamentais*. 5. ed. São Paulo: Atlas, 2014, p. 58-59.

este distribua recursos em prol da população mais marginalizada e economicamente hipossuficiente, mediante o financiamento de direitos sociais a partir de fontes previamente estabelecidas em nível constitucional. Com base no conceito de afetação, essa instituição é composta pelos recursos decorrentes dos pisos setoriais de saúde (art. 198, §§2º e 3º c/c 77 do ADCT, CRFB/88) e educação (art. 212, CRFB/88) e pelos fundos de erradicação da pobreza (arts. 79 a 81, ADCT, CRFB/88), e de amparo ao trabalhador (art. 239, §§1º e 3º, CRFB/88), este último atinente a 60% do PIS/PASEP, assim como as contribuições destinadas à promoção da seguridade social (art. 195, CRFB/88 – Cofins, CSLL e contribuições previdenciárias) e ao meio ambiente (art. 177, §4º, CRFB/88 – CIDE-combustível).[13]

Nesse ponto, a tensão já explicitada entre a liberdade orçamentária gozada pelos governantes eleitos e a garantia financeira dos direitos fundamentais sociais torna-se objeto de preocupação institucional e acadêmica. Isso porque é possível conceber o orçamento mínimo social na qualidade de limitação material do Poder Constituinte Reformador.

Em resumo, verifica-se que essa categoria é uma cláusula pétrea ou, pelo menos, compõe o núcleo de intangibilidade da ordem constitucional, em consonância com o inciso IV do §4º do art. 60 da Constituição da República. Isso significa que essa garantia ultrapassa o discurso retórico de planos estatais, pois a prática de flexibilização orçamentária encontra nela claro limite jurídico. Igualmente, o Poder Constituinte autocontém-se, ao tomar de forma potencialmente irreversível – sem ruptura constitucional – decisão política de alocação permanente de recursos a uma determinada despesa pública. De acordo com Scaff, "[...] enfatiza-se, dessa forma, o caráter de cláusula pétrea constitucional das normas que estabelecem o vínculo orçamentário para o custeio dos direitos fundamentais sociais para saúde, educação e redução da pobreza".[14]

Por conseguinte, o objetivo estatal referente à liberdade do legislador orçamentário decorrente da regra da não afetação das receitas oriundas dos impostos encontra relativização no âmbito das vinculações orçamentárias, notadamente aquelas voltadas a garantir financeiramente a efetividade dos direitos fundamentais de conotação social-coletiva.

5 O direito fraterno e o financiamento de direitos sociais no contexto de crise sanitária

Diante da emergência de uma crise sanitária de escopo pandêmico relacionada às dificuldades impostas pela covid-19, não é difícil constatar que a humanidade e o povo brasileiro vivem em uma quadra histórica desafiadora, que será caracterizada por incontáveis perdas individuais e coletivas. Nesse cenário crítico, tornam-se mais prementes os desafios relacionados ao desenvolvimento socioeconômico de um país

---

[13] SCAFF, Fernando Facury. *Crônicas de Direito de Direito Financeiro*: tributação, guerra fiscal e políticas públicas. São Paulo: Conjur, 2016, p. 227.

[14] SCAFF, Fernando Facury. *Orçamento Republicano e Liberdade Igual*: ensaio sobre direito financeiro, república e direitos fundamentais no Brasil. Belo Horizonte: Fórum, 2018, p. 376.

com características continentais, demandas populares de modernidade tardia e escassa tradição em solver conflitos sociais em ambiência não autoritária.

A despeito disso, o complexo equacionamento desses atributos foi enfrentado em processo constituinte cuja resultante é uma Constituição promulgada por uma Assembleia Nacional Constituinte democraticamente eleita e que postula representar o povo. Ou seja, são em momentos de crise que o pacto constitucional é mais necessário como guia dos nossos valores e fins jurídico-políticos. Nesse sentido, torna-se imperativo aos juristas pensar em formulações e arranjos sociais alternativos em prol de maior isonomia entre os cidadãos e de um bem-estar fraternalmente considerado, a partir da lógica de direitos e respectivos custos.

Diante das indagações acerca das condições de possibilidade e limites para a efetividade do princípio constitucional da fraternidade, no escopo de fruição empírica de direitos fundamentais de índole social pela parcela da população mais carente de assistência estatal, as diretrizes decorrentes do imaginário fraterno fornecem saídas para se pensar na emergência.

Por se tratar de componente indispensável no método e conteúdo do campo político, a fraternidade requer a viabilização da democracia constitucional pela equalização do binômio paridade-diferença relativo ao corpo cívico. Por isso, as soluções e os sacrifícios necessários para o enfrentamento da crise sanitária e os impactos desta na economia nacional devem levar em consideração o ideal fraterno no processo de tomadas de decisões.

Sendo assim, a urgência e a complexidade dos desafios decorrentes de calamidade pública não justificam sacrifícios desproporcionais da participação política dos cidadãos na formação das escolhas públicas do Estado, a título de garantir maior eficiência ou resolutividade tendente a um paradigma tecnocrático, sob pena de não se atingir o grau de legitimidade esperado dos atos públicos em um Estado Constitucional. Em síntese, a transparência e a publicidade das situações sanitária e fiscal enfrentadas são fundamentais para levar informação ao povo e auxiliá-lo na coautoria, aceitação e cumprimento das medidas estatais.

Além disso, a fraternidade exige que os agentes políticos, que deverão realizar uma série de escolhas trágicas relativas a recursos públicos, tenham em mente as iniquidades do sistema social brasileiro ainda não resolvidas pela atividade financeira do Estado, como a regressividade da matriz tributária focada no consumo e a transferência de renda desde os contribuintes em direção aos detentores de títulos públicos ocasionada pelo acréscimo do endividamento público. Com esteio nas desigualdades sociais e regionais historicamente presentes no país, as categorias de capacidades contributiva e receptiva dos cidadãos são imprescindíveis nesse momento de crise, principalmente nas escolhas de prioridades alocativas de programas e recursos.

Por outro lado, o princípio jurídico da fraternidade propõe um olhar prioritário à promoção da dignidade da pessoa humana em suas vertentes individual, social e ambiental, realizando-se as funções do Estado Fiscal. No afã de transformarem-se as deficiências da estrutura social em categorias e instituições do constitucionalismo fraternal, as normas decorrentes desse imaginário implicam vedações e limites materiais à ação governamental e à autodeterminação coletiva.

No campo do financiamento dos direitos fundamentais de índole social, isso significa que as escolhas públicas relacionadas aos sacrifícios coletivos inerentes à crise sanitária não podem esvaziar o conteúdo garantista do orçamento mínimo social. Por essa razão, é uma das prioridades constitucionais dos governantes manter a fruição de um patamar mínimo de segurança social aos hipossuficientes do ponto de vista econômico, à luz de programas e políticas públicas de caráter social e fiscal-financeiro pensados para amenizar os efeitos de calamidade pública urgente e imprevisível. Nessa linha, compete ao Poder Judiciário e aos demais órgãos reputados essenciais para o sistema de Justiça fiscalizar de forma colaborativa as reações das autoridades à crise, sob o fundamento de zelar pela efetividade dos direitos fundamentais e de manter hígida a organização política do Estado.

Em suma, as balizas políticas e jurídicas decorrentes de fraternidade devem ser observadas na problemática de manutenção e promoção dos direitos fundamentais, notadamente no que se refere a um orçamento mínimo social, na realidade sócio-política desfavorável e pandêmica atualmente vivenciada.

6 Considerações finais

Este contributo acadêmico versou sobre as potenciais influências do princípio da fraternidade na ambiência de crise sanitária relacionada à pandemia da covid-19, sobretudo a partir de preocupação dirigida ao financiamento de direitos sociais, constitucionalmente previstos, garantidos e promovidos à parcela da população mais vulnerável sob as perspectivas econômica e da saúde pública.

Por conta desse objetivo, perquiriu-se a ideia de fraternidade em suas dimensões política e jurídica, haja vista a utilidade do conceito em tempos de dificuldade generalizada a toda humanidade, tendo em conta que a origem daquele remonta a uma ligação universal entre seres igualmente dignos, a qual tem por resultado um complexo sistema de solidariedade social e cuidado aos mais necessitados, à luz de uma ética pública.

Com espeque no pensamento possibilista do Professor Peter Häberle, a jurisprudência do Supremo Tribunal Federal propõe nova mirada à simbiose entre Estado Democrático de Direito e os valores jurídico-políticos da igualdade e da liberdade, sob as luzes do princípio da fraternidade, cuja juridicidade possui aptidão para a resolução de incontáveis problemas decorrentes da condição humana em sociedades multiculturais e complexas.

Aliás, no atual cenário de pandemia provocada pela covid-19 (coronavírus), o princípio da fraternidade tem ainda maior aplicação, impulsionando o contexto democrático nacional.

No recente julgamento da ADPF nº 811, o eminente Ministro Gilmar Mendes, ao abordar a jurisprudência da crise relativa à pandemia da covid-19, recordou a importância do princípio da fraternidade, enquanto categorias política e jurídica, para a ponderação e harmonização dos conflitos entre direitos humanos fundamentais. Disse Sua Excelência:

> É esse o norte que tem guiado este STF na realização do controle de constitucionalidade de restrições impostas às liberdades individuais em razão das medidas de enfrentamento à pandemia do novo Coronavírus. Não é preciso muito para reconhecer o desenvolvimento,

entre nós, de uma verdadeira Jurisprudência de Crise em que os parâmetros de aferição da proporcionalidade das restrições aos direitos fundamentais têm sido moldados e redesenhados diante das circunstâncias emergenciais (ADPF 811, Rel. Ministro Gilmar Mendes, Plenário do STF, julgamento realizado em 7 de abril de 2021).

Em seguida, abordou-se a tensão entre o ideal de liberdade no orçamento público apto a permitir condições de ação aos governantes eleitos pelos ritos da democracia constitucional e a formulação pelo constitucionalismo brasileiro de garantias ao financiamento de direitos sociais, por intermédio de vinculações orçamentárias em nível constitucional. Conclui-se, a propósito, pela qualidade de limitação material do Poder Constituinte Reformador representada pela instituição jurídica do Orçamento Mínimo Social.

Em resumo, com atenção ao equacionamento da liberdade orçamentária dos representantes eleitos que necessitam de recursos públicos para debelar a crise sanitária e seus consectários econômicos e das vinculações normativas que compõem o orçamento mínimo social na condição de conquista civilizatória do Estado e do povo brasileiro, demonstrou-se nesta investigação que os caminhos apontados pela fraternidade na qualidade de categoria jurídico-política são essenciais e produtivos para o presente momento de calamidade pública.

Referências

BAGGIO, Antonio Maria. *The Forgotten Principle*: Fraternity in Its Public Dimension... *Claritas – Journal of Dialogue and Culture*, West Lafayette-EUA, v. 2, n. 2, p. 35-58, 2013, p. 44.

DIMOULIS, Dimitri; MARTINS, Leonardo. *Teoria Geral dos Direitos Fundamentais*. 5. ed. São Paulo: Atlas, 2014.

FRANKENBERG, Günter. *Constituição como Gramática de Conflitos Sociais*. Trad. Tito Lício Cruz Romão. In: *Revista de Direito Público*, Porto Alegre, n. 14, p. 58-72.

FONSECA, Reynaldo Soares da. *O Princípio Constitucional da Fraternidade:* seu resgate no sistema de justiça. Belo Horizonte: D'Plácido, 2019, p. 55, 74.

JABORANDY, Clara Cardoso Machado; MACHADO, Carlos Augusto Alcântara; FONSECA, Reynaldo Soares da. In: A Completude da Teoria dos Direitos Fundamentais Sociais: a compreensão dos direitos e deveres fundamentais a partir do princípio esquecido da fraternidade. *Revista Pensamento Jurídico*, São Paulo, v. 13, n. 2, p. 235-258, jul./dez. 2019, p. 236.

JABORANDY, Clara Cardoso Machado. *A Fraternidade no Direito Constitucional Brasileiro:* um instrumento para proteção de direitos fundamentais transindividuais. Tese (Doutorado) – Universidade Federal da Bahia, Salvador, 2016.

MACHADO, Carlos Augusto Alcântara. *A Garantia Constitucional da Fraternidade:* constitucionalismo fraternal. 272 f. Tese (Doutorado) – Pontifícia Universidade Católica de São Paulo, São Paulo, 2014, p. 130.

LUBICH, Chiara. Mensagem ao I Congresso Nacional sobre o tema *"Direito e Fraternidade"*. (Mariápolis Ginetta 25 a 27 jan. de 2008). Disponível em: http://groups.google.com/group/comunhao-e-direito/files?hl=pt-BR. Acesso em: 8 dez. 2008.

SCAFF, Fernando Facury. *Crônicas de Direito de Direito Financeiro*: tributação, guerra fiscal e políticas públicas. São Paulo: Conjur, 2016.

SCAFF, Fernando Facury. *Crônicas de Direito de Direito Financeiro*: tributação, guerra fiscal e políticas públicas. São Paulo: Conjur, 2016, p. 227.

SCAFF, Fernando Facury. Liberdade do legislador orçamentário e não afetação – captura *versus* garantia dos direitos sociais. *In*: GOMES, Marcus Lívio; ABRAHAM, Marcus; TORRES, Heleno Taveira (Coord.). *Direito Financeiro na Jurisprudência do Supremo Tribunal Federal:* homenagem ao Ministro Marco Aurélio. Curitiba: Juruá, 2016, p. 150.

SCAFF, Fernando Facury. Liberdade do legislador orçamentário e não afetação – captura *versus* garantia dos direitos sociais. *In*: GOMES, Marcus Lívio; ABRAHAM, Marcus; TORRES, Heleno Taveira (Coord.). *Direito Financeiro na Jurisprudência do Supremo Tribunal Federal: homenagem ao Ministro Marco Aurélio*. Curitiba: Juruá, 2016, p. 156.

SCAFF, Fernando Facury. *Orçamento republicano e liberdade igual*: ensaio sobre direito financeiro, república e direitos fundamentais no Brasil. Belo Horizonte: Fórum, 2018.

Informação bibliográfica deste texto, conforme a NBR 6023:2018 da Associação Brasileira de Normas Técnicas (ABNT):

FONSECA, Reynaldo Soares da. Pandemia, direitos fundamentais e fraternidade. *In*: RIBEIRO, Carlos Vinícius Alves; TOFFOLI, Dias; RODRIGUES JUNIOR, Otávio Luiz (Coord.). *Estado, Direito e Democracia:* estudos em homenagem ao Prof. Dr. Augusto Aras. Belo Horizonte: Fórum, 2021. p. 329-342. ISBN 978-65-5518-245-3.

MULTIPARTIDARISMO, A EMENDA CONSTITUCIONAL Nº 97/2017 E O CAMINHO PERCORRIDO PELO BRASIL[1]

RICHARD PAE KIM

1 Introdução

Não há dúvida de que no Brasil temos instituído, a partir de uma opção constitucional, uma democracia dinâmica multipartidária. Vivemos na atualidade o que o eminente professor Dalmo de Abreu Dallari denomina de "democracia consensual multipartidária", que se caracteriza pela existência de vários partidos políticos com iguais possibilidades de chegar ao poder.

Democracia não configura a melhor decisão, mas o melhor *iter*, mediante a participação popular possível e universal. Evidentemente que o conceito de democracia não é absoluto, mesmo porque, como já restou bem salientado por José Afonso da Silva, não existe democracia acabada,[2] fundada nas palavras de Jean-Jacques Rousseau publicadas em sua obra sobre o "Contrato Social", que, a se tomar o termo no rigor de sua acepção, jamais existiu verdadeira democracia e jamais existirá, embora concorde o autor que esse é o melhor regime político a ser aplicado.

Por aquilo que na teoria importaria em um avanço democrático, inclusive porque privilegiaria a defesa dos interesses da minoria, o nosso sistema político-eleitoral tem sofrido críticas mais do que justificadas. A flexibilidade das regras para a criação de partidos políticos associada aos incentivos políticos e financeiros, a facilidade na construção de coalizões políticas fora e dentro do parlamento, a ausência de identificações da sociedade com os partidos a facilitar a dança das cadeiras partidárias, a

---

[1] Parte deste trabalho é o resultado das pesquisas realizadas pelo autor junto ao Grupo de Pesquisas sobre "Reforma Política", vinculado à Coordenadoria da pós-graduação da Faculdade de Direito da USP, liderado pela Professora Dra. Mônica Herman Salem Caggiano (2015-2016), e parte dele foi publicado na obra coletiva com estudos em homenagem ao Ministro Dias Toffoli, a saber: KIM, Richard Pae. Representação política e Multipartidarismo. In: NORONHA, João Otávio de; KIM, Richard Pae. *Sistema Político e Direito Eleitoral Brasileiros*. São Paulo: Atlas: 2016, p. 633-672.

[2] SILVA, José Afonso da. Democracia Participativa. In: *Cadernos de Soluções Constitucionais*. Vol. 2. São Paulo: Malheiros, 2006, p. 183.

prevalência da força do político sobre a do partido, a flexibilidade programática e ideológica dos partidos, a ausência de cláusulas reais de barreira ou de desempenho, a ausência de sanções efetivas para os casos de infidelidade partidária e a eliminação da verticalização nas eleições têm sido apontadas como algumas das razões para o exacerbado número de partidos políticos no Brasil[3] e para o grande número de pedidos de registro de partidos que são protocolados a cada ano.

Não são poucas as vozes bradando contra esse sistema. Alguns chegam a pregar a volta ao bipartidarismo, outros exigem uma reforma política que impeça a criação de novos partidos políticos, e há, ainda, aqueles que exigem novas regras que, além de dificultar a criação de novas siglas, levem o país a um rearranjo político que conduza a um processo permanente de fusão e incorporação dos partidos políticos até que as ideologias se solidifiquem e se tornem claras a cada partido registrado.

O fato é que esse dilema não é um monopólio da vida política brasileira. A Espanha, por exemplo, está passando pelo processo de transformação do bipartidarismo em multipartidarismo, enquanto que, na Itália, diante das dificuldades encontradas na governabilidade do país até 2014, o movimento acontece em sentido contrário.

O tema é denso e envolve reflexões que comportam diversas variáveis, inclusive para se pensar em uma reforma política eficiente. As dificuldades, no entanto, não podem impedir as mudanças, inclusive as que advieram da Emenda Constitucional nº 97/2017, diante da necessidade do país de buscar uma saída para esse sistema eleitoral anacrônico que tem gerado, a toda evidência, uma crise na representatividade política, deturpando os fins democráticos de nossos partidos.

Não se pretende, com este trabalho, esgotar os temas e muito menos apresentar respostas únicas e absolutas aos questionamentos e aos supostos paradoxos, em especial, porque este autor não é politólogo e tampouco sociólogo, e, assim sendo, as reflexões feitas podem estar eivadas de alguns vícios intelectuais e de linguagem.

Esperamos poder ultrapassar as dificuldades, com o auxílio de importantes pensamentos extraídos de ilustres escritos como os que foram desenvolvidos por autores com a envergadura do nosso homenageado, Dr. Antônio Augusto Brandão de Aras, jurista brasileiro e atual Procurador-Geral da República (2019-2021), que no exercício de suas atividades como membro do Ministério Público com atuação, inclusive, na seara eleitoral, e como cientista, tem se dedicado a estudar e lecionar sobre a nossa democracia e direitos políticos, inclusive na histórica Faculdade de Direito da Universidade Federal da Bahia há mais de três décadas.

Para mim, é uma honra poder participar desta importante obra coletiva que enaltece a trajetória de um grande jurista brasileiro.

2   Partidos políticos e suas funções

Não podemos nos olvidar das três formas de tratamento da representação política que estão desenhadas pela ciência política. A primeira, como salientado, é

---

[3] Conforme se observa do sítio eletrônico do Tribunal Superior Eleitoral, são 33 partidos registrados perante a Corte Superior eleitoral até abril de 2021 (www.tse.jus.br). Até essa data, perante o TSE, existiam mais de 77 (setenta e sete) pedidos para a criação de novas legendas.

aquela concebida por Rousseau, no sentido de que a representação deve estar fundada na autoridade ou na delegação, ou seja, os parlamentares seriam apenas comissários dos eleitores, e o descumprimento desse compromisso, dentro dessa concepção, pode importar a revogação de seu mandato imperativo.[4] A segunda tem origem na leitura feita por Edmund Burke[5] sobre o tema, no sentido de que a representação cuida-se de uma relação de confiança, inexistindo qualquer consulta sobre a vontade dos eleitores pelos representantes, colocando o parlamento, portanto, como um local de debate e de decisão sobre os interesses econômico, político e social. O senão apontado pelos críticos dessa ideia decorre do fato de que Burke entendia que somente deveriam fazer parte do parlamento as pessoas mais bem informadas e aparelhadas, revelando, dessa forma, a sua visão elitista dos legitimados à participação das decisões políticas. A última tem como concepção a representação política como um reflexo das ideias da sociedade, de uma realidade social.

O estudo mais adequado dessa concepção parece ser de Stuart Mill, que escreveu que a representação há de ser descritiva, pois o processo eleitoral há de buscar garantir a interação máxima dos interesses do corpo representativo com os dos representados. Preconiza-se, nessa linha de raciocínio, a instituição de sistemas proporcional e distrital, com a máxima universalização do sufrágio, de forma a garantir a vontade da maioria, sem prejudicar a participação das minorias, o que seria garantido com a eleição proporcional.

No sistema democrático, a oposição possui importância ímpar, na medida em que dentro do universo político ela importa em contrariedade de um grupo a um poder ou autoridade, a fim de possibilitar a flexibilização e a possível alternância do controle governamental. Nesse sentido, já se manifestou Geraldo Ataliba:

> O principal papel da Oposição é o de formular propostas alternativas às ideias e ações do governo da maioria que o sustenta. Correlatamente, critica, fiscaliza, aponta falhas e censura a maioria, propondo-se, à opinião pública, como alternativa. Se a maioria governa, entretanto, não é a dona do poder, mas age sob os princípios da relação de administração.[6]

Temos na democracia representativa um regime de governo em que a opinião pública é essencial, incumbindo ao partido político o aglutinamento delas e a difusão daquelas consideradas importantes pela agremiação. *The Party* há de exercer papel fundamental para aglutinar as ações políticas e permitir que os eleitores e os seus eleitos exerçam papéis transformadores no país – por meio de políticas legislativas ou administrativas.

Em extraordinário trabalho publicado por Palhares Moreira Reis,[7] verificamos que a institucionalização dos partidos políticos – como os conhecemos hoje – é

---

[4] Para muitos, o instrumento do *recall* do sistema norte-americano seria uma forma de resguardar esse poder de controle do eleitor.
[5] Filósofo e político anglo-irlandês, autor da célebre obra "Reform of the Representation in the House of Commons" (1782).
[6] ATALIBA, Geraldo. Judiciário e minoria. *In: Revista de Informação Legislativa*, Brasília: Senado Federal, n. 96, p. 191, 1987.
[7] Ver REIS, Palhares Moreira. Os Partidos Políticos e a Experiência Brasileira. *In: Revista de Informação Legislativa*, Brasília: Senado Federal, n. 114, p. 90-1, abr./jun. 1992.

recente e remonta ao início do século XX. Anota o constitucionalista que, até o final da Primeira Grande Guerra, poucos eram os escritos sobre os grupos partidários, o que não significava que eles não existissem, mas que estavam em regra à margem da lei. Por exemplo, Sir George Seville, pensador inglês do século XVIII, afirmou que "a ignorância abre aos homens a porta dos partidos e a vergonha, depois, os impede de sair"; David Hume, filósofo e economista escocês do século XVIII, confessou detestar os fundadores de partidos "porquanto exercem uma influência diretamente contrária à das leis"; Nicolas de Condorcet, um dos grandes politólogos franceses, sustentou que os partidos "conservam cuidadosamente o fanatismo como um instrumento que cada qual aguarda a vez de utilizar"; George Washington, em seu *Farewell Address*, deixava clara a desconfiança em relação ao espírito partidário; e Marshall revelava sua má impressão sobre o novo organismo que se formava ao afirmar que "nada rebaixa ou polui mais o caráter humano que um partido político".

Não há que confundir os grupos políticos que existiam na Grécia antiga com os partidos políticos como os existentes hoje. Na Antiguidade não havia grupos políticos como organismos permanentes, mas grupos de indivíduos que lutavam por determinados ideais comuns. As democracias antigas eram diretas – mas seletivas – posto que, em algumas nações, o "povo" (ora oligárquicos, ora nobres, ora cidadãos assim considerados, e até plebeus) decidia problemas em conjunto, enquanto que em outras o "povo" acabava por escolher representantes por meio de sorteios, sem quaisquer organismos que intermediassem essas escolhas.

Durante a Era Moderna, os partidos políticos tiveram sua origem na Inglaterra a partir do século XVII, diante da importância que tomou a ideia da necessidade de uma permanente oposição ao governo – à Corte – e isso só se tornou possível quando restou aniquilada a ideia de que todos os que se opunham à Coroa deveriam ser considerados inimigos do Estado e que, nesses casos, deveriam sofrer sanções da mais variada espécie, inclusive com a pena de morte. O início dessa relação se deu com o estabelecimento do bipartidarismo, consistente em dois grupos: a situação (governo) de um lado e, do outro, a oposição.

Na Inglaterra, tivemos os *tories* e os *whigs*. Após a restauração dos Stuarts, no reinado de Carlos II, formaram-se dois grupos políticos organizados: de um lado os *tories*, que defendiam os interesses da Coroa e dos grandes proprietários, e de outro os *whigs*, que representavam os novos burgueses urbanos e todos aqueles que não se contentavam com o governo. Com o tempo, o primeiro grupo se tornou o Partido Conservador e o segundo, originalmente, o Partido Liberal, que passou a se autodeterminar Partido Trabalhista.

Nos Estados Unidos, no século XVIII, o bipartidarismo se iniciou com o fim do poder monárquico e com a defesa da União contra a rebeldia de determinados estados federados. O partido Republicano se tornou o Partido Federalista (*Whig*), encabeçado por Alexander Hamilton, e o segundo grupo, de dissidência dos republicanos, liderados por Thomas Jefferson, formaram o Partido Democrático.

Na França, embora berço dos movimentos democráticos, somente com a Restauração Bourbônica, após o período do Império, entre os anos de 1814 e 1830, e com a implantação do parlamentarismo e a estabilização política, é que foram formados os partidos políticos de forma institucionalizada: os jacobinos e os girondinos.

A institucionalização dos partidos políticos no restante da Europa se deu a partir de meados do século XIX, e na América do Sul, a partir do seu período final.

O fato é que somente com o final da Segunda Guerra Mundial, com a sucessiva promulgação das respectivas Constituições, os partidos políticos acabaram sendo institucionalizados. A primeira experiência do século XX veio com a Constituição da Itália de 1947, e diversos constitucionalistas e teóricos da ciência política, como George Burdeau, Max Weber, Maurice Duverger, Robert Michels, dentre outros, comemoraram esse importante movimento para o funcionamento democrático contemporâneo.

A despeito de na Alemanha ter sido reconhecido o partido político como uma organização legítima e permanente, somente com a Constituição alemã de 1949 que os juristas alemães Hans Kelsen, Hermann Heller e Gustav Radbruch se manifestaram sobre a necessidade da constitucionalização dos partidos políticos e construíram a denominada "Teoria do Estado de Partidos", a sustentar que os compromissos democráticos do século XX hão de repousar nos partidos políticos. Esses cientistas afastavam em seu discurso a atuação política dos organismos sociais, principalmente porque teriam dentro de sua ação ideais corporativos, ao contrário dos partidos políticos, posto que incumbiria a cada um deles a missão de se tornarem órgãos centrais de discussões políticas.

O partido político passou a ser concebido como uma associação organizada de indivíduos, com o objetivo de participar permanentemente do funcionamento das instituições políticas (Legislativo e Executivo), de buscar o acesso aos Poderes e de fazer prevalecer e influenciar as políticas de interesse de seu grupo e de seus eleitores.

É certo que o adequado funcionamento de um partido político depende do cumprimento permanente de três atividades básicas, como bem descreveu Palhares Moreira Reis:[8] a) em primeiro lugar, há de servir de elemento catalizador de corrente de opinião, a fim de transformá-la em uma ação política, em regra, normativa e isso se expressará por meio de votos, suficientes a levar seus representantes às atividades governamentais; b) em segundo lugar, selecionar e orientar os eleitos, que deverão fazer cumprir as linhas do programa partidário e cumprir as orientações da agremiação; c) e, em terceiro, informar e educar o eleitor, não só preparando-o para votar, com consciência, mas também para a vida política, inclusive para a participação partidária voluntária.

Com o passar do tempo, a defesa das minorias passou a ser uma pauta permanente para as democracias do século XX, o que causou a ampliação da ideia de pluralidade política e partidária, ambas adotadas pela nossa Constituição Federal de 1988.

Assim, para o adequado funcionamento do sistema pluripartidário, com a efetiva participação das minorias, comumente denominadas de forma pejorativa como "partidos nanicos", foi pensado o mecanismo da coligação partidária.

No Brasil, foram instituídas as coligações pela Lei nº 9.504, de 30 de setembro de 1997, e estas passaram a se constituir em "partidos políticos temporários". Formada como superlegenda, passou a retratar uma aliança de partidos para um determinado pleito eleitoral, que pode ter até denominação própria e representante autônomo com atribuições idênticas às do presidente de um partido político, inclusive para representar a coligação na Justiça Eleitoral, tanto que a lei previu legitimidade ativa das coligações

---

[8] REIS, Palhares Moreira. Os Partidos Políticos e a Experiência Brasileira. *In: Revista de Informação legislativa*, Brasília: Senado Federal, n. 114, p. 94-5, abr./jun. 1992.

para promover, por exemplo, ações de impugnação ao pedido de registro de candidatura e de investigação judicial (cf. arts. 3º e 22 da LC nº 64, de 18 de maio de 1990).

Há que se frisar, como bem mencionado por Marcos Ramayana, que "as alianças ou coligações nascem por deliberações das Convenções Regionais ou Estaduais em relação aos deputados federais, estaduais ou distritais. Quando se referir às eleições de vereadores, a deliberação será da Convenção Municipal",[9] sendo que o registro das convenções há de ser efetuado perante o órgão jurisdicional competente para o exame dos pedidos de candidatura.

É fato que a liberdade partidária não pode estar dissociada da ideia de isonomia, o que implica que deve existir equilíbrio nas propagandas políticas eleitorais e partidárias e também na existência de regras iguais no que concerne a financiamento e prestação de contas (cf. art. 17 da CF).

Os partidos, para o cumprimento adequado das suas funções, também devem ser representados por blocos parlamentares, que se dão com a representação de dois ou mais partidos, por deliberação das respectivas bancadas, cada um com duração de uma legislatura.

Estabelece o art. 12, §3º, do Regimento Interno da Câmara dos Deputados, por exemplo, que "não será admitida a formação de Bloco Parlamentar composto de menos de três centésimos dos membros da Câmara" e, em havendo desligamentos de uma bancada que implique a perda do quórum mínimo, o bloco será extinto.

Em caso de dissolução do bloco ou alterado o quantitativo da representação que o integrava por desvinculação do partido, *verbi gratia*, há de ser revista a composição das Comissões por provocação do bloco ou do partido, a fim de redistribuir os cargos e os lugares, objetivando respeitar o princípio constitucional da proporcionalidade partidária.

Muitas vezes, partidos pequenos, supostamente representantes de minorias, poderão, na composição dos blocos, tornar-se maiorias. Como já tratado por Calil Simão, "pode-se afirmar que constitui a maioria o Partido ou Bloco Parlamentar integrado pela maioria absoluta dos membros da Casa Legislativa, considerando-se minoria a representação imediatamente inferior que expresse posição diversa"[10] e, no caso de nenhuma representação atingir a maioria absoluta, assume, em regra, as funções regimentais e constitucionais da maioria o partido ou o bloco que possuir o número maior de representantes.

Dentro do parlamento, para que possa prevalecer a vontade da maioria, esta há de se manifestar de forma legítima, ou seja, respeitando os direitos da minoria, que não se encontram apenas na Constituição da República, mas também nas normais infraconstitucionais que garantam o devido processo legislativo; os princípios da segurança jurídica, do jogo democrático, da ampla defesa e do contraditório, da igualdade entre os grupos parlamentares e entre os próprios parlamentares.

---

[9] RAMAYANA, Marcos. *Direito eleitoral*. Rio de Janeiro: Impetus, 2009, p. 302.
[10] SIMÃO, Calil. *A proteção constitucional das minorias parlamentares*. São Paulo: SRS, 2009, p. 41.

3 Bipartidarismo e multipartidarismo

Como se sabe, o partido único é o companheiro predileto das ditaduras.[11] Assim, nos regimes democráticos, o mundo está repartido entre aqueles que adotam o bipartidarismo e o pluripartidarismo (ou multipartidarismo, expressão mais adequada para o Brasil, diante do excesso de partidos políticos, como veremos a seguir).

Muitas vezes, o pluripartidarismo pode ser apenas ilusório, havendo bipartidarismo real. E o próprio bipartidarismo pode ser ilusório quando não há alternância no poder.

Nos Estados Unidos, nada impede que o presidente pertença a um partido diferente do da maioria do Congresso. E ao contrário do que possa parecer, observando-se os estatutos dos dois grandes partidos – democrata e republicano –, não há divergências teóricas ou programáticas significativas, tanto é que, como lembrado por Olivia Raposo das Silva Telles, nas palavras de Claude Leclercq, esses dois partidos:

> são apenas duas tendências no interior de um mesmo partido liberal. Além disso, não há uma rígida disciplina partidária: no momento das votações no Congresso as maiorias se modificam conforme a natureza das questões. Com isso, os partidos terminam por se reduzir a máquinas eleitorais. Existem, é verdade, "terceiros partidos", mas eles têm papel insignificante na vida política do País.[12]

Entretanto, será que há fórmula adequada para esse ou aquele sistema político ou eleitoral de um país? Quando caberá o bipartidarismo e quando será mais adequado o pluripartidarismo?

Dentre as diversas teses sobre o assunto, duas proposições de Maurice Duverger restaram acolhidas pela maioria dos estudiosos, que acabaram sendo conhecidas como as "Leis de Duverger", que assim foram construídas: a) "O sistema majoritário de um só turno tende ao dualismo dos partidos"; e b) "O sistema majoritário de dois turnos e a representação proporcional tendem ao multipartidarismo".[13]

Essas teses foram submetidas a testes. Arend Lijphar, após analisar 22 países democráticos, concluiu pela correção dessas assertivas.[14] Nas duas hipóteses em que, em tese, não teria ocorrido a "subsunção" da "Lei de Duverger", em verdade, existiam variáveis que conduziam a situações divergentes.

Na Áustria, por exemplo, há um sistema proporcional, mas no país vigorava o bipartidarismo, posto que existiam apenas dois partidos de expressão, o Partido do Povo e o Partido Socialista. No Canadá, onde o sistema é majoritário de um único turno, não há bipartidarismo, mas, na realidade, apenas dois partidos de expressão – Partido Liberal e Conservador –, e um terceiro, de pouca força, denominado Partido da Nova Democracia.

---

[11] Caso da Alemanha nazista, Espanha falangista, Itália fascista, Portugal corporativista e o regime norte-coreano. Em Cuba, há apenas o Partido Comunista, que para alguns não seria um partido com função eleitoral, mas "representativo" da sociedade. Esperamos tratar do tema em breve, pois, no meu entender, o país não possui efetivamente um partido político com as funções institucionais típicas.

[12] TELLES, Olívia Raposo da Silva. *Direito eleitoral comparado* – Brasil, Estados Unidos, França. São Paulo: Saraiva, 2009, p. 172.

[13] DUVERGER, Maurice. *Os partidos políticos*. Rio de Janeiro: Guanabara, 1987.

[14] LIJPHART, Arend. *As democracias contemporâneas*. Lisboa: Gradiva, 1989, p. 209-15.

Críticas e tentativas de aperfeiçoamento dessas assertivas surgiram com o tempo. Dentre elas, as mais contundentes, mas que não fugiam da lógica de Duverger, foram apresentadas por Giovanni Sartori, importante cientista político italiano, que propôs as seguintes proposições lógicas:

> a) Fórmulas de maioria simples favorecem um formato bipartidário e, inversamente, dificultam o multipartidarismo.
>
> b) Fórmulas de representação proporcional favorecem o multipartidarismo e, inversamente, dificilmente produzem o bipartidarismo.[15]

Taagepera e Schugart, após encamparem as sugestões de William Riker,[16] resolveram apresentar duas proposições que denominaram de "Lei e Hipótese de Duverger", que restaram assim elaboradas:

> a) Lei de Duverger: a regra de maioria simples tende a reduzir o número de partidos para dois, independentemente do número de clivagens políticas.
>
> b) Hipótese de Duverger: regras de representação proporcional tendem a não reduzir o número de partidos, caso o número de clivagens políticas favoreça a existência de muitos partidos.[17]

É possível verificarmos que tanto as críticas como as tentativas de aperfeiçoamento não se afastaram, na sua essência, das conclusões de Duverger, que têm sido açambarcadas pelas constatações fáticas, válidas no seu sentido probabilístico e tendencial. Aliás, como bem lembrado por Jairo Marconi e Rogério Augusto Schmitt, o estudo de Lijphart:

> mostra a correlação entre sistemas de maioria simples e bipartidarismo e entre representação e multipartidarismo; enquanto o número de partidos parlamentares efetivos nas democracias tradicionais com sistemas de maioria simples é de 2,0 a média nos diversos sistema eleitorais de representação proporcional é de 3,5 partidos parlamentares efetivos.[18]

Há que se ressaltar que nem mesmo Maurice Duverger deu valor absoluto a essa sua colocação. Ao contrário:

> jamais considerou como mais importante que as outras, acrescentando que, em verdade, "a ação dos sistemas de escrutínio poderia ser comparada à de um freio ou de um acelerador: certo regime eleitoral facilita a multiplicação dos partidos, provocada pela ação de outros fatores; outro regime lhe serve de obstáculo; etc. Mas os modos de escrutínio não têm papel propriamente de motor: estas são as realidades nacionais, as ideologias, e

---

[15] SARTORI, Giovanni. The Influence of Electoral Systems: Faulty Laws or Faulty Methods? In: GROFMAN, Bernard; LIJPHART, Arend (Org.). *Electoral Laws and their Political Consequences*. New York: Agathon, 1986.

[16] RIKER, William. Duverger's Law Revisited. In: GROFMAN, Bernard; LIJPHART, Arend (Org.). *Electoral Laws and their Political Consequences*. New York: Agathon, 1986.

[17] TAAGEPERA, Rein; SHUGART, Matthew. *Seats and Votes*. New Haven: Yale, 1989.

[18] NICOLAU, Jairo Marconi; SCHMITT, Rogério Augusto. Sistema Eleitoral e Sistema Partidário. *In: Lua Nova*, n. 36, p. 131, 1995.

sobretudo as estruturas socioeconômicas que têm, em geral, a ação mais decisiva a esse respeito".[19]

É evidente que esses números não explicam o nosso distorcido sistema partidário que hoje conta com trinta e três (33) partidos políticos. Trataremos sobre isso nos demais subcapítulos.

4 Multipartidarismo e o caminho percorrido pelo Brasil

No Brasil, as Constituições de 1824 e 1891 não trataram dos partidos políticos, e somente com a Primeira República, com a Revolução de 1930, foi aprovado o primeiro Código Eleitoral brasileiro, de 1932, que estabeleceu a representação proporcional, o voto secreto e criou a Justiça Eleitoral como conhecemos hoje.

A Carta da República de 1937 simplesmente ignorou os partidos políticos, e o Estado Novo acabou por extingui-los. O fato é que no Brasil a centralidade dos partidos políticos ocorreu de forma tardia, somente em 1945, com a entrada em vigor de norma infraconstitucional, o Decreto-Lei nº 7.586/45, conhecido como a Lei Agamenon, em que passaram a ser proibidas as candidaturas avulsas.

Somente com a Constituição de 1946 é que houve previsão expressa dos partidos na Carta Maior, institucionalizando-os, prevendo que teriam representação proporcional nas comissões parlamentares (art. 40); legitimando-os para ofertar representações nas ações em que buscasse a perda de mandato de um parlamentar ou candidato (art. 48); fixando a competência da Justiça Eleitoral para o registro e a extinção do partido político (art. 119); e vedando o funcionamento do partido cujo programa ou ação contrariasse o regime democrático (art. 141, §13). Aliás, esse foi o dispositivo utilizado para que, em 1947, fosse fechado e extinto o Partido Comunista, durante a presidência do Marechal Eurico Gaspar Dutra.

Ao contrário do que ocorreu em outros países da América do Sul, mesmo com o golpe de 1964, o governo militar continuou a estimular a manutenção de partidos, embora controlasse as engrenagens partidárias, e não eliminou as eleições aos parlamentos. Não se está aqui a defender o regime, e a anotação é meramente fática; mesmo porque não há como se olvidar que no período houve a suspensão das eleições diretas para os mandatos de governadores e de presidente da República. Essa situação perdurou apenas até a edição do AI-2, quando os extinguiu.

A Constituição de 1967 exigiu, para a criação efetiva de um partido, 10% do eleitorado em dois terços dos Estados, com o mínimo de 7% em cada um, além de 1/10 dos deputados e senadores, cláusula de barreira esta que tornou inviável a criação de novos partidos.

A EC de 1969 abrandou a cláusula de barreira, pois as exigências foram reduzidas para 5% do eleitorado em sete estados, com o mínimo de 7% em cada um deles, o que não foi suficiente para estimular a criação de novas agremiações.

---

[19] DUVERGER, Maurice. *Os partidos políticos*. Rio de Janeiro: Guanabara, 1987, p. 245.

Entretanto, a Constituição de 1969 reservou aos partidos políticos todo um Capítulo (III) do Título II, o art. 152, alterado pela EC nº 11/78, e outros dispositivos esparsos. Além dos princípios organizacionais, exigências para o funcionamento dos partidos, estabelecimento da personalidade jurídica por meio do registro dos estatutos e do âmbito nacional dos partidos, proibição do vínculo com entidades estrangeiras, e a possibilidade de perda do mandato do Senador, Deputado ou Vereador por infidelidade partidária, essa emenda trouxe nova alteração à cláusula de barreira, ao estabelecer a exigência de 10% dos parlamentares com representações nas duas casas (deputados e senadores) e alternativa da votação de 5% do eleitoral em pelo menos nove estados, com o mínimo de 3% em cada um deles; mas nem isso possibilitou a ampliação do número de partidos em nosso país.

A Lei Orgânica dos Partidos Políticos, por fim, veio com a Lei nº 5.682/71 e que restou alterada pela Lei nº 6.767/79. Essa última normativa é que, ao distinguir as etapas de fundação, registro provisório, registro definitivo e funcionamento dos partidos nacionais, possibilitou que, gradativamente, os novos partidos fossem sendo formados. Em 1980, por exemplo, seis partidos estavam começando a se estruturar, como o PDS, PMDB, PP, PDT, PT e PTB.

O Ministro Carlos Mário da Silva Velloso, quando presidente do Tribunal Superior Eleitoral, em 1995, criou uma comissão[20] para o estudo dos problemas eleitorais brasileiros, e uma das propostas aliadas a projetos que já se encontravam tramitando no Congresso Nacional deu ensejo à Lei nº 9.096/95, conhecida como a Lei dos Partidos Políticos.

Não se olvide que o Brasil já havia passado pelo bipartidarismo. Durante o período do Império, liberais e conservadores travaram suas batalhas, mas os resultados não decorriam de seus próprios méritos, mas da vontade do imperador, tanto é que Rui Barbosa alardeava que os dois partidos de então se reduziam a um só, o do poder. Em 1870, o dualismo partidário foi substituído pelo Partido Republicano, que durante vinte anos atuou fortemente até depor o imperador Dom Pedro II, em 1889.

Houve uma pulverização política, imposta pela República, que tornou regra a descentralização em partidos estaduais. Nessa época, o voto não era secreto e tampouco proporcional e as eleições eram feitas por distritos. Após algumas tentativas frustradas de manutenção de partidos com feições nacionais, como o Partido Comunista (1922- 1938 e 1946-1947), a Aliança Nacional Libertadora (1935-1945) e a Ação Integralista (1932 -1937), as agremiações nacionais somente se consolidaram a partir de 1945, com o fim da Segunda Guerra Mundial e a edição da Lei Agamenon, quando então foram criados o PSD – Partido Social Democrático; o PTB – Partido Trabalhista Brasileiro; e a UDN – União Democrática Nacional. De 1945 a 1965, reinou o pluripartidarismo e, quando o AI-2 os extinguiu, eram treze os partidos registrados e com representação no Parlamento.

Em seguida (com o Ato Complementar nº 4), vigorou uma espécie de cláusula de barreira (que era muito mais uma cláusula de exclusão), ao estabelecer que somente os partidos com no mínimo 120 (cento e vinte) deputados e 20 (vinte) senadores é que poderiam se manter registrados. Portanto, de forma indireta, houve o retorno ao bipartidarismo, com a instituição de apenas dois partidos, a ARENA e o MDB.

---

[20] Ver detalhes no trabalho de MOREIRA REIS, Palhares. *Cinco estudos sobre partidos políticos*. Recife: UFPE, 1999.

Com a Constituição Federal de 1988 é que novo caminho democrático restou aberto. Como salientado anteriormente, não há dúvida quanto à importância dos partidos políticos para a construção da democracia contemporânea[21] e não foi diferente no Brasil.

O pluralismo político é mencionado em quatro passagens de nossa Constituição Federal de 1988: a) pluralismo social, em seu preâmbulo; b) pluralismo político (art. 1º); pluralismo partidário (art. 17) e o pluralismo de ideias e de concepções pedagógicas educacionais (art. 205, III).

O pluralismo na sociedade brasileira implica o dever de todos de criar e manter espaços de convivência, pacífica e ordenada. Para alguns, esse pluralismo não admite a limitação numérica e tampouco a fixação de restrições, seja direta ou indiretamente, sob pena de ferir esse princípio. E os defensores desse posicionamento, a toda evidência, não têm dúvida de que a cláusula de barreira atravessaria de morte o princípio pluralista.

A Lei nº 9.096/95 foi resultado desse novo regime democrático, da autonomia dos partidos políticos e do pluripartidarismo. Para garantir o cumprimento desses princípios e também da liberdade de expressão de pensamento, a Constituição Federal, além de obrigar os partidos a inserir nos seus programas partidários o respeito à soberania nacional, o regime democrático, o pluralismo político e os direitos fundamentais da pessoa humana, expressamente previu algumas vedações descritas no art. 17, I a IV, da CF, muito bem dissecadas por Velloso e Agra, a saber:

> a) A criação de partidos regionais, que defendam interesses locais: eles têm que apresentar caráter nacional, devendo estar representados na maioria dos Estados da Federação, e suas propostas têm de englobar o interesse de toda a nação. O surgimento de partidos regionais seria uma afronta à Federação, que é formada pela união indissolúvel dos Estados, dos Municípios e do Distrito Federal, e representaria um estímulo para a secessão, o que é terminantemente proibido pela nossa Constituição;
>
> b) a utilização dos partidos políticos como estruturas paramilitares. Um dos fundamentos da democracia é a convivência pacífica dos vários grupos políticos existentes, e os partidos estruturados com caráter paramilitar estimulariam a violência e impediriam o livre debate de ideias. Essa maneira de estruturação dos partidos políticos é o pórtico das ditaduras – foi assim que Hitler e Mussolini tomaram o poder;
>
> c) a omissão de prestação de contas à Justiça Eleitoral, com o fim de se evitar o abuso do poder econômico. O processo eleitoral brasileiro é comandado pelo Poder Judiciário, que tem a função de fiscalizar a lisura das eleições, de forma que seja evitada a preponderância do poder econômico, que representa as elites, em detrimento de uma representação calcada no interesse popular, que não dispõe de recursos para financiar uma eleição;
>
> d) recebimento de recursos financeiros de entidades ou governos estrangeiros ou subordinação a interesses alienígenas. O primeiro dos fundamentos da República Federativa do Brasil é a soberania, que restaria maculada se fosse permitido que os partidos políticos se submetessem a interesses estrangeiros ou recebessem recursos financeiros do exterior.[22]

---

[21] DAHL, R. Poliarquia. *Participação e oposição*. São Paulo: Edusp, 1997.
[22] VELLOSO, Carlos Mário da Silva; AGRA, Walber de Moura. *Elementos de direito eleitoral*. São Paulo: Saraiva, 2010, p. 107-8.

A democracia consensual brasileira, que combina o presidencialismo centralizador com um federalismo anacrônico e um sistema proporcional de lista aberta para a composição da Câmara dos Deputados, além do arranjo partidário e institucional, conforme a literatura especializada, acaba por fomentar "o individualismo, o distributivismo (*pork*), o multipartidarismo",[23] além de dificultar a formação de maiorias, procrastinando a tomada de decisões e gerando, por consequência, prejuízo para a governabilidade.

A despeito de nossa "Carta Cidadã" ter optado pelo multipartidarismo, verificamos que o sistema não fecha. Inúmeros são os problemas facilmente identificáveis que envolvem hoje os partidos políticos e o sistema partidário brasileiro. Exemplificativamente, apontemos alguns deles: a) poucos requisitos para a criação de novos partidos políticos; b) alto custo dos partidos públicos e das campanhas políticas, ao mesmo tempo em que o sistema facilita a divisão do fundo partidário a todos os partidos políticos – sejam eles tradicionais ou noviços; c) ausência de vínculos efetivos entre os partidos políticos e os eleitores; d) ditadura interpartidária, imposta por elites políticas; e) ausência de regulamentação a assegurar, efetivamente, a democracia intrapartidária; f) centralização nas lideranças partidárias do poder decisório, muitas vezes esvaziando a atuação do parlamentar filiado; g) "os partidos políticos são estimulados a buscar candidatos sem maior comprometimento partidário ou ideológico, os 'puxadores' de voto, vinculados a grupos organizados, com maior exposição na mídia ou com potencial econômico, distorcendo a representação e reforçando o excepcional poder dos meios de comunicação e do 'marketing eleitoral'";[24] h) o individualismo político, estimulado inclusive no sistema de eleição proporcional em lista aberta; i) baixa identificação ideológica do partido, o que faz prosperar os interesses individuais das oligarquias partidárias; j) a escancarada prática de infidelidade partidária; k) ausência de sanções eficazes a tornar exigível a fidelidade partidária; e l) a cláusula de desempenho extremamente benevolente com os "partidos nanicos" e a queda da regra da verticalização das coligações em âmbito nacional.

Trataremos, portanto, de algumas dessas questões, que ensejam reformas urgentes e necessárias, a fim de garantir os objetivos finalísticos fixados pela Constituição Federal ao estabelecer os partidos políticos como protagonistas de nosso sistema político-eleitoral.

5 Necessárias reformas

A despeito de a representação política somente ser viável, atualmente, por meio de um mecanismo instituído, que são os partidos políticos – mesmo porque a

---

[23] HENRIQUE, Ana Lúcia; PAIVA, Denise. *Multipartidarismo vs. Autoritarismo*: uma análise dos efeitos da legislação pós-constituinte sobre a fragmentação partidária na Câmara dos Deputados. Trabalho publicado nos anais do IX Encontro da ABCP.

[24] CORTEZ, Luís Francisco Aguilar. Aspectos Gerais e Históricos dos Partidos Políticos no Brasil. Soberania Popular e Partidos Políticos. *In*: GUILHERME, Walter de Almeida; KIM, Richard Pae; SILVEIRA, Vladmir Oliveira da (Coord.). *Direito Eleitoral e Processual Eleitoral*: temas fundamentais. São Paulo: Revista dos Tribunais, 2012, p. 188.

nossa Constituição não admite a candidatura avulsa[25] ou por meio de organizações sociais –, não há dúvida de que o aprimoramento democrático de um Estado e sua sociedade só será possível respeitando-se adequadamente as preferências e as opiniões da sociedade quando há partidos políticos fortes que tenham em seus programas diferenças fundamentais entre uns e outros, a fim de que o eleitor possa se identificar com as proposições, e seus candidatos eleitos possam levar a cabo as políticas públicas propostas, sejam elas legislativas ou administrativas.

Não há dúvida de que as agremiações partidárias em nosso país não têm atuado como entes catalizadores dos ideais dos cidadãos, seja porque os contornos ideológicos dos partidos não se mostram nítidos, seja porque os partidos têm atuado muito mais no interesse de suas lideranças internas do que de seus partidários.

As incongruências do nosso sistema partidário estão a exigir, portanto, profundas alterações, na medida em que, como bem lembrado por Bruno Queiroz Oliveira:

> não existem regras sobre troca de partidos atualmente, sendo a legislação brasileira extremamente liberal nesse sentido; não há nenhuma regra que estabeleça vínculos maiores entre o parlamentar e o partido que o elegeu; o sistema proporcional de lista aberta favorece o individualismo político; falta coesão interna aos partidos; as campanhas eleitorais são custeadas mediante recursos obtidos junto a grupos econômicos, bancos, empreiteiras de obras, o que ocasiona busca de favores políticos após o término do período eleitoral.[26]

Tudo decorrente da patronagem e do fisiologismo.

Não há dúvida, portanto, de que o aperfeiçoamento do sistema se mostra necessário, mediante a superação dos entraves ao bom funcionamento dos partidos políticos e a saúde de nosso multipartidarismo. Vejamos algumas reformas necessárias a serem adotadas.

5.1 Cláusula de barreira ou cláusula de desempenho?

Temos de deixar bem claras algumas premissas, inclusive para a uniformidade de entendimento neste capítulo. Não há que se confundir cláusula de barreira ou cláusula de exclusão, impeditiva da própria existência do partido político que não venha a atingir um percentual mínimo de votos, com a cláusula de desempenho, um mecanismo previsto em lei que estabeleça um "patamar mínimo de votos que um partido necessita para atingir, para conseguir uma cadeira no legislativo".[27]

Conforme Alexandre de Moraes,[28] a cláusula de desempenho é o conjunto de normas jurídicas que estabelece um percentual ou número mínimo de apoio do

---

[25] Esta é a compreensão do autor, embora o tema ainda esteja sendo debatido na Suprema Corte, que reconheceu a sua repercussão geral e decidirá o RE nº 1.238.853, sob a relatoria do Ministro Luís Roberto Barroso. A audiência pública sobre o tema ocorreu em 9 de dezembro de 2019 e está sendo aguardada a liberação do feito para julgamento no Plenário do STF.
[26] OLIVEIRA, Bruno Queiroz. Considerações sobre o sistema partidário no Brasil. *Revista Opinião Jurídica*, ano 3, n. 5, p. 10, 2005.
[27] NICOLAU, Jairo. *Sistemas eleitorais*. São Paulo: FGV, 2012, p.38.
[28] MORAES, Alexandre de. Direito de Arena – Cidadania e Respeito à Legitimidade Popular. *In*: MORAES, Alexandre de; KIM, Richard Pae (Coord.). *Cidadania*. São Paulo: Atlas, 2013, p. 1-16.

eleitorado nas eleições para a Câmara dos Deputados (por exemplo, a previsão já existente do quociente eleitoral) como requisito essencial para o regular funcionamento parlamentar e o gozo do direito à obtenção de recursos do Fundo Partidário, além de acesso gratuito a rádio e televisão ("direito de arena") pelos partidos políticos, com a finalidade de garantir um controle qualitativo baseado na legitimidade e na representatividade popular das agremiações partidárias para o fortalecimento da democracia representativa.

O art. 148 do Código Eleitoral de 1950 previa, expressamente, as hipóteses de cancelamento do registro do partido político que, em eleições gerais, não preenchesse qualquer uma das duas condições normativas: a) eleger, pelo menos, um representante no Congresso Nacional, ou b) alcançar, em todo o país, 50 mil votos sob legenda.

Após o advento da Constituição Federal de 1988, o art. 13 da Lei nº 9.096/95, posteriormente, trouxe nova cláusula de desempenho ao estabelecer que teria direito a funcionamento parlamentar, em todas as casas legislativas para as quais tivesse elegido representante, o partido que, em cada eleição para a Câmara dos Deputados, obtivesse apoio de no mínimo 5% dos votos apurados, não computados os brancos e nulos, distribuídos em pelo menos um terço dos estados, com um mínimo de 2% do total de cada um deles.

A nova regra trouxe verdadeiro terror aos partidos políticos, em especial quando, após as eleições de 2004, apenas sete partidos acabaram por ultrapassar os limites dessas cláusulas e, portanto, somente eles passaram a ter direito de participação em 99% dos recursos do Fundo Partidário, em cotas proporcionais às suas vitórias nas urnas, acesso gratuito às emissoras de rádio e TV e direito de presidir comissões no Congresso Nacional. Todos os demais partidos, então inscritos no Tribunal Superior Eleitoral, acabariam por dividir o restante (1%) das verbas do Fundo Partidário.

O resultado prático, como era de se imaginar, foi o julgamento pela inconstitucionalidade desse dispositivo pelo Supremo Tribunal Federal (ADIn nºs 1.351 e 1.354).

Fica evidente que o exagero da norma, a sua desproporcionalidade, acabou por comprometer a própria institucionalização de uma cláusula de desempenho, que seria importante para um adequado rearranjo político em nosso país, a valorizar os partidos mais bem estruturados e identificados com os interesses dos cidadãos.

A cláusula de desempenho é um elemento essencial nos demais países.[29]

Na França, o sistema eleitoral de listas fechadas nos distritos está a exigir que os partidos necessitem de pelo menos 5% dos votos para obter a representatividade.

Na Alemanha, a cláusula de exclusão é composta de regras para os partidos e os candidatos. O número de representantes de cada estado não é fixo, pois há uma lista para eleição majoritária e outra, proporcional. Essas cláusulas estabelecem que são desconsiderados os votos dos partidos que não receberem pelo menos 5% dos votos nas eleições proporcionais e os que não elegerem candidatos em, no mínimo, três distritos.

Na Espanha, o partido deve atingir pelo menos 3% dos votos válidos de cada circunscrição.

---

[29] Ver interessante trabalho elaborado por Maria Amaro dos Reis. Cláusula de desempenho e fortalecimento dos sistemas representativo e partidário no Brasil. In: *Estudos Eleitorais*, Brasília: EJE, v. 9, n. 1, p. 101-2, jan./abr. 2014.

O fato é que a maioria dos países europeus está a adotar percentuais que variam entre 4% e 5% dos votos válidos. Dois países, no entanto, têm se afastado bastante dessa média: Grécia e Itália. Na Grécia, só terão representatividade no Parlamento os partidos que obtiverem 17% dos votos válidos. A Itália, por sua vez, adotou cláusulas mais brandas, exigindo apenas 300 mil votos no âmbito regional (1%) e permitindo que o partido obtenha representatividade caso eleja candidato em pelo menos um distrito.

Aliás, como bem salientou o Ministro Gilmar Ferreira Mendes em seu voto na ADIn nº 1.351-3:

> Como analisado, a Constituição brasileira definiu que as eleições dos deputados federais, dos deputados estaduais e dos vereadores efetivar-se-ão pelo critério proporcional (CF, arts. 27, §1º, e 45). E nada mais disse! É certo, por isso, que o legislador dispõe de alguma discricionariedade na concretização do sistema proporcional, inclusive o sistema de lista partidária fechada ou o sistema de lista com mobilidade. Essa margem de ação conferida ao legislador também abrange a limitação do funcionamento parlamentar, tendo em vista que, como anunciado, a Constituição, em seu art. 17, inciso IV, assegura aos partidos políticos o funcionamento parlamentar, de acordo com a lei. Não se deve esquecer, todavia, que se tem, também neste caso, uma reserva legal proporcional, que limita a própria atividade do legislador na conformação e limitação do funcionamento parlamentar dos partidos políticos. *Estou certo de que se o legislador brasileiro tivesse conformado um modelo semelhante ao adotado no direito alemão, por exemplo, tal como explicado anteriormente, talvez não estaríamos aqui a discutir esse tema. É possível, sim, ao legislador pátrio, o estabelecimento de uma cláusula de barreira ou de desempenho que impeça a atribuição de mandatos à agremiação que não obtiver um dado percentual de votos. A via eleita pelo legislador brasileiro, no entanto, parece-me extremamente delicada. A regra do art. 13 da Lei dos Partidos Políticos não deixa qualquer espaço, não realiza qualquer mitigação, mas simplesmente nega o funcionamento parlamentar* à *agremiação partidária.* (destaques nossos)

Cremos que se mostrava razoável o texto da PEC nº 322/2009 que, como bem justificada na exposição de motivos, pretendia a definição de uma cláusula de desempenho que fortalecesse os partidos políticos de respaldo ideológico e reduzisse drasticamente o fisiologismo, com o acréscimo de um parágrafo ao art. 17 da Constituição Federal, a dispor o seguinte:

> §5º Somente exercerão mandato de deputado federal, deputado estadual ou deputado distrital candidatos de partidos que obtiverem um por cento dos votos válidos, excluídos os brancos e os nulos, obtidos em eleição geral para a Câmara dos Deputados e distribuídos em, pelo menos, um terço dos estados, com o mínimo de meio por cento dos votos em cada um deles.

No entanto, os avanços foram interrompidos. Em primeiro lugar, porque houve a aprovação em primeiro turno do substitutivo PEC nº 182/2007 (que pretendia consolidar a reforma política no país), o que acabou por gerar o arquivamento da referida PEC nº 322/2009. Em segundo, porque houve a substituição da PEC nº 182/2007 pela Emenda Constitucional nº 91, de 18 de fevereiro de 2016, que se limitou a abrir apenas uma "janela de transferências", deixando de dispor completamente sobre a instituição de uma cláusula de desempenho, bem como dos demais temas que seriam essenciais para o sistema político do país.

Felizmente, a Emenda Constitucional nº 97/2017 acabou por criar uma cláusula de desempenho estabelecendo que os partidos políticos somente terão acesso aos recursos do Fundo Partidário e ao tempo de propaganda gratuita no rádio e da televisão se atingirem um patamar mínimo de candidatos eleitos pela nova redação dada ao art. 17, §3º, e com a inclusão dos incisos I e II da CF. Esses novos requisitos acabaram por se mostrar rigorosos e asfixiam em muito os partidos de menor porte. Exemplo disso é que na hipótese do inciso II, a grande maioria dos partidos atualmente (2021) não possui 15 deputados federais. A ameaça de perda de recursos paira sobre a Rede Sustentabilidade e o PCdoB, por exemplo, que deu início à luta pela sobrevivência, fundindo-se ao Partido Pátria Livre (PPL) em 29 de maio de 2019, e ensaia nos bastidores um movimento rumo a outro partido.

Mesmo com as cláusulas de transição até 2030, com a elevação da exigência a cada um dos partidos de 11 deputados federais eleitos em 2022 até 13 deputados eleitos em 2026, distribuídos em, no mínimo, um terço das unidades da federação, o levantamento de alguns órgãos, inclusive da imprensa, indicam que haverá dificuldades para os partidos cumprirem esses patamares mínimos.[30]

A despeito das dificuldades que alguns partidos enfrentarão, penso que as novas regras instituídas aos partidos em nosso país trarão efetivas mudanças no sistema e resultarão em uma real seleção dos partidos políticos, sobrevivendo aqueles que conseguirem conquistar a confiança do eleitor e, com isso, estruturar-se política e organizacionalmente, afastando a permanência, portanto, das legendas de aluguel e promovendo o rearranjo necessário para uma redução a níveis numéricos razoáveis de partidos em nosso país. O processo de mudanças se iniciou, o que se mostra positivo para o ajuste que pensamos ser necessário para o nosso sistema multipartidário.

5.2 (In)fidelidade partidária

A fidelidade partidária foi introduzida em nosso país pela Constituição de 1969, ao estabelecer, em seu art. 152, que perderá o mandato em qualquer uma das casas legislativas do Brasil o parlamentar que, por atitudes ou pelo seu voto, se opuser às diretrizes legitimamente estabelecidas pela direção partidária ou deixar o partido pelo qual foi eleito, decisão essa que deve ser decretada pela Justiça Eleitoral, mediante representação do partido, assegurado sempre o direito à ampla defesa.

Não havendo consenso político e jurídico durante a sua elaboração, a Constituição Federal de 1988 deixou a regulamentação sobre a fidelidade partidária para ser definida pela Lei dos Partidos Políticos. Previu a lei maior em seu art. 17, §1º, apenas que "os partidos têm autonomia para definir a sua estrutura interna, organização e funcionamento devendo seus estatutos estabelecer normas de fidelidade e disciplina partidária".

---

[30] Conforme levantamento do G1, se as regras previstas para 2018 estivessem em vigor nas eleições de 2014, somente 14 dos partidos que hoje possuem acesso ao fundo partidário e ao tempo gratuito de rádio e TV perderiam esses direitos. Disponível em https://g1.globo.com/politica/noticia/2018/10/09/14-partidos-devem-ser-enquadrados-na-clausula-de-barreira-e-ficar-sem-fundo-partidario-e-tempo-de-tv.ghtml. Acesso em 31.5.2021.

Os políticos têm visto os partidos apenas como instrumentos para viabilizar as suas eleições. Isso fica evidente quando se observa a elevada taxa de mudança de partidos, por exemplo, de 1991 a 1993, período em que foram registradas 236 mudanças de partido na Câmara dos Deputados. Como informado por José Jairo Gomes, "a troca de partido não é ocorrência exclusiva da democracia brasileira, sendo comum em outros Estados igualmente democráticos. No entanto, tal prática se tornou endêmica após a redemocratização de 1985",[31] tanto é que, entre os anos de 1985 e 2002, ocorreram somente na Câmara de Deputados 1.041 trocas de legendas, envolvendo 852 deputados, entre titulares e suplentes, e cerca de 30% deles mudaram de partidos nas cinco legislaturas compreendidas entre 1983 e 2003.

Sete foram os argumentos observados a justificar esses números:

(1) a inexistência de vedação legal e, pois, de sanção adequada para o ato; (2) a existência de alternativas partidárias mais favoráveis à situação do migrante; (3) a busca pela "sobrevivência política" ante um cenário de acentuada incerteza quanto ao futuro; (4) a ausência de significativo custo político-eleitoral na mudança da trajetória partidária; (5) os baixos índices de "identificação partidária", de sorte que a população não se identifica com as agremiações; (6) o desprezo do eleitor pela identidade partidária de seus representantes; (7) o funcionamento do processo legislativo, que é centralizado no circuito Executivo/Mesa Diretora/Colégio de Líderes.[32]

Eis a conclusão sobre a ausência de fidelidade partidária na esfera estadual escrita por Jairo Marconi Nicolau:

Além da formação de coalizões, os governadores conseguem ampliar suas bancadas estimulando a troca de legendas de alguns deputados. A liberalidade da legislação brasileira, que não impõe nenhum tipo de custo político para a troca de legenda, permite que parlamentares transfiram-se para o partido do governo. Embora eu não disponha de dados para comprová-la, minha hipótese é que o partido do governador torna-se alvo predileto das trocas de legenda no âmbito estadual. Essa estratégia faz com que o Executivo aumente sua base não só com as negociações com outros partidos, mas também por intermédio de negociação com políticos individuais.[33]

A nossa atual Constituição não previu a perda do mandato do parlamentar pelo ato de infidelidade partidária, e o art. 25 da Lei nº 9.096/95 estabeleceu a possibilidade de serem aplicadas sanções ao prever que:

os estatutos dos partidos políticos poderão estabelecer além das medidas disciplinares básicas de caráter partidário, normas sobre penalidades, inclusive com desligamento temporário da bancada, suspensão de direitos, cargos e funções que exerça em decorrência da representação da proporção partidária na respectiva casa legislativa, ao parlamentar que se opuser pela atitude ou pelo voto, às diretrizes legitimamente estabelecidas pelos órgãos partidários.

---

[31] GOMES, José Jairo. *Direito Eleitoral*. São Paulo: Atlas, 2013, p. 96.
[32] GOMES, José Jairo, op. cit., p. 96.
[33] NICOLAU, Jairo Marconi. *Multipartidarismo e democracia*: um estudo sobre o sistema partidário brasileiro. Rio de Janeiro: FGV, 1996, p. 9.

O tema da ponderação entre a fidelidade partidária e a liberdade de consciência do parlamente é sempre recorrente.

Para alguns,

> [o] mandato está vinculado ao representante e, portanto o instituto só pode ser vinculado de forma limitada, no caso de infidelidade a maior punição é a expulsão da agremiação sem no entanto acarretar qualquer prejuízo em relação ao mandato pois o princípio da liberdade partidária não pode entrar em conflito com o art. 15 CF, que prescreve "é vedada a cassação dos direitos políticos..." e muito menos com os princípios fundamentais como o de pensamento, convicção e consciência, e não pode chegar ao ponto de transformar um mandato representativo em um mandato imperativo, que é aquele onde o titular ficava vinculado a seus eleitores, cujas instruções teria que seguir nas assembleias parlamentares.[34]

Portanto, não se poderia aceitar, nesses moldes, a ditadura partidária.

Aliás, há críticas muito bem fundamentadas, como se extrai da obra de Augusto Aras sobre *Fidelidade e Ditaduras (intra)Partidárias*, no sentido de que a fidelidade partidária exigida constitucionalmente estaria a fomentar a ditadura intrapartidária e vê com ceticismo a inserção em nosso sistema das listas fechadas, por entender que a nação não aceitará as listas, pois os eleitores saberiam:

> de antemão, que os primeiros a fazerem parte da relação de candidatos serão os "donos dos partidos", ou o seu cônjuge, irmãos, filhos, parentes e amigos, preterindo-se quadros valorosos e legítimos, inclusive jovens idealistas que serão alijados das candidaturas, apesar do êxito político de qualquer agremiação depender da constante renovação das suas lideranças.[35]

A despeito dessas colocações, não no caso da eleição majoritária em que o voto é efetivamente depositado no candidato, mas nas eleições proporcionais, o principal argumento a favor da fidelidade partidária é a fidelidade que o partido e o candidato devem ao povo, titular do poder originário. Há que se respeitar, portanto, a soberania concedida aos mandatários que obtiveram votos porque se comprometeram com as convicções político-ideológicas com as quais o eleitor acabou por se identificar.

Exatamente por respeito ao sistema é que o Supremo Tribunal Federal, no julgamento conjunto dos MS nº 26.602, Relator o Ministro Eros Grau; MS nº 26.603, Relator o Ministro Celso de Mello; e MS nº 26.604, Relatora a Ministra Cármen Lúcia, considerou ser válida a perda do mandato por desfiliação injustificável do partido, assentando que "é direito do partido político manter o número de cadeiras obtidas nas eleições proporcionais, em caso de desfiliação injustificável de parlamentar para fins de mudança de partido", sob o fundamento de que a) a permanência do parlamentar no partido político pelo qual se elegeu é imprescindível para a manutenção da representatividade partidária do próprio mandato, daí a alteração da jurisprudência do Supremo Tribunal Federal, a fim de que a fidelidade do parlamentar perdure após a posse no cargo eletivo; b) o instituto da fidelidade partidária, vinculando o candidato

---

[34] GAVINO FILHO, Jair; FRANÇA, Moacyr Albuquerque; SILVESTRI, Thieme. Reforma Política e Direito Constitucional: o Caso Brasileiro. In: *Revista da Academia Brasileira de Direito Constitucional*, v. 4, p. 276, 2003.

[35] ARAS, Augusto. *Fidelidade e Ditadura (intra)Partidárias*. Bauru: Edipro, 2011, p. 104.

eleito ao partido, passou a vigorar a partir da resposta do Tribunal Superior Eleitoral à Consulta nº 1.398, em 27 de março de 2007, cujo entendimento passou a se tornar vinculante; c) e que o abandono de legenda enseja a extinção do mandato do parlamentar, ressalvadas situações específicas, tais como mudanças na ideologia do partido ou perseguições políticas, a serem definidas apreciadas caso a caso pelo Tribunal Superior Eleitoral (cf. MS nº 26.602, Relator o Ministro Eros Grau, j. 04.10.2007, *DJe* 16.10.2008; MS nº 26.603, Relator o Ministro Celso de Mello, j. 04.10.2007, *DJe* 18.12.2008; e MS nº 26.604, Relatora a Ministra Cármen Lúcia, j. 04.10.2007, *DJe* 02.10.2008).

Com essa decisão, a Suprema Corte acabou por evoluir em relação ao entendimento que prevalecia desde o julgamento do MS nº 20.927, Relator o Ministro Moreira Alves, julgado em 11.10.1989, no sentido de que, embora existente o princípio da representação proporcional e a representação parlamentar por intermédio de partidos políticos, não perde a condição de suplente o candidato diplomado pela Justiça Eleitoral que, posteriormente, se desvincula do partido ou da aliança partidária pela qual se elegeu, pelo fundamento de que a inaplicabilidade do princípio da fidelidade partidária aos parlamentares empossados se estende, no silêncio da Constituição e da lei, aos respectivos suplentes.

A omissão legislativa sobre o tema, com certeza, foi um dos principais fundamentos para essa nova interpretação conforme se extrai do julgamento da ADIn nº 3.999, oportunidade em que se concluiu pela constitucionalidade das resoluções do TSE que trataram do processo de perda de mandato por desfiliação do partido. Vê-se do acórdão que a Suprema Corte, além de ratificar o reconhecimento da existência do dever constitucional de observância do princípio da fidelidade partidária, assentou que as resoluções impugnadas surgiram num contexto transitório e excepcional, apenas como um mecanismo para salvaguardar a fidelidade partidária enquanto o Poder Legislativo não se pronuncia sobre o tema (ADIn nº 3.999, Relator o Ministro Joaquim Barbosa, *DJe* 16.04.2009).

Como anteriormente sustentado, essa lógica, no entanto, não se aplica às eleições pelo sistema majoritário, na medida em que os votos, nesses casos, são destinados à figura do candidato. Não foi por outro motivo que, no julgamento da ADIn nº 5.081, Relator o Ministro Roberto Barroso, o Plenário da Excelsa Corte concluiu que o sistema majoritário, adotado para a eleição de presidente, governador, prefeito e senador, tem dinâmica e lógica diversas do sistema proporcional. As características do sistema majoritário, com ênfase na figura do candidato, fazem com que a perda do mandato, no caso de mudança de partido, frustre a vontade do eleitor e vulnere a soberania popular, o que não pode ser admitido. Portanto, decidiu-se que não seria extensível aos candidatos eleitos pelo sistema majoritário as regras de fidelidade partidária, no caso, a perda do mandato (ADIn nº 5.081, Relator o Ministro Roberto Barroso, *DJe* 18.08.2015).

A recente reforma eleitoral de 2015 acabou por introduzir o art. 22-A na Lei dos Partidos Políticos. O novo dispositivo trata da possibilidade de perda do mandato no caso de desfiliação partidária sem justa causa e detalha as situações que serão consideradas como justa causa para se desfiliar.

O Tribunal Superior Eleitoral já havia editado a Resolução nº 22.610/2007, que estabeleceu quatro hipóteses consideradas como justa causa para a desfiliação partidária, sem a consequente perda do cargo: incorporação ou fusão do partido; criação de novo partido; mudança substancial ou desvio reiterado do programa partidário; e grave discriminação pessoal. A Lei nº 13.165/2015, no entanto, reduziu a apenas três as situações de justa causa para a desfiliação partidária, conforme o parágrafo único do art. 22-A, a saber: a) mudança substancial ou desvio reiterado do programa partidário; b) grave discriminação política pessoal; e c) mudança de partido efetuada durante o período de 30 dias que antecede o prazo de filiação exigido em lei (seis meses) para concorrer à eleição, majoritária ou proporcional, ao término do mandato vigente. As duas primeiras hipóteses, não há dúvida alguma, são extremamente subjetivas e, com absoluta certeza, trarão dificuldades na sua aplicação, diante do seu caráter aberto e abstrato. Esperemos que os tribunais respeitem a soberania das decisões partidárias. Quanto à terceira hipótese, a chamada "hipótese da janela", muitos já têm se manifestado no sentido de que ela não estaria a prever, de fato, situação a gerar justa causa para a saída do partido, mas estabelece um momento no qual o candidato poderá mudar de agremiação, sem sofrer consequências no exercício do cargo para o qual foi eleito.

Assim como no caso da cláusula de desempenho, a denominada minirreforma pouco alterou a situação fática atual, seja porque num primeiro momento, embora tivesse ocorrido a aprovação em primeiro turno do substitutivo PEC nº 182/2007 (que pretendia consolidar a reforma política no país), prejudicando o prosseguimento da PEC nº 322/2009, que por fim acabou por ser arquivada, seja porque houve a substituição da primeira proposta pela Emenda Constitucional nº 91, de 18 de fevereiro de 2016, que ao contrário de tudo o que estava sendo desenvolvido, limitou-se a abrir uma "janela de transferências" de trinta dias. Sepultou-se, temporariamente, com isso, a esperança de se avançar na reforma política no que toca ao tema da fidelidade partidária.

Pelo contrário, por meio de uma emenda constitucional que – para a surpresa de toda a comunidade jurídica – não trouxe qualquer emenda a dispositivo da Constituição(!), o Congresso Nacional resolver afastar a interpretação da jurisprudência dominante para, de forma casuística e temporária, autorizar rearranjos políticos, criando temporariamente uma exceção às consequências da prática de ato de infidelidade partidária. O resultado disso está nos números: 71 dos 513 deputados federais mudaram de sigla durante essa janela partidária.[36]

A EC nº 97/2017 estabeleceu, ainda, uma regra peculiar, ao prever que, se um candidato for eleito por um partido que não preencher os requisitos para obter o fundo partidário e o tempo de televisão e de rádio, este candidato terá o direito de mudar de partido, sem perder o mandato por infidelidade partidária (art. 17, §5º, da CF). É evidente, no entanto, que o candidato que o fizer, por essas razões, não poderá aumentar os recursos do fundo partidário e do tempo na mídia para o partido de destino.

5.3 O problema do individualismo político e a solução pretendida com a aprovação da Emenda Constitucional nº 97/2017

O sistema político-partidário no Brasil é anacrônico. Simplesmente "não fecha", na medida em que possibilita que o sistema de representação de voto proporcional induza à prática de estratégias individuais, e não partidárias.

---

[36] Cf. notícia do G1-Globo. Disponível em http://g1.globo.com/politica/noticia/2016/03/13-dos-deputados-federais-mudaram-de-sigla-durante-janela-partidaria.html. Acesso em: 20 abr. 2021.

O sistema proporcional de lista aberta, como existe no Brasil, é simples. As cadeiras são distribuídas, em primeiro lugar, aos partidos, de acordo com o número de votos obtidos pelo conjunto de seus candidatos e, depois, em cada partido, de acordo com o número de votos de cada candidato. David Samuels já advertiu que

> no sistema de representação proporcional com listas abertas, os partidos não controlam a classificação de seus candidatos individuais integrantes das listas partidárias e se o partido ganha determinado número de cadeiras, então os candidatos mais votados ficam com as vagas. Os eleitores brasileiros também podem votar na legenda do partido (...) mas os incentivos ao individualismo são claros: o total da votação da lista da lista partidária é igual à soma dos votos dados à legenda. Por isso, o candidato sempre prefere o voto individual (o que aumenta tanto o número de cadeiras esperadas quanto as suas chances de ficar com uma delas) ao voto dado à legenda do partido (que só tem o primeiro efeito), e prefere o voto de legenda somente no caso de esse tender para candidatos de outro partido ou mesmo para outra sigla.[37]

A lista aberta, portanto, permite que os candidatos não tenham grandes vínculos com o partido, cria uma insalubre competição interpartidária e, portanto, discursos contraditórios e personalistas dentro de um mesmo partido. Isso transforma os partidos políticos apenas em um órgão de seleção de candidatos que serão apresentados à sociedade, aos eleitores.

A EC nº 17/2017, no entanto, estabeleceu um mecanismo com o objetivo de realizar alguns ajustes que se mostram positivos. O seu art. 2º (que alterou o §1º do art. 17 da CF) passou a vedar as coligações partidárias nas eleições proporcionais (para vereador, deputado estadual e deputado federal). Esta regra obriga a que o partido tenha de buscar voto e ganhar representação, que, por sua vez, só ocorrerá com o respeito à cláusula de desempenho, pois o candidato tem de ter atingir o mínimo do coeficiente eleitoral exigido também pela emenda constitucional. Os seus efeitos foram diferidos para as eleições de 2020.

Dois foram os principais objetivos dessa mudança: a) em primeiro lugar, fortalecer os grandes partidos, na medida em que, com a proibição, os pequenos partidos não conseguirão atingir um quociente partidário que supere o quociente eleitoral;[38] b) acabar com o denominado "efeito Tiririca", aumentando assim a competitividade nas listas.

A cláusula faz com que os partidos tenham listas competitivas e teremos um número reduzido de partidos com representação nos respectivos Legislativos. Além da dificuldade de atingir o quociente eleitoral, os partidos pequenos terão poucos segundos no horário eleitoral, diminuindo assim a sua visibilidade. Por isso, a tendência é que, no futuro, os partidos executem uma série de fusões, modificando assim o cenário do

---

[37] SAMUELS, David. Determinantes do voto partidário em sistemas eleitorais centrados no candidato: evidências sobre o Brasil. *In: Revista de Ciências Sociais*, Rio de Janeiro, v. 40, p. 78, 1997.

[38] Importante relembrarmos o que isso significa. No sistema proporcional, terminada a votação, divide-se o total de votos válidos pelo número de cargos em disputa, obtendo-se assim o quociente eleitoral. Por exemplo: na eleição para vereador, se houve 100 mil votos válidos e eram 20 vagas, o quociente eleitoral será de 5.000 votos. Em seguida, pega-se os votos de cada partido ou coligação e divide-se pelo quociente eleitoral, obtendo-se assim o número de eleitos de cada partido, resultando no quociente partidário. Por exemplo, se um determinado partido e seus candidatos tiveram 20 mil votos, esses 20 mil serão divididos pelo quociente eleitoral (os referidos 5.000 votos). Assim, este partido terá direito a 4 vagas de vereador, o que resultará que os 4 mais bem votados ocuparão as vagas.

multipartidarismo fragmentado e encerrando o período dos chamados "partidos de aluguel".

Estas alterações, se por um lado fortalecem as diretrizes partidárias, que ficam mais claras quando não há a "sopa de letras dos partidos", com a extinção das coligações partidárias nas eleições proporcionais, por outro lado, não resolvem o problema do caráter individual das campanhas eleitorais, na medida em que o candidato não só continuará a lutar contra os postulantes dos outros partidos como também continuará a concorrer diretamente contra seus colegas de partido.

Caberá ao partido, no entanto, continuar a monitorar o seu candidato eleito, para que o mandatário siga respeitando e agindo de acordo com os programas partidários.

5.4 Regras sobre criação, fusão, incorporação e extinção de partidos políticos

É fato que a Constituição Federal adotou o princípio da liberdade de organização partidária ao prever sua estrutura interna, sua organização e seu funcionamento e, também, ao prescrever ser livre a "criação, fusão, incorporação e extinção de partidos políticos, resguardados a soberania nacional, o regime democrático, o pluripartidarismo, os direitos fundamentais da pessoa humana", nos termos do art. 17, §1º, da CF, mas, como todo direito fundamental, pode sofrer restrições.

Como se sabe, no procedimento de registro partidário, embora seja formalmente instaurado pelo Tribunal Superior Eleitoral, o conteúdo de sua decisão é administrativa, incumbindo esse órgão de verificar os requisitos não só constitucionais, mas também infraconstitucionais que, uma vez atendidos pelo partido político, legitimarão a outorga da plena capacidade jurídico-eleitoral à agremiação (cf. RE nº 164.458 AgR/DF, Relator o Ministro Celso de Mello, j. 27.04.1995).

Discussões sobre a constitucionalidade das restrições infraconstitucionais de algumas garantias dos partidos políticos não são novidade. Exemplo disso foi a ação direta de inconstitucionalidade que atacou o prazo mínimo de um ano, entre a data do registro do partido político no Tribunal Superior Eleitoral e a data das eleições, para que a agremiação possa participar do pleito. Conforme se extrai da ementa do acórdão,

> [n]o caso do art. 4º a Lei 9.504/1997, embora se estabeleça limitação consistente na exigência do prazo mínimo de um ano de existência para que partidos políticos possam concorrer em eleições, há excepcionalidade que justifica a limitação da ampla liberdade de atuação dos partidos políticos na seara eleitoral (...) O prazo estabelecido na legislação, muito embora não constitucionalizado, é fixado por delegação constitucional ao legislador ordinário. Tal prazo deve ser razoável o suficiente para a preparação da eleição pela Justiça Eleitoral, albergando, ainda, tempo suficiente para a realização das convenções partidárias e da propaganda eleitoral (...) A relação dialógica entre partido político e candidato é indissociável, em face da construção constitucional de nosso processo eleitoral. [ADIn n. 1.817, Relator o Ministro Dias Toffoli, *DJe* 31.07.2014]

Diante da mencionada proliferação de agremiações políticas, recentemente, como parte da acanhada reforma política e eleitoral, foi promulgada a Lei nº 13.017, de 24 de março de 2015, que alterou os arts. 7º, 29 e 41-A, da Lei dos Partidos Políticos (Lei nº 9.096/95), que elevou alguns dos requisitos para o registro do estatuto de partido político.

Especificamente, seu §1º do art. 7º previu que

> só será admitido o registro do estatuto de partido político que tenha caráter nacional, considerando-se como tal aquele que comprove o apoiamento de eleitores não filiados a partido político, correspondente a, pelo menos, 0,5% dos votos dados na última eleição geral para a Câmara dos Deputados, não computados os votos em branco e os nulos, distribuídos por 1/3 (um terço), ou mais, dos Estados, com um mínimo de 0,1% do eleitorado que haja votado em cada um deles.

Também foi estabelecido o prazo mínimo de cinco (5) anos de existência da criação do partido (com registro definitivo da sigla no TSE) para admitir-se sua fusão ou incorporação (§9º). Outro importante ajuste, por exemplo, foi trazido por esta Lei nº 13.107/2015, que em seu art. 2º estabeleceu que a criação de partidos políticos há de ser feita com o apoio de eleitores não filiados a nenhum partido. Estes dispositivos, inclusive, foram declarados constitucionais no julgamento da ADI nº 5.311.

Essa lei teve como objetivo fortalecer o controle quantitativo e qualitativo dos partidos, mas, logo após a sua promulgação, foi objeto de impugnação por meio de controle concentrado de constitucionalidade. Felizmente, o Plenário da Suprema Corte indeferiu a medida cautelar e assentou que, embora a Constituição da República assegure a livre criação, a fusão e a incorporação de partidos políticos, essa liberdade, assim como qualquer outro direito, não é absoluta, condicionando-se aos princípios do sistema democrático-representativo e do pluripartidarismo. Também deixou claro que normas que fortaleçam o controle quantitativo e qualitativo dos partidos, desde que não afrontem o princípio da igualdade ou venham a intervir no funcionamento interno do partido, são constitucionais. Por derradeiro, assentou que o "requisito constitucional de caráter nacional dos partidos políticos objetiva impedir a proliferação de agremiações sem expressão política, que podem atuar como 'legendas de aluguel', fraudando a representação, base do regime democrático" (ADIn nº 5.311, Relatora a Ministra Cármen Lúcia, j. 30.09.2015).

As mencionadas reformas, no entanto, parecem ainda ser acanhadas e não modificarão muito a situação de nosso frágil multipartidarismo, com o devido respeito. As desvantagens de nosso sistema continuarão a ser as mesmas, quais sejam: a) a debilitada governabilidade pelo excesso de partidos e, consequentemente, dos arranjos políticos a que o governo deve se submeter; b) flexibilidade ideológica e pragmática; e d) a ausência de representatividade autêntica.

6 Considerações finais

A evolução histórica dos partidos políticos nos mostra que a representação popular por intermédio dos partidos nas democracias contemporâneas é decorrência do projeto liberal do Estado, em que este, como uma organização política e jurídica alicerçada em uma Constituição, adota os princípios oriundos do pensamento e projeto liberal. Portanto, o sistema eleitoral há de garantir e possibilitar o exercício das liberdades individuais com segurança e, principalmente, há de garantir uma representatividade autêntica entre seus mandatários, os partidos a que pertencem e o seu eleitor que livremente fez escolhas ideológicas.

Essa representativa autêntica, não podemos nos iludir, não é perfeita no restante do mundo, nem nos países em que há o bipartidarismo. Aliás, como bem analisado por Otávio Mendonça,

> as duas grandes democracias anglo-saxônicas, a Inglaterra e os Estados Unidos, são os exemplos clássicos de bipartidarismo. O jogo político, todavia, difere substancialmente de uma para outra. Na Inglaterra, os partidos é que são fortes, e não propriamente os líderes ou candidatos. Daí serem raras as mudanças violentas de votação entre dois pleitos. São partidos de ideologia ou de opinião e uma parcela considerável do eleitorado a eles se filia, conhece seus programas e acompanha permanentemente sua atuação. Nos Estados Unidos, os partidos são o que Max Weber chama partidos de patronagem, ou seja, "duas máquinas de eleger candidatos e ganhar eleições fundadas mais no compromisso que no dogma". A filiação partidária é mínima, bem assim o interesse pela atuação dos representantes nos intervalos eleitorais, quando somente atuam os *caucus*, os *bosses* e os *lobysts*, respectivamente comitês locais, chefes de grupos (os nossos cabos eleitorais) e advogados que acompanham e pressionam os trabalhos legislativos. Quem ganha a eleição, em última análise, não é o partido, é o candidato. Tudo depende do seu carisma, até mesmo do seu charme pessoal, inclusive na televisão, para a qual não raro são preparados como os atores para um espetáculo. Isso explica porque um CHURCHILL, na Inglaterra, sendo governo, perdeu a eleição logo após ganhar a guerra e um KENNEDY, nos Estados Unidos, a venceu, embora seu partido antes parecesse fortemente minoritário.[39]

No entanto, a imperfeição de alguns sistemas não pode justificar que a ideologia, substrato concreto da constituição democrática de um partido político, seja desconsiderada em nosso país. Não se pode permitir que a população conviva com a sensação de que os partidos políticos estão a trair as suas ideologias ou que estejam a governar de costas voltadas para o povo.

Não há motivos para que retornemos a um sistema bipartidário; entretanto, cuida-se de um paradoxo ao alardear que o multipartidarismo garante o interesse das minorias ou que lhe dá voz em nosso país. O sistema há de emprestar às minorias, como afirmado por Paulo Bonavides, o peso de uma influência que lhes faleceria, mas também não há de permitir a ditadura das minorias sobre a maioria. As reformas políticas e eleitorais urgem e não podemos repetir o que ocorreu na Itália, onde o multipartidarismo gerou o suicídio nacional, ao anular a capacidade do Governo de governar.

Neste trabalho, foram colocadas algumas propostas, algumas passíveis de imediata implantação, outras que levarão maior tempo, até que as instituições consigam chegar a um arranjo. Complemento-as, no entanto, com outras propostas *de lege ferenda*. Vejamos:

---

[39] MENDONÇA, Otávio. Partidos políticos brasileiros. In: *Revista de Informação Legislativa*, Brasília: Senado Federal, ano 17, n. 68, p. 150, out./dez. 1980.

a) Penso ser absolutamente necessária a instituição de uma quarentena política para o parlamentar que, uma vez seja eleito por um determinado partido, venha a trocar de legenda, sem justificativa plausível. O descumprimento há de gerar hipótese de inelegibilidade, sem prejuízo da perda do mandato.

b) Também há de se pensar em uma quarentena para todo aquele que muda de legenda, fixando um prazo que penso deva ser no mínimo de três anos para que o político possa candidatar-se pelo novo partido a que se filiou.

c) Com o objetivo de fortalecer os partidos políticos, tem sido propalada a proposta de adoção de um sistema de voto distrital misto. Isso traria duas vantagens: assegurar a representação das minorias e permitira mais proximidade do eleitor e a representação das diversas regiões do Brasil. Ou seja, teríamos duas listas de candidatos eleitos, uma pelo sistema distrital e outra, preenchida pelos candidatos que componham a lista elaborada pelo partido político. A primeira seria aberta, e a segunda, fechada, cujos votos devem servir para o cálculo do coeficiente partidário.

d) A ampliação da cláusula de desempenho que é, em verdade, um instrumento de proteção da sociedade e do Estado contra a repressão que pode ser imposta pelos pequenos partidos. Com a sua inserção, haverá uma barreira contra a fragmentação partidária no sistema proporcional. Por exemplo, concordamos com proposta de Paulo Bonavides, no sentido de que "o partido que não haja obtido pelo menos 5% dos votos do território eleitoral ou que não tenha conseguido alcançar uma cadeira em pelo menos três circunscrições eleitorais não logrará representação.[40]

Não há que se olvidar a importante definição mínima de democracia sustentada por Norberto Bobbio, no sentido de que não bastam "nem a atribuição a um elevado número de cidadãos do direito de participar direta ou indiretamente da tomada de decisões coletivas, nem a existência de regras de procedimento como a da maioria (ou, no limite, da unanimidade)".[41] A liberdade de participação na eleição daqueles que devem decidir, no nosso sentir, se constitui em atributo essencial para o reconhecimento da real democracia.

O adequado funcionamento de um Estado democrático depende também de agremiações que tenham ideários, programas, e que exerçam essas competências de forma legítima, ou seja, que consigam manter a confiança do povo materializada nas urnas.

Há certo sentimento no Brasil, um consenso entre os críticos, no sentido de que esse processo de reforma política iniciado em 2015, mesmo com a promulgada emenda à Constituição de 2017, pouco alterará o sistema como posto hoje.

Não podemos negar, no entanto, que a Emenda Constitucional nº 97/2017 trouxe importantes avanços. Mas temos de aguardar os seus resultados. O rearranjo parece ser conclusão lógica, inclusive com a redução de partidos políticos. Entretanto, há que se salientar que os seus dispositivos foram judicializados. Em 31.01.2019 o Partido Renovador Trabalhista Brasileiro ajuizou Ação Direta de Inconstitucionalidade nº 6.063, atualmente sob a relatoria do eminente Ministro Nunes Marques. Aguardemos, pois, o veredicto de nossa Suprema Corte.

---

[40] BONAVIDES, Paulo. *Ciência política*. São Paulo: Malheiros, 1999, p. 255-6.
[41] BOBBIO, Norberto. *O futuro da democracia*: uma defesa das regras do jogo. Trad. Marco Aurélio Nogueira. Rio de Janeiro: Paz e Terra: 1986, p. 20.

Na atualidade, cientistas políticos, juristas, sociólogos, politólogos, todos reconhecem que não há alternativa à democracia representativa. O sistema eleitoral perfeito, a toda evidência, não existe, mas o país há de procurar, constantemente, adaptar o seu sistema às opções políticas feitas pelo seu povo. O aperfeiçoamento do sistema de forma a adequá-lo aos interesses políticos da sociedade é um dever de todos.

Referências

ARAS, Augusto. *Fidelidade e Ditadura (Intra)Partidárias*. Bauru: Edipro, 2011.

ARAS, Augusto. As candidatura avulsas no Brasil. In: CARVALHO NETO, Tarcísio Vieira de; FRAZÃO, Carlos Eduardo; NAGIME, Rafael (Coordenadores). *Reforma Política e Direito Eleitoral Contemporâneo*. Estudos em Homenagem ao Ministro Luiz Fux. Ribeirão Preto: Migalhas, 2019, p. 523-536.

ARAÚJO, Caetano Ernesto Pereira de. As eleições de 2006 e a reforma política. In: *Revista de Informação Legislativa*, Brasília, v. 43, n. 172, p. 249-57, out./dez. 2006.

ATALIBA, Geraldo. Judiciário e minoria. In: *Revista de Informação Legislativa*, Brasília: Senado Federal, n. 96, p. 187-203, 1987.

BANHOS, Pedro Paes de Andrade. Emenda Constitucional nº 97/2017: reflexões sobre a cláusula de desempenho e o fim das coligações partidárias. In: COSTA, Daniel Castro Gomes da et al. (Coord.). *Democracia, justiça e cidadania*: desafios e perspectivas. Homenagem ao Ministro Luís Roberto Barroso. Belo Horizonte: Fórum, 2020, p. 301-312.

BOBBIO, Norberto. *O futuro da democracia*: uma defesa das regras do jogo. Trad. Marco Aurélio Nogueira. Rio de Janeiro: Paz e Terra: 1986.

BOBBIO, Norberto. *Dicionário da Política*. Trad. Carmem Varriale. Brasília: UNB, 1995.

BONAVIDES, Paulo. *Ciência política*. São Paulo: Malheiros, 1999.

BONAVIDES, Paulo. A decadência dos partidos políticos e o caminho para a democracia direta. In: ROCHA, Cármen Lúcia Antunes; VELLOSO, Carlos Mário da Silva (Coord.). *Direito Eleitoral*. Belo Horizonte: Del Rey, 1996, p. 31-40.

CARVALHO, Valter Rodrigues. *Partidos e eleições no Brasil*: razões e efeitos da "verticalização" das coligações eleitorais instituído pelo Tribunal Superior Eleitoral. São Paulo: Blucher Acadêmico, 2009.

CORTEZ, Luís Francisco Aguilar. Aspectos Gerais e Históricos dos Partidos Políticos no Brasil. Soberania Popular e Partidos Políticos. In: GUILHERME, Walter de Almeida; KIM, Richard Pae; SILVEIRA, Vladmir Oliveira da (Coord.). *Direito Eleitoral e Processual Eleitoral*: temas fundamentais. São Paulo: Revista dos Tribunais, 2012, p. 188.

COSTA, Márcio A. Mendes (Org.). *Direito e Democracia*. Rio de Janeiro: EJE, 2008.

DAHL, R. Poliarquia. *Participação e Oposição*. São Paulo: Edusp, 1997.

DALLARI, Dalmo de Abreu. *A Constituição na vida dos povos* – da Idade Média ao Século XXI. São Paulo: Saraiva, 2010.

DANTAS, Ana Florinda. Voto Facultativo e Cidadania. In: *Revista do Tribunal Regional Eleitoral de Alagoas*, Maceió, v. 1, n. 1, p. 13-26, 2007.

DUVERGER, Maurice. *Os Partidos Políticos*. Rio de Janeiro: Guanabara, 1987.

FERREIRA, Pinto. *Comentários à Constituição brasileira*. Vol. 1. São Paulo: Saraiva, 1989.

FERREIRA, Pinto. *Princípios gerais do direito constitucional moderno*. São Paulo: Revista dos Tribunais, 1971.

GAVINO FILHO, Jair; FRANÇA, Moacyr Albuquerque; SILVESTRI, Thieme. Reforma Política e Direito Constitucional: o Caso Brasileiro. *In: Revista da Academia Brasileira de Direito Constitucional*, v. 4, p. 253-86, 2003.

GOMES, José Jairo. *Direito Eleitoral*. São Paulo: Atlas, 2013.

GUILHERME, Walter de Almeida; KIM, Richard Pae; SILVEIRA, Vladmir Oliveira da (Coord.). *Direito Eleitoral e Processual Eleitoral*: temas fundamentais. São Paulo: Revista dos Tribunais, 2012.

HENRIQUE, Ana Lúcia; PAIVA, Denise. Multipartidarismo vs. Autoritarismo: uma análise dos efeitos da legislação pós-constituinte sobre a fragmentação partidária na Câmara dos Deputados. Trabalho publicado nos anais do IX ENCONTRO DA ABCP.

LASSALLE, Ferdinand. *A Essência da Constituição*. Rio de Janeiro: Lumen Juris, 2010.

LIJPHART, Arend. *As democracias contemporâneas*. Lisboa: Gradiva, 1989.

MACKLEM, Patrick. Militant democracy, legal pluralismo, and the paradoxo f self-determination. *In: International Journal of Constitutional Law*, v. 4, n. 3, p. 488-516, July 2006.

MENDES, Antônio Carlos. *Introdução à Teoria das Inelegibilidades*. São Paulo: Malheiros, 1996.

MENDONÇA, Otávio. Partidos políticos brasileiros. *In: Revista de Informação Legislativa*, Brasília: Senado, ano 17, n. 68, p. 145-56, out./dez. 1980.

MEZZAROBA, Orides. *Partidos Políticos*. Curitiba: Juruá, 2005.

MEZZAROBA, Orides. A Constitucionalização dos partidos políticos brasileiros e a cláusula de barreira. *In: Revista Latino-Americana de Estudos Constitucionais*, Belo Horizonte, n. 7, p. 261-84, jan./jun. 2006.

MIRANDA, Jorge. Os partidos políticos, estruturas sociais e a reforma do sistema político. *In: Revista do Ministério Público*, Rio de Janeiro: MPRJ, n. 35, p. 47-57, jan./mar. 2010.

MORAES, Alexandre. Direito de Arena – Cidadania e Respeito à Legitimidade Popular. *In:* MORAES, Alexandre de; KIM, Richard Pae (Coord.). *Cidadania*. São Paulo: Atlas, 2013, p. 1-16.

NICOLAU, Jairo Marconi. *Multipartidarismo e democracia*: um estudo sobre o sistema partidário brasileiro. Rio de Janeiro: FGV, 1996.

NICOLAU, Jairo Marconi. *Sistemas eleitorais*. São Paulo: FGV, 2012.

NICOLAU, Jairo Marconi; SCHMITT, Rogério Augusto. Sistema Eleitoral e Sistema Partidário. *In:* Lua Nova, n. 36, p. 129-47, 1995.

NORONHA, João Otávio de; KIM, Richard Pae (Coord.). *Sistema Político e Direito Eleitoral Brasileiros*. Obra em homenagem ao Ministro Dias Toffoli. Atlas: 2016.

NUNES JÚNIOR. *A judicialização da política no Brasil*: análise das decisões do TSE e do STF sobre verticalização das coligações e fidelidade partidária. Tese IPOL/Unb, Brasília, 2014. Disponível em: http://repositorio.unb.br/bitstream/10482/17464/1/2014_AmandinoTeixeiraNunesJunior.pdf. Acesso em: 2 fev. 2016.

OLIVEIRA, Bruno Queiroz. Considerações sobre o sistema partidário no Brasil. *In: Revista Opinião Jurídica*, n. 5, ano 3, p. 9-20, 2005.

QUINTANA, Juan Blasco. *Dicionário de Ciências Social*. Coord. Geral Benedicto Silva. Rio de Janeiro: FGV, 1986.

RAMAYANA, Marcos. *Direito eleitoral*. Rio de Janeiro: Impetus, 2009.

REIS, Maria Amaro dos. Cláusula de desempenho e fortalecimento dos sistemas representativo e partidário no Brasil. *In: Estudos Eleitorais*, Brasília: EJE, v. 9, n. 1, p. 90-104, jan./abr. 2014.

REIS, Palhares Moreira. Os Partidos Políticos e a Experiência Brasileira. *In: Revista de Informação Legislativa*, Brasília: Senado Federal, n. 114, p. 89-117, abr./jun. 1992.

REIS, Palhares Moreira. *Cinco estudos sobre partidos políticos*. Recife: UFPE, 1999.

RIKER, William. Duverger's Law Revisited. *In:* GROFMAN, Bernard; LIJPHART, Arend (Org.). *Electoral Laws and their Political Consequences*. New York: Agathon, 1986.

SAMUELS, David. Determinantes do voto partidário em sistemas eleitorais centrados no candidato: evidências sobre o Brasil. *In: Revista de Ciências Sociais*, Rio de Janeiro, v. 40, p. 65-85, 1997.

SANTOS, Antônio Augusto Mayer dos. "Reforma Política". *In: Revista do Tribunal Regional Eleitoral do Rio Grande do Sul*, Porto Alegre, v. 11, n. 23, p. 9-42, jul./dez. 2006.

SARTORI, Giovanni. The Influence of Electoral Systems: Faulty Laws or Faulty Methods? *In:* GROFMAN, Bernard; LIJPHART, Arend (Org.). *Electoral Laws and their Political Consequences*. New York: Agathon, 1986.

SEILER, Daniel-Louis. *Os partidos políticos*. Brasília: Universidade de Brasília; São Paulo: Imprensa Oficial do Estado, 2000.

SILVA. José Afonso da. Democracia Participativa. *In: Cadernos de Soluções Constitucionais*, São Paulo, v. 2, p. 183-204, 2006.

SILVA. José Afonso da. Partidos políticos e sistemas eleitorais: o caso brasileiro. *In: Revista da Procuradoria Geral do Estado de São Paulo*, n. 17, p. 287-316, dez. 1980.

SILVEIRA, Vladimir Oliveira da; RIPARI, Vanessa Toqueiro. A cidadania regional americana e o ordenamento jurídico brasileiro. *In: Diálogos e Debates. Revista Trimestral da Escola Paulista da Magistratura*, ano 9, n. 4, p. 22-8.

SIMÃO, Calil. *A proteção constitucional das minorias parlamentares*. São Paulo: SRS, 2009.

TAAGEPERA, Rein; SHUGART, Matthew. *Seats and Votes*. New Haven: Yale, 1989.

TELLES, Olívia Raposo da Silva. *Direito eleitoral comparado – Brasil, Estados Unidos, França*. São Paulo: Saraiva, 2009.

VELLOSO, Carlos Mário da Silva; AGRA, Walber de Moura. *Elementos de direito eleitoral*. São Paulo: Saraiva, 2010.

Informação bibliográfica deste texto, conforme a NBR 6023:2018 da Associação Brasileira de Normas Técnicas (ABNT):

KIM, Richard Pae. Multipartidarismo, a Emenda Constitucional nº 97/2017 e o caminho percorrido pelo Brasil. *In*: RIBEIRO, Carlos Vinícius Alves; TOFFOLI, Dias; RODRIGUES JUNIOR, Otávio Luiz (Coord.). *Estado, Direito e Democracia*: estudos em homenagem ao Prof. Dr. Augusto Aras. Belo Horizonte: Fórum, 2021. p. 343-370. ISBN 978-65-5518-245-3.

DIVIDIR PARA AVANÇAR: UMA NOVA PROPOSTA PARA AS COLABORAÇÕES PREMIADAS

RODRIGO DE BITTENCOURT MUDROVITSCH

I   Introdução

Uma das mais relevantes funções exercidas pelo Ministério Público, atualmente, é a condução de grandes negociações voltadas à realização de acordos para a elucidação e o processamento de ilícitos de alta complexidade, que possuem marcado conteúdo econômico e atuação de múltiplos agentes.

O fato de a Lei nº 12.850/2013, que regula as "colaborações premiadas" no contexto do combate às organizações criminosas, ter poucos anos de vigência e produzir resultados tão expressivos (quanto debatidos e frequentemente controversos) atesta a importância de se dedicar atenção ao tema.

Os desafios das autoridades que se utilizam do instituto, e, nesse particular, da Procuradoria-Geral da República, órgão superior do Ministério Público brasileiro – que influencia decisivamente a coordenação do tema em nível nacional e o aplica especificamente aos casos mais sensíveis – não são triviais.

O Dr. Augusto Aras, por esse motivo, merece, em primeiro lugar, nossos aplausos, pois sua gestão foi marcada por esforços cuidadosos para o aperfeiçoamento do uso desse poderoso e delicado instrumento, que, não cansamos de repetir, dado o seu pouco tempo de aplicação mais difundida, oferece um desafio a mais à comunidade jurídica.

Com passagem pela representação do Ministério Público Federal junto ao Cade, primeiro órgão brasileiro a fazer uso do acordo de leniência, e notável formação acadêmica na área de Direito Econômico, o Dr. Aras mostrou sensibilidade a um dos pontos que, infelizmente, na infância da aplicação de políticas de acordos no Brasil, foi um tanto esquecido: a importância do sigilo.

É sabido que a transição da condição de infrator para a de colaborador não é simples.[1] Ela implica diversas renúncias: aos ganhos decorrentes do ilícito, aos laços firmados com os colegas, à reputação e, acima de tudo, à presunção da inocência.

---

[1]   LESLIE, Cristopher R. Trust, distrust and antitrust. *Texas Law Review*, v. 82, n. 3, p. 517-680, 2004.

De outro lado, é sabido que o investigador que dialoga com um delator adquire inteligência sobre o funcionamento interno de uma organização que é sua responsabilidade última derrotar, através da ruptura de seu funcionamento e punição dos seus participantes.[2]

Portanto, seja pela percepção do delator sobre os riscos que corre e sobre os laços que deve romper,[3] seja pela própria utilidade do instrumento, que busca, fundamentalmente, a obtenção de prova contra outros praticantes de ilícitos, a manutenção do sigilo é fundamental.

Uma negociação sigilosa protege uma apuração que se inicia, cria um ambiente mútuo de segurança entre as partes, minimiza os custos de entrada em uma negociação de acordo, não cria vulnerabilidades para o colaborador e protege os direitos de terceiros de boa-fé.[4]

A maturidade alcançada nesse quesito pela gestão do Dr. Aras representa um avanço extraordinário precisamente porque silencioso e, portanto, merece ser comemorado.

Outro ponto que gostaríamos de assinalar foram os esforços empreendidos na organização dos balcões do Ministério Público responsáveis por acordos. A gestão do Dr. Aras superou o modelo de forças-tarefa, que já havia se esgotado, e cristalizou a existência de grupos especializados em todos os Estados, que certamente servirão de canal permanente para a condução mais sistematizada da política pública de acordos.

Mais uma vez, aqui se observa a prudência e sensibilidade próprias dos realizadores. Com propostas simples e seguras, se alcançam grandes resultados.

A previsibilidade das práticas e da própria autoridade com quem se negocia é considerada pedra angular de programas de colaboração bem-sucedidos.[5] Ela permite um maior entendimento, por potenciais colabores,[6] sobre os benefícios esperados com um acordo, pavimenta a adoção de procedimentos isonômicos e compreensíveis e empresta credibilidade à autoridade que o oferece.[7]

Confiantes, portanto, nessa sensibilidade e conhecimento demonstrados pelo Dr. Augusto Aras e, firmes nos exemplos já elencados, é que propomos mais um ponto a ser incrementado na gestão da política de acordos do Ministério Público.

Trata-se de, com base no exemplo do Cade, tão bem conhecido pelo ilustre Procurador-Geral, estabelecer divisões entre os agentes responsáveis por conduzir as

---

[2] JEANROND, Jakon. *Information bargaining in leniency programs*. Lund: Lund University, 2007, p. 27. Disponível em: http://lup.lub.lu.se/luur/download?func=downloadFile&recordOId=1334890&fileOId=1646310. Acesso em: 9 jun. 2021.

[3] MARTINEZ, Ana P. *Repressão a cartéis* – interface entre direito administrativo e direito penal. São Paulo: Singular, 2013, p. 285.

[4] STEPHAN, Andreas; NIKPAY, Ali. Leniency theory and complex realities. University of East Anglia, Centre for Competition Policy. *Working Paper*, n. 14-8, p. 16-19, dez. 2014. Disponível em: http://papers.ssrn.com/sol3/papers.cfm?abstract_id=2537470. Acesso em: 9 jun. 2021.

[5] KOBAYASHI, Bruce H. Antitrust, agency and amnesty: an economic analysis of the criminal enforcement of the antitrust laws against corporations. *George Washington Law Review*, v. 69, n. 5-6, Oct./Dec. 2001, p. 715-744. Disponível em: http://papers.ssrn.com/sol3/papers.cfm?abstract_id=305260. Acesso em: 9 jun. 2021.

[6] HAMMOND, Scott D. *Fighting cartels* – Why and how? Lessons common to detecting and deterring cartel activity. Apresentado na ocasião da 3ª Conferência Nórdica de Política Concorrencial. Suécia: Estocolmo, 2000.

[7] SPRATLING, Gary R. *The corporate leniency policy*: answers to recurring questions. Estados Unidos: Washington, D.C., 01 abr. 1998. Apresentado no encontro anual da primavera sobre antitruste da American Bar Association.

negociações da colaboração premiada e aqueles responsáveis por conduzir investigações sobre o tema em negociação.

Explica-se. Não se desconhece que a maioria das colaborações premiadas firmadas é negociada por balcões do Ministério Público que existem, primariamente, com o propósito de fazer avançar investigações altamente complexas.

Atualmente, um potencial colaborador se vê sempre na contingência de negociar com um grupo de procuradores/promotores que, ao mesmo tempo, está dedicado a encontrar provas independentes de suas condutas ilícitas.

De outro lado, não há garantia (e nem deveria haver) de que, entrando em negociação com as autoridades, obterá algum tipo de acordo ao final: as negociações podem não avançar por uma diversidade de razões legítimas, como, entre outras, a ausência de provas que sustentem a confissão ou mesmo o desinteresse das autoridades por um acordo com um determinado colaborador, por já deterem provas suficientes para sua condenação.

Dentro desse contexto, por que não simplesmente segregar, dentro de um grupo especializado, por exemplo, as funções de negociação de acordos e de investigação criminal?

A solução pode ser aplicada por meio de um simples ato normativo interno ao grupo em questão e feita pública aos interessados.

Isso poderia ser feito através da informação, ao público, de quais seriam os membros responsáveis pela condução das negociações de acordos e estes assumiriam o compromisso de fazer uma checagem do valor da colaboração com os colegas responsáveis pela investigação apenas quando as tratativas estivessem em estágio avançado, momento em que a mensuração da importância dos fatos relatados depende da *expertise* daqueles que estejam diretamente envolvidos com o caso.

Caso não haja acordo, haveria a garantia normativa de que os negociadores, conhecedores da maior parte das informações discutidas, não participariam da persecução penal.

Aqui vale detalhar o exemplo do Cade.

II   O programa de leniência do Cade

O acordo de leniência é o instrumento jurídico por meio do qual um agente relata à autoridade a prática de determinada conduta ilícita, apontando seus participantes e apresentando indícios que corroborem o quanto afirmado. Em troca, recebe determinados benefícios fixados em Lei, especialmente o arquivamento do processo ou a mitigação das possíveis sanções.

Em matéria de Direito Concorrencial, os acordos de leniência cumprem especial papel na denúncia de condutas anticompetitivas, principalmente a formação de cartel. Isso porque tais condutas são de difícil detecção e costumam ser implementadas de forma sigilosa, de maneira que a existência de um programa de leniência bem estruturado é fundamental para que as autoridades tomem conhecimento destas infrações por iniciativa dos próprios agentes envolvidos.

No Brasil, o programa de leniência do Cade foi criado em 2000 e o primeiro acordo foi assinado três anos depois, em 2003. Atualmente, é regido pelos artigos 86 e 87 da Lei nº 12.529/11 (Lei de Defesa da Concorrência).

Os referidos dispositivos determinam que a leniência acarreta (*i*) a extinção do processo administrativo ou (*ii*) a redução de 1 a 2/3 da penalidade aplicável. Além disso, tratando-se de cartel, o art. 87 da Lei de Defesa da Concorrência prevê que "a celebração de acordo de leniência, nos termos desta Lei, determina a suspensão do curso do prazo prescricional e impede o oferecimento da denúncia com relação ao agente beneficiário". Para que possa usufruir dos benefícios prescritos na Lei, o proponente deve ser o primeiro a se oferecer para celebrar o acordo, sendo necessária a cessação do envolvimento na conduta anticompetitiva, a identificação dos demais participantes e o fornecimento dos documentos e informações que comprovam a denúncia.

Portanto, os acordos de leniência celebrados junto ao Cade têm efeitos tanto na esfera administrativa quanto penal, quando envolverem o Ministério Público. Esta configuração legal partiu do entendimento de que um programa de leniência eficaz não poderia se dar apenas em esfera administrativa, tendo em vista que a prática de cartel também é tipificada como crime na Lei nº 8.137/90, o que poderia gerar uma exposição do signatário à persecução penal, tornando-o, assim, menos atrativo.

Além do acordo de leniência, a Lei de Defesa da Concorrência também prevê a possibilidade de celebração de Termo de Compromisso de Cessação (TCC). O TCC é um acordo de natureza administrativa assinado por um participante de conduta anticompetitiva junto ao Cade quando a autoridade já tem conhecimento da conduta relatada e já há um procedimento investigativo em curso.[8] Portanto, é menos atrativo que a leniência e tem a função de oferecer informações complementares ao Cade.[9]

III Negociação dos acordos de leniência perante o Cade

Conforme destacado anteriormente, um dos requisitos para a celebração de um acordo de leniência junto ao Cade é que o agente seja o primeiro a ser habilitado pela autoridade. Se o Cade já tiver celebrado acordo de leniência sobre determinada conduta, não é possível assinar um acordo da mesma natureza com o mesmo objeto, restando como alternativa ao proponente a negociação de TCC.

Portanto, o proponente do acordo de leniência deve ser o primeiro da "fila". Para dar início à negociação, o proponente deve entrar em contato com a Superintendência-Geral do Cade (SG) e comunicar seu interesse em propor um acordo.

O pedido deve conter informações mínimas sobre a suposta infração à ordem econômica, identificando eventuais autores, o mercado afetado e o período em que se deu a conduta. Caso não haja nenhuma outra proposta de leniência versando sobre

---

[8] RUFINO, Victor Santos; MENDES, Francisco Schertel Ferreira. Colaboração no combate a cartéis. *Folha de São Paulo*, 14 out. 2015. Disponível em: http://www1.folha.uol.com.br/opiniao/2015/10/1693592-colaboracao-no-combate-a-carteis.shtml. Acesso em: 9 jun. 2021.

[9] RUFINO, Victor Santos; MENDES, Francisco Schertel Ferreira. Evolução das normas sobre TCCs em cartéis após a Lei 12.529/2011. *In*: CARVALHO, Vinícius Marques. *A lei 12.529/2011 e a nova política de defesa da concorrência*. São Paulo: Singular, 2015, p. 425-435.

os mesmos fatos, o proponente receberá uma senha, denominada "Termo de *Marker*", dando início à negociação.[10]

Após o recebimento do Termo de *Marker*, as partes deverão apresentar, em prazo combinado com a SG, os documentos que comprovam a infração relatada, bem como outros documentos, tais como o Histórico da Conduta, *i.e.*, a peça que contém o relato detalhado dos signatários a respeito dos fatos objeto do acordo de leniência.

Caso a SG constate que as informações prestadas são suficientes para comprovar a infração reportada, a negociação segue para sua fase final, a de assinatura do acordo de leniência. Nesta etapa, a SG entrará em contato com o Ministério Público, que também poderá integrar o acordo.

Uma vez celebrado o acordo, a SG determinará a instauração de inquérito administrativo para apurar os fatos relatados na leniência.

IV *Chinese wall* e os acordos de leniência

A propositura de um acordo de leniência, como visto, pressupõe que o proponente declare que cometeu uma conduta ilícita perante a autoridade competente para investigar e punir referida prática.

Diante de tamanha exposição dos proponentes, é necessário estabelecer mecanismos que permitam que a parte desista da negociação sem ter seus direitos ameaçados e, ainda, evitando que o Cade se utilize das informações prestadas contra ela.

Tais recursos são imprescindíveis para assegurar a plena observância dos direitos e garantias dos proponentes, bem como para tornar o programa de leniência atrativo. Vale dizer, caso não houvesse impedimentos ao uso das informações apresentadas durante a negociação, os proponentes colocar-se-iam em posição extremamente vulnerável se desistissem do acordo, tornando-o uma alternativa pouco interessante e de elevado risco.[11]

Uma das principais salvaguardas é a chamada *"chinese wall"*. Trata-se de mecanismo de estabelecimento de limites e barreiras ao compartilhamento e uso de informações em determinada instituição, com o intuito de evitar conflitos de interesses ou prejudicar a imparcialidade do julgamento.

No âmbito do programa de leniência do Cade, existem diversas normas e mecanismos adotados para estipular restrições do tipo *chinese wall*.

A primeira delas diz respeito à não participação do Ministério Público no curso das negociações do acordo. Vale dizer, a prática de cartel, além de infração administrativa, também constitui crime passível de persecução penal, razão pela qual o MP também costuma assinar o acordo de leniência. Embora não exista uma vedação expressa à presença do MP nas negociações, em regra, o órgão não participa delas.

---

[10] CONSELHO ADMINISTRATIVO DE DEFESA ECONÔMICA. *Guia do Programa de Leniência Antitruste do Cade*. 2016. Disponível em: https://cdn.cade.gov.br/Portal/centrais-de-conteudo/publicacoes/guias-do-cade/2020-06-02-guia-do-programa-de-leniencia-do-cade.pdf . Acesso em: 9 jun. 2021.

[11] RUFINO, Victor Santos. *Os fundamentos da delação: análise do programa de leniência do Cade à luz da teoria dos jogos*. 2016. 101 f., il. Dissertação (Mestrado em Direito) — Universidade de Brasília, Brasília, 2016.

Ao afastá-lo da negociação, a autoridade concorrencial reduz o trânsito das informações providenciadas pela parte entre as entidades.

Outro exemplo de *chinese wall* reside nos protocolos de separação internos ao Cade. Conforme disposto no Guia do Programa de Leniência do Cade, a negociação da proposta de leniência está limitada a apenas alguns servidores da entidade, quais sejam o Superintendente-Geral, o Superintendente-Adjunto, o Chefe de Gabinete da SG e os servidores técnicos submetidos à Chefia de Gabinete da SG.

Portanto, há obstáculos que vedam o trânsito de informação entre os servidores do Cade responsáveis pela negociação do acordo e outros departamentos da autarquia. A título de exemplo, os Conselheiros do Cade – responsáveis pelo julgamento dos processos administrativos – não têm nenhum contato com os acordos de leniência em fase de negociação.

Igualmente, o acesso ao Termo de *Marker*, que formaliza a proposta de leniência, é restrito a um grupo seleto de servidores do Cade, como aponta o Guia do Programa de Leniência do Cade:

> 43. Quem tem acesso ao Termo de Marker?
>
> O acesso ao Termo de Marker, bem como às informações e aos documentos apresentados no âmbito da negociação do Acordo de Leniência – todos de caráter confidencial –, são restritos ao Superintendente-Geral, ao Superintendente Adjunto, ao Chefe de Gabinete da Superintendência-Geral e aos servidores da Chefia de Gabinete da SG/Cade, responsáveis pela condução da negociação do Acordo de Leniência. Via de regra, nenhum outro servidor do Cade tem acesso aos documentos e informações recebidas no âmbito da negociação com a SG/Cade.

A SG também adota protocolos relevantes para garantir o respeito do caráter sigiloso da proposta de leniência, nos termos do art. 86, §9º, da Lei de Defesa de Concorrência.

Nesse sentido, os documentos relativos ao acordo de leniência devem ser apresentados presencialmente no Cade. Caso não seja possível, a autoridade exige a adoção de protocolos de segurança digital e criptografia dos arquivos.

Não obstante, o Guia do Programa de Leniência ainda prevê outros procedimentos de segurança e confidencialidade, tais como (i) as informações apresentadas à Chefia de Gabinete da SG são acessadas apenas por servidores dessa unidade; (ii) os documentos apresentados para análise da SG durante a negociação são guardados em sala-cofre e são acessados apenas por servidores da Chefia de Gabinete da SG; (iii) a apresentação e guarda dos documentos e/ou evidências para análise da SG poderá ser combinada caso a caso entre os proponentes e a SG; (iv) a comunicação com os proponentes do acordo de leniência é realizada, sobretudo, de modo oral. Caso sejam necessárias trocas de e-mails entre a SG e os advogados, não há menção ao nome da empresa, dos funcionários e/ou do mercado objeto da negociação do acordo de leniência, de modo a resguardar a confidencialidade da negociação;

Os servidores da Chefia de Gabinete da SG mantêm atualizado relatório de custódia interno, que registra passo a passo as pessoas que têm acesso às informações e documentos da negociação do acordo de leniência.

V A proteção do proponente da leniência no curso das negociações

O respeito ao princípio de que ninguém pode ser obrigado a lesar a si mesmo (*nemo tenetur se detegere*) exige o estabelecimento de restrições ou vedações objetivas ao uso das informações e documentos fornecidos pelo proponente da leniência até sua definitiva assinatura ou então em caso de desistência da proposta.[12]

A primeira destas restrições é o fato de que a simples apresentação da proposta perante o Cade não implica confissão quanto à conduta relatada pelo proponente e tampouco o reconhecimento de qualquer ilicitude.

Isso significa que, caso a parte desista da celebração da leniência no curso das negociações ou então a autoridade a rejeite, a proposta não significa qualquer admissão de culpa ou envolvimento na suposta conduta que possa ser posteriormente utilizada contra os proponentes. Vide o disposto no art. 86, §10, da Lei de Defesa da Concorrência:

> Art. 86 §10. Não importará em confissão quanto à matéria de fato, nem reconhecimento de ilicitude da conduta analisada, a proposta de acordo de leniência rejeitada, da qual não se fará qualquer divulgação.

O reconhecimento da participação na conduta só produz efeitos jurídicos a partir da assinatura definitiva do acordo de leniência

A segunda restrição, também decorrente do princípio da ausência de confissão, é a de que, em caso de desistência ou rejeição da proposta de leniência, é vedado ao Cade fazer uso de qualquer informação ou documento fornecido pela parte para a instauração de investigações ou qualquer outra finalidade. Para impedir qualquer uso impróprio destas informações, a SG é obrigada a devolver à parte todos os documentos apresentados. Tal é o teor do art. 205, §§2º e 3º, do Regimento Interno do Cade:

> §2º Caso o acordo não seja alcançado, todos os documentos serão devolvidos ao proponente, não permanecendo qualquer cópia na Superintendência-Geral.
>
> §3º As informações e documentos apresentados pelo proponente durante a negociação do acordo leniência subsequentemente frustrado não poderão ser utilizados para quaisquer fins pelas autoridades que a eles tiveram acesso.

Assim, a SG, por si só, não pode dar início a inquérito administrativo sobre os fatos objeto da proposta fracassada de acordo de leniência. Só poderá fazê-lo se tomar conhecimento, por outros meios, de novos indícios relativos aos mesmos fatos. Assim dispõe o Guia de Leniência do Cade:

> o Cade não poderá instaurar qualquer investigação com base nas informações prestadas pelo proponente no âmbito da negociação fracassada de Acordo de Leniência. A Superintendência-Geral poderá, todavia, abrir investigação para apurar fatos relacionados à proposta de acordo de leniência quando a nova investigação decorrer de indícios ou provas autônomas (art. 246, §4º, Ricade).

---

[12] INTERNATIONAL CHAMBER OF COMMERCE (ICC). *ICC Leniency Manual*. 2018. Disponível em: https://iccwbo.org/content/uploads/sites/3/2016/10/icc-leniency-manual-second-edition.pdf . Acesso em: 9 jun. 2021.

Nota-se que o respeito destas limitações ao uso das informações fornecidas nos acordos de leniência é não apenas uma garantia dos direitos dos proponentes, mas também um interesse objetivo da autoridade. Isso porque, caso a SG viole estas salvaguardas, criar-se-á um ambiente de insegurança jurídica, tornando o programa de leniência pouco ou nada atrativo, em razão dos riscos de potencial persecução das partes.[13] Vale ressaltar que normas semelhantes existem tanto no programa norte-americano quanto no europeu.[14]

O ordenamento jurídico que rege a celebração de acordos de leniência assegura aos proponentes uma série de direitos e garantias contra o uso das informações e documentos apresentados em seu prejuízo, sobretudo nos casos de desistência ou fracasso do processo de negociação.

A adoção de protocolos do tipo *"chinese wall"* mitiga os riscos de compartilhamento das informações e documentos com outras autoridades, limitando o acesso à discussão da leniência a um grupo seleto e predeterminado de servidores do Cade. As normas concorrenciais também preveem mecanismos para assegurar o sigilo integral da proposta de leniência, requisito essencial para o sucesso das negociações e para a proteção das partes envolvidas.

Há salvaguardas procedimentais para impedir que as informações e documentos sejam empregados em detrimento dos proponentes em caso de desistência ou fracasso das negociações. Nesse sentido, (*i*) a proposta de leniência não importa em confissão dos fatos nela relatados, (*ii*) a SG não pode utilizar das informações fornecidas pelo proponente para qualquer fim caso a negociação fracasse.

Em suma, todo e qualquer ato que exceda estes limites em prejuízo do proponente de um acordo de leniência deverá ser reputado nulo e ensejará a responsabilização da Administração Pública pelos danos eventualmente causados.

Os ganhos são significativos. A construção de um ambiente de confiança é essencial para o sucesso de um programa de colaboração e a salvaguarda de um ambiente sigiloso ao potencial colaborador é ferramenta psicologicamente relevante para a tormentosa decisão de buscar a confissão, quando o candidato não sabe se, ao fim e ao cabo, haverá sucesso na empreitada, que, diga-se, é estimulada pela lei ao se criar a possibilidade de tal instituto em abstrato.

VI Conclusão

O presente artigo buscou, em poucas linhas, asseverar os avanços recentes promovidos pela Procuradoria-Geral da República no ambiente de realização de acordos no Brasil, com especial ênfase às medidas que asseguraram maior sigilo e previsibilidade às negociações.

Para além disso, buscou-se propor aperfeiçoamento que promova a divisão de atribuições entre negociadores e investigadores para oferecer maior segurança – e, por

---

[13] RUFINO, Victor Santos. Análise da conformação normativa do programa de leniência brasileiro à luz da teoria dos jogos. *Revista de Direito Setorial e Regulatório*, Brasília, v. 1, n. 1, p. 47-65, maio 2015.

[14] INTERNATIONAL CHAMBER OF COMMERCE (ICC). *ICC Leniency Manual*. 2018. Disponível em: https://iccwbo.org/content/uploads/sites/3/2016/10/icc-leniency-manual-second-edition.pdf . Acesso em: 9 jun. 2021.

consequência, maior efetividade – às colaborações premiadas e acordos de leniência que venham a ser promovidos pelo Ministério Público.

Espera-se com essa proposta demonstrar o reconhecimento aos expressivos avanços ocasionados por medidas simples, porém firmes e inteligentes, que foram adotadas nos últimos anos e que contribuem significativamente para o avanço do ecossistema jurídico de políticas públicas voltadas à colaboração no país.

Referências

CONSELHO ADMINISTRATIVO DE DEFESA ECONÔMICA. *Guia do Programa de Leniência Antitruste do Cade*. 2016. Disponível em: https://cdn.cade.gov.br/Portal/centrais-de-conteudo/publicacoes/guias-do-cade/2020-06-02-guia-do-programa-de-leniencia-do-cade.pdf. Acesso em: 9 jun. 2021.

HAMMOND, Scott D. *Fighting cartels* – Why and how? Lessons common to detecting and deterring cartel activity. Apresentado na ocasião da 3ª Conferência Nórdica de Política Concorrencial. Suécia: Estocolmo, 2000.

INTERNATIONAL CHAMBER OF COMMERCE (ICC). *ICC Leniency Manual*. 2018. Disponível em: https://iccwbo.org/content/uploads/sites/3/2016/10/icc-leniency-manual-second-edition.pdf. Acesso em: 9 jun. 2021.

JEANROND, Jakon. *Information bargaining in leniency programs*. Lund: Lund University, 2007, p. 27. Disponível em: http://lup.lub.lu.se/luur/download?func=downloadFile&recordOId=1334890&fileOId=1646310. Acesso em: 9 jun. 2021.

KOBAYASHI, Bruce H. Antitrust, agency and amnesty: an economic analysis of the criminal enforcement of the antitrust laws against corporations. *George Washington Law Review*, v. 69, n. 5-6, October-December, 2001, p. 715-744. Disponível em: http://papers.ssrn.com/sol3/papers.cfm?abstract_id=305260. Acesso em: 9 jun. 2021.

LESLIE, Cristopher R. Trust, distrust and antitrust. *Texas Law Review*, v. 82, n. 3, p. 517-680, 2004.

MARTINEZ, Ana P. *Repressão a cartéis* – interface entre Direito Administrativo e Direito Penal. São Paulo: Singular, 2013.

RUFINO, Victor Santos. *Os fundamentos da delação: análise do programa de leniência do Cade à luz da teoria dos jogos*. 2016. 101 f., il. Dissertação (Mestrado em Direito) – Universidade de Brasília, Brasília, 2016.

RUFINO, Victor Santos. Análise da conformação normativa do programa de leniência brasileiro à luz da teoria dos jogos. *Revista de Direito Setorial e Regulatório*, Brasília, v. 1, n. 1, p. 47-65, maio 2015.

RUFINO, Victor Santos; MENDES, Francisco Schertel Ferreira. Evolução das normas sobre TCCs em cartéis após a Lei 12.529/2011. *In*: CARVALHO, Vinícius Marques. *A lei 12.529/2011 e a nova política de defesa da concorrência*. São Paulo: Singular, 2015, p. 425-435.

RUFINO, Victor Santos; MENDES, Francisco Schertel Ferreira. Colaboração no combate a cartéis. *Folha de São Paulo*, 14 out. 2015. Disponível em: http://www1.folha.uol.com.br/opiniao/2015/10/1693592-colaboracao-no-combate-a-carteis.shtml . Acesso em: 9 jun. 2021.

SPRATLING, Gary R. *The corporate leniency policy*: answers to recurring questions. Estados Unidos: Washington, D.C., 01 abr. 1998. Apresentado no encontro anual da primavera sobre antitruste da American Bar Association.

STEPHAN, Andreas; NIKPAY, Ali. Leniency theory and complex realities. University of East Anglia, Centre for Competition Policy. *Working Paper*, n. 14-8, p. 23, dez. 2014. Disponível em: http://papers.ssrn.com/sol3/papers.cfm?abstract_id=2537470. Acesso em: 9 jun. 2021.

Informação bibliográfica deste texto, conforme a NBR 6023:2018 da Associação Brasileira de Normas Técnicas (ABNT):

MUDROVITSCH, Rodrigo de Bittencourt. Dividir para avançar: uma nova proposta para as colaborações premiadas. *In*: RIBEIRO, Carlos Vinícius Alves; TOFFOLI, Dias; RODRIGUES JUNIOR, Otávio Luiz (Coord.). *Estado, Direito e Democracia*: estudos em homenagem ao Prof. Dr. Augusto Aras. Belo Horizonte: Fórum, 2021. p. 371-380. ISBN 978-65-5518-245-3.

AS FRICÇÕES ENTRE O EXERCÍCIO DA JURISDIÇÃO CONSTITUCIONAL E OS DEMAIS PODERES: AUTOCONTENÇÃO E PRUDÊNCIA[1]

RODRIGO CAPEZ

1 O Ministro Dias Toffoli e o papel moderador da jurisdição constitucional

O Ministro Dias Toffoli, em seu discurso de posse[2] como Presidente do Supremo Tribunal Federal, bem sintetizou as elevadas funções constitucionalmente confiadas à Suprema Corte:

> Guarda supremo da Constituição.
> Tribunal da Federação.
> Moderador dos conflitos políticos, sociais e econômicos.
> Garantidor dos direitos fundamentais e da dignidade da pessoa humana.
> Protetor dos vulneráveis e das minorias.
> O timoneiro seguro e prudente deste novo Poder Judiciário!

Em paradigmático voto proferido no julgamento da ADI nº 5.526/DF, Pleno, Relator para o acórdão o Ministro Alexandre de Moraes, *DJe* de 07.08.18, o Ministro Dias Toffoli externou a sua concepção de que o Supremo Tribunal Federal, como ponto de equilíbrio do Estado Democrático de Direito, se sobressai por seu relevante papel de moderador dos conflitos que surgem na sociedade, papel este que deve desempenhar sem predomínio, em respeito à harmonia e à independência entre os poderes. "Nem passivismo, nem ativismo exacerbado".

---

[1] Artigo publicado originariamente em: MORAES, Alexandre de; MENDONÇA, André Luiz de Almeida (Coord.). *Democracia e sistema de justiça*: obra em homenagem aos 10 anos do Ministro Dias Toffoli no Supremo Tribunal Federal. Belo Horizonte: Fórum, 2020, p. 561-563.

[2] A íntegra do discurso de posse do Ministro Dias Toffoli se encontra disponível em: http://www.stf.jus.br/arquivo/cms/publicacaoPublicacaoInstitucionalPossePresidencial/anexo/Plaqueta_possepresidencial_DiasToffoli.pdf, acesso em: 27 jun. 2019.

Nessa passagem de seu voto, amparou-se o Ministro Dias Toffoli no magistério de José Afonso da Silva, que já ressaltava, em 1985, o papel fundamental da jurisdição constitucional de manter o equilíbrio entre os poderes, funcionando, sem que isso a converta em um poder superior aos demais, como "contrapeso efetivo entre um poder executivo cada vez mais hegemônico e um poder legislativo que mantém sua estrutura e funcionamentos ambíguos por não ter-se adequado devidamente ao novo tipo de Estado".[3]

Conclui o Ministro Dias Toffoli, delimitando a fronteira última da jurisdição constitucional: "No exercício do seu papel moderador, incumbe ao Supremo Tribunal Federal distensionar as fricções que possam ocorrer entre os demais poderes constituídos. O Supremo Tribunal Federal, portanto, não pode atuar como fomentador de tensões institucionais".

A densidade desse pensamento – *a Suprema Corte não deve fomentar tensões institucionais* – constitui, precisamente, a inspiração do presente artigo: analisar as fricções entre o exercício da jurisdição constitucional e os demais poderes, e os riscos decorrentes do extravasamento dos seus limites.

2 As fricções inerentes ao exercício da jurisdição constitucional

As tensões entre a Justiça Constitucional e os demais poderes fazem parte da fisiologia, do normal funcionamento das instituições. A matriz dessas tensões é a concepção de que nenhuma função deve ser atribuída plenamente a uma instituição, de modo que o poder sempre venha a ser contido pelo poder.

Como observa José Levi Mello do Amaral Júnior, lastreado em Montesquieu, para coibir o seu abuso, prescreve-se um mecanismo institucional onde "o poder freie o poder" ("*le pouvoir arrête le pouvoir*").[4]

Natural, portanto, o surgimento de fricções ou impasses, que diríamos *fisiológicos*, no exercício da jurisdição constitucional, cuja superação pressupõe a *atuação harm*ônica dos poderes, *pedra de toque* do *regular funcionamento* do sistema.

As fricções ou impasses que denominaríamos *patológicos* derivam do extravasamento da esfera de atuação da jurisdição constitucional e da consequente invasão da esfera de domínio de outro poder, *com o potencial de interferir no baricentro da separação de poderes* e, no limite, conduzir ao desabrido descumprimento de uma decisão judicial, por sua não aceitação pelo poder que dela seja destinatário.

Há que se distinguir, portanto, o *legítimo exercício* da jurisdição constitucional, papel precipuamente reservado ao Supremo Tribunal Federal enquanto guardião da Constituição Federal, justificador da imposição de eventual restrição à atividade legiferante do Parlamento ou de glosa às opções do Executivo, de *seu exercício* à *margem dos parâmetros constitucionais*, que importe usurpação da liberdade política de conformação do legislador e de atuação do administrador.

---

[3] SILVA, José Afonso. Tribunais constitucionais e jurisdição constitucional. *Revista Brasileira de Estudos Políticos*, Belo Horizonte, n. 60/61, p. 520-523, jan./jul. 1985.

[4] AMARAL JÚNIOR, José Levi Mello do. Sobre a organização de poderes em Montesquieu: comentários ao Capítulo VI do Livro XI de "O espírito das leis". In: *Revista dos Tribunais*, vol. 868, p. 53, 2008.

3 A liberdade de conformação do legislador

Ao legislador se reconhece ampla liberdade de conformação na edição de normas jurídicas, respeitados os limites formais e materiais constitucionalmente impostos, pois a Constituição é um parâmetro material intrínseco dos atos legislativos.[5]

Robert Alexy afirma que "aquilo que as normas de uma constituição nem obrigam nem proíbem é abarcado pela discricionariedade estrutural do legislador", que apresenta três tipos: i) discricionariedade para definir objetivos; ii) discricionariedade para escolher meios, e iii) discricionariedade para sopesar.[6]

O Parlamento, portanto, tem competência para configurar ou conformar as disposições constitucionais e a faculdade de escolher o conteúdo das leis, dentre um amplo número de alternativas de ação. Representa, ainda, o órgão que, em princípio, deve solucionar as colisões de direitos fundamentais e harmonizar as diversas exigências normativas que emanam da Constituição.[7]

De acordo com Virgílio Afonso da Silva, restrições a direitos fundamentais, materialmente, são sempre baseadas em princípios. Quando dois princípios, cujo suporte fático é amplo, colidem, a solução dessa colisão sempre implica uma restrição a, pelo menos, um deles, que se expressa, geralmente, por meio de uma regra prevista na legislação infraconstitucional.[8]

Assim, o legislador, ao editar regras que proíbam uma conduta que é permitida, *prima facie*, por um direito fundamental, ou que autorizem uma ação estatal que importe na restrição da proteção que um direito fundamental, *prima facie*, garante, realiza um *sopesamento* entre princípios, cujo resultado é a edição da regra restritiva.[9]

Essa regra que restringe um direito fundamental, resultado de um sopesamento de princípios, e não da mera conveniência do legislador, está sujeita ao controle jurisdicional de sua constitucionalidade, de acordo com a regra da proporcionalidade.

Nesse particular, como anota Gilmar Ferreira Mendes, "é possível que o vício de inconstitucionalidade substancial decorrente do excesso de poder legislativo constitua um dos mais tormentosos temas do controle de constitucionalidade hodierno", cuidando-se de aferir a compatibilidade da lei com os fins constitucionalmente previstos ou a sua conformidade com a regra da proporcionalidade.[10]

De todo modo, como pondera Luis Prieto Sanchís, cumpre ter prudência na aplicação da proporcionalidade, haja vista que, por força da separação dos poderes, não se

---

[5] CANOTILHO, José Joaquim Gomes. *Direito Constitucional e teoria da constituição*. Coimbra: Almedina, 1998, p. 240.
[6] ALEXY, Robert. *Teoria dos Direitos Fundamentais*. Trad. Virgílio Afonso da Silva. 2. ed. São Paulo: Malheiros, 2011, p. 584-585.
[7] PULIDO, Carlos Bernal. *El principio de proporcionalidad y los derechos fundamentales*. 3. ed. atual. Madrid: Centro de Estudios Políticos y Constitucionales, 2007, p. 498-499.
[8] SILVA, Virgílio Afonso da. *Direitos fundamentais* – conteúdo essencial, restrições e eficácia. 2. ed. 2ª tiragem. São Paulo: Malheiros, 2011, p. 141-143. O autor cita a regra do art. 76 da Lei nº 8.069/90 como produto do sopesamento entre dois princípios (liberdade de imprensa e proteção da criança e do adolescente), realizado pelo legislador.
[9] SILVA, Virgílio Afonso da. *Direitos fundamentais* – conteúdo essencial, restrições e eficácia. 2. ed. 2ª tiragem. São Paulo: Malheiros, 2011, p. 141-143.
[10] MENDES, Gilmar Ferreira. *Direitos fundamentais e controle de constitucionalidade*: estudos de direito constitucional. 3. ed. rev. e ampl. São Paulo: Saraiva, 2004, p. 311-312 e em MENDES, Gilmar Ferreira; BRANCO, Paulo Gustavo Gonet. *Curso de Direito Constitucional*. 9. ed. rev. e atual. São Paulo: Saraiva, 2014, p. 217.

pode jugular a soberania política do Parlamento e a sua legitimidade democrática. Isso não significa renunciar a um controle de constitucionalidade de ordem material nem outorgar ao legislador discricionariedade política absoluta, o que importaria a criação de uma "lacuna de constitucionalidade", mas sim validar opções políticas legítimas.[11]

4 O controle jurisdicional das opções políticas fundamentais dos demais poderes

O núcleo das tensões entre a jurisdição constitucional e os demais poderes reside, precisamente, na possibilidade de controle judicial das opções políticas fundamentais do Legislativo e do Executivo, o que remete a duas relevantes questões: a jurisdição constitucional é essencialmente jurídica ou política? Como estremar um âmbito de atuação de outro?

Robert Dahl, referindo-se à Suprema Corte americana, aduz que compreendê-la como uma instituição unicamente jurídica seria subestimar sua importância no sistema político, haja vista tratar-se de uma instituição política destinada a tomar decisões sobre questões políticas nacionais polêmicas. A seu ver, a principal tarefa da Suprema Corte é conferir legitimidade às políticas básicas de grupo político que detenha a chefia do Poder Executivo e o controle da maioria no Legislativo.[12]

Essa concepção da Suprema Corte como esteio das opções políticas de um "presidencialismo de coalizão", a nosso ver, importa grave ameaça à separação e à independência entre os poderes e, mais ainda, à própria supremacia da Constituição, haja vista que, se o seu guardião pudesse se associar aos demais poderes para legitimar incondicionalmente suas opções políticas, de pouca valia seria o Texto Constitucional.

Para Jerzy Wróblewski, a Constituição é um ato normativo dotado de caráter político extremamente pronunciado, em razão de sua gênese, de seu conteúdo e de sua função, o que explica o fato de as instituições incumbidas do exercício do controle de constitucionalidade estarem tão estreitamente vinculadas a questões políticas gerais. A seu ver, a interpretação constitucional imanente ao exercício dessa função controladora é política em ao menos dois aspectos: i) quando garante a observância de regras constitucionais dotadas por si só de caráter político e ii) quando as decisões interpretativas determinam os assuntos politicamente relevantes.[13]

Peter Häberle, ao tratar da atuação do Tribunal Constitucional alemão na função de garantia e de atualização da "Constituição como contrato social", aduz que, "no jogo recíproco de tradição e transformação, de mudança e conservação", em que se sucedem períodos de *judicial activism* e de *self-restraint*, o tribunal é, indiscutivelmente, uma força política, e "todo o mais é autoengano".[14]

---

[11] SANCHÍS, Luis Prieto. *Justicia constitucional y derechos fundamentales*. Madrid: Editorial Trotta, 2009, p. 288.
[12] DAHL, Robert. Decision-making in a democracy: the Supreme Court as a national policy maker. *Journal of Public Law*, n. 6, p. 279-295, 1957.
[13] WRÓBLEWSKI, Jerzy. *Constitución y teoría general de la interpretación jurídica*. Trad. Arantxa Azurza. Madrid: Civitas Ediciones, 1985, p. 112-113.
[14] HESSE, Konrad; HÄBERLE, Peter. *Estudios sobre la jurisdicción constitucional* (con especial referencia al Tribunal Constitucional alemán). Trad. Joaquin Brage Camazano. México: Editorial Porrúa, 2011, p. 113.

Como observa Neil Maccormick, o Direito não é hermeticamente isolado da moral e da política. "Os tribunais não são, nem deveriam ser, imunes a desdobramentos na opinião política (o que não equivale a dizer que não haja razões extremamente boas pelas quais deveriam evitar diligentemente tomar partido em áreas da controvérsia político-partidária)".[15]

Entenda-se ou não a Corte Constitucional como uma força política, devem ser traçados os limites da vinculação jurídico-constitucional do legislador e do administrador e, por via de consequência, os limites do controle – *ou do juízo de valor*[16] – a ser exercido pela jurisdição constitucional sobre a legitimidade das opções políticas dos demais poderes.

De acordo com Michael Seidman, a Suprema Corte americana nunca desenvolveu – *nem teria condições de fazê-lo* – regras constitucionais que controlassem os julgamentos políticos que regularmente realiza.[17]

A propósito, Konrad Hesse aduz que a jurisprudência tem efeitos ordenadores, racionalizadores e estabilizadores. "Tem muito em comum *com a legislação*. Todavia, lhe falta o elemento político da legislação. O Direito judicial não surge no processo de formação da vontade política; não pode, por isso, substituir o Direito surgido no processo legislativo democrático e não está democraticamente legitimado na mesma medida em que o Direito adotado pelo Parlamento".[18]

Ao tratar especificamente da jurisdição constitucional, Konrad Hesse demonstra os seus pontos de contato com as funções de direção e de conformação políticas, pois a Corte Constitucional tem que decidir, com mais frequência que outras jurisdições, questões de impacto político e que podem produzir efeitos políticos notáveis. Aponta ainda que as decisões proferidas no exercício da jurisdição constitucional podem se aproximar de decisões políticas na medida em que não sejam deduzíveis de regras claras, mas sim de parâmetros amplos e indeterminados da Constituição. De toda sorte, pondera Konrad Hesse, "essas características não lhes retiram o caráter de questões jurídicas nem privam as decisões do caráter de uma decisão jurídica". Logo, "suas decisões não são decisões políticas disfarçadas que estão em contradição com a essência da verdadeira jurisprudência e devam por isso conduzir à politização da justiça".[19]

Nesse contexto, prossegue Konrad Hesse, "(...) *el Tribunal Constitucional no puede sustituir sin más sus valoraciones por las del legislador, además que la amplitud e indeterminación del parámetro de control frecuentemente puede dejar espacio para diferentes valoraciones*".[20]

---

[15] MACCORMICK, Neil. *Argumentação jurídica e teoria do direito*. Trad. Waldéa Barcellos. São Paulo: Martins Fontes, 2009, p. 308.

[16] Segundo Norberto Bobbio, enquanto o juízo de fato representa uma tomada de conhecimento da realidade, visto que sua formulação tem apenas a finalidade de informar, de comunicar uma constatação, o juízo de valor representa, diversamente, uma tomada de posição frente à realidade, visto que sua formulação tem por finalidade não informar, mas sim influir sobre o outro, isto é, fazer com que o outro realize uma escolha igual à minha e, eventualmente, siga certas prescrições minhas (BOBBIO, Norberto. *O positivismo jurídico – lições de filosofia do direito*. São Paulo: Ícone Editora, 1995, p. 135).

[17] SEIDMAN, Louis Michael. The secret life of the political question doctrine. *The John Marshall Law Review*, n. 37, p. 477, 2004.

[18] HESSE, Konrad; HÄBERLE, Peter. *Estudios sobre la jurisdicción constitucional* (con especial referencia al Tribunal Constitucional alemán). Trad. Joaquin Brage Camazano. México: Editorial Porrúa, 2011, p. 64.

[19] HESSE, Konrad; HÄBERLE, Peter. *Estudios sobre la jurisdicción constitucional* (con especial referencia al Tribunal Constitucional alemán). Trad. Joaquin Brage Camazano. México: Editorial Porrúa, 2011, p. 72-73.

[20] HESSE, Konrad; HÄBERLE, Peter. *Estudios sobre la jurisdicción constitucional (con especial referencia al Tribunal Constitucional alemán)*. Trad. Joaquin Brage Camazano. México: Editorial Porrúa, 2011, p. 75.

A nosso ver, o grande risco para um regime político democrático que se pretenda amparado numa relação de independência e harmonia entre os poderes deriva da substituição das legítimas valorações do legislador e do administrador pelas valorações próprias dos juízes constitucionais.

Ao Supremo Tribunal Federal, na condição de guardião da Constituição Federal, compete dar a resposta definitiva[21] na interpretação do Texto Constitucional, mas o monopólio da última palavra pela jurisdição constitucional não pode importar na usurpação das funções legislativa e executiva.

De fato, observa Keith Bybee, é difícil distinguir o juiz comprometido em basear suas decisões em normas jurídicas do juiz que as ancora em suas preferências políticas; ambos podem publicamente enquadrar e explicar suas decisões em termos legais e até chegar ao mesmo resultado. De toda sorte, a confiança no Poder Judiciário depende não apenas dos resultados atuais das decisões dos tribunais, mas da habilidade dos juízes de transmitir a impressão de que suas decisões são guiadas pela impessoalidade da norma legal. Na substância e na aparência, espera-se que os juízes decidam os casos baseados na lei, nos fatos e nos argumentos que lhes forem apresentados.[22]

Além da usurpação das competências legiferante e administrativa conduzir à emasculação dos Poderes Legislativo e Executivo, o *exercício atípico* dessas funções pelo Poder Judiciário *atrai para a jurisdição constitucional*, com todos os ônus correspondentes, *uma responsabilidade política que deveria ser própria dos titulares de mandato eletivo*.

Judith Shklar anota que, ordinariamente, espera-se que os tribunais interpretem a lei, e não que a alterem, de modo a evitar uma aparência de arbitrariedade, o que não depende apenas do comportamento dos juízes, mas, sobretudo, da forma como a sociedade percebe e reage à sua atuação. "Na Inglaterra, devido à aceitação da soberania do Parlamento, o Judiciário não se expõe a controvérsias na extensão em que isso ocorre na América. Aqui, a natureza das questões levadas aos tribunais e a ampla margem de escolhas disponíveis colocam o Judiciário no centro das grandes batalhas políticas da nação".[23]

Na precisa observação de Perfecto Andrés Ibáñez, as conjunturais relações de força no Parlamento podem impedir que, por razões políticas, se alcancem acordos que possam plasmar-se em disposições legais dotadas de desejável grau de clareza, univocidade e coerência interna. Em razão desse déficit de consenso, "ou por pura e calculada indecisão da maioria", delega-se à jurisdição constitucional a pacificação dessa questão, "com sua conflitividade mais ou menos intacta".[24]

No mesmo sentido, Alejandro Nieto aduz que a judicialização da política, que encontra correlação na politização da justiça, deriva da renúncia dos demais poderes

---

[21] Segundo Aulis Aarnio, a resposta definitiva é condição necessária para que qualquer sistema jurídico funcione corretamente, uma vez que "o uso do poder legal pressupõe que, em um determinado estado do procedimento legal, o sistema produza uma resolução com força executiva para o caso". Ela não é, necessariamente, a resposta correta e, muito menos, a única resposta correta, conceitos que envolvem "determinados critérios formais e materiais de correção". AARNIO, Aulis. ¿Una única respuesta correcta? In: AARNIO, Aulis. *Bases teóricas de la interpretación jurídica*. Madrid: Fundación Coloquio Jurídico Europeo, 2010, p. 10.

[22] BYBEE, Keith J. *All judges are political* – except when they are not: acceptable hypocrisies and the rule of law. Stanford: Stanford Press University, 2010, p. 23-24.

[23] SHKLAR, Judith N. *Legalism* – law, morals and political trials. Cambridge: Harvard University Press, 1964, p. 12.

[24] IBÁÑEZ, Perfecto Andrés. *En torno a la jurisdicción*. Buenos Aires: Editores Del Puerto, 2007, p. 109.

constitucionais a resolver conflitos, que se trasladam para a jurisdição, ainda que esta não seja a sede mais adequada para abordá-los, uma vez que os juízes deveriam decidir segundo parâmetros legais, e não políticos. "Para resolver tecnicamente essa mudança de foro, torna-se imprescindível se proceder a uma mutação prévia, transformando em jurídico o originalmente político, com o que se legitima formalmente o tribunal que irá intervir". Assim, põe-se em marcha, em suas palavras, "a falácia do processo *como pretexto*", e o Poder interessado (Executivo ou Legislativo) não atua valendo-se do pretexto de que a questão se encontra nas mãos do juiz.[25]

5 Deslocamento do baricentro do poder e comprometimento do diálogo institucional

O deslocamento artificial de poder mina a possibilidade de um legítimo diálogo institucional entre a jurisdição constitucional e os demais poderes e, uma vez mais, agrava o risco de comprometer sua legitimidade, na medida em que a sociedade avalie que suas decisões sejam políticas, e não propriamente jurídicas.

Para Anne Mmeuwese e Marnix Snel, o diálogo constitucional pode ser visto como a) uma lente para rever os atuais arranjos constitucionais, de modo a reconsiderar os papéis constitucionais e a divisão de poderes, em busca de novas soluções para dilemas constitucionais, ou b) um método, um modo de organizar os processos públicos de tomada de decisão, para impor ou não novas regras (*"the desired rules of the game"*).[26]

Referidos autores estabelecem a igualdade entre os parceiros dialógicos (*"equality between dialogic partner"*) como uma das premissas do diálogo constitucional, e sua própria definição de diálogo constitucional[27] pressupõe a ausência de um ator predominante.

Nesse contexto, se uma das condições para o diálogo constitucional é a simetria de forças, como poderia haver um diálogo institucional quando um poder "renuncia" ao exercício de sua função e a "delega" ao poder que detém a última palavra na interpretação da Constituição?

Duplo, portanto, o risco institucional: *atrofia* do Poder Legislativo e do Executivo conexa à *hipertrofia* do Judiciário, e *consequente imunização da responsabilidade política* dos demais poderes, na medida em que a *jurisdição constitucional a atrairia integralmente para si*.

Se a sede própria para discussões políticas é o Parlamento, o deslocamento do *baricentro* do sistema para o Judiciário traduz, em última instância, uma tentativa de correção do voto popular pela jurisdição constitucional, transformando-a numa espécie de redentora das [supostamente más] escolhas democráticas.

Outro grande foco de tensão institucional, decorrente do exercício da jurisdição por um tribunal constitucional que extrapole suas funções para invadir a seara de outro poder, é o fato de sua atuação servir de *espelho para as demais instâncias* que, ao

---

[25] NIETO, Alejandro. *El desgobierno judicial*. 3. ed. Madrid: Editorial Trotta, 2005, p. 256-257.
[26] MEUWESE, Anne; SNEL, Marnix. Constitutional dialogue: An overview. *Utrecht Law Review*, v. 9, p. 135, 2013.
[27] No original: *"a sequel of implicitly or explicitly shaped communications back and forth between two or more actors characterized by the absence of a dominant actor – or at least by a bracketing of dominance –, with the shared intention of improving the practice of interpreting, reviewing, writing or amending constitutions"*.

mimetizarem e replicarem esse comportamento, indubitavelmente *amplificariam o risco de graves impasses no sistema de separação de poderes*.

Não se pode desconsiderar ainda a possibilidade do efeito oposto ao da emasculação: a tentativa do Poder Legislativo de se afirmar pela *força*, desafiando os efeitos de decisões da Suprema Corte pela via de emendas constitucionais ou de leis, o que poderia desencadear uma *espiral* de ações e reações correlatas.

Quanto a esse aspecto, Fernando José Longo Filho entende que a edição de emendas constitucionais para superar decisões da Suprema Corte constituiria uma forma de diálogo institucional.[28]

Trata-se, contudo, de efetiva forma de diálogo ou da mera tentativa de afirmação de um poder sobre o outro?

Não se olvida que, como assentou Alexander Hamilton, uma sentença judicial não pode ser revista por ato legislativo, e que o legislador, sem exceder os seus domínios, não pode reverter uma decisão proferida num caso concreto, mas apenas prescrever uma nova regra para reger casos futuros.[29]

Mas essa questão se coloca em outros termos no exercício da jurisdição constitucional, quando a edição de uma nova norma pelo Legislativo, pela via da emenda constitucional ou de lei, tenha por pretensão ou finalidade superar uma dada interpretação constitucional assumida pela Suprema Corte.

A nosso ver, a tentativa de suplantar pela via legislativa o exercício da jurisdição constitucional tem se revestido mais dos contornos de uma *retorsão* – enquanto afirmação de força institucional – do que propriamente de um diálogo constitucional.

A característica em questão avulta nas hipóteses em que o Legislativo, pela via da emenda constitucional, desafia a autoridade da interpretação realizada no exercício da jurisdição constitucional, o que, por sua vez, leva ao novo acionamento da jurisdição para controle de constitucionalidade daquele ato normativo, com o risco de nova retorsão legislativa.

Essas *sucessivas* afirmações de força, decorrentes do embate entre atividade legiferante e interpretação proferida no exercício da jurisdição constitucional, podem conduzir a um impasse institucional patológico, situação que, no limite, tenderia a *comprometer* a própria *legitimidade constitucional* dos poderes.

Ainda no contexto dos limites da atuação da jurisdição, coloca-se a questão da *justiciabilidade* dos direitos sociais, outra fonte incontroversa de tensões institucionais.

Para Hans Kelsen, direito subjetivo em sentido técnico somente existe quando ao indivíduo se confere o poder jurídico para fazer valer o não cumprimento (= fazer valer a satisfação) de um dever jurídico, por meio de uma ação judicial. A seu ver, o exercício deste poder é o exercício de um direito no sentido próprio da palavra.[30]

Martin Borowski também registra que a justiciabilidade, ou seja, a sua exigibilidade judicial, é a nota característica dos direitos subjetivos, e que, indubitavelmente, os direitos fundamentais de defesa são direitos subjetivos.[31]

---

[28] LONGO FILHO, José Fernando. A última palavra e diálogo institucional: relações com as teorias democráticas em Dworkin e Waldron. *Cadernos do Programa de Pós-Graduação em Direito PPGDir/UFRGS*, Porto Alegre, vol. X, n. 3, p. 91, 2015.

[29] HAMILTON, Alexander. *The Federalist*. Paper 78, Cambridge: John Harvard Library, 2009, p. 532.

[30] KELSEN, Hans. *Teoria pura do direito*. São Paulo: Martins Fontes, 1991, p. 138-151.

[31] BOROWSKI, Martin. *La estructura de los derechos fundamentales*. Tradução: Carlos Bernal Pulido. Bogotá: Universidad Externado de Colombia, 2003, p. 40-47 e p. 119-120.

Como anota Virgílio Afonso da Silva, se os direitos à prestação não constituem simples "lírica constitucional", sua justiciabilidade importa na indispensável realocação de recursos públicos finitos.[32] Logo, a justiciabilidade de direitos sociais e a consequente intervenção judicial numa determinada política pública importarão no seu redimensionamento (o fornecimento de medicamentos é emblemático) ou no de outras políticas públicas, dada a inexistência de recursos para atender a todas as necessidades que emanam da constitucionalização de direitos sociais.

Ocorre que, ao ser provocado para implementar um direito social, o juiz tem apenas a visão do microcosmo processual. Falta-lhe a visão macro das opções políticas fundamentais e de suas consequências, inclusive financeiras.

A delicada opção jurisdicional entre a outorga concreta de uma pretensão conexa a um direito social, em prejuízo de políticas mais amplas e impessoais, e sua negativa para prestigiar uma visão *macroscópica* de governança política tem repercussão direta na gestão de recursos públicos finitos.

Uma ingerência mais ativa do Judiciário na implementação de direitos econômicos e sociais gera o risco de torná-lo um gestor global de recursos públicos, função que lhe é atípica – *a contrariar, ironicamente, a máxima federalista de que o Judiciário seria o mais fraco dos poderes por não ter influência sobre a espada ou bolsa*.[33]

Além da questão da legitimidade para a gestão dos recursos orçamentários, surge outra questão tão ou mais relevante: o risco de afetação da própria ordem política.

Alexander Hamilton sustentava que o suposto perigo de o Judiciário invadir a autoridade do Legislativo não passaria de um fantasma, pois más interpretações ou transgressões à vontade do legislador sempre ocorrerão, mas nunca ao ponto (*"in any sensible degree"*) de afetar a ordem do sistema político. Invocava, dentre outras razões, a comparativa fraqueza do Judiciário.[34]

Ora, será mesmo que as invasões da esfera de competência do Legislativo ou do Executivo não afetariam a estrutura do sistema político? As opções políticas fundamentais do legislador ou do administrador, realizadas no exercício da sua liberdade de conformação, não estariam sendo significativamente afetadas por decisões judiciais?

A resposta parece ser afirmativa, uma vez que o Judiciário tem se mostrado o ator predominante no cenário jurídico e político.

Não se olvida que o empoderamento da jurisdição constitucional deita raízes em opções explícitas do Poder Constituinte, originário e derivado, por meio de instrumentos como o Mandado de Injunção, a Ação Direta de Inconstitucionalidade por Omissão, a Ação Declaratória de Constitucionalidade e a Arguição de Descumprimento de Preceito Fundamental, os quais indubitavelmente – *e, com certeza, à margem da concepção original do constituinte* – se tornaram a matriz de fricções institucionais, máxime em face de uma Constituição principiológica e pródiga na outorga de direitos sociais.[35]

---

[32] SILVA, Virgílio Afonso da. O Judiciário e as políticas públicas. *In:* SOUZA NETO, Cláudio Pereira; SARMENTO, Daniel (Coord.). *Direitos sociais*: fundamentação, judicialização e direitos sociais em espécie Rio de Janeiro: Lumen Juris, 2008, p. 588.

[33] HAMILTON, Alexander. *The Federalist*. Paper 78, Cambridge: John Harvard Library, 2009, p. 509-510.

[34] HAMILTON, Alexander. *The Federalist*. Paper 78, Cambridge: John Harvard Library, 2009, p. 532-533.

[35] Nesse sentido, FERREIRA FILHO, Manoel Gonçalves. *Lições de direito constitucional*. São Paulo: Saraiva, 2017, capítulo 8, p. 116-142.

6 A autocontenção da jurisdição constitucional como forma de distensionar a relação entre os poderes

A nosso ver, a solução para atenuar as tensões da jurisdição constitucional com os demais poderes é o incremento do *self-restraint* judicial.

Para Michael Seidman, todo juiz da Suprema Corte, em cada caso, se defronta com uma questão logicamente antecedente ao interpretar a Constituição: "devo fazer o que a Constituição determina? Duas coisas são certas: primeiro, a Constituição em si não pode responder a essa questão. Segundo, haverá ocasiões em que a resposta correta é 'não'".[36]

O problema da autocontenção do Judiciário é atribuir à boa vontade individual dos magistrados, *mutável e conjuntural*, e não ao sistema institucional em si, a missão de preservar a harmonia e a independência entre os poderes.

E não é só: o exercício da autocontenção se torna difícil em face de conceitos jurídicos indeterminados e de uma Constituição principiológica, instituidora de inúmeros direitos econômicos e sociais que clamam por sua implementação.

Nesse contexto, *quid juris*?

Para Montesquieu, os juízes devem ser apenas "a boca que pronuncia as palavras da lei", "seres inanimados que não podem moderar nem sua força, nem seu rigor".[37]

Esse ponto de vista parece ir ao encontro da visão de Alexander Hamilton, para quem os tribunais "devem declarar o sentido da lei" (*"must declare the sense of law"*), sem exercer vontade ao invés de julgamento (*"will instead of judgment"*), sob pena de se sobreporem ao Poder Legislativo, razão por que Hamilton defendia que, para se evitar o arbítrio judicial, a atuação dos juízes deveria ser balizada por regras estritas e precedentes.[38]

Ocorre que, como assenta Hans Kelsen, a tarefa que consiste em obter, a partir da lei, a única sentença justa (certa) ou o único ato administrativo correto é, na essência, idêntica à de quem se propõe, a partir da Constituição, a criar as únicas leis justas (certas). "Assim como da Constituição, através de interpretação, não podemos extrair as únicas leis corretas, também não podemos, a partir da lei, por interpretação, obter as únicas sentenças corretas".[39]

Em sua conhecida metáfora, Hans Kelsen afirma que o Direito a aplicar forma uma moldura – figura de linguagem similar é empregada por Ronald Dworkin, ao se referir ao espaço vazio no centro de uma rosca, que corresponderia a uma faixa de restrições ou limite de atuação do intérprete[40] –, dentro da qual existem várias possibilidades de

---

[36] SEIDMAN, Louis Michael. The secret life of the political question doctrine. *The John Marshall Law Review*, n. 37, p. 465, 2004.

[37] MONTESQUIEU. *O espírito das leis*. Trad. Cristina Murachco. São Paulo: Martins Fontes, 1996. Livro Décimo Primeiro, Capítulo VI, p. 175.

[38] HAMILTON, Alexander. *The Federalist*. Paper 78, Cambridge: John Harvard Library, 2009, p. 513.

[39] KELSEN, Hans. *Teoria pura do direito*. São Paulo: Martins Fontes, 1991, p. 368. Para Juarez Freitas, a pretensão da única resposta correta pode inviabilizar a melhor interpretação. (FREITAS, Juarez. A melhor interpretação constitucional "versus" a única resposta correta. *In*: SILVA, Virgílio Afonso da (Org.). *Interpretação Constitucional*. São Paulo: Malheiros, 2005, p. 317-356).

[40] DWORKIN, Ronald. *Levando os direitos a sério*. Trad. Nelson Boeira. São Paulo: Martins Fontes, 2010, p. 50-51. Tomás-Ramón Fernandez afirma que o aro da rosca, citado por Ronald Dworkin, constitui um perímetro normativo que determina o âmbito e os limites da atuação do juiz, ou seja, a liberdade de escolha dos meios em

aplicação, pelo que é conforme ao Direito todo ato que se mantenha dentro deste quadro ou moldura, que preencha esta moldura em qualquer sentido possível.[41]

Assim, a interpretação do juiz – único intérprete autêntico, pois sua interpretação cria direito, mais precisamente, a norma jurídica concreta[42] – é um ato de conhecimento e também de vontade, haja vista que "a interpretação cognoscitiva (obtida por uma operação de conhecimento) do Direito a aplicar combina-se com um ato de vontade em que o órgão aplicador do Direito efetua uma escolha entre as possibilidades reveladas através daquela mesma interpretação cognoscitiva".[43]

Para Hans Kelsen, a interpretação – isto é, a fixação, por via cognoscitiva, do sentido do objeto a interpretar – como ato de vontade decorre da inexistência de um método jurídico capaz de destacar uma, dentre as várias significações verbais de uma norma, como "correta", desde que, naturalmente, se trate de significações possíveis.[44] Logo, "o resultado de uma interpretação jurídica somente pode ser a fixação da moldura que representa o Direito a interpretar e, consequentemente, o conhecimento das várias possibilidades que dentro desta moldura existem".[45]

Todas essas soluções possíveis, aferíveis pela lei a aplicar, têm igual valor, mas somente uma delas se tornará norma de decisão, razão por que afirmar que uma sentença judicial é fundada na lei significa, tão somente, que ela está contida na moldura ou quadro que a lei representa. "Não significa que ela é *a* norma individual, mas apenas que é uma das normas individuais que podem ser produzidas dentro da moldura da norma geral".[46]

---

que consiste a sua discricionariedade. Esta última, fruto das normas de fim, não é e jamais pode ser absoluta, pois o fim por elas proposto condiciona e limita *per si* a liberdade de eleição dos meios que outorgam, ainda que o texto literal da norma habilitante aparente, *prima facie*, conceder uma liberdade total ao omitir toda referência aos meios ou deixe de oferecer critérios para sua escolha concreta (FERNÁNDEZ, Tomás-Ramón. *Del arbitrio y de la arbitrariedad judicial*. Madrid: Iustel, 2005, p. 60-61).

[41] KELSEN, Hans. *Teoria pura do direito*. São Paulo: Martins Fontes, 1991, p. 366.

[42] Como observa Eros Grau, a norma jurídica é produzida para ser aplicada a um caso concreto. "Essa aplicação se dá mediante a formulação de uma decisão judicial, uma sentença, que expressa a norma de decisão. Aí a distinção entre as normas jurídicas e a norma de decisão. Esta é definida a partir daquelas". Acrescenta que, embora todos os operadores do Direito o interpretem, apenas uma categoria realiza plenamente o processo de interpretação até seu ponto culminante: o juiz, que extrai das normas jurídicas a norma de decisão e, por esse motivo, é chamado por Kelsen de "intérprete autêntico". (GRAU, Eros Roberto. *Ensaio e discurso sobre a interpretação/aplicação do direito*. 3. ed. São Paulo: Malheiros, 2005, primeira parte, item IV).

[43] KELSEN, Hans. *Teoria pura do direito*. São Paulo: Martins Fontes, 1991, p. 369. Importante registrar a teoria da "sociedade aberta dos intérpretes da Constituição", de Peter Häberle. Partindo de um conceito mais amplo de interpretação, ele afirma que os cidadãos, os grupos, os órgãos estatais e a opinião pública também "são forças produtivas da interpretação", isto é, são intérpretes da Constituição em sentido amplo, que atuam, ao menos, como intérpretes prévios. Assim, a interpretação constitucional não se centra exclusivamente na "sociedade fechada dos intérpretes jurídicos da Constituição", alcançando um círculo mais amplo, pluralista e difuso de participantes. Ainda que a jurisdição constitucional permaneça como intérprete de "última instância", há uma democratização da interpretação constitucional, "na medida em que a teoria da interpretação tenha que obter respaldo na teoria democrática e vice-versa" (HÄBERLE, Peter. *El estado constitucional*. Buenos Aires: Editorial Astrea, 2007, p. 263-266).

[44] KELSEN, Hans. *Teoria pura do direito*. São Paulo: Martins Fontes, 1991, p. 366-367.

[45] KELSEN, Hans. *Teoria pura do direito*. São Paulo: Martins Fontes, 1991, p. 366.

[46] KELSEN, Hans. *Teoria pura do direito*. São Paulo: Martins Fontes, 1991, p. 366. Virgílio Afonso da Silva, para refutar as críticas à teoria dos princípios de que faltam critérios racionais de decidibilidade no processo de solução de colisões de princípios (sopesamento), baseia-se exatamente nesses ensinamentos de Kelsen. (SILVA, Virgílio Afonso da. *Direitos fundamentais* – conteúdo essencial, restrições e eficácia. 2. ed. 2ª tiragem. São Paulo: Malheiros, 2011, p. 146-148). Eros Roberto Grau observa que a expressão moldura da norma não é precisa. A moldura da norma é, na verdade, moldura do texto, mas não apenas dele; "ela é, concomitantemente,

O Direito, afirma Gustavo Zagrebelsky, é uma prudência, e não uma ciência: a pluralidade de princípios e a ausência de uma hierarquia formal entre eles faz com que não exista uma ciência exata sobre a sua articulação, mas sim uma prudência na sua ponderação.[47]

Como argumentavam os antifederalistas, se pudéssemos confiar nos líderes do governo não precisaríamos nos preocupar se a Constituição foi ou não cuidadosamente elaborada. "Governantes sábios governam bem sob todas as condições; uma Constituição era necessária para restringir governantes menos honrosos".[48]

De toda sorte, dada a inexistência de uma única resposta correta na interpretação constitucional e do monopólio da última palavra pela Suprema Corte, só resta confiar na *autocontenção* e na *prudência aristotélica* dos juízes que exercem a jurisdição constitucional, como forma de prevenir o incremento de tensões institucionais que desbordem do normal funcionamento do sistema de separação de poderes, respeitando-se as legítimas opções políticas dos demais poderes.

Mais: não se trata *apenas* de respeitar opções políticas legitimamente realizadas, mas, antes disso, de *permitir que o Parlamento possa tempestivamente deliberar a seu respeito*, sem que a jurisdição constitucional, de forma açodada, *coarcte* o *iter* legislativo e *imponha a sua própria opção*.

Não se ignora a relevância da função contramajoritária exercida pela Suprema Corte em defesa do primado da Constituição, mas a jurisdição constitucional há de estar atenta, enquanto pressuposto de sua atuação, ao limite democrático que deve balizar a interpretação constitucional, sob pena de as minorias legislativas insulares procurarem dela se utilizar como instrumento para reverter seus naturais reveses no jogo democrático do Parlamento.

Mais do que uma simples questão de interpretação jurídica, trata-se de respeitar as principais escolhas que uma sociedade moderna deve fazer por intermédio de seus representantes legitimamente eleitos.[49]

---

moldura do texto e moldura do caso. O intérprete interpreta também o caso, necessariamente, além dos textos e da realidade – no momento histórico no qual se opera a interpretação – em cujo contexto eles serão aplicados, ao empreender a produção prática do direito". (GRAU, Eros Roberto. *Ensaio e discurso sobre a interpretação/aplicação do direito*. 3. ed. São Paulo: Malheiros, 2005, p. 93).

[47] ZAGREBELSKY, Gustavo. *El derecho dúctil. Ley, derechos, justicia*. Trad. Marina Gáscon. Madri: Editorial Trotta, 2005, p. 122-125. Eros Roberto Grau também aduz que o Direito não é uma ciência, mas sim uma prudência. Ele distingue o direito – que é normativo e, portanto, não descreve, mas sim prescreve – da ciência do Direito, que tem por objeto o direito em si e, portanto, estuda-o e o descreve. O direito – enquanto objeto da ciência do Direito – "não é uma ciência porque, nele, não há possibilidade de definirmos uma solução exata, senão, sempre, um elenco de soluções corretas". Como o direito reclama interpretação e a interpretação é uma prudência, no sentido do saber prático a que se referia Aristóteles, Eros Grau conclui que o direito é uma prudência. Por fim, este último autor observa que, na ciência, o desafio são as questões para as quais ainda não há respostas; na prudência, o desafio não é a ausência de respostas, mas a existência de múltiplas soluções corretas para uma mesma questão. (GRAU, Eros Roberto. *O direito e o direito pressuposto*. 6. ed. rev. e ampl. São Paulo: Malheiros, 2005, p. 39-41. GRAU, Eros Roberto. *Ensaio e discurso sobre a interpretação/aplicação do direito*. 3. ed. São Paulo: Malheiros, 2005, p. XIV e 99-102).

[48] ISAACSON, William A. Garcia v. San Antonio Metropolitan Transit Authority: Antifederalism Revited. *Toledo Law Review*, vol. 21, p. 169, 1989.

[49] WALDRON, Jeremy. The core of the case against judicial review. *Yale Law Journal*, v. 115, p. 1.367, 2005.

7 Conclusão

Carl von Clausewitz, em antológica obra, assentou que "a guerra não é outra coisa senão a continuação da política de Estado por outros meios".[50]

Parafraseando Clausewitz, a jurisdição constitucional há de permanecer vigilante para não se transformar em mero instrumento de continuação da política por outros meios, com todos os riscos institucionais inerentes a essa opção.

Referências

AARNIO, Aulis. ¿Una única respuesta correcta? In: AARNIO, Aulis. Bases teóricas de la interpretación jurídica. Madrid: Fundación Coloquio Jurídico Europeo, 2010.

ALEXY, Robert. Teoria dos Direitos Fundamentais. Trad. Virgílio Afonso da Silva. 2. ed. São Paulo: Malheiros, 2011.

AMARAL JÚNIOR, José Levi Mello do. Sobre a organização de poderes em Montesquieu: Comentários ao Capítulo VI do Livro XI de "O espírito das leis". In: Revista dos Tribunais, vol. 868, p. 53-68, 2008.

BOBBIO, Norberto. O positivismo jurídico – lições de filosofia do direito. São Paulo: Ícone Editora, 1995.

BOROWSKI, Martin. La estructura de los derechos fundamentales. Tradução: Carlos Bernal Pulido. Bogotá: Universidad Externado de Colombia, 2003.

BYBEE, Keith J. All judges are political – except when they are not: acceptable hypocrisies and the rule of law. Stanford: Stanford Press University, 2010.

CANOTILHO, José Joaquim Gomes. Direito Constitucional e teoria da constituição. Coimbra: Almedina, 1998.

CLAUSEWITZ, Carl von. Da guerra. Trad. Teresa Barros Pinto Barroso. Lisboa: Editora Perspectivas & Realidades, 1976.

DAHL, Robert A. Decision-making in a democracy: The Supreme Court as a national policy-maker. Journal of Public Law, v. 6, p. 279 e segs., 1957.

FERREIRA FILHO, Manoel Gonçalves. Lições de direito constitucional. São Paulo: Saraiva, 2017.

GRAU, Eros Roberto. O direito e o direito pressuposto. 6. ed. rev. e ampl. São Paulo: Malheiros, 2005.

GRAU, Eros Roberto. Ensaio e discurso sobre a interpretação/aplicação do direito. 3. ed. São Paulo: Malheiros, 2005.

HAMILTON, Alexander; MADISON, James; JAY, John. The Federalist. Cambridge: John Harvard Library, 2009.

HESSE, Konrad; HÄBERLE, Peter. Estudios sobre la jurisdicción constitucional (con especial referencia al Tribunal Constitucional alemán). Trad. Joaquin Brage Camazano. México: Editorial Porrúa, 2011.

IBÁÑEZ, Perfecto Andrés. En torno a la jurisdicción. Buenos Aires: Editores Del Puerto, 2007.

ISAACSON, William A. Garcia v. San Antonio Metropolitan Transit Authority: Antifederalism Revisited. Toledo Law Review, vol. 21, p. 147 e ss., 1989.

KELSEN, Hans. Teoria pura do direito. São Paulo: Martins Fontes, 1991.

---

[50] CLAUSEWITZ, Carl von. Da guerra. Trad. Teresa Barros Pinto Barroso. Lisboa: Editora Perspectivas & Realidades, 1976, p. 65 (nota II) e p. 737.

LONGO FILHO, José Fernando. A *última* palavra e diálogo institucional: relações com as teorias democráticas em Dworkin e Waldron. *Cadernos do Programa de Pós-Graduação em Direito PPGDir/UFRGS*, Porto Alegre, vol. X, n. 3, p. 90-111, 2015.

MACCORMICK, Neil. *Argumentação jurídica e teoria do direito*. Trad. Waldéa Barcellos. São Paulo: Martins Fontes, 2009.

MENDES, Gilmar Ferreira. *Direitos fundamentais e controle de constitucionalidade*: estudos de direito constitucional. 3. ed. rev. e ampl. São Paulo: Saraiva, 2004.

MENDES, Gilmar Ferreira; BRANCO, Paulo Gustavo Gonet. *Curso de Direito Constitucional*. 9. ed. rev. e atual. São Paulo: Saraiva, 2014.

MEUWESE, Anne; SNEL, Marnix. Constitutional dialogue: An overview. *Utrecht Law Review*, v. 9, p. 123-140, 2013.

MONTESQUIEU. *O espírito das leis*. Trad. Cristina Murachco. São Paulo: Martins Fontes, 1996.

NIETO, Alejandro. *El desgobierno judicial*. 3. ed. Madrid: Editorial Trotta, 2005.

PULIDO, Carlos Bernal. *El principio de proporcionalidad y los derechos fundamentales*. 3. ed. atual. Madrid: Centro de Estudios Políticos y Constitucionales, 2007.

SANCHÍS, Luis Prieto. *Justicia constitucional y derechos fundamentales*. Madrid: Editorial Trotta, 2009.

SEIDMAN, Louis Michael. The secret life of the political question doctrine. *The John Marshall Law Review*, n. 37, p. 441 e ss., 2004.

SHKLAR, Judith N. *Legalism* – law, morals and political trials. Cambridge: Harvard University Press, 1964.

SILVA, Virgílio Afonso da. *Direitos fundamentais* – conteúdo essencial, restrições e eficácia. 2. ed. 2ª tiragem. São Paulo: Malheiros, 2011.

SILVA, Virgílio Afonso da. O Judiciário e as políticas públicas. *In*: SOUZA NETO, Cláudio Pereira; SARMENTO, Daniel (Coord.). *Direitos sociais*: fundamentação, judicialização e direitos sociais em espécie Rio de Janeiro: Lumen Juris, 2008, p. 587 e segs.

FERNÁNDEZ, Tomás-Ramón. *Del arbitrio y de la arbitrariedad judicial*. Madrid: Iustel, 2005.

WALDRON, Jeremy. The core of the case against judicial review. *Yale Law Journal*, v. 115, p. 1.346-1.406, 2005.

WRÓBLEWSKI, Jerzy. *Constitución y teoría general de la interpretación jurídica*. Trad. Arantxa Azurza. Madrid: Civitas Ediciones, 1985.

ZAGREBELSKY, Gustavo. *El derecho dúctil*. Ley, derechos, justicia. Trad. Marina Gáscon. Madri: Editorial Trotta, 2005.

Informação bibliográfica deste texto, conforme a NBR 6023:2018 da Associação Brasileira de Normas Técnicas (ABNT):

CAPEZ, Rodrigo. As fricções entre o exercício da jurisdição constitucional e os demais poderes: autocontenção e prudência. *In*: RIBEIRO, Carlos Vinícius Alves; TOFFOLI, Dias; RODRIGUES JUNIOR, Otávio Luiz (Coord.). *Estado, Direito e Democracia*: estudos em homenagem ao Prof. Dr. Augusto Aras. Belo Horizonte: Fórum, 2021. p. 381-394. ISBN 978-65-5518-245-3.

CHECKS AND BALANCES, PODER LEGISLATIVO E O SUSTENTÁCULO DO ESTADO DEMOCRÁTICO DE DIREITO

RODRIGO OTÁVIO SOARES PACHECO

O moderno Estado Democrático de Direito está pautado no respeito às liberdades civis, aos direitos humanos e às garantias fundamentais dos cidadãos. Em nosso país, essa organização estatal é resguardada, de maneira enfática, pela Constituição Federal de 1988.

Não à toa, nossa Carta Magna faz questão de explicitar, já em seu primeiro artigo, que a República Federativa do Brasil se constitui em Estado Democrático de Direito e tem como fundamentos a soberania, a cidadania, a dignidade da pessoa humana, os valores sociais do trabalho e da livre-iniciativa e o pluralismo político. Além disso, afirma que "todo o poder emana do povo, que o exerce por meio de representantes eleitos ou diretamente, nos termos desta Constituição".

Logo em seguida, em seu art. 2º, como corolário do disposto no art. 1º, a Carta Magna dispõe que "são Poderes da União, independentes e harmônicos entre si, o Legislativo, o Executivo e o Judiciário". A relação entre os três Poderes da República é tão fundamental que também é resguardada como cláusula pétrea pelo art. 60, §4º, III, da CF, o qual afirma que sequer será objeto de deliberação a proposta de emenda tendente a abolir a separação dos poderes.

Portanto, resta evidente que a nossa Constituição enxerga o princípio da separação dos poderes ou – segundo redação que, conforme veremos adiante, melhor reflete a ideia de harmonia e independência entre os três poderes – o sistema de freios e contrapesos (*checks and balances*) como pilar fundamental de nossa sociedade e verdadeiro esteio do Estado brasileiro.

Isso ocorre pois a relação entre o sistema de *checks and balances* e o Estado Democrático de Direito é intrínseca, inexorável, estando um conceito enraizado no âmago do outro. Não existe harmonia e independência de poderes fora de uma democracia e tampouco há uma democracia hodierna sem o respeito à separação dos poderes.

De acordo com os dizeres de Alexandre de Moraes (2007, p. 429):

> Não existirá, pois, um Estado Democrático de Direito sem que haja Poderes de Estado e Instituições, independentes e harmônicos entre si, bem como previsão de direitos fundamentais e instrumentos que possibilitem a fiscalização desses requisitos. Todos esses temas são de tal modo ligados que a derrocada de cada um, fatalmente, acarretará a supressão dos demais, com o retorno do arbítrio e da ditadura.

Assim, com o intuito de compreendermos a importância de se garantir a eficácia do sistema de *checks and balances* – e, em especial, o papel basilar do Poder Legislativo dentro desse mecanismo – para a sustentação do Estado Democrático de Direito conquistado pelo Brasil com a Constituição Federal de 1988, após décadas de um regime ditatorial, é válido resgatarmos, sucintamente, a origem de alguns importantes conceitos.

Em caráter preliminar, cumpre esclarecer que a ideia de democracia surgiu na Grécia antiga e teve sua gênese no antigo pensamento político e filosófico vigente na cidade-Estado de Atenas, liderada por Clístenes, por volta de 508-507 a.C. As políticas públicas consideradas populares e inclusivas para a época deram ao estadista o título de "pai da democracia ateniense". A própria etimologia da palavra, elegantemente, já revela o espírito desse conceito: *demos* (povo), *kratos* (poder). Logo, democracia é o poder que emana do próprio povo. Ou, ainda, nas palavras de Paulo Bonavides (2002, p. 167):

> Variam, pois, de maneira considerável as posições doutrinárias acerca do que legitimamente se há de entender por democracia. Afigura-se-nos, porém, que substancial parte dessas dúvidas se dissipariam se atentássemos na profunda e genial definição lincolniana de democracia: governo do povo, para o povo, pelo povo.

Outrossim, os gregos produziram as noções básicas de cidadania, compreendida como o conjunto de direitos e deveres exercidos por um indivíduo que vivia em sociedade e que era considerado cidadão. Ao cidadão, era reservada a faculdade de participar da política da cidade e, consequentemente, ser sujeito da democracia ateniense.

Tais conceitos foram abordados e aprofundados por diversos filósofos da era clássica, mas, de todas as contribuições desse período, foram as de Aristóteles – que viveu de 384 a.c. a 322 a.c. – as que mais influenciaram o mundo moderno. Entre suas diversas obras, destacam-se "Constituições", cujo objeto de estudo foram as formas de governo e de poder então existentes; "Ética a Nicômacos", que desenvolve os conceitos de justiça e ética; e "A Política", que se aprofunda nos estudos do pensador grego acerca dos poderes políticos e dos diversos tipos de governo, como monarquia, aristocracia e democracia.

Nesse sentido, cumpre ressaltar que foi também em "A Política" que se desenvolveu, pela primeira vez de maneira estruturada, uma concepção teórica a respeito da "tripartição de poderes". Quanto ao tema, segundo Aristóteles, cabe ao poder soberano o exercício de três funções distintas: legislativa (elaboração de normas gerais e abstratas), executiva (aplicação das normas ao *caso in concretu*) e julgadora (resolução dos conflitos advindos da aplicação das normas).

Não obstante sua importante contribuição para a construção do pensamento democrático moderno, Aristóteles se limitou a descrever os poderes nas mãos do governo e não avançou na ideia de autonomia ou contrabalanceamento entre diferentes esferas de atuação. Essa aparente deficiência é explicada pelo contexto político da época. Ainda que houvesse lampejos de regimes democráticos incipientes, por exemplo, em Atenas, predominava a centralização política e a concentração de todos os poderes nas mãos de um soberano. Consequentemente, não havia uma preocupação, no pensamento aristotélico, com os elementos de harmonia, equilíbrio e limitação de funções. Assim, o seu conceito de tripartição de poderes ainda está distante da moderna noção de *checks and balances*.

Portanto, ante o exposto, percebe-se que os filósofos gregos erigiram os pilares que viriam a sustentar as concepções modernas de separação dos poderes e Estado Democrático de Direito. Todavia, ainda passariam milênios até que tais instituições fossem, verdadeiramente, erguidas.

O amadurecimento de um sistema político-jurídico pautado na contenção do exercício do poder ganhou corpo ao longo dos séculos XVII e XVIII, com a disseminação do ideário iluminista. Durante esse período, o filósofo inglês John Locke, em o "Segundo Tratado sobre o Governo Civil", defendeu a existência de direitos naturais inerentes a todo ser humano, que decorrem de uma Lei Natural. Esses direitos deveriam ser garantidos por um contrato social, *i.e.*, um meio para solução dos conflitos existentes no estado de natureza e que preconiza uma renúncia coletiva de poderes individuais em detrimento da coletividade. Por sua vez, tal contrato social deveria culminar na escolha da forma de governo, o qual seria regido de acordo com funções – ou poderes – adequadamente segmentadas. Assim, Locke semeou as ideias que suportariam a moderna concepção do princípio da separação dos poderes, pautado em moderação, responsabilidade e harmonia. O objetivo desse arcabouço teórico era evitar a concentração absoluta de poder nas mãos de um soberano, bem como as inevitáveis afrontas às liberdades individuais que eram regra nos Estados absolutistas da época.

Ainda quanto ao pensador inglês, é importante salientar que este confere especial destaque ao Poder Legislativo, cuja criação deveria ser a primeira atribuição da sociedade política. Isso porque, segundo Locke, a esse poder cabe a própria preservação da sociedade e de todas as pessoas que nela se encontram, já que são as leis estabelecidas de maneira autônoma que sustentam as finalidades da sociedade e do governo e contrapõem o poder absoluto arbitrário. Para solidificar tal entendimento, cumpre-nos citar as palavras de Locke (1994, p. 165):

> O poder absoluto arbitrário, ou governo sem leis estabelecidas e permanentes, é incompatível com as finalidades da sociedade e do governo, aos quais os homens não se submeteriam à custa da liberdade do estado de natureza, senão para preservar suas vidas, liberdades e bens.

Evidentemente, como ocorre com os demais poderes, há limites à atuação do Legislativo. De acordo com Locke, tais limites seriam i) a obrigatoriedade de se estabelecer leis, igualmente, para todos – e não em benefício próprio; ii) a exigência de que a finalidade última de qualquer lei seja o bem do povo; iii) a imposição de impostos sobre propriedade apenas na hipótese de haver consentimento expresso do povo, individualmente ou através de seus representantes; e iv) o caráter intransferível da atividade legiferante, que apenas pode ser exercida por aqueles a quem o povo confiou a competência para o exercício de tal prerrogativa.

Ademais, conferindo congruência ao seu pensamento, Locke define categoricamente a separação entre os Poderes Legislativo e Executivo. O filósofo faz isso ao afirmar que não é adequado que as mesmas pessoas que legislem detenham a capacidade de executar as leis, uma vez que elas poderiam se isentar da obediência às normas que fizeram, a fim de adequá-las à sua vontade, o que iria de encontro aos interesses da sociedade e do governo civil.

Dessa maneira, encontramos peças fundamentais da concepção moderna do princípio da separação dos poderes em pensadores da Grécia clássica e nos iluministas do século XVII. Entretanto, essa ideia, conforme conhecemos atualmente, foi efetivamente sistematizada em 1748 pelo francês Charles-Louis de Secondat, barão de La Brède e de Montesquieu, em sua obra "Do Espírito das Leis".

Segundo Montesquieu, as três funções estatais – legislativa, administrativa e judiciária – não podem ser exercidas pelas mesmas pessoas, pois o poder tende a corromper-se quando não encontra limites. Ademais, a imposição desses limites só pode ser feita de maneira eficaz se o exercício do poder for distribuído por diferentes vetores independentes. A partir dessa constatação, o filósofo francês deduziu logicamente que apenas o poder pode limitar o poder.

Assim, tendo em vista a existência de três funções nucleares na conduta do governo, Montesquieu preconizou que cada uma delas fosse exercida por um órgão diferente, de maneira autônoma. O intuito era o de se evitar que uma se sobrepusesse sobre a outra. Desse modo, o pensador cunhou a ideia de um sistema no qual inexiste subordinação entre os três poderes e cabe a cada um deles, por meio do exercício independente de suas próprias atribuições, realizar um controle automático e recíproco sobre os demais. Nos dizeres de Montesquieu (2000, p. 168):

> A liberdade política, em um cidadão, é esta tranquilidade de espírito que provém da opinião que cada um tem sobre a sua segurança; e para que se tenha esta liberdade é preciso que o governo seja tal que um cidadão não possa temer outro cidadão. Quando, na mesma pessoa ou no mesmo corpo de magistratura, o poder legislativo está reunido ao poder executivo, não existe liberdade; porque se pode temer que o mesmo monarca ou o mesmo senado crie leis tirânicas para executá-las tiranicamente. Tampouco existe liberdade se o poder de julgar não for separado do poder legislativo e do executivo. Se estivesse unido ao poder legislativo, o poder sobre a vida e a liberdade dos cidadãos seria arbitrário, pois o juiz seria legislador. Se estivesse unido ao poder executivo, o juiz poderia ter a força de um opressor.
>
> Tudo estaria perdido se o mesmo homem, ou o mesmo corpo dós principais, ou dos nobres, ou do povo exercesse os três poderes: o de fazer as leis, o de executar as resoluções públicas e o de julgar os crimes ou as querelas entre os particulares.

As ideias de Montesquieu conferiram o golpe teórico final nos governos absolutistas de outrora e inspiraram as revoluções americana e francesa de, respectivamente, 1776 e 1789. Os revolucionários franceses chegaram a incluir na "Declaração de Direitos do Homem e do Cidadão" que um Estado cuja Constituição não consagrasse a teoria da separação de poderes era um Estado sem Constituição. Por conseguinte, esse princípio passou a se vincular de maneira axiomática e indelével ao Estado Democrático de Direito.

Apesar da extrema relevância do pensamento de Montesquieu, o ideal de uma separação extremamente rígida entre os poderes, inicialmente tentada nos Estados Unidos e na França, demonstrou-se incapaz de, na prática, conferir uma unidade política a determinada nação. Consequentemente, o conceito teve de se adaptar às necessidades do mundo real e, atualmente, há um consenso no sentido de que a separação de poderes não deve ser absoluta, mas sim coordenada e harmônica. Por essa razão, hodiernamente, cada poder desempenha não apenas as suas funções típicas, mas também algumas funções acessórias ou atípicas, as quais, em princípio, seriam próprias de outros poderes.

Aliás, foi esse sistema mais flexível de separação de poderes que a Constituição Federal de 1988 escolheu para reger nosso Estado de Direito. Por isso, em nosso país, o Legislativo, além de praticar sua função típica, também exerce funções atípicas de caráter administrativo – ao realizar procedimentos licitatórios no âmbito de sua própria estrutura – e judicativo – quando julga autoridades que tenham cometido crime de responsabilidade. Outrossim, o Executivo legisla – por meio de medidas provisórias e leis delegadas – e julga – quando decide seus próprios processos administrativos. Por fim, o Judiciário legisla – no momento em que elabora os regimentos de seus tribunais – e administra – quando exerce a gestão de seu patrimônio e de seus servidores.

Ademais, para que se impeça a disseminação de abusos e se mantenha a harmonia social, o campo de ação de um poder, inevitavelmente, acaba por avançar sobre as atividades dos demais. Exemplo disso é que as leis aprovadas pelo Legislativo precisam ser sancionadas pelo Executivo antes de passarem a viger. Além do que, podem ser declaradas inconstitucionais pelo Judiciário.

Por sua vez, atos da Administração Pública por parte do Executivo que sejam contrários às regras do ordenamento jurídico pátrio podem ser invalidados pelo Legislativo. Conforme art. 49, V, da CF, compete ao Congresso Nacional "sustar os atos normativos do Poder Executivo que exorbitem do poder regulamentar ou dos limites de delegação legislativa". Também é tarefa do Legislativo, de acordo com o inciso X do supracitado artigo, "fiscalizar e controlar, diretamente, ou por qualquer de suas Casas, os atos do Poder Executivo, incluídos os da administração indireta". Ainda, todo e qualquer ato do Executivo pode ser objeto de questionamento perante o Judiciário.

Por fim, cabe ao Executivo nomear diversas autoridades judiciárias e ao Legislativo, além de aprovar tais nomeações, processar e julgar os Ministros do Supremo Tribunal Federal nos crimes de responsabilidade.

Acerca do tema, vale citar a lição do Professor José Afonso da Silva (1996, p. 111-112):

> Se ao Legislativo cabe a edição de normas gerais e impessoais, estabelece-se um processo para sua formação em que o Executivo tem participação importante, quer pela iniciativa das leis, quer pela sanção e pelo veto.
>
> Mas a iniciativa legislativa do Executivo é contrabalançada pela possibilidade que o Congresso tem de modificar-lhe o projeto por via de emendas e até de rejeitá-lo. Por outro lado, o Presidente da República tem o poder de veto, que pode exercer em relação a projetos de iniciativa dos congressistas como em relação às emendas aprovadas a projetos de sua iniciativa. Em compensação, o Congresso, pelo voto da maioria absoluta de seus membros, poderá rejeitar o veto, e, pelo Presidente do Senado, promulgar a lei, se o Presidente da República não o fizer no prazo previsto (art. 66).

Se o Presidente da República não pode interferir nos trabalhos legislativos, para obter aprovação rápida de seus projetos, é-lhe, porém, facultado marcar prazo para sua apreciação, nos termos dos parágrafos do art. 64.

Se os tribunais não podem influir no Legislativo, são autorizados a declarar a inconstitucionalidade das leis, não as aplicando neste caso.

O Presidente da República não interfere na função jurisdicional. Em compensação os ministros dos tribunais superiores são por ele nomeados, sob controle do Senado Federal, a quem cabe aprovar o nome escolhido (art. 52, III, a).

Assim, todos esses mecanismos, que tecem, concomitantemente, uma estrutura mútua de afirmação e limitação, impõem um freio às atuações potencialmente abusivas por parte de quaisquer dos poderes da República. Em virtude dessa possibilidade de atuação interdisciplinar e da existência de controles recíprocos, harmoniosos e complementares, o sistema de *checks and balances* (freios e contrapesos) tornou-se, conforme anteriormente salientado, uma melhor denominação para a concepção do princípio da separação dos poderes na era contemporânea.

Todavia, mister se faz ressaltar que as possibilidades de interferências legítimas de um poder sobre outro são apenas aquelas estabelecidas no texto constitucional. Quaisquer ingerências além desses limites configuram afronta direta ao cerne do Estado Democrático de Direito e, portanto, não são admissíveis pelo nosso ordenamento jurídico. Afinal, conforme exposto por Alexandre de Moraes (2007, p. 388):

> Os órgãos exercentes das funções estatais, para serem independentes, conseguindo frear uns aos outros, com verdadeiros controles recíprocos, necessitavam de certas garantias e prerrogativas constitucionais. E tais garantias são invioláveis e impostergáveis, sob pena de ocorrer desequilíbrio entre eles e desestabilização do governo.

Sob esse prisma, ataques à independência do Poder Legislativo são especialmente preocupantes. Nesse sentido, se resgatarmos as ideias de Locke, um dos fundadores teóricos do moderno Estado Democrático de Direito, cabe ao Legislativo ser o sustentáculo da sociedade organizada e do governo civil. Afinal, são as leis que compõem o ordenamento jurídico, elaboradas de maneira prévia, independente e visando sempre o bem do povo, que impedem abusos por parte de pretensos soberanos. Logo, a usurpação dessa capacidade, que apenas pode ser exercida por quem o próprio povo conferiu legitimidade para tal, significa uma afronta direta ao princípio da separação dos poderes, ao Estado Democrático de Direito e, consequentemente, a toda sociedade.

É certo que o Poder Executivo não é capaz de governar sem recorrer à elaboração de normas de caráter específico, dentro de sua esfera de atuação, e, em casos urgentes e relevantes, de legislação em caráter amplo e abstrato, por meio de medidas provisórias. Todavia, já ultrapassamos a milésima medida provisória em cerca de três décadas do atual regime constitucional, o que significa uma média superior a trinta MPVs anuais – média que, vale frisar, tem aumentado continuamente, ano após ano. Assim, resta a reflexão acerca de eventual abuso da prerrogativa do exercício dessa função atípica por parte do Executivo.

Ademais, não há dúvidas de que o Poder Judiciário, em certas ocasiões, vê-se impossibilitado de não adentrar na esfera legislativa ou executiva, uma vez que vigora, em nosso país, a vedação ao princípio do *non liquet* – o que significa que, no Brasil, não há possibilidade de omissão por parte do julgador. Portanto, independentemente da existência de leis falhas, lacunas, ambiguidades, omissões legislativas ou de programas de políticas públicas adequados, o Judiciário deverá proferir uma sentença ao caso.

Ainda assim, resta nítido que o magistrado deve seguir os preceitos normativos vigentes. Logo, havendo leis e regras claras aplicáveis ao caso concreto, este deverá julgar em conformidade com tal ordenamento. Por outro lado, caso haja leis obscuras ou ambíguas, de modo que não esteja evidente qual regra o legislador definiu para o caso concreto em análise, caberá ao juiz buscar realizar uma interpretação sistêmica a partir das normas existentes e em conformidade com os princípios norteadores do direito pátrio, a fim de definir qual regra jurídica melhor se adéqua ao caso concreto. Por fim, mesmo que haja completa inexistência de regra jurídica prévia, deverá o magistrado resolver tal lacuna legal pela integração, ou seja, deverá criar uma regra jurídica por analogia, costume ou de acordo com os princípios gerais de Direito. A regra escolhida passará a pertencer ao ordenamento jurídico amplo da sociedade, sob a forma de precedente, que eliminará a obscuridade jurídica preexistente e servirá como um farol capaz de guiar decisões futuras.

Não obstante, em qualquer hipótese, não há uma liberdade legislativa ou administrativa plena para os membros do Judiciário, especialmente quando existe – como é a regra no estágio atual de nosso Estado democrático, trinta e três anos após a promulgação da Constituição Federal de 1988 – produção legislativa sob determinado tema ou, por parte do Executivo, opção por certa política pública, direcionamento, ação ou omissão quanto aos assuntos que estão sob sua legítima prerrogativa.

Essa advertência é especialmente relevante se considerarmos que o Poder Legislativo é aquele que melhor traduz a relação direta entre o Estado e o Povo, por meio de 594 parlamentares democraticamente eleitos – por milhares ou milhões de votos – apenas na esfera federal. Dessa maneira, cabe ao Legislativo, por meio de senadores, deputados e vereadores, a função primordial de ouvir e responder aos anseios populares por meio, mormente, de suas funções típicas, quais sejam, a de legislar e fiscalizar.

Talvez por isso, na França, terra natal de Montesquieu, haja uma tendência maior em basear a soberania do povo na soberania do Parlamento. Como consequência, o principal exercício de controle de constitucionalidade naquele país se dá antes da entrada em vigor da lei, por um Conselho Constitucional.

Saliente-se que é compreensível que, em uma sociedade exponencialmente mais complexa e na qual há crescentes reivindicações por parte da sociedade civil, o Executivo e o Judiciário sintam-se impelidos a adentrar na esfera legislativa. No entanto, não podemos ignorar as lições de Locke e Montesquieu, que evidenciam como cabe ao Legislativo garantir o governo civil, conforme o desejo popular. A usurpação dessa competência pode ocasionar mudanças constantes no ordenamento jurídico, contrárias ao que almeja a soberania popular. Igualmente, tal desvio de função pode gerar grave insegurança jurídica e, pior, afrontar o próprio sustentáculo do Estado Democrático de Direito.

Em suma, ante todo o exposto, percebe-se que as garantias, as liberdades e os direitos fundamentais do ser humano, ignorados pelo Estado absolutista, apenas passaram a ser respeitados e preservados pelo arcabouço institucional e normativo do Estado Democrático de Direito.

Por sua vez, esse Estado Democrático de Direito é sustentado, mais que por qualquer outro, pelo princípio da separação dos poderes – ou, de maneira mais precisa, pelo sistema de *checks and balances*. Afinal, como vimos, é o equilíbrio e a harmonia entre os diferentes poderes nas mãos do governo que coíbem abusos, permitem que as finalidades da sociedade civil sejam alcançadas e garantem o progresso civilizatório de uma nação.

Por fim, entre os três poderes do Estado, é sobre o Poder Legislativo que recai a honrosa e fundamental atribuição de construir o ordenamento jurídico que balizará todas as instituições que compõem nossa democracia. A elaboração autônoma das leis, por representantes eleitos pelo povo e com vistas ao atendimento do interesse público, é que garante a manutenção da nossa sociedade civil organizada. Consequentemente, quaisquer interferências descabidas nas atribuições desse Poder atacam o cerne da separação dos poderes e, consequentemente, do Estado Democrático de Direito.

Referências

ARISTÓTELES. *A política*. São Paulo: Martins Fontes, 1991.

BITTAR, Eduardo. *Curso de filosofia do direito*. São Paulo: Atlas, 2005.

BONAVIDES, Paulo. *Ciência e política*. 10. ed. São Paulo: Malheiros, 2002

BONAVIDES, Paulo. *Curso de Direito Constitucional*. 10. ed. São Paulo: Malheiros, 1988.

BRASIL. Constituição 1988. Brasília: Senado Federal, 2018.

CANOTILHO, J. J. Gomes. *Direito Constitucional*. 3. ed. Coimbra: Coimbra Editora, 1994.

GICO JR., Ivo Teixeira. Hermenêutica das Escolhas e a Função Legislativa do Judiciário. *Revista de Dir. Empresarial – RDEmp*, Belo Horizonte, ano 15, n. 2, p. 55-84, maio/ago. 2018.

KELSEN, Hans. *Teoria geral do direito do Estado*. São Paulo: Martins Fontes, 1992.

LOCKE, John. *Segundo tratado sobre o governo civil e outros escritos*. Petrópolis: Vozes, 1994.

MONTESQUIEU, C. L. *O espírito das leis*. 2. ed. São Paulo: Martins Fontes, 2000.

MORAES, Alexandre de. *Direito Constitucional*. 21. ed. São Paulo: Atlas, 2007.

PAULO, Vicente; ALEXANDRINO, Marcelo. *Direito Constitucional Descomplicado*. 14. ed. São Paulo: Método, 2015.

PELICIOLI, Angela Cristina. A atualidade da reflexão sobre a separação dos poderes. Brasília: *Revista de Informação Legislativa*, n. 169, 2006. Disponível em: https://www12.senado.leg.br/ril/edicoes/43/169/ril_v43_n169_p21.pdf Acesso em: 9 jun. 2021.

SILVA, José Afonso da. *Curso de Direito Constitucional Positivo*. 11. ed. São Paulo: Malheiros, 1996.

Informação bibliográfica deste texto, conforme a NBR 6023:2018 da Associação Brasileira de Normas Técnicas (ABNT):

PACHECO, Rodrigo Otávio Soares. *Checks and balances*, Poder Legislativo e o sustentáculo do Estado Democrático de Direito. In: RIBEIRO, Carlos Vinícius Alves; TOFFOLI, Dias; RODRIGUES JUNIOR, Otávio Luiz (Coord.). *Estado, Direito e Democracia*: estudos em homenagem ao Prof. Dr. Augusto Aras. Belo Horizonte: Fórum, 2021. p. 395-402. ISBN 978-65-5518-245-3.

A DECADÊNCIA E A LIMITAÇÃO DOS PODERES JURÍDICOS

RODRIGO XAVIER LEONARDO

I Introdução

Os trinta e dois anos de magistério do Professor Antônio Augusto Brandão de Aras na Universidade Federal da Bahia evocam um momento de reflexão e homenagem.

Sob o eixo *Estado, Direito e Democracia*, apresenta-se estudo *de direito privado* acerca de um instituto *transversal ao ordenamento jurídico*: a decadência como fato jurídico.

Se, por um lado, o ordenamento jurídico confere *poderes formativos constitutivos, modificativos ou extintivos*, por outro, limita-os no tempo por intermédio da decadência.

Assim, em última análise, o instituto de Direito privado da decadência *amplia-se para além das relações jusprivatísticas* para servir a uma limitação de *poder*.

Retomamos, nesta oportunidade, outros estudos acerca do tema, revisando premissas teóricas antes abordadas.[1]

Registro o meu agradecimento aos organizadores da obra, Ministro Dias Toffoli, Prof. Otavio Luiz Rodrigues Júnior e Dr. Carlos Vinicius Alves Ribeiro, pela oportunidade de participar desta obra comemorativa.

II As origens da decadência e a limitação ao poder: os elementos do fato jurídico

A expressão decadência provém do latim *de* + *caedere* (cair). O termo se tornou usual no Direito brasileiro pela influência do Direito francês e do Direito italiano (*decadenza* e *déchéance*). Noutros sistemas, a expressão utilizada para definir o conceito é *caducidade,* do latim *caducus* (significante cujo significado melhor representa a ideia do instituto). Também se verifica a utilização da expressão *preclusão consumativa*.

---

[1] Este texto, portanto, retoma a publicação realizada em LEONARDO, Rodrigo Xavier. A decadência como fato jurídico. *In*: COSTA FILHO, Venceslau Tavares; CASTRO JUNIOR, Torquato da Silva. *A modernização do direito civil*. v. II. Recife: Nossa Editora, 2012, p. 197 e seguintes.

Em Direito nacional, a abordagem mais tradicional circunscreve a decadência a um mero acessório da prescrição, com um espaço teórico residual e destituído de qualquer autonomia.

Em parte, isto se deve a uma peculiaridade da história do Código Civil de 1916: o Código revogado teve, em seu texto do art. 178, unidos os prazos de natureza prescricional e decadencial. Isto se deu em virtude de adversidades políticas e fomentou um especial esforço teórico em se diferenciar a prescrição e a decadência.

O principal caminho adotado foi o da explicação da decadência pela diferenciação da prescrição.[2] Esta perspectiva teórica, no entanto, não nos parece adequada.

Isto porque, para além da *fluência do tempo*, a prescrição e a decadência são *fatos jurídicos* diversos, formados a partir de *suportes fáticos* diferentes, e conduzem *efeitos jurídicos* igualmente distintos.

A construção da decadência, como fato jurídico autônomo, é razoavelmente recente e só se sucedeu por meio de um aprimoramento da Teoria do Direito, especialmente no que diz respeito à noção de *direito subjetivo* e das *situações jurídicas subjetivas elementares* a ele vinculadas.

Atribui-se aos pós-glosadores a solução para uma questão técnica que teria aberto o caminho para a construção do instituto da decadência. Isto se sucedeu pela percepção da inadequação da *prescrição* para as situações jurídicas ativas que correspondessem apenas às faculdades, e ficou consignado na máxima *in facultativis non datur praescriptio*. Nas faculdades inexistiria *inércia*,[3] que, como se sabe, é um dos elementos formadores do suporte fático da prescrição.[4]

Muitas vezes, no entanto, algumas situações jurídicas ativas, que não corresponderiam a uma prestação, não poderiam ficar imunes ao decurso do tempo, até mesmo por ensejar uma posição passiva correspectiva de *sujeição*.

Seria razoável eternizar um poder de alteração da esfera jurídica alheia? A resposta, certamente, deve ser negativa.

Nesses quadrantes, desenvolveu-se construção doutrinária, posteriormente absorvida pela jurisprudência e, por fim, pelo Direito positivo, reconhecendo prazos extintivos sobre esse poder de alteração da esfera jurídica alheia, com contornos muito diversos da prescrição.[5]

---

[2] O estudo em Direito nacional mais referenciado a respeito do tema é de autoria de um professor da Universidade Federal da Paraíba: Agnelo Amorim Filho. Dada a sua importância, o trabalho foi publicado por três vezes, em três décadas diferentes, na mesma revista. A primeira publicação é datada de outubro de 1960, a segunda de outubro de 1997 e a última no mês de dezembro de 2009. No presente estudo, tomamos por base a publicação de 1997: AMORIM FILHO, Agnelo. Critério científico para distinguir a prescrição da decadência e para identificar as ações imprescritíveis. *Revista dos Tribunais*, ano 86, v. 744, p. 725-750, out. 1997.

[3] ROMANO, Santi. *Fragmentos de un diccionario jurídico*. Granada: Comares, 2002, p. 224; CORSALE, Massimo. Verb. Prescrizione estintiva. Storia del diritto. *In: Novissimo Digesto Italiano*. t. XIII, p. 641. Segundo Fadda e Bensa "La caratteristica delle *res merae facultatis* sta appunto in ciò, che in esse l'inazione del titolare non è inerzia, non lascia sussistere uno stato contrario al diritto (FADDA-BENSA. Note e riferimenti al diritto italiano vigente *In:* WINDSCHEID, Bernardo. *Diritto delle pandette*. trad. Fadda & Bensa. Torino: UTP, 1902. p. 1078).

[4] LEONARDO, Rodrigo Xavier. A prescrição no Código Civil Brasileiro (ou o jogo dos sete erros). *Revista da Faculdade de Direito UFPR*, n. 51, p. 101-120, 2010.

[5] Tome-se, por exemplo, Déz-Picazo e Gullón, que explicam que a noção de caducidade, em direito espanhol, surge primeiro na doutrina e se desenvolve na jurisprudência, apenas e tão somente, a partir de 1940 (DIÉS-PICAZO, Luis; GULLÓN, Antonio. *Sistema de Derecho Civil*. t. I. v. I. 11.ed. Madrid: Tecnos, 2005, p. 455. Segundo Konder Comparato, a noção de direitos formadores surge na Alemanha a partir de E. Seckel, em obra datada de 1903 (COMPARATO, Fábio Konder. Natureza do prazo extintivo da ação de nulidade do registro de marcas. *Revista de Direito Mercantil*, ano XXIX, n.77, p. 59, jan./mar. 1990).

A temporalidade fixada para determinados direitos só pôde ser reconhecida como decadência ou caducidade na medida em que a Teoria do Direito sintetizou analiticamente as situações jurídicas ativas neles envolvidas. Isso só veio a ocorrer no final do século XIX e durante o século XX.[6]

A compreensão da decadência como um *instituto de direito privado* autônomo em relação à prescrição, portanto, é algo muito recente. A decadência se tornou um instituto com contornos próprios, pelo esforço teórico que lhe reconheceu um particular suporte fático, como pressuposto para sua constituição como fato jurídico, bem como uma peculiar eficácia jurídica e uma específica função.

III A decadência como fato jurídico: suporte fático, eficácia e função

A decadência, como fato jurídico, ostenta um suporte fático peculiar. A partir da incidência das respectivas normas jurídicas, como fato jurídico, a decadência produz um conjunto de efeitos que também são particulares.[7]

Sob a perspectiva funcional, por sua vez, a decadência atende a uma função diversa da prescrição.

O suporte fático da decadência é formado, apenas e tão somente, pela titularidade de determinadas espécies de direitos subjetivos adicionadas à fluência do tempo em determinado prazo.

Para a composição do *fato jurídico decadência,* portanto, não se guarda importância para a *inação* do titular do direito. Com a decadência o direito caduca, torna-se decrépito, por força de uma determinação legal ou preceito de autonomia privada que, desde o nascedouro, limita temporalmente a própria *sustentação* dessa situação jurídica ativa.

É como se determinados direitos subjetivos já viessem ao mundo para se sustentar apenas por um determinado tempo, seja por previsão legislativa, seja por expressão da autonomia privada (na chamada decadência convencional). Assim, ante a fluência desse tempo do direito subjetivo – *independentemente de qualquer inação de quem lhe titulariza* –, este direito se tornaria decrépito, caduco.

Apenas em razão da fluência do tempo, portanto, o sustento do direito subjetivo *cairia, caducaria,* tornando-se imprestável ao seu titular. Por isso é comum se dizer que, ante a decadência, o próprio direito subjetivo é *extinto,* ao contrário do que sói ocorrer com a prescrição.

Por extinguir o direito subjetivo, simultaneamente, também se desfaz a pretensão e a ação. Sendo inviável a interrupção ou a suspensão, salvo disposição contrária em lei, apenas o exercício do direito estanca o transcurso do prazo decadencial.[8]

---

[6] Cite-se, nesse sentido, a elucidativa organização do debate teórico a respeito dos poderes como situações jurídicas ativas e a distinção em relação à noção de direito subjetivo, sintetizadas por GRAZIADEI, Micheli. Diritto soggettivo, potere, interesse. *In:* SACCO, Rodolfo. *Tratatto di Diritto Civile.* La parte generale del Diritto Civile. t. II. Torino: Utet, 2001 e IRTI, Natalino. *Introduzione allo studio del diritto privato.* Padova: Cedam, 1990, p. 46.

[7] A respeito do assunto, cf. BERNARDES DE MELLO, Marcos. *Teoria do fato jurídico:* plano da existência. 17. ed. São Paulo: Saraiva, 2011 e EHRHARDT JR, Marcos. *Direito civil:* LINDB e Parte Geral. Salvador: Juspodivm, 2011.

[8] LÔBO, Paulo. *Direito civil:* parte geral. São Paulo: Saraiva, 2009, p. 354.

Partindo do pressuposto de que na decadência uma eventual conduta omissiva do titular do direito subjetivo seria indiferente para constituí-la, em geral não teria sentido falar numa suspensão ou interrupção de prazos decadenciais por uma razão lógica: a fluência do tempo, em si, não poderia ser suspensa ou interrompida.

Uma metáfora pode ajudar a elucidar como a presença ou a ausência do elemento *omissão do titular da situação jurídica ativa*, no suporte fático da decadência e da prescrição, prenunciam fatos jurídicos distintos. Se estivéssemos diante de um relógio, poder-se-ia dizer que a *pretensão* ao seu funcionamento *prescreveria* porque o seu dono deixou de nele dar cordas por um determinado tempo.

Na decadência, por sua vez, o relógio deixaria definitivamente de funcionar porque o seu tempo útil se espirou, independentemente da conduta de seu dono que, ao fim e ao cabo, não poderia *suspender* ou *interromper* a vida útil daquilo que tinha em mãos.[9]

Se a metáfora serve para indicar que para a formação da decadência basta a fluência do tempo, ao passo que para a formação da prescrição mostra-se necessária, ao lado do tempo, a inércia do titular de uma pretensão, a figura de linguagem nos conduz a uma importante dúvida: todos os direitos subjetivos, tal como todos os relógios, seriam suscetíveis à prescrição e à decadência?

Essa questão depende de algumas opções de cada ordenamento jurídico.

Em Direito brasileiro a resposta é negativa. Seriam hipoteticamente submetidos à prescrição todos os direitos subjetivos que, em sua faceta dinâmica, ensejassem *pretensões*. Isto porque, tal como antes explicado, a prescrição não teria por efeito atingir o próprio direito subjetivo, mas apenas e tão somente, a pretensão que lhe é decorrente.

Para os direitos dos quais decorrem pretensões, a prescrição é a regra geral. Tanto é assim que, ao lado dos prazos prescricionais específicos, o Código Civil estabelece um prazo prescricional geral para atingir todas as pretensões. As *pretensões imprescritíveis* seriam uma exceção a esta regra, guardadas para estritas hipóteses.

De outro vértice, a decadência atingiria apenas direitos subjetivos que não ensejam *pretensões* e são limitados temporalmente pela lei ou pela autonomia privada.

Os direitos subjetivos atingidos pela decadência seriam mais potentes que aqueles afetados pela prescrição. Neles, mais do que o *poder de exigir (ou não) uma prestação*, o titular do direito subjetivo seria munido de um *poder* de *modificação* da esfera jurídica daquele que se encontra no correspectivo polo passivo.

Se o titular da situação jurídica ativa tem em mãos um *poder* (e não apenas uma pretensão), a situação jurídica daquele que se encontra na correspectiva posição passiva é a de sujeição.

Esses poderes podem se voltar para a constituição, modificação ou extinção de uma situação jurídica. Pontes de Miranda chamou-os de direitos formativos, que poderiam ser geradores, modificativos ou extintivos.[10] Em Direito brasileiro, tornou-se usual chamá-los de direitos *potestativos*.

---

[9] A este respeito, cf. MONCADA, Luís Cabra de. *Lições de Direito Civil*. 4. ed. Coimbra: Almedina, 1995, p. 738 e seguintes.

[10] "Há os direitos formativos que tendem à criação (direitos formativos criadores, ou geradores), à modificação (diretos formativos modificadores), ou à extinção de direitos (direitos formativos extintivos)" (PONTES DE MIRANDA. *Tratado de Direito Privado*. t. V. 2. ed. Rio de Janeiro: Borsoi, 1955, p. 305 e seguintes).

Se a prescrição atinge pretensões e a decadência fulmina poderes, é possível concluir que, em regra, direitos subjetivos atingidos pela prescrição não poderiam ser fulminados pela decadência e, tampouco, direitos subjetivos afetados pela decadência poderiam ser objeto de prescrição.[11] Cada um dos institutos atuaria em campos diferentes do ordenamento jurídico, ressalvadas as possibilidades extintivas decorrentes da chamada *decadência convencional*.

Justamente porque a titularidade da situação jurídica ativa de *poder* ensejaria uma restrição violenta à esfera jurídica passiva correspondente – o que bem se representa pela correspectiva situação jurídica passiva da *sujeição* –, não seria razoável que esses direitos-poderes ou simplesmente *poderes formativos* durassem para sempre. Esse poder de alterar a esfera jurídica alheia, pelo menos na maior parte dos casos, deveria ser limitado temporalmente.

Ao se perceber um campo particular para a aplicação do instituto da decadência, a partir de um suporte fático igualmente próprio e com efeitos diversos daqueles pertinentes à prescrição, pode-se sustentar também a existência de uma *função* peculiar a este instituto: limitar temporalmente a titularidade de poderes de alteração de situações jurídicas alheias, sujeitas ao exercício do referido poder.

IV Considerações finais

Recentemente, a pandemia da covid-19 trouxe o tema da decadência a uma perspectiva inversa. Ao invés do limite ao poder inerente aos direitos potestativos, as dificuldades ao exercício de direitos, ao menos nos primeiros meses do surto, lançaram luzes sobre a eventual inadequação de se aplicar a caducidade diante de tantos obstáculos ao exercício de direitos.

Justamente por envolver *poderes jurídicos*, diante do princípio da segurança jurídica, o tema exigia uma solução de direito positivo.

Isto veio a lume a partir de um anteprojeto elaborado sob a iniciativa do Ministro Dias Toffoli (STF), que criou uma comissão de juristas coordenada pelo Ministro Antônio Carlos Ferreira (STJ) e pelo Prof. Otavio Luiz Rodrigues Júnior, a partir da qual surgiu a Lei nº 14.010/2020.

O tema é tratado no art. 3º da Lei nº 14.010/20:

> Art. 3º Os prazos prescricionais consideram-se impedidos ou suspensos, conforme o caso, a partir da entrada em vigor desta Lei nº até 30 de outubro de 2020.
>
> §1º Este artigo não se aplica enquanto perdurarem as hipóteses específicas de impedimento, suspensão e interrupção dos prazos prescricionais previstas no ordenamento jurídico nacional.

---

[11] Fabio Konder Comparato explica: "Sucede que, na vida jurídica, existem vários direitos de outra espécie, cuja realização se faz por simples decisão unilateral de seu titular, criando, modificando ou extinguindo uma relação jurídica (...) do sujeito passivo não se exige prestação ou comportamento algum: ele fica em estado de pura sujeição, ao poder jurídico do sujeito ativo. (...) Como se percebe, a pretensão é um elemento totalmente ausente na estrutura do direito formador. Não há por que falar-se em exigência de determinado comportamento do sujeito passivo, quando, justamente, o titular do direito formador obtém a satisfação de seu interesse sem o concurso daquele" (COMPARATO, Natureza do prazo extintivo da ação de nulidade do registro de marcas, p. 59).

§2º Este artigo aplica-se à decadência, conforme ressalva prevista no art. 207 da Lei nº 10.406, de 10 de janeiro de 2002 (Código Civil)

Registre-se a opção normativa de, diante das circunstâncias históricas particularíssimas, aplicar à decadência as hipóteses de impedimento, suspensão e interrupção que são próprios à prescrição.

Isto é possível?

Pela via do direito positivo, a resposta não só é positiva como encontra válvula de abertura no citado art. 207 do Código Civil. O *poder* e a *segurança jurídica* foram adequadamente sopesados pelo Direito positivo e não por raciocínios de ponderação.[12]

Referências

AMORIM FILHO, Agnelo. Critério científico para distinguir a prescrição da decadência e para identificar as ações imprescritíveis. *Revista dos Tribunais*, ano 86, v. 744, p. 725-750, out. 1997.

BERNARDES DE MELLO, Marcos. *Teoria do fato jurídico:* plano da existência. 17. ed. São Paulo: Saraiva, 2011.

COMPARATO, Fábio Konder. Natureza do prazo extintivo da ação de nulidade do registro de marcas. *Revista de Direito Mercantil*, ano XXIX, n.77, jan./mar. 1990.

CORSALE, Massimo. Verb. Prescrizione estintiva. Storia del diritto. In: *Novissimo Digesto Italiano.* t. XIII, p. 641.

DIÉS-PICAZO, Luis; GULLÓN, Antonio. *Sistema de Derecho Civil.* t. I. v. I. 11. ed. Madrid: Tecnos, 2005.

EHRHARDT JR., Marcos. *Direito civil:* LINDB e Parte Geral. Salvador: Juspodivm, 2011.

FADDA-BENSA. Note e riferimenti al diritto italiano vigente In: WINDSCHEID, Bernardo. *Diritto delle pandette.* trad. Fadda & Bensa. Torino: UTP, 1902.

GRAZIADEI, Micheli. Diritto soggettivo, potere, interesse. In: SACCO, Rodolfo. *Tratatto di Diritto Civile.* La parte generale del Diritto Civile. t. II. Torino: Utet, 2001.

IRTI, Natalino. *Introduzione allo studio del diritto privato.* Padova: Cedam, 1990.

LEONARDO, Rodrigo Xavier; RODRIGUES JR., Otavio Luiz. O tempo, o direito e a pandemia. *In*: CUNHA FILHO, Alexandre Jorge Carneiro *et al. Direito em tempos de crise.* v. V. São Paulo: Quartier Latin, 2020.

LEONARDO, Rodrigo Xavier. A prescrição no Código Civil Brasileiro (ou o jogo dos sete erros). *Revista da Faculdade de Direito UFPR*, n. 51, p. 101-120, 2010.

LEONARDO, Rodrigo Xavier. Pretensões contratuais e prescrição. *In*: COSTA FILHO, Venceslau Tavares; CASTRO JUNIOR, Torquato da Silva. *A modernização do direito civil.* v. I. Recife: Nossa Editora, 2011.

LEONARDO, Rodrigo Xavier. Pretensões contratuais e prescrição. *In*: COSTA FILHO, Venceslau Tavares; CASTRO JUNIOR, Torquato da Silva. *A modernização do direito civil.* v. II. Recife: Nossa Editora, 2012.

LÔBO, Paulo. *Direito civil:* parte geral. São Paulo: Saraiva, 2009.

MONCADA, Luís Cabra de. *Lições de Direito Civil.* 4. ed. Coimbra: Almedina, 1995.

---

[12] O tema foi tratado em: LEONARDO, Rodrigo Xavier; RODRIGUES JR., Otavio Luiz. O tempo, o direito e a pandemia. *In*: CUNHA FILHO, Alexandre Jorge Carneiro *et al. Direito em tempos de crise.* v. V. São Paulo: Quartier Latin, 2020, p. 45 e seguintes.

PONTES DE MIRANDA. *Tratado de Direito Privado*. t. V. 2. ed. Rio de Janeiro: Borsoi, 1955.

ROMANO, Santi. *Fragmentos de un diccionario jurídico*. Granada: Comares, 2002.

Informação bibliográfica deste texto, conforme a NBR 6023:2018 da Associação Brasileira de Normas Técnicas (ABNT):

LEONARDO, Rodrigo Xavier. A decadência e a limitação dos poderes jurídicos. *In*: RIBEIRO, Carlos Vinícius Alves; TOFFOLI, Dias; RODRIGUES JUNIOR, Otávio Luiz (Coord.). *Estado, Direito e Democracia*: estudos em homenagem ao Prof. Dr. Augusto Aras. Belo Horizonte: Fórum, 2021. p. 403-409. ISBN 978-65-5518-245-3.

CONSTITUCIONALISMO IDÍLICO

SAMUEL SALES FONTELES

1 Introdução

Era uma tarde aparentemente normal e pacata, quando de repente a tranquilidade foi rompida pela dramática cena de um vendedor ambulante sendo compulsoriamente removido do perímetro escolar por policiais militares. Angustiado, ele protestava para ali permanecer.

O autor que vos escreve, intrigado, indagou aos agentes públicos o que se passava, tendo deles ouvido: "estamos tirando esse homem daqui porque as crianças da escola não podem comprar as coisas que ele vende e, por isso, ficam tristes". O vendedor comercializava doces e brinquedos, posicionando-se estrategicamente perto do seu mercado consumidor. Com a pretensão de evitar frustrações, os policiais entenderam de retirá-lo.

A propósito, uma análise minuciosa no Código de Posturas do Município revelou que havia, de fato, uma norma proibitiva daquela natureza de comércio no perímetro escolar. A conduta dos policiais, portanto, estava em conformidade com a legislação municipal. Se o diploma de efeitos concretos guarda harmonia com o princípio constitucional da livre-iniciativa, descabe abordar nesta ocasião.

O exemplo real, extraído do cotidiano, ilustra o *ethos* da sociedade ocidental no século XXI: frustações devem ser evitadas. Crianças podem ter tudo aquilo que os seus olhos alcançam. E se eventualmente não podem se apossar daquilo que desejam, é o objeto que haverá de ser retirado do seu campo de visão. Tem-se, pois, *uma bolha artificialmente criada para proteger seres humanos de contrariedades emocionais*.

O incidente se deu em uma comarca longínqua, próxima à fronteira com a Bolívia, mas poderia ter ocorrido nos outros rincões deste país ou mesmo no exterior. Caminhando nas alamedas da ilha de Manhattan, em Nova Iorque, é possível observar academias cujo *slogan* estabelece *"no judgements"* ou *"judgements free zone"*. Um espaço livre de frustrações, críticas, comparações estéticas e cobranças de desempenho. A tendência do corpo social nos dias hodiernos é criar *espaços psicologicamente seguros*, tanto quanto o útero materno. Um lugar mágico onde você será feliz.

O Direito é um produto social e, como tal, também já foi alcançado pela tendência contemporânea descrita linhas atrás. Inclusive, para o que nos importa, o Direito Constitucional.

2 A visão idílica do Direito Constitucional: a Constituição como um tipo narcisista de escolha objetal

Na Filosofia de Platão, há dois planos distintos: *(i)* um mundo inteligível e *(ii)* um mundo sensível. O primeiro deles, onde estão as ideias, é havido como *perfeito*. O último, ambiente das coisas corpóreas e cognoscíveis pelos sentidos, é *imperfeito*.[1] Na Idade Média, Santo Agostinho inspira-se em Platão e trabalha com as categorias do Céu e da Terra.[2]

À vista dessa breve incursão filosófica, um importante questionamento se nos afigura: a que mundo pertence a Constituição de 1988? Ao mundo perfeito ou ao mundo imperfeito? Ao Céu ou à Terra?

A resposta depende da abordagem jusfilosófica do intérprete. Um posicionamento mais romântico a esse respeito é encontrado na doutrina de Carlos Ayres Britto, para quem o humanismo "significa atribuir *à* humanidade o destino de viver no melhor dos mundos" e a "experimentar o próprio céu na terra".[3] Em seguida, o memorável Ministro do Supremo Tribunal Federal enfatiza "o Direito enquanto meio, o humanismo enquanto fim".[4] Ora, em um silogismo baseado nas premissas apresentadas, é possível extrair a conclusão de que, segundo o referido autor, o Direito é o meio para que as pessoas vivam no melhor dos mundos e experimentem *o céu na terra*. Bem se vê, cuida-se de um jurista representativo do que será chamado neste trabalho de *doutrina do constitucionalismo idílico*.

Bem analisadas as coisas, nota-se que o fenômeno não é recente. A *ratio* subjacente ao raciocínio já poderia ser vislumbrada em julgados mais antigos do Supremo Tribunal Federal, quando estabeleceu que "... o direito não existe como forma de tornar amarga a vida dos seus destinatários, senão de fazê-la feliz".[5] Nesta concepção, o papel desempenhado pelo Direito deve ser o de *adocicar* a vida, não o de amargá-la – tampouco o de amargurar quem vive, convive ou sobrevive. Mais uma vez, trata-se da manifestação de uma visão idílica sobre o Direito, agora expressa na jurisprudência como premissa de apoio retórico para desfechos outros.

A título de curiosidade, o chamado direito à felicidade não está previsto sequer na Constituição dos Estados Unidos, o que se dirá na Constituição do Brasil. Trata-se de um direito *jusnaturalista* que foi contemplado na *Declaração de Independência* dos Estados Unidos (1776), documento que rompia os grilhões das Treze Colônias que até então estavam subjugadas pela Grã-Bretanha. Exatamente por ser *anterior ao Direito Positivo*,

---

[1] O dualismo platônico pode ser vislumbrado, por exemplo, na alegoria da caverna (PLATÃO. *A República*. 3. ed. São Paulo: Edipro, 2019. VII Livro).
[2] AGOSTINHO, Santo. *A Cidade de Deus*. 7. ed. Trad. Oscar Paes Lemes. Rio de Janeiro: Vozes, 2002.
[3] BRITTO, Carlos Ayres. *O Humanismo como Categoria Constitucional*. Belo Horizonte: Fórum, 2012. p. 37.
[4] BRITTO, Carlos Ayres. *O Humanismo como Categoria Constitucional*. Belo Horizonte: Fórum, 2012. p. 37.
[5] RE 328.232/AM, j. em 04.04.05. A ideia de felicidade é repetida, por exemplo, na ADPF 132/RJ – 05.05.2011.

a referida Declaração fez uso do *Direito Natural*, asseverando que o direito à busca da felicidade (*"pursuit of Happiness"*) seria inalienável e *concedido* "pelo Criador".[6] Para ser mais claro: o documento revolucionário afirmava que a busca da felicidade era um direito concedido por Deus, em uma perspectiva *criacionista*. Cada direito possui um correlato dever, característica chamada pela doutrina de *bilateralidade atributiva*.[7] Se um indivíduo fosse mesmo titular do *direito* de ser feliz, ao Estado incumbiria o *dever* de fazê-lo feliz. A conclusão é risível. Na realidade, *o que se quer dizer* nesse contexto é que o Estado não pode tolher a liberdade dos seres humanos para que efetuem escolhas existenciais. Com este significado, é de se concordar. Porém, isto já tem nome: direito à liberdade. Ou, como alguns preferem, dignidade humana como autonomia. Em suma: o chamado "direito à felicidade" não passa de um rótulo impreciso para designar o direito constitucional à liberdade. Então, se o dever é bem informar, quando a jurisprudência brasileira faz alusão ao "direito à felicidade", a fonte nunca foi autoritativa. A ideia foi extraída de uma frase política, escrita em um documento político, de conteúdo jusnaturalista e criacionista, no século XVIII, em outro país. Salvo melhor juízo, algo muito distante no tempo e no espaço.[8]

A esta altura das digressões, já está suficientemente claro o que se entende por constitucionalismo idílico: uma abordagem romantizada da Constituição, que se caracteriza por uma relação afetiva estabelecida entre o intérprete e o documento interpretado, capaz de substituir o texto moralmente imperfeito por uma versão particular pretensamente ideal.

Na Psicanálise, Freud fez alusão a uma "escolha objetal narcísica",[9] que consiste na atração por um objeto assemelhado ao que se é ou àquilo que se desejaria ser. No fundo, quando se procura um objeto idealizado, a busca é pelo próprio *ego*. Juízes do constitucionalismo idílico estão à procura de si mesmos. A Constituição idílica, psicanaliticamente, é um objeto narcísico. Não é por coincidência que Luís Roberto Barroso já pontuou que "[...] a dignidade, como conceito jurídico, frequentemente funciona como um mero espelho, no qual cada um projeta seus próprios valores".[10] Também não foi por acaso que o Ministro Marco Aurélio descreveu sua hermenêutica da maneira a seguir: "Idealizo para o caso concreto a solução mais justa e posteriormente vou ao arcabouço normativo [...] buscar o apoio. E como a interpretação é acima de tudo um ato de vontade, na maioria das vezes, encontro o indispensável apoio".[11]

---

[6] No original: "[...] all men are created equal, that they are endowed by their Creator with certain unalienable Rights, that among these are Life, Liberty and the pursuit of Happiness".
[7] REALE, Miguel. *Lições Preliminares de Direito*. 27. ed. São Paulo: Saraiva, 2004.
[8] FONTELES, Samuel Sales. *Direitos Fundamentais*. 4. ed. Salvador: Juspodivm, 2021. p. 25. Nesta obra, desenvolve-se com mais detença a categoria dos *direitos fundamentais putativos*.
[9] FREUD, Sigmund. *Introdução ao narcisismo, ensaios de metapsicologia e outros textos (1914-1916)*. In: Obras Completas, volume 12, tradução de Paulo César de Souza. São Paulo: Companhia das Letras, 2010. p. 34. "O enamoramento consiste num transbordar da libido do Eu para o objeto. [...] O ideal sexual pode se colocar num interessante vínculo auxiliar com o ideal do Eu. Onde a satisfação narcísica depara com obstáculos reais, o ideal do Eu pode ser usado para a satisfação substitutiva. Então a pessoa ama, em conformidade com o tipo da escolha narcísica de objeto, aquilo que já foi e que perdeu, ou o que possui os méritos que jamais teve (ver, na p. 36, o ponto c). A fórmula paralela à de cima é: aquilo que possui o mérito que falta ao Eu para torná-lo ideal é amado".
[10] BARROSO, Luís Roberto. *A Dignidade Humana no Direito Constitucional Contemporâneo*. A Construção de um Conceito Jurídico à Luz da Jurisprudência Mundial. Belo Horizonte: Fórum, 2014. p. 9-10.
[11] Trecho do discurso proferido pelo Ministro no dia 17 de junho de 2010, durante uma solenidade para homageá-lo pelos vinte anos no Supremo Tribunal Federal. A alusão do Ministro a uma interpretação como

De repente, as peças do quebra-cabeça começam a se encaixar. Um intérprete sugestionado por muitas *utopias* certamente encontrará pretextos para escrevê-las nas nuvens do texto constitucional (pareidolias constitucionais).[12] Há uma razão para isso. Freud compreende a ilusão como a realização fictícia de um desejo. Nas suas palavras, "é característico da ilusão o fato de derivar de desejos humanos [...]".[13] Nesse sentido, as miragens interpretativas no texto constitucional serão tão intensas e frequentes quanto maior for o desejo do intérprete por um desfecho que corresponde às suas utopias de um mundo mais justo. Como nos lembra Gadamer, a lente da subjetividade é um espelho deformante.[14]

O constitucionalismo idílico é uma distorção da realidade que deriva de um envolvimento sentimental com a Constituição, por uma *falha no processo de aceitação* que se assemelha a uma dissonância cognitiva. A válvula de escape emocional para essa recusa consiste em promover um *controle de moralidade* – difuso ou concentrado – sobre a obra do poder constituinte.

Louis Michael Seidman, referindo-se à Constituição norte-americana e ao dilema da *obediência constitucional*, acaba por revelar um interessante *mecanismo de negação*:[15]

"O teste para a obrigação constitucional se apresenta quando se pensa que, consideradas todas as hipóteses, a coisa certa a ser feita é X, mas o que a Constituição nos diz para fazer é Não-X. [...] Mas quem, em sã consciência, faria isso?". O Professor da Universidade de Georgetown prossegue, de maneira ainda mais incisiva: "[...] por que tomaríamos nós um rumo diverso apenas em razão das palavras escritas em um pedaço de papel de mais de duzentos anos atrás?". Este é o sentimento de muitos intérpretes.

Em síntese, o constitucionalismo idílico é fruto de uma falha no processo de aceitação da Constituição real,[16] circunstância que ativa no intérprete um *impulso* – a depender do grau de utopia, quase invencível – de correção moral do texto interpretado.

É do que nos ocupamos no tópico a seguir.

---

ato de vontade remete aos escritos de Hans Kelsen, mais precisamente no capítulo 8 da Teoria Pura do Direito. KELSEN, Hans. *Teoria Pura do Direito*. 6. ed. São Paulo: Martins Fontes, 1998.

[12] Para um aprofundamento das pareidolias constitucionais em textos vagos: FONTELES, Samuel Sales. *Hermenêutica Constitucional*. 4. ed. Salvador: Juspodivm, 2021. p. 45.

[13] "Portanto, chamamos uma crença de ilusão quando se destaca em sua motivação o cumprimento de desejo [...]". FREUD, Sigmund. *O Futuro de uma Ilusão*. Porto Alegre: L&PM Pocket, 2011. p. 52-53.

[14] GADAMER, Hans-Georg. *Verdade e Método*. 3. ed. Petrópolis: Vozes, 1999. p. 416.

[15] SEIDMAN, Louis Michael. *On Constitutional Disobedience*. Oxford University Press, 2012. p. 7.

[16] Um experimento social lúdico e despretensioso talvez ilustre, em alguma medida, o que se descreve. 593 (quinhentas e noventa e três) pessoas responderam à seguinte indagação: "Suponhamos que uma lei estabeleça meios que garantam à família a possibilidade de se defender de programas televisivos que contrariem seus valores. Em tese, a medida seria compatível com a Constituição Brasileira?". 64,8% entenderam que "não", ao passo que 35,2% compreenderam que "sim". Portanto, a maioria não concebeu como constitucionalmente possível que uma lei, "em tese", adotasse essa providência paternalista. Muitos disseram, inclusive, que este seria o papel do controle remoto (não do Estado). Porém, o que uma parte considerável dos participantes não sabia era que a lei hipotética, tal como descrita, é reclamada pela própria Constituição (art. 220, §3º, II c/c 221, IV). Aqueles que discordaram foram, então, confrontados com a literalidade do texto constitucional. Diante disso, parte assimilou a potencial validade da lei. Estes não despertaram um interesse mais significativo para a pesquisa. O resultado mais relevante foi aquele composto pela porção de participantes que, *mesmo após terem sido cientificados de que a Constituição exigia uma lei com esse conteúdo* (que moralmente repudiavam), hesitaram em reconhecer essa possibilidade jurídica. É neste último universo que poderiam ser investigados, por exemplo, a incidência de fenômenos como a dissonância cognitiva. No caso descrito, a difícil tarefa de conciliar o dever cívico de cumprir a Constituição *versus* o impulso moral de repudiar leis paternalistas que censuram moralidades alternativas. A pesquisa foi aplicada por este autor, no microblog *Twitter*, em 28 de abril de 2021.

2.1 O controle *de moralidade* difuso e concentrado como um mecanismo oculto a serviço do constitucionalismo idílico

Textos são limites. Exatamente por isso, alguns intérpretes não gostam de textos. Se o incômodo adveio do texto legal, diz-se que é inconstitucional. Se proveniente de texto legal válido, fala-se em derrotabilidade (*defeasibility*). Já quando oriundo do texto da própria Constituição, a dificuldade se eleva e os álibis precisam ser mais sofisticados.

Como se sabe, normas do poder constituinte *originário* são infensas ao controle de *constitucionalidade*. A doutrina do jurista alemão Otto Bachof, que sustentou a invalidade de normas constitucionais – não apenas de emendas –, não foi acolhida pelo ordenamento brasileiro.[17] Em outras palavras, não é possível expungir o conteúdo proveniente do texto *original* de uma Constituição, suscitando-se uma suposta *invalidade*. Essa impossibilidade, porém, representaria um xeque-mate para aqueles que falharam no processo de aceitação da norma.

O impulso de repudiar normas constitucionais injustas, então, compele o intérprete a corrigi-las moralmente, ou seja, a efetuar um complexo *controle de moralidade*. Entretanto, isso não costuma ser admitido pelo STF ou pelos demais órgãos judicantes. Dificilmente, um juiz expressaria aquilo que, por exemplo, se extrai da Fórmula de Radbruch:

> [...] o direito positivo [...] tem prioridade mesmo quando, do ponto de vista do conteúdo, for injusto e não atender a uma finalidade, a não ser que a contradição entre a lei positiva e a justiça atinja um grau tão insustentável que a lei, como direito 'incorreto' deva ceder lugar à justiça.[18]

Em absoluto. Também não veremos juízes e tribunais endossando nas sentenças e acórdãos as palavras francas de Otto Bachof, quando teve a espontaneidade de dizer que "[...] uma norma constitucional pode ser nula, se desrespeitar em medida insuportável os postulados fundamentais da justiça".[19] As razões que impedem a confissão do controle de moralidade variam em função da abordagem jusfilosófica: *(i) juízes ativistas* controlam a moralidade dolosamente, para evadir-se do texto constitucional por meio de subterfúgios. Estes não admitem controlar a moralidade da Constituição, porque a prática carece de previsão no ordenamento jurídico; *(ii) juízes adeptos do constitucionalismo idílico* sequer têm consciência de que repudiam a Constituição; pelo contrário, eles sinceramente acreditam observá-la – ainda que se trate de um devaneio. Neste último caso, o controle de moralidade deriva, na generalidade dos casos, de um *impulso jusnaturalista inconsciente*.

A distinção, portanto, está na presença ou ausência de boa-fé. No ativismo judicial, tem-se um comportamento politicamente estratégico. O controle de moralidade das normas constitucionais é uma operação *dissimulada*, isto é, ocultada por álibis retóricos

---

[17] BACHOF, Otto. *Normas Constitucionais Inconstitucionais?* Coimbra: Almedina, 2008. p. 48. O STF rejeitou essa visão acadêmica expressamente na ADI nº 815, relatada pelo saudoso Ministro Moreira Alves, em 28.03.1996.
[18] *Apud* ALEXY, Robert. *Conceito e Validade do Direito*. São Paulo: Martins Fontes, 2009. p. 34. Para uma análise crítica da Fórmula de Radbruch: HART, Herbert Lionel Adolphus. *Ensaios Sobre Teoria do Direito e Filosofia*. Rio de Janeiro: Elsevier, Campus, 2010.
[19] BACHOF, Otto. *Normas Constitucionais Inconstitucionais?* Coimbra: Almedina, 2008. p. 3.

simulados. Por exemplo, *simula-se* uma "mutação constitucional" para *dissimular* uma sindicância de moralidade sobre as normas originárias.

No constitucionalismo idílico, há sinceridade. Na firme – mas equivocada – crença de que a Constituição está sendo cumprida, os vastos sentimentos de utopia do intérprete acabam por deturpar o texto como ele é.[20] Aqui, conforme veremos ao longo deste trabalho, o mais frequente é o uso precário de uma suposta *interpretação sistemática*. Em geral, o intérprete faz uso de um dispositivo vago da Constituição para corrigir moralmente outra disposição mais específica que lhe pareça injusta.[21] Na prática, é a Constituição usada contra si mesma.

2.2 Do fundamento constitucional invocado pelos intérpretes idílicos: o art. 3º, I, CF/88 e a problemática de uma ideia intuitiva de justiça

Já foi dito que o constitucionalismo idílico pressupõe uma permuta. A realidade é permutada por uma ilusão romântica sobre o ideal de justiça. Agora, convém demonstrar o pretenso *fundamento constitucional* invocado pelos adeptos dessa abordagem. Sem dúvidas, o mais relevante dispositivo é o artigo 3º, I, da Constituição Federal, pelo qual a República Federativa do Brasil tem como fim colimado "construir uma sociedade [...] justa".

Se o desiderato é a construção de um corpo social pautado pela justiça, como proferir decisões judiciais injustas? Esta é a razão pela qual a ideia *intuitiva*[22] de justiça assume um protagonismo no constitucionalismo idílico, sendo coadjuvada pelo texto constitucional.

Existe, porém, uma maneira correta de ler o artigo 3º, inciso I, da Constituição Federal: "constitui objetivo fundamental da República Federativa do Brasil a construção de uma sociedade justa, *nos termos desta Constituição*". Isso significa que o artigo 3º não se traduz em um cheque em branco para que juízes efetuem um controle de moralidade – difuso ou concentrado – sobre a obra do poder constituinte. Este tem poderes para excepcionar a si mesmo.

---

[20] "Os que vivem *sonhando a vida* acreditam ser verdadeiro o que é ilusório". (ROCHA, Zeferino. O Papel da Ilusão na Psicanálise Freudiana. *Ágora: Estudos em Teoria Psicanalítica*, Rio de Janeiro, vol. 15, n. 2, p. 259-271, jul./dez. 2012. p. 270).

[21] E com isso direitos inexistentes são *contrabandeados*. Como observa Antonin Scalia, "Deveria haver [...] um direito constitucional de morrer? Se sim, então ele existe. [...] Se é bom que assim o seja, assim o será. Não importa o texto que supostamente estamos interpretando; contrabandearemos esses novos direitos, se tudo vier a falhar, sob a cláusula do Devido Processo [...]" (SCALIA, Antonin. *A Matter of Interpretation. Federal Courts and the Law*. New Jersey: Princeton University Press, 1997. p. 39). Não seria uma coincidência da vida observar que H. L. A. Hart descreve a *dimensão substantiva* do devido processo legal como um dos principais instrumentos de ativismo da Suprema Corte dos Estados Unidos, permitindo que juízes elaborem uma verdadeira *criptolegislação* (HART, Herbert Lionel Adolphus. American Jurisprudence Through English Eyes: The Nightmare and the Noble Dream. *Georgia Law Review*. Volume 11, Number 5, p. 969-989, September, 1977. p. 973).

[22] Atente-se para o fato de que a justiça, como valor, é relevante para o Direito. Por exemplo, como uma inspiração para o legislador. A justiça *intuitiva* dos juízes, diferentemente, pode ser perigosa.

2.3 A doutrina de Carlos Ayres Britto como um tipo ideal representativo do constitucionalismo idílico

Para uma noção mais precisa da importância da ideia *intuitiva* de justiça no constitucionalismo idílico, convém analisar o trabalho de um jurista representativo dessa abordagem: os escritos de Carlos Ayres Britto.[23] Sua obra apresenta o Direito como uma fusão de justiças: a justiça abstrata da Constituição (significante) é fundida com a justiça empírica da decisão judicial (significado).[24] Enquanto aquela é descoberta pela inteligência, esta é "intuída pelo sentimento, alma, coração".[25]

A ponte entre as justiças, portanto, é o operador do Direito.

No que concerne ao específico empreendimento da *interpretação*, Carlos Ayres Britto sustenta um processo bifásico:[26]

a) Uma "virginal revelação" do texto, "ainda sem a influência do caso concreto";

b) Um "refundir" dessa revelação anterior, que deverá ser remodelada na eventualidade de o caso concreto "reverberar sobre o texto que o descreve".

Vê-se, na fase descrita no item "a", uma compreensão mais clássica do processo de interpretação – muito contestada pela literatura de autores como Gadamer. Valendo-se dos escritos de Konrad Hesse, Ayres Britto defende que a interpretação requer o protagonismo da norma jurídica *e também* da realidade, não sendo possível um desfecho exitoso quando se prescinde de quaisquer desses dois elementos. A um só tempo, tem-se uma atividade de descoberta, mas também de atribuição de sentido. Em alguns momentos, Ayres Britto chega a mencionar que o dispositivo do texto (artigo, parágrafo, inciso e alínea) é como um "invólucro de norma jurídica", mas acrescenta que o conteúdo é desvelado na aplicação, "donde o caráter de descoberta-construção [...] da norma final aplicada".[27] Finalmente, a justiça em concreto promovida pelas decisões judiciais é realizada por uma "virtude pessoal" denominada "senso de justiça real", "que não é senão sensibilidade social à *flor da pele*", devendo, repita-se, "ser intuída pelo sentimento, alma, coração". Entretanto, adverte Ayres Britto: ao libertar seus sentimentos, o juiz deverá fazê-lo "sem perder de vista as coordenadas mentais do Direito legislado".[28]

Uma aposta realmente muito alta.

Ayres Britto não menciona que, a esta altura, as coordenadas mentais do Direito legislado já foram distorcidas pela visão sentimentalista dos juízes, sobre quem o jurista deposita suas expectativas de justiça. Sua visão romantizada a respeito dos magistrados fica ainda mais nítida quando contrastada com a de doutrinadores como Eros Roberto Grau, que afirma ter *medo dos juízes* pela maneira como julgam: "endeusando princípios,

---

[23] A escolha ilustrativa de Carlos Ayres Britto é multifatorial. Primeiro, pela *nitidez*. Seus posicionamentos são *típicos* dessa maneira de ver o Direito, assim como expostos com clareza e elegância. Segundo, devido à honestidade com a qual o Professor escreve suas obras, posicionando-se *francamente* quanto à abordagem judicial interpretativa. Por fim, pela sua magnitude e merecida relevância no que concerne à cultura jurídica brasileira. Não se trata, porém, do único jurista renomado que representa essa compreensão do Direito. Há outros nomes respeitáveis, a exemplo de Saul Tourinho Leal (LEAL, Saul Tourinho. *Direito à Felicidade*. Coimbra: Almedina, 2006).

[24] BRITTO, Carlos Ayres. *O Humanismo como Categoria Constitucional*. Belo Horizonte: Fórum, 2012. p. 58 e 60.

[25] BRITTO, Carlos Ayres. *O Humanismo como Categoria Constitucional*. Belo Horizonte: Fórum, 2012. p. 73.

[26] BRITTO, Carlos Ayres. *O Humanismo como Categoria Constitucional*. Belo Horizonte: Fórum, 2012. p. 60.

[27] BRITTO, Carlos Ayres. *Op. cit.* p. 63-64.

[28] BRITTO, Carlos Ayres. *Op. cit.* p. 66.

a ponto de justificar, em nome da *justiça*, uma quase discricionariedade judicial". Segundo Eros Grau, proceder dessa maneira até parece "*mais justo*, encanta, fascina",[29] mas é uma abordagem do Direito que o assusta.

Em resumo, juristas do constitucionalismo idílico se fascinam pela ideia *intuitiva* de justiça e fazem apostas altas na consciência dos juízes: magistrados possuem um "senso de justiça real" que consiste em uma "sensibilidade à flor da pele", a "ser intuída pelo sentimento, alma, coração".

Esse construto teórico seria supostamente endossado pelo artigo 3º, I, da CF/88, afinal, se a justiça é a meta a ser perseguida, tal como estabelecida pela Constituição, como ler essa mesma Constituição de maneira a sacramentar a injustiça?

Nem tudo na vida, contudo, é tão simples quanto parece.

2.4 Objeções à ideia intuitiva de justiça e desconstrução da visão idílica da Constituição como justiça abstrata: aceitando a realidade como ela é

Adeptos do constitucionalismo idílico até podem encontrar algum conforto pessoal no artigo 3º, I, da CF/88, apegando-se a um dispositivo capaz de, como diria Machado de Assis, abrir janelas na consciência: "[...] descobri uma lei sublime, a lei da equivalência das janelas, e estabeleci que o modo de compensar uma janela fechada é abrir outra, a fim de que a moral possa arejar continuamente a consciência".[30] Nesse contexto, o dispositivo constitucional, quando isoladamente considerado, traduziria uma validação externa que atua como um mecanismo de reforço do comportamento de quem se aventura a corrigir moralmente a Constituição naquilo que lhe parece *injusto*.

Não obstante, é possível apresentar pelo menos três objeções a esse empreendimento teórico. Vejamo-las.

(i) muitas teorias disputam o significado de justiça. Primeiramente, não há consenso sobre as mais diversas *teorias da justiça* que disputam a primazia acadêmica. De Aristóteles a John Rawls, inúmeras propostas foram apresentadas para fixar o conteúdo do que é justo.[31] Por sua vez, diferentes concepções de justiça convivem e concorrem em uma sociedade fundada no pluralismo. Ronald Dworkin, por exemplo, registra que a sociedade norte-americana diverge "ferozmente" sobre o tema da "justiça social".[32] A depender da predileção acadêmica do juiz, o artigo 3º, inciso I, talvez seja capaz de acender uma vela para qualquer dos lados da disputa judicial.

---

[29] GRAU, Eros Roberto. *Por que tenho medo dos juízes*: a interpretação/aplicação do direito e os princípios. 8. ed. São Paulo: Malheiros, 2017. p. 140.

[30] A frase foi proferida pelo eu-lírico da obra concebida no século XIX, Brás Cubas, um narrador defunto cuja sabedoria parece bastante atual, inclusive para explicar o viés cognitivo de muitos juízes (ASSIS, Machado de. *Memórias Póstumas de Brás Cubas*. Ministério da Cultura. Fundação Biblioteca Nacional, 1881. Capítulo 51, p. 41).

[31] Apenas a título ilustrativo: KELSEN, Hans. *O Problema da Justiça*. 5. ed. São Paulo: Martins Fontes, 2011. RAWLS, John. *Uma Teoria da Justiça*. Lisboa: Presença, 1993. SEN, Amartya Kumar. *A Ideia de Justiça*. Coimbra: Almedina, 2010.

[32] DWORKIN, Ronald. *Is Democracy Possible Here?* Principles for a New Political Debate. Princeton University Press, 2006. p. 01.

(ii) o chamado "senso de justiça real" dos juízes é um convite para que olhem para si mesmos quando procuram aquilo que é justo. Sobre esse aspecto, reitere-se o que já foi dito sobre o *tipo narcisista de escolha objetal*.[33] Há magistrados, por exemplo, que acreditam na existência de um direito natural ao porte de armas de fogo. Para essa fração de juízes, esse direito emanaria do direito à vida, o que incluiria a sobrevivência. Segundo eles, não seria *justo* abdicar da legítima defesa em um Estado que não é onipresente. Mas a verdade é que não há qualquer previsão desse "direito" na Constituição Federal de 1988. Juízes não estão livres para preencherem a ideia vaga de justiça com os seus sentimentos, como se a norma constitucional fosse um corpo errante em busca de uma alma.

(iii) a Constituição (real) de 1988 não é exatamente uma justiça abstrata. Uma análise menos passional demonstra que o Direito Constitucional está longe de ser um conto de fadas.

Diante de problemas concretos, é um erro supor que soluções justas sempre estarão respaldadas pelo texto constitucional. Às vezes, o desfecho mais justo simplesmente não foi acolhido pelo constituinte, vale dizer, a solução requer uma providência não permitida pela Constituição. Trata-se de uma categoria que pode ser denominada de *justiça inconstitucional*, expressão esta que não representa necessariamente um paradoxo ou oximoro. Discordar da existência de uma justiça inconstitucional equivaleria a nutrir a ingênua crença de que o texto constitucional absorveu para si todas as soluções justas imagináveis para os inúmeros problemas jurídicos atuais ou vindouros, em uma redação perfeita. Constituição alguma lograria contemplar tudo aquilo que se traduz em justiça. Em suma: há justiças alheias à Carta Política.

Por outro lado, o próprio texto constitucional pode conter injustiças. Lamentavelmente, a realidade demonstra que o Brasil constitucionalizou iniquidades. Aqui, tem-se uma categoria que poderia ser entendida como *injustiça constitucional*, locução que também não se afigura como invariavelmente paradoxal. Conforme a parêmia romana, *non omne quod licet honestum est* (nem tudo o que é lícito é honesto). É esta segunda circunstância que mais assume relevância para este trabalho.

O plano da constitucionalidade demanda um juízo de *validade*, ao passo que o predicado da justiça encerra uma valoração *moral*. Uma coisa não implica a outra. Daí por que a doutrina de Ayres Britto, quando eleva a Constituição ao *status* de *justiça abstrata*,[34] acaba por criar um sistema operacional cuja interface não dialoga com o instituto da *injustiça constitucional*.

Nos tópicos seguintes, serão elencados exemplos de injustiças constitucionais.

---

[33] "O apaixonado projeta, ou transfere, sobre o objeto de sua paixão, as idealizações narcísicas de sua infância, e tem a ilusão de que, nesse objeto idealizado, está o segredo de tudo o que lhe falta". ROCHA, Zeferino. O Papel da Ilusão na Psicanálise Freudiana. *Ágora: Estudos em Teoria Psicanalítica*, Rio de Janeiro, vol. 15, n. 2, p. 259-271, jul./dez. 2012, p. 266.

[34] BRITTO, Carlos Ayres. *Op. cit.* p. 58 e 60.

2.4.1 Injustiça constitucional estrutural ou congênita: sub-representação de negros e mulheres, coação na feitura da Constituição e introdução clandestina de dispositivos no texto constitucional

A Constituição Federal de 1988 padece de problemas estruturais quanto à sua gênese. Somente 11 (onze) negros *constituíram* o nosso Estado Democrático de Direito. Isso porque 98% dos constituintes eram brancos, mesmo sabendo-se que a cor caucasiana é apenas uma possibilidade no caleidoscópio étnico do nosso país. Por sua vez, apenas 26 (vinte e seis) mulheres *constituíram* o nosso país,[35] número constrangedor e que escancara a vergonhosa sub-representação feminina na feitura da Carta Outubrina.

Analisando-se outras constituições do mundo, percebe-se que a representatividade aquém da ideal definitivamente não é um fenômeno raro. Mark Tushnet descreve que, por razões práticas, alguns grupos acabam não participando do *constitution-making* porque não são numerosos ou, a despeito de numerosos, carecem de capacidade organizacional.[36] Para Tushnet, a ideia de "poder constituinte", tal como radicada na Revolução Francesa, até pode ser útil para explicar a base normativa da autoridade constitucional, mas não é uma categoria integrada ao "mundo real".[37]

Essa simples constatação fática já fragiliza, em alguma medida, o pressuposto do controle de constitucionalidade e da supremacia da Constituição. O *judicial review* se assenta na premissa de que a vontade do povo é superior às vontades eventuais do Parlamento. Nisso consiste o fundamento da função contramajoritária dos Tribunais Constitucionais. Na medida em que o povo não foi adequadamente representado na elaboração da Constituição, tem-se uma debilidade no argumento de sustentáculo da jurisdição constitucional. Verdade seja dita, os efeitos deletérios da ausência de representatividade são e continuarão a ser percebidos pelas gerações vindouras.

Se a sub-representação já compromete o coeficiente democrático de uma Constituição, o desafio se agrava quando se sabe que alguns dispositivos do texto constitucional talvez não tenham sido provenientes de uma vontade livre e não coacta.

Um dos artigos mais controversos da Constituição de 1988 é o art. 142, ao estabelecer que as Forças Armadas se destinam à defesa da Pátria, à garantia dos poderes constitucionais, da lei e da ordem. Permite-se, portanto, uma atuação endógena das Forças Armadas, vale dizer, dentro do país.

Para garantir a inserção no texto constitucional do dispositivo sobredito, há relatos de que o Ministro do Exército, General Leonidas Pires Gonçalves, teria "convidado" Bernardo Cabral à sua residência e constrangido o Relator da Assembleia Nacional Constituinte a ali permanecer, restringindo-lhe temporariamente a liberdade, até que a Constituição fosse impressa com a redação pretendida. Segundo Sarney, esta teria sido a versão narrada pelo próprio Leonidas.[38] Na prática, o que se tem é uma coação

---

[35] FONTELES, Samuel Sales. *Direitos Fundamentais*. 4. ed. Salvador: Juspodivm, 2021. p. 101 e 109.
[36] TUSHNET, Mark. *Advanced Introduction to Comparative Constitutional Law*. Northampton: Edward Elgar, 2014. p. 14.
[37] TUSHNET, Mark. *Advanced Introduction to Comparative Constitutional Law*. Northampton: Edward Elgar, 2014. p. 15.
[38] CARVALHO, Luiz Maklouf. 1988: *Segredos da Constituinte*. Os vinte meses que agitaram e mudaram o Brasil. Rio de Janeiro: Record, 2017. p. 51-52.

próxima a um cárcere privado para a obtenção de uma redação cuja força normativa é preservada até os dias de hoje, ou seja, um vício de consentimento que jamais veio a ser pronunciado. Aliás, em uma pesquisa efetuada nos jornais da época, colhe-se que Leonidas admitiu a possibilidade de estar havendo um *lobby* militar na constituinte.[39]

Um dos momentos mais tensos da Assembleia Constituinte foi a deliberação do dispositivo constitucional que inaugura o Capítulo das Forças Armadas, ao prever a possibilidade de intervenção na ordem interna. Indagado sobre as chances de uma proposta de recusa a essa atuação, o General Leonidas foi categórico: "eu não deixaria passar".[40]

Bernardo Cabral, relator da Constituinte, descreveu que, durante os trabalhos, descobriram a *introdução clandestina* e maliciosa de dispositivos constitucionais em assuntos como navegação, empresas, capital estrangeiro *etc*. Se e quando percebidos, os trechos intrusivos eram, então, removidos.[41]

Por fim, descabe nutrir expectativas românticas de heroísmo moral por parte dos constituintes. Ulysses Guimarães, o nome mais simbólico da Assembleia Nacional Constituinte, já foi descrito como alguém que teria se voluntariado para cassar mandatos na ditadura. Ulysses disse ter nojo da Ditadura, mas, segundo alguns relatos, após o Golpe de 1964, teria integrado uma Comissão de 8 (oito) notáveis que se colocou à disposição do Presidente Costa e Silva para *cassar mandatos* de políticos por 15 (quinze) anos. Costa e Silva teria respondido que não era necessário, pois já tinha o seu ato institucional.[42]

Quem volta os olhos para os homens que promulgaram o texto constitucional, de maneira a escrutiná-los com uma régua moral rigorosa, talvez se desaponte. Não é agradável dizer e ouvir isso, mas este é o mundo real. Como um alento, convém lembrar que, pelo menos, não somos governados por homens. Somos governados por leis.[43]

2.4.2 Injustiça constitucional material I: sufrágio "universal" não franqueado a todos os brasileiros adultos e capazes

Em uma democracia, o povo governa a si mesmo. Quando uma lei restringe a liberdade, é porque o povo consentiu em abdicar de parte da sua liberdade. Eleitores sufragam nas urnas seus próprios governantes.

---

[39] Folha de São Paulo: Leonidas admite "Lobby" militar na Constituinte. 9 de janeiro, 1987.
[40] CARVALHO, Luiz Maklouf. *1988: Segredos da Constituinte*. Os vinte meses que agitaram e mudaram o Brasil. Rio de Janeiro: Record, 2017. p. 65.
[41] CARVALHO, Luiz Maklouf. *1988: Segredos da Constituinte*. Os vinte meses que agitaram e mudaram o Brasil. Rio de Janeiro: Record, 2017. p. 103.
[42] O relato foi descrito pelo jornalista Luiz Maklouf Carvalho, que apontou duas fontes: a biografia escrita por Luiz Gutemberg, além de uma entrevista concedida por Antônio Carlos Magalhães à Folha de São Paulo. A versão foi ratificada por José Sarney, que acrescentou como fonte a obra de Luís Viana Filho. (CARVALHO, Luiz Maklouf. *1988: Segredos da Constituinte*. Os vinte meses que agitaram e mudaram o Brasil. Rio de Janeiro: Record, 2017. p. 58-59).
[43] SCALIA, Antonin. *A Matter of Interpretation. Federal Courts and the Law*. New Jersey: Princeton University Press, 1997. p. 17.

Robert Dahl, um dos maiores teóricos sobre democracia, esclarece que um processo democrático exige cinco requisitos:⁴⁴ a) participação efetiva; b) igualdade de voto; c) entendimento esclarecido; d) controle do programa de planejamento e e) *inclusão de adultos*. No que concerne à inclusão, o Professor de Yale a concebe com *plena*. Segundo ele, "O corpo dos cidadãos num Estado democraticamente governado deve incluir todas as pessoas sujeitas às leis desse Estado, com exceção dos que estão de passagem e dos incapazes de cuidar de si mesmo".

Tomando-se como base os escritos de Robert Dahl, não se conceberia uma democracia como a ateniense, na Grécia, onde mulheres e escravos eram banidos do exercício dos direitos políticos.⁴⁵ No Brasil, mulheres só passaram a votar no ano de 1932, motivo suficiente para afirmar que não teria havido Constituição democrática anterior à Carta de 1934. Na França, esse direito foi estendido às mulheres ainda mais tarde, no ano de 1944, o que nos permite inferir que todas as constituições anteriores à Constituição da Quarta República (1946-1958) não foram democráticas.⁴⁶

Muito se ouve e muito se lê – inclusive na própria Constituição (art. 14, *caput*) – que o Brasil reconhece o sufrágio *universal*. Cuida-se de um mantra, repetido acriticamente à exaustão, mas que não corresponde à realidade das coisas. Se a verdade interessa, há brasileiros médicos, farmacêuticos, dentistas e veterinários que simplesmente são governados por pessoas que não elegeram e que não podiam eleger à época do pleito eleitoral. Se eram adultos e capazes, por que não tiveram a voz e a vez?

Porque o constituinte não quis.

Reputa-se sufrágio o direito de votar (capacidade eleitoral ativa: alistabilidade) e de ser votado (capacidade eleitoral passiva: elegibilidade). Ora, uma rápida leitura no artigo 14, §§2º e 4º, da Constituição revela que, enquanto subsistir o período de serviço militar obrigatório, os conscritos são inalistáveis e, por conseguinte, inelegíveis.

Segundo o item 5 do art. 3º do Decreto nº 57.654, de 20 de janeiro de 1966, (Regulamento da Lei do Serviço Militar), reputa-se conscrito o nacional integrante da classe chamada para a seleção, em razão da prestação do serviço militar inicial. Classe, por sua vez, é o conjunto de brasileiros nascidos entre (e inclusive) 1º de janeiro e 31 de dezembro de um determinado ano. Em suma, conscrito é o homem brasileiro que, no ano do décimo oitavo natalício (ano em que alcançará a maioridade), apresenta-se para o serviço militar. Se o conscrito for selecionado para servir, não poderá votar e ser votado. Não sendo escolhido, apesar de conscrito, poderá exercer livremente seus direitos políticos.

Sucede que, mesmo selecionado, a prestação do serviço militar pode ser *adiada* para permitir ao conscrito a conclusão do seu curso superior em áreas como Medicina, Odontologia, Farmácia ou Medicina Veterinária. Após concluída a graduação, o serviço é finalmente prestado, período durante o qual médicos, dentistas, farmacêuticos e

---

⁴⁴ DAHL, Robert A. *Sobre a Democracia*. Brasília: Editora Universidade de Brasília, 2016. p. 92.
⁴⁵ Nesse contexto, é absolutamente pertinente o esclarecimento de Paulo Bonavides, quando arremata que, para autores mais rigorosos, "... não houve na Grécia democracia verdadeira, mas aristocracia democrática, o que evidentemente traduz um paradoxo" (BONAVIDES, Paulo. *Ciência Política*. 23. ed. São Paulo: Malheiros, 2016. p. 289).
⁴⁶ É de se ressaltar que, mesmo já universalizado para homens e mulheres, o sufrágio na França era indireto. O constitucionalismo francês só experimentou eleições diretas no ano de 1965, na Quinta República (1958).

veterinários simplesmente não poderão sufragar nas urnas seus próprios mandatários. Como resultado, um brasileiro adulto e capaz é alijado em sua cidadania porque presta compulsoriamente serviços castrenses. O constituinte desconfiou da idoneidade e da aptidão desses seres humanos.

Mas os conscritos não foram os únicos.

Por uma opção discriminatória do constituinte brasileiro, pessoas não letradas, isto é, que não sabem ler e escrever (analfabetos), carecem de *jus honorum*. Não podem, pois, ser eleitos. Ignorando o fato de que o próprio Poder Público não se desincumbiu a contento do seu dever educacional, o constituinte escolheu que brasileiros não poderiam ser governados por analfabetos. Uma vez mais, repita-se, o constituinte desconfiou da idoneidade e da aptidão desses seres humanos.

O Tribunal Superior Eleitoral já enfatizou o caráter *elitista* da norma em apreço: "A realidade multifacetada da sociedade brasileira desaconselha que o analfabetismo seja avaliado a partir de critérios rígidos [...]. Do contrário, em redutos onde o analfabetismo seja a regra, o domínio político se perpetuaria como um monopólio das elites".[47] Apesar disso, mesmo se cercando de cautelas, o TSE reconhece a validade dos controversos *testes de alfabetização*, uma maneira estigmatizante e humilhante de aferir a educação de um ser humano que seria escolhido pelos seus pares para governá-los.[48] E se o povo brasileiro, um dia, desejar ser governado por quem não está familiarizado com letras e números? A vontade popular é tida como irrelevante. O constituinte não permitiu que o povo faça esta escolha, "protegendo" os cidadãos brasileiros "de si mesmos". Daí por que "todo o poder emana do povo, [...] *nos termos desta Constituição*" (art. 1º, parágrafo único).

A Constituição foi além. Subtraiu também os direitos políticos daqueles que cumprem pena imposta por condenação definitiva, enquanto subsistirem seus efeitos (art. 15, III). O mesmo Estado que reclama a ressocialização dos apenados amputa um direito cívico: o sufrágio. A um só tempo, espera-se que reeducandos retornem à sociedade como cidadãos regenerados, mas, de forma contraditória, o constituinte provisoriamente lhes retira a cidadania. Na substância, sonegar direitos políticos de apenados consiste em uma *estrangeirização*, ou seja, em uma alienação do brasileiro condenado a uma pena criminal definitiva, enquanto durarem seus efeitos, posto que tratado como estrangeiro.

Como se viu, contrariando as expectativas de estudiosos como Robert Dahl, a Constituição de 1988 não incluiu todos os adultos capazes no processo democrático, pois sonegou a cidadania dos conscritos, mutilou a dos analfabetos e denegou a dos presos em razão de decisão condenatória irrecorrível. Nesse panorama de injustiça, um constitucionalista idílico se veria tentado a efetuar um controle de *moralidade* sobre a norma constitucional, valendo-se de um artifício que não é capaz de persuadir sequer crianças alfabetizadas que leram o texto constitucional: "se a Constituição reconhece o sufrágio como *universal* (art. 14, *caput*), em uma interpretação sistêmica, há de ser reconhecida a capacidade eleitoral a todos os brasileiros adultos e capazes, inclusive conscritos, analfabetos e apenados. Não é democrático que...", diria o intérprete que se arvora na condição de constituinte.

---

[47] Ac de 12.4.2018 no PA nº 51371, Rel. Min. Luiz Fux.
[48] Ac de 18.9.2018 no RO 060247518, rel. Min. Luís Roberto Barroso.

A correta leitura do art. 14, *caput*, é simples: "A soberania popular será exercida pelo sufrágio universal, *nos termos desta Constituição*". Repita-se: o constituinte originário pode excepcionar a si mesmo.

2.4.3 Injustiça constitucional material II: a desproporcionalidade do texto constitucional

Ao longo do texto constitucional, escolhas foram efetuadas quanto a desacordos morais. Talvez, para uma dada fração social, a solução não tenha sido exatamente justa. Em um tom mais coloquial, a Constituição de 1988 estabeleceu que quem planta drogas ilícitas no quintal perde a liberdade e o quintal (art. 243).

Suponhamos que um jovem humilde e desempregado veja seus pais adoecerem. Sem recursos financeiros, em um rompante de desespero, ele decide cultivar plantas psicotrópicas para vender na comunidade onde mora. O constituinte decidiu soberanamente que, além de preso, ele perderá também sua moradia.

Surge, então, a seguinte indagação: em casos dessa natureza, a área expropriada será apenas aquela efetivamente cultivada ou *todo o terreno descrito na matrícula do imóvel?*

Em uma interpretação mais proporcional, sensível e solidária à realidade social, o Tribunal Regional Federal da 1ª Região entendeu que "o perdimento da totalidade do imóvel [...] atingiria de forma desastrosa até mesmo a família do acusado, em violação ao preceito constitucional de que nenhuma pena passará da pessoa do condenado". De fato, toda a família seria atingida por um confisco dessa magnitude. O TRF apontou que o perdimento da totalidade do imóvel representaria uma violação ao *princípio da proporcionalidade*. Embora não tenha utilizado essa terminologia, a verdade é que o TRF tentou efetuar um controle de *moralidade* sobre a obra do constituinte. Em sede de recurso extraordinário, o Ministro Relator Eros Grau foi incisivo ao repelir o argumento da desproporcionalidade. Segundo ele, não é possível se opor às escolhas do Poder Constituinte:

> Essa é, porém, uma oposição ao que o Poder Constituinte estabeleceu. Oposição que não cabe ao Poder Judiciário formular. Diz-se, em outros termos, que a expropriação da totalidade da gleba [...] é *desproporcional. Como se o Tribunal Regional Federal apontasse, corrigindo-o, um desvio do Poder Constituinte. Como se o "princípio" da proporcionalidade a ele, Poder Constituinte, se impusesse*, limitando-o. *O Poder Constituinte seria soberano nos limites da proporcionalidade... Não seria soberano!* Uma coisa nunca vista! (original sem destaques).[49]

Com isso, o STF se curvou à decisão do poder constituinte, mesmo sendo das mais rigorosas, para entender que *toda a* área da matrícula do imóvel é objeto de expropriação. A ideia de proporcionalidade seria irrelevante, porque não é oponível às normas constitucionais originárias.[50] Goste-se ou não, o constituinte originário pode ser desproporcional.

---

[49] STF, Pleno, RE 543.974/MG, Rel. Min. Eros Grau. j. em 26.03.2009.
[50] No ano de 2014, o dispositivo foi objeto de emenda à Constituição (EC 81), que substituiu a palavra "glebas" por "propriedades".

3 Conclusão

Após as reflexões efetuadas ao longo deste trabalho, é possível inferir as proposições elencadas ao diante:

a) O constitucionalismo idílico não contraria emocionalmente o intérprete; pelo contrário, atende às suas expectativas sentimentais. Com isso, a Constituição se transforma em um tipo objetal narcísico;

b) O constitucionalismo idílico deriva de uma falha no processo de aceitação, à semelhança de uma dissonância cognitiva;

c) A válvula de escape emocional consiste em promover um controle de moralidade – difuso ou concentrado – sobre a obra do constituinte;

d) O controle de moralidade não tem previsão no ordenamento jurídico brasileiro, embora seja encorajado por parte da doutrina estrangeira (Radbruch e Otto Bachof);

e) O controle de moralidade é uma operação sub-reptícia. No ativismo judicial, o controle de moralidade das normas constitucionais é uma operação *dissimulada*, isto é, ocultada por álibis retóricos *simulados*. No constitucionalismo idílico, o mais comum é um impulso jusnaturalista inconsciente;

f) O marco teórico do constitucionalismo idílico já alcançou a jurisprudência brasileira (STF) e também parte da doutrina nacional (Carlos Ayres Britto);

g) O sustentáculo do constitucionalismo idílico é a ideia *intuitiva* de justiça no plano abstrato (Constituição perfeita) e no plano empírico (decisão ideal);

h) Inexiste relação de implicação entre texto constitucional e justiça. Elevar a Constituição ao *status* de justiça abstrata acaba por criar um sistema operacional cuja interface não dialoga com a categoria da *injustiça constitucional*;

i) Alguns exemplos de injustiça constitucional foram fornecidos. Têm eles em comum o mesmo percurso argumentativo: a utilização de um dispositivo constitucional "x" (mais vago) para corrigir um dispositivo constitucional "y" (mais específico), por meio do uso precário de uma suposta interpretação sistemática;

j) À luz da unidade da Constituição, a interpretação tecnicamente correta é a de que um dispositivo constitucional "x" (mais vago) é válido, *nos termos da Constituição*. O constituinte, por sua vez, pode excepcionar a si mesmo.

A Constituição é um *documento*. O mais é poesia ou fantasia. E um documento falho, às vezes desvantajoso, ineficiente, que carece de coesão interna, injusto e até discriminatório. Como declarou Ulysses Guimarães, "[a] Constituição certamente não é perfeita. Ela própria o confessa, ao admitir a reforma".[51] Esta é a vida como ela é. Imperfeições são objeto de reforma, não de correções moralistas.

Uma vez que se toma consciência disso, escamas caem dos olhos do intérprete, que passa a vislumbrar a realidade nua e crua. É neste momento, precisamente, que se tem a oportunidade de efetuar uma escolha *decisiva* na vida de um estudante de Direito: aceitar a Constituição como ela é ou viver um romance, uma ilusão, um constitucionalismo idílico.

---

[51] Discurso proferido na sessão de 5 de outubro de 1988, publicado no *DANC* de 5 de outubro de 1988, p. 14380-14382.

Perguntar a um jurista do constitucionalismo idílico se a Constituição ampara um dado direito – reclamado pelo sentimento intuitivo de justiça – pode ser tão insuspeito quanto indagar a uma mãe sobre os atributos estéticos do seu filho.

Convém iniciar o *processo de aceitação*.

Referências

AGOSTINHO, Santo. Agostinho. *A Cidade de Deus*. 7. ed. Trad. Oscar Paes Lemes, Rio de Janeiro: Vozes, 2002.

ALEXY, Robert. *Conceito e Validade do Direito*. São Paulo: Martins Fontes, 2009.

ASSIS, Machado de. *Memórias Póstumas de Brás Cubas*. Ministério da Cultura. Fundação Biblioteca Nacional, 1881.

BACHOF, Otto. *Normas Constitucionais Inconstitucionais?* Coimbra: Almedina, 2008. p. 3.

BARROSO, Luís Roberto. *A Dignidade Humana no Direito Constitucional Contemporâneo*. A Construção de um Conceito Jurídico à Luz da Jurisprudência Mundial. Belo Horizonte: Fórum, 2014.

BONAVIDES, Paulo. *Ciência Política*. 23. ed. São Paulo: Malheiros, 2016.

BRITTO, Carlos Ayres. *O Humanismo como Categoria Constitucional*. Belo Horizonte: Fórum, 2012.

CARVALHO, Luiz Maklouf. 1988: *Segredos da Constituinte*. Os vinte meses que agitaram e mudaram o Brasil. Rio de Janeiro: Record, 2017.

DAHL, Robert A. *Sobre a Democracia*. Brasília: Editora Universidade de Brasília, 2016.

DWORKIN, Ronald. *Is Democracy Possible Here?* Principles for a New Political Debate. Princeton University Press, 2006.

FONTELES, Samuel Sales. *Direitos Fundamentais*. 4. ed. Salvador: Juspodivm, 2021.

FONTELES, Samuel Sales. *Hermenêutica Constitucional*. 4. ed. Salvador: Juspodivm, 2021.

FREUD, Sigmund. *Introdução ao narcisismo, ensaios de metapsicologia e outros textos (1914-1916)*. *In*: Obras Completas, volume 12, tradução de Paulo César de Souza. São Paulo: Companhia das Letras, 2010.

FREUD, Sigmund. *O Futuro de uma Ilusão*. Porto Alegre: L&PM Pocket, 2011.

GADAMER, Hans-Georg. *Verdade e Método*. 3. ed. Petrópolis: Vozes, 1999.

GRAU, Eros Roberto. *Por que Tenho Medo dos Juízes*: a interpretação/aplicação do direito e os princípios. 8. ed. São Paulo: Malheiros, 2017.

HART, Herbert Lionel Adolphus. American Jurisprudence Through English Eyes: The Nightmare and the Noble Dream. *Georgia Law Review*. Volume 11, Number 5, p. 969-989, September, 1977.

HART, Herbert Lionel Adolphus. *Ensaios Sobre Teoria do Direito e Filosofia*. Rio de Janeiro: Elsevier, Campus, 2010.

KELSEN, Hans. *O Problema da Justiça*. 5. ed. São Paulo: Martins Fontes, 2011.

KELSEN, Hans. *Teoria Pura do Direito*. 6. ed. São Paulo: Martins Fontes, 1998.

LEAL, Saul Tourinho. *Direito à Felicidade*. Coimbra: Almedina, 2006.

PLATÃO. *A República*. 3. ed. São Paulo: Edipro, 2019.

RAWLS, John. *Uma Teoria da Justiça*. Lisboa: Presença, 1993.

REALE, Miguel. *Lições Preliminares de Direito*. 27. ed. São Paulo: Saraiva, 2004.

ROCHA, Zeferino. O Papel da Ilusão na Psicanálise Freudiana. *Ágora: Estudos em Teoria Psicanalítica*, Rio de Janeiro, vol. 15, n. 2, p. 259-271, jul./dez. 2012.

SCALIA, Antonin. *A Matter of Interpretation. Federal Courts and the Law*. New Jersey: Princeton University Press, 1997.

SEIDMAN, Louis Michael. *On Constitutional Disobedience*. Oxford University Press, 2012.

SEN, Amartya Kumar. *A Ideia de Justiça*. Coimbra: Almedina, 2010.

TUSHNET, Mark. *Advanced Introduction to Comparative Constitutional Law*. Northampton: Edward Elgar, 2014.

Informação bibliográfica deste texto, conforme a NBR 6023:2018 da Associação Brasileira de Normas Técnicas (ABNT):

FONTELES, Samuel Sales. Constitucionalismo idílico. *In*: RIBEIRO, Carlos Vinícius Alves; TOFFOLI, Dias; RODRIGUES JUNIOR, Otávio Luiz (Coord.). *Estado, Direito e Democracia*: estudos em homenagem ao Prof. Dr. Augusto Aras. Belo Horizonte: Fórum, 2021. p. 411-427. ISBN 978-65-5518-245-3.

MANIFESTAÇÕES PÚBLICAS DE MEMBROS DO MINISTÉRIO PÚBLICO BRASILEIRO: LIBERDADE DE EXPRESSÃO E CUMPRIMENTO DOS DEVERES FUNCIONAIS

SEBASTIÃO VIEIRA CAIXETA

1 Introdução

A liberdade de expressão é tema que está bastante em voga nos julgamentos mais recentes do Conselho Nacional do Ministério Público, sendo diversos os procedimentos administrativos disciplinares instaurados com o escopo de apurar a conduta funcional de membros do Ministério Público brasileiro que, em eventos oficiais, em entrevistas e em redes sociais, proferem manifestações de cunho político-partidário ou depreciativo a autoridades públicas, a advogados ou aos próprios pares do Ministério Público.

Nesses casos, a Corregedoria Nacional do Ministério Público tem atuado de forma eficaz e objetiva, deflagrando a persecução administrativa disciplinar sempre que existentes indícios suficientes de cometimento de infração concernente ao descumprimento de obrigações funcionais, como o dever de observância ao decoro pessoal, de manter ilibada conduta pública e particular e de tratar com urbanidade as partes, advogados e autoridades públicas.

Quanto ao tema, importante discorrer, sem nenhuma pretensão de esgotar a matéria, sobre a desnecessidade de representação do ofendido como requisito de procedibilidade para a persecução disciplinar, sobre a impossibilidade de imposição de qualquer tipo de censura prévia, sobre a obrigação de prestação de contas e de informações, sobre os contornos impostos ao legítimo exercício da liberdade de expressão pelos membros do Ministério Público brasileiro.

2 Desnecessidade de representação do ofendido como requisito de procedibilidade para a persecução administrativa disciplinar

O primeiro ponto relevante de destaque é o enfrentamento da representação do ofendido como requisito de procedibilidade para a persecução administrativa disciplinar.

A partir de julgamento ocorrido na 9ª Sessão Ordinária, realizada em 29.05.2018, passou a ser comum a sustentação de que a abertura de processo administrativo disciplinar contra membro do Ministério Público para apuração de abuso de liberdade de expressão deveria ser precedida, obrigatoriamente, de representação do ofendido.

Tal precedente decorreu do empate na votação da questão preliminar quanto à necessidade de representação do ofendido para a deflagração do processo administrativo disciplinar no julgamento do Processo nº 1.00211/2018-24, o qual, nos termos do regimento, beneficia o processado e resultou, portanto, no arquivamento do feito.

Não obstante, o citado precedente, além de formar maioria no Plenário do CNMP, não é, nem nunca foi, prevalecente na jurisprudência desta Corte Administrativa. Na verdade, tirante o referido empate que beneficiou o processado, a jurisprudência remansosa do Conselho Nacional do Ministério Público, assentada sem maiores dissensos, é no sentido de que é possível a abertura, de ofício, de procedimentos disciplinares.

Nesse sentido, também é o art. 18 do Regimento Interno do CNMP, ao prever as competências do Corregedor Nacional.

A referida norma regimental encontra fundamento de validade no art. 130-A, §§2º e 4º, da Constituição da República de 1988, que estabelece a competência do CNMP para "receber e conhecer das reclamações contra membros ou órgãos do Ministério Público da União ou dos Estados, inclusive contra seus serviços auxiliares, sem prejuízo da competência disciplinar e correicional da instituição, podendo avocar processos disciplinares em curso, determinar a remoção, a disponibilidade ou a aposentadoria com subsídios ou proventos proporcionais ao tempo de serviço e aplicar outras sanções administrativas, assegurada ampla defesa" e, também, para "rever, de ofício ou mediante provocação, os processos disciplinares de membros do Ministério Público da União ou dos Estados julgados há menos de um ano".

Dada a clareza das normas constitucionais e regimentais, que não distinguem qualquer pessoa ou infração disciplinar, a praxe da Corregedoria Nacional e a jurisprudência do Plenário do CNMP firmaram-se no sentido de rejeitar qualquer questionamento quanto à possibilidade de se proceder de ofício no âmbito disciplinar em todas as infrações funcionais tipificadas em lei, sempre que constatada a justa causa a permitir a persecução infracional.

Dessa forma, é absolutamente tranquila a possibilidade de abertura de procedimento disciplinar de ofício, sem a necessidade de representação em qualquer infração funcional, inclusive quanto a eventual abuso no exercício da liberdade de expressão.

Confirmando julgados anteriores, a jurisprudência do CNMP, em pronunciamentos posteriores, vem confirmando a desnecessidade de representação do ofendido com pressuposto de procedibilidade, ao admitir, de ofício, a instauração do PAD, conforme exemplifica o aresto, referendado em 10.04.2018, por este Egrégio Plenário, para o qual não se exigiu representação:

> EMENTA. PROCESSO ADMINISTRATIVO DISCIPLINAR. MEMBRO DO MINISTÉRIO PÚBLICO DO ESTADO DO MARANHÃO. EXISTÊNCIA DE JUSTA CAUSA PARA O PROSSEGUIMENTO DA PERSECUÇÃO ADMINISTRATIVA DISCIPLINAR EM RELAÇÃO A TODOS OS FATOS NARRADOS NA PORTARIA DE INSTAURAÇÃO.

REFERENDO PELO PLENÁRIO DA DECISÃO DA CORREGEDORIA NACIONAL QUE DETERMINOU A DEFLAGRAÇÃO DO PROCEDIMENTO.

1. Processo Administrativo Disciplinar instaurado por decisão da Corregedoria Nacional em desfavor de Membro do Ministério Público do Estado do Maranhão por ter este, em tese, descumprido os deveres de manter ilibada conduta pública e particular, de zelar pelo prestígio, prerrogativas e dignidade de suas funções e de tratar com urbanidade as partes, em razão de duas entrevistas dadas a veículos de imprensa.

2. Em juízo de cognição sumária, constata-se que há indícios suficientes a demonstrar a justa causa necessária para a instauração do Processo Administrativo Disciplinar em relação a todos os fatos narrados na Portaria CNMP-CN nº 72/2018.

3. Referendo integral da decisão proferida pela Corregedoria Nacional do Ministério Público nos autos da Reclamação Disciplinar nº 1.00399/2017-75.[1]

No mesmo sentido: CNMP. Reclamação Disciplinar nº 1.00543/2019-71, Rel. Cons. Orlando Rochadel Moreira, julgado em 10.09.2019. CNMP. Reclamação Disciplinar nº 1.00577/2019-20. Rel. Cons. Orlando Rochadel Moreira. Julgado em 19.12.2019.

Ademais, o ponto fulcral dessa argumentação reside no fato de que o bem jurídico a ser protegido, nesses casos, não corresponde somente à honra e à imagem do possível ofendido, mas sobreleva, também e em primeiro lugar, a imagem, o respeito e a honorabilidade do próprio Ministério Público, que não podem ser comprometidos por manifestações abusivas de seus membros, razão pela qual é imperativo institucional a apuração dos correspondentes atos apontados como faltosos, independentemente de representação.

3 Vedação de censura prévia e estabelecimento da liberdade de expressão como cláusula pétrea

O cerne da questão meritória debatida nos julgamentos versados no presente artigo concerne ao alegado conflito existente entre a liberdade de expressão e a observância dos deveres funcionais pelos membros do Ministério Público brasileiro, quando de suas manifestações públicas.

O tema é de extrema relevância, tanto para asseverar a liberdade de expressão como cláusula pétrea quanto para destacar os limites existentes em relação à livre manifestação do pensamento por aqueles que atuam "presentando" o Ministério Público. Nessa posição, o que falam os membros do *Parquet* não repercute apenas em sua esfera pessoal, mas também na imagem da instituição a que pertencem.

Desde a Declaração de Direitos de 1689, conhecida como *Bill of Rights*, a liberdade de expressão vem sendo consagrada em todas as declarações de direitos, com destaque para a Declaração Universal dos Direitos Humanos de 1948, estando, expressamente, enunciada na Constituição da República de 1988, qualificada como direito fundamental e cláusula pétrea.[2]

---

[1] CNMP. Processo Administrativo Disciplinar nº 1.00233/2018-20, Redator para o Acórdão Cons. Sebastião Vieira Caixeta, julgado em 10 de abril de 2018.

[2] CF, art. 60, §4º, IV.

A liberdade de expressão engloba a exteriorização do pensamento, de ideias, de opiniões, de convicções, bem como de sensações e de sentimentos em suas mais variadas formas, quais sejam, as atividades intelectuais, artísticas, científicas e comunicativas.[3]

Insere-se na liberdade de expressão também o direito de criticar. Nesse toar, cumpre frisar, ninguém é imune e todos têm direito a tecer críticas. Aliás, tive a oportunidade de ressaltar exatamente isso no discurso que proferi por ocasião da posse dos novos Conselheiros da composição para o biênio 2017/2019, honrado que fui com a deferência dos meus pares de falar em nome deles naquela ocasião.

Por oportuno, cito excertos da tese *"O direito de Criticar na jurisprudência do Supremo Tribunal Federal"* de Candido Alexandrino Barreto Neto, no qual disserta sobre os contornos do direito de criticar:

> O direito de criticar é uma realidade no Estado brasileiro, graças à atuação do Supremo Tribunal Federal, necessitando uma definição para assegurar-lhe eficácia sob pena de sucumbência ante a confusão entre discurso de ódio e crítica.
>
> Conjugando princípios, direitos e garantias fundamentais, como liberdade de expressão, liberdade de consciência, proibição da censura, regime democrático, dignidade, eis a base legal do direito à crítica. A liberdade de expressão está para o cidadão como a dignidade da pessoa humana está para o indivíduo.
>
> O direito de criticar é a liberdade de expressão que confronta, opõe, discorda, contrasta, mediante juízo, com ideias ou pensamentos individuais ou coletivos. É *sempre legítimo, merecendo reverberar o modo como se exerce a crítica, em especial o conteúdo, a ideia oposta expressa*.
>
> Os números provam que a livre manifestação de ideias, inclusive mediante crítica, já foi bastante discutida, nalguns votos inclusive abordando o discurso de ódio como limite, porém, o embate diário de ideias e judicialização das críticas obriga o STF a indicar parâmetros objetivos.
>
> No primeiro momento, a difícil tarefa é diferenciar crítica da ofensa: desde que momento o pensamento divergente exposto pelo interlocutor atravessa o limbo da crítica para a ofensa? Como extrair a malícia que comprovaria o *animus injuriandi*?
>
> Para diagnosticar, ou, na verdade, deduzir, a vontade de ofender o juiz precisa no caso concreto analisar o histórico pessoal, o contexto da crítica, proceder avaliação psicológica dos contendores e atentar para a Linguística, ao invés de basear sua sentença no achismo, sem comprovação fático-científica: decide conforme sua consciência ou de acordo com a "média jurídica" praticada.[4]

Não por outra razão, o Conselho Nacional do Ministério Público decidiu, em acórdão unânime da culta lavra do Conselheiro Dermeval Farias Gomes Filho, no Processo Administrativo Disciplinar nº 1.00556/2017-05:

> O direito de crítica, extraído dos direitos fundamentais à livre manifestação do pensamento e ao livre exercício de atividades intelectuais, artísticas, científicas e de comunicação

---

[3] MEYER-PLUFG, Samantha Ribeiro. Liberdade de expressão e discurso do ódio. São Paulo. Editora Revista dos Tribunais, 2009.p. 66. *Apud* Parecer dos Membros Auxiliares da Corregedoria Nacional que deu suporte à abertura deste PAD.

[4] Barreto Neto, Cândido Alexandrino. O direito de criticar na jurisprudência do Supremo Tribunal Federal. Dissertação (mestrado) – Universidade de Fortaleza, 2015, 124 f.

(CF, artigo 5º, incisos IV e IX), é parte indissociável de um Estado Democrático de Direito que tenha por objetivo a construção de uma sociedade livre, justa e solidária, razão por que deve ser assegurado a qualquer indivíduo, independentemente de sua condição pessoal.

De fato, trata-se de uma das mais relevantes franquias constitucionais, que representa um dos fundamentos em que se apoia a própria noção de Estado Democrático de Direito.[5]

Evidentemente, essa franquia constitucional, porque enunciada no Título II da Carta Política de 1988 – Dos Direitos e Garantias Fundamentais –, é inerente a qualquer cidadão, sendo truísmo afirmar-se que é também imanente aos agentes públicos, incluindo, por óbvio, os membros do Ministério Público.

Logo, por expressa determinação constitucional, é vedada qualquer censura ou interdição à liberdade de expressão dos membros do Ministério Público. Como ensina o eminente Ministro Celso de Mello, não há "nada mais nocivo, nada mais perigoso do que a pretensão do Estado de regular a liberdade de expressão (ou de ilegitimamente interferir em seu exercício), pois o pensamento há de ser livre, permanentemente livre, essencialmente livre...".[6]

Nessa senda, limitações à liberdade de expressão devem ser interpretadas restritivamente. Da mesma forma, também procede a ponderação de que cercear o membro do Ministério Público em sua liberdade de expressão é dar-lhe meia cidadania.

4 Manifestações públicas dos membros do Ministério Público brasileiro

A atividade ministerial vai muito além de manifestações nos autos dos processos e dos procedimentos.

Como lembra o Procurador do Trabalho Leomar Daroncho, a Constituição de 1988 tem o confessado propósito de transformação da realidade social e, ao lado de disposições programáticas, alinha objetivos e instrumentos de construção do cenário pretendido: instituição de um Estado Democrático, destinado a assegurar o exercício dos direitos sociais e individuais.[7]

Nesse contexto, o Ministério Público, com a incumbência de defesa da ordem jurídica, do regime democrático e dos interesses sociais e individuais indisponíveis, ganhou a configuração de garante dessa nova ordem pretendida pela Carta Magna.

Para bem desincumbir-se dessas relevantes tarefas, exige-se desse novo Ministério Público que seja muito mais resolutivo, promocional, iterativo, comunicativo, articulador, como efetivo agente transformador da realidade social.

---

[5] Cf. MELLO, Celso de. *In:* Rcl 15243 MC-AgR/RJ. Relator(a): Min. CELSO DE MELLO Julgamento: 18.11.2014. Órgão Julgador: Segunda Turma.
[6] MELLO, Celso de. *In:* Rcl 15243 MC-AgR/RJ. Relator(a): Min. CELSO DE MELLO Julgamento: 18.11.2014. Órgão Julgador: Segunda Turma.
[7] Uma senhora de quase 30 anos. Disponível em: http://m.gazetadigital.com.br/conteudo/show/secao/60/materia/492621/t/uma-senhora-de-quase-30-anos. Acesso em: 28 maio 2018.

Oportunas, mais uma vez, as lições de Leomar Daroncho:

O conjunto de atribuições e competência tem marcante perfil promocional.

A Lei Complementar nº 75, de 1993, que organiza o Ministério Público da União no nível infraconstitucional, utiliza 31 vezes o verbo 'promover' para indicar os instrumentos de atuação institucional. Alguns deles descortinam reais possibilidades de conflito com instâncias do Poder Político e de maiorias circunstanciais. Isso ocorre tanto no controle da omissão quanto da legitimidade dos atos normativos.

Trata-se de evidente atuação com contornos políticos. No palco dos desafios e dos interesses contrariados, atrai, ao lado de algum reconhecimento, reações que não devem ser desprezadas.

Em obra técnica específica sobre o tema, o cientista Político Rogério Bastos Arantes, ainda nos anos 1990, já indicava os prováveis embates políticos decorrentes da legitimação do Ministério Público para atuar como agente defensor da cidadania.

Esse atuar como defensor da cidadania exige, com muita frequência, a manifestação dos membros do Ministério Público em prol da realização dos interesses, valores e direitos que a Constituição da República lhes cometeu.

Atento a essa necessidade, o Conselho Nacional reconhece e avaliza a possibilidade da comunicação dos membros do Ministério Público com a sociedade, pelos diversos meios, inclusive mídias digitais, tendo instituído a Política Nacional de Comunicação Social do Ministério Público brasileiro por meio da Recomendação nº 58, de 5 de julho de 2017.

Nesse contexto, legitima-se a comunicação, no âmbito do Ministério Público, como atividade institucional de responsabilidade de todos os seus integrantes, inerente às atividades ministeriais tanto no campo finalístico quanto no estruturante.

Por sua vez, como cidadãos e legítimos titulares do direito fundamental à liberdade de expressão, aos membros do Ministério Público não pode ser interditada a participação em embates travados no campo da esfera pública, sendo-lhes facultado o exercício de sua manifestação livre de pensamento no âmbito do debate público, na troca de ideias, na construção de opiniões e, por meio de um processo dialógico de escuta e voz, na defesa e na concretização dos interesses que estão ao seu cargo, por determinação constitucional.[8]

Essa participação nesse "diálogo público" vai além dos espaços tradicionais de discussão, envolvendo também as mídias sociais, os meios de comunicação *on-line* e todo o conteúdo do ciberespaço.

Nesse sentido, o Conselho Nacional do Ministério Público jamais cogitou de baixar qualquer regulação tendente a impor restrições ou censuras à liberdade de expressão dos membros do Ministério Público, até porque iniciativas nesse sentido seriam manifestamente inconstitucionais.

Nem mesmo a Recomendação de Caráter Geral nº 01, de 3 de novembro de 2016, editada pela Corregedoria Nacional do Ministério Público com a finalidade de fixar

---

[8] Estudo Liberdade de Expressão do COLETIVO POR UM MINISTÉRIO PÚBLICO TRANSFORMADOR – Coletivo MP Transforma.

diretrizes orientadoras sobre a liberdade de expressão, sequer resvala na imposição de censura ou mordaça de qualquer natureza.

O controle exercido por este Conselho, alinhado às diretrizes do Supremo Tribunal Federal sobre a matéria, é sempre posterior, aferindo e ponderando o exercício da liberdade de expressão com outros direitos constitucionais de igual ou de superior hierarquia, com observância das garantias do contraditório e da ampla defesa.

Note-se que tampouco o debate político está interditado aos membros do Ministério Público, aos quais se veda, apenas, a atividade político-partidária, sendo impróprio reduzir a esta o conceito de política, considerado como o conjunto dos meios adequados à obtenção do bem comum.

A propósito, calha a interessante a lição de Benedito Calheiros Bomfim:

> A política, observava Aristóteles, "é a ciência do bem comum". Pode-se dizer que é a forma de organizar os seres humanos em sociedade. Ninguém vive sem fazer política, ainda que não o saiba. Aquele que se proclama neutro, aliena-se da política, não concorre para o bem-estar da comunidade, para a paz, para a melhoria das instituições. Faz a pior das políticas, qual seja, a favorável à manutenção do *status quo*, representado pela injustiça, pobreza, desigualdade, violência. Péricles considerava "o cidadão estranho ou indiferente à política um inútil à sociedade e à República." A política, queiramos ou não, constitui uma opção diária por valores e é ínsita ao próprio processo de sentir, pensar e viver. Já a política-partidária é a atividade política ideologizada, engajada, organizada sob um ideário comum, com vistas, geralmente, à participação ou à ascensão ao Poder. A atividade política ordinária, quotidiana, é inerente mesmo à existência do cidadão, ao passo que a político-partidária é a opção refletida, consciente, deliberada, participativa.
>
> Não obstante, confunde-se, frequentemente, o exercício da política com a atividade político-partidária. Aqueles que, ainda fazem confusão entre atividade política e prática político-partidária, agem, via de regra, por desinformação, preconceito, ou, intencionalmente, por reacionarismo. Na área jurídica, os que assim pensam priorizam a forma sobre o conteúdo, sobrepõem a lei ao direito, separam o direito da justiça. Querem uma magistratura asséptica, presa à letra dos códigos, socialmente insensível, distante da efervescência do mundo, e que faça do gabinete e dos autos, exclusivamente, o seu mundo.[9]

Na condição de agentes políticos, membros do Ministério Público, até por imposição funcional, quotidianamente são impelidos a lidar, a conhecer, a debater, a buscar a implementação de políticas públicas, atentos aos ditames da Constituição e das leis.

Considerando a necessidade de interpretar a proibição estritamente, tem-se que membros do Ministério Público podem exercer sua liberdade de expressão na dimensão da política, observadas as cautelas e as limitações que decorrem dos deveres funcionais.

---

[9] Magistratura e política. Disponível em: http://www.ambito-juridico.com.br/site/index.php?n_link=revista_artigos_leitura&artigo_id=1398. Acesso em: 28 maio 2018.

5 Necessidade de observância aos deveres funcionais do cargo. Limites à liberdade de expressão

Conforme exposto nos tópicos anteriores, é absolutamente verdadeiro asseverar-se que os membros do Ministério Público são titulares do direito fundamental à liberdade de expressão.

Não é menos verdadeira, todavia, a afirmação de que esse direito – como, em regra, nenhum outro – não é absoluto, sofrendo limitações inerentes ao exercício de outros direitos de igual ou de superior hierarquia.

Assim, a liberdade de expressão há de harmonizar-se com outros direitos e garantias constitucionais não menos essenciais à concretização da dignidade da pessoa humana, tais como o direito à honra, à intimidade, à privacidade, à imagem, devendo proceder-se à técnica de ponderação quando houver tensão decorrente do exercício de tais direitos fundamentais.

Nessa contextura, o exercício da liberdade de expressão por qualquer cidadão só será lícito na medida em que preservar o direito à honra, à intimidade, à privacidade, à imagem das outras pessoas.

Trata-se de vetusta regra básica de convivência e de civilidade enunciada desde o Digesto de Ulpiano: *"Iuris praecepta sunt haec: honeste vivere, alterum non laedere, suum cuique tribuere"* ("Os preceitos do direito são estes: viver honestamente, não lesar a outrem, dar a cada um o que é seu"). Também pode ser compreendida no adágio popular "o direito de cada um termina onde começa o do outro".

No que concerne aos agentes públicos, há ainda de se ponderar que o exercício da liberdade de expressão exige reverência à disciplina limitadora constante da Constituição da República e do estatuto funcional correspondente.

Esses deveres dos servidores públicos no exercício da liberdade de expressão constituem-se verdadeira garantia do Estado Democrático de Direito em manter a sociedade bem-informada sobre questões de interesse público, principalmente se considerarmos que o acesso à informação é atualmente importante instrumento de controle e de participação social na vida pública, salutar para o funcionamento e aperfeiçoamento das instituições.[10]

Em se tratando de servidores públicos, a Corte Interamericana consignou que, conquanto eles sejam titulares da liberdade de expressão, o seu exercício requer maior responsabilidade que aquela exigida dos cidadãos comuns e envolve os seguintes deveres:

> *O dever de pronunciar-se em certos casos, em cumprimento de suas funções constitucionais e legais, sobre assuntos de interesse público.* Para a Corte Interamericana, a transcendente função democrática da liberdade de expressão exige que em determinados casos, os funcionários públicos façam pronunciamentos sobre assuntos de interesse público, no cumprimento de suas atribuições legais. Em outras palavras, sob certas circunstâncias, o exercício de sua liberdade de expressão não é somente um direito, mas também um dever. Nos termos do tribunal, "a Corte [Interamericana] reiterou numerosas vezes a importância que a liberdade de expressão tem em uma sociedade democrática, especialmente no que se refere a assuntos

---

[10] Excerto do acórdão unânime da culta lavra do Conselheiro Dermeval Farias Gomes Filho no PROCESSO ADMINISTRATIVO DISCIPLINAR Nº 1.00556/2017-05.

de interesse público. [...] Por isso, não só é legítimo, mas em certas ocasiões é também um dever das autoridades estatais pronunciar-se sobre questões de interesse público".

O dever especial de constatação razoável dos fatos que fundamentam seus pronunciamentos. Quando os funcionários públicos exercem sua liberdade de expressão, seja em cumprimento a um dever legal, ou como simples exercício de seu direito fundamental a expressar-se, "estão submetidos a certas restrições quanto a constatar de forma razoável, ainda que não necessariamente exaustiva, os fatos pelos quais fundamentam suas opiniões, e devem fazê-lo com uma diligência ainda maior do que a empregada pelos particulares, em atenção ao alto grau de credibilidade de que gozam e cuidando de evitar que os cidadãos recebam uma versão manipulada dos fatos".

O dever de assegurar-se de que os seus pronunciamentos não constituam violações dos direitos humanos. Pelas obrigações estatais de garantia, respeito e promoção dos direitos humanos, é dever dos funcionários públicos assegurar-se de que ao exercerem sua liberdade de expressão, não estejam causando o desconhecimento de direitos fundamentais. Nas palavras da Corte Interamericana, "devem considerar que, na condição de funcionários públicos, têm uma posição de garante dos direitos humanos fundamentais das pessoas, e, por isso, suas declarações não podem chegar a desconhecer esses direitos".[11]

A situação ganha contornos ainda mais complexos quando há envolvimento de agentes públicos que, por participarem diretamente da formação da vontade política, devem estar sujeitos a deveres éticos e funcionais ainda mais estritos. Em relação a tais agentes políticos, como é o caso de membros do Ministério Público, a distinção entre figura pública e particular torna-se menos nítida, sendo-lhes exigidos determinados deveres relacionados à vida privada.[12]

Nessa linha de pensamento, é fácil perceber que os agentes públicos, entre eles os membros do Ministério Público, não têm a mesma liberdade de manifestação do cidadão dito comum porque eles – os agentes públicos –, notadamente os membros de Poder e os integrantes do Ministério Público, sempre ostentam essa qualidade nas suas manifestações.

Nesse diapasão, a liberdade de expressão dos membros do Ministério Público não poderá configurar o exercício de atividade político-partidária, ante a expressa vedação constante do art. 128, §5º, II, "e", da Carta Magna.

Da mesma forma, o exercício da liberdade de expressão deve preservar os deveres funcionais, constantes das respectivas Leis Orgânicas, que restringem, licitamente, tal liberdade, ao preverem, por exemplo, o dever de guardar segredo sobre assunto de caráter sigiloso que conheça em razão do cargo, o dever de desempenhar com zelo e probidade as suas funções e o dever guardar decoro pessoal.

Nesse contexto, a liberdade de expressão dos membros do Ministério Público deve ser exercida com a cautela e a temperança necessárias para não comprometer a imagem e a honorabilidade da instituição, que é presentada pelos seus integrantes.

Juízes e membros do Ministério Público são autoridades públicas investidas de parcela do poder estatal, detêm poder político por exercerem atos de soberania e é por essa razão que deles se exige comedimento e ilibada conduta pública e privada, bem como a guarda do decoro pessoal.

---

[11] *Idem.*
[12] *Idem.*

Em conclusão, tem-se que os membros do Ministério Público gozam da liberdade de expressão nos mesmos moldes e com as mesmas restrições dos demais cidadãos, acrescidas das limitações decorrentes das vedações legais inerentes ao cargo que ocupam e dos deveres funcionais que lhes são impostos.

6 Infrações disciplinares decorrentes do abuso do direito à livre expressão do pensamento e ao direito de crítica. Necessidade de tipicidade, de justa causa e de plausibilidade da imputação para abertura do PAD

O Regimento Interno do CNMP exige, para instauração do PAD, "indícios suficientes de materialidade e autoria da infração" (art. 77, IV), devendo a portaria respectiva "conter a qualificação do acusado, a exposição circunstanciada dos fatos imputados, a previsão legal sancionadora e o rol de testemunhas, se for o caso".

Nessas condições, exige-se que a portaria inaugural, à guisa de "libelo acusatório", contenha a descrição circunstanciada e detalhada dos fatos, com a exata qualificação jurídico-administrativa.

O processo administrativo disciplinar, à semelhança da persecução penal, traz, de plano, consequências graves à esfera jurídica do acusado, impondo-lhe o trilhar de senda de apreensão e de intranquilidade, que pode desembocar em punição de grande relevo para sua vida funcional, com reflexos na esfera pessoal e familiar.

Por essa razão, somente situações jurídicas bem delineadas, com fatos certos e determinados, mediante subsunção das condutas infracionais à previsão legal sancionadora, são aptas a desencadear o PAD.

Trata-se da garantia de que não se procederá sem observância do devido processo legal e de que o procedimento instaurado conterá indício da prática de ato vedado pela lei, ponderando-se o dever/poder de o Estado apurar as faltas funcionais com o direito dos agentes públicos de não serem acusados sem o mínimo de prova, com ofensa à sua honra e à sua imagem, considerando que a mera instauração do PAD já produz restrições de direitos e impõe consequências jurídicas danosas.

É o que a doutrina e a jurisprudência identificam como justa causa legitimadora do início do procedimento punitivo, a exigir indício mínimo do cometimento da falta e plausibilidade da acusação.

Na lição de Luís Roberto Barroso:

> Com efeito, a necessidade de justa causa para a procedibilidade da denúncia tem o propósito de não submeter o indivíduo a uma situação que expõe sua reputação e imagem se não houver elementos suficientes consistentes que indiquem sua necessidade.[13]

---

[13] BARROSO, Luís Roberto. *Temas de Direito Constitucional*, tomo II. Rio de Janeiro: Renovar, 2002, p. 553.

De acordo com Afrânio Silva Jardim, a justa causa constitui

(...) um lastro mínimo de prova que deve fornecer arrimo à acusação, tendo em vista que a simples instauração do processo penal já atinge o chamado *status dignitatis* do imputado.[14]

Prossegue o eminente processualista:

Desta forma, torna-se necessário ao regular exercício da ação penal [e do PAD] a demonstração, *prima facie*, de que a acusação não é temerária ou leviana, por isso que lastreada em um mínimo de prova. Este suporte probatório mínimo se relaciona com os indícios da autoria, existência material de uma conduta típica e alguma prova de sua antijuridicidade e culpabilidade. Somente diante de todo este conjunto probatório é que, a nosso ver, se coloca o princípio da obrigatoriedade da ação penal [e do PAD].[15]

Assim, não basta que a denúncia, à semelhança da portaria do PAD, formalmente,

(...) impute ao réu uma conduta típica, ilícita e culpável. Isto satisfaz o aspecto formal da peça acusatória, mas para o regular exercício da ação pública [ou do PAD] se exige que os fatos ali narrados tenham alguma ressonância na prova do inquérito ou constante das peças de informação.[16]

Maria Thereza Rocha de Assis Moura, em clássica obra a respeito da justa causa, aduz que,

(...) para que alguém seja acusado em juízo, faz-se imprescindível que a ocorrência do fato típico esteja evidenciada; que haja, no mínimo, probabilidade (e não mera possibilidade) de que o sujeito incriminado seja seu autor e um mínimo de culpabilidade.
(...)
Prova induvidosa da ocorrência de um fato delituoso, na hipótese, e prova ou indícios de autoria, apurados em inquérito policial ou nas peças de informação que acompanham a acusação: é neste binômio que, para esta postura, consiste o fundamento tido como indispensável para a acusação, sem o qual inexiste justa causa para a instauração do processo criminal.
(...)
Em síntese, a justa causa para o recebimento da acusação não sobressai apenas de seus elementos formais, mas, mormente, de sua fidelidade à prova que demonstre a legitimidade da imputação. Segue-se que a necessidade de existência de justa causa funciona como mecanismo para impedir, em hipótese, a ocorrência de imputação infundada, temerária, leviana, caluniosa e profundamente imoral.[17]

---

[14] *Direito Processual Penal*. 9. ed., rev. e atual. Rio de Janeiro: Forense, 2000. p. 93.
[15] *Op. cit.*, p. 97.
[16] *Idem*, p. 98.
[17] *Justa causa para a ação penal* – doutrina e jurisprudência. São Paulo: Revista dos Tribunais, 2001. p. 222, 241 e 247.

Na lição de Gustavo Badaró:

> Em razão do caráter infamante do processo penal em si [também, em alguma medida, do PAD], em que o simples fato de estar sendo processado já significa uma grave "pena" imposta ao indivíduo, não é possível admitir denúncias absolutamente temerárias, desconectadas dos elementos concretos de investigação que tenham sido colhidos na fase pré-processual.[18]

Assim, como ressalta Fernando da Costa Tourinho Filho:

> Para que seja possível o exercício do direito de ação penal [e do PAD], é indispensável que haja, nos autos do inquérito, ou nas peças de informação, ou na representação, elementos sérios, idôneos, a mostrar que houve uma infração penal [ou disciplinar], e indícios, mais ou menos razoáveis, de que o seu autor foi a pessoa apontada no procedimento informativo ou nos elementos de convicção.[19]

Na linha desses posicionamentos doutrinários, o Supremo Tribunal Federal, no HC nº 73.371/SP, Primeira Turma, Relator o Ministro Celso de Mello, *DJ* de 4.10.96, assentou, em lição que se aplica também à instauração do PAD:

> O Ministério Público, para validamente formular a denúncia penal, deve ter por suporte uma necessária base empírica, a fim de que o exercício desse grave dever-poder não se transforme em instrumento de injusta persecução estatal. O ajuizamento da ação penal condenatória supõe a existência de justa causa, que se tem por inocorrente quando o comportamento atribuído ao réu "nem mesmo em tese constitui crime, ou quando, configurando uma infração penal, resulta de pura criação mental da acusação" (RF 150/393, Rel. Min. OROZIMBO NONATO).

Exige-se, assim, "a demonstração – fundada em elementos probatórios mínimos e lícitos – da realidade material do evento delituoso e da existência de indícios de sua possível autoria" (Inq. 3.507/MG, Plenário, Relator o Ministro Gilmar Mendes, *DJe* de 11.6.14).

A fase processual do recebimento da denúncia – também de instauração do PAD – é juízo de delibação, jamais de cognição exauriente. Não se pode, portanto, confundir com o juízo de procedência da imputação.[20]

Necessário, portanto, que o fato a ser apurado no PAD seja descrito como infração disciplinar prevista em lei, a revelar sua tipicidade.

Sem embargo da existência de ilustres doutrinadores que defendem sua ausência nas infrações disciplinares, é imperioso reconhecer-se que a tipicidade, também no âmbito administrativo-punitivo, decorre dos princípios da legalidade, da proporcionalidade, do devido processo legal e da segurança jurídica.

Para se instituir o princípio do devido processo legal na instância disciplinar, faz-se necessária a existência de um processo justo, em que o acusado tenha a devida

---

[18] *Processo Penal*. Rio de Janeiro: Campus: Elsevier, 2012. p. 105.
[19] *Processo Penal*. 11. ed. São Paulo: Saraiva, 1989. v. 1, p. 445.
[20] Inq. nº 4.022/AP, Segunda Turma, Relator o Ministro Teori Zavascki, *DJe* de 22.09.15.

ciência da descrição/narração circunstanciada do fato tido como infração disciplinar, devidamente tipificado em um dispositivo legal, cuja prática lhe é imputada.[21]

Expressivo o ensinamento de Heleno Cláudio Fragoso:

> (...) elemento essencial de garantia para o acusado, a narração minuciosa do fato fundamenta o pedido, demonstra a convicção da acusação pública, sendo justificado tanto a ação penal, como o procedimento administrativo disciplinar, porquanto é afastado "o arbítrio e o abuso de poder".[22]

Então, para a abertura do procedimento administrativo disciplinar, é imprescindível a configuração de infração disciplinar típica, indícios de autoria e de materialidade, bem como a plausibilidade quanto à culpabilidade.

7 Conclusão

Conforme demonstrado no presente artigo, a jurisprudência do CNMP é no sentido de que os membros do Ministério Público são titulares do direito fundamental à liberdade de expressão, cláusula pétrea, que engloba a exteriorização do pensamento, de ideias, de opiniões, de convicções, bem como de sensações e de sentimentos em suas mais variadas formas, quais sejam, as atividades intelectuais, artísticas, científicas e de comunicação. Insere-se na liberdade de expressão, inclusive, o direito de criticar.

Nesse contexto, o Conselho Nacional do Ministério Público reconhece e avaliza a possibilidade da comunicação dos membros do Ministério Público com a sociedade, pelos diversos meios, inclusive mídias digitais, tendo instituído a Política Nacional de Comunicação Social do Ministério Público brasileiro por meio da Recomendação nº 58, de 5 de julho de 2017.

Por sua vez, o CNMP entende que aos membros do Ministério Público não pode ser interditada a participação em embates travados no campo da esfera pública, sendo-lhes facultado o exercício de sua manifestação livre de pensamento no âmbito do debate público, na troca de ideias, na construção de opiniões e, por meio de um processo dialógico de escuta e voz, na defesa e concretização dos interesses que estão ao seu cargo, por determinação constitucional.

Esse direito, no entanto, não é absoluto, devendo a liberdade de expressão ser exercida com a cautela e a temperança necessárias para não comprometer a imagem e a honorabilidade da instituição, que é presentada pelos seus integrantes.

Nessa contextura, verificada a existência de indícios de abuso do direito de expressão que implique, em tese, descumprimento dos deveres funcionais do membro do Ministério Público, a jurisprudência remansosa do Conselho Nacional é no sentido da possibilidade de instauração, de ofício, do procedimento disciplinar, sem a necessidade

---

[21] MATTOS, Mauro Roberto Gomes de. A acusação no processo administrativo disciplinar deve ser circunstanciada, objetiva, direta e ter previsão em um tipo legal. Princípio da tipicidade no Direito Administrativo. *Revista Jus Navigandi*, ISSN 1518-4862, Teresina, ano 12, n. 1611, 29 nov. 2007. Disponível em: https://jus.com.br/artigos/10702. Acesso em: 28 maio 2018.

[22] FRAGOSO, Heleno Cláudio. Ilegalidade e Abuso de Poder na Denúncia e na Prisão Preventiva. *In: Revista Brasileira de Criminologia e Direito Penal*, São Paulo, n. 13-63, p. 15.

de representação do ofendido, porquanto o bem jurídico a ser protegido, nesses casos, é, em primeiro lugar, a imagem, o respeito e a honorabilidade do próprio Ministério Público.

A persecução administrativa disciplinar exige a delineação clara e completa da infração disciplinar como fato típico, a demonstração satisfatória da justa causa para instauração do procedimento administrativo disciplinar, que, por si só, já produz efeitos prejudiciais à esfera jurídica do processado, e a plausibilidade da acusação.

Referências

ASSIS, Rocha de. *Justa causa para a ação penal* – doutrina e jurisprudência. São Paulo: Revista dos Tribunais, 2001.

BADARÓ, Gustavo Henrique Righi Ivahy. *Processo Penal*. Rio de Janeiro: Campus: Elsevier, 2012.

BARROSO, Luís Roberto. *Temas de Direito Constitucional*, tomo II. Rio de Janeiro: Renovar, 2002.

BRASIL. Constituição (1988). *Constituição da República Federativa do Brasil*. Brasília, DF: Senado Federal: Centro Gráfico, 1988.

BONFIM, Benedito Calheiros. Magistratura e política. Disponível em: https://ambitojuridico.com.br/edicoes/revista-34/magistratura-e-politica/. Acesso em: 28.05.2018.

CNMP. Processo Administrativo Disciplinar nº 1.00556/2017-05. Rel. Cons. Demerval Farias Gomes Filho. Julgado em 28.02.2018.

CNMP. Reclamação Disciplinar nº 1.00543/2019-71, Rel. Cons. Orlando Rochadel Moreira, julgado em 10.09.2019.

CNMP. Reclamação Disciplinar nº 1.00577/2019-20. Rel. Cons. Orlando Rochadel Moreira. Julgado em 19.12.2019.

CNMP. Processo Administrativo Disciplinar nº 1.00233/2018-20, Redator para o Acórdão Cons. Sebastião Vieira Caixeta, julgado em 10 de abril de 2018.

DARONCHO, Leomar. Uma senhora de quase 30 anos. Disponível em: http://m.gazetadigital.com.br/conteudo/show/secao/60/materia/492621/t/uma-senhora-de-quase-30-anos. Acesso em: 28 maio 2018.

Estudo Liberdade de Expressão do COLETIVO POR UM MINISTÉRIO PÚBLICO TRANSFORMADOR – Coletivo MP Transforma.

JARDIM, Afrânio Silva. *Direito Processual Penal*. 9. ed., rev. e atual. Rio de Janeiro: Forense, 2000.

MEYER-PLUFG, Samantha Ribeiro. Liberdade de expressão e discurso do ódio. São Paulo. Editora Revista dos Tribunais, 2009. p. 66. *Apud* Parecer dos Membros Auxiliares da Corregedoria Nacional que deu suporte à abertura deste PAD.

MIRABETE, Julio Fabbrini. *Processo Penal*. 11. ed. São Paulo: Saraiva, 1989. v. 1.

STF. MELLO, Celso de. *In*: Rcl. 15243 MC-AgR/RJ. Relator(a): Min. CELSO DE MELLO Julgamento: 18.11.2014. Órgão Julgador: Segunda Turma.

STF. Inq. nº 4.022/AP, Segunda Turma, Relator o Ministro Teori Zavascki, *DJe* de 22.09.15.

Informação bibliográfica deste texto, conforme a NBR 6023:2018 da Associação Brasileira de Normas Técnicas (ABNT):

CAIXETA, Sebastião Vieira. Manifestações públicas de Membros do Ministério Público brasileiro: liberdade de expressão e cumprimento dos deveres funcionais. *In*: RIBEIRO, Carlos Vinícius Alves; TOFFOLI, Dias; RODRIGUES JUNIOR, Otávio Luiz (Coord.). *Estado, Direito e Democracia*: estudos em homenagem ao Prof. Dr. Augusto Aras. Belo Horizonte: Fórum, 2021. p. 429-442. ISBN 978-65-5518-245-3.

DESAFIOS DA DEMOCRACIA REPRESENTATIVA

SÉRGIO SILVEIRA BANHOS

Hoje se percebe que o modelo clássico de democracia representativa está em avançada crise. Segundo a moderna literatura,[1] haveria um evidente desgaste da ideia do mandato representativo e da vontade popular mediada pelas eleições, gerador de um crescente descrédito na política, nos políticos, nos partidos políticos e no modelo de representação.

Faço referência inicial ao cientista político alemão-americano Yascha Mounk,[2] autor do livro "O povo contra a democracia: *por que nossa liberdade corre perigo e como salvá-la*". *Mounk* esteve no Brasil em abril de 2019 e, em entrevista à revista Época,[3] se disse surpreso com o número de partidos políticos no Brasil. Segundo afirmou, passaria menos horas no país do que o número de agremiações políticas brasileiras, que àquela época somavam 35.

Há também as teses, mais radicais, agitadas contra a democracia representativa, como a proposta pelo historiador belga David Van Reybrouck[4] (*Contra as eleições*). Na compreensão de Reybrouck, embora a maioria da população mundial defenda a democracia representativa como sendo um bom sistema de governo, na prática, esse modelo não mais convenceria. Segundo ele, nos últimos anos, a falta de confiança nos parlamentos, nos governos e nos partidos políticos aumentou consideravelmente, afetando tanto as democracias jovens como as maduras.

---

[1] SANTOS, Nikolas Reis Moraes dos; KELLER, Vanessa de Ramos. Os movimentos de renovação política e a promoção da participação da mulher. *Revista Resenha Eleitoral*, vol. 23, n. 1, p. 89-100, 2019; FERNANDES NETO, Raimundo Augusto. *Partidos políticos*: desafios contemporâneos. Íthala: Curitiba, 2019; e BAUMAN, Zygmunt; VORDONI, Carlo. *Estado de crise*. Rio de Janeiro: Zahar, 2016, são exemplos de autores que bem retratam os contemporâneos debates quanto ao tema.
[2] MOUNK, Yascha. *O povo contra a democracia: por que nossa liberdade corre perigo e como salvá-la*. São Paulo: Companhia das Letras, 2019.
[3] GABRIEL, Ruan de Sousa. Entrevista com Yascha Mounk. *Revista Época*, reportagem disponível em: https://epoca.globo.com/yascha-mounk-bolsonaro-cria-desilusao-com-as-instituicoes-para-fortalecer-seu-poder-23646296, acesso em: 7 maio 2019.
[4] VAN REYBROUCK, David. *Contra as eleições*. São Paulo: Editora Biblioteca Antagonista, v. 23, 2017.

Modelos diferenciados, tais como a representação sorteada[5] ou, para alguns outros autores, a promoção de uma participação direta dos eleitores, por intermédio de votação via internet, seriam o caminho contemporâneo para se alcançar uma efetiva democracia representativa aderente às aspirações dos novos tempos.

São outros exemplos de autores que enfrentam a mesma temática:

a) Manuel Castells[6] (*Ruptura: a crise da democracia liberal*), que aponta para um "colapso gradual do modelo de representação";

b) Yhuval Harari[7] (*21 lições para o século XXI*), o qual, no que se refere à influência da internet na vida política das sociedades, assevera que o sistema democrático ainda não bem compreendeu que está ocorrendo, e está mal equipado para lidar com os choques decorrentes dessa nova ferramenta;

c) sobre a influência nociva das novas mídias sociais, Giuliano Da Empoli,[8] em *Os Engenheiros do Caos*, defende que a internet é, antes de tudo, um instrumento de controle. Seria o vetor de uma revolução a partir do topo, que capta uma quantidade enorme de dados a fim de utilizá-los, não só para fins comerciais, mas, sobretudo, para fins políticos, podendo pôr em risco a própria democracia representativa. O autor destaca, ademais, uma impaciência coletiva: não estamos mais dispostos a esperar, Google, Amazon e os *deliveries* de comida nos habituaram a ver nossos desejos prontamente atendidos. Por que a política deveria ser diferente? Como é possível continuar tolerando os rituais demorados e ineficazes de uma máquina governada por dinossauros impermeáveis a toda e qualquer solicitação?;

d) Steven Levitsky e Daniel Ziblatt[9] (*Como as democracias morrem*) da mesma forma afirmam que a erosão da democracia é, para muitos, quase imperceptível, mas inexorável;

e) Sérgio Abranches[10] (*Presidencialismo de coalizão: raízes e evoluç*ão *do modelo político brasileiro*) aponta que é fato que a democracia vai mal em todo o mundo, sendo certo que a crise de representação não é privilégio de alguns, mas é indiscutivelmente global.

Na narrativa desses autores, há pontos comuns e divergentes, mas todos concordam que a superação da crise só se dará pelo aprimoramento da própria democracia. Para Francis Fukuyama[11] (*Why is Democracy performing so poorly*), questões ligadas *à accountability* democrática é o que verdadeiramente garantiria que o governo viesse a agir de acordo com os interesses de toda a comunidade. As palavras-chave, para o referido autor, seriam, então: transparência e *compliance* na política.

---

[5] No lugar de eleições, Reybrouck volta ao passado e sugere o método ateniense de sorteio. Durante a maior parte dos 3.000 anos de história da democracia, as eleições não existiam, e os cargos eram repartidos usando uma combinação de sorteios e voluntários que se ofereciam.

[6] CASTELLS, Manuel. *Ruptura: a crise da democracia liberal*. Rio de Janeiro: Zahar, 2018.

[7] HARARI, Yhuval Noah. *21 lições para o século XXI*. São Paulo: Companhia das Letras, 2018.

[8] DA EMPOLI, Giuliano. *Os Engenheiros do Caos*. Belo Horizonte: Vestígio, 2019.

[9] LEVITSKY, Steven; ZIBLATT, Daniel. *Como as democracias morrem*. Rio de Janeiro: Zahar, 2018.

[10] ABRANCHES, Sérgio Henrique Hudson. *Presidencialismo de coalizão*: raízes e evolução do modelo político brasileiro. São Paulo: Companhia das Letras, 2018.

[11] FUKUYAMA, Francis. Why Democracy is performing so poorly. *Journal of Democracy*, National Endowment for Democracy and the John Hopkins University Press, vol. 26, n. 1, jan. 2015.

Por sua vez, Zygmunt Bauman e Carlo Vordoni[12] (*Estado de crise*) asseveram que o Estado está passando por uma profunda crise de identidade. E longe de recuperar sua relação de confiança com o público, tem de suportar repercussões da crise da modernidade, que o arrasta a uma degradação extraordinária, acompanhada – como toda e qualquer fase do declínio – de corrupção, seguida de desconfiança por parte do povo.

Já Robert Putnan[13] (*Jogando boliche sozinho: colapso e ressurgimento da coletividade americana*) ressalta que é imprescindível pôr em prática a noção de que o autogoverno democrático requer uma cidadania ativamente engajada.

Antonio Carlos Wolkmer[14] (*Introdução à história do pensamento político*) afirma que é sempre necessário reconhecer a crise da representação e redefinir o paradigma em função de uma nova cultura política, fundada na participação dos sujeitos coletivos emergentes.

Boaventura de Sousa Santos[15] (*Democratizar a democracia: os caminhos da democracia representativa*) restringe o diagnóstico da crise de representação política, denominando-a crise da *dupla patologia*: a primeira, revelada na doença da participação, que se mostra mais evidente na significativa abstenção do eleitorado aos pleitos, e a segunda, traduzida na patologia da representação, que corresponde à ideia de que os eleitores não mais se acham representados pelos eleitos.

Roberta de Araújo Corrêa[16] (*Legitimidade do poder político na democracia contemporânea*) acentua que o consenso em torno da inevitabilidade da democracia representativa, em virtude da dimensão, complexidade e burocratização da sociedade moderna, produziu como consequência um distanciamento significativo dos representados do centro das decisões, restringindo a participação popular aos procedimentos eleitorais destinados à composição dos governos e das casas representativas.

E, por fim, talvez o mais apocalíptico dos estudos, o livro *Como a Democracia chega ao Fim*, de David Runciman,[17] no qual o autor entende que não se pode ficar preso na lógica do passado, mirando nos alvos errados, para tentar corrigir os rumos da democracia representativa. Para Runciman, o mundo contemporâneo tornou-se complexo demais para paradigmas já superados. E o pior: a democracia representativa entra em falência sem percebermos, parecendo estar intacta, com eleições hígidas, dentro das regras legais, mas, mesmo assim, sem que sejam escolhidos os candidatos mais legitimados e os mais dignos representantes de uma coletividade. O autor propõe, em seu desiderato, que devemos pensar o impensável, isto é, a busca de um modelo melhor.

Há, portanto, uma profusão de autores debatendo os novos desafios apresentados à democracia representativa, o que traduz um quadro que, minimamente, demanda sinceras preocupações e aprofundadas reflexões.

---

[12] BAUMAN, Zygmunt; BORDONI, Carlo. *Estado de crise*. Rio de Janeiro: Zahar, 2016.
[13] PUTNAN, Robert David. *Jogando boliche sozinho*: colapso e ressurgimento da coletividade americana. Curitiba: Instituto Atuação, 2015.
[14] WOLKMER, Antonio Carlos. *Introdução à história do pensamento político*. Rio de Janeiro. Renovar, 2003.
[15] SANTOS, Boaventura de Souza. *Democratizar a democracia*: os caminhos da democracia representativa. Rio de Janeiro: Civilização Brasileira, 2003.
[16] CORRÊA, Roberta de Araújo. *Legitimidade do poder político na democracia contemporânea*. Curitiba: Juruá, 2015.
[17] RUNCIMAN, David. *Como a democracia chega ao fim*. São Paulo: Todavia, 2018.

E quais seriam, em princípio, as causas desse descrédito no modelo atual de democracia representativa?

O consagrado Professor Vital Moreira, em seminário realizado na Universidade de Coimbra, listou uma série de possíveis razões desse descrédito encontradas de maneira geral nas democracias ocidentais, das quais se destacam as seguintes, porquanto se aderem ao contexto brasileiro: (i) o efeito prejudicial da corrupção política e dos alegados privilégios dos políticos, não mais toleráveis nos tempos de agora; (ii) o crescimento da alienação política e da perda da confiança nas instituições; (iii) a polarização exacerbada das opiniões políticas, sem conteúdo relevante, mas revestidas de um discurso de ódio, que é potencializado pela utilização nociva dos novos meios de comunicação digital; (iv) a existência de muitos partidos e a instabilidade governamental (experimentamos dois processos de *impeachment* desde a promulgação da Carta de 1988); (v) o descumprimento histórico de compromissos eleitorais, que gerou a erosão da confiança nos políticos e nas instituições; (vi) a ausência de transparência, de fiscalização e de controle dos orçamentos, finanças e dos procedimentos de gestão nas agremiações partidárias; e (vii) a costumeira ausência de democracia no seio das agremiações partidárias.

Com o objetivo de alterar esse quadro de dúvidas, entendo que se deveria iniciar a revitalização da democracia representativa lançando um novo olhar sobre o papel que deve ser assumido pelos partidos políticos.

No Brasil, como sabemos, os partidos políticos têm natureza de pessoa jurídica de direito privado, sendo essencial o seu registro no Tribunal Superior Eleitoral, a fim de que possam adquirir a capacidade para participar do processo eleitoral, restando assegurada, a partir daí, a exclusividade da sua denominação, da sua sigla e dos seus símbolos.

A Constituição Federal de 1988, em seu artigo 1º, inciso V, assevera que constitui fundamento do Estado Democrático de Direito do Brasil o pluralismo político, ressaltando, conforme o parágrafo único do citado artigo, que "todo o poder emana do povo, que o exerce por meio de representantes eleitos diretamente". Por sua vez, o artigo 17 da Carta da República cuida da matéria relativa aos partidos políticos, com a finalidade de fortalecer as agremiações partidárias e garantir a soberania nacional, o regime democrático, o pluripartidarismo e os direitos fundamentais da pessoa humana.

O tema é de enorme relevância, uma vez que o partido político é a principal instituição por meio da qual o cidadão exerce a titularidade do poder político. Como sabemos, as agremiações detêm, ainda hoje, o monopólio da representação política no país, já que candidaturas avulsas não são admitidas.

De fato, no caso brasileiro, a necessidade da representação partidária é explícita, com base na leitura do inciso V do §3º do art. 14 da Constituição Federal, que traz a necessidade de filiação partidária para que um cidadão possa vir a ser eleito, bem como do art. 87 do Código Eleitoral, no qual está expresso que somente podem concorrer às eleições candidatos registrados por partidos, e, ainda, no art. 18 da Lei dos Partidos Políticos, no qual está preconizado que, para concorrer a cargo eletivo, o eleitor deverá estar filiado ao respectivo partido.

A importância dessas agremiações é tanta que, consoante adverte Augusto Aras,[18] "dos três Poderes estruturais e imanentes do Estado, dois deles, o Executivo

---

[18] ARAS, Augusto. *Fidelidade e Ditadura (Intra) Partidárias*. Bauru: Edipro, 2011, p. 14.

e o Legislativo, têm os seus membros investidos nos respectivos cargos e mandatos necessariamente por meio de eleições periódicas, nas quais o povo elege os seus representantes por meio da participação das agremiações políticas, tendo em vista ser a filiação partidária uma das condições de elegibilidade".

Nesse contexto, vale destacar que a representação política hoje no Brasil é partidarizada, ou seja, vota-se em um partido político, e não diretamente nos candidatos apresentados em cada processo eleitoral. É dever da agremiação, portanto, cumprir, também em seu âmbito interno, os princípios que regem o Estado brasileiro, nomeadamente o princípio democrático, bem como os princípios da liberdade de expressão e da igualdade de participação.

Dito isso, os partidos devem, por princípio, estar protegidos da influência do Estado, desde a sua criação até a sua extinção. Tanto é assim que a Constituição Brasileira, em seu artigo 17, §1º, garante a liberdade e a autonomia partidárias. As agremiações têm, daí, direito a recursos do Fundo Partidário e – nas eleições – aos recursos do Fundo Especial para Financiamento de Campanhas, assim como ao tempo de televisão e rádio para propaganda eleitoral.

Ocorre que a questão da autonomia dos partidos sempre foi temática controvertida. Para alguns, ela seria ilimitada; para outros, ela deve estar sempre adequada a ditames constitucionais, tais como o da democracia e o da dignidade da pessoa humana.

Particularmente, entendo que, muito embora tenham personalidade de pessoa jurídica de direito privado, os partidos políticos exercem atividades públicas e, em razão exatamente desse exercício de *múnus* público, devem gerar o influxo de normas de direito do Estado em suas atividades.

Penso, então, que, quando a função primordial de um ente particular for o exercício de atividades de índole pública, somado ao fato de que no Brasil os partidos recebem verba pública, devem eles submissão ampla aos direitos fundamentais, bem como aos princípios da transparência, do controle e da fiscalização.

Daí por que é justificável o controle externo e permanente exercido sobre os partidos políticos por parte da Justiça Eleitoral brasileira, bem como a necessidade de se esperar – e cobrar – a promoção de democracia interna nas agremiações, estabelecendo uma essencial vinculação dos partidos políticos aos direitos fundamentais, decorrente da necessária observância do regime democrático na sua estruturação interna.

Ao tempo em que não se pode conceber Estado Constitucional sem partidos políticos, tampouco resulta legitimada a agremiação partidária que não promova uma gestão democrática. Afigura-se imprescindível, portanto, que as liberdades partidárias sejam sempre garantidas, sem ingerência estatal, mas condicionadas à concretização dos preceitos de uma democracia efetivamente representativa.

A submissão dos partidos políticos ao regime democrático, na organização interna e na tomada de decisões com efeitos jurídicos, constitui-se, portanto, obrigação constitucional implícita, necessária, inegociável. A autonomia partidária pode – e deve – ser ponderada com outros valores constitucionais envolvidos, em prol dos interesses jurídicos dos eleitores e, em especial, dos filiados.

No entanto, na maioria dos partidos políticos brasileiros, há uma flagrante incoerência: as agremiações, cuja razão de ser é o próprio regime democrático, não garantem uma verdadeira democracia aos seus filiados. Na opinião de Matheus Passos da Silva,[19] existiria verdadeira concentração do poder político da agremiação na cúpula partidária, com a formação de efetivas oligarquias nos partidos políticos, ensejando um distanciamento no relacionamento entre os partidos e os cidadãos, especialmente em relação às suas bases sociais.

As agremiações, sem dúvida, apresentam forte caráter oligárquico, de sorte que apenas aqueles que compõem a cúpula dirigente dos partidos tomam as decisões mais importantes, entre elas – e com destaque – a de seleção dos candidatos para o momento eleitoral. A consequência prática de tal oligarquização do partido político é visível no verdadeiro distanciamento entre os partidos políticos e as bases sociais que os sustentam, o que contribui para o afastamento entre o partido político e o cidadão.

Ora, parece lógico que, se os partidos políticos são instituições que objetivam concretizar a democracia, eles mesmos deveriam ser democráticos em seu âmbito interno. Em outros termos, seria no mínimo contraditório que um partido político buscasse em sua atuação externa a concretização da democracia se, em sua atuação interna, agisse de maneira antidemocrática.

Como assevera Gilmar Ferreira Mendes,[20] "não basta que o partido se posicione como uma instituição responsável por concretizar a democracia no âmbito externo a si mesmo, ou seja, na esfera da sociedade: é necessário, ou dir-se-ia que até mesmo é obrigatório, que o partido concretize o princípio democrático também em seu âmbito interno".

No Brasil, entretanto, a realidade na maioria dos partidos demonstra que não há a esperada efetiva democracia interna nas agremiações. Hoje se tem uma ideia clara no sentido de que a democracia de partidos demanda uma democracia nos partidos e que tal democracia se associa pelo menos aos seguintes aspectos: (i) a existência de mecanismos democráticos de seleção de candidaturas, também com relevo às candidaturas de gênero; (ii) a proteção dos direitos dos filiados, seja o direito de expressão, de oposição, de igualdade de tratamento ou atuação efetiva dentro do partido; (iii) o incentivo à participação da militância na formação na vontade da agremiação; (iv) a promoção de eleições democráticas dos diretórios; (v) a distribuição de poder dentro das agremiações, com relevo também às questões de gênero; (vi) o controle, a fiscalização e a transparência nas prestações das contas dos partidos e das candidaturas; e, ainda, (vii) o estabelecimento de regras de conduta, por intermédio de programas de *compliance*.

Ou seja, tudo passa pela necessidade de oitiva dos associados e da tomada de decisão majoritária, bem como por intermédio do resguardo dos procedimentos, da capacidade de fiscalização e dos direitos das minorias. Com o prestígio a uma efetiva democracia intrapartidária, as agremiações ensejarão maior participação do cidadão no processo político-decisório, podendo, assim, aumentar o interesse do cidadão pela política em geral.

Seria uma espécie de círculo *virtuoso*, nas palavras do já referido Professor Matheus Passos da Silva,[21] "em que o cidadão se envolve efetivamente com a esfera

---

[19] SILVA, Matheus Passos. Breves notas sobre a necessária democratização interna dos partidos políticos brasileiros. *Estudos Eleitorais*, vol. II, n. 2, p. 175-199, maio/ago. 2016.

[20] MENDES, Gilmar Ferreira. *Curso de Direito Constitucional*. 9. ed. São Paulo: Saraiva, 2014, p. 1169.

[21] SILVA, Matheus Passos. Breves notas sobre a necessária democratização interna dos partidos políticos brasileiros. *Estudos Eleitorais*, vol. II, n. 2, p. 175-199, maio/ago. 2016.

pública no âmbito daquilo que lhe interessa e, uma vez participando de maneira mais constante, torna-se responsável pelo sucesso daquela decisão".

Com o incentivo ao interesse do cidadão em participar na esfera pública, ter-se-ia, como efeito direto, o aumento do seu envolvimento com os partidos políticos, revertendo a tendência de descrença do cidadão na atuação partidária e na democracia representativa. Afinal, como afirmou o historiador britânico Arnold Toynbee, "o maior castigo para aqueles que não se interessam por política *é* que serão governados pelos que se interessam".

A resposta imediata a essa ausência de democracia interna é a perspectiva de candidaturas avulsas. Essa matéria tem encontro marcado. Será enfrentada pelo Supremo Tribunal Federal no julgamento do Recurso Extraordinário nº 1.238.853, da relatoria do Ministro Luís Roberto Barroso, atual presidente do TSE. Note-se que o exame da constitucionalidade de candidaturas avulsas já recebeu parecer favorável da Procuradoria-Geral da República.

Desse modo, se um partido político não concretiza a democracia interna, ele infringe um direito fundamental dos cidadãos, o que, em última instância, significa agir contra o próprio princípio democrático estabelecido na Constituição.

A democracia pressupõe não apenas a existência de um conjunto de regras constitucionalmente estabelecidas. Mais que isso: quando se compreende que a democracia é um *princípio* do Estado Constitucional, percebe-se a necessidade de se fazer com que tal princípio seja efetivamente concretizado na realidade prática do cidadão.

A democracia representativa contemporânea clama por novos ares, que assegurem a manutenção da credibilidade, não só dos atores políticos, mas também das agremiações partidárias envolvidas. Nesse sentido, a democracia intrapartidária ressoa como elemento essencial ao prestígio de valores constitucionais imprescindíveis à necessária valorização da democracia representativa.

Referências

ABRANCHES, Sérgio Henrique Hudson. *Presidencialismo de coalizão*: raízes e evolução do modelo político brasileiro. São Paulo: Companhia das Letras, 2018.

ARAS, Augusto. *Fidelidade e Ditadura (Intra)Partidárias*. Bauru: Edipro, 2011.

BANHOS, Sérgio Silveira. O papel da democracia intrapartidária em momento de crise na democracia representativa. *In*: COSTA, Daniel Castro Gomes; FONSECA, Reynaldo Soares da; BANHOS, Sérgio Silveira; CARVALHO NETO, Tarcisio Vieira de (Coord.). *Democracia, Justiça e Cidadania*: desafios e perspectivas. Homenagem ao Ministro Luís Roberto Barroso. Belo Horizonte: Fórum, 2020, t.1. p. 61-75.

BANHOS, Sérgio Silveira. *A participação das mulheres na política* – as quotas de gênero para o financiamento de campanhas no Brasil. Monografia apresentada no pós-doutoramento em Democracia e Direitos Humanos pelo Centro de Direitos Humanos, no *Ius Gentium Conimbrigae*, da Universidade de Coimbra, 2019.

BAUMAN, Zygmunt; BORDONI, Carlo. *Estado de crise*. Rio de Janeiro: Zahar, 2016.

CAMPOS NETO, Raymundo. *A democracia interna nos partidos Políticos Brasileiros*. Belo Horizonte: D'Plácido, 2017.

CASTELLS, Manuel. *Ruptura: a crise da democracia liberal*. Rio de Janeiro: Zahar, 2018.

CORRÊA, Roberta de Araújo. *Legitimidade do poder político na democracia contemporânea*. Curitiba: Juruá, 2015.

DA EMPOLI, Giuliano. *Os Engenheiros do Caos*. Belo Horizonte: Vestígio, 2019.

D'AVILA, Luiz Felipe. *10 mandamentos:* do país que somos para o Brasil que queremos. Rio de Janeiro: Topbooks, 2017.

FERNANDES NETO, Raimundo Augusto. *Partidos políticos*: desafios contemporâneos. Íthala: Curitiba, 2019.

FUKUYAMA, Francis. Why Democracy is performing so poorly. *Journal of Democracy*, vol. 26, n. 1. National Endowment for Democracy and the John Hopkins University Press, Janeiro, 2015.

GABRIEL, Ruan de Sousa. Entrevista com Yascha Mounk. *Revista* Época, reportagem disponível em: https://epoca.globo.com/yascha-mounk-bolsonaro-cria-desilusao-com-as-instituicoes-para-fortalecer-seu-poder-23646296, acesso em: 7 maio 2019.

HARARI, Yhuval Noah. *21 lições para o século XXI*. São Paulo: Companhia das Letras, 2018.

LEVITSKY, Steven; ZIBLATT, Daniel. *Como as democracias morrem*. Rio de Janeiro: Zahar, 2018.

MENDES, Gilmar Ferreira. *Curso de Direito Constitucional*. 9. ed. São Paulo: Saraiva, 2014.

MOREIRA, Vital. Aula inaugural. *In seminário promovido pelo Centro de Direitos Humanos, Ius Gentium Conimbrigae*, 2019, Universidade de Coimbra, Portugal.

MOUNK, Yascha. *O povo contra a democracia: por que nossa liberdade corre perigo e como salvá-la*. São Paulo: Companhia das Letras, 2019.

PUTNAN, Robert David. *Jogando boliche sozinho*: colapso e ressurgimento da coletividade americana. Curitiba: Instituto Atuação, 2015.

RUNCIMAN, David. *Como a democracia chega ao fim*. São Paulo: Todavia, 2018.

SANTOS, Boaventura de Souza. *Democratizar a democracia:* os caminhos da democracia representativa. Rio de Janeiro: Civilização Brasileira, 2003.

SANTOS, Nikolas Reis Moraes; KELLER, Vanessa de Ramos. Os movimentos de renovação política e a promoção da participação da mulher. *Revista Resenha Eleitoral*, vol. 23, n. 1, p. 89-100, 2019.

SILVA, Matheus Passos. *Breves notas sobre a necessária democratização interna dos partidos políticos brasileiros*. Estudos Eleitorais, vol. II, n. 2, p. 175-199, maio/ago. 2016.

VAN REYBROUCK, David. *Contra as eleições*. São Paulo: Editora Biblioteca Antagonista, v. 23, 2017.

WOLKMER, Antonio Carlos. *Introdução à história do pensamento político*. Rio de Janeiro. Renovar, 2003.

Informação bibliográfica deste texto, conforme a NBR 6023:2018 da Associação Brasileira de Normas Técnicas (ABNT):

BANHOS, Sérgio Silveira. Desafios da democracia representativa. *In*: RIBEIRO, Carlos Vinícius Alves; TOFFOLI, Dias; RODRIGUES JUNIOR, Otávio Luiz (Coord.). *Estado, Direito e Democracia*: estudos em homenagem ao Prof. Dr. Augusto Aras. Belo Horizonte: Fórum, 2021. p. 443-450. ISBN 978-65-5518-245-3.

DIREITO ADMINISTRATIVO SANCIONADOR NO BRASIL. UMA CONTRIBUIÇÃO PARA A EFETIVIDADE DOS DIREITOS FUNDAMENTAIS[1]

VALTER SHUENQUENER DE ARAUJO

1   Introdução

No Brasil, a recente expansão do Direito Administrativo sancionador está relacionada aos mais diversos fatores, mas três merecem um maior destaque. O primeiro decorre do crescente dinamismo da sociedade contemporânea, que impõe uma atuação mais célere e técnica dos agentes estatais responsáveis pela regulação da atividade econômica. A sociedade contemporânea reclama um dinamismo que o Direito Penal e os mecanismos sancionatórios tradicionais não oferecem.

O segundo incentivo resulta do novo papel que o Estado passou a exercer a partir da segunda metade da década de 1990 por influência do Plano Diretor da Reforma do Aparelho do Estado. Ao ensejar o afastamento estatal da execução direta de atividades, o referido documento exige do Estado a criação de um ambiente normativo, inclusive no campo do regime sancionador, mais previsível, estável, justo, proporcional e, sobretudo, capaz de estimular comportamentos economicamente positivos.

Uma terceira causa para a expansão do Direito Administrativo Sancionador tem origem na frustração generalizada com a efetividade do Direito Penal. Hodiernamente, a descriminalização resultante da ideia de um Direito Penal mínimo é acompanhada de um forte movimento de administrativização.[2]

Na pós-modernidade, ou modernidade líquida de Baumann, os movimentos de criminalização e administrativização se complementam de forma não linear e não sistemática. Daí não ser tão fácil responder à pergunta sobre o que deve pertencer ao Direito Penal e o que precisa fazer parte do Direito Administrativo Sancionador.

---

[1]   Este artigo foi publicado no livro Constituição da República 30 anos depois: uma análise prática da eficiência dos direitos fundamentais. Estudos em homenagem ao Ministro Luiz Fux. ARABI, Abhner Youssif Mota; MALUF, Fernando; MACHADO NETO, Marcello Lavenère (Coord.). Páginas 435-448. Belo Horizonte: Fórum, 2018. ISBN: 978-85-450-0598-8.

[2]   É bem verdade que, em algumas matérias específicas, tal como no Direito do Trânsito, o movimento tem sido oposto, pois há uma criminalização de condutas antes tidas exclusivamente como infrações administrativas.

Presenciamos, no dizer de Sánchez García de Paz, em seu livro sobre o Direito Penal moderno, tanto uma "fuga do Direito Penal" quanto uma "fuga para o Direito Penal".³ Há uma verdadeira simultânea administrativização do Direito Penal e uma penalização do Direito Administrativo.

Analisando o contexto espanhol, Manuel Gómez Tomillo e Íñigo Sanz Rubiales destacam que o incremento da atividade administrativa naquele país originou um aumento expressivo do poder sancionatório da Administração.⁴ Tal fenômeno, também, pode ser presenciado no Brasil e sem que haja um amadurecimento teórico deste ramo específico do Direito. Esta expansão também não foi acompanhada de uma lógica racional. Ocorreu o que podemos denominar de "superposição de estratégias punitivas".⁵ O aparecimento das sanções se deu em quantidade e intensidade variadas, ausente qualquer planejamento de como elas poderiam estimular comportamentos positivos.

No Direito espanhol, há uma forte aproximação do Direito Penal com o Direito Sancionador sendo usual a expressão *"Derecho Penal Administrativo"*. Manuel Gómez Tomillo e Íñigo Sanz Rubiales defendem, por exemplo, uma superposição de sistemas punitivos e reconhecem uma clara *"relación de vasos comunicantes"* entre o Direito Penal e o Administrativo.⁶

Na Alemanha, a mesma circunstância se repete. Inúmeros trabalhos científicos sobre infrações administrativas são escritos por penalistas. São exemplos livros escritos por Joachim Bohnert, professor aposentado de Direito Penal de Berlim,⁷ e Wolfgang Mitsch, professor de Direito Penal da Universidade de Potsdam.⁸ Os dois estudam o Direito das infrações administrativas (*Ordnungswidrigkeitenrecht*). Não é incomum, portanto, que, no Direito estrangeiro, se adote uma visão de unidade no Direito punitivo estatal capaz de aproximar o Direito Administrativo do Penal.

A diversidade de propósitos desses dois ramos do Direito deveria, entretanto, afastar a conclusão da unidade do poder repressivo/sancionador estatal. Não há uma autêntica relação de vasos comunicantes entre esses dois ramos do Direito, mas um regime de comportas que são abertas sempre que há razões para que um instituto de Direito Penal também seja aplicado ao Direito Administrativo.

A rápida expansão do Direito Sancionador não permitiu seu amadurecimento teórico e são feitas equiparações com o Direito Penal, sem que haja uma reflexão mais profunda sobre quais institutos e garantias desse ramo do Direito poderiam alcançá-lo. O que a sanção do Direito Administrativo pretende não é exatamente o mesmo que a do Direito Penal. Naquele, a sanção tem nítido propósito regulatório, ordenador e de

---

³ SÁNCHEZ GARCÍA DE PAZ, María Isabel. *El moderno derecho penal y la anticipación de la tutela penal*. Valladolid: Secretariado de Publicaciones e Intercambio Científico, Universidad de Valladolid, 1999.
⁴ GÓMEZ TOMILLO, Manuel; SANZ RUBIALES, Íñigo. *Derecho Administrativo Sancionador*. Parte General. Teoría y Práctica del derecho penal administrativo. Tercera edición. Navarra: Aranzadi, 2013, p. 47.
⁵ No mesmo sentido, confira-se MEDEIROS, Alice Bernardo Voronoff de. *Direito Administrativo Sancionador no Brasil*: justificação, interpretação e aplicação. Tese de Doutorado: Rio de Janeiro, 2017, p. 21.
⁶ GÓMEZ TOMILLO, Manuel; SANZ RUBIALES, Íñigo. *Derecho Administrativo Sancionador*. Parte General. Teoría y Práctica del Derecho Penal Administrativo. Tercera edición. Navarra: Aranzadi, 2013, p. 49.
⁷ Bohnert escreveu comentários sobre a lei alemã de infrações administrativas. BOHNERT, Joachim. *OWiG. Ordnungswidrigkeitengesetz. Kommentar*. München: Beck, 2003.
⁸ MITSCH, Wolfgang. *Recht der Ordnungswidrigkeiten*. Berlin: Springer, 2005.

estímulo a determinados comportamentos, e não um predominante objetivo de impor um castigo. A sanção administrativa, assim, não tem o caráter retributivo como seu objetivo principal.

No Brasil, o ambiente do Direito Administrativo Sancionador é caótico, inseguro, desprovido de uma racionalização e, sobretudo, fundado em noções generalistas e principiológicas. Interesse público, proporcionalidade, ordem pública, a bem do serviço público são conceitos vagos frequentemente empregados, tanto na construção das normas abstratas quanto na sua intepretação e aplicação (através da fundamentação). Temos um campo fértil para decisões arbitrárias e ineficientes em matéria de sanção. Na seara disciplinar, por exemplo, a legislação está repleta de conceitos jurídicos indeterminados para descrever uma infração funcional, e a invocação do estado de sujeição especial inerente a esta esfera punitiva é feita como justificativa para, não raras vezes, validar o inaceitável à luz da segurança jurídica e da proporcionalidade. O excesso de incertezas no sistema punitivo brasileiro é capaz de arruinar os mais diversos direitos fundamentais do cidadão. Propriedade, liberdade, segurança, dignidade e igualdade são exemplos de direitos fundamentais que podem ficar comprometidos em um Estado Democrático de Direito incapaz de adotar um mínimo de racionalidade no seu sistema sancionador.

2 Em busca de um conceito e função para o Direito Administrativo Sancionador

O Direito Administrativo Sancionador (DAS) é um novo ramo do Direito[9] que volta sua atenção para o estudo da criação e aplicação de normas jurídicas direcionadas a impedir comportamentos indesejados dos cidadãos e a promover estímulos positivos capazes de originar hábitos favoráveis ao pleno desenvolvimento de uma sociedade. O DAS alcança os mais diversos ramos do Direito Administrativo, compreendendo o poder disciplinar, poder de polícia, o controle exercido pelo Tribunal de Contas ou qualquer outra seara capaz de sujeitar o indivíduo a uma sanção.

A sanção decorre do descumprimento do particular de uma determinada norma jurídica e ela tem um efeito coercitivo, em regra, negativo. Tal como ocorre em matéria de improbidade administrativa, a aplicação da sanção poderá depender de uma decisão judicial, e aí teremos, no dizer de Fábio Medina Osório, o DAS judicializado.[10] Essa nova disciplina jurídica tem seu foco na conformação do comportamento dos particulares, de modo a evitar que atuem contrariamente ao interesse público (olhar prospectivo e conformativo). Nesse contexto, a atuação sancionadora da Administração Pública também se revela como uma relevante medida de gestão e deve ser utilizada como uma técnica regulatória.

---

[9] No Brasil, a primeira monografia intitulada Direito Administrativo Sancionador é publicada em 2000 por Fábio Medina Osório. Pela sua qualidade e pioneirismo, é obra de consulta obrigatória. OSÓRIO, Fábio Medina. *Direito Administrativo Sancionador*. 3. ed. rev., atual. e ampl. São Paulo: Revista dos Tribunais, 2009.

[10] OSÓRIO, Fábio Medina. *Direito Administrativo Sancionador*. 3. ed. rev., atual. e ampl. São Paulo: Revista dos Tribunais, 2009, p. 38.

A sanção deve provocar uma mudança comportamental, precisa neutralizar ganhos resultantes da prática da infração, tem de ser dirigida especificamente para o segmento a que se dirige e ser proporcional, de modo a equilibrar o castigo com a gravidade da conduta. Aliás, a recente alteração na Lei de Introdução às Normas do Direito Brasileiro (LINDB) espelha esta preocupação de se ter uma função regulatória na sanção. O administrador público que sanciona deve, por exemplo, considerar os efeitos de sua decisão, *verbis*:

> Art. 20 - Nas esferas administrativa, controladora e judicial, não se decidirá com base em valores jurídicos abstratos sem que sejam consideradas as consequências práticas da decisão.

Sob a ótica funcional, a sanção não pode ser entrevista como um mero castigo, mas como uma punição orientada para prevenir futuros ilícitos da mesma natureza por meio do seu papel dissuasório ou preventivo. As *deterrence theories* (teorias dissuasória) partem da premissa de que a punição decorre de uma necessidade econômica.[11] Ao fazerem uma análise de custos e benefícios, os cidadãos evitariam comportamentos capazes de originar resultados desfavoráveis em que os custos superariam os benefícios. Evita-se o comportamento caro caracterizado pelo ilícito. Daí a relevância de termos um regime jurídico aparelhado com uma fiscalização eficaz e dotado de sanções hábeis a desestimular condutas ilícitas. A punição deve ser equilibrada para, de um lado, não estimular o que é errado, quando for excessivamente baixa e houver um risco diminuto de ser aplicada, e de outro, para não inibir o desempenho de uma atividade econômica naquelas hipóteses em que a sanção se mostrar excessiva.

A conduta ilícita pode afetar, assim, as atividades econômicas e a produção de riqueza, e, a depender do modo como a sua prática é desestimulada, teremos um modelo sancionador eficiente ou inábil para proporcionar o desenvolvimento de um Estado. Nesse contexto, a economia comportamental terá um papel fundamental no estudo e aprimoramento de um regime sancionador. Fatores psicológicos e culturais podem afetar o racionalismo econômico na mensuração do regime punitivo e também interferem na vontade do cidadão de cumprir a regra do jogo. Para o aprimoramento do sistema punitivo da Administração, é preciso ter uma visão de conjunto, uma visão de sistema que considere aspectos sociológicos, culturais, econômicos, inclusive os comportamentais.

Sob outra perspectiva, além da função geral do DAS, cada sanção também possui um objetivo específico. A multa, por exemplo, desempenha um papel completamente distinto da proibição de contratar com a Administração. Por isso, o arranjo estrutural das sanções deve propiciar um ambiente punitivo racional e eficiente. Eficiência é, aliás, algo fundamental em qualquer modelo sancionador. De nada adianta o Poder Público criar multas se elas não forem efetivamente aplicadas e, se aplicadas, não tiverem como ser arrecadadas. É preciso, portanto, que haja um monitoramento contínuo da eficácia das sanções existentes. E o TCU tem feito um excelente papel nesse monitoramento.

---

[11] Para um aprofundamento no tema, confira-se o pioneiro e clássico trabalho de Ronald Coase sobre o problema do custo social. COASE, Ronald. The problem of social cost. *Journal of Law and Economics*, v. 3, p 1-44, 161.

Recentemente, o TCU monitorou e fez levantamentos sobre as principais características, deficiências e oportunidades de melhoria inerentes à arrecadação de multas administrativas aplicadas por agências reguladoras e demais órgãos federais de regulamentação, fiscalização e controle. Foram fiscalizados inúmeros órgãos federais com competência sancionadora.[12] O relatório de acompanhamento produzido apontou que, entre 2011 e 2014, quatorze agências reguladoras e outros órgãos públicos, como o Banco Central e a Comissão de Valores Mobiliários (CVM), recolheram o equivalente a 6,03% do valor das multas aplicadas no mesmo período.[13] Nesse período, as agências aplicaram 1,448 milhão de multas, totalizando R$ 26,197 bilhões. Contudo, foram arrecadados, apenas, R$ 1,579 bilhão, ou seja, 6,03% do total. O referido monitoramento atesta que, no lapso temporal ora referido, a Susep arrecadou o equivalente a 0,13% do que aplicou em multas nesse mesmo período. Já o Banco Central arrecadou 4%, a Anatel, 4,81% e o CADE, 5,01%. Em um cenário ineficiente como este, é fundamental pesquisar soluções para que as sanções tenham a efetividade esperada quando da sua criação, sob pena de se instaurar uma generalizada crença de que o descumprimento do ordenamento traz mais benefícios do que desvantagens. E, nessa altura, vale o registro de que não só a sanção pode comprometer direitos fundamentais como, também, e com a mesma intensidade e gravidade, a falta de efetividade do Direito Sancionador.

Na mencionada análise, a área técnica do TCU alertou que agências e entidades que possuem algum mecanismo extra de punição, além das multas, possuem mais chances de receber as multas aplicadas. A ANAC, por exemplo, informou que, quando um crédito seu é inscrito em dívida ativa, o devedor deixa de ter acesso aos serviços da agência. Coincidência ou não, os dados do TCU demonstram que a citada agência apresenta os melhores índices dentre todos os órgãos e agências monitorados, tendo arrecadado o equivalente a 34,74% do valor de multas aplicadas no período de 2011 a 2014. Percebe-se, assim, que a análise criteriosa da efetividade do sistema sancionador, tal como a realizado pelo TCU, pode aprimorar o modo como o Estado exerce o seu poder punitivo, seja através da criação de mecanismos indiretos de coerção ou por outros meios mais eficazes do que a execução fiscal da multa.

3 Dificuldades enfrentadas pelo Direito Administrativo Sancionador no Brasil

Uma análise mais detida do DAS no Brasil nos permite concluir que há sérias dificuldades a serem enfrentadas para chegar a um ambiente mais racional nessa matéria. Dentre as existentes, as que mais chamam atenção podem ser identificadas, nos seguintes

---

[12] Advocacia-Geral da União (AGU), Controladoria-Geral da União (CGU), Agência Nacional de Águas (ANA), Agência Nacional de Aviação Civil (Anac), Agência Nacional de Telecomunicações (Anatel), Agência Nacional do Cinema (Ancine), Agência Nacional de Energia Elétrica (Aneel), Agência Nacional do Petróleo, Gás Natural e Biocombustíveis (ANP), Agência Nacional de Saúde Suplementar (ANS), Agência Nacional de Transportes Aquaviários (Antaq), Agência Nacional de Transportes Terrestres (ANTT), Agência Nacional de Vigilância Sanitária (Anvisa), Banco Central do Brasil (Bacen), Conselho Administrativo de Defesa Econômica (Cade), Comissão de Valores Mobiliários (CVM), Instituto Brasileiro do Meio Ambiente e dos Recursos Naturais Renováveis (Ibama) e Superintendência de Seguros Privados (Susep).

[13] A análise foi feita no Processo nº 029.688/2016-7 (Acórdão 1970/2017- Plenário).

termos: *i*) Federalismo despreocupado com a sistematização do Direito Administrativo Sancionador; *ii*) Falta de um catálogo de direitos e institutos do Direito Penal que possam ser transportados para o Direito Administrativo Sancionador; *iii*) **Dúvidas** sobre os limites de atuação punitiva do Administrador diante do princípio da legalidade, e *iv*) Falta de uma lei geral no Brasil sobre Direito Administrativo Sancionador.

3.1 Federalismo despreocupado com a sistematização do Direito Administrativo Sancionador

O DAS guarda uma relação muito próxima com o poder de polícia e com o disciplinar, áreas em que impera a diretriz de que a competência normativa é de cada um dos entes da federação, uma consequência da autonomia a eles constitucionalmente assegurada. Todavia, essa característica tem originado situações curiosas, injustas e incoerentes, em razão da total falta de atenção à criação de um modelo de federação minimamente harmônica.

Em matéria ambiental, por exemplo, todos os entes da federação podem atuar tanto na formulação da ordem de polícia quanto nas etapas de consentimento, fiscalização e sanção. E não há, no Brasil, uma criteriosa e profunda análise sobre como criar um mecanismo realmente eficaz para a harmonização racional do sistema punitivo nessa seara, a fim de se conciliar a necessidade de proteção do meio ambiente, sem qualquer retrocesso, com a meta de promover o desenvolvimento econômico sustentável do nosso país. Não se desconhece o papel do SISNAMA – Sistema Nacional do Meio Ambiente, que tem como órgão consultivo o CONAMA, órgão integrado por autoridades estatais de todos os entes da federação e por representantes da sociedade civil. A dificuldade, contudo, é a de se ter uma interação firme, perene e totalmente integrada nessa matéria. A eventual sistematização normativa nem sempre corresponde a uma real harmonia na aplicação das regras e obstaculiza a superposição de sanções pela prática de uma mesma conduta.

No âmbito do poder disciplinar, seara em que o DAS também incide, há os mais variados exemplos de situações difíceis de serem compreendidas sob a ótica da justiça e da coerência, mesmo em uma federação que reclame variações normativas em virtude de peculiaridades regionais e locais. A título de ilustração, caso um membro do Ministério Público pratique a infração disciplinar de revelar um segredo que conheça em razão do cargo, ele será punido no Espírito Santo[14] com a pena de censura e com a pena de demissão no Mato Grosso do Sul.[15] Diferenças nas consequências da infração que não encontram fundamento na federação. Que peculiaridade regional legitima este tipo de tratamento desigual? A análise do modo como os entes da federação encaram o DAS impõe que seja repensado o modelo punitivo adotado no Brasil, de modo que ele possa atingir, de forma racional e coerente, os seus primordiais objetivos de estimular comportamentos positivos, punir as condutas ilícitas e de organizar a liberdade e propriedade, visando à formação de um ambiente propício à produção de riqueza.

---

[14] Arts. 127 e 130 da LC nº 95/1997 do Estado do Espírito Santo.
[15] Arts. 176 e 178 da LC nº 72/1994 do Estado de Mato Grosso do Sul.

3.2 Falta de um catálogo de direitos e institutos do Direito Penal que possam ser transportados para o Direito Administrativo Sancionador.

Outra dificuldade que pode ser identificada no atual estágio de desenvolvimento do DAS no Brasil está relacionada à ausência de um mínimo consenso em relação a quais institutos do Direito Penal podem ser utilizados na seara administrativa. Não se tem certeza se são aplicáveis ao Direito Sancionador institutos como o *in dubio pro reo*, *nemo tenetur se detegere* (princípio da não autoincriminação), continuidade delitiva, presunção da inocência, princípio da reserva legal estrita, menoridade penal, princípio da insignificância, retroatividade da lei mais benéfica, irretroatividade da lei mais gravosa.

Inúmeros princípios e garantias do Direito Penal amadureceram por séculos e foram objeto de reflexões críticas das mais variadas, o que não pode ser dito a respeito de grande parte dos institutos do DAS, ramo mais incipiente do Direito e que ainda não desenvolveu uma teoria capaz de identificar, sem casuísmos, quais institutos devem ser transportados da seara criminal para a administrativa. E a acomodação de institutos seculares do Direito Penal no DAS pode favorecer uma hermenêutica que contribua para os propósitos de segurança jurídica, previsibilidade e prevenção, valores fundamentais para este novo ramo do Direito. Como exemplo, a despeito da ausência de previsão legal, é mais do que razoável adotar no DAS a universal ideia que gravita no Direito Penal de que a cogitação não deve ser punida (*Gedanken sind Zollfrei, cogitationis poenam nemo patitur*).

Não defendemos uma transposição automática de todos os institutos do Direito Penal para o Administrativo, especialmente porque aquele não tem os mesmos propósitos deste último. O Direito Administrativo Sancionador tem peculiaridades diversas das do Direito Penal. Seu olhar prospectivo e não meramente punitivo impossibilita o reconhecimento de que todos os princípios e institutos penais alcançam o DAS. Legalidade estrita, culpabilidade e tipicidade são institutos do Direito Penal que, *verbi gratia*, não podem ser utilizados pelo DAS sem uma maior reflexão crítica. Seria impensável, nessa linha, prejudicar o infrator no âmbito do Direito Sancionador com amparo em instituto do Direito Penal não previsto expressamente naquela esfera punitiva. Ressoa inadmissível uma interpretação que expanda institutos *in malam partem*, o que ocorreria em relação à tentativa, circunstâncias agravantes, normas sobre participação no ilícito etc. No dizer de Manuel Gómez Tomillo e Íñigo Sanz Rubiales, a aplicação dos princípios do Direito Penal no Direito Administrativo Sancionador não equivale a uma identidade plena, a uma intercambialidade de regras (*intercambialidad de reglas*).[16]

Outro fator a ser destacado é o de que, caso haja uma completa dissonância entre os institutos do Direito Penal e os do DAS, isso pode influenciar a estratégia estatal de criação de punições. Nessa perspectiva, na hipótese de o Direito Administrativo Sancionador não proporcionar garantias semelhantes às do Direito Penal, o Estado optará por tornar infração administrativa o que antes era crime.

---

[16] GÓMEZ TOMILLO, Manuel; SANZ RUBIALES, Íñigo. *Derecho Administrativo Sancionador*. Parte General. Teoría y Práctica del derecho penal administrativo. 3. ed. Navarra: Aranzadi, 2013, p. 117.

Sob outro prisma, a tese da existência de uma relação de sujeição especial entre o Estado e o destinatário do poder disciplinar não autoriza a redução de garantias do administrado e a não incidência de institutos penais nessa seara. A relação especial de sujeição inerente ao poder disciplinar não é suficiente para diminuir as garantias do infrator. No mesmo sentido, Manuel Gómez Tomillo e Íñigo Sanz Rubiales defendem que *"el fácil recurso a la categoría de relaciones de especial sujeción no resulta suficiente para fundamentar una reducción de derechos"*.[17]

3.3 Dúvidas sobre os limites de atuação punitiva do Administrador diante do princípio da legalidade

O DAS reclama, de um lado, um novo e mais flexível olhar sobre o princípio da legalidade, especialmente porque utiliza os mais variados conceitos jurídicos indeterminados para a sua concretização. Por outro, como o Direito Sancionador origina restrições a direitos, tal circunstância pode, em sentido contrário ao que anteriormente destacado, dificultar a aceitação da maior flexibilidade do princípio da legalidade, quando em comparação com a sua utilização no Direito Administrativo em geral. Há, assim, um estado de tensão permanente no âmbito do DAS que ora apoia a elasticidade do princípio da legalidade, ora a desestimula. De todo modo, a lei precisa estabelecer limites razoavelmente precisos para a identificação da conduta ilícita e da infração a ser aplicada. O administrador público não pode ter total liberdade para criar infrações e sanções de maneira a comprometer a segurança jurídica, por exemplo.

A lei deve estabelecer parâmetros mínimos das condutas e das sanções. Em caso de deslegalização, por exemplo, o legislador deve, no mínimo, estabelecer os parâmetros capazes de identificar quais são as infrações a serem reprimidas pelo administrador e as possíveis sanções. No mesmo sentido, o Superior Tribunal de Justiça reconhece que a lei pode estipular que o administrador vai detalhar por ato infralegal a infração ou mesmo a sanção.[18] Ou seja, a própria lei é que deverá transferir, de forma clara, a competência para o administrador. Não se tem admitido, portanto, a teoria dos poderes implícitos em relação ao Direito Sancionador para permitir que o administrador crie as infrações e sanções sem que o legislador tenha previsto essa possibilidade expressamente.

De toda forma, a legalidade estrita típica do Direito Penal não pode ser automaticamente transportada para o Direito Administrativo Sancionador. Uma das razões é o fato de o texto constitucional nada prever no sentido de que o detalhamento das sanções e infrações precisa ser feito por lei. Para o Direito Penal, a Constituição da República exige expressamente que haja lei anterior para definir um crime (art. 5º, XXXIX), mas nada há com este mesmo teor para a criação de infrações e sanções administrativas.[19]

---

[17] GÓMEZ TOMILLO, Manuel; SANZ RUBIALES, Íñigo. *Derecho Administrativo Sancionador*. Parte General. Teoría y Práctica del derecho penal administrativo. 3. ed. Navarra: Aranzadi, 2013, p. 258.

[18] STJ, AgRg no AgRg no AREsp 509.391Rel. Min. Mauro Campbell, Data julgamento em 02.09.2014; REsp 324.181, Rel. Min. Eliana Calmon.

[19] Em sentido contrário, Rafael Munhoz de Mello entende que "o ilícito administrativo e a respectiva sanção sejam criados por lei formal. (...) Trata-se de aplicação, no direito administrativo, do princípio *nullum crimen, nulla poena sine lege*, previsto no inciso XXXIX do art. 5º da Constituição Federal". MELLO, Rafael Munhoz de. *Princípios constitucionais de direito administrativo sancionador*: as sanções administrativas à luz da Constituição

Para nós, é mais do que recomendável aceitar o discurso da legalidade flexível no âmbito do DAS, mormente porque a sanção nesse novo ramo do Direito tem uma nítida e expressiva função regulatória que exige maior dinamismo e celeridade. Nesse mesmo sentido, Alice Voronoff rememora que o maior dinamismo social legitima a maior vagueza legal, *verbis*:

> O poder de integração reconhecido à Administração será bastante expressivo, resultado da maior vagueza legal pretendida pelo legislador para disciplinar segmentos mais dinâmicos e especializados da vida social.[20]

No Direito Penal, há uma preocupação histórica com a legalidade estrita, na medida em que o regime de aplicação de suas penas evoluiu ao lado de uma robusta preocupação com a tutela dos direitos humanos. No caso do DAS, por outro lado, as sanções se desenvolveram como instrumento de concretização do poder de polícia, manifestação estatal caracterizada, ao longo da história, pela sua inerente discricionariedade. Tal circunstância também facilita a aceitação de uma mais ampla liberdade de atuação do administrador público na matéria. E a abundância de conceitos jurídicos indeterminados para definir infrações administrativas reforça, ainda mais, a possibilidade de ampliação dos limites de atuação do administrador. Em matéria de sanções no âmbito do DAS, contudo, o maior desafio é o de encontrar o meio-termo entre os extremos da insegurança jurídica proporcionada por uma excessiva vagueza legal e o detalhamento exagerado da lei que engessa e dificulta a evolução normativa.

3.4 Falta de uma lei geral no Brasil sobre Direito Administrativo Sancionador

O Brasil, ainda, não possui, como outros países, uma lei geral que discipline institutos, diretrizes e princípios básicos do Direito Administrativo Sancionador. Na Inglaterra, há o *Regulatory Enforcement and Sanctions Act* de 2008 e a Alemanha possui, desde 1968, a *Ordnungswidrigkeitengesetz*, uma lei sobre as infrações administrativas que estabelece, no âmbito de todos os entes da federação alemã, regras gerais e princípios para a efetivação do Direito Sancionador. Na lei inglesa, por exemplo, há normas sobre prioridades e estratégias de atuação do Estado em matéria de sanções, regras sobre a

---

Federal de 1988. São Paulo: Malheiros, 2007, p. 120. O STF, ao julgar o pedido de medida cautelar na ADI 1.823, reconheceu a impossibilidade de o IBAMA instituir taxa no exercício do poder de polícia e de aplicar sanções com inobservância ao princípio da legalidade estrita. Segue a ementa do julgado: AÇÃO DIRETA DE INCONSTITUCIONALIDADE. ARTIGOS 5º, 8º, 9º, 10, 13, §1º, E 14 DA PORTARIA Nº 113, DE 25.09.97, DO IBAMA. Normas por meio das quais a autarquia, sem lei que o autorizasse, instituiu taxa para registro de pessoas físicas e jurídicas no Cadastro Técnico Federal de Atividades Potencialmente Poluidoras ou Utilizadoras de Recursos Ambientais, e estabeleceu sanções para a hipótese de inobservância de requisitos impostos aos contribuintes, com ofensa ao princípio da legalidade estrita que disciplina, não apenas o direito de exigir tributo, mas também o direito de punir. Plausibilidade dos fundamentos do pedido, aliada à conveniência de pronta suspensão da eficácia dos dispositivos impugnados. Cautelar deferida. (ADI nº 1.823 MC, Relator: Min. ILMAR GALVÃO, Tribunal Pleno, julgado em 30.04.1998, *DJ* 16.10.1998 PP-00006 EMENT VOL-01927-01 PP-00053 RTJ VOL-00179-03 PP-01004).

[20] MEDEIROS, Alice Bernardo Voronoff de. *Direito Administrativo Sancionador no Brasil*: justificação, interpretação e aplicação. Tese de Doutorado: Rio de Janeiro, 2017, p. 175.

coordenação da atuação sancionadora e sobre a aplicação combinada de sanções, temas extremamente relevantes para um eficiente Direito Administrativo Sancionador.

No Brasil, aparentemente a principal dificuldade para o surgimento de uma lei nacional sobre a matéria é o fato de a temática ser de competência de cada um dos entes da federação. Entretanto, isso também é uma característica da matéria "processo administrativo", e tal obstáculo não impediu a União de aprovar a Lei nº 9.784/99. Essa lei de processo administrativo foi revolucionária por ter previsto normas gerais e princípios sobre uma disciplina tão relevante e capaz de interferir drasticamente na esfera patrimonial dos cidadãos. Em matéria de Direito Sancionador, a União poderia, tal como fez em relação ao tema processo administrativo, sair na frente e legislar prevendo diretrizes, princípios e regras gerais sobre o DAS.

Naturalmente que a diversidade temática do Direito Sancionador impede que se tenha uma lei geral com muitos detalhes sobre cada domínio específico. Leis para cada setor também poderiam ser editadas, mas uma norma geral que fosse fruto de um consenso mínimo traria previsibilidade, segurança jurídica e justiça na aplicação das sanções, o que já representa um enorme avanço. O fato de a competência sobre a matéria ser de todos os entes da federação não pode ser fundamento para a inexistência de leis gerais, especialmente quando aprovadas pela União.

As alterações promovidas pela Lei nº 13.655 na Lei de Introdução às Normas do Direito Brasileiro (LINDB) provam como é possível tratar do Direito Sancionador em nível nacional. O art. 22 da LINDB, por exemplo, cria regras gerais que devem ser observadas pelo administrador quando da aplicação das sanções, pouco importando se a infração é de âmbito municipal, estadual ou federal. Confira-se o teor do referido dispositivo, que, de forma inovadora, inicia um processo de fundamental sistematização para o DAS no Brasil, *verbis*:

> Art. 22.
> (...)
> §2º Na aplicação de sanções, serão consideradas a natureza e a gravidade da infração cometida, os danos que dela provierem para a administração pública, as circunstâncias agravantes ou atenuantes e os antecedentes do agente.
> §3º As sanções aplicadas ao agente serão levadas em conta na dosimetria das demais sanções de mesma natureza e relativas ao mesmo fato.

4 Sugestões para o aprimoramento do Direito Administrativo Sancionador brasileiro

O Direito Administrativo Sancionador é incipiente no Brasil e o seu não amadurecimento, ainda, permite que se tenha um ambiente caótico, inseguro, injusto e ofensivo aos direitos fundamentais em matéria punitiva.

A análise das características do modelo brasileiro de DAS e do modo como ele se concretiza nos permite identificar algumas falhas e sugerir medidas que sejam capazes de provocar o seu aperfeiçoamento. Podemos identificar as seguintes providências a serem adotadas para uma significativa melhoria do quadro atual: i) Incentivo à especialidade em detrimento da generalidade; ii) Estímulo à colegialidade e participação popular nos órgãos de controle; iii) Apoio à transação; iv) Preocupação maior com a função ordenadora/regulatória do Direito Administrativo Sancionador; e v) Empoderamento maior das autoridades com poder sancionatório para a adoção de sistemas punitivos do modo independente.

4.1 Incentivo à especialidade em detrimento da generalidade

A criação e aplicação das sanções são medidas a serem conduzidas por quem entende do setor atingido. Sem prejuízo da existência de normas gerais sobre a matéria, o que é desejável como já apontamos, é importante que o sistema sancionador também seja imposto por quem atua especificamente na área e que a norma considere as suas peculiaridades. É o que se entende por regulação responsiva, uma regulação sensível ao setor específico que ela regula. O olhar do Direito Administrativo Sancionador como ferramenta para a regulação conduz à conclusão de que a especialização na regulação deve ser prestigiada. Caso contrário, as medidas sancionadoras criadas por aqueles que não possuem aderência na matéria e conhecimento do segmento regulado podem originar um ambiente normativo caótico e desestimular a produção de riqueza. Confusão punitiva gera um temor generalizado e provoca a inércia e um sentimento de impunidade.

4.2 Estímulo à colegialidade e participação popular nos órgãos de controle

O estímulo à proliferação de decisões colegiadas em matéria de sanções é providência que proporciona uma maior estabilidade e previsibilidade em relação ao tema que será decidido. Decisões colegiadas tendem a ser mais estáveis do que as proferidas por agentes públicos de modo singular. O processo de construção da decisão em um órgão colegiado pressupõe um equilíbrio de forças para se chegar à decisão final que, como regra, elimina os excessos e injustiças.

Sob outro ângulo, a participação popular na formação e aplicação da sanção também é fundamental para um legítimo monitoramento da eficiência do sistema punitivo criado. Ademais, diante da elevada probabilidade da deslegalização (remissão legal) no âmbito do DAS, fruto da relativização do princípio da legalidade, a participação popular no processo da administração de criação de infrações e sanções também terá como função compensar eventual alegação de déficit de legitimidade democrática no sistema.

4.3 Apoio à transação

Punir custa caro e não é simples. A aplicação da sanção compreende um processo complexo que abrange diversas etapas, dentre elas a fiscalização, autuação, investigação, observância do contraditório e a defesa da validade do ato judicialmente. E o DAS não pode criar um sistema com custos excessivamente elevados e desproporcionais em relação ao que pretende alcançar, pois perderia o seu sentido.

Nessas circunstâncias, a cooperação, inclusive em matéria punitiva, é medida que se mostra mais inteligente. Além de ser menos custosa, ela concretiza os objetivos principais do Direito Sancionador: o de organizar/regular uma atividade e o de prevenir por meio de algum castigo/retribuição. E o ambiente de cooperação evita a cultura de resistência ao controlador e aplicador da sanção.

É relevante destacar que o tema da transação no DAS ainda é incipiente e precisa se desenvolver, tornando-se objeto de pesquisa e de estudos científicos. Caso contrário, a transação sem critérios racionais poderá indevidamente estimular o descumprimento das regras.

Sobre o tema, a Lei nº 13.655 representa um avanço e acerta ao estimular a transação, bem como um modelo de administração dialógica na matéria. Ela prevê, em seu artigo 26, a possibilidade de a correção de uma infração ser feita por meio de um termo de compromisso fruto de um diálogo entre as partes envolvidas. Confira-se o citado artigo:

> Art. 26. Para eliminar irregularidade, incerteza jurídica ou situação contenciosa na aplicação do direito público, inclusive no caso de expedição de licença, a autoridade administrativa poderá, após oitiva do órgão jurídico e, quando for o caso, após realização de consulta pública, e presentes razões de relevante interesse geral, celebrar compromisso com os interessados, observada a legislação aplicável, o qual só produzirá efeitos a partir de sua publicação oficial.

4.4 Preocupação maior com a função ordenadora/regulatória do Direito Administrativo Sancionador

O Direito Administrativo Sancionador não é um fim em si mesmo. Seu precípuo papel é o de organizar atividades e incentivar comportamentos desejáveis pela sociedade. Deve, assim, haver uma melhor sistematização das suas regras.

A sanção deve ser compreendida como uma ferramenta estatal para a regulação de atividades privadas. E, nesse contexto, deve haver uma aproximação do regime sancionatório aplicável às relações de sujeição especial (poder disciplinar) e às de sujeição geral (poder de polícia). Nada justifica que o servidor público, destinatário do poder disciplinar, tenha menos garantias do que o cidadão em matéria de Direito Sancionador. A existência de uma suposta "relação de sujeição especial" não pode ter o condão de dar ao administrador poderes punitivos mais amplos do que numa relação de sujeição geral.

Em lugar de focar no retrovisor, por meio de um olhar que aposta no caráter retributivo da pena, o DAS deve adotar, primordialmente, uma visão prospectiva e organizar as atividades que são reguladas pelo Estado, de modo a evitar que o ilícito possa valer a pena.

4.5 Empoderamento maior das autoridades com poder sancionatório para a adoção de sistemas punitivos do modo independente

Os administradores públicos responsáveis pela aplicação do Direito Sancionador devem ter a segurança de que não sofrerão represália pela sua atuação. Isso não significa que devam ser estáveis no serviço público ou que estejam autorizados a atuar de modo irresponsável, mas que o ordenamento jurídico deve propiciar mecanismos eficazes de proteção à sua ação que só permitam a responsabilização em situações extremas. Nesse diapasão, veio em boa hora a alteração promovida pela Lei nº 13.655, que, em seu artigo 28, restringiu a possibilidade de punição do servidor aos casos de dolo ou erro grosseiro, *verbis*:

> Art. 28. O agente público responderá pessoalmente por suas decisões ou opiniões técnicas em caso de dolo ou erro grosseiro.

A atuação corajosa e isenta deve ser estimulada e o servidor público incentivado a decidir sem o risco de uma banalização da sua responsabilidade.

5 Conclusões

Neste texto, procuramos apresentar algumas reflexões a respeito dos principais problemas enfrentados pelo Direito Administrativo Sancionador no Brasil e sugerir algumas medidas para o seu aprimoramento. Não se almejou, nem de longe, exaurir a complexidade do tema, mas unicamente reforçar a relevância de aprofundamento de estudos e pesquisas em relação a este novo ramo do Direito que, à semelhança do Direito Penal, tem condições de interferir drasticamente nos direitos fundamentais dos cidadãos.

Como conclusão inicial, é imperioso destacar que o Direito Administrativo Sancionador brasileiro é desprovido de uma sistematização e racionalização, gera insegurança jurídica e origina, não raras vezes, decisões injustas, desproporcionais e fundadas em noções generalistas e principiológicas. É possível concluir que a ausência de uma norma geral sobre o Direito Administrativo Sancionador contribui para a existência de um sistema punitivo caótico e gera dúvidas sérias sobre as reais possibilidades desse novo ramo do Direito.

Os três principais fatores da recente expansão do DAS no Brasil podem ser assim caraterizados: i) o incremento no dinamismo da sociedade contemporânea; ii) o novo papel que o Estado passou a exercer como regulador após a publicação do Plano Diretor da Reforma do Aparelho do Estado e iii) a frustração generalizada com a efetividade do Direito Penal.

Defendemos, ao longo do texto, a impossibilidade de o Brasil adotar um sistema punitivo unitário que permita a comunicabilidade automática dos institutos do Direito Penal e Administrativo. Esses dois ramos do Direito são orientados por propósitos diversos, o que impede o reconhecimento de uma relação de vasos comunicantes entre essas duas disciplinas. É preferível aceitar a adoção de um regime de comportas que são abertas, sempre que há razões para que um instituto de Direito Penal também seja aplicado ao Direito Administrativo.

Outra conclusão que merece ser colocada em evidência é a de que a estratégia punitiva estatal e a sua metodologia podem impactar, sobremaneira, a produção de riquezas em um país e ofender direitos fundamentais. Um modelo sancionador eficiente é ponto de partida fundamental para a preservação dos direitos e garantias fundamentais e para o pleno desenvolvimento de um Estado e de sua sociedade.

Ao longo do texto, identificamos os seguintes principais problemas do DAS brasileiro: *i*) Federalismo despreocupado com a sistematização do Direito Administrativo Sancionador; *ii*) Falta de um catálogo de direitos e institutos do Direito Penal que possam ser transportados para o Direito Administrativo Sancionador; *iii*) Dúvidas sobre os limites de atuação punitiva do Administrador diante do princípio da legalidade, e *iv*) Falta de uma lei geral no Brasil sobre Direito Administrativo Sancionador.

Neste artigo, também foram apresentadas algumas propostas para o aprimoramento do Direito Administrativo Sancionador no Brasil, que podem ser assim sintetizadas: i) Incentivo à especialidade em detrimento da generalidade; ii) Estímulo à colegialidade e participação popular nos órgãos de controle; iii) Apoio à transação; iv) Preocupação maior com a função ordenadora/regulatória do Direito Administrativo Sancionador e v) Empoderamento maior das autoridades com poder sancionatório para a adoção de sistemas punitivos do modo independente.

A análise do modo como a sociedade, os operadores do Direito e os entes da federação encaram o Direito Administrativo Sancionador, essa incipiente disciplina da nossa ciência jurídica, ilumina a imperiosa necessidade de que o arcabouço teórico e normativo do modelo punitivo adotado no Brasil seja reformulado. Uma mudança firme e racional é fundamental para que o DAS se torne eficiente, proporcional e lógico, e a fim de que tenha condições de estimular comportamentos positivos, punir as condutas ilícitas e organizar a liberdade e propriedade, visando à formação de um ambiente propício à produção de riqueza.

Referências

ARABI, Abhner Youssif Mota; MALUF, Fernando; MACHADO NETO, Marcello Lavenère (Coord.). *Constituição da República 30 anos depois*: uma análise prática da eficiência dos direitos fundamentais. Estudos em homenagem ao Ministro Luiz Fux. Belo Horizonte: Fórum, 2018. ISBN: 978-85-450-0598-8.

BOHNERT, Joachim. *OWiG. Ordnungswidrigkeitengesetz. Kommentar*. München: Beck, 2003.

COASE, Ronald. The problem of social cost. *Journal of Law and Economics*, v. 3, p. 1-44.

MEDEIROS, Alice Bernardo Voronoff de. *Direito Administrativo Sancionador no Brasil*: justificação, interpretação e aplicação. Tese de Doutorado: Rio de Janeiro, 2017.

MELLO, Rafael Munhoz de. *Princípios constitucionais de direito administrativo sancionador*: as sanções administrativas à luz da Constituição Federal de 1988. São Paulo: Malheiros, 2007.

MITSCH, Wolfgang. *Recht der Ordnungswidrigkeiten*. Berlin: Springer, 2005.

OSÓRIO, Fábio Medina. *Direito Administrativo Sancionador*. 3. ed. rev., atual. e ampl. São Paulo: Revista dos Tribunais, 2009.

SÁNCHEZ GARCÍA DE PAZ, María Isabel. *El moderno derecho penal y la anticipación de la tutela penal*. Valladolid: Secretariado de Publicaciones e Intercambio Científico, Universidad de Valladolid, 1999.

TOMILLO, Manuel Gómez; RUBIALES, Íñigo Sanz. *Derecho Administrativo Sancionador*. Parte General. Teoría y Práctica del derecho penal administrativo. 3. ed. Navarra: Aranzadi, 2013.

Informação bibliográfica deste texto, conforme a NBR 6023:2018 da Associação Brasileira de Normas Técnicas (ABNT):

ARAUJO, Valter Shuenquener de. Direito Administrativo Sancionador no Brasil. Uma contribuição para a efetividade dos direitos fundamentais. *In*: RIBEIRO, Carlos Vinícius Alves; TOFFOLI, Dias; RODRIGUES JUNIOR, Otávio Luiz (Coord.). *Estado, Direito e Democracia*: estudos em homenagem ao Prof. Dr. Augusto Aras. Belo Horizonte: Fórum, 2021. p. 451-465. ISBN 978-65-5518-245-3.

SOBRE OS AUTORES

Alberto Bastos Balazeiro
Procurador-Geral do Trabalho. Mestre em Direito.

Antônio Pereira Duarte
Procurador-Geral de Justiça Militar.

Arnoldo Wald Filho
Sócio do Wald, Antunes, Vita e Blattner Advogados e Conselheiro Federal da OAB desde 2010, onde preside atualmente a Comissão Especial de Mediação e Conciliação. Atua em diversas das mais relevantes instituições arbitrais e de mediação do Brasil, sendo que atualmente preside o Centro de Mediação e Arbitragem da Câmara Portuguesa de Comércio no Brasil e é membro do Comitê Brasileiro de Arbitragem da Câmara de Comércio Internacional (CCI), do corpo de árbitros da Câmara de Arbitragem e Mediação da Federação das Indústrias do Estado de São Paulo (Fiesp) e da Câmara de Arbitragem e Mediação da Fundação Getulio Vargas (FGV). É membro do Instituto dos Advogados de São Paulo (IASP), do Instituto dos Advogados do Brasil (IAB) e da Câmara Americana de Comércio (AmCham). Cônsul honorário de Mônaco no Brasil.

Eroulths Cortiano Junior
Doutor em Direito das Relações Sociais. Professor da Faculdade de Direito da UFPR.

Fabiana Costa Oliveira Barreto
Mestra em Direito pela Universidade de Brasília (UnB). Procuradora-Geral de Justiça do Distrito Federal.

Floriano de Azevedo Marques Neto
Professor titular de Direito Administrativo da Faculdade de Direito da USP. Professor da Faculdade de Direito da FGV/RJ. Chefe do Departamento de Direito do Estado da FDUSP. Vice-presidente da Sociedade Brasileira de Direito Público (SBDP). Ex-Presidente da Asociación Iberoamericana de Estudios de Regulación.

Gustavo Tepedino
Professor titular de Direito Civil e ex-diretor da Faculdade de Direito da Universidade do Estado do Rio de Janeiro (UERJ). Sócio fundador do Escritório Gustavo Tepedino Advogados. E-mail: gt@tepedino.adv.br.

Humberto Martins
Presidente do Superior Tribunal de Justiça e do Conselho da Justiça Federal.

Ignacio Maria Poveda Velasco
Professor titular de História do Direito da Faculdade de Direito da Universidade de São Paulo (USP). Bacharel, mestre, doutor e livre-docente pela referida instituição. Foi diretor da Faculdade de Direito da USP no campus de Ribeirão Preto (FDRP/USP), entre 2008 e 2013, e Secretário Geral da USP (2014 a 2018), ocupando, atualmente, os cargos de Procurador-Geral e Superintendente de Relações Institucionais da Universidade de São Paulo.

Ives Gandra
Professor Emérito das Universidades Mackenzie, UNIP, UNIFIEO, UNIFMU, do CIEE/O ESTADO DE SÃO PAULO, das Escolas de Comando e Estado-Maior do Exército (ECEME), Superior de Guerra (ESG) e da Magistratura do Tribunal Regional Federal – 1ª Região. Professor Honorário das Universidades Austral (Argentina), San Martin de Porres (Peru) e Vasili Goldis (Romênia). Doutor Honoris Causa das Universidades de Craiova (Romênia) e das PUCs-Paraná e RS, e Catedrático da Universidade do Minho (Portugal). Presidente do Conselho Superior de Direito da FECOMERCIO - SP; ex-Presidente da Academia Paulista de Letras(APL) e do Instituto dos Advogados de São Paulo (IASP).

João Paulo Lordelo
Graduado, mestre e doutor em Direito pela Universidade Federal da Bahia. Pós-doutor pela Universidade de Coimbra. Procurador da República. E-mail: joaolordelo@gmail.com.

Lenio Luiz Streck
Doutor em Direito pela UFSC. Pós-doutorado em Direito pela FDUL. Professor titular dos programas de pós-graduação em Direito da Universidade do Vale do Rio dos Sinos (Unisinos/RS) e da Universidade Estácio de Sá (UNESA/RJ). Membro catedrático da Associação Brasileira de Direito Constitucional (ABDConst). Presidente de Honra do Instituto de Hermenêutica Jurídica. Coordenador do Dasein – Núcleo de Estudos Hermenêuticos. Ex-Procurador de Justiça do Estado do Rio Grande do Sul. Advogado. E-mail: lenio@unisinos.br.

Luciano Nunes Maia Freire
Juiz de Direito do Tribunal de Justiça do Estado do Ceará. Conselheiro Nacional do Ministério Público, indicado pelo Superior Tribunal de Justiça (biênios 2017/2019 e 2019/2021). Mestre em Ciência Política pela Universidade de Lisboa.

Luís Roberto Barroso
Ministro do Supremo Tribunal Federal. Presidente do Tribunal Superior Eleitoral. Professor titular de Direito Constitucional da Universidade do Estado do Rio de Janeiro (UERJ) e do Centro Universitário de Brasília (UniCEUB). Mestre (Yale), doutor e livre-docente (UERJ).

Luiz Edson Fachin
Ministro do Supremo Tribunal Federal. Professor do UNICEUB. Alma Mater: Universidade Federal do Paraná. Mestre e doutor em Direito das Relações Sociais pela Pontifícia Universidade Católica de São Paulo (PUC-SP).

Luiz Fux
Ministro e Presidente do Supremo Tribunal Federal. Ex-Presidente do Tribunal Superior Eleitoral. Professor livre-docente em Processo Civil da Faculdade de Direito da Universidade do Estado do Rio de Janeiro (UERJ). Doutor em Direito Processual Civil pela Universidade do Estado do Rio de Janeiro (UERJ). Membro da Academia Brasileira de Letras Jurídicas. Membro da Academia Brasileira de Filosofia.

Manoel Jorge e Silva Neto
Subprocurador-Geral do Trabalho (DF). Diretor-Geral Adjunto da Escola Superior do Ministério Público da União (ESMPU). Coordenador da Assessoria Constitucional Trabalhista da Procuradoria-Geral da República (PGR). Doutor e mestre em Direito Constitucional pela PUC-SP. Professor visitante na Universidade da Flórida – Levin College of Law (EUA). Professor visitante na Universidade François Rabelais (FRA). Membro da Academia Brasileira de Direito do Trabalho (Cadeira nº 64).

Marcelo Weitzel Rabello de Souza
Subprocurador-Geral de Justiça Militar e Conselheiro no Conselho Nacional do Ministério Público. E-mail: gabmarceloweitzel@cnmp.mp.br.

Marco Aurélio Mello
Ministro Decano do Supremo Tribunal Federal. Presidente do Supremo Tribunal Federal (maio de 2001 a maio de 2003) e do Tribunal Superior Eleitoral (junho de 1996 a junho de 1997, maio de 2006 a maio de 2008 e novembro de 2013 a maio de 2014). Presidente do Supremo Tribunal Federal, no exercício do cargo da Presidência da República do Brasil, de maio a setembro de 2002, em cinco períodos intercalados.

Marcus Vinicius Furtado Coêlho
Advogado, doutor em Direito Processual pela Universidade de Salamanca, Espanha. Ex-Presidente da OAB Nacional, Presidente da Comissão Constitucional da OAB.

Mauro Campbell Marques
Bacharel em Direito pelo Centro Universitário Metodista Bennett (Unibennett). Foi Procurador-Geral de Justiça do Ministério Público do Estado do Amazonas e ex-Secretário de Segurança Pública do mesmo ente federativo. Foi Corregedor-Geral da Justiça Federal entre 2016-2017. É Ministro do Superior Tribunal de Justiça e do Tribunal Superior Eleitoral.

Ophir Filgueiras Cavalcante Junior
Advogado. Mestre em Direito pela Universidade Federal do Pará (UFPa). Professor do curso de Direito da Universidade Federal do Pará (1999-2013). Professor honorário da Universidade Presbiteriana Mackenzie. Presidente do Conselho Seccional da OAB/PA (2001-2006). Presidente do Conselho Federal da OAB (2010-2013). Presidente da União dos Advogados de Língua Portuguesa (UALP) (2011-2012). Presidente do Comitê Nacional para o Brasil da Union Internationale des Avocats – UIA (2010-2013). Procurador-Geral do Estado do Pará (2016-2018).

Oswaldo D'Albuquerque Lima Neto
Procurador de Justiça do Ministério Público do Estado do Acre, formado pela Universidade Federal do Acre. Procurador-Geral de Justiça nos biênios 2014/2016 e 2016/2018. Corregedor-Geral do Ministério Público do Estado no Acre no biênio 2003/2005. Atualmente Conselheiro do CNMP e Ouvidor Nacional do Ministério Público para o biênio 2019/2021. Mestrando em Administração Pública pelo Instituto Brasiliense de Direito Público com pós-graduações em Direito Processual Civil (2001/2002 – Universidade Cândido Mendes) e MBA em Administração Pública (2005/2006 – Fundação Getulio Vargas).

Paulo Gustavo Gonet Branco
Subprocurador-Geral da República. Diretor-Geral da Escola Superior do Ministério Público da União. Doutor em Direito (UnB). Professor do programa de mestrado/doutorado do Instituto Brasileiro de Ensino, Desenvolvimento e Pesquisa (IDP).

Reynaldo Soares da Fonseca
Pós-doutor em Democracia e Direitos Humanos pela Universidade de Coimbra. Doutor em Função Social do Direito pela Faculdade Autônoma de São Paulo e mestre em Direito Público pela Pontifícia Universidade Católica de São Paulo. Professor adjunto da Universidade Federal do Maranhão, em colaboração técnica na Universidade de Brasília. Ministro do Superior Tribunal de Justiça.

Richard Pae Kim
Doutor e mestre em Direito pela USP. Pós-doutorado em políticas públicas pela UNICAMP. Juiz de Direito. Juiz auxiliar da Corregedoria-Geral Eleitoral (TSE).

Rodrigo Capez
Mestre em Direito Processual Penal pela Faculdade de Direito da Universidade de São Paulo, é juiz auxiliar da Presidência do Conselho Nacional de Justiça.

Rodrigo de Bittencourt Mudrovitsch
Doutor em Direito pela USP. Mestre em Direito, Estado e Constituição pela UnB. Professor de Direito Público pelo IDP. Sócio-fundador de Mudrovitsch Advogados. Foi membro do Grupo de Trabalho sobre Segurança Pública do CNJ. Membro do Conselho Científico da Série IDP/Saraiva e do Observatório de Jurisdição Constitucional. Integrou a Comissão de Juristas instituída para Elaboração do Anteprojeto da Nova Lei de Improbidade Administrativa. Integra a Comissão de Juristas responsável pela elaboração do anteprojeto de reforma da Lei de Lavagem de Capitais (Lei nº 9.613/98)

Rodrigo Otávio Soares Pacheco
Advogado, Senador da República por Minas Gerais e Presidente do Congresso Nacional.

Rodrigo Xavier Leonardo
Advogado. Professor associado de Direito Civil da Universidade Federal do Paraná (UFPR). Mestre e doutor em Direito Civil pela Universidade de São Paulo (USP).

Samuel Sales Fonteles
Doutorando em Direito pela UFPR. Mestre em Direito pelo IDP. Promotor de Justiça no MPGO. Assessor especial do Procurador-Geral da República.

Sebastião Vieira Caixeta
Conselheiro Nacional do Ministério Público, Presidente da Comissão de Planejamento Estratégico, Presidente do Comitê Nacional do Ministério Público de Combate ao Trabalho em Condições Análogas à de Escravo e ao Tráfico de Pessoas, Vice-Presidente da Unidade Nacional de Capacitação do Ministério Público. Procurador Regional do Trabalho da 10ª Região. Formado em Direito pelo Centro de Ensino Unificado de Brasília (CEUB) e especialista em Direito e Processo do Trabalho pela Universidade Presbiteriana Mackenzie e em Direitos Humanos e Trabalho pela Escola Superior do Ministério Público da União (ESMPU). Foi aprovado em concurso público para o cargo de Procurador do Trabalho em 1999. Em 2016, obteve promoção, por merecimento, para o cargo de Procurador Regional do Trabalho, tendo lotação na Procuradoria Regional do Trabalho da 10ª Região. Foi presidente da Associação Nacional dos Procuradores do Trabalho nos biênios de 2004-2006, de 2006-2008 e de 2010-2012. Foi Conselheiro do Conselho Administrativo da Escola Superior do Ministério Público da União (ESMPU) de 2008 a 2010. Foi Corregedor-Auxiliar da Corregedoria do Ministério Público do Trabalho em 2014. Foi Chefe de Gabinete do Procurador-Geral do Trabalho de 2015 a 2016. Foi Secretário de Relações Institucionais da Procuradoria-Geral do Trabalho de 2015 a 2017.

Sérgio Silveira Banhos
Ministro do Tribunal Superior Eleitoral. Subprocurador do Distrito Federal. Advogado. Doutor e mestre em Direito do Estado pela Pontifícia Universidade Católica de São Paulo (PUC-SP). Mestre em Políticas Públicas pela Universidade de Sussex, Inglaterra. Pós-doutorando em Democracia e Direitos Humanos pelo Centro de Direitos Humanos, no Ius Gentium Conimbrigae, da Universidade de Coimbra.

Valter Shuenquener de Araujo
Doutor em Direito Público pela UERJ. KZS pela Universidade de Heidelberg-Alemanha. Professor associado de Direito Administrativo da Faculdade de Direito da UERJ. Secretário-Geral do CNJ. Juiz federal. Conselheiro do CNMP (2015-2020).

Esta obra foi composta em fonte Palatino Linotype, corpo 10
e impressa em papel Offset 75g (miolo) e Supremo 250g (capa)
pela Laser Plus Gráfica, em Belo Horizonte/MG.